南京大学六朝研究所书系

甲种专著·第贰号

中古丧葬礼俗中佛教因素演进的考古学研究

吴桂兵 著

科学出版社

北京

内 容 简 介

本书详列中国中古时期（东汉晚期至辽宋）的墓葬考古材料，梳理佛教因素进入丧葬的不同环节及过程，揭示中国古代墓葬制度与礼俗在中古时期发生的重要变化。中古丧葬礼俗的重要变化，就是宗教因素的进入，佛教是其重要表现。本书在传统考古学研究方法的基础上，特别注重墓葬考古研究的整体认识与空间分析，强调丧、葬、祭的一体性。本书还引用了历史文献、出土文献、佛教典籍、笔记小说等材料。同时，借助于墓葬文化因素分析方法，阐述了佛教因素在墓葬考古学研究中的复杂性。中古墓葬本质上是“儒释老庄尽穷旨趣”的名利场。

本书可供考古学、历史学研究者，以及大专院校相关专业的师生阅读、参考。

图书在版编目（CIP）数据

中古丧葬礼俗中佛教因素演进的考古学研究 / 吴桂兵著. —北京：科学出版社，2019.12

（南京大学六朝研究所书系甲种专著 · 第贰号）

ISBN 978-7-03-063901-1

Ⅰ. ①中…　Ⅱ. ①吴…　Ⅲ. ①佛教-影响-葬俗-研究-中国-中古
Ⅳ. ①K892.22

中国版本图书馆CIP数据核字（2019）第300351号

责任编辑：李　茜 / 责任校对：邹慧卿
责任印制：赵　博 / 封面设计：张　放

科学出版社出版
北京东黄城根北街16号
邮政编码：100717
http://www.sciencep.com
北京厚诚则铭印刷科技有限公司印刷
科学出版社发行　各地新华书店经销
*
2019年12月第　一　版　　开本：787 × 1092　1/16
2025年 5 月第五次印刷　　印张：35 1/2
字数：840 000

定价：298.00元

（如有印装质量问题，我社负责调换）

谨以此书怀念

我的父亲吴义成

南京大学历史学院
考古学优势学科经费资助出版

国家社科基金一般项目
“中古丧葬礼俗中佛教因素演进的考古学研究”
（12BKG016）

目　　录

绪　论

一、研究缘起与思路

大约在唐代前期，一首反映人生蹉跎的词“人生一世里”唱道：

> 人生一世里，能得几时活？迴己审思量，何忍相劫夺。自命惜求死，煞他不记活。布施觅声名，不肯救饥渴。口道愿生天，不免地狱撮。礼佛至顶尽，终归被怆割。一往陷三塗，穷劫不得脱。寄语世间人，不可浪夸阔。各愿寻其本，努力弃就末。迴心一念顷，万事即解脱。[①]

从这首词里面，我们看到了对世人的劝导，劝导的内容中有对地狱的恐惧，从而礼佛至顶尽的。在诗歌编著者王梵志的时代，佛教似乎已经成为人们摆脱世间苦，免坠地下狱的一种惯用的方式。王梵志的诗歌中，还记述了在乡邑，哪一家有老人去世，全邑社的人均奔去帮忙，并号啕悲伤。王梵志诗歌中对乡村丧葬场景的描述，在我们苏北乡村也经常见到，乡村社会里的白事，与喜事一样，成为乡村人们公共生活的重要内容，其中最主要的活动就是佛教法事，以放焰口为主，其中也掺杂了许多世俗的说唱。笔者自1999年进入高校工作以来，在带队指导学生田野考古实习的日子里，在乡村，也经常看到丧葬事宜的操办，其中就有佛教法事的身影。漆黑的夜晚，一声高过一声的梵呗之声，与烧纸忽明忽暗的火光相映衬，成为田野考古人的乡村即景。在笔者的眼里，佛教俨然已经成为乡村社会丧葬事宜的重要参与者、组织者，这难道就是许里和所说的“佛教征服中国”[②]？

确实，佛教于汉代传入中土时，影响了许多方面。考古学上显著的表现之一，就是在一些遗存中发现了与佛教有关的因素，这些发现引人注意。因此，如何梳理此类遗存，对其进行考古学的系统研究，便成为汉唐考古学的主要课题之一。传统上，如何从“礼俗”的角度观察汉晋变迁、南北朝隋唐制度，以及唐宋变革等，是中古丧葬

---

① （唐）王梵志著，项楚校注：《王梵志诗校注》卷七，上海古籍出版社，2010年，第743页。

② ［荷］许里和著，李四龙、裴勇等译：《佛教征服中国》，江苏人民出版社，1998年，该书据荷兰布里尔公司1972年版译出。

礼俗变迁考古学研究的主要内容。佛教因素进入中古丧葬礼俗，既是佛教在中古时期的发展特点，也是中古丧葬礼俗发生的重要变化，针对墓葬考古中发现的大量佛教遗存，有必要将两者结合起来进行研究。本书主要关注佛教因素对丧葬礼俗的影响，角度上重在丧葬这条线索，而不在佛教发展那条线索，墓葬考古材料是梳理这一线索的重要基础。

丧葬礼俗演变的考古学研究一直是汉唐考古学研究的重要内容。丧葬礼俗演变在考古学上集中在墓葬制度的内涵研究，以及不同时代墓葬制度、丧葬礼俗的演变。中国古代墓葬制度在隋唐以前存在“周制”、“汉制”和“晋制”，这是学术界的普遍共识①，对于“周制”、“汉制”及“晋制”的具体内涵及制度特征，学术界也已有了充分的研究②。俞伟超先生认为，以汉武帝前后为界限，可以将商周秦汉的埋葬习俗分为两个大的阶段。前一阶段的成熟形态为“周制”，后一阶段的典型形态为“汉制”，“晋制”则标志着另一形态的最终形成。从俞先生宏文的标题上也可以觉察到，俞先生的论述基本上是基于墓葬的形制③。俞先生后来继续从形制的角度，论述了

① 考古学界对“周制”、“汉制”及“晋制”的立论，显然注意到了“周礼”、“汉礼”及“晋礼”的历史地位，这是由古代墓葬制度与礼仪制度的关联性决定的。但是，我们也认识到，墓葬遗存本身所包含的制度特征是我们归纳上述三阶段性制度的直接来源。

② 关于“周制”的研究，可参考陈公柔：《士丧礼、既夕礼中所记载的丧葬制度》，《考古学报》1956年第4期，第67-84页；俞伟超、高明：《周代用鼎制度研究》，原载《北京大学学报》（哲学社会科学版）1978年第1、2期，1979年第1期，后收入俞伟超：《先秦两汉考古学论集》，文物出版社，1985年，第62-114页，收入时略有改动。关于“汉制”的研究，可参考俞伟超：《汉代诸侯王与列侯墓葬的形制分析——兼论“周制”、“汉制”与“晋制”的三阶段性》，原载《中国考古学会第一次年会论文集（1979）》，文物出版社，1980年，后收入俞伟超：《先秦两汉考古学论集》，文物出版社，1985年，第117-124页；俞伟超：《考古学中的汉文化问题》，张忠培、俞伟超：《考古、文明与历史》（“中央研究院”历史语言研究所傅斯年汉学讲座1997），“中央研究院”历史语言研究所，1999年，第43-61页。关于“晋制”研究的参考除前面俞伟超的《汉代诸侯王与列侯墓葬的形制分析》外，尚可见其《中国魏晋墓制并非日本古坟之源》，俞伟超：《古史的考古学探索》，文物出版社，2002年，第359-369页；吴桂兵：《晋代墓葬制度与两晋变迁》，《东南文化》2009年第3期，第58-63页；刘斌：《洛阳地区西晋墓葬研究——兼谈晋制及其影响》，《考古》2012年第4期，第70-83页；齐东方：《中国古代丧葬中的晋制》，《考古学报》2015年第3期，第345-366页；霍巍：《六朝陵墓装饰中瑞兽的嬗变与“晋制”的形成》，《考古》2015年第2期，第103-113页；吴桂兵：《两晋墓葬文化因素研究》，南京大学出版社，2017年。

③ 俞伟超：《汉代诸侯王与列侯墓葬的形制分析——兼论“周制”、“汉制”与“晋制”的三阶段性》，俞伟超：《先秦两汉考古学论集》，文物出版社，1985年，第117-124页，原载《中国考古学会第一次年会论文集（1979）》，文物出版社，1980年，第332-337页。

中国魏晋墓制，其中涉及汉末墓形的基本制度、曹魏西晋时期的新墓制[①]。如何对古代墓葬进行研究，应该是俞先生一直思考的问题，考古学上汉文化的研究，是其在此前思考的基础上，更深层次的总结[②]。墓葬形制研究方面，唐代墓葬研究也有不少成果，如宿白先生的《西安地区的唐墓形制》，在详细梳理墓葬材料的基础上将其分类型，并且与墓主的身份、品位相联系[③]；齐东方的《略论西安地区发现的唐代双室砖墓》[④]等。对墓葬形制研究也有极特别的视角，比如齐东方对魏晋南北朝祔葬墓的研究，不仅为我们展示、梳理了丰富的祔葬墓材料，与文献的结合，也使我们对这些材料有了更深的印象，特别值得一提的是，其认为关于祔葬墓祔葬所用耳室或侧室，在类型学划分上不具有时代演变意义，对中古墓葬形制的类型学研究，是思路的重要拓展，深化了历史时期考古学研究的方法论意义[⑤]。

除了关注形制之外，系统地将形制与随葬器物结合起来，进行类型学和分期研究的学者也不少，体现出了中古时期墓葬研究对材料梳理的基础性把握。如韦正对六朝墓葬的考古学研究[⑥]、李梅田对魏晋南北朝墓葬的考古学研究[⑦]、郑岩对魏晋南北朝壁画墓的系统梳理[⑧]、程义对关中唐墓的研究[⑨]、吴敬对南方地区宋代墓葬的研究[⑩]、郑承燕对辽代贵族丧葬制度的研究[⑪]、刘未对辽代墓葬的考古学研究[⑫]等，其中，吴敬的基础研究特别注明了南方宋墓中的佛教因素。

利用考古发现的墓葬材料，结合历史文献，梳理丧葬礼俗的演变，也是中古墓葬研究的一个非常重要的方面。此方面成果如李如森的《汉代丧葬礼俗》[⑬]、韩国河的

---

① 俞伟超：《中国魏晋墓制并非日本古坟之源》，俞伟超：《古史的考古学探索》，文物出版社，2002年，第359-369页。

② 俞伟超：《考古学中的汉文化问题》，张忠培、俞伟超：《考古、文明与历史》（“中央研究院”历史语言研究所傅斯年汉学讲座1997），“中央研究院”历史语言研究所，1999年，第43-61页。

③ 宿白：《西安地区的唐墓形制》，《文物》1995年第12期，第148-159页。

④ 齐东方：《略论西安地区发现的唐代双室砖墓》，《考古》1990年第9期，第858-862、789页。

⑤ 齐东方：《三国两晋南北朝时期祔的葬墓》，《考古》1991年第10期，第943-949、938页。

⑥ 韦正：《六朝墓葬的考古学研究》，北京大学出版社，2011年。

⑦ 李梅田：《魏晋北朝墓葬的考古学研究》，商务印书馆，2009年。

⑧ 郑岩：《魏晋南北朝壁画墓研究（增订版）》，文物出版社，2016年。

⑨ 程义：《关中地区唐代墓葬研究》，文物出版社，2012年。

⑩ 吴敬：《南方地区宋代墓葬研究》，社会科学文献出版社，2015年。

⑪ 内蒙古博物院编，郑承燕著：《辽代贵族丧葬制度研究》，文物出版社，2014年。

⑫ 刘未：《辽代墓葬的考古学研究》，科学出版社，2016年。

⑬ 李如森：《汉代丧葬礼俗》，沈阳出版社，2003年。

《秦汉魏晋丧葬制度研究》[①]、谢宝富的《北朝婚丧礼俗研究》[②]、吴丽娱对中古丧葬制度的研究[③]、崔世平对唐五代宋丧葬礼俗的研究[④]等。这些研究最重要的特点就是对文献的详细梳理，有的对考古材料也有很透彻的分析。这也是中古墓葬研究一个值得继续的方向，尤其是提供了丰富的文献研究基础。

在墓葬遗存本身研究的基础上，中古墓葬研究的提升至少在两个方面表现明显，其一是关于墓葬与古礼的研究，其二是关于墓葬与制度的研究。研究古代墓葬，甚至是其他考古遗存，古礼的研究应该是研究制度、等级等方面的核心内容。如高崇文先生论文集所体现出来的一些专题[⑤]，以及这些专题研究所运用的方法，特别是高先生的《中国古代礼制文明的考古学观察》，宏观上确定了礼制考古学研究的几个基本方面，这些方面同样适用于墓葬考古学的研究。倪润安对拓跋至北魏墓葬文化与社会演进的研究，也是对中古墓葬深入研究的新探索[⑥]。

墓上建筑和布局也是研究中古时期墓葬时应关注的重点，这方面的成果如宿白先生鲜卑三篇中的《北魏洛阳城和北邙陵墓——鲜卑遗迹辑录之三》[⑦]、徐苹芳先生的《秦汉魏晋南北朝时代的陵园和茔域》[⑧]、沈睿文的《唐陵的布局：空间与秩序》[⑨]。霍巍老师从六朝陵墓装饰中的瑞兽出发，探讨了晋制的形成。尤其重要的是，霍巍的论文将墓内与墓上打通，以一个较长时段材料的梳理，集中到在这个时段中出现的新规制，极具方法论的意义[⑩]。

近年来关于考古学文化的制度性研究，又出现了一些新成果，给我们的认识带来了冲击。如齐东方关于晋制的论述，他从丧葬观念、丧葬习俗、丧葬礼仪和丧葬制度四个概念出发，探讨了中国古代丧葬中的晋制[⑪]。齐先生认为："所谓丧葬观念，是指

① 韩国河：《秦汉魏晋丧葬制度研究》，陕西人民出版社，1999年。

② 谢宝富：《北朝婚丧礼俗研究》，首都师范大学出版社，1998年。

③ 吴丽娱：《终极之典：中古丧葬制度研究》（全二册），中华书局，2012年。

④ 崔世平：《中古丧葬艺术、礼俗与历史研究》，中国社会科学出版社，2018年，其中多篇论文涉及唐宋丧葬礼俗、唐五代凶肆与丧葬行业组织等。

⑤ 高崇文：《古礼足征：礼制文化的考古学研究》，上海古籍出版社，2015年。

⑥ 倪润安：《光宅中原：拓跋至北魏的墓葬文化与社会演进》，上海古籍出版社，2017年。

⑦ 宿白：《北魏洛阳城和北邙陵墓——鲜卑遗迹辑录之三》，《文物》1978年第7期，第42-52页，图版肆。

⑧ 徐苹芳：《秦汉魏晋南北朝时代的陵园和茔域》，徐苹芳：《中国历史考古学论集》，上海古籍出版社，2012年，第126页，原载《考古》1981年第6期。

⑨ 沈睿文：《唐陵的布局：空间与秩序》，北京大学出版社，2009年。

⑩ 霍巍：《六朝陵墓装饰中瑞兽的嬗变与"晋制"的形成》，《考古》2015年第2期，第103-113页。

⑪ 齐东方：《中国古代丧葬中的晋制》，《考古学报》2015年第3期，第345-366页。

对死亡的理解和认识，丧葬习俗是指安葬和悼念死者约定俗成的方式，丧葬礼仪是指丧葬观念、习俗的理性表述和系统的行为规范，丧葬制度是指带有强制性的规定。”探讨晋制，应该看其是否具有丧葬观念、习俗、礼仪及制度在不同层次上的动态形成过程，这也就是说是否具有制度性的变革。在时间范围上，可以将魏晋同时考虑，延伸到晋以后也是必要的。齐先生认为，“不封不树”与薄葬等丧葬观念曹魏首开先河，西晋承其流风，两代帝王的身体力行，最终使丧葬观念在魏晋时期发生了根本性的变化。在丧葬习俗上，普通墓葬中出现了陶祭台、榻、案几，以及陶俑、牛车等特征鲜明的新器物。礼仪也在争议当中发生了变化，并开始得到广泛的认同和遵循。与汉墓相比较，晋墓在三个方面发生了明显的变化：其一是取消了墓上祠堂、石碑、石表、石兽的做法；其二是逐渐以方形单室为主要墓葬形制；其三是仪仗类俑群组合成为随葬品的核心，反映了墓葬中对财富的重视开始向对身份等级的夸耀转变。

上述，我们以点带面，回顾了中古墓葬研究的不同视角。审视这些视角，时刻提醒我们中国墓葬研究的走向，如何将中古墓葬研究向前推进，可行的思路在哪里。这些都是笔者在从事本书专题研究时需要思考的方面。现在，我们回过头来，看看佛教遗存在墓葬中的出现，难道仅仅是为佛教方面研究提供了考古材料，成为装点佛教史、佛教艺术史研究的一张美图，或者仅仅是在随葬器物与形制等方面考古材料更加丰富？前述中古墓葬研究的不断探索，促使我们思索新的专题、新的方法。只有将墓葬考古学的方法上升到与遗址考古方法综合的层面，历史时期考古学才会有其学科史的意义。

1980年，俞伟超先生发表了《东汉佛教图像考》，从考古学研究的角度回应了早期佛教图像的考古新发现，如和林格尔小板申M1壁画中的降身故事和舍利像等。俞先生认为，最迟到东汉的桓灵时期，佛教图像已有一定分布；当时的佛教信仰和本土的信仰交糅在一起。尽管学界对俞先生的早期佛教遗存辨识存有疑问，但在此基础上，汉晋时期的佛教遗物逐渐成为早期佛教传播研究的重要对象，许多学者发表了论述。从墓葬本身概括、梳理佛教因素遗存是十分重要的基础工作，许多学者做出了很好的总结，如张建林先生梳理了唐代丧葬习俗中的佛教因素；冉万里对帝陵建寺之制进行了考察；韦正系统梳理了南朝墓葬中的佛教因素；李正晓等介绍了高句丽墓室壁画中的佛教因素。对东亚考古中高句丽、百济、日本墓葬中佛教因素的辨别及比较也是此类研究中的热点，如朝鲜德兴里壁画古坟“释迦文佛弟子”题记、百济武宁王陵、日本奈良时代的太安万侣墓等（具体注释详后述）。

将佛教因素的进入与丧葬礼俗演变结合起来进行研究的学者有宿白、徐苹芳、杨泓、张庆捷、张建林等。宿白先生在其著名的鲜卑三篇之二《盛乐、平城一带的拓跋鲜卑——北魏遗迹——鲜卑遗迹辑录之二》中指出，墓地和佛寺结合起来是方山永固陵北魏文明皇后冯氏墓园的布局特点[①]。徐苹芳先生明确提出“宗教的影响逐渐渗入到陵墓制度中来，正是魏晋南北朝时期的一个特点”[②]。以往的研究关于早期佛教造像的成果较多，多是从早期佛教发展历史的角度去观察，其他佛教因素遗存的研究尽管亮点颇多，但稍显分散，少见系统地从丧葬礼俗演变的角度观察中古佛教因素的演进，佛教因素在丧葬礼俗中演进的线索也不够清晰。

佛教因素演进线索的梳理，是在基础研究上的提升，主要通过基础研究形成的年代学、器物组合、墓葬空间方面的认识，梳理中古不同时间段的佛教因素传播的线索及特点。如早期佛教传播的时空特点，十六国时期佛教因素进入高等级墓葬（冯素弗墓金铛），南北朝墓葬中的佛教因素特征及差异，唐代墓葬中的佛教因素在墓上、墓下及不同地区形成的特点及差异，五代到宋初高等级墓葬及帝陵中的佛教因素迅速发展等（王处直墓、南汉三陵、王建墓、北宋皇陵等）。同时，在此基础上，通过丧葬礼俗中佛教因素的演进，探索中古佛教传播、发展的相关问题。本书研究对中古丧葬礼俗中的佛教因素遗存观察思路如图0-1所示。

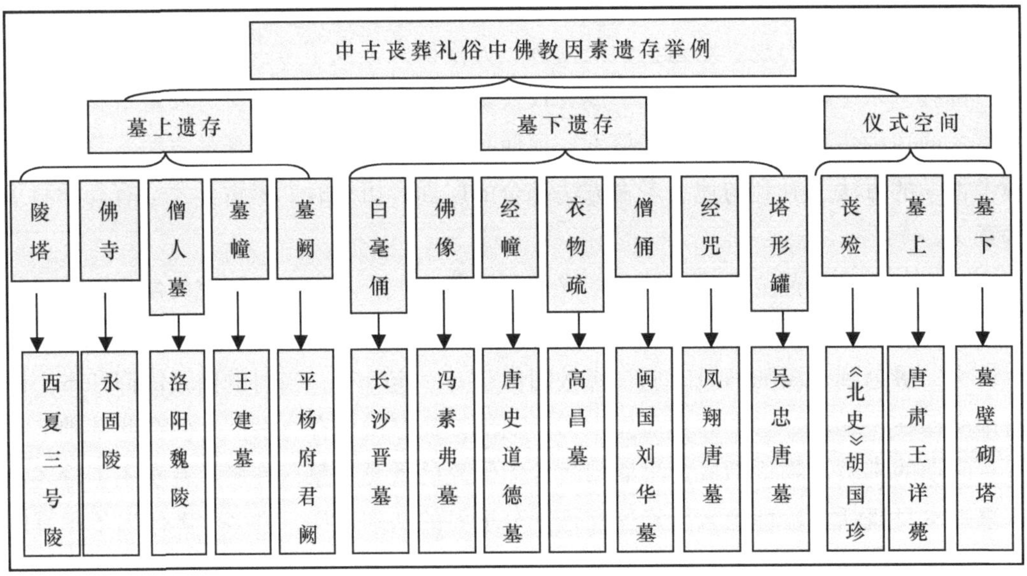

图0-1　中古丧葬礼俗中佛教因素结构

从丧葬礼俗演变的角度研究佛教因素遗存的演进，佛教参与进丧葬礼俗中，逐渐被时人接受，丧葬礼俗完整的遗存包括陵寝、墓园布局、丧葬祭祀空间、墓葬形制、

① 宿白：《盛乐、平城一带的拓跋鲜卑——北魏遗迹——鲜卑遗迹辑录之二》，《文物》1977年第11期，第43页。

② 徐苹芳：《秦汉魏晋南北朝时代的陵园和茔域》，徐苹芳：《中国历史考古学论集》，上海古籍出版社，2012年，第126页，原载《考古》1981年第6期。

随葬品位置及组合、壁画题材等方面（表0-1），梳理佛教因素对这些墓葬遗存带来的影响是丧葬礼俗研究的考古学视野。汉唐丧葬礼俗是历史考古学研究的主要内容，如汉制、晋制、南北朝制度、唐制、唐宋变革等，汉唐考古学者佳作迭出，不胜枚举，形成了本书观察佛教因素进入中古丧葬礼俗考古学研究的基础。如可以在此基础上，从陵园布局演变观察陵园建寺之制、从墓门演变角度观察仿石窟墓门，以及从随葬品角度观察饰佛像器物、贵重礼器，再到成组礼佛器具的发展等。

表0-1　古文献、出土资料所见丧葬礼俗中佛教因素演进线索简表

年代	佛教与丧葬	资料出处
刘宋	擎跽磬折，侯甸之恭；狐蹲狗踞，荒流之肃。棺殡椁葬，中夏之制；火焚水沈，西戎之俗。全形守礼，继善之教。毁貌易性，绝恶之学	顾欢《夷夏论》[①]
高昌建昌四年（558年）	……禅师法林敬移五道大神：佛弟子张孝章持佛五诫，专修十善，今于高昌城内家中命过，经涉五道，幸不诃留。今有朱衣笼冠……《孝经》一卷……若欲求海东头，觅海西辟，急急如律令。时人张坚固、李定度，攀天丝万万九千丈	阿斯塔那M169出土衣物疏[②]
唐建中三年（782年）	坟墓之义，经典有常，自古至今，无闻异制。层砖起塔，起于天竺，名曰“浮图”，行之中华，窃恐非礼	《旧唐书》卷一百五十[③]
唐宋	凡下五品至庶人，同于祖穴前安石幢，上雕《陀罗尼经》，石柱上刻祖先姓名并月日……庶人安之，亡者生天界，生者安之，去大富贵	《大汉原陵秘葬经》[④]
宋	本朝建寺，追奉陵寝，以昭圣孝，讲诵有常，负荐无已。盖两汉以孝纪号，本朝以孝为德	《北宋皇陵》载《敕住宁神法照大师碑》碑文[⑤]
宋	自佛教入中国，上自朝廷，下达闾巷，治丧礼者，一用其法	《朱子文集》卷十四[⑥]

所以，本书的思路基于两个角度：一个角度是从佛教的发展而言，佛教在中古中国传播，其重要内容就是进入丧葬礼俗；另外一个是从丧葬礼俗演变的角度而言，中

---

① （梁）萧子显撰：《南齐书》卷五十四《顾欢传》，中华书局，2017年，第1027页。

② 中国文物研究所、新疆维吾尔自治区博物馆、武汉大学历史系编：《吐鲁番出土文书》（壹）“阿斯塔那一六九号墓文书”，文物出版社，1992年，第207页。

③ （后晋）刘昫等撰：《旧唐书》卷一百五十《德宗顺宗诸子列传》，中华书局，1975年，第4044页。

④ 《永乐大典》之八一九九《大汉原陵秘葬经》，收入胡道静、陈耀庭、段文桂、林万清：《藏外道书》1，巴蜀书社，1992年，第161页上。

⑤ 河南省文物考古研究所编：《北宋皇陵》，中州古籍出版社，1997年，第515页。

⑥ （宋）朱熹：《朱子文集》（国学基本丛书）卷十四《题跋》“跋向伯元遗戒”，商务印书馆，1937年，第498页。

古丧葬礼俗的演变，除了自身因不同时代、不同地区、不同礼制等影响，形成的丧葬礼俗演变外，中古丧葬礼俗的一个重要表现，就是佛教因素进入丧葬礼俗，丧葬礼俗因佛教的进入，而出现了一些新的丧葬因素遗存。本书论述的主体是墓葬考古材料中所见佛教因素遗存，论述的线索是丧葬礼俗的演变，而不是佛教发展那条线，这是首先必须说明的。

多年前，笔者完成了一项早期佛教传播的考古学研究课题，主要研究的是早期佛教传播考古材料中的白毫相俑。当时的想法就是不仅仅关注佛教传播遗存本身，不仅仅关注早期佛教是如何传播的，传播路线如何，而是将其置入墓葬空间中，观察其在墓葬中的出土位置、其附近的随葬器物组合。但最终关注的问题仍然是从早期佛教史的角度分析，如信仰者身份、佛教遗存与神仙信仰的关系等，没有跳出佛教传播史的角度，对考古材料的观察也很局限。当然，当时之所以这样做，也许与没有从更宽的学术视野观察有关。当我们把视野放到整个中古，丧葬礼俗与佛教因素两者均须解决演变及相互影响的问题。

宋王楙撰写的《燕翼诒谋录》卷三“丧葬不得用僧道”条载：

> 丧家命僧道诵经，设斋作醮作佛事，曰：“资冥福”也。出葬用以导引，此何义耶？至于铙钹，乃胡乐也，胡俗燕乐则击之，而可用于丧柩乎？世俗无知，至用鼓吹作乐，又何忍也。开宝三年十月甲午，诏开封府禁止士庶之家丧葬不得用僧道威仪前引。太平兴国六年，又禁丧葬不得用乐，庶人不得用方相魌头。今犯此禁者，所在皆是也。祖宗于移风易俗留意如此，惜乎州县间不能举行之也。①

到了宋代前期，丧家命僧道诵经，设斋作醮作佛事，已经是“所在皆是也”。从墓葬研究的系统性而言，这应该反映的是丧葬礼俗中“丧”的内容，葬的情况如何，只能依据考古发现。从佛教初传的汉代，到“治丧礼者，一用其法”的宋代，此中有多少墓葬材料需要我们梳理，宏大的叙事材料中，能否说明“佛教征服中国”？

这就是本书思考和写作的缘起、思路。

二、研究的阶段性与热点问题

与本书密切相关的考古研究主要有三类：一类是利用考古发现，从佛教发展史的

① （宋）王楙撰，诚刚点校：《燕翼诒谋录》卷三“丧葬不得用僧道”条，中华书局，1981年，第24页。

角度进行研究，如早期佛教造像的研究；二类是从墓葬的形制结构、随葬品等方面梳理、概括佛教因素，如对唐代丧葬习俗中佛教因素遗存的考察；三类是从丧葬礼俗演变的角度观察佛教因素遗存。前两类研究各有侧重，第三类研究是前两者的结合。此外，还有不少艺术史领域的研究成果，也为我们的研究带来方法和思路上的借鉴。如果从俞伟超先生对早期佛教图像的考证开始，到目前已出现了不少艺术史领域的研究成果。可以说本书的中心主要集中在三个方面：其一是早期佛教遗存的研究；其二是关于南北朝壁画题材中的佛教因素辨别与研究；其三是关于宋辽壁画中的佛教题材的研究。其中的唐朝反而研究相对不多。此外，唐代吐蕃时期墓葬中的佛教遗存，以及高句丽壁画墓中的佛教因素遗存研究也呈现出一定的热度。

杨宽比较系统地研究了古代中国的陵寝制度，但是在其陵寝布局与制度演变的叙述线索中，陵园中的佛寺遗存，并不在其体系之中①。关于北魏永固陵的构造，杨先生结合《水经注·㶟水》的记载，认为永固陵中的永固石室在永固陵和万年堂的前方，属于祠庙的性质，其全部用文石制成，屋檐前有四根大柱子，用黑石雕刻而成，前面有屏风，屏风上有表现忠孝内容的图像和表示“贞顺”的题刻，庙前陈列着石兽和石碑，庙院以外的西侧有“思远灵图”，这应是一种佛堂建筑，佛堂的西边有斋堂。杨先生认为，永固陵整个祠庙的建筑，一方面受鲜卑遗风影响，另一方面又采用了东汉以来陵前建筑石殿、石阙、石兽、石碑的方式，当然也结合了佛教的信仰，将佛堂、斋堂和祠庙相结合，是北魏统治集团强烈信佛的表现②。相对于墓葬中出现与佛教因素有关的遗存，营建佛寺与荐亡祈福等丧葬礼俗关联，应该是佛教对丧葬礼俗演变影响的较大活动了。冉万里对帝陵建寺之制的脉络进行了论述，认为帝陵建寺滥觞于南北朝时期，隋唐时期有发展，最终到北宋发展成熟。值得注意的是，冉万里这篇论述帝陵建寺之制的文章中，还列举了出土经幢、僧俑和佛像的唐代墓葬材料③。相对于陵寺、坟寺而言，国家大寺及一般的私寺的建造，也与纪念亡人、祈愿功德有关。何培斌分析了中国6～10世纪造寺的功德，提到了李世民为战死沙场的将士建造了七座国家大寺，大唐太子李治为其过世12年的母亲文德皇后建造慈恩寺；在私寺的兴建中，列举了P.4044文本中文坊巷社42家为先亡息合建私塔，P.2857写本社邑为先亡考妣往生净土建塔画像门楼等④。

在长时段、通史性的研究分析之外，更多的是针对在某一时段、某一材料进行的

① 杨宽：《中国古代陵寝制度史研究》，上海人民出版社，2003年。

② 杨宽：《中国古代陵寝制度史研究》，上海人民出版社，2003年，第49-50页。

③ 冉万里：《帝陵建寺之制考略》，西北大学考古学系、西北大学文化遗产与考古学研究中心编：《西部考古（第一辑）》，三秦出版社，2006年，第433-441页。

④ 何培斌：《营造寄托：中国六至十世纪造寺功德的探讨》，胡素馨主编：《佛教物质文化：寺院财富与世俗供养国际学术研讨会论文集》，上海书画出版社，2003年，第97-114页。

专题研究。早期佛教传播遗存研究是成果最多，争论最激烈的。“模式之争”与“路线之争”，贯穿整个早期佛教遗存研究。早期佛教遗存研究的基础在于对材料的发现和甄别。这方面除了大量的考古发现外，一些学者也做了不少调查和记录，如罗二虎对陕西城固、贵州清镇材料的重新调查、记录，并在此基础上进行了材料复原[①]。佛教初传南方之路研究的学者们也对南方数省的材料进行了调查、记录和出版[②]。

“佛教造型艺术品”是杨泓先生对汉魏时期佛教遗存的称呼，杨先生详细梳理了汉魏时期的材料，认为在江南出现的，孙吴乃至西晋时期的佛像造型艺术品，只能表明当时许多器物的装饰受到佛教艺术的影响，神仙图像的行列中加入了佛像，此时的佛像并不是宗教中顶礼膜拜的尊像[③]。当然对于鄂州塘角头M4前后室过道中出土的佛像，杨泓先生在详细梳理了长江中下游地区吴晋时期墓葬中出土的佛教资料后，认为江南地区在塘角头M4独立佛像出现之前，尽管孙吴西晋时期墓葬中佛教遗物发现不少，但没有真正为佛教徒供养的佛像，在谷仓罐和铜镜上出现的佛像，与神仙或神兽等图像同出，这些与中国本土神仙信仰有关，至于唾壶上的、鞦带上的、酒樽上的佛像，没有被时人作为礼拜的圣像。所以鄂州塘角头M4前后室过道中出土的一佛二胁侍造像的发现，就显得意义重大，这是具有独立空间位置的、有主尊有胁侍的、作为礼拜对象的佛像[④]。对早期佛教遗存辨别比较大胆直接的是李蔚然先生。李先生专门阐述了青瓷器上的佛像装饰反映的江南佛教发展状况，认为青瓷堆塑人物罐的造型、内容与文献记载的“浮图”有关，浮图即梵语“窣堵坡”，除作为佛塔解释外，也可解释为灵庙、坟、冢，堆塑人物罐的形制接近于早期佛塔形状，东汉楚王刘英所造浮图应该是指佛塔或者灵庙，汉至魏晋时期庙堂前面有阙，墓前有碑碣和双阙，而出土的堆塑有门、阙、亭、碑的青瓷堆塑罐，就其结构和造型而言，应该是同时代地上建筑的反映，这也与文献所载孙权立寺建塔的时间相近。因此，李先生认为，与其将这些青瓷堆塑人物罐说作“魂瓶”“谷仓”，不如称它为“浮图”或“灵庙”更为确切，这些青瓷堆塑人物罐应为供养佛祖释迦牟尼或道教祖师而特制，信仰佛教或者道教的死者，生前可能将其供奉于室内以便朝夕祭祀，死后按其生前信仰用以随葬[⑤]。

---

① 罗二虎：《陕西城固出土的钱树佛像及其与四川地区的关系》，《文物》1998年第12期，第63-70页；罗二虎：《略论贵州清镇汉墓出土的早期佛像》，《四川文物》2001年第2期，第49-52页。

② 南京博物院贺云翱、南京艺术学院阮荣春、北京大学刘俊文、［日］龙谷大学山田明尔、木田知生、入泽崇等编：《佛教初传南方之路文物图录》，文物出版社，1993年。

③ 杨泓：《美术考古半世纪：中国美术考古发现史（彩图版）》，人民美术出版社，2015年，第198-205页。

④ 杨泓：《跋鄂州孙吴墓出土陶佛像》，《考古》1996年第11期，第28-30页。

⑤ 李蔚然：《南京六朝墓葬的发现与研究》，四川大学出版社，1998年，第93-94页。

巫鸿先生比较全面地梳理了早期中国艺术中的佛教因素，其文《早期中国艺术中的佛教因素（2～3世纪）》堪称宏文。文中巫先生首先界定了什么是“佛教艺术作品”，他认为只有那些传达佛教思想，或者用于佛教仪式或佛事活动中的作品，才可以看作佛教艺术作品。汉代艺术中的佛教因素没有一例具有佛教意义或者宗教功能，如果将其视作中国早期佛教艺术的表现，以之为原有佛教意义的真实体现，势必是一种误读。他认为汉代的佛教因素仅仅反映了汉代流行艺术对某些佛教因素的偶然借用。对于东吴和西晋时期的佛像，巫先生认为与民间佛教有关。尤其值得关注的是其关于“黄老浮屠”与“浮图老子”的分析①。与巫鸿先生强调对佛教因素遗存背景、制作，也就是说其中人的活动的推断分析不同，李正晓的研究在于全面的、以编年体的方式，介绍了汉晋、东晋十六国时期的佛教造像，对其中造像的图像组合、年代等基础问题进行了研究和总结②。当然，这方面材料做得比较细致的还有何志国先生，何先生先后以三本专著的方式，刊布了他对材料的收集、断代及初步分析，对早期佛教的许多主要命题，如宗教属性、传播路线、器物的组合等，做出了回答③。蒋赞初先生等在介绍鄂城六朝考古的主要收获时，专列一节介绍与佛教有关的佛教器物，提到了7件器物，其中3件是铜镜、4件是陶瓷器，时代在孙吴至西晋，并指出其中一件青瓷器为长江下游越窑的产品④。

当然也有对早期佛教遗存持怀疑态度的。如邢义田先生针对早期佛教遗存的疑虑，撰写了《汉晋的“舍利”与“受福”——域外图饰元素融入本土图饰系统的一例》，对敦煌悬泉置房址F13C出土的东汉竹简提出了新认识，而对于和林格尔小板申壁画墓中的“猞猁”榜题，他认为可能与曹操墓出土的“舍利禽”“受福禽”有关，并据此推测汉晋画中没有榜题的“舍利”和“受福”图像。邢义田先生文后附录了郑岩先生的回信，大意是和林格尔汉墓壁画中残存的舍利榜题图像，可能是舍利的榜题和受福禽前面所托圆盘及盘中圆球状物⑤。此推测颇有意思，思路非常独特。孙机在其《汉代物质文化资料图说》中单列《汉代与域外的文化交流》一篇，提到东汉的佛教

① 巫鸿：《早期中国艺术中的佛教因素》，巫鸿著，郑岩、王睿编：《礼仪中的美术：巫鸿中国古代美术史文编》（上、下卷），生活·读书·新知三联书店，2005年，第289-345页。

② ［韩］李正晓：《中国早期佛教造像研究》，文物出版社，2005年。

③ 何志国：《汉魏摇钱树初步研究》，科学出版社，2007年；何志国：《早期佛像研究》，华东师范大学出版社，2013年；何志国：《汉晋佛像综合研究》，上海人民出版社，2017年。

④ 蒋赞初、熊海堂、贺中香：《湖北鄂城六朝考古的主要收获》，蒋赞初：《长江中下游历史考古论文集》，科学出版社，2000年，第107-117页，原载《中国考古学会第四次年会论文集（1983）》，文物出版社，1985年。

⑤ 邢义田：《汉晋的“舍利”与“受福”——域外图饰元素融入本土图饰系统的一例》，荣新江、罗丰主编，宁夏文物考古研究所、北京大学中国古代史研究中心编：《粟特人在中国：考古发现与出土文献的新印证》（全二册），科学出版社，2016年，第542-557页。

图像，材料包括：四川乐山麻浩和柿子湾崖墓雕刻的头戴项光、结跏趺坐、手施无畏印的典型佛像，四川彭山崖墓所出的钱树座上的一佛二胁侍像，连云港孔望山东汉晚期的佛教造像，滕县画像石上的六牙象，铜山红楼画像石上面的六牙象，山东嘉祥武氏祠堂前面的一对石狮子。对于新疆民丰尼雅1号东汉晚期墓中的蓝白印花棉布及其上面的形象，孙先生认为，棉布应该是贵霜制品，其上形象为手捧丰饶角的丰收女神①。

邹清泉的本科毕业论文为《吴地魂瓶上的佛像初探》，对于佛像在魂瓶上出现的位置，提出了自己的不同看法。以往研究较普遍的看法认为，佛像最初贴塑于瓶腹，与飞鸟、朱雀、鱼等混同在一起，明显不受尊重，后逐渐上升，最后升至瓶上部中的楼阁主要位置，从而呈现出一种不断上升与佛教不断受到尊崇的过程。邹清泉认为这种观点值得商榷，依据数例不同年代的魂瓶佛像出现的位置并不与年代先后呈规律，同时结合文献中一些高僧与吴地皇权保持关系，他认为以往佛像位置不断上升，反映佛教发展逐渐受到重视的观点不能成立②。这里面涉及单个器物的纪年，甚至多件器物的纪年，与整个器物演变序列的关系，其实就是如何理解历史时期考古中的类型学问题。在文献的引用上，通过极少高僧与孙吴皇权的关系，来说明佛教并非没有得到重视，事实的可能性往往比较复杂。

晁华山的研究将早期佛教遗存探索的视野延展到中亚和印度，其在从古代遗存看贵霜王朝佛教放射状外传的四重环带时，兼论了中国早期佛教遗存。贵霜王朝从第二代王闫膏珍时起，到迦腻色迦王时代，向东、西、南三方推广佛教，其东邻就是我国的新疆等地区。贵霜王朝的政治、军事力量达不到的中国内地，中国内地是贵霜传教最远的第四环。参与佛教传播的高德大僧有支谶、支曜、支谦、竺法护、康孟祥、康僧会、安世高、安玄等。佛教传入中国内地后，在洛阳及徐州地区建有佛教寺院，高德大僧带来了称为胡本的佛经。在论述中国内地1～5世纪的佛教遗存时，晁华山将遗存分为两类叙述：第一类是寺院及其包含物，第二类是与佛教有间接关系的实物。对于第二类遗存，也就是与佛教有间接关系的实物，绝大部分发现于中国的南方。所谓间接关系，是因为这些遗存不是寺院遗址，也不是寺院内使用或供奉的物品，此类物品包括崖墓中的石刻佛像纹、墓砖上的佛像纹、墓砖上的楼阁塔纹、随葬熏炉上的佛像贴饰、随葬青瓷盘口壶上贴附的佛像饰、随葬青瓷钵与罐上贴附的佛像饰、随葬堆塑罐上贴附的佛像饰、随葬带有白毫的陶瓷俑等。铜镜是作为日用品随葬的，其余的都是特制的随葬品。这些佛教的间接品，不是佛教的正式物品，也就是说，不是寺院建筑物的构件，也不是寺院的内含物，不是供养的尊像，不是法器，也不是寺院的一

① 孙机：《汉代物质文化资料图说（增订本）》113《汉代与域外的文化交流》，上海古籍出版社，2011年，第523-529页。

② 邹清泉：《吴地魂瓶上的佛像初探》，《美术史研究》2001年第3期，第61-66页。

般生活用品。晁华山认为，这些物品虽与佛事活动没有直接关系，但却能说明佛教对世俗生活的影响，以及世俗对佛教的认识。对于这些器物上贴附的佛像，晁华山认为世人只是将其视作低层次的神，或如同妖魔鬼怪，或是镇魔压邪的怪兽①。

早期佛教传播的模式之争，以温玉成先生的论述针对性最强。温先生提出了中国1～3世纪的仙佛模式，认为佛像是以神仙为原型创造出来的仙佛模式，佛像传播的主渠道仍然是丝绸之路；东汉人理解的佛教仅是祠祀的一类，而佛也仅仅是神仙的一种，并对沂南画像石墓、鄂州塘角头等早期佛教材料进行了分析，认为均为仙佛；在仙佛模式被取代之前，还有一段仙佛与西佛并存的时期；西晋晚期，西方佛像模式最终取代仙佛模式②。对于西晋晚期以后出现的情况，韦正也有思考。韦正注意到长江中下游地区佛像和奉佛胡俑从东吴中晚期开始出现，到东晋初年突然消失，而且与佛教关系比较密切的五联罐、魂瓶、贴塑佛像的青瓷器，以及装饰佛像的铜镜，也不再出现。对于这种变化的原因，韦正认为与东晋佛教的士大夫化有关，东晋初年，由于皇帝的崇拜，佛教在官方得到了与孙吴西晋时期无法比拟的地位，可能因此当时不再将佛像作为器物装饰，也不允许将佛教与丧葬活动联系在一起③。韦正推测的不允许将佛教与丧葬联系在一起的可能，对研究丧葬礼俗中佛教因素的演进至关重要。对于六朝早期墓葬中的佛教遗物，韦正认为具有仙佛的性质，源自印度的佛教传入中国后，基本丧失了原来的佛教意义和宗教功能，“因此，上述考古发现品不能看作是佛教与中国传统的结合，而可能仅仅反映了汉代通俗艺术对某些佛教因素的偶然借用”④。何志国提出了在其《早期佛像研究》及《汉晋佛像综合研究》等书中多次论证的“佛神模式”，从传播者（胡人）和接受者（汉地民众）两方面解释了汉晋佛像的性质，佛教初入中土时胡人“设像行教”的佛像，被汉地民众视为神灵而顶礼膜拜⑤。仝涛提出了“西王母+佛教图像”的模式，强调大一统的汉文化圈内，中心地区与边缘地区的不同反应。西南地区作为文化圈的边缘地带，具有浓厚的地域特色⑥。襄樊菜越三国墓陶楼出土后，罗世平先生发文认为，菜越三国墓出土的陶楼是汉晋浮图祠文物的代表，其

---

① 晁华山：《从古代遗存看贵霜王朝佛教放射状外传的四重环带——兼论中国早期佛教遗存》，四川联合大学西藏考古与历史文化研究中心、西藏自治区文物管理委员会编：《西藏考古（第1辑）》，四川大学出版社，1994年，第165-177页。

② 温玉成：《公元1至3世纪中国的仙佛模式》，《敦煌研究》1999年第1期，第159-170页。

③ 韦正：《魏晋南北朝考古》，北京大学出版社，2013年，第400页。

④ 韦正：《魏晋南北朝考古》，北京大学出版社，2013年，第400-402页。文下脚注有巫鸿的《早期中国艺术中的佛教因素（2～3世纪）》。

⑤ 何志国：《汉晋佛像综合研究》，上海人民出版社，2017年，第29-30页。

⑥ 仝涛：《东汉“西王母＋佛教图像”模式的初步考察》，《四川文物》2003年第6期，第75-79页。

重楼阁道与覆钵相轮，仙人好楼居，此类楼阁是中国楼阁式佛塔的源头①。

路线之争是早期佛教传播争论较多的另一个课题。

佛教传入中国，一般传统上认为是从印度再中亚再西域，然后传入中原的。吴焯是较早针对四川早期佛教遗物，研究佛教传播途径的。他通过对考古材料和文献的梳理，认为四川早期的佛教及其遗物，传播途径或者说是路线，是由西北印度、中亚，经西域穿越青海道进入蜀的西界的，然后沿着岷江向东发展。吴焯也承认，佛教的传播是一个十分复杂的现象，但无论如何必须考虑三个方面，即佛教遗物的地理分布、走向，文献有关佛教初传入四川的线索，以及所出遗物的图像学材料②。其所著《佛教东传与中国佛教艺术》梳理了佛教东传的大致过程，包括从敦煌到龙门，中国式佛像的最后完成③。邢义田曾提到目前研究四川地区佛教造像早期渊源的说法可以粗分为两大派，一派主要认为源头是长江下游的佛教中心——建康，另一派认为应是通过河南道或者青海道，源自河西和西域，甚至受到关中的影响④。将早期佛教传播与南北朝时期的佛教传播混为不同的两大派，显然是忽略了不同时期四川佛教传播来源的复杂化。

阮荣春在对南方早期佛教因素遗存进行调查的基础上，提出了“佛教初传南方之路”，并对这一传播路线进行了具体的细化，以及南传系统对北方的影响⑤。该路线的提出及相关研究，引起了学界对南方地区汉晋时期外来文化因素遗存的关注，促进了历史时期考古学不同考古学文化传播研究的方法论探讨。当然，这一学术概念的提出，给我们留下了一本非常不错的《佛教初传南方之路文物图录》⑥，嘉惠学林。温玉成稍后对早期佛教初传中国南方之道路提出了质疑，强调传统的丝绸之路就是佛教初传中国的道路，1～2世纪的中国佛教文化的中心在洛阳，渐及北方。对于中国南方地区的佛教文化，他认为在3世纪上半叶得到扩展。1世纪下半叶中国是仙佛模式，3世纪末叶最终被“西国佛像”模式所取代。中国的佛教图像从一开始就与仙道信仰结合，

---

① 罗世平：《仙人好楼居：襄阳新出相轮陶楼与中国浮图祠类证》，《故宫博物院院刊》2012年第4期，第10-26页。

② 吴焯：《四川早期佛教遗物及其年代与传播途径的考察》，《文物》1992年第11期，第40-50、67页。

③ 吴焯：《佛教东传与中国佛教艺术》，浙江人民出版社，1991年。

④ 邢义田：《赫拉克利斯（Heracles）在东方——其艺术形象在古代中亚、印度与中国造型艺术中的流播与变形》，邢义田：《画为心声：画像石、画像砖与壁画》，中华书局，2011年，第512-513页。

⑤ 阮荣春：《佛教南传之路》，湖南美术出版社，2000年。

⑥ 南京博物院贺云翱、南京艺术学院阮荣春、北京大学刘俊文、［日］龙谷大学山田明尔、木田知生、入泽崇等编：《佛教初传南方之路文物图录》，文物出版社，1993年。

并且与丧葬习俗关联[①]，认识到早期佛教图像与丧葬习俗关联非常重要。李正晓对“仙佛模式”做了进一步的思考，认为对于早期出现的“仙佛”像等的说法过于笼统，要研究佛教造像，最关键的在于辨明有关图像的性质，必须明确出现哪些图像因素才算是佛教图像。在这里，李正晓强调图像因素，换句话说就是，如果要确定某个图像是佛教图像，这个佛教图像就需具备一些图像因素[②]。

荣新江的《陆路还是海路？——佛教传入汉代中国的途径与流行区域研究述评》[③]，回顾了早期佛教遗存的考古和文献材料，批判了佛教传入海路说[④]，认为应该关注贵霜帝国范围内的早期译经，佛教从西北印度大月氏经陆路传入汉代中国的说法最为合理。在进入中国之后，与初期道教和传统方术相结合，人们盲目崇拜佛教图像，真正意义上的佛教，是通过翻译佛经和教授弟子而传播开来的。

姚崇新有长篇宏文对佛教海道传入说和滇缅传入说进行了辩证，并论述了悬泉东汉浮屠简发现的意义[⑤]。论文首先梳理了问题的由来，指出目前佛教传入的路径有三种主张：自中亚经西域传入说（陆道说）、海道传入说（海道说）、滇缅道传入说（滇缅道说），持海道说者往往也同意滇缅道说。陆道说的代表人物有汤用彤、塚本善隆、白鸟库吉、任继愈、许理和、严耕望等；海道说由伯希和提出，后有梁启超、吕思勉、冯承钧、镰田茂雄；陆道说一直是学术界的主流，但是海道说及其附属的滇缅道说的影响一直存在。20世纪90年代以来，“早期佛教南传系统”的提出，掀起了海道说及附属滇缅道说的新高潮，当然也有折中的观点。论文对初传之地是洛阳还是江淮，西域和南海这些中间地带进行观察，交、广二州佛教的初传，滇缅道，北方早期佛教图像与南方早期佛像风格，敦煌悬泉东汉浮屠简发现的意义等重要问题进行了相当详细的叙述与分析。论文结合传世文献、考古材料对佛教海道说及滇缅道说的主要观点进行了全面清理，结论就是：江海地区并不是我国佛教的初传之地，江淮地区的佛教也不是来自海上，而是来自洛阳，洛阳是我国北方地区佛教最早传播的地区，初传交、广也没有早过中原北方地区，所谓的“早期佛教的南传系统”概念就不能成立，因此，在现有证据条件下，陆道说无疑是最有说服力的。

---

① 温玉成：《“早期佛教初传中国南方之路”质疑》，《四川文物》2000年第2期，第40-46页。

② 李正晓：《中国早期佛教造像研究》，文物出版社，2005年，第3页。

③ 荣新江：《陆路还是海路？——佛教传入汉代中国的途径与流行区域研究述评》，北京大学历史学系编：《北大史学（9）》，北京大学出版社，2003年，第320-342页。

④ 吴廷璆、郑彭年：《佛教海上传入中国之研究》，《历史研究》1995年第2期，第20-39页。

⑤ 姚崇新：《佛教海道传入说、滇缅道传入说辨正——兼论悬泉东汉浮屠简发现的意义》，荣新江、朱玉麒主编：《西域考古·史地·语言研究新视野：黄文弼与中瑞西北科学考查团国际学术研讨会论文集》，科学出版社，2014年，第459-496页。

姚崇新的论文与罗世平的论文都显示出对此问题的宏大叙事把握[①]，不过二者在关注点上不同，一个是从美术史的角度关注，一个是从考古学与文献学的角度关注。罗世平先生的文章按照地区详细分析了诸如江南吴地、四川、洛阳、徐海等地区的材料，姚崇新是从诸道说的论辩路径来梳理，如初传之地、中间地带的观察、敦煌等，关注的问题侧重点也不大相同。罗文在于叙述佛像与胡人流寓地，而姚文在于诸道说问题的由来比较甄别。二文均是汉晋早期佛教传播研究非常重要的论文，值得仔细分析。

仝涛在其博士学位论文《长江下游地区汉晋五联罐和魂瓶的考古学综合研究》[②]第五章"五联罐和魂瓶上的胡俑和胡神"中单列一节分析佛教在长江中下游地区的传播。仝涛认为，魂瓶上的拱手跪坐俑不少眉心出现白毫相，有的还有身光，一般双手交叉捧于胸前，有的双手捧果奉献，这些跪坐俑所扮演的角色是丧葬礼仪的参与者，正在为死者进行某种超度仪式[③]。

在具体的器物研究方面，以仝涛的博士学位论文对魂瓶的研究较为详细。仝涛的博士学位论文系统地梳理了长江下游汉晋时期的五联罐和魂瓶，对与此类材料相关的主要问题均进行了论述[④]。其将五联罐分出古会稽区和古丹阳区，五联罐最早产生于东汉中期的会稽地区，孙吴中期影响到江苏西南部和安徽的东南部，并沿着长江到达更西的地区。永安年间前后，古会稽地区的五联罐在束腰处开始出现堆塑平台，演变为魂瓶。魂瓶无法像五联罐一样可以分出古会稽区和古丹阳区，使用魂瓶的墓葬形制有"凸"字形、刀形、"吕"字形、多室墓等，墓主身份也比较复杂。

五联罐和魂瓶上的胡俑是仝涛博士学位论文重点关注的内容，仝涛将这些胡人俑分为尖顶帽、平顶帽和凹顶帽三种类型，其中作为A型的尖顶帽型又分为无沿尖顶帽、卷沿尖顶帽和武士帽。其中的武士帽就是在尖顶帽的上面装饰有圆形、棒形或尖状的饰物，类似于兵士的头盔；胡人的来源也比较复杂，单就长江中下游地区而言，战争导致胡人直接进入长江中下游地区；同时，因北方战乱，北人南迁，其中就应该包括一些胡奴、胡伎和胡兵；此外西域胡僧也从中原迁居到长江中下游地区[⑤]。

---

① 罗世平：《汉地早期佛像与胡人流寓地》，中山大学艺术学研究中心编：《艺术史研究（第一辑）》，中山大学出版社，1999年，第79-101页。

② 仝涛：《长江下游地区汉晋五联罐和魂瓶的考古学综合研究》，四川大学博士学位论文，2006年。

③ 仝涛：《长江下游地区汉晋五联罐和魂瓶的考古学综合研究》，四川大学博士学位论文，2006年，第88页。

④ 仝涛：《长江下游地区汉晋五联罐和魂瓶的考古学综合研究》，四川大学博士学位论文，2006年。

⑤ 仝涛：《长江下游地区汉晋五联罐和魂瓶的考古学综合研究》，四川大学博士学位论文，2006年，第92-111页。

魂瓶上的堆塑与佛教在长江中下游地区的传播是仝涛论文重点论述的专题。其文对魂瓶上的佛像进行了特征总结，佛像主要位于魂瓶的顶部、肩部和腹部，主要有三种形式：第一种是高肉髻，着通肩大衣，结禅定印，均有项光，个别有白毫，坐于莲花座上，两侧有狮子；第二种肉髻不明，但双手合十于胸前，有头光和背光；第三种是头戴尖顶帽，坐姿，双手捧于胸前，头光和背光连为一体呈桃形。第一种为大多数魂瓶上所见佛像。仝涛认同佛像位置的变化并没有严格遵循一些学者总结的规律，也就是以往所说的，佛像最初贴塑于腹部，与神禽异兽水生动物混杂，明显不受尊重，到后来逐渐上升到魂瓶瓶口位置，再上升到青瓷堆塑罐上部建筑中的主神位置，呈现出一种上升发展规律及逐渐受到尊重的过程。但是仝涛认为，尽管魂瓶上这种规律并没有被严格遵循，但佛像位置的变化至少也反映出吴晋时期佛教的深化程度。魂瓶佛教装饰所体现的宗教仪式，是仝涛论文论述魂瓶与佛教关系的重点。他认为这些魂瓶上的胡俑，头戴尖顶帽，表情肃穆，有的拱着双手，有的双手合十，有的似捧物，端坐环列，虔诚奉献，显然是在进行与葬礼有关的宗教仪式。之所以如此推论，其认为“地域观念在吴晋时期已经影响到中土的丧葬传统，由此而进行类似福会、腊佛的宗教仪式，以使先辈亡灵超度解脱，也在情理之中，尤其在孝道思想盛行的六朝时期，这一仪式尤显重要。魂瓶堆塑中的双手捧果、物奉献，低头做默祷状的胡俑，应该是早期佛教徒参与中土丧葬仪式的反映……都是当时丧葬礼仪中流行佛教超度法会的明证”①。

魂瓶材料与早期佛教传播路线也是仝涛论文比较关注的问题，文中提到发现胡俑的地方未必有早期佛像的分布，但有早期佛像分布的地区，都有并存的胡人，这样的地区包括中原地区、山东苏北地区、西南地区和长江中下游地区。汉晋时期中国境内的中亚胡人大部分应该是通过北方丝绸之路而来的，海路交通对吴晋时期的长江下游地区佛教的兴盛并没有决定性的影响②。

就地区比较而言，西南地区的佛像研究、早期佛教传播研究，在早期佛教遗存出现的几个地区中，显得非常活跃，出现了一批优秀的成果，研究的热度持续升温。详如下述。

佛像的出现是否说明佛教的信仰属性？霍巍老师在《中国西南地区钱树佛像的考古发现与考察》③一文中，对此问题进行了回答。霍老师详细梳理了西南地区的钱树佛像材料，在30多例中选举了一些有代表性的例子，如四川彭山M166出土的钱树佛像、

---

① 仝涛：《长江下游地区汉晋五联罐和魂瓶的考古学综合研究》，四川大学博士学位论文，2006年，第111-117页。

② 仝涛：《长江下游地区汉晋五联罐和魂瓶的考古学综合研究》，四川大学博士学位论文，2006年，第118-121页。

③ 霍巍：《中国西南地区钱树佛像的考古发现与考察》，《考古》2007年第3期，第70-81页。

四川绵阳何家山1号崖墓钱树佛像、四川忠县涂井崖墓出土的钱树佛像、贵州清镇第11号石室墓钱树佛像，陕西汉中城固砖室墓出土的钱树佛像等。此外，霍巍老师的文中还提到了日本收藏的3件，包括大阪府久保物纪念文化财团收藏的钱树佛像铜盘，以及两件私人收藏的钱树佛像。钱树佛像大体位于钱树的树座、树干、树顶。钱树佛像的特征主要表现在头部有凸出的高肉髻，有的有白毫相，有的有向上反卷的胡髭，佛像的姿势均为结跏趺坐，右手施无畏印，左手握衣角的下摆，通肩僧衣是佛像的衣饰，前胸衣纹呈下垂的"U"形。霍巍认为，这些造像特点，很容易使人与犍陀罗艺术佛教造像特征相联系；这些钱树佛像与同时期四川地区其他类型的早期佛像造型风格相似；钱树佛像形态相对固定，但是也遗留有一些明显的非佛教造像的痕迹，有的佛像的肩部可以观察到向两边伸出的翼状物，这是西王母神仙像常见的特征，此特征的存在，说明此类钱树佛像仍未脱出中国传统的神仙崇拜体系。钱树佛像的年代大体始于东汉晚期，流行于三国蜀汉时期，时代相当于2世纪末至3世纪左右。中原北方地区的和林格尔汉墓壁画中的"仙人骑白象""猞猁"，以及滕县画像石中的"六牙白象"，被俞伟超先生归入"东汉佛教图像"，霍巍认为，这些图像都是间接地表达受到佛教思想影响的图像，还不是直接表现佛的形象。沂南画像石墓中石柱上凿刻的佛像与西南地区钱树佛像相似，石柱中段的佛像肩部生出双翼，沂南画像石墓的年代倾向于东汉晚期。3世纪末至4世纪初北方地区出现了一批金铜佛像，从中可以观察到一些与四川早期钱树佛像风格相近的因素，如高肉髻、通肩大衣，以及"U"形下垂的衣纹和肩生双翼等。长江中下游地区的孙吴时期，早期佛像材料较多见于铜镜和青瓷堆塑罐上。铜镜上的佛像一种是包括结跏趺坐和半跏思惟的坐姿佛像，一种是飞天一类的图像。长江中下游地区的吴镜佛像与长江上游地区的钱树佛像在形态上有明显的不同。青瓷堆塑罐上的堆塑佛像基本上均结禅定印，不见钱树佛像中的施无畏印和手握衣角的姿态。霍巍通过比较认为，在2～3世纪，长江上游地区的早期佛像与中下游地区的形态的差异性是主要的，二者之间不可能存在传递关系，两地接受佛教传播的途径很可能也是不同的，两地区可能已经形成两个不同的接受佛教影响的中心。四川地区钱树主尊存在一个从西王母演变为佛陀的"主尊置换"式的变化，尽管钱树上出现了佛像，霍巍认为却不能由此肯定就是佛教信仰崇拜的结果，在研究以四川地区为中心存在的钱树佛像时，有必要突破以往只从佛教传播的单一思路去加以认识的固有模式，应当联系到当时四川地区早期佛道关系、早期道教造像的起源等多方面因素加以综合研究。

宿白先生也对四川的钱树和长江中下游部分器物上的佛像进行了分析①，钱树佛像

① 宿白：《四川钱树和长江中下游部分器物上的佛像——中国南方发现的早期佛像札记》，宿白：《魏晋南北朝唐宋考古文稿辑丛》，文物出版社，2011年，第211-223页，原载《文物》2004年第10期。

中西王母与佛像均可位于钱树座和树顶的位置，且同出器物大多相近，因此可以说，钱树对西王母和佛像的含义大体近似。长江中下游，以及上游，佛像多与胡人杂处，这些佛像都应属于前佛教信仰时期的形象。这里宿白先生提出了“前佛教信仰时期”的概念。至于东晋以后，佛像从异域神明的列仙，上升到宗教的主尊，或许就是东晋以后魂瓶佛像类器物不见的原因。归纳上述诸位先生对钱树佛像的研究，有几点值得我们重视，一是不太注意树顶主尊位置佛像与树干佛像的区别，其实反问一下，除了在钱树树顶出现西王母位置的地方出现了佛像，是否在树干出现佛像的位置出现了西王母？如此一反观对比，就会发现在钱树材料系统下，不能总拿佛像与西王母比较，强调其神仙和升仙。二是与此问题伴随而来的就是不能只是简单地将钱树视为一件器物，还应当以图像展开的方式，观察钱树上诸题材的位置及变化。这一点本书后述具体材料部分还将涉及。

何志国在《汉晋佛像综合研究》①一书中，在涉及长江下游地区的汉晋佛像材料时，不少佛像材料的描述并没有参照考古简报或报告，而是较多地参考了《佛教初传南方之路文物图录》，如果要从考古学的角度，依据出土背景，全面地分析这些早期佛教遗存，在有报告的情况下，还是得从考古报告的材料入手，进行描述和分析。如果仅仅依据图录，则变成单纯的文物学研究了，当然，何志国在后面的材料分析和年代判断方面，还是较多地利用了考古报告中材料的出土背景。就本课题而言，不对佛教因素遗存在墓葬中的具体出土背景进行详细描述，是无法较客观、具象地理解佛教因素如何进入丧葬礼俗的。何志国对汉晋佛像材料的收集，贡献较大，其先后出版了三本与早期佛教遗存有关的专著②，对相关问题均有论述，殊为难得！

罗世平《汉地早期佛像与胡人流寓地》一文提到，由蔡愔摹自西域，明帝命画工图写于清凉台和显节陵上的释迦倚像，到慧皎作《高僧传》时已经不存在了，不过将佛像雕绘于陵墓的做法已经在后代得到继承，并举四川乐山麻浩和柿子湾崖墓门额上的画像，以及山东沂南画像石墓中室八角柱上的线刻佛像为例。对于海道传入说，罗世平认为可能性不大；江南吴地的佛教传播经由洛阳和交趾的胡人僧众的双向影响，不过交趾的佛教与洛阳密不可分。罗文认为，早期佛教美术遗物，在图像学上有两个显著的特征，第一个是佛像有胡貌，第二个是与佛像相关的人物均为胡帽、胡服、胡跪的胡人形象，汉地早期佛像分布的区域，实际上也是东汉以降来华胡人的迁徙地和流寓地③。

---

① 何志国：《汉晋佛像综合研究》，上海人民出版社，2017年，第84-96页。

② 何志国：《汉魏摇钱树初步研究》，科学出版社，2007年；何志国：《早期佛像研究》，华东师范大学出版社，2013年；何志国：《汉晋佛像综合研究》，上海人民出版社，2017年。

③ 罗世平：《汉地早期佛像与胡人流寓地》，中山大学艺术学研究中心编：《艺术史研究（第一辑）》，中山大学出版社，1999年，第79-101页。

王仲殊先生有多篇论文论述佛兽镜、佛像夔凤镜，如《关于日本的三角缘佛兽镜》《论吴晋时期的佛像夔凤镜》。在前文中，王先生论述了佛像夔凤镜的产地是在长江流域的吴地，而吴都鄂城及其附近地区则应是它的重要产地之一。日本出土的平缘花文带佛兽镜，应该是中国长江流域的吴镜，王先生强调也包括晋代在吴的故地所制作的铜镜，都是从吴地输入日本的[①]。后文中，王先生除了详细介绍了外国博物馆收藏的4件佛像夔凤镜外，还重点描述了1949年后我国发掘出土的7件佛像夔凤镜，认为佛像夔凤镜主要流行于孙吴的中后期，东晋以后佛像夔凤镜衰落。佛像夔凤镜中趺坐于莲座上主佛的两侧，出现了侍候东王父西王母的“羽人”，说明此类图像是按照神仙图像的旧方式表现的。夔凤镜连弧纹中的飞天实际上表现的是天空，“巨蟹”的纹样推想可能与黄道十二宫有关[②]。熊寿昌也论述了佛像镜的产地等相关问题[③]。

另外一个热点就是对南北朝时期的佛教相关考古材料的研究。

南北朝墓葬中的佛教题材一直备受关注，这与本阶段墓葬中有不少的壁画有关，而且墓葬的等级均较高，就是从墓主身份来分析，此时的佛教因素遗存明显进入一个较高的层次。墓葬与佛教的关系主要集中在考古材料的辨别、总结，以及一些特殊题材的分析上，特别是南北朝壁画图像中常见的题材如何处理。具体如下：

曾布川宽在分析南朝拼镶砖画中的“羽人戏虎”“羽人戏龙”画像时，注意到了上方飞舞的天女，根据仙塘湾南朝墓中砖侧发现的“天人右”刻铭，认为这些均是天人无疑。曾布川宽还提到了邓县（现邓州市）彩色画像砖墓的天人图画像砖，这些天人与仙人不同之处在于没有着羽衣，它们也与敦煌石窟壁画中的飞天一样，披着天衣，凌空飞行。那么如何认识这些“天人”？曾布川宽先生认为，它们明显是从佛教中的飞天借来的形象，演奏乐器与捧物也一样，这些图像周边空中飞舞的散花，也是受到了佛教的影响[④]。言下之意，其并不具备佛教信仰的性质。宿白先生认为，南朝砖墓中的卫护佛法的狮子、捧持供养物品的飞天，还有化生、宝珠等与佛教有联系的图像出现，是把供奉佛的题材和装饰借用到供奉墓主人上；南朝神道石柱顶饰以狮子，也是把护卫佛法的东西借用到护卫墓主人上，其情况是相同的[⑤]。

---

① 王仲殊：《关于日本的三角缘佛兽镜——答西田守夫先生》，《考古》1982年第6期，第630-639页。

② 王仲殊：《论吴晋时期的佛像夔凤镜——为纪念夏鼐先生考古五十年而作》，《考古》1985年第7期，第636-643页，图版肆-图版柒。

③ 熊寿昌：《论鄂城出土的“佛像镜”及其相关问题》，《考古》1993年第7期，第616-619页，图版贰。

④ ［日］曾布川宽著，傅江译：《六朝帝陵——以石兽和砖画为中心》，南京出版社，2004年，第97-98页。

⑤ 宿白：《考古发现与中西文化交流》，文物出版社，2012年，第69-70页。

韦正对南朝墓葬中的佛教因素进行了归纳和阐述。他认为与佛教有关的因素包括佛教人物形象类的佛像、僧人、飞天、伎乐、供养人物，佛教护法类的狮子，佛教象征物的瓶花、博山炉等杂器，以及佛塔等。详细列出了20座南朝墓葬，一一梳理其中的佛教因素，并对这些遗存佛教属性的确定性与不确定性进行了分析。对于这些佛教因素，韦正与此前的吴晋材料进行了对比，他认为南朝墓葬中的佛教因素，是作为墓葬中的不可或缺的因素存在的，与此前出现在可移动的随葬品上的情况不同[①]。韦正此文的重要之处，在于将南方地区的砖柱墓的一些材料纳入佛教因素里，认为有的砖柱可能是墓中所砌佛塔。李梅田、周华蓉的《试论南朝襄阳的区域文化——以画像砖墓为中心》以邓县彩色画像砖墓、襄阳贾家冲画像砖墓、谷城肖家营南朝画像砖墓、襄阳柿庄画像砖墓等为材料，认为以往的研究对这批画像砖墓的年代、南北归属、文化交流及艺术特征等进行了论述，但是，对于此类材料体现出的独特的区域历史文化内涵还有讨论的余地，不应局限在“南北文化的交汇”这一认识上。文中提到邓县彩色画像砖墓中的“飞仙”画像，贾家冲画像砖墓中的“飞仙”“趺坐小佛像”“化生童子”“供养人”画像，谷城肖家营南朝墓墓砖青龙、朱雀画像构图模仿龙门石窟的尖拱龛，谷城龙湾村画像砖墓中的“飞天”等题材，同时还有汉代以来的传统题材，如青龙、白虎、凤凰、玄武、飞马、双龙、双狮等四神及瑞兽，“南山四皓”“王子桥（乔）”“浮丘公”等仙人图像，“郭巨埋儿”“老莱子”等反映儒家孝道观的图像，反映了襄阳作为文化交汇之地的多元化信仰[②]。关于邓县彩色画像砖墓，李梅田进行了图像配置复原，并绘出图像配置示意图[③]。施杰也对邓县学庄彩色画像砖墓进行了详细的梳理，并有详细图解[④]。施杰认为，邓县彩色画像砖墓的结构、图像等艺术题材，与印度等佛教寺院有着相似之处，其墓门、武士、狮子、两侧的砖画、墓室后壁的砖砌双塔，以及墓室中间安放的死者棺椁，一起构成了一个为死亡而安置的佛教场景。吴桂兵也对墓葬与石窟的关联进行了研究[⑤]。

① 韦正：《试谈南朝墓葬中的佛教因素》，《东南文化》2010年第3期，第91-100页。

② 李梅田、周华蓉：《试论南朝襄阳的区域文化——以画像砖墓为中心》，《江汉考古》2017年第2期，第95-107页。

③ 李梅田：《西曲歌与文康舞：邓县南朝画像砖墓乐舞图新释》，《故宫博物院院刊》2016年第4期，第82-94页。

④ Shi J. To Die with the Buddha: The Brick Pagoda and Its Role in the Xuezhuang Tomb in Early Medieval China. T'oung Pao, 2014, 100 (4-5): 363-403 .

⑤ 吴桂兵：《洞房石室与珉床雕户——关于北朝墓葬与佛教窟龛关联的思考》，巫鸿、朱青生、郑岩主编：《古代墓葬美术研究（第3辑）》，湖南美术出版社，2015年，第95-118页。

林圣智对绵阳平杨府君阙进行了研究[①]，加之孙华等对该阙的研究[②]，表明平阳府君阙上的佛像与墓阙的关系不是建立在丧葬礼俗意义上的，其义甚明，但这一材料耐人寻味。

金镇顺详细梳理了南北朝时期墓葬美术中的佛教影响[③]。文中认为，佛教传入中国，直到东晋时期起，佛教的天堂地狱观念开始影响时人的生死观念，进而直接反映在墓葬美术上。这里，金镇顺将佛教对死后观念的影响分为东晋之前和东晋之后两个不同的发展阶段。她认为，汉魏时期墓葬中出现的与佛教造型有关的图像，并不反映真正的佛教思想。她对汉魏时期墓葬中出现的佛教因素遗存也做了区分。佛教初传汉地的时候，与东王公、西王母等神仙区别不大，图像特征较为近似，总之，佛教传统图像的特征不明显。相对于此，东晋之前的孙吴、西晋时期，出现了具有明显佛教造像特征的佛教造型，如魂瓶上贴塑的小型佛像、青铜镜上的佛像等，但是，它们的出现，仍然是与神仙或者神兽图像组合出现，因此，此时的佛教造像在外观上明显受到佛教艺术的影响，但是仍然具有与中国民间信仰相互结合的特征，与后来受人供奉的佛教造像不同。金镇顺认为，真正反映佛教思想的佛教造型艺术，应该出现在南北朝时期的墓葬美术中，当然这一趋势与东晋十六国以来的佛教发展有密切关系。

在具体的南北朝墓葬美术材料中，金镇顺认为，南朝前期大型拼镶砖画墓中，甬道上的狮子，墓室里的莲花、天人，属于佛教题材，但属于次要的装饰题材。福建闽侯南屿南朝墓则属于明显的佛教题材。南朝后期墓葬中，佛教题材则更为丰富，如供养人物、菩萨、莲花化生、莲花和宝瓶等。金镇顺在论述南朝后期墓葬中的佛教题材时，重点对莲花化生进行了分析。她认为邗江南朝画像砖墓中的小佛像、襄阳贾家冲墓中端坐于莲花上的佛像，均是莲花化生图像，最重要的特征就是它们均与邓县画像砖墓中的双鬟髻的发型相似，插着莲花的宝瓶其实反映的也是莲花化生。她注意到一个有趣的现象，就是佛教在传播初期，更多的是墓葬中出现佛像，但是到了佛教盛行的南朝，佛像在墓葬中不再出现。墓葬中满饰各种莲花，用以表示死后能够往生佛国、天堂净土。北朝墓葬中的佛教题材主要有联珠圈纹、缠枝圈草纹、缠枝忍冬纹、童子或天人、守门菩萨等佛教人物和供养人物等。

金镇顺在研究南北朝墓葬美术中的佛教影响时，注意到人们的生死观念与佛教的

---

① 林圣智：《由墓阙到浮图——四川绵阳平阳府君阙研究》，石守谦、颜娟英主编：《艺术史中的汉晋与唐宋之变》，石头出版股份有限公司，2014年，第127-167页。

② 孙华、巩发明：《平杨府君阙考》，《文物》1991年第9期，第61-69、73页，图版捌；孙华：《四川绵阳平杨府君阙阙身造像——兼谈四川地区南北朝佛道龛像的几个问题》，巫鸿主编：《汉唐之间的宗教艺术与考古》，文物出版社，2000年，第89-137页。

③ ［韩］金镇顺：《南北朝时期墓葬美术中的佛教影响》，杨泓先生八秩华诞纪念文集编委会编：《考古、艺术与历史：杨泓先生八秩华诞纪念文集》，文物出版社，2018年，第185-207页。

天堂地狱观念的结合。这个研究的点是落到了佛教对丧葬礼俗的影响上了。

除了上述一些综合性的研究外，也有地区性的研究。如福建地区一直因为闽侯南屿南朝墓中的僧人礼拜画像砖，而备受学界关注。福建博物院的陈邵龙撰文《福建六朝佛教文物的发现和思考》①，将佛教文物按质地分为三类：青瓷器、墓砖纹饰及佛珠。青瓷器涉及的材料有如下几批：霞浦县西晋元康九年墓出土的青瓷堆塑罐和狮形插器，堆塑罐上有僧人和胡俑；霞浦东晋永和二年墓出土的狮形插器；建瓯水西、水南南朝墓出土的青釉莲纹瓷盘、莲瓣纹盏托、堆塑莲瓣博山炉、莲蓬纹五盅盘等；闽侯南屿南朝墓出土的堆塑莲瓣人物博山炉、堆塑莲瓣四管插器、莲花灯盏、莲花纹盘等；福州西郊金鸡山南朝墓出土的堆塑莲瓣人物香熏、博山炉、莲花罐等；闽侯光明村南朝墓出土的覆莲纹鸡首壶；永春留安山六朝墓发现的堆塑莲瓣四管插器、莲花灯盏、莲花托盏、香熏、刻印莲瓣纹碗等；晋江池店南朝墓出土的堆塑仰莲四管插器；南安丰州六朝墓中出土的堆塑人物莲瓣五管插器、堆贴莲花灯具、莲花纹唾壶和博山炉等；政和县齐永明四年墓群出土的刻印莲蓬纹瓷盘、莲瓣纹盏托、莲瓣纹托碗、博山炉等。陈文认为，在墓砖纹饰中，与佛教有关的是莲花、宝相花、飞天、卷草、缠枝忍冬、宝相联珠、宝瓶、四出花草、坐兽、忍冬、侍者、供花僧人等。材料主要有如下几批：闽侯南屿南朝墓壁面和墓顶砌用多种花纹砖，图像有侍者、供花僧人、诵经僧人、狮子、青龙、白虎、飞天、飞鱼、飞鹤、宝瓶，以及莲花、忍冬、宝相花等多种图案；晋江池店南朝齐隆昌元年（494年）墓，该墓墓砖模印纹饰有佛像、莲花、缠枝花、团花、钱纹、朱雀纹、鸟纹等；南安丰州六朝墓墓砖花纹有佛像、僧人、莲花、宝相花等，其中的M12，出土材料纪年为梁天监十一年（512年）。佛珠材料主要出现在南安丰州的M12和M18，两墓各出一串，池店隆昌元年墓出土了一串。陈邵龙同时结合地方文献等，对福建的早期佛教传播时间、主体、路径及信仰内涵等也进行了论述。

余杭小横山砖画的新材料刊布后，学界对其中一些传统的问题又开始重新讨论，如刘卫鹏根据飞仙的形象及构筑方法，将南北朝时的飞仙分出南方系飞仙和北方系飞仙两类。其中，南方系飞仙主要发现于南朝大中型墓葬中，按照建造和装饰方法分为彩绘和砖雕（刻）两类。南方系彩绘类主要见于河南邓县彩色画像砖墓中，包括壁画彩绘和墓砖彩绘，壁画彩绘飞仙位于券门两侧，彩绘墓砖所见飞仙有供养类、伎乐类等。砖雕（刻）类飞仙有单砖类和多砖拼合类。就题材而言，南朝墓飞仙有伎乐类、供养类和侍从类。北方系飞仙主要装饰于墓葬画像石棺和墓室壁画中，伎乐飞仙流

---

① 陈邵龙：《福建六朝佛教文物的发现和思考》，《福建文博》2011年第4期，第35-46页；福建博物院毛敏先生帮助收集《福建文博》有关本课题的相关资料，特此致谢！

行，飞仙常乘龙或鸾鸟飞行，飞仙除了女性形象外，还有男性形象①。

刘卫鹏在叙述南方系飞仙时，对南方系飞仙手中执物及吹奏乐器等进行了分析，如熏炉、信幡、盒、笙、箫。关于熏炉，其文既谈到汉代以来的传统，也花不少篇幅叙及熏炉、香炉在佛教供养、仪式方面的体现，但是就是不分析南方系飞仙中出现这些材料的具体作用为何；但在分析小横山飞仙中所捧之盒时，对佛教的倾向性是非常明显的，直接认为飞仙所捧之盒应为经函，盒内很可能存放佛经，所举两条文献涉及经函，但能否意指飞仙所捧之盒，尚不明确。

在论文的结语中，刘卫鹏提到："魏晋时期，随着玄学思想的流行和门阀世族对养生求仙的身体力行，神仙思想表现出新的特点，产生了以年轻貌美的女性形象为主要特征的飞仙。到南北朝时，受佛教、道教的双重影响，飞仙画像十分流行，形成了飘逸秀美的时代风格……佛教中的飞天就是受我国流行的飞仙形象的影响，装饰在造像或者窟龛上端的天宫位置，是佛教中国化的重要表现之一。"

刘卫鹏文中提到，在北方，飞仙更多地装饰于佛教石窟和造像中，一般称为飞天。飞仙和飞天到底有没有区别？如果有区别又是什么？能不能在具体考古遗存上将其区分出来，这个问题有进一步思考的必要。刘卫鹏文章中对南方、北方飞仙的划分，是基于图像本身的特征而定的，但其没有详细交代这样的划分除了图像本身的不同，到底有没有信仰性质、墓葬使用等方面的具体不同，两者的组合及各自的特征有无差异，如手执器物、在墓内的位置等。笔者以为这两者是有差异的，这种差异不仅仅以南北方两类划分而结束。一是自身特征，包括容貌特征、服饰特征、不同的执物；二是组合特征，也就是在墓室中，在石葬具上，它的出行、出现组合、排列组合，以及周边的装饰组合等。

刘卫鹏在行文过程中似乎刻意回避墓内使用飞仙图像的具体功能，一是此类器物的使用功能，文中虽有着比较好的分析，但仍然是一种概观式、全面记述式的，这对于具体研究尚显不够"入戏"；二是此类器物在墓内使用的功能。关于第二个功能探讨，刘卫鹏文中没有对此类图像在墓室内的具体位置的描述，也没有过多深入论述此类图像的组合及顺序，而这是探讨墓葬中使用此类器物、图像的功能必须要通盘、全幅考虑的。刘卫鹏文中注意到浙江余杭小横山南朝画像砖墓中既有单砖线刻的飞仙，也有多砖拼合的线刻和浮雕，墓门位置主要装饰供养类飞仙，墓室则以伎乐类飞仙和侍从类飞仙为主，这些因素有机组合于墓葬中。如此细致的观察值得学习。

对于飞天题材，李清泉认为，与佛教直接相关的飞天题材，一是多与各种仙人、灵鸟、瑞兽等一起装饰天顶藻井；二是其本身也不是佛教的信仰对象，而且，飞天图

---

① 刘卫鹏：《南北朝时的飞仙》，《南京晓庄学院学报》2017年第5期，第14-26页。

像的出现脱离了原来的宗教背景，所以不能反映墓主的佛教信仰[①]。

杨效俊在论述东魏北齐墓葬壁画中所见的多元文化与宗教的交融时，提到东魏北齐墓葬中的佛教图像。这些图像包括莲花纹、摩尼宝珠、火焰纹、化生莲花、莲花宝珠等，涉及的墓葬有茹茹公主墓、磁县湾漳北朝大墓、徐显秀墓、娄睿墓、九原岗壁画墓等。并且探讨了产生这些佛教图像的原因，其一是东魏北齐从贵族到百姓普遍信仰佛教；其二是石窟寺美术影响到了墓葬美术；其三是佛教的彼岸信仰和救济思想影响到了世俗的死亡观[②]。

王雁卿在《北魏平城时期的装饰纹样》一文中以较大的篇幅详细梳理了北朝装饰纹样[③]。在其所划分的云冈石窟忍冬纹中，有波状忍冬纹、单枝忍冬纹、圆环形忍冬纹、四出三叶忍冬纹、龟背状忍冬纹等，其中的E型即为龟背状忍冬纹，又分为二亚型，Ea型为六边龟背形与圆环相间纵向和横向排列，圆环底部雕忍冬，上面雕童子，六边龟背状内雕禽鸟瑞兽；Eb型为龟背状忍冬纹纵向排列，六边龟背状忍冬纹内雕童子和瑞兽。在平城地区的大同南郊北魏墓群、大同云波里北魏壁画墓、大同雁北师院北魏墓群、司马金龙墓、七里村北魏墓群、怀仁丹扬王墓、大同智家堡北魏墓、固原北魏墓、张智朗石椁壁画墓等墓葬中均发现有各式忍冬纹。忍冬纹来自西方，传到中亚，来到中国。忍冬纹是一种变形的植物纹，与象征着佛教诞生与洁净的莲花一样，随着佛教艺术的东传而发展。

平城考古中的莲花纹显然来自佛教，王雁卿将莲花分为天上莲花、地面莲花、莲花座、莲花门簪、单朵莲花、莲花头光、莲花化生童子、莲瓣带及折枝莲花等。天上莲花在云冈石窟中主要分布于窟顶、明窗、过道等，平城考古中顶部的莲花均见于墓葬中，如太和十五年的北魏方山永固陵，其中有孝文帝的虚宫“万年堂”，墓室的顶部即悬垂一石雕莲花[④]，智家堡石椁壁画的顶部绘有忍冬和莲花，大同县陈庄北魏壁画墓的前后墓室顶部以红彩绘双层团莲。王雁卿认为，这些莲花，有的有银河穿过，周围是天象星宿，应该均为天上莲花，这些莲花造型均与石窟莲花相同，无疑是北魏社会的流行样式受到了佛教的影响，其寓意另一个世界也有如天宫。地面莲花在云冈石

---

① 李清泉：《墓葬中的佛像——长川1号壁画墓释读》，巫鸿主编：《汉唐之间的视觉文化与物质文化》，文物出版社，2003年，第471-505页。

② 杨效俊：《邺城、晋阳东魏北齐墓葬壁画所见多元文化与宗教的交融》，《庆祝徐光冀先生八十华诞论文集》编委会编：《庆祝徐光冀先生八十华诞论文集》，科学出版社，2015年，第386-394页。

③ 王雁卿：《北魏平城时期的装饰纹样》，王银田等著：《北魏平城考古研究：公元五世纪中国都城的演变》，科学出版社，2017年，第67-142页。

④ 王雁卿：《北魏平城时期的装饰纹样》，王银田等著：《北魏平城考古研究：公元五世纪中国都城的演变》，科学出版社，2017年，第89页，图三〇。

窟的第9、10窟，两窟的前庭甬道地面雕有直径3～3.4米的团莲，龙门石窟的北魏宾阳中洞窟内地面也雕有大团莲。王雁卿平城考古地面莲花墓葬举两例，一例为规三路北魏墓出土的印有团莲的地砖240余块，铺满墓室。该墓地砖为长方形，中央为团莲，双层单瓣，四角出五叶忍冬相对，边框为缠枝忍冬；另一例为怀仁丹扬王墓，但介绍说只有一块，长方形，中央为团莲，中心为7颗莲子，双层莲瓣，团莲外有联珠纹一周，团莲两侧为瑞兽衔忍冬枝叶。莲花座、单朵莲花，以及莲花头光，王雁卿文中未举墓例。

在云冈石窟的第9、10、13窟的门楣上镶嵌莲蕾作为门簪，平城考古中莲花门簪多见，或与兽面相间，如宋绍祖墓石椁门楣，楣上雕五朵莲花门簪。固原北魏彩绘漆棺前挡屋宇内墓主人之下绘有梯形门楣，楣上有几朵小团莲。大同陈庄北魏壁画墓石质封门上半月形门额上雕有5朵圆形莲花。莲花化生童子在石窟中常出现在窟壁、拱门顶等，第7窟主室南壁、18窟南壁即有莲花化生童子。平城墓葬中，大同城南金属镁厂北魏墓出土莲花化生瓦当，大同湖东北魏一号墓出土有莲花化生铜饰片。莲瓣带在云冈石窟中晚期各窟内广泛使用，平城考古中莲瓣纹绘于漆棺边缘为饰，如固原漆棺以双层宝装莲瓣作为棺侧板界纹。折枝莲花最常见的形式是执于供养人手中供佛，智家堡石椁中男女侍者手中及身体的四周都有折枝莲花，张智朗石椁壁画墓石床上也装饰有插于花瓶中的折枝忍冬。王雁卿明确指出，出土于墓葬中的瓶插折枝莲花、折枝忍冬，应该不再是供养佛的香花，而可能是日常生活中的布景。世俗中所见的莲花纹除借用佛教中的莲花意义外，有的仅作为单纯的装饰纹样，如文瀛路壁画墓北侧砖床前小砖台上的彩绘三朵团莲，怀仁丹扬王墓甬道两侧门神周边的朵朵团莲，可能有助于门神之神性。

云冈石窟早期龙的表现是佛龛拱端的二龙头回顾，平城考古中，出土于方山万年堂内前后室之间甬道南口西侧的石雕门框上的龙，其意义和造型无疑是模仿石窟，但认为装饰在此有镇墓避邪的作用。迁洛后的大同陈庄北魏壁画墓，在后甬道的拱门上，以红色勾边，红、黑两色龙画于拱门的上部，两龙首昂于拱门两侧，龙尾交缠于拱门顶部，龙尾下绘有三朵圆形双层莲花，两侧龙头下拱门立束莲柱，一柱三朵束莲。司马金龙墓中石棺床前板浮雕波状忍冬纹中，有单体的龙纹。环状龙纹是由两条龙纹对称向内弯曲成椭圆形环，有的龙头上有童子，如云冈石窟第10窟门柱。平城考古中，阳高下深井北魏墓中出土的鎏金铜透雕人龙纹饰件，相对的两龙嘴里吐出三叶忍冬，环的中心立一童子；湖东一号墓出土的鎏金铜牌饰，相向的龙首之上端坐一交脚童子；宁夏固原北魏漆棺画墓出土的铜铺首衔环，环也是双龙与童子，但龙体外围各附有一凤鸟；大同恒安街北魏墓出土的金耳环也是一人双龙图案。此外，在迎宾大道北魏壁画墓M16四壁底部所绘龙、雁北师院北魏墓群出土陶车上所绘黑龙、云波里北魏壁画墓甬道南壁下层六个方格内有红色的行龙、沙岭壁画墓M7伏羲女娲两侧饰龙，对于这些龙，王雁卿认为，雕刻于佛教石窟中的龙有护法之意，而这些龙装饰于世俗之物，既是通天神兽，也是吉祥瑞兽，是一种威严通天地的象征，并且引《南齐书》卷五十七《魏虏传》所载北魏轺车龙旗规画黑龙以为厌胜为例。

云冈石窟屋形龛顶有凤鸟纹装饰雕刻，如第9窟前室北壁的庑殿顶之上有五鸟，大脊三鸟、垂脊二鸟，第12窟屋顶正面鸟头戴宝冠或羽冠，有头光，尖喙长嘴，大展双翅。王雁卿认为，此鸟在佛教中称为金翅鸟，梵名迦楼罗，与两侧鸟一同护持佛法。平城考古中，沙岭壁画墓东壁墓主夫妇画像所在之屋顶立一凤鸟；固原北魏漆棺画墓中棺盖盖顶东王公和西王母所坐之屋顶正脊中部也有立鸟。这些鸟既有避除不祥的意思，也有仙界的含义，这些屋顶之鸟既继承汉晋祥鸟之传统，又具守护之意。方山永固陵拱门两柱上也雕有含珠凤鸟，与佛龛窟门两侧的凤鸟寓意是相同的。

云波里北魏壁画墓南壁狩猎图中，大树下有一身着条纹服的主人，右手举杯于嘴边，左腿架于右腿之上，右腿下垂，坐于高座。王雁卿认为主人坐于束帛座上。方山永固陵石雕拱门上也有束帛。大同北魏墓群M109所出三角形铜饰片边缘为火焰纹带，固原漆棺侧板上分割故事的三角火焰纹，以及高句丽壁画中的角觝墓、大同北魏壁画墓M7甬道顶部伏羲、女娲之间摩尼宝珠外围火焰，均具有佛教之意。

上面笔者详细地列出了王雁卿关于北魏平城时期的装饰纹样，特别关注了这些材料在墓葬材料中的使用。这些纹饰在墓葬中出现，有的地方认为世俗材料中的使用，已经与佛教本身供养等没有关系，仅仅是作为单纯的装饰纹样；也有的材料虽然结合了其在佛教中的作用，如龙在佛教中的护持作用，但是认为在墓中的使用是镇墓避邪，或者是起到某种辅助作用，如丹扬王墓门门神旁的莲花，其作用在于有助于门神的神性。全文没有特别从佛教对古代丧葬礼俗的影响角度去观察、思考和梳理。其实，正如这些纹饰本身具有的装饰作用，对于研究墓葬丧葬礼俗中的佛教因素，乃至这些佛教因素所反映出的佛教参与丧葬礼俗的活动等礼俗，装饰性的材料并不能很好地反映出佛教对丧葬礼俗程序、实施、活动等具体的影响，这一方面也说明了寻找佛教因素遗存，寻找反映佛教对丧葬礼俗影响的佛教因素遗存，装饰性材料在这方面所起的作用。

在纹饰研究方面，苏哲认为“龟甲纹”等纹饰为东渐的佛教美术题材，苏文材料丰富、视野开阔，值得重视[①]。田立坤专考“六方连续纹样”，特别指出，密县打虎亭汉墓中的六方连续纹样与胡旋舞共存，说明六方连续纹样与中亚的粟特人有关，是中西文化交流的例证。文中所举涉及六方连续纹样的材料有炳灵寺169窟僧祇支、莫高窟出土北魏刺绣、宁夏固原北魏墓漆棺画、密县打虎亭汉墓画像石刻、新疆尉犁县营盘

① 苏哲：《日本藤之木古坟出土马具纹饰初探》，北京大学考古系编：《考古学研究（一）》，文物出版社，1992年，第381-415页。

M15出土黡袍等[①]，对于其与佛教的关系留下了颇有价值的论述空间[②]。田立坤还有两篇论文述及朝阳唐墓与营州佛教的关系，其中蔡泽蔡须达父子墓、尼大光明墓等材料值得注意[③]。苏铉淑对东魏北齐的庄严纹样进行了研究，其材料是以佛教石造像和墓葬壁画为中心的，对于墓葬中出现的宝珠纹，其认为是受到了佛教艺术的影响，但从绘制的位置和与其他图像的组合关系观察，其内涵限定在汉代壁画图像的象征之内[④]。

郝春文在研究东晋南北朝时期的佛教结社时，提到佛教造像碑铭文中的为已亡的“七世父母”祈福，隋唐五代的佛教结社，除了造像、造塔等活动之外，还“吉凶相逮”，也就是出现了丧葬互助活动[⑤]，详细内容参见其著《中古时期社邑研究》[⑥]，其中有多篇涉及佛教与丧葬活动。特别是其论述东晋南北朝时期的邑义时，专门列了一个比较详细全面的“东晋南北朝邑义情况表”，其中造像、造塔等佛教活动目的就有“为七世父母”“诸邑七世”“合邑亡过”“邑子祖先”等祈福[⑦]。谢宝富在梳理北朝丧葬礼俗时，墓葬的地上情况部分，注意到了墓上佛寺、墓旁禅窟等的建构；论述了佛教的兴盛对葬俗产生的显著影响，包括冢上浮屠的较多出现，设斋以奠死者的普遍，立寺、造像、度人为死者追崇冥福，简省奠食，不设牲牢，火葬、野葬的普遍存在等[⑧]。

唐墓中的佛教传播遗存研究也是中古墓葬研究中的重要内容。

张建林详细梳理了唐墓中的佛教因素，主要包括唐墓壁画、陶俑所见的佛教影响，出土随葬衣物疏、功德疏中的佛教内容，唐墓中出土的《陀罗尼经咒》，与丧葬有关的佛顶尊胜陀罗尼经幢，茔中窣堵坡与塔葬，附属于陵墓的佛寺、精舍，为亡人刻经、出家、开窟等。此外，其还对唐墓出土的塔式罐的佛教含义提出了自己的看

---

① 田立坤：《六方连续纹样考》，田立坤：《采铜集——田立坤考古文稿》，文物出版社，2016年，第202-218页。

② 田立坤：《前燕的两个粟特家族》，荣新江、罗丰主编：《粟特人在中国：考古发现与出土文献的新印证（下册）》，科学出版社，2016年，第532-541页。

③ 田立坤：《朝阳的隋唐纪年墓葬》，辽宁省文物考古研究所、日本奈良文化财研究所编著：《朝阳隋唐墓葬发现与研究》，科学出版社，2012年，第115-144页；田立坤、韩国祥：《蔡泽、蔡须达墓志考》，辽宁省文物考古研究所、日本奈良文化财研究所编著：《朝阳隋唐墓葬发现与研究》，科学出版社，2012年，第196-209页。

④ ［韩］苏铉淑：《东魏北齐庄严纹样研究——以佛教石造像及墓葬壁画为中心》，文物出版社，2008年，第215-245页。

⑤ 郝春文：《东晋南北朝时期的佛教结社》，《历史研究》1992年第1期，第90-105页。

⑥ 郝春文：《中古时期社邑研究》，上海古籍出版社，2019年。

⑦ 郝春文：《中古时期社邑研究》贰《专门从事佛教活动的民间团体及其与佛教的关系》表一“东晋南北朝邑义情况表”，上海古籍出版社，2019年，第60-102页。

⑧ 谢宝富：《北朝婚丧礼俗研究》，首都师范大学出版社，1998年，第172-178、200-202页。

法，虽然属性未有定论，但某些方面具有一定的佛教因素是没有疑义的[①]。

对于唐墓中的天王俑，一般认为是依据现实生活中的武士形象加以制作的，其形象多身着铠甲，一手叉腰，一手握拳，放在镇墓神兽之后，面向墓门，龙门石窟中奉先寺的石雕天王与唐墓中的镇墓天王俑一致，据此可知镇墓天王俑应是佛教传播的产物[②]。

李星明曾在研究唐陵狮子文章的引言中，提到墓葬中的设施、葬具、器物及图像中体现出的佛教文化因素包括五类：帝陵陵园四门石狮、神道摩尼宝珠石柱的形制及其线刻图像；石墓门、石墓志、葬具、壁画上面的佛教性质的天王、飞天、莲座宝珠、忍冬、狮子等图像和纹饰；天王俑、僧伽俑、塔式罐、净瓶；绢本或雕版《陀罗尼经咒》以及其他佛教性质的随葬品；附属于墓葬的寺院和经幢[③]。关于唐代帝陵中的狮子，李星明撰文专门进行了研究，在梳理唐代帝陵中的狮子时，也回顾了汉代的狮子以及南北朝的狮子，指出汉代的狮子具有西亚的风格，而且也没有进入帝陵，似乎是镇墓的神物，这样的情况在南北朝发生了变化，北朝和南朝的帝陵都出现了狮子，指出帝陵石狮显示出了更多的佛教因素，与东汉时期的墓地石狮在文化特质上有所不同。人主被比喻成佛陀，狮子除了延续传统的镇墓作用外，又多了一层宗教的含义，也就是说，狮子在墓葬礼仪空间具有了护法的含义。唐代帝陵石狮的佛教意义得到了加强，在组合上由一对石狮和一对摩尼宝珠石柱的组合，发展到四门四对石狮和神道一对宝珠石柱，狮子的造型也与南北朝不同[④]。

李星明还撰文论述了唐代帝陵神道石柱与佛教的关系，提到陵墓石柱自汉晋南北朝以来，神道石柱主体结构一脉相承，具有稳定的延续性，主要是为了标记神道兆域、界隔生死、举哀表丧、显示等级等，到了南朝梁代石柱顶盘盖上出现覆莲纹、狮形小兽，以及柱额两侧出现的礼佛童子、莲花等，表明石柱开始受到佛教的影响。唐代陵墓石柱最重要的特征就是柱顶仰覆莲座上承宝珠，这当与北朝石窟寺等佛教遗存石柱相关，宝珠柱在许多汉译佛经中也有记载。所以，其认为唐帝陵神道石柱采用摩尼宝珠柱既符合汉晋以来本土帝陵礼制逻辑，又可以适度地表达“皇帝即如来”“皇帝即转轮王”的观念，陵墓神道口矗立一对石柱，与响堂山石窟中摩尼宝珠柱立于覆钵式塔、塔式佛龛两侧的空间关系类似，如果再考虑到唐陵四门石狮与神道摩尼宝珠

---

① 张建林：《唐代丧葬习俗中佛教因素的考古学考察》，西北大学考古学系、西北大学文化遗产与考古学研究中心编：《西部考古（第一辑）》，三秦出版社，2006年，第462-472页。

② 郑州市文物考古研究所编著：《中国古代镇墓神物》，文物出版社，2004年，第23-24页。

③ 李星明：《护法与镇墓：唐陵礼仪空间中的石狮》，复旦大学文史研究院编：《佛教史研究的方法与前景》，中华书局，2013年，第18页。

④ 李星明：《护法与镇墓：唐陵礼仪空间中的石狮》，复旦大学文史研究院编：《佛教史研究的方法与前景》，中华书局，2013年，第18-35页。

石柱的共存关系，则其佛教意蕴更加显著①。

程义论述了壁画、陶俑中的佛教因素，唐墓中的经咒、陀罗尼经幢、佛塔等，对于墓葬中的佛寺壁画、天王俑、大量的莲花纹、阙楼附近的飞天，他认为仅仅是受到佛教的影响，不能简单地将其视为佛教因素。对于唐墓中大量出现的塔式罐的宗教性质，他认为是一个难以解决的问题②。冉万里在论述唐代长安的迦陵频伽时，提到了一些墓葬中的迦陵频伽，如永泰公主墓石椁线刻、敬陵贞顺皇后石椁线刻、李宪墓石椁线刻、薛儆墓墓志盖纹饰等。对于有研究认为迦陵频伽图像为希腊神话中的有翼神鸟，冉万里认为，迦陵频伽的起源可能与希腊神话有关，但具体到贞顺皇后石椁，结合当时佛教盛行的背景，似乎可以将其视为迦陵频伽，也就是与佛教有关③。

墓葬考古遗存的研究必然会涉及观念研究，冉万里还以各类追冥福行为为中心，略论了佛教地狱观念对隋唐时期丧葬习俗的影响。文中，提到这些行为包括写经、刻经、造像、立寺追福、墓地建幢、随葬陀罗尼经咒、度僧尼，以及丧葬过程中为死者超度的行为，举行盂兰盆会，使死者脱离地狱之苦，从而能够往生佛国净土，此外还有斋僧、施财与国忌行香、击钟、悬幡、燃灯及瘗埋舍利等。其中有一些会在墓葬遗存中留下实物资料，有一些影响到丧葬仪式活动的进行④。

程旭对唐墓壁画中的佛教题材研究视野比较开阔，认同的因素比较多样，其实，隋唐墓葬中的一些佛教因素推定还是有很大难度的，如塔式罐和天王俑。沈睿文对天王俑与毗沙门信仰也进行了推论⑤。程旭《论唐墓壁画中的佛教题材》⑥一文所提及的唐墓壁画中的佛教题材有寺观图、农耕生活图、云中车马图、飞天图。寺观图的材料有李寿墓甬道壁画中分别绘制的一座佛寺和一座道观；农耕生活图材料在李寿墓第三天井底部，壁画内容有牛车、牛耕、农夫扶犁、播种、中耕、庭院的一角，在庭院内有两位女仆在磨面，有一女仆在运水，有的在忙碌膳事，正庭坐一怀抱幼婴的妇人。原考古简报认为李寿墓的《农耕图》反映了寺观地主庄园对人民的剥削和压迫，程旭认为这幅农耕生活场景是受佛教《弥勒经变》“一种七收”的影响，并以榆林窟第25

① 李星明：《佛法与皇权的象征——论唐代帝陵神道石柱》，《复旦学报（社会科学版）》2011年第1期，第21-31页；李星明：《隋唐墓葬艺术中的佛教文化因素——以唐陵神道石柱为例》，巫鸿、郑岩主编：《古代墓葬美术研究（第一辑）》，文物出版社，2011年，第245-270页。

② 程义：《关中地区唐代墓葬研究》，文物出版社，2012年，第310-316页。

③ 冉万里：《唐代长安地区佛教造像的考古学研究》，科学出版社，2017年，第138-146页。

④ 冉万里：《略论佛教地狱观念对隋唐时期丧葬习俗的影响——以各类追冥福行为为中心》，文化遗产研究与保护技术教育部重点实验室、西北大学文化遗产与考古学研究中心编：《西部考古》第四辑，三秦出版社，2009年，第224-250页。

⑤ 沈睿文：《唐镇墓天王俑与毗沙门信仰推论》，樊英峰主编：《乾陵文化研究（五）》，三秦出版社，2010年，第138-152页。

⑥ 程旭：《论唐墓壁画中的佛教题材》，《文博》2011年第3期，第73-79页。

窟的《弥勒经变》图中表现弥勒世界的“一种七收”“女子五百岁出嫁”中的犁田、播种、收割、扬场等为例，认为这些既表现了佛国净土的升平，也表现了人间宁静、安乐的田园风光。两图极其相似，再加壁画中的寺观图，因此断定此壁画深受佛教思想影响。我们观察程旭文中所引榆林窟25窟中的弥勒经变图，画面的右上角有僧人图像，前面还有两位在礼拜，而李寿天井内的壁画图像却没有提到有无僧人，或者佛、菩萨等直接反映佛教的题材，考古简报明确提到李寿墓天井壁画是自上面墙壁掉落，破坏得比较厉害是很明显的了，因而不可能获知其全貌。不过，程旭将墓室壁画的具体内容与石窟壁画相联系，在思路上还是颇有启发的。此类耕作图在敦煌莫高窟盛唐时期的石窟中也有反映，如莫高窟23号窟，在其北壁西侧有《药草喻品》，宣扬平等的佛慧，画师创作了一幅雨中耕作图，画面有绿色的田地，一个农夫在挥鞭驱牛，一个农夫肩挑麦捆在大雨中急步，具有浓厚的农家生活气息；在此经变的下部又依据《方便品》创作了一幅富有生活情趣的欢庆丰收图，画面左下绘有一塔，塔前一人跪地礼拜，一人腰束飘带，翩翩起舞，两人的后侧有六人席地而坐，各持乐器伴奏，右侧绘四个胖孩儿，在沙堆前玩耍①。此幅雨中耕作图的下部有佛塔，有礼拜，是构成佛教经变画的各个组成要素。莫高窟159号窟，属于中唐时期，在该窟的南壁也有《药草喻品》，右侧画面画农夫驱牛耕地，左侧两个妇女站在一带台基的房屋前观望，房屋旁两小儿席地而坐②。

程旭文中提到的《云中车马图》，材料来自长乐公主墓墓道东西壁，两壁各绘一幅《云中车马图》，壁面画面脱落严重，西壁保存大部，画面祥云笼罩，云中涌出摩羯，拥一红色马拉轮车前行。程旭根据摩羯是佛教的护法之神，也是佛教的一个标志性符号，并举顾恺之《洛神赋图》中的摩羯为例，同时结合《云中车马图》中主副车厢内人物的服饰等，认为该图是受到佛教净土思想强烈影响的命终接引图像，其中有两人应该是佛道二教迎接灵魂的使者。长乐公主墓中的《侍女图》，程旭文中也认为与佛教有着莫大的关联。唐墓中的“飞天”与佛教有关，应该疑义不大，程旭举李寿墓和昭陵陵园初唐四号墓为例。李寿墓飞天图像绘制在墓道东西两壁上栏、狩猎图的南端，并推测墓门上方所绘门楼之上两侧残存的飘舞衣带，也有可能是飞天图像的残迹，甬道口的两壁上部各绘一个手持莲花的飞天，甬道拱券顶忍冬图案的两边各有三个手持莲花的飞天。但对于昭陵陵园初唐四号墓，只提及过洞口上方门楼图两侧绘有飞天，其余不及。

此外，程旭论文中还提到了乐舞图，认为唐代墓葬中的乐舞图像之于象征卧榻棺床上的墓主人，阿弥陀净土中的乐舞图像之于高高在上的佛，具有类似的空间关系。

---

① 樊锦诗主编：《法华经故事》，华东师范大学出版社，2016年，第70-71页。

② 樊锦诗主编：《法华经故事》，华东师范大学出版社，2016年，第81页。

李宪墓东壁乐舞图中，贵妇是主要的乐舞观赏者，“享受着可能是佛乐带来的宁静、祥和与欢乐”。至于狮子、莲花、忍冬纹、宝相花等，程旭文均认为与佛教有着关联。程旭确定的一些佛教因素还需仔细斟酌。

冯汉骥、宿白、安家瑶、冯孝堂、马世长、温玉成等先生均对《陀罗尼经咒》进行了较早的关注[①]。郭晓涛对凤翔唐墓的绢质经咒进行了多次研究，提出了一些很好的问题，认为凤翔唐墓M17出土的经咒应为《佛说随求得大自在陀罗尼神咒经》，经咒的中心为戴虎头帽的武士形象，周边有手印，作者认为是经咒与图像组合的曼荼罗构图。文中梳理了从虎头冠到毗沙门的过程，凤翔唐墓出土的《大随求陀罗尼经咒》中心图像应该是一尊头戴虎头冠、身着明光铠的毗沙门天王形象[②]。李翎撰写了《〈大随求陀罗尼咒经〉的流行与图像》，对陀罗尼经咒提出了看法[③]。霍巍老师也梳理了唐宋墓葬中出土的陀罗尼经咒及其民间信仰[④]。值得关注的是，除了陀罗尼经咒本身与佛教相关教义、佛教发展的研究外，从考古学材料背景的角度，对其如何使用，是生前佩戴，还是死后装殓安置，都涉及佛教因素是否对丧葬礼俗产生影响，以及是如何产生影响的问题。本书在涉及墓葬中出土经咒材料时将特别留意各考古报告中对此的相关记录。

有一些研究，让我们看到了方法论的探索，如荣新江先生的《佛像还是祆神？——从于阗看丝路宗教的混同形态》，主要以古代于阗王国的一个遗址，即著名的丹丹乌里克（Dandan Oilik，维吾尔语意为“象牙房”）为例证，探讨了丝路宗教的混同形态，文中提到鲍默发现的三人组合神像有两组，每组的左面神像，按照印度教来说是湿婆，依佛教是摩醯首罗，在祆教徒的眼中是胡天神。右面的神像用佛教解说，就是梵天，也可以看作粟特的风神。中间怀抱婴儿的女神在伊朗神祇中没有找到

---

① 冯汉骥：《记唐印本陀罗尼经咒的发现》，原载《文物参考资料》1957年第5期，后收入其编著《冯汉骥考古学论文集》，文物出版社，1985年，第73-77页；宿白：《唐五代时期雕版印刷手工业的发展》附《后记八则》，宿白：《唐宋时期的雕版印刷》，文物出版社，1999年，第1-11页；温玉成：《中国石窟与文化艺术》，上海人民美术出版社，1993年，第350-351页；安家瑶、冯孝堂：《西安沣西出土的唐印本梵文陀罗尼经咒》，《考古》1998年第5期，第86-92页，图版捌；马世长：《大随求陀罗尼曼荼罗图像的初步考察》，《唐研究》第十卷，北京大学出版社，2004年，第544页；温玉成：《新中国发现的密教遗存及其所反映的密教史问题》，温玉成：《中国佛教与考古》，宗教文化出版社，2009年，第35-51页。

② 郭晓涛：《凤翔唐墓出土大随求陀罗尼经咒的图像初步研究——兼论凤翔墓地人殉现象》，杨泓先生八秩华诞纪念文集编委会编：《考古、艺术与历史：杨泓先生八秩华诞纪念文集》，文物出版社，2018年，第286-301页。

③ 李翎：《〈大随求陀罗尼咒经〉的流行与图像》，严耀中主编：《唐代国家与地域社会研究——中国唐史学会第十届年会论文集》，上海古籍出版社，2008年，第349-385页。

④ 霍巍：《唐宋墓葬出土陀罗尼经咒及其民间信仰》，《考古》2011年第5期，第81-93页。

对应者。至于为何会出现这种情况，荣新江认为与丹丹乌里克这个地方可能是唐代的杰谢镇有关，杰谢镇首领斯略官号“萨波”，不排除杰谢这个地方是由一个粟特商人的聚落发展而成的可能性。因此，在佛教寺庙中以类似于佛教的形象，将自己所喜爱的祆神绘制出来，也是有可能的。并且认为，在古代丝绸之路上，不同宗教的混同形态共存，才是历史的主流现象[①]。

随后，荣新江先生就丝绸之路上的宗教混同问题又有了进一步的认识。2002年在丹丹乌里克遗址新发现了一座佛寺遗址，其中发现了壁画，在佛寺墙壁下面的壁画，也就是与斯坦因及鲍默发现的壁画位置相同的地方，即在主佛像的下面，高大立佛双足下有一个形体较小的力士托着佛足，佛足后墙的上面绘一列骑马神像。佛像的左侧下方绘有兽首人身的形象，中间是野狼，下面是怀抱襁褓中的婴儿的女神。佛的下面有一列四身图像。荣新江认为，这里也可以理解成佛教内涵的呵利帝，也有形象可以追溯到琐罗亚斯德教的骑马神祇，也有一些凶恶的形象完全不容于正统的佛教，这些形象更可能是当地百姓所膜拜的地方神祇，即便是呵利帝，也可能代表的是一种地方信仰崇拜。这里，荣先生摈弃了这些图像到底是佛像性质还是祆教的纠结，径将其视为地方神祇，其中应当包含有印度的、伊朗的，或者说是佛教的或者祆教的要素[②]。这个认识跳出了前文的思维束缚。值得注意的是，关于于阗宗教混同形象的研究时，荣新江先生注意到图像的位置、图像的摆放，如注意到祆神形象绘制在寺庙不太显眼的地方，注意到绘有祆神的画板正面全是祆神，背面则是菩萨像，如果斯坦因给出的这个正面、背面就是画板原本在庙宇中的情形，则背面原本可能是镶嵌或者封在墙的里面，正面祆神面对着供养者。还有，2002年丹丹乌里克佛寺壁画中，具有祆神因素的壁画也都处在佛像的下面。

李清泉认为唐代以后，佛教生死观向中国丧葬观念与习俗渗透的情况，与东汉以来相比，发生了明显的变化，其一受僧人塔葬的影响，世俗墓葬开始逐步出现坟塔化的倾向；其二受高僧灰身偶像制作风气的影响，世俗人墓葬中开始出现表现死者生前仪容的“真容”偶像，这些都与佛教丧葬观念的深度影响有关。南汉康陵上的陵台，虽然墓葬本身提供的证据不足以证明其模仿了佛塔，但是结合南汉与佛教的关系、墓葬坟塔化的历史背景，李清泉认为康陵陵台仿自佛塔[③]。李清泉借助于明代文献对康陵进行了系统的研究，特别是认为整个墓葬空间几乎就是一个大型的祭祀空间，封土台

---

① 荣新江：《佛像还是祆神？——从于阗看丝路宗教的混同形态》，荣新江：《丝绸之路与东西文化交流》，北京大学出版社，2015年，第312-329页。

② 荣新江：《再谈丝绸之路上宗教的混同形态——于阗佛寺壁画的新探索》，荣新江：《丝绸之路与东西文化交流》，北京大学出版社，2015年，第330-333页。

③ 李清泉：《从南汉康陵“陵台”看佛教影响下的10世纪墓葬》，杨泓先生八秩华诞纪念文集编委会编：《考古、艺术与历史：杨泓先生八秩华诞纪念文集》，文物出版社，2018年，第339-358页。

丘前的大龛，无异于一个享堂①。

王建墓是五代十国墓葬研究的重点材料，对于其中的佛教因素研究也是如此。郑以墨撰文分析了王建墓与佛教因素的关系，重点论证了王建墓与佛舍利瘗埋制度的关系，通过比较认为，王建墓的形制、布局应该是借鉴了以法门寺为代表的最高等级的舍利瘗埋制度。王建墓棺床伎乐的坐姿、乐器均与石窟、须弥座上的伎乐图像接近，所以认为其表现的应是佛国天乐。棺床上的莲花雕刻，象征着墓主人进入西方极乐世界，并于莲花池中化生。棺床南面壸门之间的立柱上雕刻的鸾凤，应是表现鸾凤对墓主的供养。王建墓棺床东西十二半身像是药师佛的眷属十二神将。王建墓后室王建造像是“拟佛之制”的表现②。对于五代十国墓主像的出现，如前蜀王建墓，墓室的后部专门有一个安放王建石像的龛室，李清泉认为此类上层社会中再度兴起的墓主像，首先是受到了佛教寺院造像，特别是受到了唐代开始流行的为高僧真身造像的影响③。王玉冬《走进永陵——前蜀王建墓设计方案与思想考论》一文认为王建墓是一座道教性质的墓葬④。

辽和宋代的墓葬中，与佛教有关的材料主要集中在葬式、墓葬形制和墓内壁画上。景爱《辽金时代的火葬墓》⑤述介了辽金火葬墓材料，并进行了形制、墓主身份、随葬器物、葬具等相关内容的比较，其认为契丹人、女真人处于原始信仰的火葬习俗，在佛教思想的影响下得到了巩固和发展，佛教的影响是辽金时代火葬墓盛行的主要原因。该文在文后附了一些表格，有辽代火葬墓一览表、辽代石棺一览表、辽代瓮棺一览表、金代火葬墓一览表、金代石棺一览表、金代瓮棺一览表，以及宋代火葬墓一览表及宋代瓮棺一览表，对进一步开展该专题研究，颇具资料整理意义。杨晶也撰文探讨了辽代火葬墓，其对考古材料较为关注⑥。辽墓中的火化骨灰葬，部分墓葬在石棺或者木棺葬具上刻绘陀罗尼经咒，这与佛教信仰有关，此外，辽墓壁画中的手持经

---

① 李清泉：《墓主像与唐宋墓葬风气之变——以五代十国时期的考古发现材料为中心》，石守谦、颜娟英主编：《艺术史中的汉晋与唐宋之变》，石头出版股份有限公司，2014年，第311-342页。

② 郑以墨：《前蜀王建墓研究》，北京大学中国考古学研究中心编：《两个世界的徘徊——中古时期丧葬观念风俗与礼仪制度学术研讨会论文集》，科学出版社，2016年，第313-342页。

③ 李清泉：《墓主像与唐宋墓葬风气之变——以五代十国时期的考古发现材料为中心》，石守谦、颜娟英主编：《美术史中的汉晋与唐宋之变》，石头出版股份有限公司，2014年。

④ 王玉冬：《走进永陵——前蜀王建墓设计方案与思想考论》，中山大学艺术史研究中心编：《艺术史研究（第11辑）》，中山大学出版社，2009年，第227-272页。

⑤ 景爱：《辽金时代的火葬墓》，东北考古与历史编辑委员会编辑：《东北考古与历史（第一辑）》，文物出版社，1982年，第104-115页。

⑥ 杨晶：《辽代火葬墓》，陈述主编：《辽金史论集（第3辑）》，书目文献出版社，1987年，第213-219页。

卷，随葬魂塔和魂瓶，以及真人大小相当的“真容”偶像，也应该与佛教因素有关[①]。易晴重点对登封黑山沟宋墓图像进行了研究，也关注了其中的墓葬形制，如探讨墓形的八角形与佛教的关系，北宋仿木构砖室墓的多角形形制确实是参照了佛塔地宫的形制[②]。李清泉对宣化辽墓、宝山辽墓均有非常细致的研究[③]。霍杰娜对辽墓中的佛教因素进行了系统梳理[④]。朱非素将广东古代陶坛分出六式，这些陶坛基本与火葬有关，其中的Ⅰ式、Ⅳ式所举陶坛上面均贴塑有佛像，这些材料时代在宋代或前后[⑤]。宋墓中的仿木建筑雕饰的出现和流行，应是受到地上仿木砖塔建筑装饰的影响[⑥]。

孙杰等在介绍青海省藏医药文化博物馆的一批新发现的彩绘木棺板画时，提到其中的侧板上有大象彩画，象背上驮有束腰覆仰莲座，莲座上面有一圆球形宝珠。其认为此图像与佛教文化因素有关，并且认为这批材料应该是具有吐蕃文化因素的墓葬所出，墓主的族属应当是源于鲜卑系统的吐谷浑[⑦]。霍巍在《试论吐蕃王陵——琼结藏王墓地研究中的几个问题》中提到藏王陵穆日山陵区中的赤德松赞碑，他认为碑帽上面的飞天，明显与佛教有关；墓碑上的日月图案，很有可能体现的是带有佛教色彩的本教文化[⑧]。

在研究考古遗存与佛教的关系时，有从样式、风格的角度关注的，也有从纹样、装饰纹样等角度关注的。如朱浒在其《汉画像胡人图像研究》中着重论述了胡人图像与佛教的关系[⑨]。朱浒认为，此前的早期佛教研究领域已经有很多美术和考古的学者参与进来，从图像证据出发，已经取得了一些成果，但是这些对考古材料的研究，基本

① 大同市考古研究所编，江伟伟主编：《大同东风里辽代壁画墓》，文物出版社，2016年，第1-6页。

② 易晴：《登封黑山沟宋墓图像研究》，文物出版社，2012年，第85-93页。

③ 李清泉：《宣化辽墓：墓葬艺术与辽代社会》，文物出版社，2008年；巫鸿、李清泉：《宝山辽墓：材料与释读》，上海书画出版社，2013年。

④ 霍杰娜：《辽墓中所见佛教因素》，《文物世界》2002年第3期，第15-20页。

⑤ 朱非素：《浅析广东古代陶坛》，朱非素：《岭外求真：朱非素考古论集》，科学出版社，2015年，第202-214页。笔者指导的研究生谷俊杰，毕业后从广州寄赠该书，特此感谢！

⑥ 韩小囡：《墓与塔——宋墓中仿木建筑雕饰的来源》，《中原文物》2010年第3期，第95-100页。

⑦ 孙杰、索南吉、高斐：《青海海西新发现彩绘木棺板画初步观察与研究》，陕西师范大学历史文化学院、陕西历史博物馆编：《丝绸之路研究集刊（第2辑）》，商务印书馆，2018年，第280-290页。

⑧ 霍巍：《试论吐蕃王陵——琼结藏王墓地研究中的几个问题》，四川联合大学西藏考古与历史文化研究中心、西藏自治区文物管理委员会编：《西藏考古（第1辑）》，四川大学出版社，1994年，第131-148页。

⑨ 朱浒：《汉画像胡人图像研究》，生活·读书·新知三联书店，2017年，第305-364页。

上是以“佛像”或者疑似“佛像”图像为主，而对佛像身边的胡人图像，往往是一掠而过。朱浒提出胡人图像是除佛像外，进一步解读汉代佛教诸多问题的一把钥匙。这样的认知确实能够打开既有的早期佛教传播研究的材料空间，但是这里也面临一个问题，如何在没有佛像的前提下，仅仅根据胡人图像，来确定佛教传播的相关问题。朱浒提出了“胡人-大象”图像模式和“胡人礼佛”图像模式，他认为，这两种模式是汉代胡人作为佛教传播者在美术遗存中的图像表现，对于“胡人-大象”模式中的光头形象，其认为是西域胡僧的生动写照[①]。在“胡人礼佛”图像中，朱浒重点辨析了沂南北寨村画像石墓中石柱上的“项光童子”，认为其与下侧的“仰头人物”共同构成了“莲花化生”的母题。必须指出的是，其关于孔望山摩崖石刻中的侧身手执花枝的胡人身份的探讨，太过于跳跃，论证过程推测较多。如其认为X72侧身胡人为“胡王礼佛”，进而发展到“贵霜王礼佛”，再进而推测是贵霜王胡维色伽，再进一步在淮北汉画像石中找到了胡维色伽父亲或者祖父的肖像。这样研究的想法和思路均有可商榷之处，如能在文献和考古材料论证上更具科学性，则不失为一种值得注意的新观点。考古学研究在借鉴某些美术史研究成果时需要注意类似上述成果的引用与分析。

图像与佛教传播的相互印证是一个比较复杂的问题。如陈长虹在考究贞夫故事图像时，就指出在同一石面上相同人物重复出现的连环画式构图见于山东东平东汉壁画墓中的梁高行图像，并以尾注的形式指出，巫鸿先生认为的连环画式构图模式在中国晚到4世纪出现，是在佛教的影响下出现的看法不确，陈长虹认为这个构图模式的出现可以提前到2世纪，并且确切指出与佛教的影响没有关系，而是中国绘画传统自身发展形成的图像模式[②]。艺术史研究中的构图模式概念，考古学研究中如何借鉴，如何利用到中古丧葬礼俗中佛教因素遗存研究，是需要严谨对待的。

更有从艺术风格、样式等角度进行分析的。如李杰在《中国美术考古学的风格谱系研究》中认为，现在已经发现的中古时期墓室平面作品基本都是世俗性题材，不论是从造型观念，还是从造型形式来看，都与佛画的造型观念有着极其强烈的共通性。李杰文献上举出释道宣语、曹不兴与康僧会之关系等为例证；画法上以晕染画法为例，提到的考古材料有洛阳八里台东汉壁画墓、北齐娄睿壁画墓，他认为八里台壁画墓中壁画的人物脸部已经见到了晕染画法的迹象，南北朝时期，这种西来的晕染画法已经成为一种常规的画法，娄睿墓中的壁画已经表现出成熟的晕染技法。李杰进一步提到，在唐代墓室壁画中，受佛画影响的迹象更加明显，人物造型的比例和佛教人物的比例有着明显的互通性；南北朝时期，佛教绘画已经基本本土化，佛画的仪轨已

---

① 朱浒提到杨爱国在《不为观赏的画作》（四川教育出版社，1998年）指出，一些画像石中的光头可能是胡僧，与佛教有关。参见朱浒《汉画像胡人图像研究》，第322页页下注1。

② 陈长虹：《贞夫故事图像考——复原一个汉代失传的列女故事》，中山大学艺术史研究中心编：《艺术史研究（第15辑）》，中山大学出版社，2013年，第77-102页。

经融入世俗性绘画。为论述此问题，李杰举北齐徐显秀墓为例，认为徐显秀墓墓室壁画中的世俗人物造型，便借鉴了佛画中两臂长可过膝和身广长等相的仪轨规程，壁画中的人物普遍双臂较长，已超出正常人体比例。到了唐代，佛教艺术的造型审美标准已经被大众所接受，唐代的世俗人物造型中，已经渗透进了诸多佛教造型因素，世俗性的绘画创作中，佛教造像仪轨中的基本元素已经自觉地显现出来。论述此问题时，李杰所举考古例子较多，如郑仁泰墓石椁立柱上的男侍画像，借鉴了佛教造像中“三十二种大人像”中的“七处隆满相”，双肩、脖颈均处理得较为丰满，特别是脖颈“三级纹”的处理方式；又永泰公主墓石椁内壁北向东间、内壁西向南间的侍女，李宪墓石椁内壁北向西间壁板、内壁南向西间壁板的线刻侍女，杨思勗墓石椁的线刻男侍，贤妃王芳媚石刻线刻人物的脖颈，都是采用的这种重叠皱褶处理方式；佛、菩萨“相好”中的“筋骨隐而不现”也表现在魏晋至初唐的女性人物绘画中，李杰文中举出宁夏固围北魏漆棺画中人物形象，肩部做平滑处理；李寿墓石椁立姿伎乐图侍女肘部及永泰公主墓石椁内壁北向东间线刻侍女的肘部，画家均做了圆滑处理；佛教造像“相好”中的各手指基本等齐，诸指间皆密而充实，考古材料中李杰举出了朝鲜乐浪郡出土漆画中的“商山四皓”，其人物手型即是等齐，薛儆墓石椁线刻侍女的手指长度基本相当；佛教造像中的“大直身像”“身体长大端直像”在世俗绘画中借以区别人物身份的高贵与卑下，在佛教造型中佛的体量要大于其他诸神，这也是佛教造像的固定仪轨。墓室壁画中的例子，李杰举出了安平逯家庄东汉壁画墓墓主与侍者像的体量对比反差较大，阿斯塔那东晋时期墓出土的纸质绘画上，墓主画像大于侍女画像，崔芬壁画墓主夫妇出行图中，着华服的贵族男女体量大于侍从，永泰公主墓、李宪墓墓室壁画中，穿裙装的高级别侍女的身材，明显高大于穿袍服的低级侍女。李杰还谈到在佛画造型的影响下，魏晋之后的人物比例均向佛画的仪轨靠近，特别是女性的量度比例几乎与佛的量度相统一，其所举考古例子有常州南郊戚家村南朝壁画墓中的砖画侍女、李寿墓石椁线刻侍女的身姿比例等。对于这种身姿比例与佛画的关系，李杰指出，在魏晋南北朝至初唐时期，本土画家只是在形式上临摹佛画的仪轨，随着画家对西式造型观念的逐步理解，中唐以后人物造型的比例已经不再刻板模拟，而是按照现实人物比例来定，盛唐时期的人物量度已经与达·芬奇的人体比例相近似，并举薛儆墓石椁线刻侍女的身长量度为例[①]。

李杰认为佛教造像影响墓室绘画观察的点，是笔者仔细梳理的部分，同时，在这些观察点下面，李杰所列举的考古材料及文献材料，也是笔者思考其研究方法的着力之处。李杰对考古材料与其观点的相互印证中，不太注意考古材料所处的年代，谈佛

---

① 李杰：《中国美术考古学的风格谱系研究：以中古时期平面图像为中心》，科学出版社，2017年，第227-247页。

画风格观念对中古墓室壁画的影响时，有的材料竟然引用的是西汉时期的墓葬材料，同时，也没有基于这些考古材料所建立的年代先后来叙述、梳理佛画对中古墓室壁画的影响，“信手拈来”和“刻意寻找”例证的痕迹比较明显。

在这里，李杰强调的是一种观念的共通性，也就是“共通”“互通”，这是他在行文中常用的组词，与考古学研究强调的遗存属性不同。材料的观念属性与实物资料的遗存属性比较，有着很大的不同，在考古学研究中确实不必混同起来，或者不注意主次。在考古学研究中，影响实物资料遗存属性的当然包括与遗存相关的人的观念，人的观念可以影响遗存的生成，也可以影响遗存的使用，观念的变化同样也会造成遗存的消亡。但是，观念不是遗存，观念属于精神领域范畴，需要具有一定逻辑关系的实物资料来佐证。

童书业在研究高句丽服饰时注意到了通沟“舞踊冢”墓室正壁享宴图上的僧道人物，“三室冢”中又有飞天等神像①。温玉成、李清泉等对长川一号墓中佛教壁画、佛像等进行了专门的研究②。郑春颖的《高句丽服饰研究》按照妆饰、首服、身衣、足衣等对高句丽的服饰进行了研究，书中尽管没有专门论述高句丽壁画中出现的仙道、飞天、菩萨、佛像、僧侣等所穿服饰，但是对这些与佛教因素有关的材料也有所涉及③。

也有从历史文献的角度进行研究的，如杜斗城的《敦煌本〈佛说十王经〉校录研究》④，太史文（Stephen F. Teiser）的《中国中世纪的鬼节》⑤，谭蝉雪在《敦煌民俗——丝路明珠传风情》中提到的十王与十斋、七七斋等⑥。谭蝉雪有多本专著叙及敦煌的民俗，丧葬习俗是其关注的内容之一，在《盛世遗风——敦煌的民俗》一书中就有专篇《儒释交融生净土》⑦，其中涉及与佛教丧葬有关的火葬、窟葬、老人入墓等，丧葬礼俗程序中的出丧，使用九品往生舆，象征亡灵往生西天；临圹追福，进行“十念”等。这是一本相对通俗的著作，比较学术化的论述可参见其《敦煌民俗——丝路

---

① 童书业：《中国古史籍中的高句丽服饰与通沟出土墓壁画中的高句丽服饰》，童书业著，童教英整理：《童书业史籍考证论集》，中华书局，2005年，第594-599页，原载上海《中央日报》之《文物周刊》1948年2月4日。

② 温玉成：《集安长川高句丽一号墓的佛教壁画》，《敦煌研究》2001年第1期；李清泉：《墓葬中的佛像——长川1号壁画墓释读》，巫鸿主编：《汉唐之间的视觉文化与物质文化》，文物出版社，2003年，第471-501页。

③ 郑春颖：《高句丽服饰研究》，中国社会科学出版社，2015年。

④ 杜斗城：《敦煌本〈佛说十王经〉校录研究》，甘肃教育出版社，1989年。

⑤ ［美］太史文著，侯旭东译：《中国中世纪的鬼节》，世纪出版集团、上海人民出版社，2016年。该书初译版本出版于1999年，详见［美］太史文著，侯旭东译：《幽灵的节日：中国中世纪的信仰与生活》，浙江人民出版社，1999年。

⑥ 谭蝉雪：《敦煌民俗——丝路明珠传风情》，甘肃教育出版社，2006年。

⑦ 谭蝉雪：《盛世遗风——敦煌的民俗》，甘肃教育出版社，2008年，第113-131页。

明珠传风情》[1]。此外还有太史文的《〈十王经〉与中国中世纪佛教冥界的形成》[2]。刘淑芬女士的两部大著，尽管我们很难对其学科进行归纳，但其对材料的精致梳理、佛教与社会的广阔视野、经幢材料的经典解读，均给我们留下深刻印象[3]。塔葬本来是僧人的埋葬形式，唐德宗朝在是否对肃王、唐安公主施行塔葬问题上，展开了激烈的争论，王静比较详细地梳理了相关文献，认为塔葬的施行与佛教对中国礼俗的逐渐渗透有关，德宗朝塔葬遭到反对与德宗礼仪变革及整顿有关[4]。许曼论述了宋代福建女性的日常生活，专门提到佛教葬礼，重点在于佛教葬礼与儒家葬礼的比较，以及孝道与佛教葬礼的关系等；其从家庭、母子的亲密关系等视角观察是否实施佛教葬礼，颇具生活气息[5]。从法律史的角度研究地狱，是陈登武《从人间世到幽冥界：唐代的法制、社会与国家》一书的主要思路，该书叙述了《十王经》地狱结构的俗世面，提到了贞观十三年（639年）《齐士员造像记并香炉菩萨图》所刻铭文，以及齐士员长子奉佛及其担任长孙皇后挽郎、担任献陵守陵官及造殿像刻经事[6]。此外，从佛学的角度研究死亡，也为我们研究丧葬礼俗中的佛教因素提供了佛学素养。这方面的成果主要有陈兵的《佛教生死学》[7]、海波的《佛说死亡——死亡学视野中的中国佛教死亡观研究》[8]等。也有从忏法进行研究的，如圣凯的《中国佛教忏法研究》[9]、杨明芬的《唐代西方净土礼忏法研究：以敦煌莫高窟西方净土信仰为中心》[10]等，忏法与灭罪、祛除等有关，与丧葬礼俗也有不少联系。

京观是从上古开始即已产生的一种处理战场死者的特殊方式，在考古学中也有遗存存在。雷闻以《从“京观”到佛寺——隋与唐初战场尸骸的处理与救度》一文，详

① 谭蝉雪：《敦煌民俗——丝路明珠传风情》，甘肃教育出版社，2006年。

② ［美］太史文著，张煜译：《〈十王经〉与中国中世纪佛教冥界的形成》，上海古籍出版社，2016年。

③ 刘淑芬：《中古的佛教与社会》，上海古籍出版社，2008年；刘淑芬：《灭罪与度亡：佛顶尊胜陀罗尼经幢之研究》，上海古籍出版社，2008年。

④ 王静：《德宗朝皇室塔葬的争议问题》，陈金华、孙英刚编：《神圣空间：中古宗教中的空间因素》，复旦大学出版社，2014年，第150-173页。

⑤ ［美］许曼著，刘云军译：《跨越门闾：宋代福建女性的日常生活》，上海古籍出版社，2019年，第245-250页。

⑥ 陈登武：《从人间世到幽冥界：唐代的法制、社会与国家》第七章《阴间判官——冥司与庶民犯罪》，北京大学出版社，2007年，第256-331页。

⑦ 陈兵：《佛教生死学》，中央编译出版社，2012年。

⑧ 海波：《佛说死亡——死亡学视野中的中国佛教死亡观研究》，陕西人民出版社，2008年。

⑨ 圣凯：《中国佛教忏法研究》，宗教文化出版社，2004年。

⑩ 杨明芬：《唐代西方净土礼忏法研究：以敦煌莫高窟西方净土信仰为中心》，民族出版社，2007年。

细梳理了隋及唐初京观从“鲸鲵之观，化为微妙之台”的过程，在战场所在地兴建佛寺与道场，以便对战死者进行佛教的救赎，为阵亡将士祈福，从而“并究苦空，咸拔生死”。其中有两个重要的节点，第一是隋文帝在开皇元年（581年）下诏在相州建立佛寺；第二是唐太宗贞观三年（629年）的《为殒身戎阵者立寺刹诏》[①]。这也是佛教对凶死之战死者的祈福与救赎，反映了佛教对特殊形式死亡的关注。

此外，还有一些研究僧侣墓葬的，对于我们观察中古丧葬礼俗中佛教因素遗存也有助益。如冉万里专门略论了唐代佛教僧侣的世俗化问题，指出在敕葬、敕赠官职、敕赠爵位、敕赠谥号、赗赙、前世吊祭、官员护丧、官员送葬、为僧服丧、送丧、葬仪用乐、立碑、安置塔铭及墓志、归葬祖茔或乡里、聚葬等方面，僧侣丧葬世俗化[②]。又如石窟中的涅槃题材，如公维章对敦煌莫高窟148号窟进行了细致全面的分析，探讨了148号窟（为敦煌大族李大宾家族开凿修建的大型涅槃窟）各图像所体现的涅槃、净土主题，以及其对莫高窟中晚唐窟的影响。公维章不仅探讨了涅槃经变，还探讨了观无量寿经变、药师净土变、弥勒上生下生经变等的信仰背景、图像解读，以及对莫高窟此后同类经变的影响；还对涅槃信仰在南北朝至隋唐的传播，进行了较为细致的梳理[③]。当然石窟中的其他一些材料，也给我们提供了一些思路。如萧默在《敦煌建筑研究》一书中，提到敦煌壁画中的坟墓，其中材料有北周第296窟，微妙比丘尼缘品所画墓园相遇场面中绘有坟墓，方形墓园，四周绕墙，前后各有墓园园门，园内有砖砌方坛，上有圆形封土，两侧近园墙处有行树；此外，还有榆林窟中唐第25窟、敦煌晚唐第198窟、敦煌五代第53窟。萧默认为，唐、五代的弥勒下生经变，为了表现“人寿八万四千岁……人命将终自然行诣冢间而死”的情形，都画有坟墓[④]。

上述研究均面临两个“模糊”，其一是佛教初传进入时的模糊，这种模糊是由于人们对佛的认识的模糊，因此一般将其作为神仙信仰来对待。这种模糊某种程度上对传入的佛教是不公平的，佛教在当时是一种新兴的事物，如果单单从接受者的角度，视其为传统信仰的一部分，就会妨碍我们对一些遗物，甚至特征的辨别。所以，面对这种模糊，更多的研究集中在模式之争，即初传进入的佛教到底是仙还是神，这样才有了仙佛模式、佛神模式等。换句通俗的话，我们有没有考虑人家的感受？在模糊的

---

① 雷闻：《从“京观”到佛寺——隋与唐初战场尸骸的处理与救度》，武汉大学中国三至九世纪研究所编：《魏晋南北朝隋唐史资料（第三十一辑）》，上海古籍出版社，2015年，第163-182页。

② 冉万里：《佛教僧侣葬仪的世俗化问题——以唐代僧人葬仪世俗化的若干因素为中心》，文化遗产研究与保护技术教育部重点实验室、西北大学文化遗产与考古学研究中心编：《西部考古（第五辑）》，三秦出版社，2011年，第310-327页。

③ 公维章：《涅槃、净土的殿堂：敦煌莫高窟第148窟研究》，民族出版社，2004年。

④ 萧默：《敦煌建筑研究》第一篇《敦煌壁画中的建筑》第六章《其他建筑类型》，机械工业出版社，2003年，第189-191页。

基础上，又要考虑路线之争，真的让这个研究显得扑朔迷离。第二个模糊就是世俗化的模糊。佛教经历了在唐的发展以后，在五代宋辽显得越来越世俗化，在世俗化的视角下，佛教与其他因素一样，只要能够对死者、生者有益，能够祛除病患、祈福，便会被人们采用。这种世俗化发展的趋势，有时就模糊了宗教的界限，所以，我们不难发现，在祈福时，佛教、道教，乃至儒教，人们均会拿来。这也给晚段考古材料的宗教属性判定带来不小的困难。

对中古时期墓葬中的佛教研究成果可谓硕果累累，但是，有些成果是从佛教造像角度分析的，有些成果是从佛教传播角度考虑的，有些成果是从艺术史材料角度分析的。从丧葬礼俗的角度，从中古丧葬礼俗演变的角度研究的成果，还不太丰富。如何将汉唐丧葬礼俗研究、墓葬研究推向深入，是笔者需要考虑的问题。

三、基本概念与研究方法

在中古丧葬礼俗与佛教关系的研究中，出现了许多概念，许多学者对一些概念进行了用力的界定。材料丰富，情况复杂，我们有必要在本书中对基本概念进行界定，并在概念界定的基础上，阐明自己的研究方法与理念，这样有助于读者加深对本书的理解。在确定基本概念之前，我们先择要观察以往相关研究中对一些概念的界定。

我们先确定一下时间范围。本书的中古指从佛教初传的汉代到宋、西夏和辽，南方局部材料会到南宋，但主要集中在汉至北宋、西夏及辽。按照历史时期考古学的常规，以及我们在课程和学科方面的设计传统，一般我们会用汉唐时期，本课题考虑到用汉唐时期，前面又太早，后面墓葬中佛法盛行的辽代又到不了，故而采用中古一词。

对考古发现的墓葬中的佛教因素遗存，在学术史里有许多说法。金镇顺提出了“次要的装饰题材”“明显的佛教题材”等。在具体的南北朝墓葬美术材料中，金镇顺认为，南朝前期大型拼镶砖画墓中，甬道上的狮子，墓室里的莲花、天人，属于佛教题材，但属于次要的装饰题材。福建闽侯南屿南朝墓则属于明显的佛教题材。南朝后期墓葬中，佛教题材则更为丰富，如供养人物、菩萨、莲花化生、莲花和宝瓶等。金镇顺在论述南朝后期墓葬中的佛教题材时，重点对莲花化生进行了分析[①]。

杭侃对早期佛教因素文物研究进行了思考。他首先将早期的时间范围界定为5世纪之前，对于“古佛像”名称，他认为使用“带有佛教因素”来表述2～4世纪的南方出土的古佛像，容易解决这些文物尽管受到佛教影响，但是否是真正意义上的佛教造

① ［韩］金镇顺：《南北朝时期墓葬美术中的佛教影响》，杨泓先生八秩华诞纪念文集编委会编：《考古、艺术与历史：杨泓先生八秩华诞纪念文集》，文物出版社，2018年，第185-207页。

像疑问。解决这些问题，必须综合考察。要确定这些文物究竟是属于佛教还是道教系统，以及如何确定，首先必须探明使用这些文物的阶层。关于滇缅道是否存在，杭侃认为，考察一条传播路线是否存在，既要有文献的依据，也要有沿途遗存的存在；关于佛教海道传入的问题，杭侃认为一条交通路线的开通与一种文化的传播是不能等同的，佛教究竟是从陆上还是海上输入，只是问题的一个方面，而传播接受的载体却很重要，也就是传播的目的地在哪里[①]。

李杰在利用考古材料建立中国美术考古学谱系定位基本研究路径时，关注的是中国式画面中的组成要素，也就是造型、形式、线型和空间。对于造型法则，他提到了影响因素、审美风尚、传统观念、外来造型因素以及制作材料影响；对于形式风格，其提及形式程式影响因素、结构线群转变轨迹、装饰线群转变轨迹；对于线型轨迹，其路径提到影响因素、平行线型、变速线型；对于空间秩序，提到影响因素、游观、空间突破、时间延续以及图底关系；最后，形成各个时期的风格特征[②]。其还强调在汉唐美术考古学研究中，有一种研究路径，即通过风格来研究图像。如在研究中古墓室壁画时，通过风格来分析墓室壁画受到佛教造像的影响。这一种路径的存在，就将墓室壁画与佛教联系了起来。如李杰以中古时期平面图像为中心，对中国美术考古学的风格谱系进行的研究[③]。前述杨泓先生提出的“佛教造型艺术品”概念，也为美术考古的论述奠定了概念基础。

对丧葬礼俗中出现的器物进行区分。巫鸿先生有关于“生器”概念的专文[④]，可资参考。也就是说随葬在墓葬中的一切器物不一定都和丧葬礼俗有关，或者说丧葬礼俗环节实施过程中产生的遗存与丧葬礼俗环节息息相关。换句话说，这一器物如不因丧葬礼俗环节的实施而存在，那么它不一定和丧葬礼俗相关，也就不可以认定为狭义上的丧葬礼俗中的佛教因素遗存。本书在这里不得不提，丧葬礼俗中的佛教因素遗存，可以有广义和狭义之分，狭义的丧葬礼俗中的佛教因素遗存，就是丧葬礼俗过程以及过程前后，既包括墓葬地下埋葬部分，也包括地面上的丧的准备过程，以及丧葬结束后的祭的过程，以考古学的角度而言，既包括墓葬遗存，也包括文献记载的丧、祭等过程，还有死亡来临之前的一些祈福、斋戒等活动。广义的丧葬礼俗中的佛教因素遗存，既包括考古发现的实物资料，也包括文献记载的丧葬礼俗中的关于佛教的记载；

---

① 杭侃：《关于早期带有佛教因素文物的几点思考》，上海书画出版社：《中国南方佛教造像艺术（朵云第60集）》，上海书画出版社，2004年，第104-114页。

② 李杰：《中国美术考古学的风格谱系研究：以中古时期平面图像为中心》，科学出版社，2017年，第3-8页。

③ 李杰：《中国美术考古学的风格谱系研究：以中古时期平面图像为中心》，科学出版社，2017年。

④ 巫鸿：《“生器”的概念与实践》，《文物》2010年第1期，第87-96页。

既包括墓下埋葬的遗迹及遗物，也包括墓上的丧葬礼俗活动，死亡前的活动、埋葬后的祭祀等。而狭义的丧葬礼俗中的佛教因素遗存，就应该是通过科学考古发掘的墓葬、墓地等考古学实物资料，包括地下遗存、地面遗存、祭祀遗存等，而且这些实物资料是丧葬礼俗过程中出现，或者实施丧葬礼俗过程中而存在的。

不同的来源是扬之水对龟兹舍利盒乐舞图研究后的结论，主要着眼点是舍利盒上的𪔵鼓。𪔵鼓很早就纳入了卤簿制度，7世纪之前的𪔵鼓图像有两类，一类在墓室壁画中出现，另一类出自佛教绘画。墓室中使用材料有甘肃高台地梗坡魏晋四号墓、山西大同沙岭北魏壁画墓、河北磁县湾漳北朝壁画墓等，佛教绘画材料可见于克孜尔石窟中的76号窟、198号窟等。扬之水认为，苏巴什佛寺遗址出土的彩绘舍利盒上的𪔵鼓，应与鼓吹仪仗中的𪔵鼓同源，但由于是作为佛教用器的装饰图案，其与佛教艺术的关系也不可忽视，可以说，它有着双重来源①。荣新江先生有两篇文章涉及方法论，其一是《陆路还是海路？——佛教传入汉代中国的途径与流行区域研究述评》②，其二是《佛像还是祆神？——从于阗看丝路宗教的混同形态》③。研究对象的复杂化，迫使我们必须对相关内容进行界定，以便更好地解决问题。

巫鸿先生认为在研究早期佛教图像时，“无论研究者是否认为这些图像为佛教图像，他们均没有回答一个关键性的问题，即当我们指认某物为‘佛教艺术作品’时，这一术语的背后是否有一个并非模棱两可的定义？”巫鸿先生进一步指出，其中一种是流行的观点，即任何带有确切的佛教题材或具有特定佛教艺术形态特征的作品，都是佛教艺术作品。不过，巫鸿先生比较赞成第二种，即其希望提出的，只有那些传达佛教思想或者用于佛教仪式或佛事活动的作品，才可以看作佛教艺术作品④。

无论赞成与否，如果单纯强调某一方面，对于非常复杂而现实的材料而言，恐怕不是一种切合实际的做法。巫鸿先生也认为，“悉心留意这些作品的那些混合和变异的特征可能更加重要。其原因是混合和变异的特征一方面可能暗示着佛教与中国传统思想之间的某种联系；另一方面，这些特征有可能揭示普通汉代人对于佛教的理

---

① 扬之水：《龟兹舍利盒乐舞图新议》，《文物》2010年第9期，第66-74页。

② 荣新江：《陆路还是海路？——佛教传入汉代中国的途径与流行区域研究述评》，北京大学历史学系编：《北大史学（9）》，北京大学出版社，2003年，第320-342页。

③ 荣新江：《佛像还是祆神？——从于阗看丝路宗教的混同形态》，荣新江：《丝绸之路与东西文化交流》，北京大学出版社，2015年，第312-329页。

④ 巫鸿：《早期中国艺术中的佛教因素（2～3世纪）》，巫鸿著，郑岩、王睿编，郑岩等译：《礼仪中的美术——巫鸿中国古代美术史文编》下卷，生活·读书·新知三联书店，2005年，第290页。

解”①。

巫鸿先生对佛教艺术品的理解包含了三种含义：其一是广义的，即任何带有佛教题材，或者佛教艺术形态的都可以算作佛教艺术作品；其二是狭义的，即与佛教思想，或者佛教仪式、佛事活动有关的作品；其三是一种混合，或者说是一种模糊。巫鸿先生之所以强调第三种，主要目的在于建立一个认知古代中国2～3世纪一些与佛教有关的材料的基本概念。其实，这一概念在操作上也还存在着难以掌握的问题，即如何认识“混合”和“变异”，以巫先生后文大量材料而言，其“混合”和“变异”仍然是基于对一种广义定义的理解。这确实是在汉晋时期进行此类研究的难点。

李清泉在《佛教改变了什么——来自五代宋辽金墓葬美术的观察》②一文中关于墓葬考古中与佛教有关的遗存使用了“佛教图像元素”，不过，其文没有集中对此名称做一些总结性的概念描述，但是我们从他的行文中，还是可以析出其对“佛教图像元素”的认识。文中提到，佛教传入中国之后，对中国的墓葬究竟产生过何种作用，一直是学术界密切关注的问题，学者针对东汉以来墓葬艺术中出现的佛教图像元素展开了不同层面的分析与讨论。这里其实点明了“佛教图像元素”的材料时间起始，也就是东汉以来的墓葬艺术中。在描述唐及此前的南北朝时期的佛教因素遗存时，其文言“可以说，虽然当时佛教在中国已经达于极盛，但对墓葬而言，仍然不过是些微量元素的零星渗透，还不曾造成墓葬艺术传统的明显转变”。这里又出现了“微量元素”的描述。为了说明其文与考古学角度的不同，他说，“本文试图调整方向”，如何调整，也说得很清楚，即通过各种材料的“佛教因素”及其所处空间位置的有机联合观察，了解佛教对墓葬内涵及其视觉意象的重塑经历，并从中一窥由佛教信仰与佛教文化导致的有关中国人死后关怀的观念变迁。这里，李清泉又以双引号的形式提到了“佛教因素”。从论文的前言部分，我们发现作者对墓葬中的与佛教有关的遗存描述，先后用了“佛教图像元素”、“微量元素”以及“佛教因素”，材料的选定也是以壁画、浮雕等各种视觉性材料为主，涉及佛教内容的文字材料、相对缺乏稳定性的随葬品材料及土坑式火葬墓材料不在其论文的讨论范围之内。

李清泉在其文后有一个总结，大致归纳了几点：有佛教因素的五代、宋、辽、金墓葬大体以中原北方的河南、河北和山西地区为中心；佛教对墓葬的影响已经渗透到了墓葬的各个层面，明显具有一定的系统，再也不是零零星星的“佛教因素”了，特别提到墓内供养空间的形成和墓室装饰的天国化趋向；墓葬中此类佛教因素在基本

① 巫鸿：《早期中国艺术中的佛教因素（2～3世纪）》，巫鸿著，郑岩、王睿编，郑岩等译：《礼仪中的美术——巫鸿中国古代美术史文编》下卷，生活·读书·新知三联书店，2005年，第290页。

② 李清泉：《佛教改变了什么——来自五代宋辽金墓葬美术的观察》，巫鸿、朱青生、郑岩主编：《古代墓葬美术研究（第四辑）》，湖南美术出版社，2017年，第242-277页。

主题和因素上，大体不外乎脱离地狱、往生天国的来世祈盼。李清泉还直接拿形似来进行比较推测研究，如其根据五代十国宋代船形墓与钟的形状相似，探讨与佛教的关系。李清泉注意到了晚唐五代十国时期一些墓葬的平面近似船形，如浙江临安吴越钱氏墓中的M21、M23和M24，以及四川华蓥安丙家族墓等，李清泉认为这类船形墓更像是一口大钟，并联系文献记载中的“用浮屠法击钟”追荐亡者等，推测这种墓葬形制与钟的相似，恐怕不是巧合，或许有着震慑地狱、超度亡灵的寓意①。

本书基于这样的思考，着重两个基本概念：“佛教文化因素遗存”与“佛教宗教属性”。

前者也可简称为“佛教因素”“佛教文化因素”“佛教遗存”等。“佛教宗教属性”就是指墓葬是否真正与佛教信仰有关，换句话说就是墓主或者负责墓葬的建造者以及丧葬礼仪活动是否具备佛教信仰性质。佛教因素需要看人的活动，以及目的是什么。僧人活动当然是最明确的，其次是供养人与佛教造像、斋会活动等。单独出现的飞天，显然是一种直接反映升天，或者进入佛国净土的象征，所以，在南朝画像砖墓中，有飞天是丧葬礼俗中受到佛教影响的一个层次，有了僧人，有了供养人，才能真正体现出丧葬活动中人受到了佛教的影响。这个要进行仔细区分。简言之，佛教因素遗存不一定说明丧葬礼俗具有佛教属性。

当我们将较多的佛教因素遗存囊括在一起时，就面临一个方法论的问题，其一是我们如何处理这批材料，这是一个操作的问题；其二是我们用什么样的概念来梳理运用这批材料，这属于理念问题。本书借助于文化因素分析法，将这些与佛教有关的考古遗存统称为佛教文化因素遗存，简称为“佛教因素遗存”。认清第二个问题，其实也是解决好第一个问题的关键。对于佛教因素遗存，我们也知道，如果仅仅是通过造像、纹饰、器物等来笼统地研究佛教因素的发现、组合以及器物特征等，显然不能深入地揭露佛教对丧葬礼俗的影响。因此，我们有必要对佛教文化因素进行分层研究，这里的分层研究，既包括对佛教因素遗存进行年代学的分析与梳理，也包括对佛教文化因素在丧葬礼俗不同层次、程序、空间及结构方面的分析，如葬具上的佛教文化因素、墓室装饰上的佛教文化因素、随葬品中的佛教文化因素、建筑空间布局方面的佛教文化因素遗存，以及丧葬仪式过程中的佛教因素。其中，随葬品中的佛教文化因素遗存又可以区分出随葬品装饰上的佛教因素、随葬品自身就是佛教的法器及器具等。分层对佛教文化因素研究既考虑时间序列上的各种因素的变化情况，也包括墓葬作为遗存本身的诸多方面，以及人与墓葬关系中的佛教因素。同时，横向的观察也是分层研究佛教文化因素需要注意的，所谓横向就是考虑大致相同时间、不同地区佛教因素

① 李清泉：《佛教改变了什么——来自五代宋辽金墓葬美术的观察》，巫鸿、朱青生、郑岩主编：《古代墓葬美术研究（第四辑）》，湖南美术出版社，2017年，第245页。

的异同、同一墓葬中不同佛教因素遗存的组合及空间位置。

此外，我们在考古学研究中有一个比较基础的概念就是考古学文化。夏鼐先生曾对考古学文化进行了比较全面的论述，在历史时期考古学研究中，俞伟超先生也论述了考古学中的汉文化，李伯谦先生也对考古学文化中的晋文化进行了很好的论述，其中包括考古学文化内涵的概括及分析。从佛教因素遗存这个角度对中古墓葬遗存中的佛教因素遗存进行梳理，也需考虑考古学文化的研究，也就是说在中古丧葬礼俗中佛教文化因素是否能够上升为丧葬礼俗中的一种考古学文化，就必须回应考古学文化基本概念的同一地区、大致相同时间、大致相同的特征。

安志敏先生在《中国大百科全书·考古学》中撰写了“考古学文化”词条：考古学中所讲的文化，有其特定的含义，专门指考古发现中可供人们观察到的属于同一时代、分布于共同地区且具有共同特征的一群遗存。词条特别提到，至于历史时期的商周文化、秦汉文化或隋唐文化等，这仅仅是一般用语的文化，其含义是指一民族在特定时期中各方面的总成就，包括物质文化以外的一切文字记录所提及的各个方面，严格地说这要区别于考古学上有特定意义的文化[①]。“考古学文化”词条还提到，一个考古学文化包括不同的文化因素，每个考古学文化的内容也是一个有机的整体，显示其背后有着共同的文化传统。一种文化在发展的过程中，各个阶段的分布范围也会有所不同，文化因素也不断发生变化。

将文化因素与考古学文化进行比较研究，是文化因素分析法研究的深入，也是历史时期考古学研究在遗存与文化之间找到研究的路径与空间。佛教因素遗存，注重介绍其考古学背景，即其出土的遗迹状况，是墓葬还是遗址；在遗迹中的位置，如墓葬的墓门、墓室前部、甬道等；随葬器物的组合，是与其他几件器物成为逻辑关系较强的器物组合，还是单独摆放的器物，还是与其他组合器物在一起，成为其他组合中的一员。也就是说，我们比较关注器物在墓葬中的位置及其器物组合。这些是我们研究佛教因素遗存墓葬空间关注的重点。

所以，我们在对有些材料进行研究时，就必须建立在对该器物复原的基础上，这种复原包括考古发掘背景、墓葬形制、出土位置、相近空间的器物组合、在同一器物上面的其他题材、器物的功用等。我们复原主要依据考古报告的描述及散布在报告中的各类信息，但早期的一些考古报告没有将墓葬材料完整地刊布出来，有的仅有器物图，甚至连墓葬平面图、器物在墓葬中的出土位置都没有。随葬器物刊布不完整，无法得知佛教因素器物的组合，这些都不利于对佛教因素器物进行进一步的研究。所以，我们重新审视这些佛教因素遗存时，首先是对其进行复原。

---

① 安志敏：《考古学文化》，中国大百科全书总编辑委员会《考古学》编辑委员会：《中国大百科全书·考古学》，中国大百科全书出版社，1986年，第253-254页。

在复原时，我们会看到许多学者首先进行的是对遗存本身的描述、解读，其中一个主要的内容就是对这些佛教因素遗存进行定名和辨别，目前这方面的工作存在一个突出的问题，即必须要在一件比较模糊的器物上寻找出确切的佛教造像特征，而且必须要和印度、中亚的佛教造像进行比对，如对昭通陶佛像的描述、对彭山陶佛像插座佛像的描述等。需要说的是，对遗存本身的辨认也是必需的，但也防止过分机械解读，这对于当时的人们并没有将其作为一件艺术品来创作，只是用于墓中随葬的一件明器，是非常牵强的。我们在研究佛教因素遗存时，从今天我们怎么看，发展到考虑当时人怎么看，这是研究的进步。同样地，我们在对待一件佛教因素遗存时，不能仅是一个简单的对比、辨别，也有考虑当时人是在什么样的情况下产生此遗存的。反而，当我们不能明确地辨认出某项造像特征，感到模糊时，这恰恰可能反映出当时制作者的某种状态和情境，而这种状态和情境或许离我们通过古代遗存探究佛教传播过程更为接近。

本书在选取观察佛教因素演进的考古遗存时，一方面固然要对有佛教因素的材料重点分析，但同时，还要注意两类情况：一类是正史中有明确记载的材料，所谓明确记载就是历史文献中明确提到墓主信仰佛教，但是在其墓葬中却见不到佛教因素；另一类就是墓志明确提到墓主信仰佛教，但是墓葬中也见不到佛教因素。尽管上述两种情况我们不能称为佛教因素墓葬，但是这些墓葬的墓主却是信仰佛教的，还是可以称为佛教信仰者的墓葬，佛教信仰者的墓葬既有可能出现一些佛教因素遗存，但也可能与其他非佛教信仰者墓葬没有任何区别。尽管此类墓葬没有佛教因素遗存，似乎不利于我们利用考古遗存梳理佛教因素演变的轨迹，但是很明显，这些墓葬恰恰能够反映墓主所在时代，部分时人在信仰佛教的同时对丧葬礼俗的一种选择。所以当我们注意并重视这批材料时，佛教传播与信仰对古代中国丧葬礼俗的影响的历史真实，就显得更加饱满。这既是观念思路的转变，也是进一步释读材料的必然，无疑增加了我们观察佛教因素演进与丧葬礼俗考古学研究的资料。

一种题材，一种因素，在传统信仰中，道教和佛教中都出现过，是否说最后这种因素就是佛教因素呢？“在佛教传入中国的过程中，云纹逐渐从本土的宗教思想进入组织更严密、复杂的佛教世界。”[①]笔者不这样认为，云气等题材在佛教造像组合、壁画内容等方面出现，不代表其可以作为佛教因素。也就是不能将佛教造像、壁画等组合中出现的所有题材都看作佛教因素。如此单一，就对佛教文化组合本身的复杂性失去认识的基础。文献中记载墓主与佛教有关，但是在墓葬中却没有发现相关的佛教因素遗存；有的是墓志中出现与佛教有关的内容，但是在墓葬的其他随葬器物、墓葬遗

① 颜娟英：《从追求神仙到佛土世界——汉唐之际图象的变迁》，石守谦、颜娟英主编：《艺术史中的汉晋与唐宋之变》，石头出版股份有限公司，2014年，第14页。

迹等遗存中，也没有任何佛教因素遗存，如高力士墓。这样的材料，我们在进行研究时当如何处理？此外，文献和墓志等与佛教有关的记载，是否就能反映佛教与丧葬礼俗的关联，也是在处理文献时需要注意的。

最近，还有一种研究取向值得我们注意，即王睿的《公元2～3世纪涅槃经像在中国的流传》①，文中提到，四川忠县涂井蜀汉崖墓M5中有大量的佛教因素，如65件陶俑中至少有11件额前眉际有类似佛教的"白毫"相，还有7件头饰莲花俑，摇钱树座上有佛像。特别是前后室中出土的两件陶屋，一件编号为M5：40，栏板上乐舞者旁边有一人侧卧，旁边有一些吹箫俑；另一件编号为M5：94，屋檐下有众多的乐舞者，屋内有床帐，床上侧卧一人。就是这两件陶屋，王睿认为用一组乐舞俑围绕躺卧之人，这是模拟了佛教涅槃场景，是对死亡和死者归属的一种本土化描述。王睿也提出，在忠县崖墓里出土的随葬品上，出现了借鉴的佛教涅槃场景，这显然与佛教教义无关，而且他也认为，与忠县出现的涅槃场景相似，孔望山涅槃像也与佛教教义无关，这些材料关心的是涅槃的死亡形式和死而复生的解说。王睿一直强调的是，忠县涂井蜀汉崖墓的材料受到了佛教涅槃内容的影响，是对死亡和死者归属的一种本土化描述。王睿文中强调的两点，一是陶屋呈现的形式与涅槃内容有关，虽受到影响，但是与佛教教义无关；二是之所以在墓葬中出现如此涅槃场景，是对死亡与死者归属的一种本土化描述。2～3世纪，本土化描述的背景和材料在哪里？文中没有清晰交代。其实也不得不说，这种认识也还是相当大胆的，如果确如其所说，汉晋早期佛教因素遗存将从器物装饰、器物，到器物组合，再到如王睿所说的涅槃图像，这就是一个宏大的空间场景了。现在观察，此论证据和环节还不充分、完善。

基于上述概念的界定及认识，本书特别强调两个观察、分析材料的方法与思路："空间分析"和"整体认识"。

所谓"空间分析"是从以往认知材料的基础上演绎而来的。空间组合方法与组合方法的区别是既注重组合也注重组合在空间方面的联系。墓葬壁画是一个空间组合，墓葬壁画和墓室里摆放的器物，甚至和棺床、棺柩等，均可以构成一个空间组合。从每一件器物的形制特征描述，到文化因素，再到器物整体，再从器物整体到器物组合，再从器物组合到器物摆放的空间位置，再到器物的空间组合。器物的空间组合能够看到系统的、性质相对明确的人的活动，甚至一种处置的理念。墓葬的宗教因素遗存研究，需要上升到这个高度，诚如齐东方先生在论述晋制时所提到的观念。

"整体认识"即对材料进行整体的观察与分析，是长时段解读墓葬中佛教考古材料尤其需要注意的。郑岩认为，6世纪贵族的墓室，再也不像汉代那样营造成温情脉脉

① 王睿：《公元2～3世纪涅槃经像在中国的流传》，中国社会科学院研究所、新疆文物考古研究所编：《汉代西域考古与汉文化》，科学出版社，2014年，第433-455页。

的私人家园，而是与葬礼结合到一起。墓室正壁的墓主夫妇画像，目光直视墓外，正好与墓道两侧壁画送葬的队伍相遇，丧葬仪式使墓室和墓道的壁画成为一个整体，墓门关闭之前，墓室内壁画和墓道壁画成为葬礼的一部分，墓门关闭之后，这些画像又成为死者在另一个世界永生的面具①。郑岩将壁画与葬礼仪式结合起来，颇具启发。徐润庆也对北朝时期的仪仗出行，以图表的形式进行了再现，墓葬中的仪仗出行图既反映着墓主生前出行时的经历，还体现着送葬队列或墓主灵魂的出行，表现出葬礼祭仪时庄重的行列，而且为其内的墓主灵魂出行加以守护②。把仪仗出行单独观察，割裂其在墓葬中的整体背景及组合，无论认为是升仙还是丧葬行进的队伍，如果不注意观察出行与墓门上的宝珠等图像，甚至包括墓室中的死者棺柩，一并置入空间考察，那么其丰富的含义恐怕就找寻不到了。

齐东方老师关于晋制的论述，为我们研究中古丧葬礼俗中的佛教因素遗存提供了理论借鉴。齐东方从丧葬观念、丧葬习俗、丧葬礼仪和丧葬制度四个概念出发，探讨了中国古代丧葬中的晋制③。齐先生认为："所谓丧葬观念，是指对死亡的理解和认识，丧葬习俗是指安葬和悼念死者约定俗成的方式，丧葬礼仪是指丧葬观念、习俗的理性表述和系统的行为规范，丧葬制度是指带有强制性的规定。"齐老师论文同时还认为，丧葬观念的变化不仅关注高等级的帝王陵寝，同时还须观察这种观念的变化是否普及到社会各阶层，当一种丧葬观念影响到社会各阶层墓葬的实施时，这种丧葬观念才能构成一种新的时代特征。一个时代当有不同的观念，不同的丧葬观念会带来不同的潮流，那么，谁是社会的主流呢？这也是时代丧葬观念研究需要考虑的。

中古丧葬礼俗中的佛教因素分层，要注意观念文化因素，即反映丧葬与佛教关系的观念，这种因素在墓葬中出现，能反映出佛教与丧葬、死亡的观念，如宋代壁画墓中的佛教指引升天，虽然与其他壁画一样，只是一种绘画的题材，也看不出有没有僧侣参与，有些壁画中的建筑也无法确指其就是天宫建筑，但确实反映出一种往生净土的观念，这也是本书所关注的佛教文化因素，也是文化因素的一个层次。

此外，丧、葬、祭三位一体，现在已经成为我们研究墓葬、研究丧葬礼俗的共识。我们在研究中古丧葬礼俗中的佛教因素演进时，必须以整体认识的思路关照丧、葬、祭。

① 郑岩：《葬礼与图像——以两汉北朝材料为中心》，《美术研究》2013年第4期，第64-76页。

② ［韩］徐润庆：《北朝时期仪仗出行的再现及葬仪》，杨泓先生八秩华诞纪念文集编委会编：《考古、艺术与历史：杨泓先生八秩华诞纪念文集》，文物出版社，2018年，第161-184页。

③ 齐东方：《中国古代丧葬中的晋制》，《考古学报》2015年第3期，第345-366页。

第一章　汉代佛教因素遗存

汉代长安的欢宴后，跳舞的女子：

> 振朱屣于盘樽，奋长袖之飒纚。要绍修态，丽服飏菁。眳藐流眄，一顾倾城。展季桑门，谁能不营？①

芮沃寿认为，65～317年为佛教在中国历史上传播的准备时期，在张衡字里行间中，我们可以知晓佛教僧人是长安生活所接受的一部分，僧人们禁欲的生活已经非常知名，并且成为诗人刻画的形象。当然，芮沃寿也认为65年楚王英举行的佛教仪式是无可怀疑的②。

东汉晚期的《牟子理惑论》记载了时人对佛教与死亡关系的理解：

> 问曰：佛道言人死当复生，仆不信此言之审也。
>
> 牟子曰：人临死，其家上屋呼之。死已，复呼谁？或曰呼其魂魄。牟子曰：神还则生，不还，神何之呼？曰：成鬼神。牟子曰：是也，魂神固不灭矣，但身自朽烂耳。身譬如五谷之根叶，魂神如五谷之种实，根叶生，必当死，种实岂有终亡？得道身灭耳。《老子》曰："吾所以有大患，以吾有身也。若吾无身，吾有何患？"又曰："功成名遂身退，天之道也。"
>
> 或曰：为道亦死，不为道亦死，有何异乎？
>
> 牟子曰：所谓无一日之善，而问终身之誉者也。有道虽死，神归福堂；为恶既死，神当其殃。愚夫闇于成事，贤智预于未萌。道与不道，如金比草；善之与福，如白方黑。焉得不异？而言何异乎？③

---

① （汉）张衡：《西京赋》，（南朝梁）萧统编，（唐）李善注：《文选》卷第二《京都上》，中华书局，1977年，第49页下栏。

② ［美］芮沃寿著，常蕾译：《中国历史中的佛教》第二章《准备时期（约公元65年至317年）》，北京大学出版社，2017年，第21-41页。

③ （南朝梁）释僧祐撰，李小荣校笺：《弘明集校笺》卷第一《牟子理惑论》，上海古籍出版社，2013年，第27页。

在《牟子理惑论》中，佛教与死亡是问答中比较重要的内容，大致包括两个层次：第一个层次是佛教也有生死观，鬼神观仍然是佛教生死观的主要内容；第二个层次就是佛教对死亡的直接关联，即如果信仰佛教，那么死后对其魂神将会有何影响。第一个层次是佛教的生死观念，第二个层次就成为一种观念之后的行为后果。在这里，我们特别注意到，《牟子理惑论》的佛教信仰观念里，有一个“福堂”的概念，死者如果生前信仰了佛教，死后即会神归福堂。这是《牟子理惑论》中，佛教与死亡利益关联最直接的表述。

第一节　汉代遗址中出土的佛教因素遗存

近来，汉代遗址中出现的与佛教有关的遗存，颇引起学界关注，延续了20世纪80年代以来对早期佛教传播考古学研究关注的热情。这些材料，尽管出现在遗址中，但是无论是从内容，还是从出土地点都给我们搭建了一个早期佛教进入丧葬礼俗的背景，尽管这些材料仅是零星出现。

在丝绸之路沿线上的敦煌悬泉置发现了浮屠简，该简编号为Ⅵ91DXF13C②：30，材质为松木，简长24.8、宽1.6、厚0.4厘米，右下角有残断，基本完整。全简24字，前面的11个字字体略大，后面13个字字体稍小，而且与前面11个字不在同一列。简文如下：

少酒薄乐，弟子谭堂再拜请。会月廿三日，小浮屠里七门西入。

《悬泉汉简研究》认为，简中的弟子、浮屠，尤其是“浮屠”用语，说明这枚简具有明显的佛教色彩。这枚浮屠简出土于悬泉置坞院内靠北墙的一间编号为F13的小房子里，在这里一共出土了128枚简，其中有明确纪年的有11枚，分别为建武廿七年、永平七年、永平十一年、永平十五年、建初六年、永元十四年、元兴元年、永初元年等，大致在51～107年。这批简不但出土存在共存关系，而且书法特征与浮屠简也有共同性，因此推测，这枚浮屠简的年代应该在51～107年及其前后（图1-1）。对于简文的解释，认为“少酒薄乐”应与佛教的五戒、十戒等戒律内容有关，反映的是早期佛教传入敦煌的情况；“弟子谭堂”中的谭堂应该是人名，而且应该是汉人的姓名，非胡人；至于浮屠里，或许与《高僧传》中记述的康僧会在东吴初传佛教所在的建初寺，其地名为佛陀里有关。最终推测，这枚浮屠简很可能是遗落在悬泉置的一封僧徒之间的来往信件，抑或是一件虔诚的佛弟子要求拜见长老的名刺。《悬泉汉简研究》在讨论浮屠简发现的意义时，结合该地区历史发展，进一步将浮屠简的年代限定在东汉明

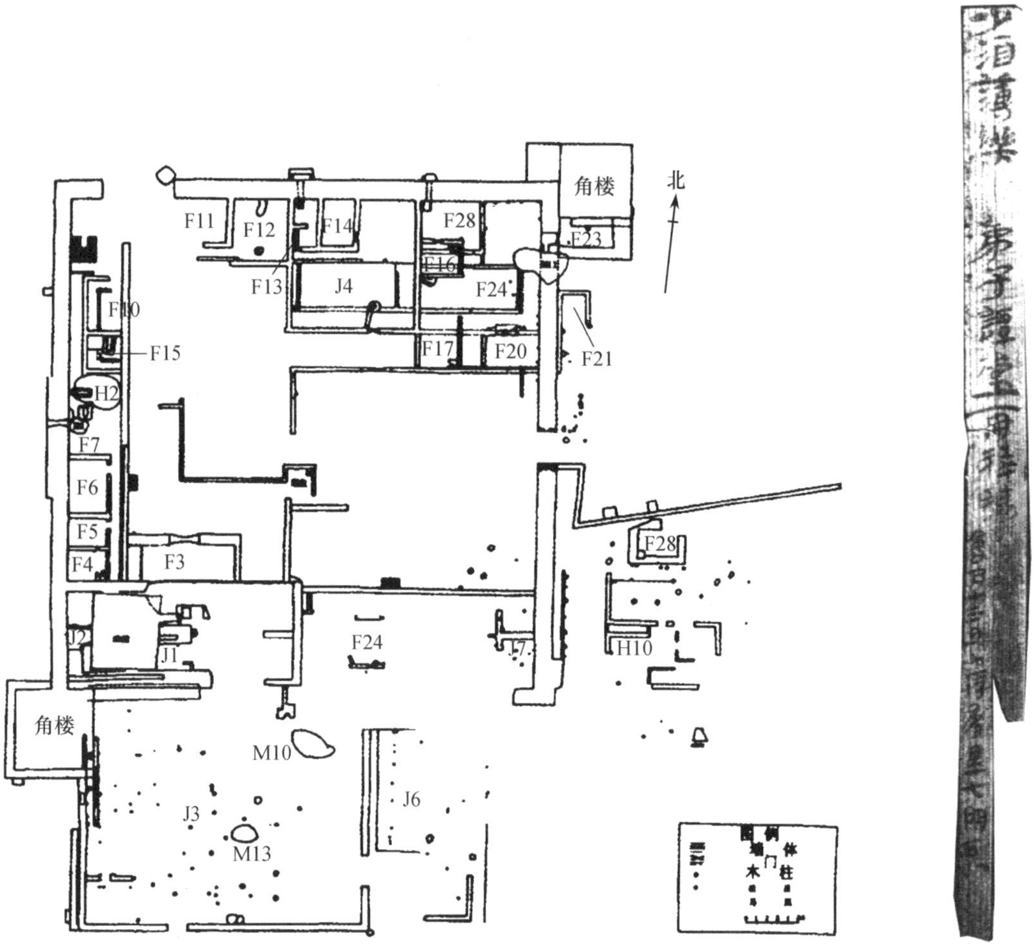

图1-1　敦煌悬泉置遗址及所出“浮屠简”
（采自《悬泉汉简研究》第11、186页）

帝（58年）以后的半个世纪之内，中间经历了明、章、和三代。如此不误，早在1世纪下半叶，佛教就已经进入敦煌了[①]。

悬泉置遗址位于甘肃河西走廊瓜州与敦煌两县市交界处的戈壁滩上，1990～1992年，甘肃省文物考古研究所在该遗址进行了为期三年的田野考古发掘。该遗址是一处汉晋邮驿机构遗址，主要遗迹有坞院、马厩、灰坑等，浮屠简就出土在坞院中。该坞院呈50米×50米正方形院落，东北与西南角有角楼，房屋均在坞院内靠墙壁建造，南

① 郝树声、张德芳：《悬泉汉简研究》，甘肃文化出版社，2009年，第185-194页。该书在分析浮屠简的文后以附注的形式介绍了吴丽娱、胡平生两位先生对浮屠简的看法，吴丽娱认为该简可能属于请柬之类的东西，“少酒薄乐”为客套话，“弟子谭堂再拜请”是主人请客的谦辞，“小浮屠里七门西人”是聚会的地点和行走路线；胡平生认为“西人”可能为“户人”，是指谭堂的户籍身份。

侧有马厩，东门外南侧有房屋五间，可能为门卫戍守住所，在西墙外的灰区堆积，是出土汉简等文物较多的区域。出土浮屠简的F13位于坞院北墙南，面积在诸房间中相对较小，似乎被隔成南北两间[①]（图1-1）。

浮屠简一经公布，因其在早期佛教传播方面的意义，对确定佛教传播路线等具有重要的学术意义，便引起学界对其及出土遗迹F13的较大关注。李永平基本赞同张德芳的认识，但对浮屠简文书术语和文书种类提出了看法，他特别注意到浮屠简"少酒薄乐，弟子谭堂再拜请"与后面的"会月廿三日，小浮屠里七门西（百）入（人）"（李永平全文浮屠简录文与本书所引《悬泉汉简研究》不同）的字体大小不同，且不在同一列，而且此类现象在居延简中也有例子，这不同大小的文字可能记载的不一定是同时连贯的完整事件，前面的"少酒薄乐，弟子谭堂再拜请"可能是下属给上级信或者文书的开头语或者落款语，原内容要多于这几个字，实际上是概括了文书的大概，性质上属于"记"一类文书，而后面的"会月廿三日，小浮屠里七门西（百）入（人）"是另一条记，这两条记之间可能存在某种关系，可能是同一人写的，也可能是两个人所书。此外，对"少酒薄乐""弟子"等他也提出了自己的看法，认为"小浮屠里"是汉代基层行政组织——里的名称[②]。赵宏亮基本赞成前述《悬泉汉简研究》附注中吴丽娱的"请柬"观点，而不是佛教信徒之间来往的信件，或者是一名佛弟子要拜见长老的名刺，"小浮屠里七门西入"为谭堂家舍在里中的位置和大门朝向[③]，笔者觉得这个解释比较合理。邓天珍、张俊民的论文进一步提到了浮屠简的出土单位为"F13C"，也就是悬泉置F13房间内的厕所，简文释为"少酒薄乐弟子谭堂再拜请会月十三日小浮屠里七门西入"，也认为这是一枚请柬简，"小浮屠里七门西入"的意思是聚会地点，即在小浮屠里的位置及家舍门的朝向，与前述赵宏亮论述大体相同[④]。

姚崇新在辩证佛教海道说、滇缅道说时重点分析了这件浮屠简，可谓是直接切入问题的核心，其文是将此简与早期佛教传播考古学研究最紧密的文章[⑤]。为了录出简文书写原貌，他的录文方式也与前述西北地区简牍学学者不同，具体如下：

---

① 郝树声、张德芳：《悬泉汉简研究》，甘肃文化出版社，2009年，第9-13页。

② 李永平：《敦煌悬泉置遗址F13出土部分简牍文书性质及反映的东汉早期历史》，《敦煌研究》2010年第5期。《考古与文物》2011年第4期刊登了与李永平同一单位作者王裕昌的论文《敦煌悬泉置遗址F13出土简牍文书研究》，文章观点与李永平文大体相同，但叙述论证引文等没有李永平文复杂和深入。特此注明。

③ 赵宏亮：《"悬泉浮屠简"辨正》，《南方文物》2011年第4期。

④ 邓天珍、张俊民：《敦煌汉简札记》，《敦煌研究》2012年第2期。

⑤ 姚崇新：《佛教海道传入说、滇缅道传入说辨正——兼论悬泉东汉浮屠简发现的意义》，荣新江、朱玉麒主编：《西域考古·史地·语言研究新视野：黄文弼与中瑞西北科学考查团国际学术研讨会论文集》，科学出版社，2014年，第459-496页。

1. 少酒薄乐 弟子谭堂再拜请

2. 　　　　　　　　会月廿三日小浮屠里七门西入[①]

姚崇新也认为这枚浮屠简应该为请柬，而且进一步指出，既然是请柬，应该就属于当地的遗物，将其视为外地携带而来，则不符合逻辑。他也赞成有学者提出的“小浮屠”就是小佛塔，为何为小浮屠里，其原因就在于该里中建有佛塔，并将其上升到是我国境内最早修建的佛塔的认识高度，也就是说在1世纪后半至2世纪初，我国的基层社会——里中已出现佛寺。将佛教初传敦煌的时间提前到1世纪后半期，大概没有问题。

总体上，在这枚简文的诸多名词及不同解释中，从与佛教的影响而言，“小浮屠里”的解释及其真实存在是最可靠的，基本没有异议，这也证明在东汉这个时期佛教在敦煌地区的影响。但是要从考古的角度观察这枚浮屠简，还是需要有详细的考古发掘报告，需要知道地层，同时在一个房间里出土的简时代是否大致相同，对简的性质的认定，不仅需要共存关系，还需要组合关系的简，这样才能尽可能的科学推定。由于这枚简在佛教传播路线的海道说与陆道说孰早孰晚方面意义重大，所以，对其年代的判定仍是首要解决的问题，所以需要其完整科学的出土背景：地层、堆积单位、组合器物、共存器物、遗址和遗迹的整体发掘材料等。如果东汉时期的敦煌有一个小浮屠里，那么除了平时的拜佛祈福活动外，该里的人们在遇到丧葬事宜时，是否也进行了与佛教有关的活动呢？至少“小浮屠里”简的存在，为我们对佛教初传提供了想象的空间。

在汉代的中心洛阳，也发现了与佛教传播有关的遗存。佉卢文题记井栏发现于1924年前后，发现地点可能是汉魏洛阳城附近，由当时的北京大学考古学研究室主任马衡购得并运回北京，一共购得原石四块，但运回北京时遗失一块。这几块石条推测应该是井栏的一部分，石栏有题记。1926年北京法国遣使会神甫步履仁撰文，宣称石条上的文字是希伯来文，1961年英国语言学家亨宁（W. B. Henning，亦有译恒宁）发现石条上的题记并非希伯来文，而是佉卢文，并转告伦敦大学的布腊夫教授，后者发表《中国所出佉卢文碑铭》一文。林梅村对此井栏题记及相关的东汉的僧团与佛寺进行了详尽的论述[②]。

布腊夫对井栏题记上的佉卢文进行了详尽的考译，英译为：“In the year……(fif)

① 姚崇新的录文比较符合简文书写的原貌，但其录文并没有将第2列文字缩小，笔者这里根据原简第2列文字略小于第1列录文。

② 林梅村对此洛阳所出佉卢文井栏题记有详细的介绍及研究，本书涉及此佉卢文题记井栏材料均据林文，详细参见林梅村：《西域文明——考古、民族、语言与宗教新论》，东方出版社，1995年，第387-404页。

teenth 15 this Vihara……to the Sangha of the four quarters……may it be for the honouring of all.”其意为：“唯……年……第十五15（日）此寺院……献给四方僧团……顺祝一切皆受敬重。”布腊夫将此佉卢文断代在2世纪末至3世纪初。林梅村分析认为，此井栏佉卢文题记的年代上限当不早于179年，下限当不迟于190年，并重新将井栏题记释意为：“唯…年……第十（五）15（日），此寺院……顺祝四方僧团所有（僧）人皆受敬重。”从而说明，首次有实物证明东汉京都洛阳有佛教僧团和寺院。

洛阳是佛教传播中原的终点，也是东汉帝国的首都，佉卢文题记井栏的发现及研究，说明洛阳存在僧团及其活动的空间。河西地区是佛教东传的必经之地，浮屠简的发现，已经不仅仅说明该地区是佛教传播的节点，至少说明在2世纪这里已经因为宗教的缘故，而形成了固定的聚居点，但是否影响到丧葬礼俗，目前遗址出土的材料还不能得出明确的结论。

第二节　四川地区汉墓佛教因素遗存分析

包括今天四川省、重庆市在内的四川地区，是佛教早期传播的重要地区，四川地区早期佛教遗物及其传播途径也成为学术界研究的热点[①]。四川地区是入华粟特人、波斯人的主要聚居区[②]。因此，对该地区墓葬材料中的宗教因素遗存探寻，是宗教考古与中外文化交流考古研究的必然选择。本书对该地区汉墓的佛教因素遗存进行了梳理，具体如下。

巴东县张家坟M1[③]，该墓位于长江南岸，紧靠巴东新港码头，隔江与西瀼口相对。墓葬为长方形石室券顶墓，墓室中部有一道石坎，形成一个二层平台，将长方形墓室分为前后两部分，墓内有漆皮痕迹，根据头骨，墓内至少有2个以上个体，葬式不明。出土器物有陶俑、玻璃饰品、石珠、铜镜、铜簪、铜耳环、铜扣、虎形铜带钩等。墓中出土了一块刻石，残缺，近似长方形。根据刻石图片，我们发现在文字前面还有一线刻图像，可惜并不完整，似乎是刻一人。石刻其上有纪年“元和四年”，故称为“元和四年刻石”，其铭文移录如下：

---

① 吴焯：《佛教东传与中国佛教艺术》，浙江人民出版社，1991年，第133-150页。

② 荣新江：《魏晋南北朝隋唐时期流寓南方的粟特人》，荣新江：《中古中国与粟特文明》，生活·读书·新知三联书店，2014年，第42-63页，原载韩昇编：《古代中国：社会转型与多元文化》，上海人民出版社，2007年；姚崇新：《中古时期西南地区的粟特、波斯人踪迹——兼论西南与印度、西亚的古代交通》，荣新江：《中古艺术宗教与西域历史论稿》，商务印书馆，2011年，第300-324页。

③ 恩施自治州博物馆：《巴东县张家坟墓群2003年发掘简报》，国务院三峡工程建设委员会办公室、国家文物局编著：《湖北库区考古报告集》第四卷，科学出版社，2007年，第232-239页。

元和四年正月三
日，南郡秭归道雝
里税少卿、少阳
共作是三丈五冢，
举高丈三尺，广丈
二尺。功二月五日乃成，
贾直钱二万五千，
师神都里男子袁
都等六人，当此之米二百。
当作冢之雝，这有卅
家耳。少卿食口六人，少
阳食口六人，传后世
诸孙子，能读此文。
皆圣人，孔子事礼（？祖？），
太子事神。子路、屈元，
有武毋文，致其死
时，头颈别分。少阳
手书，沮谈里褰孝仲。[①]

这块刻石，《中国书法》发表了赏析文[②]，并配了照片（图1-2），使我们有了更加直观的认识。该刻石较详细地叙述了税少卿等作冢的诸事项，十分难得。陆明君对该石进行了释文[③]。此块刻石最为关键之处，在于“太子事神”的释文及解读。陆明君认为，此“大”通“太”，但也可能是“天”，残泐为“大”，没有确释。陈斯鹏认为，简报将“大子”释读为“天子”非是，其认为，“大子”既然与前面的“孔子”对举，而不可能是泛称，应该是具体的且地位较尊隆的人物，其怀疑此“大子”可能是指佛祖释迦牟尼，并引《三国志·魏书·乌丸鲜卑东夷传》注引的《魏略·西戎传》所云国王生浮屠，浮屠太子也，作为证据，而且佛典中称“悉达太子”，汉译佛典中也称释迦牟尼为“圣人”，“太子事神”应指释迦牟尼遵从天神指引上山修道[④]。元和四年即87年，如刻石诚如陈斯鹏的释读，则此材料在早期佛教传播历史中，当非

① 陈斯鹏：《巴东县张家坟墓群M1“元和四年刻石”考释》，《考古》2011年第6期，第65-71页。
② 谢春华：《〈元和四年刻石〉书法评析》，《中国书法》2010年第4期，第129页，封二。
③ 陆明君：《〈元和四年刻石〉释文》，《中国书法》2010年第4期，封二。
④ 陈斯鹏：《巴东县张家坟墓群M1“元和四年刻石”考释》，《考古》2011年第6期，第65-71页。

图1-2　巴东张家坟元和四年刻石

（采自《元和四年刻石书法评析》封二）

常重要，而且是出现在墓葬中。如果前面的“孔子事祖，太子事神”体现的是礼仪祭祀和神仙信仰，与紧接其后的“子路、屈元，有武毋文，致其死时，头颈别分”反映的是凶死，在墓中起警骇作用，两者关联考虑，当就十分有意思了。

绵阳何家山1号崖墓为墓道带甬道前后室券顶崖墓，前室和后室各置棺2具，前室2具棺用砖砌成，上面盖以石板为棺盖，后室置砖棺和灰陶棺各1具①。简报叙述在前室左棺的后部随葬有摇钱树及树座（图1-3）。但我们发现墓室平面图、图下的器物标注，以及简报正文中器物的编号，几方面不太吻合。摇钱树座位于左棺的后部大致没有问题，平面图中标注的摇钱树座却在左棺的前部，与文字描述不符。但我们大致能够判定摇钱树出土的背景。该墓摇钱树座上塑一人驾奔鹿，上面有插孔。摇钱树分树干和树叶两部分。树干长76厘米，上面分别铸5尊形象一致的佛像，佛像头后有椭圆形头光，顶有肉髻，着通肩大衣，右手竖掌，应为施无畏印，左手握衣服下摆，衣角呈

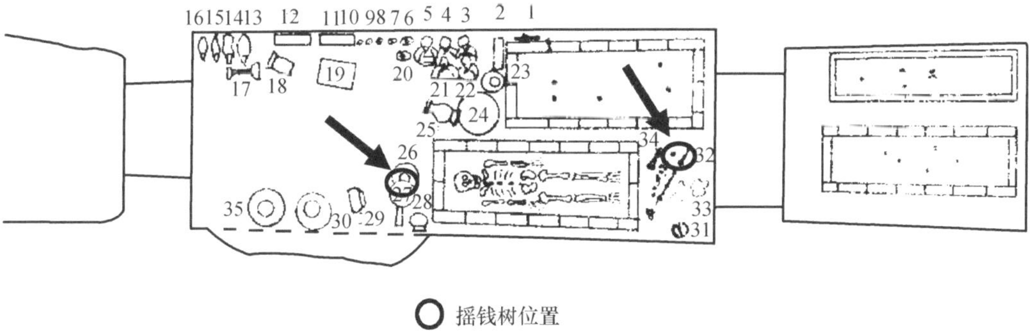

图1-3　何家山1号墓出土摇钱树位置

（采自《四川绵阳何家山1号东汉崖墓清理简报》图二，第2页）

① 绵阳博物馆：《四川绵阳何家山1号东汉崖墓清理简报》，《文物》1991年第3期，第1-8页。

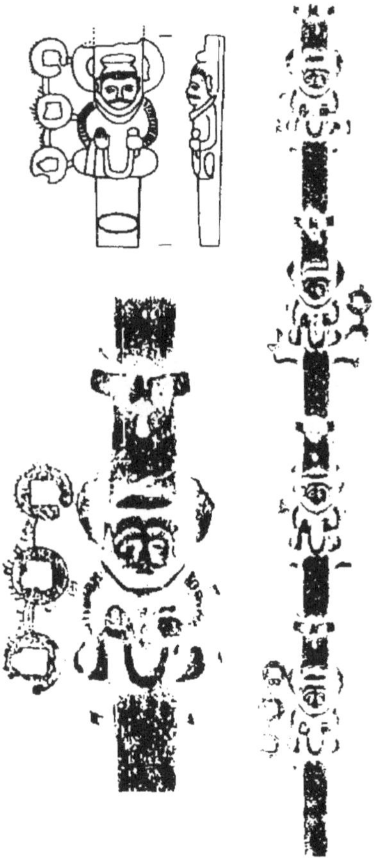

图1-4　绵阳何家山1号崖墓出土的钱树佛像
（采自《中国西南地区钱树佛像的考古发现与考察》图一，第71页）

"U"形，结跏趺坐（图1-4）。树叶有3片保存较完整，第一片上有两仙人相向对立于一柱前；第二片上有一戴冠者执弓骑马立于一璧之上；第三片上有一龙，张口含物。随葬品主要位于前室的前部，也就是前室两棺的前部及两边近墓壁处，主要有陶壶、陶罐、陶釜、陶仓、陶俑、陶模型、铜案、铜魁、铜镜、铜铺首、铁釜、铁灯、铁刀等。其中陶俑有舞俑1件、抚琴俑1件、听琴俑1件、执笙俑1件、拱手俑4件、执箕俑1件；模型有狗、鸡、房屋、水田模型等。简报推定该墓的年代为东汉晚期。

我们注意到何家山1号墓出土摇钱树在墓室棺的前后端，而且在棺后端的摇钱树的附近还出土了铁灯、铁釜，在棺前端摇钱树座的附近还出土了铜魁等，按照其平面分布图，在摇钱树座附近还有铜案，但可能不确。无论如何，特殊的位置，加上摇钱树和座的附近有铁釜和铜魁，似乎说明在安放这些摇钱树及座时，可能进行了某种祭奠活动，而这个活动的主要器具就是摇钱树及座。

1986年6月四川省博物馆人员在什邡发现一座东汉画像砖残墓，在墓葬的废墟上采集到画像砖和花纹砖四五十块，在其中的一块残破的画像砖上有佛塔图案。砖已残，为泥质灰陶条形砖，厚7.5、残长21厘米。画面的正中为一佛塔，两侧各有一株菩提树（简报语），三层四面楼阁式塔，每层塔似乎有角柱，塔上有塔刹，多重相轮，塔下似乎有台基。在塔和菩提树的两侧，似乎各有一座楼阁式建筑①。何志国对该墓砖进行了仔细观察：砖面的中央有一楼阁式塔，塔基已残，仅见塔身、塔刹两部分，塔身共有四层，每层有四柱，柱上为飞檐，塔身为高层楼阁式建筑结构，这种结构在东汉陶塑建筑模型和画像石中较为常见；塔顶有刹，刹上放置三层相轮，刹顶呈三角形（图1-5）。塔两侧各立一柱，高度与塔相若，柱上部有形体较为夸张的莲花，其形巨大，谢志成将其称为"菩提树"，不妥。莲花两侧有高层楼阁，形体因残而不明，亦未见塔刹，故不能称佛塔②。

① 谢志成：《四川汉代画像砖上的佛塔图像》，《四川文物》1987年第4期，第62-64页。
② 何志国：《汉晋佛像综合研究》，上海人民出版社，2017年，第69页。

图1-5　四川什邡画像砖佛塔
（采自《佛教初传南方之路文物图录》3）

彭山崖墓陶佛像插座出土于彭山166号崖墓中，《四川彭山汉代崖墓》报告中没有对该墓的单独墓例进行介绍，我们综合该报告中的所有信息，将该墓发掘情况综合如下。

166号崖墓即豆芽坊166号崖墓，单侧室墓，由前室和侧室组成，侧室较前室小，斜坡墓道，平顶。门楣上有三层，里层门楣上刻一斗三升斗拱；中层门楣中间为一人坐而吹箫，两边各有一熊，熊大腹，双耳竖立，双手擎梁；外层刻一胜形图案。墓内葬具有瓦棺。墓内出土云纹瓦当，报告根据崖墓内出土筒瓦、瓦当、花纹砖等建筑材料，推测墓内原应有附属建筑。墓内出土器物除了陶佛像插座外，还有陶釜、陶方壶、陶屋架、陶屋顶、抚琴俑、男俑头、鸡俑、铜鸟形饰件等①。报告没有提供佛像树座在墓葬内的出土位置，我们也无法根据其位置及其附近器物，判断其大致的器物组合（图1-6）。

图1-6　彭山崖墓出土摇钱树座
（采自《四川彭山汉代崖墓》图44，第36页）

报告中对166号崖墓出土的佛像插座进

① 南京博物院编：《四川彭山汉代崖墓》，文物出版社，1991年，第17、20页。

行了详细的描述，今录原描述如下：

> 佛像插座　仅有一件，M166∶14。泥质灰陶，质甚坚硬，高21厘米。前后两半模合制而成，后半部已缺，仅有前半部。全器成圆形，可分为上下两段。上段为圆筒，其中心孔径约7厘米。筒表面为模制人像。中坐一人，高髻长衣，前视略仰，左手平置胸前，右手平托。左右各有一侍者。左侍者着长裤，腰间裤之束结可见，上身似穿一件大袂上衣，右侍者着衣裤，右手屈向上，左手似置腰间。下段圆形座，模印有龙虎争璧造型。璧在龙虎之间，其右为青龙，其左为白虎。[①]

根据彭山崖墓中M682出土的“永平六年王”模印文字纪年砖、M901出土的“永元十五年二月作”模印文字纪年砖，以及与四川其他地区的崖墓对比，报告将M166的年代推断在东汉中晚期，下限不应晚到三国时期。报告认为此佛像插座为我国民间早期的佛像造型，即佛教中的“一佛二胁侍”造型，其判定的角度有如下三方面：①此佛像插座上的三人造型，在布局上为“一主二侍从”，且中坐者高髻，发髻类似佛像的“肉髻”；②造像身上所穿的大袂衣服，颈下为平行横曲衣褶，此在汉服中不见，而见于佛身上的直筒大衣；③三人均作手印[②]。

俞伟超先生在其著名的《东汉佛教图像考》中指出，这种陶座出土时常和铜铸的钱树（或称摇钱树）碎片在一起，故知即铜质钱树之座。彭山崖墓M166出土的佛像树座上中间一像为结跏趺坐，高肉髻，右手施无畏印，三人造像组合都是佛教造像——一佛二弟子或二菩萨，即中间为释迦像，两侧为迦叶、阿难或大势至菩萨和观世音菩萨。俞先生认为这件器物非常重要，其一是把一佛二弟子或者一佛二菩萨造像组合在我国出现的时间上推到东汉晚期，同时表明那时的佛教礼拜活动和古老的社祀活动结合在一起[③]。杨泓先生认为四川地区的东汉至蜀汉的文物中，尚难肯定有真正佛教信徒供养礼拜的图像，彭山崖墓佛像树座等应是受到佛教艺术影响而出现的作品，与真正的佛教教义无关，至少摇钱树上的佛像没有脱离附庸于其他宗教信仰的地位[④]。

---

① 南京博物院编：《四川彭山汉代崖墓》，文物出版社，1991年，第37页。

② 南京博物院编：《四川彭山汉代崖墓》，文物出版社，1991年，第37-38页。

③ 俞伟超：《东汉佛教图像考》，原载《文物》1980年第5期，后收入其著《先秦两汉考古学论集》，文物出版社，1985年，第165-166页。

④ 杨泓：《四川早期佛教造像》，原载杨泓、孙机著：《寻常的精致》，辽宁教育出版社，1996年，第230-236页，后收入杨泓：《汉唐美术考古和佛教艺术》，科学出版社，2000年，第283-290页。该文收入《汉唐美术考古和佛教艺术》一书时增加了插图，本书引用该文时均据《汉唐美术考古和佛教艺术》。

尽管对该佛像两侧人像的身份讨论颇多，但基本上不否认这是一个佛教造像组合，但是何志国提到这件器物不是摇钱树树座却值得注意，笔者注意到，在并不详细的考古报告中，提到该墓同时还出土了一件鸟形饰件，是否为铜质摇钱树上的一部分也不得而知。因此本书只能仍据考古报告所言，称其为陶佛像插座。何志国将其定名为陶座佛像，并重新描述其特征："陶座分上下两部分，上部为圆柱形，下部略似覆斗，二者相连，上下中空，上小下大。上部中央塑一坐佛，发式为头发向上梳，在头顶扎成螺髻，身穿通肩袈裟，从颈向下，形成九层由平缓到起伏的阴线圆弧形衣纹，使袈裟有一种棉袍般的厚重感；右手施无畏印，左手握衣角，结跏趺坐。坐佛两侧站立二胁侍，左侍光头，袒右，举右手，掌心向外，施无畏印，左手放于腰际，穿长裤；右侍头戴尖顶帽，身穿右衽长袍，裙下摆有锯齿纹。陶座下部、坐佛正中下方有一璧，其左为龙，其右为虎。"①

乐山麻浩崖墓石刻佛像编号为麻ⅠM1，墓葬方向247°，由墓门、前室、南后室、中后室、北后室组成，其中南后室的南壁和北壁均开凿有棺室和耳室，中后室南北壁也均开凿出棺室和耳室，北后室的南壁和北壁也开凿出棺室和耳室。三个后室的北壁耳室中均开凿出灶和案，说明此耳室具有庖厨功能。葬具仅见北后室的南壁棺室内尚存的双棺崖棺。前室平面略呈曲尺形，值得注意的是，在前室南壁的东部依崖壁凿有一圭首碑，碑面刻画画像。中后室和南后室开凿在一个平面，北后室开凿在一个平面，两个平面使该墓前室的东壁呈曲尺形。开凿在同一壁面的南后室和中后室的甬道亦呈现不同的状况，中后室总体垂直于墓室前室的东壁，而南后室除了甬道与中后室整体平行外，整个墓室向南转折，似乎在回避已经开凿好的中后室的棺室。ⅠM1画像石刻主要分布在墓门及前室，共刻画像27幅②（图1-7）。

图1-7　麻浩一号崖墓佛像

（采自《佛教初传南方之路文物图录》1）

墓门画像石刻，共10幅。简报分别编号为门1～门10，其中门1在椽间，门2～门6在墓门上椽头下，门7和门8在西侧正对北后室的墓门两侧，门9和门10在中间正对中后室的门两侧。具体如下。

① 何志国：《早期佛像研究》，华东师范大学出版社，2013年，第45-48页。

② 乐山市文化局：《四川乐山麻浩一号崖墓》，《考古》1990年第2期，第111-115、122页。

门1　刻仿木结构房檐，上为瓦当和板瓦，其中有2个瓦当可见饰有花瓣纹，其下为小连檐，再下为方形椽头，门上椽头间格子内均浮雕祥瑞，一格内一物，依次为瑞鸟、双兽、兽首、鱼、双鸟、嘉瓜、蹲兽、瑞鸟、鼠啮爪。

门2　残甚。

门3　刻一跪羊，残甚。

门4　刻一舞伎，残。

门5　左刻一山（？），中刻一兽，右刻一斗三升斗拱。

门6　左刻一跪羊，羊背上二人相拥接吻；中刻伎乐三人，左者摇鼗，中者吹箫，右者抚琴；右刻一斗三升菱角状曲拱，左拱拱端刻有一立兽，长尾。

门7　刻“河梁送别图”。图左一人肩挑物站立，中跪一人，右一人负婴跪坐于房内，似为一告别的场面。

门8　似为“董永事父”故事图。

门9　为“迎谒”图。

门10　报告说的“凯风图”。图左为一老妇，右手持杖站立，左手前指，图右依次为跪立数人。残甚。

前室画像17幅，分别分布在北壁、东壁和南壁，其中北壁4幅（北1～北4）、东壁10幅（东1～东10）、南壁3幅（南1～南3）。

北1　刻仿木结构房檐，上为瓦当和板瓦，下为小连檐，再下为方形椽头，椽头间格子内饰网格纹和串钱纹，正中格子内浮雕一兔（？）。

北2、北3和北4共同组成一幅故事图画，即“荆轲刺秦王”。

下面我们再看看前室东壁的情况，东壁整体呈曲折形，一壁面后接南后室、中后室，另一壁面后接北后室。

东1　刻仿木界格房檐，上为瓦当和板瓦，其下为小连檐，再下为方形椽头，右端刻一兽首（？），已毁。

东2　朱雀图。

东3　刻一人着异形高冠，长袍，左手持杖站立，杖上系三层饰物，第二层呈环状，右手执一小袋。

东4　“六博”图。图左为一侍婢，右手执半圆形便面，中为四人，两人对弈，一人旁观，一人吹排箫，右上部为玉兔和捧盒灵蟾。

东5　刻仿木结构房檐，上为瓦当和板瓦，瓦当均饰卷云纹，其中两个各有锯齿纹和栉齿纹外圈带①，其下为小连檐，再下为3个方形椽头，左端椽头饰“胜文”，中间

① 云纹瓦当外圈饰锯齿纹或者栉齿纹的时代可能已经晚到魏晋时期，详细可参见魏晋洛阳城、邺北城遗址的考古发掘报告。

椽头饰“旋涡纹”。

东6　刻有马槽、马和马夫。

东7　刻仿木结构房檐，有板瓦和瓦当，瓦当可见卷云纹和花瓣纹，下面是小连檐，小连檐下为方形椽头，椽头间格子饰方格纹，一个兽首位于右部格子内。

东8　即为本书所关注的，著名的麻浩一号崖墓浮雕石刻佛像。坐佛，通高37厘米，高肉髻，头绕圆形头光，身着通肩大衣，“U”形衣褶，右手似施“无畏印”，左手似握大衣衣角，似结跏趺坐，面部残（图1-7）。

东9　刻钓者垂钓。

东10　为一住宅图，为五脊庑殿顶，尚未完工。

南1与北1、东1、东5相似，但左端椽头格子间浮雕一鱼。

南2为二人乘车，一人挽车。

南3为门卒图，右手持箕。

报告推断该崖墓的年代上限在东汉晚期，下限可能在蜀汉时期。前室东壁浮雕坐佛的年代，简报根据南后室向南弯曲、前室南壁大部分和墓门南门侧壁均未刻画像、南后室甬道门外侧的“住宅”（即东10）图尚未完工，推测该墓的开凿是自北向南陆续进行的，同样，画像石刻也是陆续雕刻而成的，中后室的年代要晚于该墓的始凿年代，因此“坐佛”的年代可能为蜀汉时期。笔者比较赞同这个判断，除了上述几个可能的原因，此外，前室东壁仿木结构上面的栉齿纹、锯齿纹瓦当，也多见于魏晋洛阳城①和邺北城遗址②。

昭通地区、城固，以及贵州的一些材料位于四川的周边，与四川地区的汉文化关系密切，可以一并纳入观察。云南昭通陶佛像俑出土于昭通水富县楼坝镇乌龟石湾墓地。该墓地共发现14座崖墓，基本呈一线分布在横江北侧的山坡上，出土陶佛像俑的WGSM2位于墓地的最东侧。WGSM2为前后室崖墓，分别由墓道、墓门、前室及后室等部分组成。前室较后室为低，前室呈长方形，东侧有一壁龛。后室主要有一石棺台，石棺台上有东小西大石棺槽各一。墓室顶部呈“人”字形顶。出土器物有陶罐13件、陶器盖6件、陶壶1件、陶盆3件、陶甑2件、陶案1件、陶房3件、陶鸡2件、陶鱼2件、陶男俑8件、陶女俑2件。在这些器物中，佛像俑被划归为陶男俑，编号为

---

①　中国社会科学院洛阳汉魏故城队：《河南洛阳汉魏故城北魏宫城阊阖门遗址》，《考古》2003年第7期。

②　中国社会科学院考古研究所、河北省文物研究所邺城考古工作队：《河北临漳邺北城遗址勘探发掘简报》，《考古》1990年第7期，第595-600页，图版肆、图版伍。

WGSM2：7，位于墓道内，其里侧有编号为WGSM2：10的吹箫俑①。遗憾的是，无论是《云南考古报告集》（之二），还是后来出版的《昭通田野考古》（之一）②均没有在墓葬平面图下注明具体随葬器物的名称，所以我们无法确切地了解昭通这件陶佛像俑的器物组合。报告将该佛像俑列入男俑分类里叙述，这些男俑均为两范合制而成，接缝处用泥抹平。报告对该器物的描述具体如下：

> 标本WGSM2：7：双膝跪地状，头大，戴一锥形高帽饰，卷发，面部五官清晰，作闭目状，高鼻，细颈。着圆领衫和百褶宽袖服，双手于胸前似握有一物，泥质灰陶。残高21.6厘米，厚7.6厘米，宽12.4厘米，胎厚0.4～1.4厘米。③

报告推断乌龟石湾崖墓的时代为东汉中期，结合该地区西汉时为僰人居住地，同时同一墓地的WGSM12出土了“平掌都印”铜印，推测这批墓葬与僰人贵族有关。

丁长芬后来在专文中对此佛像进行了描述：“陶人像残高22厘米，坐像，头顶肉髻较肥大（螺髻之上中空，已残），眉毛修长，双眼微合，上唇有口髭，长垂耳，身穿通肩衣，圆领，衣袖皱纹明显，右手曲掌，掌心向外，左手握衣角，衣角甚长，延经右手腕下垂直，中央形成‘U’形，陶人像双腿盘曲，呈跪坐姿态。”④这样的描述让我们越来越感觉到此器物与佛像接近。何志国认为丁长芬的描述仍有错误和遗漏，如他认为没有胡子，“螺髻之上中空”的描述也不对，昭通陶佛像应是螺发，至于头顶中央之上凸出的槌状物“中空”，可能是灯柄。何志国提到其在四川泸州博物馆中见到的一件完整的东汉人形陶灯，头顶造型与昭通佛像相似，而且胸腹前也有与昭通佛像相似的数道“U”形衣纹。最后，何志国对昭通佛像进行了重新描述：“头顶中央凸出槌状物，中空，头顶四周为螺发，面庞丰润，双眼微合，高鼻且大，身穿通肩大衣，衣向下形成五重长长的U形衣纹，右手施无畏印，左手握衣角，V形衣领，衣袖有较深且宽的纹路，大衣背面从上到下形成七层略呈平行的圆弧形衣纹，下部略残，似

---

① 云南省文物考古研究所、昭通市文物管理所、水富县文化馆：《昭通水富县楼坝崖墓发掘报告》，云南省文物考古研究所编：《云南考古报告集（之二）》，云南科技出版社，2006年，第106-133页。

② 昭通市文物管理所编：《昭通田野考古（之一）》，云南人民出版社，2012年，第143-166页。

③ 云南省文物考古研究所、昭通市文物管理所、水富县文化馆：《昭通水富县楼坝崖墓发掘报告》，云南省文物考古研究所编：《云南考古报告集（之二）》，云南科技出版社，2006年，第121-124页。

④ 丁长芬：《昭通出土的早期佛像及其他》，肖先进主编：《三星堆研究（第二辑）》，文物出版社，2007年，第274-278页。

结跏趺坐。”[①]可以说，何志国参照泸州博物馆的东汉人形陶灯，推定昭通佛像也有可能是一件陶灯。这是非常有价值的，也有利于我们从佛教因素器物功用的角度分析这些佛教因素使用的真正目的。

苏奎结合泸州市博物馆所藏的一件陶佛像灯台，对云南昭通水富楼坝这件佛像及四川宜宾南溪长顺坡崖墓的陶佛像进行了复原研究，认为上述两件佛像均是佛像陶灯，佛像都是坐在梯形高台之上，头顶都有带支柱的灯盘（图1-8）。苏奎的复原不仅验证了何志国的推测，上面可能有灯柄，而且对佛像所坐之高台也做了复原和说明，并且，苏奎认为这些陶灯佛像的年代大致在东汉晚期[②]。

图1-8　云南昭通佛像陶灯及复原图
（采自《长江上游汉代佛像陶灯研究》图2，第27页）

这样的陶灯在重庆丰都槽房沟M6也有发现，报告称之为“小熊”，泥质红陶，报告也指出是烛灯的一部分，柱状灯柄及熊形灯座尚在，但是灯盘已经残缺。两件，一件残高14厘米，一件残高9厘米。该墓是一座刀把形洞室砖墓，出土器物有陶奁、舞俑、持袋俑、耳杯、井、陶房屋模型等。报告推测该墓年代在东汉安帝（125年）前

① 何志国：《早期佛像研究》，华东师范大学出版社，2013年，第35-39页。
② 苏奎：《长江上游汉代佛像陶灯研究》，《长江文明》2017年第2期（总第二十六辑），第18-31页。

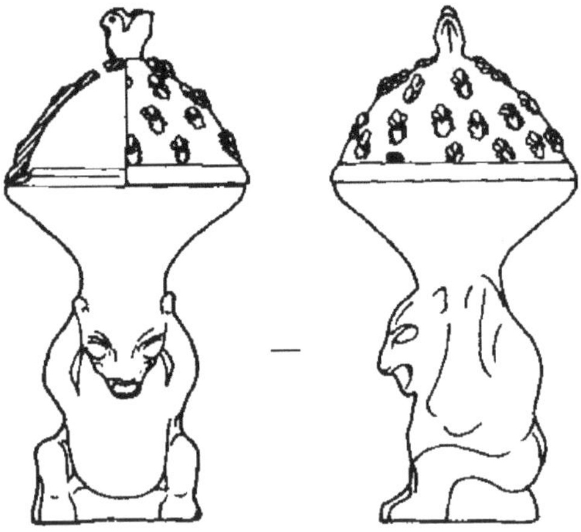

图1-9 香熏
（涪陵北岩墓群M4：5，《涪陵北岩墓群发掘报告》图二〇，6）

后[①]。另外，香熏也有类似的熊座的，如涪陵北岩墓群M4所出[②]（图1-9），所以观察熊座顶上面的柄比较关键，笔者以为如果比较竖直，估计就是灯，如果比较开敞，估计就是香熏的炉盘下面部分。值得注意的是，北岩墓群M4还出土了摇钱树，报告描述钱树树干中部铸玉兔及圆环，树叶上还铸饰虎及羽人。

四川南溪长顺坡崖墓陶灯佛像分为上下两部分，下部为梯形台座，下大上小，椭圆形底部；上部是佛像，结跏趺坐，额周一圈螺发，身着通肩大衣，衣纹多重褶皱，下垂呈"U"字形，左手握衣角，右手施无畏印。佛像头顶有明显的残断痕迹，残高27.8厘米[③]。

苏奎根据宜宾南溪长顺坡崖墓的报道，对该陶灯佛像的出土背景进行了叙述："四座崖墓均为单室，墓葬有排水系统，墓室内有灶、龛、棺床等设施，出土的器物有陶俑、陶狗、陶鸡、陶房、陶罐、陶钵、铜带等，墓葬的年代在东汉晚期。此外泸州能源大楼汉墓也出土有陶灯佛像。"[④]

城固钱树佛像由罗二虎先生调查公布，墓葬的情况已经不清楚，所以我们无法从丧葬礼俗空间去观察这件钱树佛像，但由于此钱树佛像保存得相对完整，经过罗二虎先生的复原，其本身具有了完整的空间结构，我们可以据此观察佛像在钱树上的空间位置及组合，所以仍然值得详细介绍。城固钱树佛像出土于一座东汉砖室墓中，钱树由树座和树体两部分组成。摇钱树座为釉陶，整体呈圆锥形，似一神山的造型。佛像位于钱树顶饰的中间，为坐像，右手施无畏印，左手握衣角，结跏趺坐，顶有肉

① 重庆市文物考古所、宝鸡市考古工作队、重庆市文物局、丰都县文物管理所：《丰都槽房沟墓地发掘报告》，重庆市文物局、重庆市移民局编：《重庆库区考古报告集（2001卷）》，科学出版社，2007年，第1804-1808页。

② 重庆市文物考古所、重庆市文物局、重庆市涪陵区博物馆：《涪陵北岩墓群发掘报告》图二〇，6，重庆市文物局、重庆市移民局编：《重庆库区考古报告集（2001卷）》，科学出版社，2007年，第2032页。

③ 苏奎：《长江上游汉代佛像陶灯研究》，《长江文明》2017年第2期（总第二十六辑），第18-31页。

④ 邹西丹：《泸州市博物馆藏东汉陶佛像灯台略考》，《四川文物》2013年第2期，第63-65页，图版肆。

髻，眉间有白毫，胡须髯，有头光。佛像所在的顶饰为薄叶片，佛像的右侧有一人朝佛像拜揖，佛像坐于一圆形大璧上，坐佛的后面有花蕊，似为莲花。佛像所在顶饰的两侧，各有一凤鸟站立于巨大的璧上。树干部分由四段构成，每段树干上也有一个巨大的璧，璧的中间，也就是树干上还有一只蹲熊。树干两侧对称伸出树枝，也是呈薄的叶片状，有的树枝上可见仙人骑在一匹飞奔的马上，旁边枝上挂了不少圆形方孔钱币，仙人戴高冠，着长袍。有的树枝上有站立的大鸟，有的树枝上有凤鸟和蟾蜍等，凤鸟的背上还安置有花瓶，瓶内插有花卉（图1-10）。介绍材料推测该摇钱树的年代在东汉晚期到东汉末年，大概不会晚到蜀汉时期。佛像居于正中，两侧为凤鸟，下面有圆形的玉璧，旁边还有拜揖的人物，在这些象征仙境的题材中，显然佛像是作为天上仙境中的一种重要的神灵而出现。四川钱树这种神仙观念及上升的图像空间程式，我们还可以在敦煌佛爷庙湾地区的西晋时期彩绘砖画墓见到，墓的照墙以砖砌和彩绘

图1-10　陕西城固出土钱树佛像及钱树复原

（采自《陕西城固出土的钱树佛像及其与四川地区的关系》图三、图九，第65、70页）

的形式表达了一个不断上升到达仙庭的图像程式，最上面是青龙、白虎装饰的大门，两侧还有门吏，门的上端有两兽首人像，下面是对称的各种神兽（图1-11），这一点与摇钱树树干两侧的树叶纹饰相似。钱树树干佛像处于这一上升的过程中。空间分析的方法可以让我们更好地观察钱树佛像[①]。

贵州清镇11号墓为券顶石室墓，上有封土，封土下面为南北两座墓，报告说是一个封土里的两个墓。两墓四壁基石仍旧保存，墓室平面形制不太一致，北墓平面似刀形，南墓平面似为长方形。出土的器物南墓比北墓多，出土有大铜盘1件和大量的五铢钱、残存的兽形盘足1件、夹砂黑陶罐1件，北墓残存一些五铢钱。在接近北墓东面的顶部，发现残陶壶1件及残破的铜人像。铜人像中为沙胎外包铜质[②]。罗二虎先生专门对这件铜人像进行了调查及研究，在墓葬形制和其他随葬器物方面，新的调查没有增加太多的材料，但是关于该墓出土的钱树残件，从贵州省博物馆的调查记录新增了不少材料。调查发现清镇11号墓出土的铜树干残件3段，上面有两尊佛像，另外还有铜摇钱树残件4片。两尊佛像分别编号为佛像1和佛像2。佛像1为结跏趺坐像，头顶有肉髻，着通肩衣，双手置于前部，似乎均握住衣角，衣服的下摆呈“U”形。佛像在一段残树干上，树干的剖面呈椭圆形，佛像与树干一体，双范合铸而成，佛像高约4.7厘米。佛像2与佛像1大体相同，锈蚀严重。残枝1为一凤鸟，残枝2为枝叶间6个方孔圆钱，残枝3为树枝的中间一段，有3个方孔圆钱，还有一只凤鸟，残枝4也主要为圆钱。关于墓葬的年代，罗二虎认为原报告判定的西汉末期到东汉时期比较粗略，他认为清镇11号墓的年代应为东汉晚期至末期，下限可能会晚到蜀汉前期。此外，在此基础上，其还对钱树佛像及其所在墓葬的文化属性、墓主身份、佛像传入的路线等问题进行了分析。钱树及其所在墓葬的文化属性属于汉文化，墓葬的主人当是外来的汉人或者已经汉化了的当地居民，贵州地区西汉中期以后的汉代文化，强烈地受到了四川盆地汉代文化的影响，形成了一个区域文化圈，这个汉代文化圈包括四川盆地、汉中盆地和云贵高原，文化圈的核心是四川盆地。墓主可能是当地的豪族大姓和下层官吏。清镇11号墓的佛像双手握衣角，与四川地区的佛像均为右手施无畏印，左手握衣角，明显不同，可能涉及两个地区对佛像的理解不同问题，贵州可能是在模仿过程中出现了错误，因此，贵州早期的佛像模仿了四川地区的早期佛像[③]（图1-12）。

三峡地区随着三峡考古大发现，新发现一批材料，而且出现了纪年材料。

有纪年的材料是重庆丰都槽房沟延光四年平都蔡寘墓出土钱树佛像。槽房沟墓地位于重庆市丰都县都江镇长江北岸。出土钱树佛像的墓葬编号为M9，为一座平面呈刀

---

① 罗二虎：《陕西城固出土的钱树佛像及其与四川地区的关系》，《文物》1998年第12期，第63-70页。

② 贵州省博物馆：《贵州清镇平坝汉墓发掘报告》，《考古学报》1959年第1期，第85-103页。

③ 罗二虎：《略论贵州清镇汉墓出土的早期佛像》，《四川文物》2001年第2期，第49-52页。

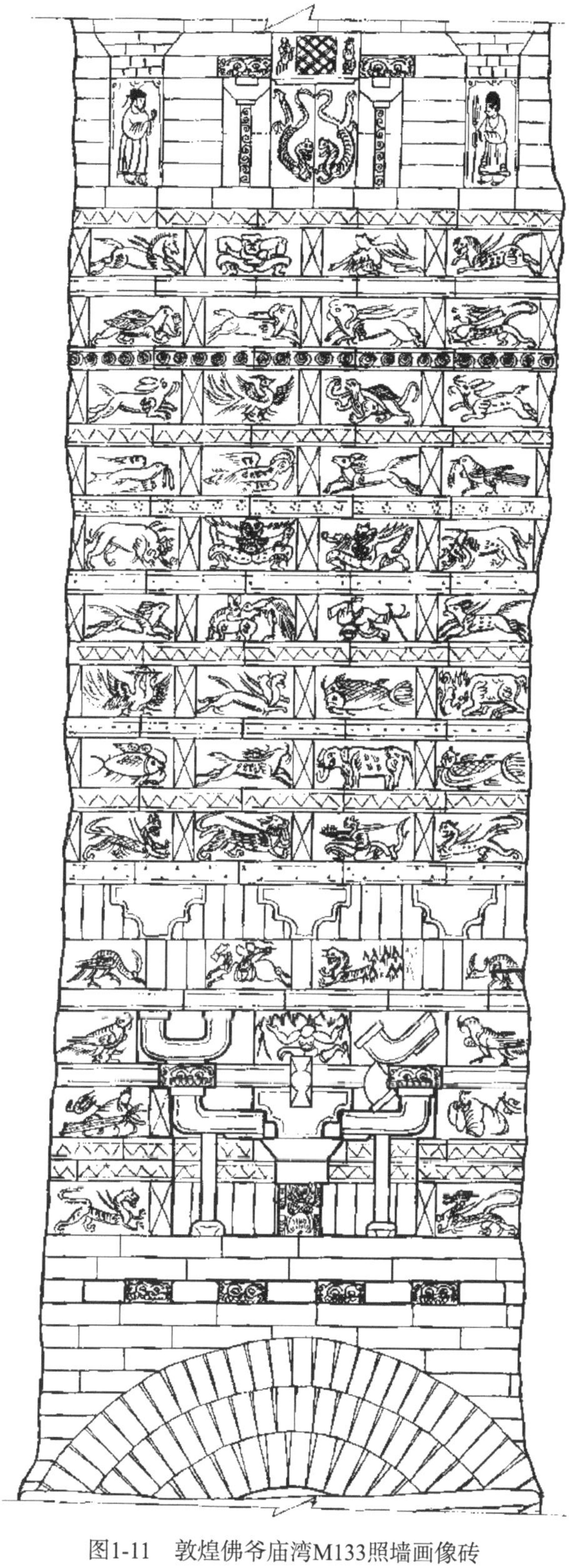

图1-11　敦煌佛爷庙湾M133照墙画像砖

（采自《敦煌佛爷庙湾》图二三，第37页）

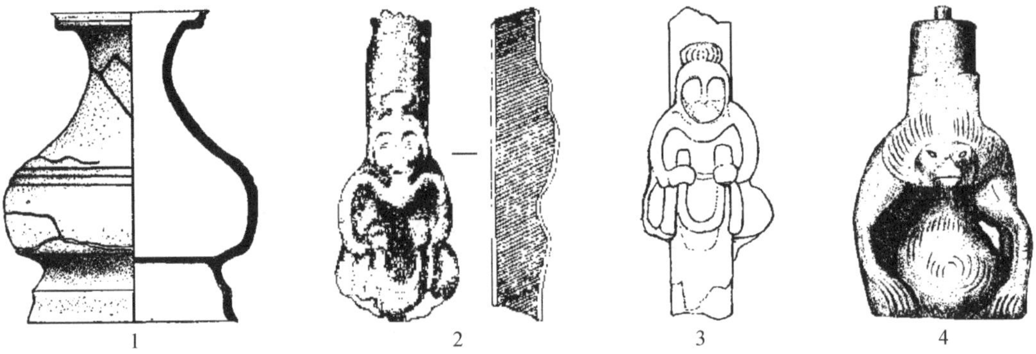

图1-12　贵州清镇11号墓出土器物

1. 陶壶　2. 摇钱树树干佛像　3. 树干佛像　4. 铜盘足

（1、2、4. 采自《贵州清镇平坝汉墓发掘报告》图八：2，图十：3、5，第93、95页；3. 采自《略论贵州清镇汉墓出土的早期佛像》图三，第49页）

把形的洞室砖墓，墓砖一侧有菱形图案及车轮等几何纹图案，葬具及人骨均朽。摇钱树座位于墓葬甬道前端近壁处，钱树座的附近出土有钱树佛像，为摇钱树的一部分，头后有头光，火焰状发饰，高肉髻，身着圆领衣，袒右肩，右手施无畏印，左手提袈裟，下部残，残高约5厘米。出土泥质灰陶摇钱树座1件，覆斗形，底大顶小，正方形顶部有孔，一面斜刻有“延光四年五月十日作”纪年；出土陶马1件，马俑的右后腿刻有“巴郡平都蔡寘骑马”八字。除此之外，该墓还出土了吐舌镇墓兽1件、头戴尖顶帽胡人吹箫俑1件、陶塘、陶熊座灯、额前簪花持袋女俑、庖厨俑、舞俑，以及一些家禽家畜俑、生活器具等[①]（图1-13）。

延光四年为125年，为汉安帝时期。平都相当于今天的丰都，东汉和帝永和二年（90年）分枳县置平都县。M9墓主为约125年平都的蔡寘。

重庆丰都槽房沟M10有佛像和背光俑，该墓为刀把形砖室墓，墓葬被破坏严重，甬道仅残留一段，墓室平面呈长方形，墓砖侧面饰长方形菱形几何纹等，长3.1、宽2.4米。出土器物有陶俑和铜钱等[②]，其中的几件陶俑值得注意。庖厨俑1件，簪花，额前饰大花一朵，右手持物，左手提两条鱼；方相俑1件，梳山字形发髻，带结于额前并有圆形饰物，大耳、凸眼、獠牙、高鼻，长舌垂于胸前，右手持物，左手握蛇，高44厘米；武士俑1件，左手持盾，右手拿刀；残房屋模型1件，编号为M10：4，夹细砂泥质

① 重庆市文物考古所、宝鸡市考古工作队、重庆市文物局、丰都县文物管理所：《丰都槽房沟墓地发掘报告》，重庆市文物局、重庆市移民局编：《重庆库区考古报告集（2001卷）》，科学出版社，2007年，第1788-1831页。

② 重庆市文物考古所、宝鸡市考古工作队、重庆市文物局、丰都县文物管理所：《丰都槽房沟墓地发掘报告》，重庆市文物局、重庆市移民局编：《重庆库区考古报告集（2001卷）》，科学出版社，2007年，第1788-1831页。

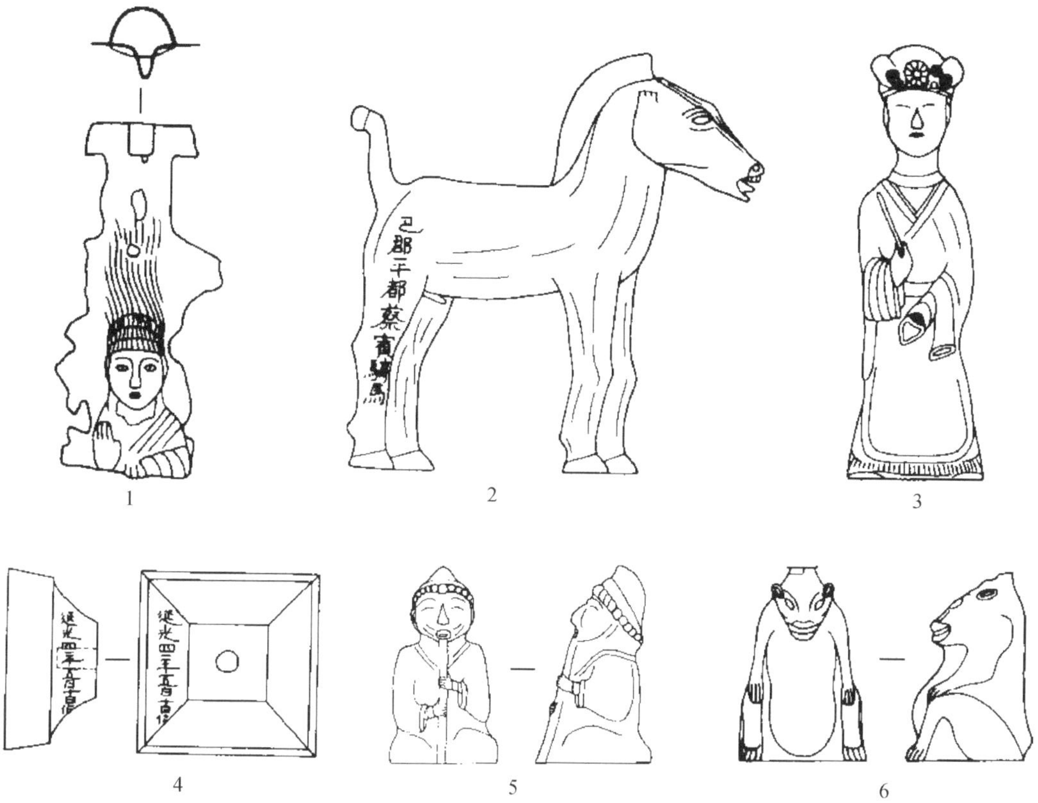

图1-13　丰都槽房沟M9（延光四年蔡寘墓）出土器物

1. 钱树佛像　2. 陶马　3. 簪花持袋女俑　4. 摇钱树座　5. 胡人吹箫俑　6. 熊座陶灯

（均采自《丰都槽房沟墓地发掘报告》，1. 采自图二六，2；2. 采自图二四，4；3. 采自图二八，3；4. 采自图二四，4；5. 采自图二七，1；6. 采自图二六，3）

灰陶，庑殿顶；俑头1件，编号为M10：5，质地为夹细砂泥质灰陶，残损，头饰不太清楚，似戴有花冠或束大发结，头发正中有方形饰物，嘴角蓄有两撇小胡须。报告认为似为年轻的武士，又似为天王或菩萨形象，残高8.3厘米。背光俑2件，M10：6，夹细砂泥质灰陶，结跏趺坐，并且头后有火焰纹背光，深目，手工捏制，高约10厘米；M10：7，也是结跏趺坐，头后有火焰状背光，高度为10.1厘米（图1-14）。报告根据两件背光俑的出土位置及俑的底部特征，推测这两件背光俑是前述编号为M10：4房屋模型的一部分，与佛教有关。此外，还有吹箫俑1件。报告推测M10年代为东汉晚期。

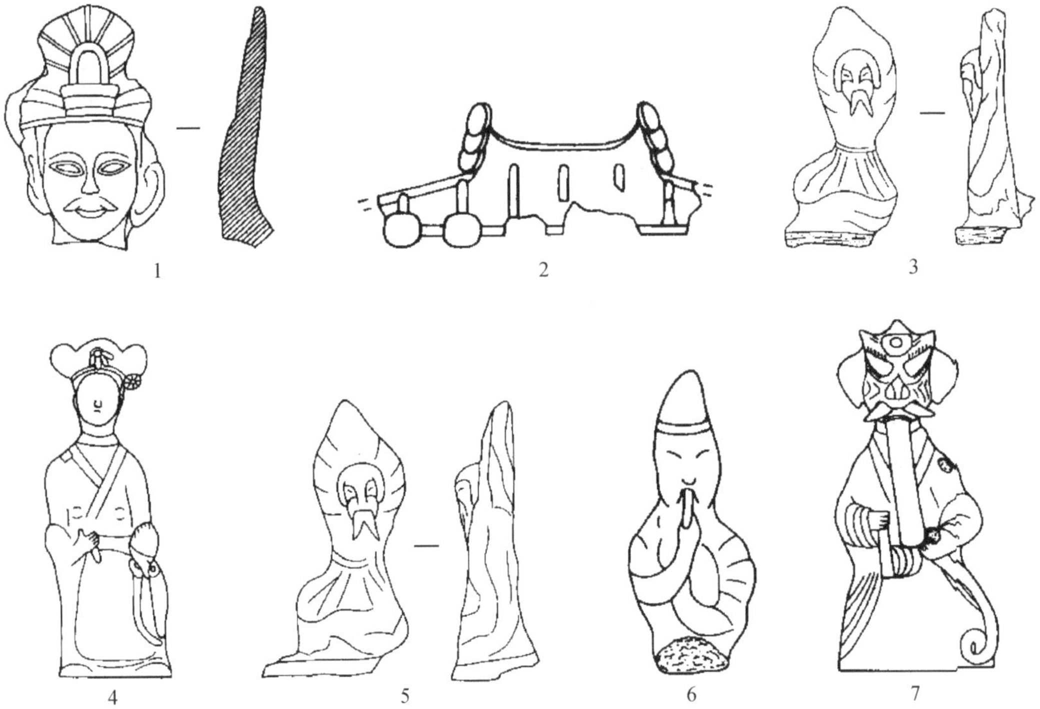

图1-14　丰都槽房沟M10出土器物

1. 陶俑头（M10：5）　2. 屋顶（M10：4）　3、5. 背光俑（M10：7、M10：6）　4. 庖厨俑（M10：1）
6. 吹箫俑（M10：10）　7. 方相俑（M10：2）
（均采自《丰都槽房沟墓地发掘报告》，1. 采自图三一，5；2. 采自图三〇，3；3. 采自图三一，4；
4. 采自图三〇，1；5. 采自图三一，3；6. 采自图三一，2；7. 采自图三〇，4）

万州礁芭石墓地Ⅰ区M1为长“凸”字形砖室墓，由甬道和长方形墓室组成。出土器物有池塘、房屋模型、方相俑、执物俑及陶小双俑，M1：7，两俑并座，面目不清，造型独特，高11.2厘米①。笔者怀疑这是一件背光俑，与忠县涂井蜀汉崖墓M5出土陶楼（M5：79）上面的陶俑，以及丰都槽房沟M10：6、M10：7两件背光俑相似。丰都槽房沟报告推测其出土背光俑是陶质房屋模型上的组件，万州礁芭石上的这件旁边还有一件组合陶俑，但是否完整，是否其他随葬器物上面的组件，报告没有交代清楚（图1-15）。

该墓盗洞内采集的器物有陶女俑头，簪花；青瓷四耳罐、鱼、鸡、狗等俑。报告推断墓葬年代为东汉晚期，可晚至蜀汉时期。

重庆涪陵镇安遗址M27出土哺乳俑也值得注意。M27为砖室墓，墓室平面呈刀把

① 广东省文物考古研究所、重庆市文物局、重庆市万州区文物管理所：《万州礁芭石墓地发掘报告》，重庆市文物局、重庆市移民局编：《重庆库区考古报告集（2001卷）》，科学出版社，2007年，第869-902页。

图1-15　万州礁芭石墓地Ⅰ区M1出土器物
1. 饰花女俑（M1采：23）　2. 陶双俑（M1：7）　3. 陶方相俑（M1：11）
（均采自《万州礁芭石墓地发掘报告》第897页，图二九）

形，墓葬被捣毁严重，出土器物有陶质的圜底罐、平底罐、灯盏、甑、杯及井台，铜耳杯、玻璃耳珰，以及各种陶俑8件、动物俑4件等。哺乳俑编号为M27：22，盘坐，子横放腿上左侧，左手抱子右手握乳哺乳，长袍，高髻，高19.5厘米。除此之外，陶俑还有抚琴俑、说唱俑、舞蹈俑、听俑、跽坐俑、武士俑，以及猪、鸡、狗等①。报告将墓葬年代推断在东汉晚期（图1-16）。

丰都杜家坝一号墓出土中亚犍陀罗风格的佛教造像俑，墓葬编号为FDM1。墓葬位于长江北岸的二级台地上，为一“刀”形砖室墓，墓室平面呈长方形，错缝单砖叠砌四壁，两侧于第二十三层砖砌处以子母砖相扣起券，形成弧形拱顶，墓室正中亦有四块条砖平铺，其余地面均为黄砂壤的地面。该墓被盗。墓室与甬道相接处，仅发现少许碎骨，葬式不明。墓室靠近右侧壁处有一板灰痕迹，并伴有朱黑漆皮出土，长2.2米，清理墓室淤土时，发现3枚铁质棺钉。因墓葬盗掘严重，随葬器物组合及摆放位置已非原貌。所出器物主要集中在甬道和墓室的右后角，经修复有陶器、陶俑及模型明器等。出土陶器4件，分别是泥质灰陶盘、泥质红陶灯、泥质红陶勺、泥质灰陶碗②。

俑是该墓随葬器物中较突出的部分，出土了不同个体陶俑共26件，以陶系区分可分为泥质红陶和泥质灰陶两大类。

---

① 北京市文物研究所、重庆市文物局、重庆市涪陵区博物馆：《2001、2003年度涪陵镇安遗址发掘报告》，重庆市文物局、重庆市移民局编：《重庆库区考古报告集（2001卷）》，科学出版社，2007年，第1930-1980页。

② 重庆市博物馆、宝鸡市考古工作队、重庆市文化局、丰都县文物保护管理所：《丰都杜家坝一号墓2000年发掘报告》，重庆市文物局、重庆市移民局编：《重庆库区考古报告集（2002卷）》，科学出版社，2010年，第1617-1632页。

1 2 3 4 5 6 7

图1-16 涪陵镇安遗址出土陶俑

1. 抚琴俑（M27：32） 2. 哺乳俑（M27：22） 3. 听俑（M27：34） 4. 舞俑（M27：48） 5. 踞坐俑（M27：24） 6. 说唱俑（M27：26） 7. 武士俑（M27：21）

（均采自《2001、2003年度涪陵镇安遗址发掘报告》，1. 采自图二七，5；2. 采自图二七，6；3. 采自图二八，2；4. 采自图二八，3；5. 采自图二八，4；6. 采自图二八，1；7. 采自图二七，2）

泥质红陶俑9件。立侍俑3件。FDM1：7，女性，山字形高冠，着右衽宽袖长服，双手拥于胸前，手制，通高8.7厘米；FDM1：8，帽出巾，眉、鼻隆起，着交领右衽宽袖服，双手拥于胸前，手制，残高6.8厘米；FDM1：31和FDM1：32，均戴冠，两侧出巾。另有鸟俑、马俑尾等。

泥质灰陶俑17件。本书关注的是其中出土的俑头，标本FDM1：4，花形高冠，耳肥大，深目高鼻，八字胡。圆领，模制，背空，残高10.8厘米。该俑具有犍陀罗风格。此外，还有立侍俑2件；侍俑1件；杀鱼庖厨俑1件（冠前饰花）；持便面提袋俑1件（冠前饰花）；执镜提袋俑（冠前饰花）；拍乐俑，吐舌，冠前饰花一朵；方相俑1件，山字形冠，冠前饰花；抚琴俑1件；猪俑1件；马俑1件；鱼俑1件；陶屋模型明器。

此外，还有鎏金铜泡钉，泥质灰陶器座1件，梯形，一圆孔从正中上下洞穿，素面，手制，通高10.6厘米，底边长14厘米。简报认为，杜家坝FDM1时代略晚于忠县涂井M5，当是蜀汉晚期的墓葬。

丰都杜家坝一号墓（FDM1）引人关注的是该墓出土的陶俑，尽管该墓被盗，但根据陶俑在墓内出土的位置，以及俑的类别及特征，我们仍可将该墓出土的陶俑进行进一步的分析。位于墓葬甬道位置的有12、13、14、15、16、23、24、25、26、28、29、30、31、32、33、34编号的器物，位于墓室左壁前端的有1、2、3、4、5、6、7、8、9、10、11编号的器物，位于墓室左壁后端的有19、20、21、22、27编号的器物，位于墓室后壁下的有17、18编号的器物（表1-1）。其中FDM1：19为泥质灰陶盆，FDM1：20为泥质红陶灯，FDM1：23为泥质红陶勺，FDM1：27为泥质灰陶钵。FDM1：1为泥质红陶立侍俑，发髻高耸右倾，眉骨和鼻梁隆起，面目模糊，身着宽披肩，自双肩斜下交于胸前，手制，高7.7厘米；FDM1：2，泥质红陶立侍俑，着交领宽袖衣服，双手拥于胸前，手制，高9.1厘米；FDM1：3，泥质红陶立侍俑，戴冠，面目模糊，着宽袖长服，双手交于胸前，模制两部分，然后合成一件完整陶俑，高16.2厘米；FDM1：7泥质红陶侍俑，报告认为是女性，戴山字形高冠，着右衽宽袖长服，削肩，双手拥于胸前，手制，高8.7厘米；FDM1：8，泥质红陶侍俑，戴帽，帽出巾，着交领右衽宽袖服，双手拥于胸前，下部残缺，手工制作，残高6.8厘米；FDM1：31，泥质红陶侍俑，戴冠，两侧出巾下垂，鼻隆，着交领右衽宽袖长服，下身残，双手拥于胸前，残高7.3厘米；FDM1：32与FDM1：31相似，残高6.8厘米；FDM1：10为泥质红陶鸟俑；FDM1：29为泥质红陶马俑的残件尾巴，残长13.2厘米。FDM1：4为泥质灰陶俑的俑头，头戴高冠，冠上似乎用布巾缠绕装饰，冠的正中有一件竖置的半椭圆形帽饰，深目高鼻，两耳肥大下垂，八字胡，圆领，单片模制，背部空，残高10.8厘米；FDM1：5为泥质灰陶立侍俑，头戴冠，面目模糊，穿宽袖长服，削肩，模制，中空，高15.4厘米。FDM1：6为泥质灰陶立侍俑，戴平冠，面目模糊，着交领宽袖长服，双手拥于胸前，高20厘米。FDM1：30为泥质灰陶侍俑，头戴高冠，冠两侧出巾，面目模糊，身着交领右衽宽袖长服，双手拥于胸前，模制，残高16厘米。FDM1：12为泥质灰陶杀鱼庖厨俑，俑呈坐姿，头戴平冠，冠前沿饰一花蕾，两耳上侧各有一椭圆球形饰物竖立，面目清晰，内着圆领衣，外着交领右衽宽袖长服，束腰，盘腿席坐，腿前置长方形案，案上置鱼，俑做杀鱼状，高38.4厘米。FDM1：13为泥质灰陶执便面提袋俑，立姿，头戴平冠，冠前沿饰一大朵花蕾，两侧耳际上方各有一椭圆球形饰物竖起，面目清晰，内着圆高领，外穿交领右衽宽袖长服，右手持便面，左手提袋，怀抱一长方形物品，高50.4厘米。FDM1：15为泥质灰陶持镜提袋俑，立姿，头戴花冠，中间饰一大朵花，额前似有一圆形装饰，内着圆领衣，外穿右衽宽袖长服，右手持镜，左手提袋，模制，中空，高52.4厘米。FDM1：16为泥质灰陶击鼓俑，坐姿，头戴平冠，额上和耳际有椭圆形装饰，隆鼻，吐长舌，面容滑稽，神态生动。内着圆领衣，外穿交领右衽长服，右手于胸前做执物状，手心中空，左手持一圆饼状物，笔者怀疑可能是鼓类，右手可能原持有一件鼓槌。高37.6厘米。FDM1：24为泥质灰陶方相俑，头戴山字形冠，鼓眉，獠牙，大吐长舌，下体左侧盘蛇，着靴，已残，头残高18、下部残高28厘米。FDM1：25为泥质灰陶抚琴俑，残甚。FDM1：28为一俑残剩的脚，泥质灰陶。FDM1：9为一泥质灰陶龟俑，应该是随葬陶塘的附属组件。FDM1：14为泥质灰陶猪俑，合范，模制，中空。FDM1：17为泥质灰陶鸡俑，残高24厘米。FDM1：18为泥质灰陶狗俑，残高28、残长34.8厘米。FDM1：22为泥质灰陶马俑，残高32厘米。FDM1：26为泥质灰陶鱼俑，应该是其他器物的附属组件，长16.6厘米。其他还有泥质红陶仓（FDM1：33）、泥质红陶房屋模型（FDM1：34）、鎏金铜泡（FDM1：11）、泥质灰陶器座（FDM1：21）等（图1-17）。

表1-1　丰都杜家堡一号墓（FDM1）随葬器物位置及特征

墓室空间		器物编号及名称	特征
甬道	劳作俑	12：杀鱼庖厨俑	泥质灰陶，坐姿，簪花，高38.4厘米
		13：执便面提袋俑	泥质灰陶，立姿，簪花，高50.4厘米
		15：持镜提袋俑	泥质灰陶，立姿，簪花，高52.4厘米
	乐俑	16：击鼓俑	泥质灰陶，坐姿，吐舌，高37.6厘米
		25：抚琴俑	泥质灰陶，残甚
	侍俑	30：侍俑	泥质灰陶，残高16厘米
		31：侍俑	泥质红陶，残高7.3厘米
		32：侍俑	泥质红陶
		28：俑脚	泥质灰陶，俑残剩一脚
	方相俑	24：方相俑	泥质灰陶，大吐长舌，执蛇，残高46厘米
	模型明器	29：陶马残尾	泥质红陶
		33：仓	泥质红陶
		23：勺	泥质红陶
		34：房屋	泥质红陶
		26：鱼俑	泥质灰陶，其他器物附属组件，残长16.6厘米
		14：猪俑	泥质灰陶
墓室左壁前端	以大俑头为中心的侍俑组合	1：立侍俑	泥质红陶，手制，高7.7厘米
		2：立侍俑	泥质红陶，手制，高9.1厘米
		3：立侍俑	泥质红陶，模制，高16.2厘米
		4：俑头	泥质红陶，模制，残高10.8厘米
		5：立侍俑	泥质灰陶，模制，高15.4厘米
		6：侍俑	泥质灰陶，高20厘米
		7：侍俑	泥质红陶，手制，高8.7厘米
		8：侍俑	泥质红陶，手制，残高6.8厘米
	模型明器	9：龟俑	泥质灰陶，陶塘组件
		10：鸟俑	泥质红陶，长6.9厘米
	棺饰	11：鎏金铜泡	

续表

墓室空间		器物编号及名称	特征
墓室左壁后端	生活器具	19：盆	泥质灰陶
		20：灯	泥质红陶
		21：器座	泥质灰陶
		22：马俑	泥质灰陶
		27：钵	泥质灰陶
墓室后壁	家禽家畜俑	17：鸡俑	泥质灰陶，残高24厘米
		18：狗俑	泥质灰陶，残高28厘米

根据墓葬平面图以及笔者梳理的表1-1，我们可以清晰地观察到，在墓葬甬道内摆放的器物有劳作俑，其中主要是杀鱼庖厨俑、执便面提袋俑、持镜提袋俑，这些俑某种程度上也可算作侍俑；乐俑，主要包括击鼓俑和抚琴俑；此外还有方相俑以及一些仓、屋、塘等模型明器。墓室左壁下面陶俑主要是以一件大俑头（FDM1：4）为中心的陶俑组合，从俑的大小数据来看，FDM1：4陶俑头的体量应该远远大于其他陶俑，单其俑头就高达10.8厘米。 而其他一些侍俑多在10厘米上下，大的也就20厘米左右，而且俑的姿势等比较明确，除了大俑头因为残缺我们不知道其具体姿势外，其他的均为侍俑，反映出这一组群俑的特殊性。此外，从大小分析，在甬道里的俑整体要比左壁前端的俑群大，反映出不同的墓室空间放置的不同俑群，不同的俑群具有不同的功能。那么以大俑头为中心的这一组俑群就值得注意了（图1-17）。

第三节　其他地区汉墓佛教因素遗存分析

和林格尔汉墓壁画“仙人骑白象”“猞猁”图像一直被认为是早期佛教传播的遗存。和林格尔汉墓位于内蒙古自治区和林格尔县新店子公社小板申大队，多室砖墓，整个墓葬由墓道、墓门、前室、中室和后室组成，在前室的两侧还有两个侧室，在中室的南侧还有一个耳室。该墓被盗扰严重，棺木遭焚毁，残留少数门牙、肢骨，出土器物有铜镜、铁器、漆器等，出土的陶器比较多，有罐、鼎、案、樽、盘、盒、碗、耳杯、魁斗、勺等，另外还有绿釉陶壶、堆塑人物器座等。该墓引人注意的是墓中发现大面积的壁画，壁画中可以辨别的榜题近250条，信息量比较大。壁画全部组合成一个相互联系的整体，前、中、后三室着重表现墓主一生的经历，其中前室和中室壁画内容与墓主仕宦经历有关，前室有两幅壁画将绘画内容推向高潮，其一是使持节护乌桓校尉出行图，其二是宁城护乌桓校尉幕府图。中室还绘有经史故事、人物及祥瑞等；后室壁画表现的是墓主居家生活及庄园场景。三个耳室所绘为种地、放牧及杂役

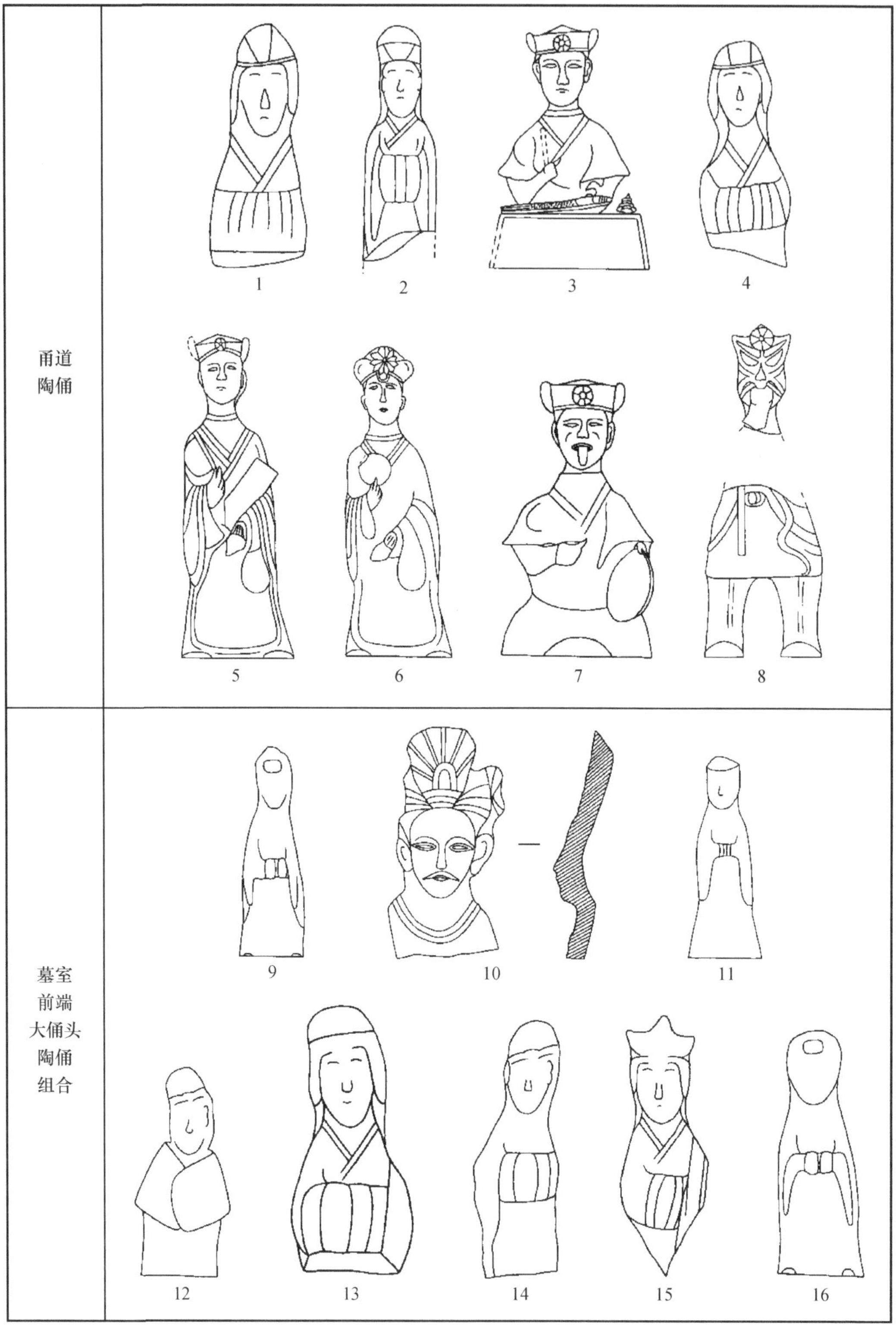

图1-17　丰都杜家堡一号墓（FDM1）出土陶俑

（分别采自《丰都杜家坝一号墓2000年发掘报告》图一二、图一八、图一九、图一一、图二〇～图二三、图八、图一五、图一七、图六、图一〇、图七、图九、图一六）

等图像[①]。

在前室穹隆顶的南披上端有仙人骑白象图像，一人端坐于大象上，下有垫，旁有榜题“仙人骑白象”（图1-18、图1-19），报告推测这可能是一幅较早的佛教画。俞伟超先生曾经根据最初的记录，对和林格尔汉墓壁画中与佛教有关的内容进行了详细的记述，其所据为李作智的《和林（格尔）汉墓壁画初次调查记》，俞先生引了两段，详细转录如下：

> 前室的壁画保存较好，色彩鲜艳。顶部所画云气纹中绘有四神，南边靠中间画一凤鸟动物，傍题“朱爵”；在“朱爵”西边稍偏下一些，画有一人骑白象，左上傍题“仙人骑白券（按：应为‘象’字）”。北边中间画一蛇绕于龟身，傍题“玄武”。东边墓门上方绘有一蛇形动物，傍题“青龙”。“青龙”之上画有一盘腿坐于云雾之中的人物，傍题“东王公”。在“东王公”的北侧稍偏下一些的地方绘有一盘状物内放有四个圆球形的东西，在其左上方题有“猞猁”二字。西边顶部画一动物，傍题“白虎”。其上与“东王公”相对称的位置上，也画有一人物盘腿坐于云气纹中，傍题为“西王母”。“东王公”与“西王母”的身子上好像还画有羽翼状物，因当时光线太暗看不太清楚。

俞伟超先生继续引用了下面一段文字：

> 上述情况系墓刚打开时所见情景，于1972年5月份第二次去调查时，该墓前室顶部的壁画，已脱落一部分，北边的“玄武”，尚残留一个“武”字，“东王公”、“西王母”已剥落，“猞猁”二字尚在，“仙人骑白券（按：应为‘象’字）”的“仙”字还残存大部分。[②]

俞先生根据此调查记，并结合《和林格尔汉墓壁画》，将前室墓顶壁画复原为：东面画“青龙”和“东王公”，西面画“白虎”和“西王母”，南面画“朱爵”“仙人骑白象”“凤凰从九韶”，北面画“玄武”“猞猁”“麒麟”“雨师驾三虬（？）”。俞先生认为，“仙人骑白象”和“猞猁”既然画在与东王公和西王母相对应的位置上，也应该是作为一种神仙来供奉的。但俞先生认为“仙人骑白象”为佛教图像，同与东汉竺大力共康孟详翻译的《修行本起经》卷上“菩萨降身品第二”中的

① 内蒙古自治区文物考古研究所编：《和林格尔汉墓壁画》，文物出版社，2007年。
② 俞伟超：《东汉佛教图像考》，《文物》1980年第5期，第68-77页。

图1-18　和林格尔汉墓壁画“仙人骑白象”在墓葬壁画中的位置
（改自《和林格尔汉墓壁画》之“壁画位置示意图二”，第39页）

图1-19　和林格尔汉墓壁画“仙人骑白象”
（采自《和林格尔汉墓壁画》91，第120页）

“向于空中，见乘白象者，空中飞来，弹琴鼓乐，散花烧香”，而且汉文所译佛经中将尚未修行成佛的佛徒称为“仙人”，例子不胜枚举，“仙人骑白象”可以看作“能仁菩萨骑白象”。此外，俞先生也认为“猞猁”即“舍利”的借字，应该是梵语中身骨的意思，供养舍利就好像是供养佛身，把“舍利”画在盘中，也应该是魏晋时期流行的风格。总之，俞先生认为当时和林格尔所在云中郡一带，佛教信仰仍然是和早期道教交糅在一起的。朱浒在对汉画像中的胡人图像进行研究时，介绍了山东地区的几件他认为是僧侣的画像石材料。如滕州汉画像石馆藏石，该石图像画面左侧为骆驼，上骑两人，高帽。右侧为一牛车，车上坐有五人，光头，似为僧侣；滕州六牙白象画像石，画面可见两头大象，各驮三人，大象侧面表现出三颗牙，俞先生认为此应是佛教中的“六牙白象”，朱浒就此推测白象所载之人很可能为胡僧；济宁县城南张大象僧侣画像石，大象上侧五人光头，右侧为高帽胡人①。

报告对和林格尔汉墓年代进行了分析，根据墓中榜题“西河长史所治离石城府舍”，结合文献记载的汉代西河郡治本在平定，永和五年（140年）才徙治离石，这样该墓的年代上限就不会早于永和五年，同时该地区在东汉灵帝末年以后动荡不已，不太可能营造出如此大规模的壁画墓，所以推测，该墓年代下限不应晚于2世纪的60～70年代。根据墓葬后室后壁墓主画像旁侧的榜题可能是“使君”和“夫人”，推测墓主可能是一位护乌桓校尉。

青海平安县出土东汉画像砖材料由青海文物考古队于1982年发掘，在汉代墓群中发掘画像砖墓两座，其中一座虽遭破坏，但墓壁上仍见镶嵌的画像砖134块，墓葬均为单室穹庐顶墓室，伴出的还有五铢钱和丝绸残片，初步认定其年代为东汉晚期，下限可至三国时期。画像砖画像题材可见力士、甲骑、宴饮、神鸟与日月舞人等。其在墓室内的排列顺序为，墓门两边为两块甲骑，甬道两边分上下两层，每边各6块，上层为甲骑，下层为力士；墓室西壁8块，自下而上共分四层排列，一层力士，二层甲骑，第三和第四层为宴饮、神鸟和日月舞人。墓室的东、南、北各壁的排列方式与西壁略同，其中力士砖被置于墓壁的最下层。许新国认为日月舞人就是古代神话传说中的月亮女神，并对该画像有详细描述：日月舞人画像砖置于墓壁的最上层，图像为一站立的妇人形象，椎髻、长阔脸，大耳。上身穿窄袖长袍，交领，右衽。下身着襞裙，裙带自肩背处伸出，飘绕于手臂。其右臂下垂，左臂托举一轮新月，高度齐眉，头部左侧方为一太阳图像，太阳里有一鸟，形象依稀可辨②。

---

① 朱浒：《汉画像胡人图像研究》，生活·读书·新知三联书店，2017年，第53-55页。

② 许新国：《青海平安县出土东汉画像砖图象考》，《青海社会科学》1991年第1期，第76-84页，图版351-图版356。该材料线图以吴焯《四川早期佛教遗物及其年代与传播途径的考察》图一二、图一三为佳，《文物》1992年第11期，第49页。文化部文物局、故宫博物院编：《全国出土文物珍品选（1976～1984）》，文物出版社，1987年，第147、148页，图351-图356。

对于青海平安县东汉晚期墓画像砖上的佛教图像，姚崇新认同许新国、吴焯、李正晓的观点，即可能是佛教比丘，定名为“比丘对坐图”，不赞同温玉成认为的文殊、维摩对坐图。对于比丘为何在丧葬中出现，姚崇新认为许新国所论可备一说，即出自丧家请僧道为亡者资冥福的传统[①]。

缪宇墓中出土的铜造像被认为是佛像。缪宇墓位于江苏邳州市，墓上有封土和墓园遗迹。墓园南半部呈方形，北半部为梯形，总面积达到240平方米，周围有墓垣，用石砌造，尚余部分墙基和墙石，垣墙的基础为夯土和碎石，墙由加工过的条石叠砌四层而成，垣墙的顶石表面凿成屋檐状的坡面，上面浮雕瓦垄和瓦当，瓦当为云纹瓦当，在东墙上有一方形凹槽，简报推测似为门框臼窝。封土位于墓园的北半部，圆形，似经夯打，中间夹有碎石。缪宇墓由前室、后室和回廊组成，均以条石、板石砌就，墓顶为叠涩顶。前室横前堂，后接长方形后室，前室在四壁横额和后室门两侧均有画像石，后室的南、北及东壁的基石和横额上均有凹槽，简报推测原应嵌有彩绘木板，后室的三面有回廊。简报报道说，该墓出土的随葬品有石床残片、陶屋顶及陶罐的碎片。该墓使用的一些画像石上有榜题，如东壁横额画像石，也就是后室门的上端，残存画像石上以一重檐屋宇为中心，屋顶上刻有瓦垄和瓦当，大门口残存“［守］［门］吏”榜题，原来应该刻有守门吏。右侧的屋檐下刻有墓志一方，墓志的旁边有丧车，这组画像的周围还残存一些画像，比较零星，如乘车的、骑马的、徒步的，均戴有进贤冠，从四面八方而至。简报推测这可能是前来哀悼的宾客，如此这也是直接反映丧葬场景的材料。东壁的南侧画像石分为上下四格，第一格刻有跽坐五人，旁边榜题“守閤吏”；第二格刻四人站立；第三格刻瑞兽，左边为一只羊，背上站有瑞鸟，榜题“福德羊”，右为麒麟，榜题“麒麟”；最后一格刻有珍禽瑞兽五组，榜题分别是“虎（？）禽”“朱鸟”“玄武”“青龙”等[②]。缪宇墓在前室通往后室门顶横额上，刻有墓志铭文：

> 故彭城相行长史事吕长缪宇字叔异。岩岩缪君，礼性纯淑，信心坚明……恭俭礼让……复遇坐席，要舞黑绯。君以和平元年七月七日物故。元嘉元年三月廿日葬。[③]

---

① 姚崇新：《佛教海道传入说、滇缅道传入说辨正——兼论悬泉东汉浮屠简发现的意义》，荣新江、朱玉麒主编：《西域考古·史地·语言研究新视野：黄文弼与中瑞西北科学考查团国际学术研讨会论文集》，科学出版社，2014年，第485页。

② 南京博物院、邳县文化馆：《东汉彭城相缪宇墓》，《文物》1984年第8期，第22-29页。

③ 赵超：《汉魏南北朝墓志汇编》，天津古籍出版社，2008年，第1页。

和平元年即150年，元嘉元年即下一年，151年。墓主为代理彭城相长史的吕县县长缪宇[①]。

缪宇墓的简报没有提及墓中出土的铜造像，2000年邳州博物馆的陈永清、张浩林刊布了一件铜造像，叙述是缪宇墓出土的，出土位置在墓门填土中，该像为青铜质地，外表鎏金，腹内还填有其他金属，呈屈膝跪坐状，右手上举过耳，掌心向前，左手置于膝上，面较阔大，头上有髻，身着长袍，袍上饰有鎏金云气纹。介绍者认为，该铜像为佛像，其右手上举，施无畏印，头上为高肉结，衣以锦彩。由于该佛像出土于缪宇墓中，铜像介绍者据此推测缪宇也是佛教的信徒无疑[②]。

沈利华认为，缪宇墓的鎏金铜坐像并非佛陀造型，也与外来文化无关，而是一种流行于汉唐、兼含说唱艺术的俳优表演[③]。朱浒认为将缪宇墓中的鎏金铜造像称为佛像不妥，这个认识是值得肯定的，但对施无畏印的理解既疏于观察，也缺少对汉代此类俑的整体认识。对于施无畏印，朱浒认为除了邳州缪宇墓这一例外，汉代考古中“施无畏印”的铜像还有很多例，所谓的“施无畏印”并不具备典型的佛教意义，但是，也明显不同于说唱、俳优的人像，朱浒进一步认为类似于缪宇墓中的这尊铜像，其性质是汉代的重要神祇——“黄老”，对于这种推测，当然论证还需加强，朱浒对此“黄老”为何施无畏印，也进行了解释，认为原因有二：一是汉人无法分辨无畏印的佛教含义；二是汉代流行老子化胡的传说，在汉代徐州刺史部的“黄老”图像中发现带有佛教性质的手印，是早期道教吸纳佛教因素而形成的特有的艺术形式[④]。如此研究如果有考古材料及文献的直接或者间接证明，则是很吸引人的。

西安十里铺东汉墓出土“有翼”铜人，该墓也是一座埋葬有小孩的墓葬，属于未成年人墓葬遗存。同时，也是一座多人合葬墓。墓葬位于西安东郊十里铺、浐河西岸长乐源，编号为M162，由墓道、甬道、前室和后室组成，前室南北两侧各有一耳室，前室近方形墓顶为四阿式积顶，砖室墓，但是南壁耳室未用砖砌，为一土室。后室有骨架两具，出土器物有铜镜、粉团、五铢钱、陶罐等；北耳室有骨架两具，出土器物有铜镜、小铜刀、五铢钱、陶罐、粉团等；南耳室骨架三具，东西近壁处各一具，中部近南壁为一小孩骨架，出土器物有铜镜、小铜人、陶洗、陶罐、小铜刀等；前室骨架一具，出土器物有铜镜、小铜刀、铁刀、铁洗、绿釉陶壶、绿釉陶仓、素面陶仓、陶缸等。该墓共埋葬8人。简报认为，该墓可能建成于东汉末年，但也有汉以后特征的

① 宋治民：《缪宇不是彭城相》，《文物》1985年第1期，第83页。

② 陈永清、张浩林：《邳州东汉纪年墓中出土鎏金铜佛造像考略》，《东南文化》2000年第3期，第103-104页。

③ 沈利华：《邳州东汉缪宇墓出土铜像辨析》，《苏州文博论丛2010年（总第1辑）》，文物出版社，2010年，第74-76页。

④ 朱浒：《汉画像胡人图像研究》，生活·读书·新知三联书店，2017年，第344-348页。

遗物，结合墓内人骨架8具，推测自东汉末年以后，经后代多次继续埋葬[1]。

小铜人在简报墓葬平面图上编号为32，考古简报描述该“有翼天使”铜人：小铜人一件，高3.2、宽2.1、厚1.1厘米，两胁生翼，项戴珠圈，微曲小腿，手拿小钹合于胸前，此物制作精致，姿势生动自然，极有生气，其背有一小孔可穿，出于小孩的骨头下，可能是小孩的项饰。简报并配有铜人的正面和侧面黑白照片。

这件小铜人，孙机先生在《汉代物质文化资料图说》中列在《汉代与域外的文化交流》一书中，并进行了描述：“此外，在汉代的遗址和墓葬中，还出土过另外一些带有西方色彩的器物。……再如在西安汉城、陕西扶风姜源、甘肃灵台枣树台等地的汉代文化层中还发现过数百枚带铭文的圆形铜、铅饼。据考证上面的铭文是传写失真的希腊文，所以它们肯定与西方文化有关。虽然具体用途尚不明了。更有意思的是在西安十里铺162号东汉墓中发现的一个小铜人，高仅3.2厘米，但颇精巧。铜人作裸体的幼童形，两胁有翼，颈戴珠圈，手拿小钹合于胸前，姿势生动自然。此翼童有点像西方神话中的Eros，造型与汉代艺术的风格迥不相同。其所持之钹又名盘铃，4世纪时才传入我国（《隋书·音乐志》）。故此像可能也是外来之物。”[2]孙先生文中配有此铜人线图，并将其定名为“翼童铜像”。后来，在孙机先生的《汉代物质文化资料图说》的增订本中，对此铜人也有相同的文字描述，但是删去了所配线图[3]。

罗世平在研究襄阳出土的相轮陶楼时，也注意到了襄阳陶楼门扉上贴塑的有翼人物，认为这类图像的来源，应该与其所在的相轮塔刹联系起来，到佛教传播中去寻找答案。其所举印度巴尔胡特塔的围栏浮雕上，就有肩生双翼、合十礼塔的天人。此外，斯坦因在米兰佛寺发现有翼天人壁画，新疆考古工作者也在米兰佛寺遗址发现同样的有翼天人壁画，更早的例子就是西安十里铺的这件翼童铜像。罗先生说，孙机先生已经明确指出了有翼童子的来源和文化属性，现在看来，还是有较大的探索空间的。罗先生提到襄阳陶楼与米兰佛寺均属塔院建筑，两者的图像指意相同，更多保留了印度—犍陀罗佛寺装饰特点，为论证襄阳陶楼的佛塔性质提供了基础[4]。朱浒、段立琼也对有翼铜人进行了详细梳理，认为汉晋有翼铜人为多种因素融合，佛教影响并不突出，总体上以传统神仙信仰为主，主要是儿童的佩饰，与长者为早夭儿童加以成人

① 雒忠如：《西安十里铺东汉墓清理简报》，《考古通讯》1957年第4期，第38-42页。

② 孙机：《汉代物质文化资料图说》，文物出版社，1990年，第452页，图版111-11及第513页图版细目。

③ 孙机：《汉代物质文化资料图说（增订本）》，上海古籍出版社，2011年，第527页。

④ 罗世平：《仙人好楼居：襄阳新出相轮陶楼与中国浮图祠类证》，《故宫博物院院刊》2012年第4期，第10-26页。

礼有关[①]。

新疆民丰东汉合葬墓中出土的菩萨像印花布。该材料出土在一座相当于东汉时期的合葬墓中，1959年由新疆维吾尔自治区博物馆清理。墓葬位于民丰以北的大沙漠中，箱式木棺，长约2米，四角上有四条木腿，木腿上开有凹槽，棺木板直接嵌入凹槽内，同时加以木钉钉牢。棺盖长约200、宽约80厘米。棺材全部用白杨木制作，板面有斧削痕迹。棺内有男女“木乃伊”干尸各一，可能是夫妇合葬。服饰以丝绸、织锦及刺绣为主，男女都有面罩，身下是粗毛线毯，身上从头至脚盖有两幅绸子。随葬品都在棺内，女尸头部有藤制奁盒一个，内盛装的是梳妆用具（铜镜、粉袋、木梳）及残锦绸片（还有丝线），男尸身上放着箭筒一个、长弓一把，箭筒内还有四支箭，其余陶、木制品均放置在脚下，另外有小羊骨架一具，分放在两个木碗内。墓内出土器物具体有木带柄纺轮、豆状木器、有柄木杯、无柄木杯、大小木碗、木叉、木梳（4把，2把放在藤奁内、2把放在男尸胸前的绸袋内），出土的陶器有黑陶瓶、红陶罐，出土的铜器有镞、君宜高官镜1面。君宜高官镜半球状纽，纽空穿绸带一条，盛放在绣花绸袋内，放在女尸头部藤奁的最上层。女尸右手食指上还戴有金戒指，颈上还戴有用珊瑚石和琉璃制作成的项珠，珠粒大小不一，有黑、红、金、银各色。男尸的右眉和右眼皮上还各放着一小块金片[②]。

该墓出土的纺织品较多，男尸身上有锦袍、白粗布裤、袜、手套。其中，锦袍上有“万世如意”隶书；裤腿缘绸，上绣兽形图案；1双袜子由“延年益寿宜子孙”锦制成；1双手套也是由“延年益寿宜子孙”锦制成。女尸身上有内上衣、外上衣、衬衣、裙子、袜子、袜带、黄粗布手帕、盖身绸一条。内上衣为黄绸面，领、袖处有鸟树刺绣；袜子由斜方格锦制成，锦边有“阳”字。此外，男女各有枕头一个，菱角形，由“延年益寿宜子孙”锦制成。除了上述男女尸身所穿之外，还有蓝白印花布残片2片、绸衣1件、绣花绸镜袋1个、绣花粉袋1个。所谓的菩萨半身像就是印在蓝白印花布上的，两片印花布，一片印三角纹和圈点纹，一片印小方块纹，在小方块纹的下部有“一菩萨（？）半体像，有背光，袒身着璎珞，手捧长形物”（简报的描写）（图1-20），残长89、宽48厘米。需要特别注意的是，这两片印花布盖在有羊骨的木碗上。此外，男尸胸前装木梳的绸袋内还有一个黄绸小包，包内有少许朱红粉，还有皱成一团的一小块纸，大部分涂成黑色，长4.3、宽2.9厘米。简报推测该墓为东汉时期，墓主男尸鼻梁高、颧骨大，女尸头发多辫，推测为本地民族。

林梅村认为印度绘画中的菩萨像，均是有胡须的男士，传到塔里木盆地后，尤其

① 朱浒、段立琼：《汉晋有翼铜人及其铭文新证》，《形象史学》2017年上半年（总第九辑），社会科学文献出版社，2017年，第82-97页。

② 新疆维吾尔自治区博物馆：《新疆民丰县北大沙漠中古遗址墓葬区东汉合葬墓清理简报》，《文物》1960年第6期，第9-12页，第5、6页图版。

图1-20　女神灵兽纹锦布
（采自《汉风：中国汉代文物展》第123页）

传到中原以后，渐渐改为女像。因此，他认为这件印花布画上的不一定是菩萨。从图案涉及的狮子主题来看，具有波斯文化因素，有学者主张是中亚、西亚祭祀的女神伊什塔尔，也有学者认为是希腊丰收女神[①]。

沂南画像石墓中的佛教因素遗存是汉晋比较重要的材料，该墓位于汶河入沂河处，主要由石材建成，墓内东西宽7.55、南北长8.7米，由前、中、后室组成，前室东西两侧各有一侧室，中室两侧也各有一侧室，中室东侧室后还砌有一室（内有小台做成的厕所）。墓门被三根支柱分隔成东西两门，墓门前砌有铺地砖，东西两端有砖砌的挡土墙，两挡土墙之外，各有一平顶的土台。前室呈长方形，中间有八角形擎天柱将前室分为面阔两间进深两间，前室西间藻井为莲花，东间藻井为菱形格编环纹。中室的中间也有八角擎天柱将中室分为面阔两间进深两间，中室东间藻井雕刻两个方形，南端方形为四瓣花纹，北端方形为大小方形抹角重叠，中间为一圆饼。后室为并列双后室，两室之间以一斗拱分隔。两后室室顶藻井均雕有三个方形，中间方形刻有八瓣莲花，花瓣的尖上涂朱，两旁的方形内均刻重叠的大小方形抹角结构，最小的方形内刻菱形格纹。该墓出土陶器可见器形有盘、耳杯、豆柄、器盖、器底、三足盘、鼎、案、屋宇明器等，出土铜器有三角菱形箭镞[②]。同时，我们注意到报告第一章在叙

① 林梅村：《公元3世纪的西域纺织物》，林梅村：《古道西风：考古新发现所见中西文化交流》，生活·读书·新知三联书店，2003年，第380-381页。

② 南京博物院、山东省文物管理处：《沂南古画像石墓发掘报告》，文化部文物管理局，1956年。

述该墓的发现经过时，提到1947年当时的民主政府组织力量发掘，得到了灰色陶狗1件及五铢钱若干。这就是该墓出土器物的大致情况。对于该墓的年代，报告认为造于灵帝末年、献帝初年，曹操攻陶谦以前的可能性最大。

沂南画像石墓报告中提到了该墓所受佛教影响的问题，涉及材料主要是报告介绍的第18幅飞天羽人、第56幅作手印的肩生双翼的人，以及报告第56、57幅两个头上有项光的童子。报告认为，第18幅腾空而飞的羽人，不一定是模仿飞天的形象，至于手印和头光，应是受佛教影响的产物，没有什么疑义。如果要明了沂南画像石墓中与佛教因素有关的画像在墓葬画像布置及在墓葬中使用的意义，就必须完整地观看整个墓室的画像。我们下面将根据《沂南古画像石墓发掘报告》完整翔实地梳理一下墓中各个位置的画像内容。

沂南画像石墓墓门有三根立柱分为两门，横额上是一幅战争图，门侧东柱石刻画像上面为伏羲女娲，下面刻东王公及两个捣药的羽人。墓门西侧的支柱上刻一怪兽，下刻西王母和两个兔头羽人。两门正中支柱刻身穿短衣、两足踏弓、口衔箭的人物，下面为一怪兽，再下面为一羽人。

前室东壁横额上左侧刻一曲尺形房屋及人物，这应该是一幅祭祀图；前室西壁横额上也刻一幅祭祀图；前室南壁上的横额也刻一幅祭祀图，画像中间是一座五脊重层的大屋，两侧有五脊廊庑，庙门的两侧各有拥彗守门人，庙的两旁是宽阔的大道，道的两旁长着成行的树木。庙的右边有一辆轺车和大车，三人捧笏拜伏于地，有两人前面摆一几，几上摆放简册一类，三人的身后及两旁陈设着祭品，两酒壶、两粮袋、两竹编方箧、两漆圆盒，还有一个放着两牺牲的案。两只羊，一只被人牵着，一只拴在庙右边的树上。庙的左边有一辆轺车和辎车，来祭祀的有一人向着庙门拜伏，身后有两人鞠躬而立，两人的前面陈放一几，几上同样放着简册一类物件，稍远有两人跪拜于地，两人的面前陈放着祭品，有酒壶一个、内袋粮食、一个方箧、一个圆盒；前室北壁横额上整幅刻着奇禽、怪兽、灵异之物，从左端起，有龙，龙后有兽如马，马下有一禽，马后有一神怪，虎首豹纹，首上长出五个人首，左手握着刀子，右手执短戟，神怪下有一异兽，虎首鱼身六足，两神怪后又有一神怪，做侧面跳跃状，其下有双人头蛇身怪物，侧面神怪之下又有一神怪，其下有一鸟，其下有一神怪，左手执钩镶，鸟后又有一做骑马势神怪，其下有一人首鸟身的怪物，骑马势怪物后有一臂无身怪物，其下有一兽，如犀而有翼，后面还有一朱雀，朱雀之后又有一神怪，口衔一长管，后有一怪禽，头上三个鸟首，最右端有一虎。前室南壁的东段，也就是墓门东侧支柱的背面，画像上格为大建鼓，下悬小鼓，其下一鼓手坐于席上，下格刻一人，持彗而立；前室南壁的西侧，也就是墓门西侧支柱的背面，也刻着与南壁东侧相同的画像。前室南壁正中也就是墓门当中支柱的背面有上下两格画像，上格刻武库，下格刻绘两个掌库的官员（图1-21）。前室北壁的东段刻绘着一条青龙，西段刻着一只白虎。前室北壁正中，也就是通中室门的当中支柱刻着朱雀与玄武。前室东壁的北段为神兽、神怪，前室东壁的南段为神兽、神怪，前室西壁的南段上刻意神怪，下刻一虎而人立，西壁南段上刻羽人，下刻一龙、一凤、一兽。

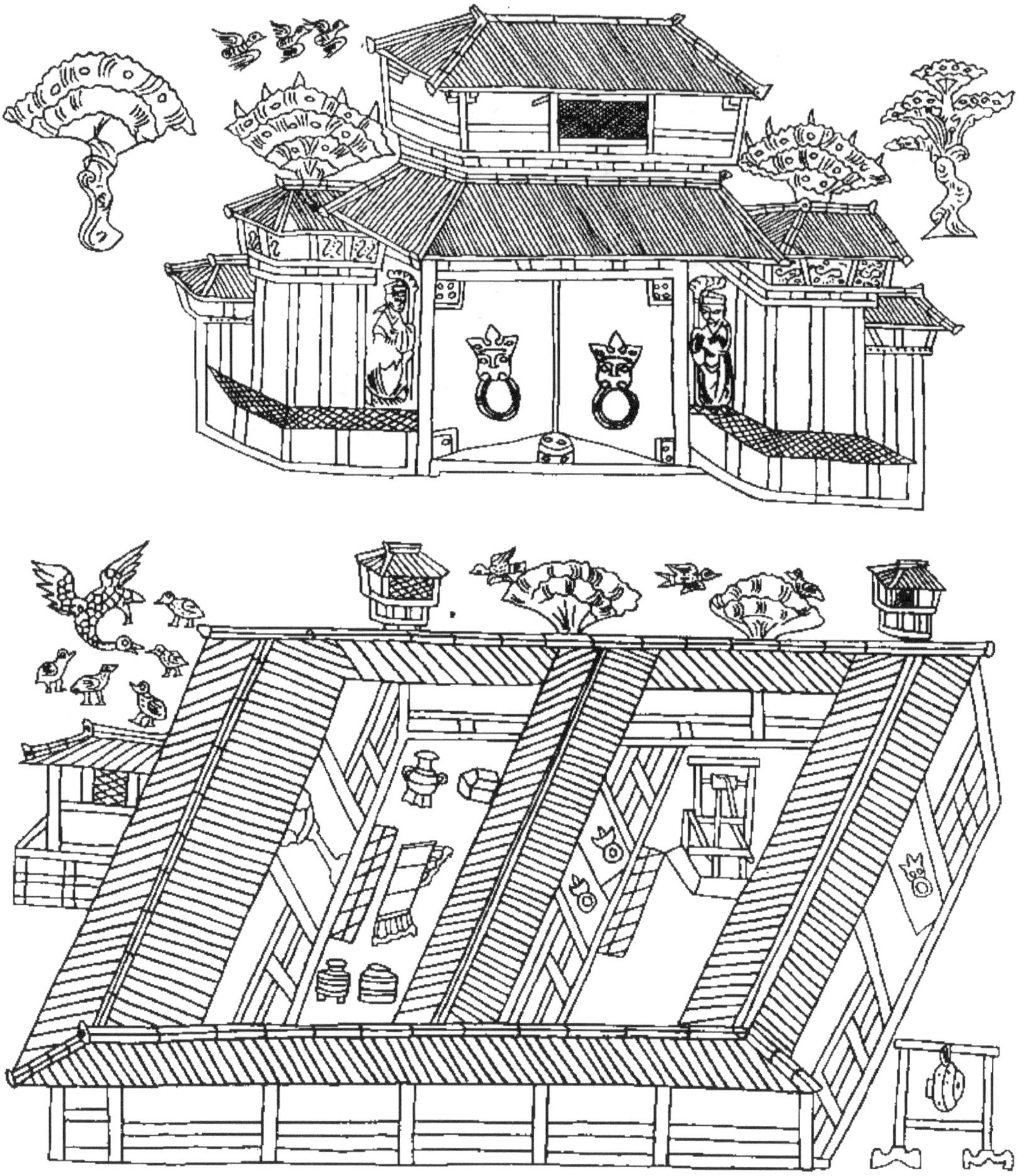

图1-21　沂南画像石墓建筑图像

［采自《沂南古画像石墓发掘报告》图版104（1）、图版103（1）］

前室八角擎天柱散斗、拱、蜀柱上面均刻着奇禽异兽，有龙、凤鸟、鹿、虎、狮等，八角擎天柱的栌斗东面中间刻虎首，柱身东面三条面上均刻怪人怪兽，右面一条最上面是一如虎而有翼之兽，其下三兽，最下为一羽人；中间一条最上是一人，身上有鳞，其下为一羽人，再下两兽，最下一人，裸身，通体生毛，戴鳞纹尖顶帽；左面一条最上是虎兽，其下一人首虎身有翼的怪物，再下为一有翼的马，其下还有两兽，最下为一人戴鳞纹尖顶帽。八角擎天柱栌斗的西面亦刻虎兽，柱身右面一条上面五兽，有的如虎有翼，有的如鹿有翼，最下一人全身生毛，头戴鳞纹尖顶帽；中间一条最上是虎首，其下有兽、羽人等；左面一条最上是虎首，其下羽人，两手持树枝状物，再下两兽，再下一羽人，两手上举，右手托住上兽的后左足。前室八角擎天柱的栌斗和柱身的南面，栌斗面上刻一狮首，栌斗下南面一条最上是羽人，其下一兽，似鹿而有翼，再下一兽，鳞身如兕，下面还要类似一兽，再下一兽如有翼花鹿；八角柱栌斗北面也主要刻一狮首，下面柱身一条最上是半个虎身，下一兽如兕，再下一兽如花鹿而有翼，再下是一羽人，右手持树枝状物，最下一虎首。

前室基本上是一个祭祀空间。

中室东壁横额画像为乐舞百戏故事，从左至右可以分为四组。第一组是玩飞剑跳丸、舞、戴竿之戏的三个人。第二组刻着乐队，又分为上下两组，下组由三排乐人组成，第一排击鼓，第二排是吹排箫的乐人，第三排是管弦乐人；上组雅乐由鼓、钟、磬三种乐器及乐人组成。第三组为鱼龙漫衍之戏。第四组为戏车和马戏。中室南壁上横额的东段，刻着丰收和宴享的图像。中室南壁上横额的西段刻着一幅迎接人的陈设和仪仗图，画像左端是一所“日”字形的两进院子，院左前后两角各有一座角楼，院子内陈设着一几、一壶、一有足小口圆形器、一方盒、一圆盒。屋前有双阙，在双阙与屋之间上排有两个戴尖顶帽的人，面向屋坐，膝前有一案，案前有两个小盘，上面都放一耳杯。两阙之内当中处，有一个戴着布纹帽子的人，前有大道，道上有车马，有三排人，捧笏，跪伏于地，皆面向前以迎接来人。中室西壁上的横额整幅刻着车马仪仗，中室北壁横额的西段也刻着整幅出行的人和他的车马仪仗，中室北壁横额的东段同样刻着出行和迎接的人。

中室南壁正中，即通前室门当中的支柱，刻着马厩和马夫喂马、备马事；中室南壁的东段，分为上下两格，均刻人物故事。上格为仓颉造字，下格刻两人，皆戴有旒的冕；中室南壁的西段所刻画像同样分为上下两格，皆为人物故事。上格刻齐桓公与卫姬及御者，下格刻齐侍郎、苏武和管叔。报告认为，管叔是周初人，苏武是西汉时人，侍郎又是汉代的官名，表示这些榜题是乱刻的。中室北壁正中，也就是中室通后室门的当中支柱，所刻画也分为上下两格，上格为周公辅成王的画像（成王人物形象较矮小，或许是儿童或者未成年人的图像表示），下格也刻有两人。中室北壁的东段，上刻“令相如”“孟犇”，应该是蔺相如完璧归赵的故事；下格也刻有两人，有“铁盾”二字榜题。中室北壁西段上下格各刻两人，有榜，未题字。中室东壁的北段，上下格均刻人物故事，未见榜题文字。中室东壁的南段，画分上下两格，皆刻人物故事。上格刻晋灵公欲杀赵盾的故事，下格刻两人，有榜，未见题字。中室西壁的南段上下两格画，皆刻人物故事；中室西壁的北段上格刻两人相斗之状，有榜，未刻字。下格似乎刻的是荆轲刺秦王的故事。

中室过梁上有怪人、怪兽、怪禽等追逐、嬉戏、打斗的画像。再下为柱的两个散斗，斗面皆刻一兽，左青龙、右白虎。中室八角擎天柱的栌斗东面刻一虎首，生两树枝状角，有两臂弯曲向下，两爪各握一枝卷草。斗下的柱身东面分为三面，皆刻有神人、异兽、奇禽等。东面三面中间一条最上是一悬着花瓣形边、垂两流苏的圆盖，下面坐着东王公。东王公，头戴冠，着长衣花领，双手笼于袖内，膝上横一物似琴，座下有一山字形高座，下有3个瓶状几，东王公坐于中间最高几上，两旁小几上，各有一羽人，似乎在捣药。其下为一直立龙，双爪持棨戟，再下为一龟，右前爪持钩镶，左前爪持大钺，最下为一鸟，背上驮着一佩剑的螺蛳。东面三条中的左边一条自上而下分别是朱雀、羽人、虎、鸟、虎等，其中羽人左手握着高高的卷草。东面三条中的右边一条自上而下是神怪、朱雀、虎、鸟、豕。栌斗的西面纹饰与东面相同，下面柱身也分为三面，中间的一条最上面刻着华盖，西王母在盖下坐着，头戴花冠及笄，下为山字形高座，两旁有羽人捣药，座下为一大龟，龟下为一有翼虎，口衔绶带，下有一双角兽，或为麒麟；左边一条自上而下刻有有翼马、羽人、有翼犀。犀下有一有翼的鹿，最下为一神怪，手握短剑；右边一条自上而下刻有龙、虎、鸟，鸟下为一头生双角有翼的虎，最下为一长冠、长喙的秃尾鸟。

中室八角擎天柱的栌斗和柱身的南面同样刻有许多画像。栌斗面上刻一虎首，头上有两角，张口露齿，两臂伸出，左爪握一钺，右爪握一槌。八角柱南面一条，最上面刻有一童子，头戴帽，露顶，顶上结发用带，围绕头部有一圆圈，如佛光之状。童子身上穿着花领衣，衣的下缘可以看到有如花瓣状，腰束华巾，巾下垂有流苏，双手捧着像鲇鱼的东西站立着。童子的下面为一双人头、鸟身、四足的怪物，再下面是一人形象，其肩生双翼、端坐，左手置胸前如持物之状，右手举置胸侧，手掌朝外，五指张开，与佛教雕刻中的手印相似。再下面是一羽人，最下是一兽。八角擎天柱栌斗和柱身的背面也有画像，栌斗面上的画像与南面相同，八角柱北面一条最上刻一童子，头上用缨束发成髻，围绕头部亦有一圆圈，也如佛光，身着衣及腰束巾均与八角柱南面童子相同，双手捧一鸟站立着（鄂城吴晋墓中青瓷唾壶上亦有人骑兽手擎鸟的形象）。童子下面为赤上身、着短裙、佩长刀、赤足一人，正用力拔一棵带花朵的树，再下是一有翼的牛，最下是一鸟首、长颈、有翼的龙（图1-22）。

中室的画像基本上是横额加上下格的板画，横额基本上是车马出行的仪仗与迎谒，而分上下格的板画基本上是历史故事、历史人物。中室的空间似乎更多的是用于说教。

此外，中室东间和西间墓室均有藻井，上面也刻有花朵等画像。

后室有过梁及梁下斗拱，东面过梁主要是奇禽怪兽的图像，主要有有翼虎、鸡、

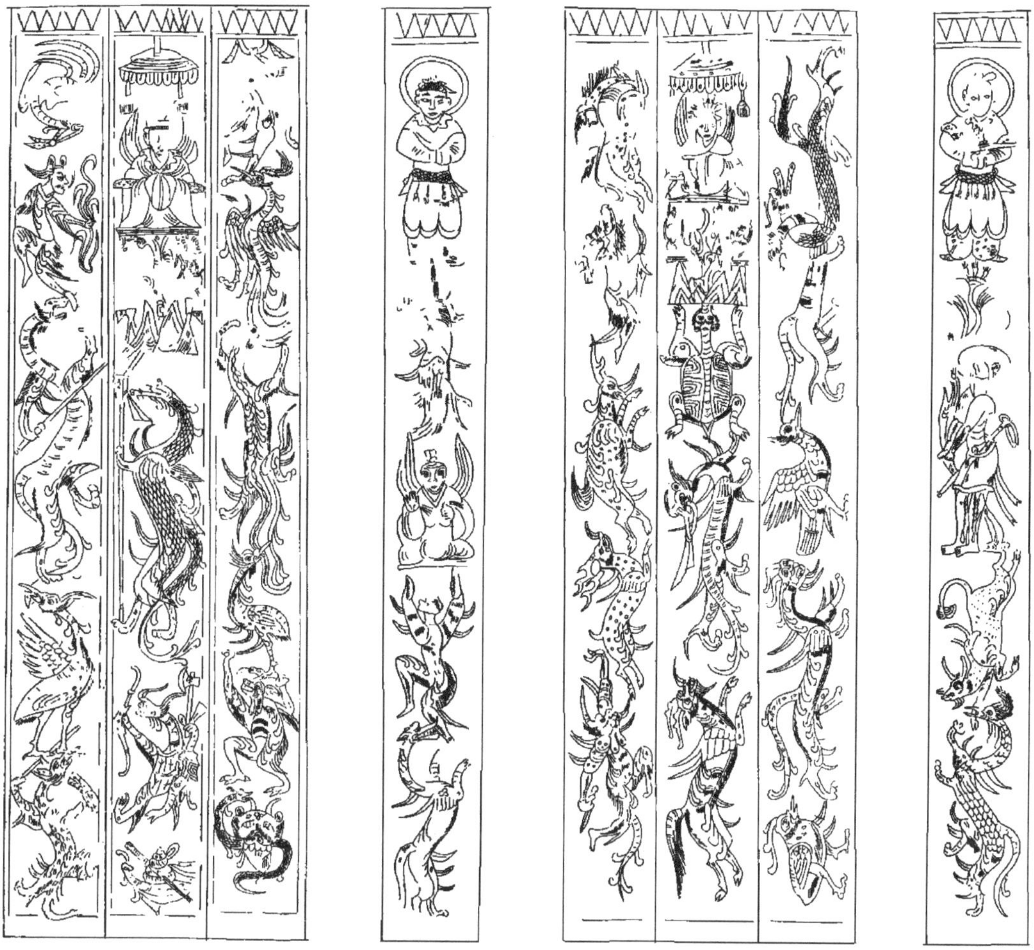

图1-22　沂南画像石墓中室八角柱柱身图案
（采自《沂南古画像石墓发掘报告》图版65、图版67、图版66、图版68）

鸟首有翼虎身兽、有翼龙、有翼鹿、人首虎身怪物、人首鸟身怪物、展翅鸟、鸟首虎身怪物、兕首有翼虎身兽、衔绶带朱雀；过梁的西面，自左起主要有有翼的花鹿、鸡、有翼鹿、有翼虎、兕首有翼虎身兽、人首鸟身怪物、人首虎身有翼的怪物、兕首虎身有翼兽、人首虎身怪物、有翼鹿、有翼虎、兕首鳞身虎爪有翼兽、有翼虎、兕首鳞身虎爪有翼兽，最后是有翼的花鹿。

后室靠南壁承过梁隔墙的东面画像分上下两格，上格刻画日用家具，最上是一几，几上放着三个漆箧，几下放着奁，奁下是一高足大盘，中间有圆柱状长柄，盘下有长方形案板，案板上放着方箧、豆、盘和耳杯等，柱的两旁放着两个罩子，高柄盘的右边有一大几，几上托着一案，案上放着方箧、量器和酒壶，几上还放着方箧和两个奁，几下有一只有翼的猫在捕鼠。下格刻着三个女婢忙着去侍候主人梳洗和用餐的情形。女婢的头上都戴着许多笄，左一人右手持镜台，镜台之下有奁和方箧；中间一人双手捧着一奁端立着；右一人左手持幢，或为拂尘。在三个人的下面，左边放着一几，几上放着两个小盘，小盘内有耳杯，耳杯的右边有一带尖顶盖的斛，斛右还有一耳杯。在几的右边，上方有一带双环耳的鼎，鼎右有一镟承一碗，碗内有勺。鼎的下面有一案，案上分三排放置17个耳杯。后室靠南壁承过梁隔墙的西面所刻画像亦为上下两格。上格刻一个武库，左上角为一武器架子，上面摆着脱鞘的剑、带鞘的剑、两把带鞘的刀、短戟，共5件兵器。下面还有一个较大的武器架子，也摆放着5件兵器，有两竿矛、两把戟、垂缨矛，在地上靠着架子还立着两块盾牌，矛的杆上还挂着箭箙。此外还有一个较小的兵器架子，上面有戟、梃。兵器库的下面刻着两仆役，左边的人捧着一个方形的盒子，下面有一酒壶、提梁扁壶和斛，报告认为这人似乎是去给主人送饭。右边的一人右手持便面，左手持马颈套，似去备马。右下角还有一灯台，灯中还有火焰，左边有一兵器架子，上面插着两杆长矛。

后室靠北壁承过梁隔墙的东面画像石也分为上下两格。上格右上角刻绘着四只鸡，两只做相斗状，其下刻一神怪，左手持一槌。下格刻有一建筑，为阁状，五脊，正面开着菱形格的窗子，三面绕以栏杆，外有砖铺的路。阁前有一人右手拿扫帚，左手边有箕，面前还有一瓷虎子，背后放着一大水缸。后室靠北壁的承过梁隔墙的西面，画像也分为上下两格，上格左角刻着两只鸡，其下刻一神怪，左手持钺，下格刻着一个架子，上面好像搭着衣服，下面为一几，几上摆着四双式样不同的鞋子。后室东间墓室和西间墓室藻井相同，均分为三个方形，中间为肥大的八瓣花，两侧各是一个三层5套的抹角方形格子，形若天窗。

沂南北寨村画像石墓呈现出一个完整的墓葬地下空间，我们可以据此分析早期佛教因素在墓葬中出现的结构及意义。佛教因素题材位于中室的八角擎天柱的南面和背面两条上，也就是分别是南面一条和背面一条最上端的带圆形头光的童子画像，以及南面一条中间的肩生双翼、右手施无畏印的羽人。整个中室营建的空间就是上面是车马出行，下面是历史故事、历史人物的上下两格板画，中间是一个八角擎天柱，其西侧以西王母为主，东侧以东王公为主。

沂南画像石墓的后室基本上是与生活有关的安排，如衣服、鞋子、酒器等，以及庄园里的鸡、仆役等，但是比较难以掌握功能的是该墓的前室和中室，而本书所关注的佛教因素题材恰恰位于该墓的中室，所以对于它们的功能必须明确。前室刻着各类祭祀建筑及仪式，前室用乐为大的建鼓和小鼓，中室主要刻着历史故事和历史人物。欲了解墓葬前室和中室的功能，必须了解如此空间布置安排的建筑的性质。沂南画像石墓还有一个比较特殊的现象，该墓除了前、中、后三主室，在前室的东西两侧还各有一侧室，中室的东西两侧也各有一侧室，中室东间侧室还有一后室。奇怪之处就在于所有的画像石画像均安置于前、中、后三室，而侧室均没有类似与主室丰富题材的画像石。

姚崇新在比较北方早期佛教造像与南方早期佛像风格时，提到俞伟超先生在《东汉佛教图像考》中将沂南画像石墓年代定在东汉晚期的桓帝左右，姚崇新认同此年代判定，并进一步指出，与滕县画像石一样，此也可以视为受楚王英在封地崇佛影响的结果[①]。

朱浒对沂南画像石带头光童子佛像有新的认识，他注意到沂南画像石汉墓中还有一幅图像与此童子像相似，这就是该墓中室东壁横额上的“雀戏”（或“象人”）图像，“雀戏”的图像人物手执梧桐树，引凤，人物的特征也是束腰、长袖、下身裙摆呈莲瓣形，腰带上有许多装饰。朱浒认为，这位“雀戏”胡人服饰可以归为襦袴氏胡服，莲瓣形的裙摆可能是“雀戏”的戏服，他推测，为什么会用胡人的戏服来表示佛像童子这样的佛教造像，可能在于佛教信仰尚处于萌生阶段，石匠无法准确地将佛像表现出来，而是按照胡人戏服的样式进行的处理[②]。应该说，朱浒对材料的对比观察是相当仔细的，但与其将这种关联性推测于石匠的不了解，不如努力地去触及早期佛教传播时的具体方式，也许会有新收获。其实，在朱浒观察的基础上，二者可能同样属于“戏服”的印象，给我们留下了进一步思考的空间，或许早期佛教传播恰恰与这些“戏”有关，借助于这些“戏”来宣传佛教信仰的内容，不是没有可能。早期佛教传播与说唱、演戏等有着一定的关联[③]。

第四节　显节陵上的“浮屠”像

在后世的一些文献中经常会提到汉孝明时佛法传入，其中的表现包括在城西建佛寺、在清凉台和开阳门上作佛像，以及在预修的寿陵“显节”陵上作佛像。其中第二、第三项活动基本类似，均是在建筑物上作佛像，尽管我们不知此类佛像是如何制作的，但是，我们注意到在显节陵上作佛像，在丧葬礼俗发展上的重大意义。如果在陵墓上果真作有佛像，此则为中国古代陵墓上的第一尊佛像。因此，我们借着前文对汉代丧葬礼俗中、遗址中佛教因素遗存的梳理，有必要对此进行考析。

多个文献提到了显节陵上作佛像这一情况。《牟子理惑论》的佛教信仰观念里，有一个“福堂”的概念，死者如果生前信仰了佛教，死后即会神归福堂。这是《牟子理惑论》中，佛教与死亡利益关联最直接的表述。

---

① 姚崇新：《佛教海道传入说、滇缅道传入说辨正——兼论悬泉东汉浮屠简发现的意义》，荣新江、朱玉麒主编：《西域考古·史地·语言研究新视野：黄文弼与中瑞西北科学考查团国际学术研讨会论文集》，科学出版社，2014年，第482-483页。

② 朱浒：《汉画像胡人图像研究》，生活·读书·新知 三联书店，2017年，第341-342页。

③ ［美］梅维恒著，王邦维、荣新江、钱文忠译：《绘画与表演——中国绘画叙事及其起源研究》，中西书局，2011年，第1-18页。

> 问曰：汉地始闻佛道，其所从出耶？
>
> 牟子曰：昔孝明皇帝梦见神人，身有日光，飞在殿前，欣然悦之。明日，博问群臣："此为何神？"有通人傅毅曰："臣闻天竺有得道者，号之曰佛，飞行虚空，身有日光，殆将其神也。"于是上悟，遣使者张骞（其他本作蔡愔）、羽林郎中秦景、博士弟子王遵等十二人，于大月支写佛经《四十二章》，藏在兰台石室第十四间。时于洛阳城西雍门外起佛寺，于其壁画千乘万骑，绕塔三匝。又于南宫清凉台，及开阳城门上作佛像。明帝存时，预修造寿陵，陵曰"显节"，亦于其上作佛图像。时国丰民宁，远夷慕义，学者由此而滋。①

通人傅毅解释的佛，来自天竺得道者，其有两个明显的特征，即飞行虚空和身有日光，飞行虚空属于其神力的表现，身有日光属于形象特征的表现。牟子回答的内容中，明帝时与佛教相关的活动主要有五项：其一将佛经《四十二章》藏在兰台石室第十四间。其二在洛阳城西雍门外建造佛寺，佛寺中的主要建筑应该是塔，塔的上面壁画千乘万骑。千乘万骑的内容也许与汉代壁画和画像石上大量的出行图、卤簿行列等有关。其三是南宫清凉台上作佛像。其四是在开阳城门上作佛像。这两条应该是在宫和城上作佛像，而且南宫清凉台和开阳城门这两个地点也值得注意。其五就是在明帝预修造的"显节"陵上作有佛像。最后一点从文本叙述的角度而言，应该是与南宫清凉台、开阳城门上作佛像相提并论的，但是其显然涉及本书的主题，即丧葬礼俗遗存中出现了佛教因素。

《魏书》卷一百一十四《释老志》：

> 及开西域，遣张骞使大夏还，传其旁有身毒国，一名天竺，始闻有浮屠之教。哀帝元寿元年，博士弟子秦景宪受大月氏王使伊存口授浮屠经。中土闻之，未之信了也。后孝明帝夜梦金人，项有日光，飞行殿庭，乃访群臣，傅毅始以佛对。帝遣郎中蔡愔、博士弟子秦景等使于天竺，写浮屠遗范。愔仍于沙门摄摩腾、竺法兰东还洛阳，中国有沙门及跪拜之法，自此始也。愔又得佛经四十二章经及释迦立像。明帝令画工图佛像，置清凉台及显节陵上，经缄于兰台石室。愔之还也，以白马负经而至，汉因立白马寺于洛城雍

① （南朝梁）释僧祐撰，李小荣校笺：《弘明集校笺》卷第一《牟子理惑论》，上海古籍出版社，2013年，第40-41页。

门西。摩腾、法兰咸卒于此寺。[①]

《魏书》的记述基本同于《牟子理惑论》，然在细节上也有不同，如“写浮屠遗范”，除了《四十二章》经外，还有释迦立像。没有提及在开阳城门上造佛像，在显节陵上的佛像是明帝令画工“图”佛像，然后“置”于显节陵上。从字面理解，似乎在显节陵上的是一幅安置的图画。

在汉代的一些礼制建筑内就安置有图画，如成都天府广场东御街汉阳嘉二年（133年）李君碑[②]。其碑阴铭文：

阳嘉二年，十二月丁卯朔，廿五日辛卯。文学主事掾郑史杜遂及五棠，守掾李位、羊宠、范前，《月令》掾彭祉，师王伯、张氾、李成……等发意，贪慕嘉化而立石表纪序，贤君良佐，列画殿堂。[③]

据此可知，纪念李君在蜀兴办学校除了立石表外，还应当建有纪念性的殿堂，殿堂里面还列画了贤君良佐。张勋燎先生也认为“立碑和在纪念性的祠庙殿堂建筑内画像相互关联，实际上是一件事情的两部分内容”，并且指出，树碑表纪及列画殿堂构成了一种组合特征，对判定天府广场东御街出土石碑当年位置具有标志性作用。随后，张先生进一步认为，李君碑所在纪念性祠庙建筑即为文翁学堂中的“周公礼殿”，其始建的年代应该在汉永平二年（59年）至顺帝阳嘉二年（133年），作为纪念性的祠庙建筑，其最初是用来祠祀周公、孔子，后人为了纪念文翁，把文翁的材料置入，再后又将李膺、裴君、高朕等碑刻、题记和画像之类的材料陆续放入[④]。

如果据僧传，汉代就有佛像的图画，如《高僧传》记载汉洛阳白马寺竺法兰：

竺法兰，亦中天竺人……时蔡愔既至彼国，兰与摩腾共契游化，遂相

---

① （北齐）魏收撰：《魏书》卷一百一十四《释老志》，中华书局，2017年，第3287-3292页。

② 成都文物考古研究所：《成都天府广场东御街汉代石碑发掘简报》，四川大学博物馆、四川大学考古学系、成都文物考古研究所编：《南方民族考古（第八辑）》，科学出版社，2012年，第1-8页，图版一-图版四。

③ 张勋燎：《成都东御街出土汉碑为汉代文翁石室学堂遗存考——从文翁石室、周公礼殿到锦江书院发展史简论》，张勋燎：《中国历史考古学论文集》（全三册），科学出版社，2013年，第1090页。

④ 张勋燎：《成都东御街出土汉碑为汉代文翁石室学堂遗存考——从文翁石室、周公礼殿到锦江书院发展史简论》，张勋燎：《中国历史考古学论文集》（全三册），科学出版社，2013年，第1124页。

> 随而来。会彼学徒留碍，兰乃间行而至。既达洛阳，与腾同止，少时便善汉言……愔又于西域得画释迦倚像，是优田王旃檀像师第四作也。既至洛阳，明帝即令画工图写，置清凉台中，及显节陵上。旧像今不复存焉。[①]

这里的释迦像具体为释迦倚像，明帝也是令画工图写，在清凉台和显节陵的具体位置交代得也比较清楚，清凉台是置清凉台“中”，显节陵是显节陵“上”。从“陵上”的角度分析，似乎画工图画安置的佛像属于陵寝地面遗存。

《洛阳伽蓝记校释》卷四“城西”载：

> 白马寺，汉明帝所立也。佛教入中国之始。寺在西阳门外三里御道南。帝梦金神，长丈六，项背日月光明。胡神号曰佛，遣使向西域求之，乃得经像焉。时以白马负经而来，因以为名。明帝崩，起祇洹于陵上，自此以后，百姓冢上或作浮图焉。[②]

周祖谟先生校释此处所称“祇洹”者，殆即精舍也。也就是说《洛阳伽蓝记校释》记载的明帝情况，已经是在陵上建造“祇洹”了，从前述文献中的图画变成了一个建筑遗存。这是陵上建有佛寺的最早时间的文献记载，但是此文献乃北魏杨衒之所撰，是否真实反映东汉明帝时情形，实无证据，尽管目前东汉陵园已有一定考古发掘，但是没有发现明确为佛寺遗址的。

墓上建筑较突出的材料是洛阳城西的东汉墓园遗址，遗址位于洛阳白马寺镇，地当洛阳城西垣以西约2500米处。墓园遗址整体呈长方形，四周有夯筑土垣，土垣的转角处增筑附属建筑。墓园内分东西两部分，东侧布置以大型殿基为主体的建筑群，西侧安排有墓主人的坟墓。墓垣的东北角发现建筑遗迹，应属于墓园的防卫性设施，墓园北垣正对墓主人坟墓处，向墓垣内凸出夯土一块，或许是墓园北侧的门址。墓园东部是以大型殿基为主体的建筑群，由东向西毗连的三进院落组成。根据建筑遗址出土的墙皮，可见此建筑墙壁整体大多涂白灰，少量在白灰层上加绘红色线条，也有在墙皮上平涂一层青白颜色。在大型殿基F1的西、北两侧，出土石柱残块25件，报告认为其风格颇似南朝陵墓神道柱，推测可能是神道石柱。

值得注意的是，墓葬封土系采用黄土夯筑而成，平面呈圆形，北魏时期曾经对夯土做过加工及改造，主要是在原有夯土的四周增筑夯土，使其成为方形，并以此作为

---

① （梁）释慧皎撰，汤用彤校注，汤一玄整理：《高僧传》卷第一《译经》上，中华书局，1992年，第3页。

② （魏）杨衒之撰，周祖谟校释：《洛阳伽蓝记校释》，中华书局，1963年，第134-135页。

大型建筑的基础。在此方形基础的东北角及西北角，清理出北魏前期的砖瓦窑两座，以及北魏后期的柱础石、成行排列的牙子砖等建筑遗迹。该墓为一多室砖墓，由墓道、甬道、横前室、耳室及后室五部分组成，墓内出土陶壶、陶案、陶甑、陶奁、陶质模型明器等，铜器有铺首、铃、环、凿、泡钉、圭形器、盖弓帽、衔、镳等，此外还有玉片、钱币等。报告推测该墓年代在东汉桓帝至献帝时期①。

在卫辉大司马墓地发掘汉墓一座，编号为M1。该墓发掘前地面有圆形封土，墓葬形制由墓道、前室、后室，以及前室东西两壁所带耳室组成。在该墓的封土堆和墓道的北侧，清理出一座大型地面建筑遗迹，编号为F1，在F1的西侧还发现灰沟一条，编号为G1。报告认为，该墓及其附近的F1和G8应为一组关联的墓葬遗存，G8或与兴建M1和F1取土有关。F1平面呈横长方形，东西长约12.2、南北宽约9.7米，保存状态较差，残存局部散水及两个磉墩，南部散水卵石中间局部有1.06米的中断，推测可能为门道。F1的西侧G8内堆积有大量卵石、筒瓦、板瓦、云纹瓦当等，结合F1发现的板瓦、残砖等，推测F1应该是一座大型瓦顶建筑，F1应该就是M1葬埋结束后，死者家人在附近修建的供奉、朝拜、祭拜墓主的礼仪性建筑。报告推测该墓的年代当在东汉中期偏晚，即2世纪中期前后②。

汉代的墓上遗存，也为我们思考这一问题建立了很好的材料基础。如邓家沱阙，位于忠县邓家沱遗址，长江左岸河床边上的一级山前台地上，后侧山崖上散布着汉至南朝时期的崖墓群，该石阙现存9件构件，可以将其复原为双阙，复原后的邓家沱阙坐西朝东，右（南）阙残存阙座、阙身、阙楼的叠枋和斜撑，阙盖不见，阙身正面题“□□□长□君神道阙门”，阙身两侧面应该浮雕一人引导一龙和托着太阳的人首蛇身的神——伏羲，阙的叠枋上斜撑层的四面应为“凤凰”、鸾鸟、“三足乌”和异兽。左（北）阙阙身保存有上半截，阙楼和阙盖基本完整，阙座不见，阙正面题“故绵竹县令”，阙身后面左上角有“郑宽”二字，两侧为一人引龙和一手托着月亮的女娲，阙身叠枋斜撑应是苍龙、天鹿、“天马”和麒麟。重庆忠县邓家沱阙，有研究认为是晋阙，也有认为是汉阙，是东汉中晚期的遗存，阙主可能是先任广汉长，再任绵竹令的王君③。

杨晓春对邓家沱阙阙铭及墓主时代提出不同认识，将阙铭复原为：

---

① 中国社会科学院考古研究所洛阳汉魏城队：《汉魏洛阳城西东汉墓园遗址》，原刊《考古学报》1993年第3期，此据杜金鹏、钱国祥主编：《汉魏洛阳城遗址研究》，科学出版社，2007年，第585-615页。

② 河南省文物局编著：《卫辉大司马墓地》，科学出版社，2015年，第10-32页。

③ 李锋：《重庆忠县邓家沱石阙的初步认识》，《文物》2007年第1期，第69-77页；孙华：《重庆忠县邓家沱阙的几个问题》，《文物》2008年第4期，第73-81页。

左阙：故绵竹令□□□□□□□□

右阙：□□□长丘□君神道阙门

据此，结合铭文书体、内容、摹拓及地层，说明邓家沱阙不可能是宋代金石文献著录的绵竹令王君神道，其时代是西晋之前的遗物①。这一点看似与孙华论述结果相似，但实则大不一样，孙华结合石棺、阙，大致认为不晚于西晋时期，但最终收缩至东汉中晚期前后。杨晓春根据墓葬使用石阙的流行时间，认为西晋时期石柱在中原地区有多例发现，并无石阙发现，推测西晋神道石刻中大抵也是不用石阙的，进而认为邓家沱阙是西晋之前的遗物。

上述两位的论述中，需要回应的是三国时代的墓地用阙情况如何。孙华引用的西南地区阙的材料，似乎都是东汉中晚期，从中能否区分出三国时代的材料是必须面对的问题。杨晓春借助文献以西晋以前划分前后两段，没有考虑更细致的划分和其他考古材料。解决这个问题，可以借鉴三国时代的曹魏和孙吴地区的材料，特别是孙吴时期的材料，因为孙吴墓葬中出土了一些建筑模型明器和魂瓶，这些材料上都有阙的存在。如江苏金坛、浙江衢州、江苏江宁、南京等地出土的魂瓶，其上部堆塑的建筑部位，均有与忠县邓家沱阙相似的阙，但其远比墓上实物遗存要复杂得多②，当然，要资以对比，还需对魂瓶上面的阙进行系统梳理、排队，但这是一个非常重要的思路。

这里，我们特别观察一下稍晚的蜀汉时期的平杨府君阙，其阙身龛像题记时代远远晚于墓阙时代，不同时代的遗迹集中于同一遗存，学界对此关注较多。该阙位于四川省绵阳市北仙人桥西侧，双阙南北并列，形制相同，均为双出阙。全阙用石条和石板交错叠砌而成，具体可以分为阙座、阙身、斗拱、阙顶四部分，南阙檐枋头原刻有“汉平杨府君叔神道”，现已风化剥蚀大半。主阙阙身阑额雕刻“出行图”，北阙出行队伍从东面阑额南端开始，前为2导骑，后面为车前伍佰，再后面有轺车7乘；南阙出行队伍从东面阑额的北端开始，车骑导从情况与北阙相似。附阙阑额上雕田猎图。斗拱部分的雕刻分为两组，主阙前后正中栌斗的表面各刻一兽头，四角枋头交错处各刻一力士或动物，主阙四角为袒胸露腹、抱膝耸肩的负重力士，南附阙东南角还残存一只朱雀。上层斗拱雕刻有追猎图和百戏图，北附阙拱壁的东西两面均刻玄武。南主阙上有百戏图，北拱壁上刻席地而坐的两人，一人抚琴，一人聆听。南附阙拱壁东西两面均刻白虎。斗拱上面是平台，平台上面有介石，介石上面的雕刻最为精湛。北主阙的介石上东面中部刻夫人启门图；南主阙的介石上刻有两人，西面中部刻一巨大的兽头，转角处有带双翅的天马（图1-23）。报道推测平杨府君阙为蜀汉平阳亭侯李福墓前之阙③。

---

① 杨晓春：《关于重庆忠县邓家沱石阙铭与墓主的推测》，《中国国家博物馆馆刊》2013年第2期，第25-32页。

② 南京博物馆等编：《佛教初传南方之路文物图录》，文物出版社，1993年，图60-图63。

③ 孙华、巩发明：《平杨府君阙考》，《文物》1991年第9期，第61-69、73页，图版捌。

图1-23　平杨府君阙北阙阙身龛像分布
（采自《四川绵阳平杨府君阙阙身造像》图3，第91页）

孙华在平杨府君阙考的基础上，对该阙的南北朝时期的造像进行了详细的介绍和初步研究①。平杨府君阙南阙和北阙的阙身上均有南北朝时期的造像分布。两阙共有南北朝时期造像42龛，这些龛大多雕刻在垂直而平整的主阙阙身上，也有将原先汉代浮雕磨平，然后再重新雕凿壁龛造像的。这些龛，大多各自独立，也有数龛构成一组的。造像内容丰富，如第1号龛为尖拱龛，龛内刻一佛二菩萨四金刚力士像，龛外两侧对立线刻供养人。第5号龛，主龛居中，为尖拱形，龛内刻一佛二金刚力士，龛两侧有四个小龛，龛内各有立像一尊，当为四大士像。在主龛和小龛之间，线刻有供养人。第14号龛为尖拱龛，龛内造像似为一佛二菩萨二金刚力士，龛外左侧线刻供养人像，右侧上方线刻二人，或为飞天，飞天身后有题刻“大通三年闰月廿三□，弟子许善”。第15号龛，龛内残见金刚力士像，主像身后有身光，光上可见七尊化佛。右侧供养人为一僧人和腋下夹物的女子，上方有飞天的残迹。右侧供养人外刻有题记“……辛未岁三月三日，佛弟子章景……间世本虚……发心奉为梁主至尊敬造无量寿佛依碑石像一躯，其亡长兄为建立己家成……”第17号龛龛内造像三坵，龛外两侧线刻供养人，右边线刻人物的北侧刻有造像题记两侧，其一为“观音大士　佛像。大通三年闰月廿三日，弟子许善”，其二为“□□□年闰月廿三日，道洪□于□□□像一

① 孙华：《四川绵阳平杨府君阙阙身造像——兼谈四川地区南北朝佛道龛像的几个问题》，巫鸿主编：《汉唐之间的宗教艺术与考古》，文物出版社，2000年，第89-137页。

躯，为七世父及大正□□□，愿生父世三子□□□春月□至”。第19号龛龛内原雕刻立像三尊，龛两侧线刻供养人四组，供养人旁有题记“……年七月，……念敬造观世音……一躯，愿过去七世父母……现在眷召？”第36号龛也有题刻。上述诸龛有的题记中有纪年，如第14号龛和第17号龛的纪年“大通三年”，也就是梁武帝的年号，即529年；第19号窟应为中大通三年，即531年；第15号窟的“辛未岁”，孙华推测为551年。所以这些龛像主要集中在萧梁时期，也有的可能会晚至西魏、北周时期。

平杨府君阙上还有几个龛造像属于道教造像，如第28号龛，位于南阙阙身西面，为方形宝帐龛，内刻一主像二胁侍，主像两侧袖手站立两弟子，头部明显可见发髻，龛下有垂帛和几案。第33号龛，为长方形宝帐龛，龛中造像三尊，主像凭几而坐。第37号龛位于南主阙阙身，龛近似方形，龛两侧有布幔，也应当是宝帐龛。龛内造像三坻，主像凭几而坐，主像两侧侍立弟子，左侧头单髻，右侧头上双髻，均外罩及膝的道装，龛的后壁有屏风。孙华认为，这些佛、道造像的混合情况，应当与西魏、北周并造佛、道像的风气影响到四川有关。

对于在墓阙上出现佛教造像，我们希望是佛教因素出现在墓葬遗存中，但不能简单地以这种共存关系视之，而必须考虑两者是否具有组合关系。王静芬提到，在6世纪的时候，佛教在四川地区已经广泛传播，那么佛教徒在汉代石阙上建龛造像，其实与原先的墓葬已经没有关系，门阙作为神道的标志，到了南朝建龛造像，门阙作为汉代丧葬的纪念建筑已经被遗弃，佛教徒仅仅是挪用了石阙表面来表达他们新接受的宗教信仰。王静芬同时强调，虽然阙门在汉代以后停止使用，但碑仍是极为重要的象征形式，由此，石碑所具有的功能和意义就转移到佛教造像碑上了①。符永利、刘超对平杨府君阙阙身龛像进行了细致的梳理，将这批材料分为五期，但并没有做出详细的分期表，期别的划分与材料的对应还有缺憾，但是其结果与孙华对年代的判定大致吻合。对于为何在阙身开龛造像，他们认为，门阙象征天门，那么在象征天门的阙上雕凿佛像，也应当是肯定了佛在天国的主神地位，佛和菩萨诸神无疑可以充当引领亡魂前往天国的角色②。笔者以为，这样的认识，目前还缺少考古学的证据和文献的证据。首先，这批材料属于不同时代，就是龛像的年代也是从萧梁延续到西魏北周时期。其次，龛像题刻显示，供养资助开龛造像的人，并非一人，也并非一家族，有弟子许善，有道洪（？），这个是否与墓葬有关，是否与平杨府君有关，如果是其后人或具有一定关系的人在此造像，尚可建立起联系，就目前看估计是没有什么关系的。再次，开龛造像的目的在题刻中已有说明，有的是为了七世父母、亡兄等，这些应该是

① 王静芬著，毛秋瑾译：《中国石碑——一种象征形式在佛教传入之前与之后的运用》，商务印书馆，2011年，第109-110页。

② 符永利、刘超：《四川平杨府君阙阙身龛像的初步研究》，中国古迹遗址保护协会石窟专业委员会、龙门石窟研究院编：《石窟寺研究（第7辑）》，科学出版社，2017年，第164-197页。

与丧葬有关，属于死后家人对死者的祭奠追福等。但有的也是发心为梁主至尊造像，属于祈福一类，与丧葬关系不大。所以从造像的目的来看，并不都是为了引领亡魂前往天国。最后，我们可以从这些造像的内容和题材分析，内容和题材显得多种多样，没有直接表现与丧葬有关的造像。综上所述，笔者以为，诚如孙华在分析中指出的，该石阙的阙身实际上可以看作一座大的造像石碑的碑体①，至少目前我们认为，作为墓阙的平杨府君阙，与南北朝时期上面雕刻的龛像，没有证据证明二者有关联。

除了阙，墓表也是地面比较重要的遗存。孙华文中叙及的泰始五年石柱发现于重庆忠县乌阳镇将军村的长江边上，现藏于忠县文物保管所。石柱仅存一段柱身，柱顶及座均已不见，两端有榫卯，柱身通高266厘米，十二角瓜棱柱柱身，柱身上段两端各有辫状箍带一道，下端箍带前侧各有一双手上举、两腿弯曲的人像，共同托举着近方形的石表。石表铭文：

晋故试守江州令文卫
尉適孙讳观（？）长祖梁水
令讳晃二祖平武令讳
圣弟三祖讳轨（？）弟四祖
相国府参军事讳桓三
父试守江州令讳惠等
府君之神道
泰始五年二月辛未朔
廿一日辛卯□州主簿
□之□起龙之并立。

孙华根据铭文，推断石柱所系文氏家族世系为远祖卫尉文立→……→远祖江州令文观→……长祖梁水令文晃→二祖平武令文圣→三祖文轨→四祖相国府参军文桓→亡父文惠。笔者认为世系顺序或为：长祖梁水令文晃→二祖平武令文圣→三祖文轨→四祖相国府参军文桓→祖江州令文卫尉→亡父文惠，立柱表者为文卫尉適孙文观。孙华认为该石柱的泰始五年，应为刘宋明帝的泰始五年（469年），而不是西晋的泰始五年，可从②。

孙华文中提到重庆巴县出土的东晋杨阳神道石柱，造型与忠县泰始五年石柱几乎

① 孙华：《四川绵阳平杨府君阙阙身造像——兼谈四川地区南北朝佛道龛像的几个问题》，巫鸿主编：《汉唐之间的宗教艺术与考古》，文物出版社，2000年，第130页。

② 孙华：《重庆忠县泰始五年石柱》，《文物》2006年第5期，第80-86页。

一样，表板的位置在柱顶端下面一点，表板下都有两个负重力士的形象，石柱的纪年为东晋隆安三年（399年），孙华文尾注录杨阳石柱铭文：晋故巴郡察孝骑都尉枳杨府君之神道。君讳阳，字世明，涪陵太守之曾孙。隆安三年岁在己亥十月十一日立①。

起表作用的汉代墓葬石柱，引起关注的是其石柱表面的凹棱纹和凸棱纹。沂南北寨村和临沂吴白庄画像石墓中就有此类石柱②（图1-24），墓内石柱与汉晋墓葬地面石柱应该是有关联的。

在一座金代墓葬中发现的汉安元年文通祠堂题记，呈现出丰富的汉代祠堂材料。文通祠堂题记发现于山东邹城的金代墓葬中，墓葬编号为M1，竖穴土坑石室墓，墓室平面呈长方形，四壁皆用石板砌垒，墓顶的藻井、左侧立柱、墓室的后壁，均发现汉代的画像石刻。其中后壁的汉代画像石，就是文通祠堂题记刻石，墓室内发现左右两具木棺残迹。墓内出土的钱币中有一枚金代的“正隆元宝”，出土的青釉碗也具有金代器物的特征，因此，该墓应为金代的墓葬③。

文通祠堂刻石横长1.91、纵宽0.47米，题记和图像分为上下两层，上层为垂帐纹，下层为文字和图像，题记文字竖刻，题记左右有图像。题记右起一人，头戴冠，上有

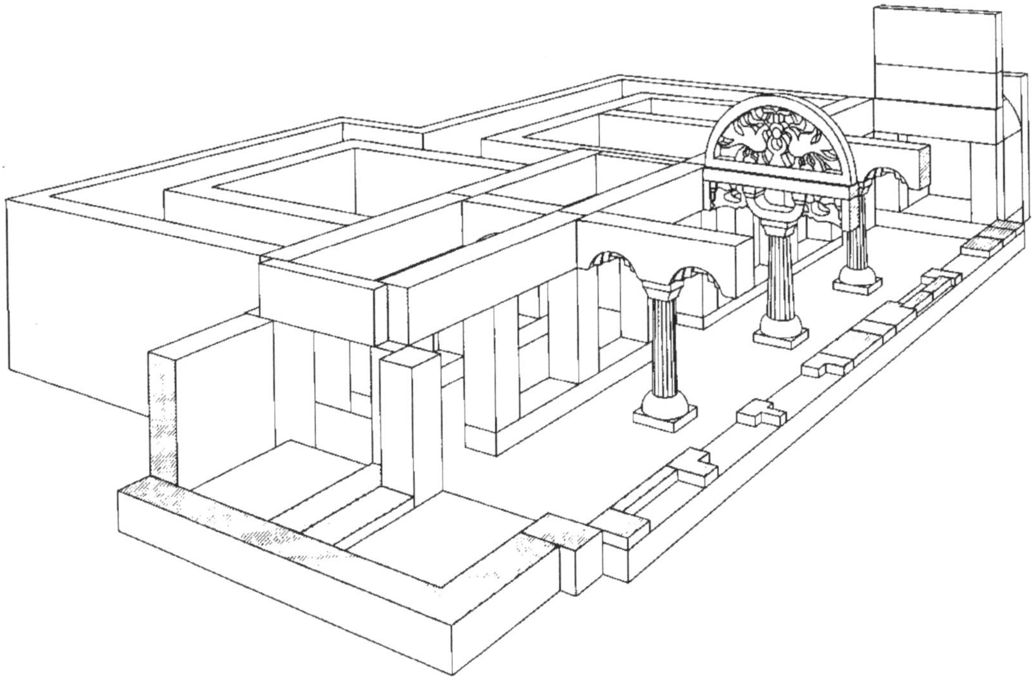

图1-24　吴白庄汉画像石墓透视图
（采自《临沂吴白庄汉画像石墓》图一〇，第12页）

① 孙华：《重庆忠县泰始五年石柱》注11，《文物》2006年第5期，第85页。
② 临沂市博物馆编：《临沂吴白庄汉画像石墓》，齐鲁书社，2018年，第12页。
③ 邹城市文物局：《山东邹城峄山北龙河宋金墓发掘简报》，《文物》2017年第1期，第35-49页。

一鸟；题记左侧五人，右一人持杖，躬身。右二似为老年男性，躬身，腰佩环首长刀。右三，拱手，面右。右四为一武士，后有动物两只及一人，人做驱赶动物状。现录祠堂题记释文如下：

鲁国邹亭掾、主簿掾、文通食堂。掾少小读《严氏春秋》，经召县掾、功曹、府文学、簿曹、掾县三老。掾年八十六以永和六年十月八日己未以寿终。母年八十四以永和五年五月八日丁卯以寿终。掾有子男女八人，大女蒨侯，字惠迈，适戊父。其大男宗，字伯宗，年五十病终，有子男久卿，久卿弟宝公；伯宗弟般，字孟卿，年卅病终，有子男如，字伯商。孟卿弟寅，字仲玉，年五十病终，有子男憙，弟阿奴。仲玉弟识，字元玉，有子男方，弟扶、弟美、弟愿。元玉弟竟，字仲忽，有子男吉，弟福。仲忽弟强，字季卿，有子男高，弟宝、弟时、弟少贵。季卿弟兴，字季起，有子男伯张。季起兄弟八人，诸兄薄命蚤终。季起秉掾、母奉终。得备衣冠印绶，长姊虽无，忠孝之心，尤识子道，反□恩，躬率诸孙，举家竭驩，奉进甘珍。子孙念无堂，各欲尽□，制□曰愁。□欲兄姊不使，少子欲养亲不在，掩忽□供养，悲痛达心丧魂魄。遂置自造归幽冥，孤子断肠，维五感常□悲伤。掾、母命终，何其垂念之，悲切怮怛无穷，其子无随没之寿，王无附死之臣。唯愿有石显阙，以奉四时，供祭魂神，以□世禄，永享其道。愿敕霜护其子孙。今□重□季起与伯张、高、宝等作成石庙堂，以俟魂神往来休息，孝之然也。所以置食堂，虽鄙陋，万世墓表，颂之皆昌，逆之者亡。后子孙免崩落□子。愿勿绝缘，常受吉福，永永无极，万岁无央。伯宗妻□□□，字惠卿，年六十终。有子女福之□□。孟卿妻高平孔叔阳女，四十八终。仲玉妻徐忠□女，字淑，有子、女、孙、女等□之。元玉妻瞿伯春，字睦信，有子女潼去。仲忽妻安天□小卿女，字敬郎，有子女□。季卿妻资稚侯女，字敬淑，有子女□。季起妻徐季文女，字义亲，有子女，年十五构命夭折祔葬，谒家痛切，治此食堂，以汉安元年六月七日甲寅，毕成。石工高平□、高平□□、直五万。此中人马皆食大仓。[①]

“食堂”是题记对这座祠堂的称呼，也就是石堂。胡新立推测文通祠堂题记刻石，可能是一座单室祠堂的门楣石，祠主的身份多为县级属吏。文通祠堂题记，明确讲明此食堂是为了“俟魂神往来休息”，祠堂除了祭奠县掾文通及其妻，似乎其已经去世的

① 胡新立：《邹城新发现汉安元年文通祠堂题记及图像释读》，《文物》2017年第1期，第76-85页。

儿子及妻子也以此祠堂作为安魂神的所在。

《汉书·韦玄成传》记载：

> 初，高祖时，令诸侯王都皆立太上皇庙。至惠帝尊高帝庙为太祖庙，景帝尊孝文庙为太宗庙，行所尝幸郡国各立太祖、太宗庙。至宣帝本始二年，复尊孝武庙为世宗庙，行所巡狩亦立焉。凡祖宗庙在郡国六十八，合百六十七所。而京师自高祖下至宣帝，与太上皇、悼皇考各自居陵旁立庙，并为百七十六。又园中各有寝、便殿。日祭于寝，月祭于庙，时祭于便殿。寝，日四上食；庙，岁二十五祠；便殿，岁四祠。又月一游衣冠。而昭灵后、武哀王、昭哀后、孝文太后、孝昭太后、卫思后、戾太子、戾后各有寝园，与诸帝合，凡三十所。一岁祠，上食二万四千四百五十五，用卫士四万五千一百二十九人，祝宰乐人万二千一百四十七人，养牺牲卒不在数中。
>
> 至元帝时，贡禹奏言："古者天子七庙，今孝惠、孝景庙皆亲尽，宜毁。及郡国庙不应古礼，宜正定。"天子是其议，未及施行而禹卒。永光四年，乃下诏先议罢郡国庙，曰："朕闻明王之御世也，遭时为法，因事制宜。往者天下初定，远方未宾，因尝所亲以立宗庙，盖建威销萌，一民之至权也。今赖天地之灵，宗庙之福，四方同轨，蛮貊贡职，久遵而不定，令疏远卑贱共承尊祀，殆非皇天祖宗之意，朕甚惧焉。传不云乎？'吾不与祭，如不祭。'其与将军、列侯、中二千石、二千石、诸大夫、博士、议郎议。"丞相玄成、御史大夫郑弘、太子太傅严彭祖、少府欧阳地余、谏大夫尹更始等七十人皆曰："臣闻祭，非自外至者也，繇中出，生于心也。故唯圣人为能飨帝，孝子为能飨亲。立庙京师之居，躬亲承事，四海之内各以其职来助祭，尊亲之大义，五帝三王所共，不易之道也。诗云：'有来雍雍，至止肃肃，相维辟公，天子穆穆。'春秋之义，父不祭于支庶之宅，君不祭于臣仆之家，王不祭于下土诸侯。臣等愚以为宗庙在郡国，宜无修，臣请勿复修。"奏可。因罢昭灵后、武哀王、昭哀后、卫思后、戾太子、戾后园，皆不奉祠，裁置吏卒守焉。[①]

据此文献可知，西汉中期以后在陵园中有寝和便殿，二者均是用于祭祀，应该是墓上建筑中的重要组成部分。值得注意的是，韦玄成的父亲韦贤曾在宣帝初继位时参与谋

---

① （汉）班固撰，（唐）颜师古注：《汉书》卷七十三《韦玄成传》，中华书局，1962年，第3115-3117页。

划，安宗庙，后为丞相，得封食邑。韦贤有四子，长子方山为高寝令。次子弘先为太常丞，职奉宗庙，典诸陵邑，后官至东海太守。次子舜，留鲁守坟墓。玄成曾迁太常，以列侯侍祀孝惠庙。从韦贤先人及其诸子的仕宦经历观察，韦氏一家诸多经历均与陵庙寝殿等礼仪官有关①。

汉代石祠堂后壁中央一般有一幅楼阁人物画像，这个画像一般位于画面的中间，二层楼阁，楼阁前两旁立有双阙，二层楼的楼上楼下有男女主人与拜谒、侍仆人物等，此图一般被称为"楼阁拜谒图"。信立祥先生认为此"楼阁拜谒图"纯粹是表现孝子贤孙在墓地祠堂祭祀祖先的墓祭图；而蒋英炬先生则认为，此"楼阁拜谒图"中的楼阁不是祠堂，因为目前发现与复原的祠堂均是单层没有双层楼阁式的，"楼阁拜谒图"中的拜谒仪式也与沂南画像石墓中画像所绘祠堂拜谒仪式不同。张力智通过与明堂建筑的文献记载与考古遗存比较，认为这些"楼阁拜谒图"中的楼阁可能是一种方形建筑，四角有阙，其中一种为二层建筑，一种为重檐建筑，重檐建筑的二层，也就是两层重檐之间的人物为"仙人"身份，并进一步认为此类建筑并不是信立祥先生所说的祠堂，而是仿照宗庙形式的汉代祠庙②。

张力智对孝堂山祠堂上的楼阁建筑复原颇有意思，他认为孝堂山石祠后壁三个建筑有不同的朝向，最左侧的建筑南向，中间的建筑东向，最右侧的建筑北向。同时，他注意到了每个建筑上下两层人数的差异：左侧建筑二层有7个正面人物，一层主人身前有3个拜谒人物，而中间建筑一层主人身前有5个人物在拜谒，右侧建筑一层主人身前有4个拜谒人物，另外还有一个较小的拜谒人物（不知是否是儿童）。中间建筑的二层有9个正面人物，右侧建筑的二层有8个正面人物。他认为，依据人物数量的多少，中间的建筑最为重要，其次是右侧的建筑，最次的是左侧的建筑，那么这三个建筑将呈现出类似三庙的组合，也就是祖庙、昭庙和穆庙③。

张衡曾作有《冢赋》，其文如下：

载舆载步，地势是观。降此平土，陟彼景山。一升一降，乃心是安……凿盘石，起峻垄，构大椁。高冈冠其南，平原承其北。列石限其坛，罗竹藩其域。系以修隧，洽以沟渎。曲折相连，逶迤相属。乃树灵木，灵木戎戎。繁霜峨峨，匪雕匪琢。周旋顾盼，亦各有行。乃相厥宇，乃立厥堂。直之以

① （汉）班固撰，（唐）颜师古注：《汉书》卷七十三《韦贤传》，中华书局，1962年，第3101-3132页。

② 张力智：《山东汉代画像石中"楼阁建筑"形制与功能的考证》，中山大学艺术史研究中心编：《艺术史研究（第11辑）》，中山大学出版社，2009年，第71-97页。

③ 张力智：《山东汉代画像石中"楼阁建筑"形制与功能的考证》，中山大学艺术史研究中心编：《艺术史研究（第11辑）》，中山大学出版社，2009年，第71-97页。

绳，正之以日。有觉其材，以构玄室。奕奕将将，崇栋广宇。在冬不凉，在夏不暑。祭祀是居，神明是处。修隧之际，亦有掖门。掖门之西，十一余半，下有直渠，上有平岸。舟车之道，交通旧馆。塞渊虑弘，存不忘亡。恢厥广坛，祭我兮子孙。宅兆既宁，降之以福，于以之平。如春之卉，如日之升。①

是赋完整地描述出坟冢从开始的堪舆风水，到最后修筑道路与旧馆相连，其间包括墓地、墓室等相关情况。墓地上有列石，有罗竹，用以限定墓域的范围；有墓道，有沟渎，墓上树有灵木；墓地上建有堂宇，用以祭祀；墓室很高大，用高大木材建造；墓道有掖门；墓域内还有直渠，有舟车之道，以交通旧馆。张衡《冢赋》比较完整地叙述了坟冢的建造及墓上墓下的情况。

通过前述对汉代墓葬中佛教因素遗存材料的梳理，上述墓上遗存是否有可能成为安置佛像的位置呢？汉代的一些考古发现，为我们对此问题的进一步思考提供了空间。

长宁七个洞崖墓群位于四川长宁县岷溪河与长宁河的交汇处，7座崖墓均为单室结构，没有墓道，墓室的平面基本为长方形，墓门门额及两侧均饰以浮雕图案，并有题刻文字②。M5墓门外画像最为丰富，墓外左侧崖壁画像自下而上依次为子母阙一，阙右站立戴山形冠者，手持便面。山形冠者右侧有一虎、一马，虎、马之间有一棵大树。山形冠者上侧为一轺车。墓门门额自左而右依次为五层高楼，楼顶站立一凤鸟。五层楼的右侧站立一大凤鸟，戴胜。大凤鸟的下方站立一戴尖顶帽者，双手各持一光芒四射的宝珠，尖顶帽顶也有一光芒四射的宝珠。大凤鸟及尖顶帽者的右侧为一乘马者及侍从，墓主戴冠，侍从戴山形冠，肩扛一物，或为兵器仪仗。乘马者的前方为一墓碑（罗二虎释读为二层尖顶建筑），碑上绘有图案，上绘凤鸟，下绘人头像（图1-25）。墓外右侧自上而下有多组图像，依次为战斗图像、青龙、百戏、出行等。这批崖墓有的墓门外题刻有“熹平”“天门”等纪年，推测时代为东汉晚期③。这批材料中的图像构成特别值得注意，笔者认为这大致反映出一个空间场景，这个空间场景由阙、门吏、动物雕塑、树、五层建筑、人物、凤鸟、尖首墓碑、娱乐、出行、战斗等空间要素组成（图1-26）。如果笔者认同M5尖首形状为墓碑，则碑上面画或许就是与墓主有关的画像，这一点我们可与近年公布的曹操墓中杞梁妻历史故事画像石比较，其中也有一墓冢，墓冢上有圆形的孔洞，其中有人头像前面摆有樽盘，人头像似乎为

① （汉）张衡著，张震泽校注：《张衡诗文集校注》，上海古籍出版社，2009年，第253页。

② 四川大学考古专业七八级实习队、长宁县文化馆：《四川长宁“七个洞”东汉纪年画像崖墓》，《考古与文物》1985年第5期，第43-55、34页。

③ 罗二虎：《长宁七个洞崖墓群汉画像研究》，《考古学报》2005年第3期，第279-306页。

图1-25　四川长宁七个洞M5门框及墓外画像

（采自《长宁七个洞崖墓群汉画像研究》图一五，第287页）

图1-26　甘肃成县出土鎏金棺饰

（采自《汉风：中国汉代文物展》第156页）

祭祀的对象[①]。我们这里只是强调在墓葬地面遗存中会存在或为墓主的画像，简言之就是墓葬地面遗存中可能存在人物画像。当然我们这一空间复原，也存在一些不好解释的地方，如墓葬题刻中均在阙旁刻“天门”，阙旁山形冠者有称为“大司”者，这都与墓主升仙有关，显然是天上场景的反映。而且尖首碑下侧所绘人头像，也为带山形冠，与门卒、侍吏等相似，是否表现的是墓主当有疑问。同时，尖首碑当至西晋时期才较为流行，当然此前也有使用。

此外，在一些鎏金铜棺饰上也有表现天门的图像组合，一般为两阙，两阙中间为圆璧或五铢钱，两阙外侧为青龙、白虎。圆璧之上有“天门”二字，当反映的是天门。圆璧之下有一羽人，亦有戴山形冠、手执刀盾者，当为天门门卒无疑。天门之上常饰有凤鸟，亦有人物画像，人物戴胜，当为西王母。这批材料的年代也大致在东汉晚期，主要分布在重庆三峡巫山等地区[②]，类似的材料在甘肃成县也有出土[③]（图1-27）。从这些材料来看，加之前述麻浩崖墓中佛像的出现，在墓葬遗存上出现“浮屠”是可能的。

汉代墓上是否有遗存与佛教有关，后世的《水经注校证》注引《续述征记》有一则文献值得注意，具体如下：

> 西去夏侯坞二十里，东一里，即襄乡浮图也。汳水迳其南，汉熹平中某君所立。死因葬之，其弟刻石树碑，以旌厥德。隧前有狮子、天鹿，累砖作百达柱八所，荒芜颓毁，凋落略尽矣。[④]

这里所说的襄乡浮图，为汉熹平年间某君所立，如果所载不误，这座襄乡浮图即是汉代的佛寺，估计也是以塔为中心的佛寺。尤其重要的是，熹平中立此佛寺的某君，其“死因葬之”，不知是葬在佛寺里，还是葬在佛寺附近，无论如何，如果其所葬都与此浮图有关的话，则这是比较早的墓葬与佛寺的关联材料，而且其隧前有狮子和天鹿等墓葬石刻。因此，也有学者认为，这是文献记载最早的墓地石狮，而且与佛寺共同

---

① 河南省文物考古研究院编著：《曹操高陵》，中国社会科学出版社，2016年，第235页，图一五四。

② 重庆巫山县文物管理所、中国社会科学院考古研究所三峡工作队：《重庆巫山县东汉鎏金铜牌饰的发现与研究》，《考古》1998年第12期，第77-86页。

③ 中国文物交流中心编著：《汉风：中国汉代文物展》之“鎏金铜棺饰”，科学出版社，2014年，第156页。

④ （北魏）郦道元著，陈桥驿校证：《水经注校证》卷二十三《汳水》，中华书局，2007年，第557页。

图1-27　四川长宁七个洞M5门框周边画像推测复原图
（改自《长宁七个洞崖墓群汉画像研究》图一五，第287页）

立于墓葬附近，石狮与佛教应有关[1]。

综上所述，显节陵上出现“浮屠”像是可能的。

① 李星明：《护法与镇墓：唐陵礼仪空间中的石狮》，复旦大学文史研究院编：《佛教史研究的方法与前景》，中华书局，2013年，第22页。

第二章　三国两晋时期的佛教因素遗存

第一节　南方吴晋墓葬中佛教因素遗存分析

南方地区吴晋墓葬中佛教因素遗存，与南方地区吴晋墓葬的发展相关联。孙吴墓葬中既保留有汉代的墓葬制度内容，同时也进行了一系列的创新，使孙吴墓葬制度出现了一些新的内容，如长方形单室墓成为新的较多使用的形制，随葬器物中的陶俑也在不断变化。西晋平吴，南方地区的西晋墓葬仍然保留着孙吴时期的一些墓葬文化因素[①]。反映在墓葬中的佛教因素遗存，吴和西晋墓葬中的佛教因素遗存也具有较稳定的一致性。

一、南方吴墓中佛教因素遗存的多样性

南方地区吴墓中佛教因素主要表现为佛像、佛塔等，分布地区主要集中在长江中下游地区的南京、武汉、浙南、长沙等。

武汉地区及其附近的孙吴墓葬一般规模较大。如武昌莲溪寺吴墓，该墓为长方形券顶砖室墓，有前后室，前室平面呈方形，后室为长方形。前室的西北角有一小砖台。出土陶器有镇墓兽、双系壶、双系小罐、甑、砚等，出土釉陶器有大罐、双系壶、钵、碓、仓、鸭舍、羊舍、鸡舍、陶盆、灶、怪兽、陶俑等，出土青瓷器有钵、双系壶、双系小壶、四系罐、甑、双系带盖小壶等，出土的铜器有勺、鎏金器物饰件、扣环，出土铅器有铅券，此外还出土了铁刀和青石板。出土的釉陶俑有4件，两个似戴尖顶帽，两个用巾束发，两眉之间有白毫相，裸身（？），双手似作禅定印，双腿跪坐。重要的4件陶俑均作一致的手势，似乎在进行某种仪式。该墓出土的鎏金人物饰件，呈杏叶形，上面有一立姿人像，脚踩在莲花上，头后似有头光（图2-1）。出土的铅券，上有文字“永安五年七月辛丑□十二日王子丹杨石城者……校尉彭卢年五十九居沙羡县界以……今岁吉良……”，纪年“永安五年”，简报推定“永安”为

---

① 吴桂兵：《两晋墓葬文化因素研究》，南京大学出版社，2017年，第184-195、216-226页。

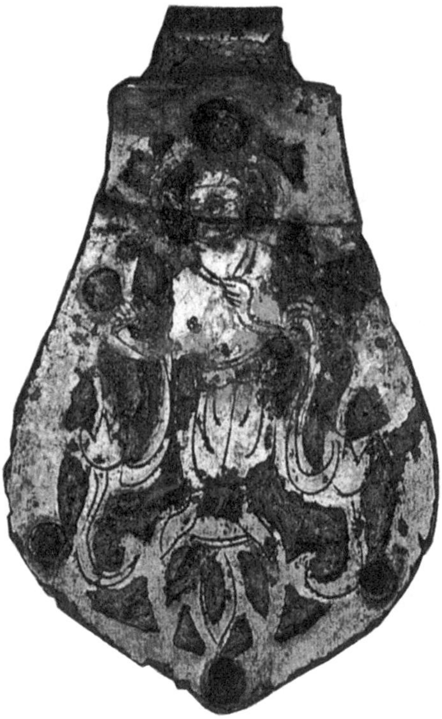

图2-1　武昌莲溪寺吴墓出土鎏金人物饰件（采自《世界美术大全集·东洋篇3·三国南北朝》图138，第159页）

吴景帝孙休的年号，永安五年即262年[①]。

江夏流芳东吴墓，该墓为多室砖墓，由甬道、甬道左右耳室、前室、前室左右侧室、后室等部分组成。左耳室出土器物有青瓷俑、青瓷鸭舍、角楼、仓顶、羊舍、勺、烛台、狗等；右耳室有青瓷扫帚、牛、俑等。甬道内有青瓷俑、盖、车轴、马、多子盒残片、车轮、烛台、三足盘、倒立俑、鸡舍等。前室呈正方形，前室右角出土的器物有青瓷院落、青瓷俑、青瓷牛、盒、车厢等；前室左右侧室发现漆皮和棺钉，后室发现彩绘漆皮和金饰片，后室的后壁有一龛。该墓共出28件青瓷俑，1件踏碓俑、1件杵臼俑、1件倒立俑、骑马俑1件、持剑刀武士俑4件、持箕俑1件、持物立俑1件、砍柴俑1件、持物女立俑1件、女侍俑1件、女舞俑2件、跪拜女俑4件、女侍立俑1件、持帚立俑1件、吹奏俑1件、武士俑3件、女立俑1件、男立俑1件、马俑1件。其中，持物女立俑有白毫，女侍俑有白毫，4件跪拜女俑有白毫相，两件女舞俑也有白毫相，女侍立俑有白毫相。3件武士俑均戴尖顶帽，笔者认为应该是3件胡人舞俑，姿势一致，双手摆动。两件男女立俑，女俑头部残，男俑可见白毫，推测女立俑也应该有白毫[②]（图2-2）。江夏流芳墓出土青瓷俑比较丰富，不少眉间有白毫，有的呈跪拜姿势，似乎在进行某种仪式，胡人舞蹈俑也是非常具有特征的一组器物，总之这些白毫相俑身份、姿势均比较具有意义，可惜的是简报仅仅交代了在甬道左右耳室和甬道里有青瓷俑，没有交代随葬器物的具体空间位置和组合，为进一步深入分析和与其他材料的比较，造成了一定的困难。

武汉黄陂滠口吴墓，多室砖墓，平面由券门、甬道、前室、东西侧室及后室组成。前室平面为正方形，西南角有一砖榻，上面放置了青瓷鸡、狗、熏、盘、鐎斗、帐架座等，散落在砖榻周围还有青瓷碗、钵、多子盒、板、盘等。出土器物较多，有青瓷院落，院落平面呈长方形，由围墙、前后门楼、四角角楼、左右厢房和后室组

① 湖北省文物管理委员会：《武昌莲溪寺东吴墓清理简报》，《考古》1959年第4期，第189-190页，图版伍-图版柒。

② 武汉市博物馆、江夏区文物管理所：《江夏流芳东吴墓清理发掘报告》，《江汉考古》1998年第3期，第59-66页。

图2-2　江夏流芳吴墓出土“白毫”陶俑
（采自《江夏流芳东吴墓清理发掘报告》图10，第65页）

成。持盾武士俑7件，1件屈蹲戴尖顶帽，其余6件为站立状，戴尖顶帽、眉间有白毫。持刀武士俑1件，戴后沿上卷的尖顶帽，眉间有白毫。骑俑1件、持物立俑1件、操作俑2件、徒手立俑1件、持物坐俑1件、女俑3件，这些俑眉间均有白毫。此外还有牛车、镇墓兽、穿山甲等。简报推断该墓年代为吴末晋初[①]。

《鄂城六朝墓》考古报告中集中呈现了一批材料（图2-3）。如鄂城六朝墓M2081（孙将军墓），该墓为前后室墓，前室横前堂，左右两侧各有一个耳室，后室呈长方形，前后室之间有过道。该墓出土器物有青瓷院落1件、青瓷房屋5件，其他还有青瓷质地的坛、罐、盘、灯、多子槅、勺、案、仓、灶、碓、熏、耳杯、磨、臼、禽舍、牛、马、狗、俑等。该墓出土青瓷香熏2件，下带承盘，熏盖作半球形，鸟形盖纽，熏身下部与承盘口沿之间贴塑模印的坐佛像三尊，佛像顶有肉髻，着披肩外衣，跏趺坐。报告推测该墓为吴晋之际墓[②]。

鄂城六朝墓M1021，形制情况不明，出土了一件青瓷唾壶，唾壶腹部上方拍印网格纹装饰带一周，下面等距离地配置有模印的铺首、朱雀、坐佛像及神人骑兽图像。佛像有头光，肉髻，胸前弧形衣纹明显，下面似乎有莲花座，莲花座上似乎有两兽首

① 武汉市博物馆：《武汉黄陂滠口古墓清理简报》，《文物》1991年第6期，第48-54、96页，图版伍。

② 鄂城县博物馆：《鄂城东吴孙将军墓》，《考古》1978年第3期，第164-167、163页；南京大学历史系考古专业、湖北省文物考古研究所、鄂州市博物馆编著：《鄂城六朝墓》，科学出版社，2007年。

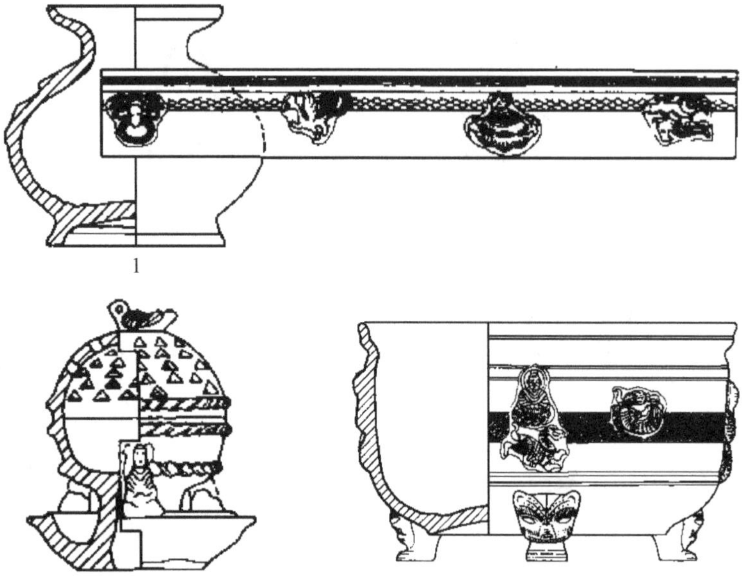

1

2 3

图2-3 鄂城六朝早期墓出土青瓷器

1. 唾壶（M1021：4） 2. 香熏（M2081：2） 3. 樽（M2017：10）

（分别采自《鄂城六朝墓》第174页图137：4、第207页图154：5、第191页图146：9）

座。报告推测该墓为西晋前期。鄂城六朝墓M2017①，凸字形带甬道单室砖墓，出土器物有青瓷盘口壶、青瓷酒樽、青瓷水盂、铜酒樽、铜熨斗、铜镜等，其中的青瓷酒樽，三蹄形兽首足，腹壁较直，外部中部装饰一周菱格回纹，在装饰带上等距离地贴塑有模印的佛像和蟠龙像各四尊，佛像有头光，肉髻，通肩衣，“U”形衣褶，跏趺坐。佛像下又有一辟邪状神兽贴塑。报告推测该墓为西晋前期墓②。

特别值得一提的是鄂州塘角头M4，前后砖室墓，前室为横长方形，后室为长方形，前室前面有甬道，前后室之间有过道。前室器物主要分布在左右两侧近侧壁处，其右侧器物有瓷碗、釉陶畜圈、釉陶俑、釉陶穿山甲、瓷唾壶、釉陶仓、釉陶井、釉陶灶、陶俑。前室左侧出土的器物有釉陶羊、釉陶独角兽、釉陶鸡、釉陶鸭、釉陶穿山甲、釉陶狗、青瓷盘口壶等。后室出土的有金指环、铁棺钉等。在前室和后室之间的过道近前侧，几乎是正中的位置出土了一件釉陶佛像和两件釉陶佛像侍俑。佛像（M4：3）施酱褐色釉，顶似有肉髻，面短而圆，身着通肩衣，胸前衣褶呈“U”形，外披有衣物，两手交叠于腹部，趺坐状，高20.6厘米。两件佛像侍俑，与佛像同时出土

① 南京大学历史系考古专业、湖北省文物考古研究所、鄂州市博物馆编著：《鄂城六朝墓》，科学出版社，2007年，第191-192页。

② 南京大学历史系考古专业、湖北省文物考古研究所、鄂州市博物馆编著：《鄂城六朝墓》，科学出版社，2007年，第173-174页。

于前后室间过道，其中一件头戴尖顶小帽，帽前正中有一圆形饰物，双手伸于腹前，似乎在做一定的动作，或者双手抱物于胸腹前；另一件佛像侍俑头戴巾，身着束腰长裙，姿势与前一件同。两件侍俑面部特征似具有胡人状。该墓前室右侧还出土了两件俑，均头戴尖顶帽，尖顶帽朝前倾，手势动作较模糊，似乎在从事某种特定的活动，与一般的劳作俑、乐舞俑不同，而且面部特征也似有胡人状（图2-4）。简报推测该墓为吴墓[①]。

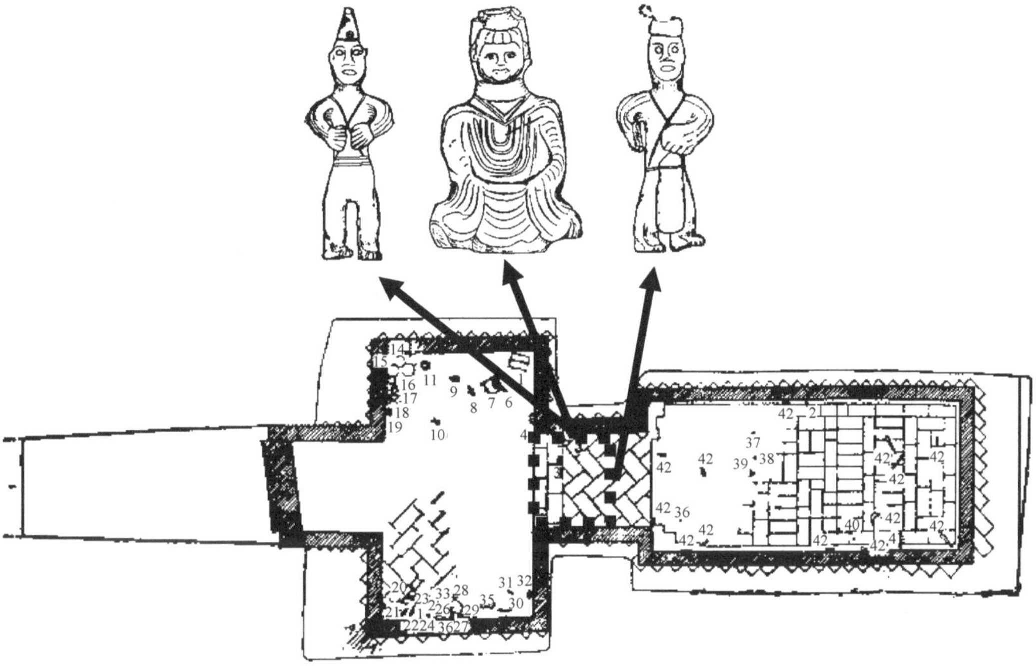

图2-4　鄂州塘角头M4出土佛像组合及位置

（采自《湖北鄂州市塘角头六朝墓》图六、图一六，第5、16页。其中佛像两侧组合的釉陶侍俑由于简报未提供图片，以该墓出土其他侍俑线图示意指代）

杨泓先生认为，塘角头M4出土的这尊佛像是迄今孙吴至西晋墓葬中出土的没有贴附于其他器物的独立的佛教造像，这尊像又有意识地放置在通往后室的甬道中，佛像的两侧还放置有胁侍，更显出佛像的主尊地位。杨先生认为，这已经形成了一铺三尊像格局的雏形，这尊佛像含有礼拜像的含义，表现死者生前或家族对佛像的尊崇[②]。

鄂城六朝墓中的铜镜佛教因素，主要表现为铜镜纹饰上饰有飞天、佛像等。鄂城六朝墓中出土的夔凤纹镜，主区为柿蒂八凤，外环为内向连弧，与佛教因素有关的题

① 湖北省文物考古研究所、鄂州市博物馆：《湖北鄂州市塘角头六朝墓》，《考古》1996年第11期，第1-27页，图版壹-图版肆。

② 杨泓：《跋鄂州孙吴墓出土陶佛像》，《考古》1996年第11期，第28-30页。

材就装饰在四叶和周缘连弧中。如M4009：1，四叶分饰龙、虎、鹿、马，马背上骑一小兽，报告说是“鼠形小兽”，四叶外为四组对凤衔节纹。镜背外环为十六内向连弧，装饰有飞禽瑞兽和两尊羽袖横飞的伎乐飞天。M4009为鄂城六朝墓中的Ⅵ型墓，也就是刀形墓，墓室为长方形，甬道偏于一侧。墓室长3.52、宽0.65米，应该是单人葬。该墓出土器物较少，除了这一件装饰有飞天的铜镜外，还有一件青瓷虎子，报告推测该墓为孙吴后期墓葬①。又如鄂城六朝墓M4037，为鄂城五里墩墓，其他情况不明。出土佛像镜1件。铜镜为线式四出四叶座形同柿蒂，叶呈桃形，内均饰佛像，其中一尊佛左向侧坐于莲花之上，右面有胁侍单手持宝盖站立，前有女性跪地做礼佛状；其他三尊佛像均正面端坐于桃形叶中，上有桃尖，应该象征佛龛，有头光，有肉髻，跏趺坐于莲台之上，佛两侧有两兽首，或为龙虎座。四叶外为对凤衔节纹，外环装饰十六连弧，弧线内各饰一飞禽瑞兽（图2-5）。报告推测该墓也是孙吴后期的墓葬②。

1　　2

图2-5　鄂城吴墓出土佛像铜镜

1. M4009：1　2. M4037：1

（采自《鄂城六朝墓》图198、图199：2，第276、277页）

与长江中游地区位置比较接近的襄樊地区，出土的三国时期材料引起了学界较大的关注，这就是湖北襄樊菜越三国墓。该墓材料最先在《文物》上刊布③，后来《考

① 南京大学历史系考古专业、湖北省文物考古研究所、鄂州市博物馆编著：《鄂城六朝墓》，科学出版社，2007年，第275-276、383、437页。

② 南京大学历史系考古专业、湖北省文物考古研究所、鄂州市博物馆编著：《鄂城六朝墓》，科学出版社，2007年，第275-277页。

③ 襄樊市文物考古研究所：《湖北襄樊樊城菜越三国墓发掘简报》，《文物》2010年第9期，第4-20页。

古学报》上也发表了更全面的报告①，同时，还有更清晰的图版出版②，也有了相关的研究。可以说，这是三国时期墓葬佛教因素研究的重要材料。该墓位于襄樊市樊城区建设路与长虹路交叉口之东南，属于樊城区菜越村委会，编号为樊城菜越M1，隔汉水与襄阳古城相望。墓为土坑竖穴砖室墓，方向175°，由斜坡墓道、墓坑和砖室组成。斜坡墓道有二次开挖的痕迹，第二次使用时打破原墓道西壁的底部，第二次开挖的深度比第一次开挖的墓道略浅，第一次墓道比第二次开挖的墓道深0.1米，墓道内填杂有碎砖、瓦、陶瓷器残片，以及铜管、漆耳杯、铜钉等。值得注意的是，在第一次开挖的墓道底部，距封门墙5.4米的地方有一片黑色灰烬遗迹，报告推测是第一次下葬时留下的祭祀遗迹。第二次封门墙下及外侧还残留有第一次封门墙的底砖。此外，报告还注意到了东棺棺床与东过道上层地砖相连，而且，铺砌的方法也相同，并且位于同一平面上，因此，这些遗迹应该是一次性完成的，值得注意的是，在上述一次性遗迹的下面叠压着第一次下葬的铁条和玻璃珠，因此可以确定，东棺是第二次下葬的，西棺是第一次下葬的。如果结合报告对男女墓主人的推测，则该墓女性墓主下葬晚于男性墓主。

该墓为砖室墓，由封门墙、石门、甬道、前室、过道及后室组成（图2-6）。甬道双层券顶，甬道口有两扇石门，向外开合，正面浮雕锯齿纹和菱形穿壁图案。前室平面呈长方形，四隅券进式积顶，长4.58、宽4.2米，前室东西过道之间壁面上涂有朱砂，前后室之间有东、西过道。后室平面呈梯形，四隅券进式积顶。报告推测该墓原有较高大的封土堆，根据墓道内填土中有筒瓦、板瓦碎块的情况，推测墓葬旁边原应

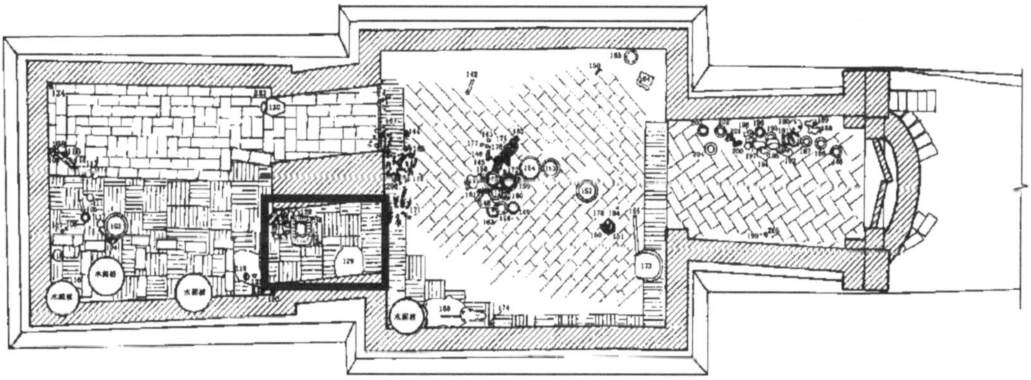

陶楼安放空间

图2-6　菜越三国墓平面图

（采自《湖北襄樊樊城菜越三国墓发掘报告》图二，第392、393页）

① 襄樊市文物考古研究所：《湖北襄樊樊城菜越三国墓发掘报告》，《考古学报》2013年第3期，第391-430页，后附彩色图版壹-图版拾肆。本书菜越三国墓描述文字均采自该报告。

② 襄阳市博物馆、襄阳市文物考古研究所编：《三国遗韵：襄阳樊城大型三国墓出土文物》，科学出版社，2016年。

有附属建筑。后室淤土中发现木棺两具，木棺已朽，残存漆皮，东棺外壁先髹红漆，再髹黑漆，内壁贴布并刮有白色泥子，长度达到2.34米。前挡和后挡正中各有一圆形鎏金铜饰，正面鎏金，直径达到13.6厘米。东棺内人骨残存头骨盖及牙齿，根据金手镯的位置，可知双手交叉置于腹部。西棺外壁髹红漆，棺内人骨保存完整，仰身直肢葬。

该墓甬道内出土器物共21件，铜环、铁带扣靠近西壁，余均靠东壁摆放。前室出土器物55件，淤积土中出土12件、铺地砖上出土43件，琉璃串珠和祭祀用的鱼、鸡、鸭、猪骨靠近前室北端。前后室间东过道出土瓷罐1件，西过道出土陶楼和漆器，陶楼出土时坍塌，楼顶宝刹底座发现于后室的西南角。后室器物主要出土在淤土和东棺、西棺中，后室的东壁上还钉有铁钩2件，后室北壁的东部还有铜帽锈贴在墙上。

前后室之间西过道出土的陶楼编号为M1：128，整体由院墙、门楼和楼阁组成，施黄褐色釉。院墙的平面呈长方形，进深31、宽33厘米，左右两侧及后墙墙顶均为双坡式檐瓦。院前墙有门楼，双面坡屋顶，前坡下有两根八边形廊柱上承屋顶，两柱下有熊形柱础，中部为门，门扉两扇，每扇门扉上堆塑两羽人及一衔环铺首，大门的右侧有一小门，单扇，门扉上也堆塑有一羽人。门楼大门左侧的墙上有一上为圆形、下为三角形的孔，大门右侧有一井字形花窗，窗下有一熊。院墙内的楼阁为两层，底层楼阁前开大门，左右侧墙壁上各有一长方形窗，楼阁腰檐为五脊四柱式，正脊和垂脊末端有菩提树叶纹鸱尾，檐上有四熊托起平坐，平坐四周有勾栏，平坐上承第二层楼阁，四壁装有窗棂，五脊四柱式屋顶，脊端同样装饰有菩提树叶纹鸱尾，顶部正中宝刹矗立，七重相轮，下部为半球形，雕镂出子母熊斗虎塑像，重层相轮呈覆斗状，顶立一月牙形兽。该楼阁屋顶雕塑瓦垄，瓦垄末端饰云纹瓦当。陶楼整体高度为104厘米（图2-7）。

该墓出土的一件铜盘（M1：37）外底刻有“永初二年八月八日张氏作三涑用”铭文，M1：149的铜盘外底也刻有“永初二年八月八日张氏作三涑用”，M1：156的外底刻有“董府敬”三字铭文，出土时盘内盛有鸡骨。出土的铜锁一面有隶书铭文“严氏作”。报告推测，该墓的年代为三国早期。墓主为夫妇合葬墓，西棺内为男性墓主，东棺内为女性墓主，报告推测墓主应为较列侯一级略低的将军夫妇合葬墓。报告也提到，有关学者根据陶楼门上装饰的5个小羽人、一级楼阁顶七重轮盘，初步认定该陶楼是我国最早的佛寺——“浮屠祠”的模型，小羽人是佛教传入汉地后的供养童子造像。

对于菜越三国墓中出土的陶楼，罗世平等进行了认真的观察和绘图，罗世平和孙丹婕所绘陶楼正面图门楼大门旁侧小门门扉上所绘羽人，与大门两扇门所绘相同，而《考古学报》报告上，大门门扉羽人与旁侧小门门扉羽人线图明显不同。从《三国遗韵：襄阳樊城大型三国墓出土文物》图版上观察，大小门上羽人形象应该是一致的。罗世平进一步将门扉羽人描述为“双手合十站立，肩生双翼的人物”，其认为菜越三

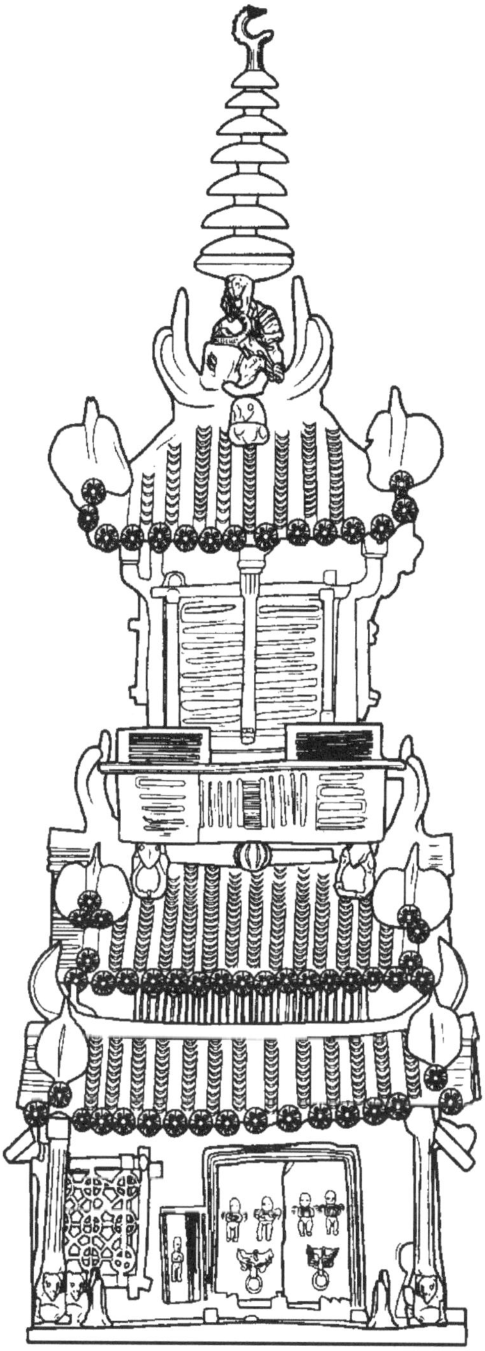

图2-7　菜越三国墓出土陶楼

（采自《湖北襄樊樊城菜越三国墓发掘报告》图九，第400页）

国墓出土陶楼与汉代一般陶楼又有几点显著不同，进而认为菜越三国墓陶楼与佛教有关，门扉上的双手合十、肩生双翼的人物，与新疆米兰佛寺塔院有翼童子壁画、西安十里铺有翼童子像、印度巴尔胡特佛塔栏楯的有翼天人浮雕类似，进一步验证了陶楼的佛教性质，拟形于“浮图祠”。罗世平文中最后提到了东晋南朝墓中的塔形砖柱，认为襄阳陶楼置于墓中，可以看作东晋南朝墓中置塔形砖柱的来源①。

长江下游地区的吴墓规模均不大，出土的佛教因素遗存主要与魂瓶有关，也有一些白毫相俑、青瓷器具等。典型材料如马鞍山佳山东吴墓出土的白毫相俑，佳山东吴墓为单室砖墓，墓葬平面呈凸字形。该墓出土2件白毫俑。该墓虽然被盗，但器物空间位置清楚，是非常难得的材料。墓室甬道与墓室相接的甬道口摆放有青瓷质地的镇墓兽、碗，墓室前部正中摆放有4件方形多子槅，多子槅的附近有盒、香熏、碗等，墓室的右前方近墓壁处摆放有青瓷质地的谷仓、磨、碓，铜钱等，左前方近墓壁处摆放有鸡笼、鸭笼、鹅笼、灶、牛车、甑、铜钱等。就在4件方形多子槅的前面略偏左侧的位置，前后摆放了2件青瓷俑，均呈跪坐姿态，双手合于胸前，两眉间均有白毫，其中一件头戴尖帽，一件头上扎巾。该墓出土的这两件白毫俑，有自己独立的位置，位于墓室前部（墓室前部属于墓内祭祀的主要空间），没有与其他随葬器物混合在一起；同时，其姿势也保持一定的仪式性，不同于各式劳作俑、歌舞俑等。墓室的中间位置有青瓷唾壶、盘口壶、双系釉陶罐，墓室近后壁处放置有青瓷盘口壶、四系釉陶罐、谷仓、羊圈、双系釉陶罐、穿山甲、厕圈等。简报将该墓年代推定在东吴时期②。

邓府山M1，带甬道单室砖墓，墓室呈长方形，墓室右前侧有耳室一个，券顶。出土青瓷器有虎子1件、罐1件、蛙形水盂1件，出土陶器有灶、盆、鸡舍、杵臼、罐、猪圈等，另外还有魂瓶1件，泥质红陶，有釉。魂瓶的腹部有六个孔，前后还有蛇形装饰，魂瓶的肩部有平台，上面塑有九个小动物，魂瓶的口部呈直筒状，四隅有兽面人身的动物盯着四个小罐。正面有门，门后为双层楼阁，门外左右两侧有阙，双阙之间放着一具棺材，棺的前侧有两孝子相对跪拜。楼阁的左侧有一弹琵琶的乐师，楼阁的右侧有吹笛的乐师，楼阁为庑殿殿，顶上有展翅的小鸟。报告推断该墓时代为六朝初，应该是孙吴的墓葬③（图2-8，1）。邓府山丧葬场景魂瓶中，其实并没有明确与佛教因素相关的遗存，但是出现了以棺为中心的场景组合，清晰地反映出魂瓶上层堆塑题材的内容，这为其他具有佛像、胡人的魂瓶的性质探讨提供了参照材料。

---

① 罗世平：《仙人好楼居：襄阳新出相轮陶楼与中国浮图祠类证》，《故宫博物院院刊》2012年第4期，第10-26页。

② 安徽省文物考古研究所：《安徽马鞍山市佳山东吴墓清理简报》，《考古》1986年第5期，第404-408、393页，图版壹-图版贰。

③ 南京博物院：《南京附近考古报告》Ⅱ《邓府山古残墓清理记》，上海出版社公司，1952年，第1-10页，图版壹-图版拾。

南京锅厂也出土了“丧葬场景”魂瓶，魂瓶主体由上下两部分组成，上部为一束颈圆肩侈口罐，小罐的肩部附加堆饰四个小罐，中间大罐和四个小罐的口沿均有飞鸟翔集；下部为一大罐罐身，肩部是题材集中之处，塑有人像21个，整个场景以一棺木为中心，棺木上面有圆弧形盖，棺的挡部似乎有纹饰；其中四人跪在棺木前，头缠孝巾，有的俯首跪地，有的直身呼号，悲戚异常，在棺的前侧有一乐队，其中可见鼓瑟、鸣竽、吹笙、敲鼓的众多乐人，似在进行丧葬仪式。大罐的肩部，丧葬场景的下方贴塑了狗、羊、兔、鸡等动物；大罐的鼓腹部原也应贴塑有一些水生动物等，现大多脱落。魂瓶多施褐釉，脱釉严重，大罐下腹部未施釉，有挂釉现象①。图录将其年代定在三国吴时期，认为是一件表现“孝子送葬”场景的魂瓶，笔者将其定名为“丧葬场景”，相差不大（图2-8，2）。该丧葬场景魂瓶材料在《六朝风采》图录中有更清晰的图，而且有不同角度。但是，《六朝风采》中图录文字说该件“孝子送葬”魂瓶为征集②。

南京甘家巷高场一号墓，长方形单室券顶墓，在墓室三分之一处有短墙，把墓室分为前后两部分。出土的魂瓶即位于前后部分之间，应该是接近墓主头部的位置，

1　　2

图2-8　南京孙吴“丧葬场景”魂瓶

1. 邓府山M1出土　2. 南京锅厂魂瓶

（1. 采自《佛教初传南方之路文物图录》图72；2. 采自《六朝风采》图209，第253页）

① 南京市文化局、南京市文物局主编：《南京文物精华（器物编）》，上海人民美术出版社，2000年，第79页。

② 南京市博物馆：《六朝风采》图209，文物出版社，2004年，第252-253页。

在魂瓶的附近还出土了一些小铁刀、银戒指、银环等，应该与头部附近的随葬器物有关。其他青瓷生活器具、模型明器等出土在墓室的前部。魂瓶分为三层，最上面为陶屋，方形，四面辟门，门内各置一坐佛，围绕在四门建筑四周又有佛像七尊。中层也有佛像，下层有佛像、铺首、鱼等贴塑。瓶上所有佛像均趺坐、合掌，头上有髻。简报将该墓年代定为东吴时期①。

江苏金坛方麓吴永安三年墓出土了一件孝子魂瓶，这也是非常难得的反映丧葬场景的资料。该墓为前后双室砖墓，平面呈“吕”字形，甬道为券顶，前室平面近方形，四壁外弧略呈弧形，墓室东西长1.45～1.55、南北宽1.42～1.6米，墓室结顶为四隅券进式，后室平面略呈腰鼓形，长3、宽1.3～1.54米，墓顶为四面结顶成穹隆顶，墓砖在侧面模印纪年铭文：“永安三年丹杨邗封葬此大吉未英（央）”“永安三年丹杨”“永安三年丹杨邗封匕大吉未英（央）”“丹杨永安三年大吉未英（央）”“永安三年匕大吉未英（央）”“丹杨邗封”等。墓室中未发现葬具及人骨，后室可见一些漆皮及铁钉。尽管墓葬早年被盗，但是墓室内仍然出土了不少器物，主要是青瓷器、陶器等，而且器物的摆放位置应该扰动不是太大。摆放在墓葬甬道内的器物有青瓷灯盏、碗等，摆放在前室南侧前角的器物有陶骑马俑及马驹俑、陶牛车，摆放在前室南侧后角近壁处的是青瓷唾壶，摆放在前后室之间过道的是青瓷虎子和陶篷船，后室前端南侧摆放有陶灶、陶仓、陶提梁熏炉、铜钱，后室前端北侧摆放有铜钱，后室前端中间有青瓷双系罐、青瓷水盂，后室中间北侧放置有铁刀、铜镜、铜钱、黛砚，后室后端北侧放置有陶堆塑人物鸟兽五联罐、陶罍、陶猪圈、陶五联罐盖、铜钱，后室后端南侧放置有青瓷双复系盘口壶、陶双系罐、陶井、铜钱。器物摆放上，铜钱的摆放具有一定的特色及规律，在后室的五个位置放置，即后室的中间及四角。

该墓出土的陶五联罐通高40厘米，以一大罐为中心，大罐的口上安置一小罐，中心小罐四周又置四个更小的罐。五联罐上部堆塑有做祭拜状的孝子俑、奏乐俑及头生双角的镇墓俑，此外还有羊、狗、松鼠、龟、凤凰、蜥蜴、飞鸟等，简报认为具有浓厚的丧礼色彩。大罐半施褐釉，下腹露深灰胎。后室后部还出土了一件凤凰陶塑，简报推测是五联罐盖子上的。与五联罐一起在后室西北角的器物还有陶罍、陶猪圈、铜钱等，但是五联罐的位置还是稍靠前，推测与铁刀位置所在的葬具较近，或许原来应放置在墓主棺的足挡。该墓墓砖有纪年铭文“永安三年”，即260年，墓主或许就是墓砖铭文上的“丹杨邗封”②。

与上述魂瓶类器物不同的是，南京雨花台长岗村孙吴晚期墓葬中出土的釉下彩盘

---

① 金琦：《南京甘家巷和童家山六朝墓》，《考古》1963年第6期，第303-307、318页，图版叁。

② 常州市博物馆、金坛县文管会：《江苏金坛县方麓东吴墓》，《文物》1989年第8期，第69-78、96页。

口壶，其上腹贴塑有两尊佛像，也属于墓葬中的佛教因素遗存。尤其重要的是，与此类器物类似的釉下彩器物在遗址中也有发现，这就为我们从生活的角度分析此类因素带来了很好的契机。该釉下彩盘口壶最早是由易家胜先生刊布的①，后来也刊布了所在墓葬的简报②，材料相对完整。釉下彩盘口壶所在的墓葬为长岗村五号墓，形制为长方形单室券顶砖墓，长方形单室一侧带耳室，墓内出土随葬器物较多，特别是出土了18件铜器，为南京地区六朝墓葬出土铜器之冠。随葬品除青瓷釉下彩盘口壶出土于墓内积土中外，其余的均出自墓室底部，瓷器出土于墓室前部，陶器放在耳室内，铜器主要分布在墓室后部东侧，也有的出土在耳室内。青瓷釉下彩盘口壶带盖，胎色白中微黑，黑彩绘出纹饰，肩部贴塑有四个铺首、两尊佛像和两个双首鸟形系，盖面装饰仙草纹，壶颈装饰兽纹，腹部绘有上下两排持节羽人，整个壶高32.1厘米（图2-9）。易家胜刚开始单独介绍盘口壶时，认为上面的彩绘纹饰和贴塑表现的是道家思想，仙人持节排云而立，无疑是神仙思想的反映，他们竭诚恭候的应该是墓主人的灵魂，与汉代墓葬中常见的“墓主升天图”不同，其渗入了更多的佛教内容，变成“魂神升天，来世成仙”。十多年后的简报特别注意到贴塑中的佛像和莲瓣等图案，但仍然强调其主体是关于灵魂升天的道教文化内容。

幸运的是，后来南京市博物馆先后在南京市三个地点发现了一批釉下彩瓷器及残片，在皇册家园地点发现了釉下彩双领罐等早期青瓷器及铁镞、铁甲片等遗物，在大行宫两处建设工地也发现了一批。其中经介绍的有釉下彩带盖双领罐1件、盘口壶1件、洗2件、盏2件、器盖4件等。双领罐上有十字纹、瑞兽纹、芝草纹、云气纹、珍禽

图2-9　长岗村五号墓盘口壶颈、腹部纹饰及贴塑摹本
（采自《南京出土的六朝早期青瓷釉下彩盘口壶》图三，第74页）

① 易家胜：《南京出土的六朝早期青瓷釉下彩盘口壶》，《文物》1988年第6期，第72-75页。
② 南京市博物馆：《南京长岗村五号墓发掘简报》，《文物》2002年第7期，第4-10页。

纹等；盘口壶上有贴塑的佛像、双首连体鸟、卷草纹、瑞兽纹、莲瓣纹、珍禽等，佛像结跏趺坐于双狮莲座之上。盏、洗等器物上面也彩绘有缠枝仙草、卷云纹、联珠纹等。这批材料时代主要为孙吴后期，少量可能沿用到西晋①。王志高认为皇册家园的釉下彩双领罐出土于古秦淮河南岸的淤积层第7B层中，第7层中还出土了铁镞、铁甲片等遗物，也出土了不少木简，其中第7B层的木简可见纪年有“赤乌元年”“赤乌十三年”“永安四年”三种孙吴年号，第7A层出土的木简上有“建兴三年”的西晋年号。大行宫两处建设工地，发现了六朝时期的城、壕、路、桥、井等建筑遗迹，说明这里是六朝建康都城的核心地区，大量的釉下彩瓷器发现于孙吴后期至西晋的路沟、水池等遗迹中，也有的出土于东晋时期的地层和灰坑。编号为T601H738的是颇为考究的砖砌水池，编号为T612H706的为一条南北向道路东侧的砖砌路沟。大行宫釉下彩盘口壶就出土于T612H706，伴出的有釉下彩洗、釉下彩盏、釉下彩器盖、钱纹罐、人面纹瓦当等。因此，王志高据出土器物所在遗迹及地层中的情况，以及出土地点，推测釉下彩瓷器可能主要是为都城建业孙吴宫廷特别烧造的高级日用瓷器，使用者身份高贵。

那么问题就来了，如果是日用瓷器，就应该与墓主灵魂升天没有关系了，很难以想象日常使用的一件器物，上面的纹饰反映的是死者灵魂升天的内容。其实，王志高在得出日常日用瓷器的结论时，还基于其新发现的这些釉下彩瓷器的纹饰，认为这些都属于“祥瑞”，祥瑞纹饰用于日用瓷器，也就不觉得不合适。当然，王志高没有忘记此前发掘的长岗村五号墓中的釉下彩青瓷罐，他也注意到了墓内出土的釉下彩罐上面的成排的持节羽人，在新发现的双领罐、盘口壶等上面没有发现，王志高进一步解释说持节羽人也是“祥瑞”，如此，均为祥瑞，墓中、遗址中出土的釉下彩瓷器均为日用瓷器，所以也就不赞成此前所说的道教反映。因为这涉及长岗村五号墓出土的青瓷釉下彩罐佛像的使用问题，巧的是道路侧砖砌路沟中出土的盘口壶上也有佛像，与釉下彩罐佛像极为相似。我们认为，不能忽视釉下彩罐持节羽人等纹饰与遗址中出土釉下彩器物纹饰的区别，而持节羽人在汉晋墓葬中出土器物上多有表现；其二需要思考的是出土佛像盘口壶的地层堆积问题。皇册家园河岸堆积中出土的双领罐等我们可以暂不考虑，因为其上没有与墓葬中相似的贴塑佛像，而且湖岸堆积这一特殊的地层堆积，要具体分析就需要详细的考古报告。其实，就釉下彩盘口壶所在建康都城核心区一条南北向道路东侧的砖砌路沟而言，我们也需要详细的考古报告，单就王志高文中交代的与其伴出的有钱纹罐、人面纹瓦当、洗、器盖等，这处堆积应该是废弃堆积，与砖砌路沟本身可能关系不大，不知道旁边的建筑情况如何，出土这些釉下彩器物的遗迹组合、空间分布如何。其实，同一种质地制法，可以制作出不同的产品，其

① 王志高：《南京发现的孙吴釉下彩绘瓷器及其相关问题》，王志高：《六朝建康城发掘与研究》，江苏人民出版社，2015年，第123-136页，原载《文物》2005年第5期。

用途也应该是多样的，既可以用于制作日常生活器物，也可以用于制作随葬品等特殊用途的器物，没有必要因为发现了遗址中的器物，就理解成日用，其实就地层堆积而言，遗址中出土的器物，也不能说明其就一定不会用于墓中随葬，需要具体分析。如果再进一步因为发现于遗址中推测为日用，进而否认墓葬中随葬器物的可能使用功能，就失之颇远了。

所以，笔者暂时还是认为釉下彩盘口壶应该是一件随葬用品。如果我们把上面的图像展开，似乎就呈现一个不断上升的场景，从最下排持节羽人开始，他们似乎站立在山上、云气上，然后到第二排持节羽人，但是持节羽人并不是朝一个方向行走，然后是兽面铺首、佛像及双首鸟，再上面是罐颈部的兽纹，也呈现出向上攀爬的姿态，再上就是盖面向中心飞翔的鸟纹等，最后就是盖顶的大鸟雕塑，升仙或升天意图明显，从中我们也可以观察到佛像在这个上升过程中的位置经营及意义。马鞍山朱然墓漆器上也有持节羽人在行进，可资参考。巫鸿先生曾经从空间的角度，分析了山东嘉祥武氏祠石刻，描绘的是人死后灵魂的旅行，表现出空间及空间的穿越图像学意义[①]，这更加加深了笔者的认识。

浙江地区孙吴时期墓葬中也出土有装饰佛像的器物，如浙江嵊县（现嵊州市）大塘岭孙吴墓中出土的青瓷佛像樽，该材料出土于M95，该墓为前后室砖墓，前室为横长方形，后室呈长方形。墓砖中出土有纪年铭文“永安六年作此冢”“永安六年师朱武所可安冢”等。出土器物的位置不详，我们可以从简报的器物描述找出属于该墓的出土器物，大致有青瓷质地的灶、碟、鐎斗、碗、猪圈、三足樽。三足樽器身贴有三只铺兽，其间盘坐三尊佛像[②]（图2-10）。浙江衢州发现一座三国时期的砖室墓，墓内出土了青瓷罐、青瓷耳杯盘、青瓷畜圈、青瓷碟、建安二十四年铭文神兽镜、神兽镜等，以及一件青瓷谷仓罐，谷仓罐的器腹上部有三组帖塑，上组为一佛、一凤、六瑞兽，中组为一佛、六仙人骑兽，下组为七尾游鱼。器物的上部分分为三层，下层前后两面为四阿顶门楼，四角有阙，门楼左右两侧有跽坐人像等；中层为四个小罐，上层中央为一大罐，在罐、楼、阙的周围有30余只

图2-10　佛像青瓷三足樽

（采自《浙江嵊县大塘岭东吴墓》图七，13，第212页）

① ［美］巫鸿著，钱文逸译：《“空间”的美术史》，上海人民出版社，2018年，第52-54页。

② 嵊县文管会：《浙江嵊县大塘岭东吴墓》，《考古》1991年第3期，第206-215页、图版壹。

飞鸟[①]。

值得注意的是，近年来发掘的安徽当涂马鞍山“天子坟”规模较大，墓葬中出土了与佛教有关的遗存。墓葬为前后室四隅券进式穹隆顶砖室墓，两次墓道、两次封门，前室四隅起券处各设置一石兽首，前室有东西耳室。后室也是四隅券进式结顶。墓中出土的金饰件中有一件飞天金饰件，披帛、着裙，似有头光和髻。此外还有一件桃形步摇叶上镂空纹饰为立佛，赤足，有头光，所着裙裤与沂南北寨村头光人物像所穿裙裤相似。此外，该墓金饰件中还有人面鸟身的千秋万岁、持节的羽人、蟾蜍与龙等。墓中出土的一块漆皮上有隶书铭文“永安三年□□日校尉□□□七寸铁镜合八枚□□□翠毛□□□□□□□尉薛□纪□”，墓中还发现两块“永安四年”的纪年铭文砖，永安三年为260年，永安为孙吴景帝孙休的年号。发掘消息撰写者推测“天子坟”是一座孙吴宗室墓葬，墓主级别在王以上，不排除是吴景帝孙休与朱夫人合葬墓的可能[②]。

二、南方地区西晋墓中佛教因素遗存

长沙南郊金盆岭“永宁二年”墓，在《长沙两晋南朝隋墓发掘报告》中编号为M21。为一座凸字形砖室墓，由墓道和墓室两部分组成，墓道偏于墓室一侧，主室呈横长方形，两壁向外弧出，略呈椭圆。主室的侧壁砌一小壁龛，墓室四角距墓底1.54米处，各有一块平砌的砖伸出壁面，应该是灯台。有墓砖侧面篆体阳文“永宁二年五月十日作”。该墓出土盘口陶壶（编号34）、持刀立俑、持盾立俑、持便面立俑、高冠执册俑、双手执棍俑（编号29）、笔吏俑（编号20）、双人对坐书写俑（编号11）、跪坐俑（编号14）。该墓出土骑俑达到了14件，骑俑有的高冠长衣，左手持简册，有的握刀于左侧。骑俑当中还有骑乐俑2件，一件（编号28）口吹弯形乐器，右手横握一角；另一件（编号1）也是吹一件管状器。陶马（编号38）四足直立，马具齐全，鞍的一侧有镫。还有陶羊圈（编号16）、陶猪圈（编号9）、陶仓（编号18）、陶车（编号9）。墓室的西北角基本上分布的是羊圈、猪圈和陶仓，其他的骑俑、陶车、陶马等基本上沿着墓室墓壁分布，似乎像是行进的队列，墓室中间位置有陶壶等。报告在介绍这些器物时没有提及其是否有白毫，我们根据报告所附线图及照片，对该墓中的白毫相俑进行了辨认，有37号骑俑、21号立俑、8号持便面俑、执简册的坐俑、39号持盾立俑、27号持盾立俑、14号立俑、21号立俑、写字坐俑等。

---

① 衢州市文管会：《浙江衢州市三国墓》，《文物》1984年第8期，第40-42页。

② 叶润清、殷春梅、杨彭、罗海明：《安徽当涂“天子坟”孙吴墓发掘收获》，国家文物局主编：《2016中国重要考古发现》，文物出版社，2017年，第106-109页。

长沙晋墓M22，位于长沙南郊金盆岭，为一座多室砖墓，有甬道和左右耳室，甬道的两侧各有一小龛，主室的四壁呈弧形。出土器物有陶马、陶猪、陶狗、陶屋顶、陶鸭、陶盘、滑石猪、陶牛、陶穿山甲、陶俑、金戒指、琉璃珠等。报告将该墓的陶俑均编为14号，没有对每一件陶俑单独编号，我们根据线图和照片，对有白毫相俑的陶俑进行了辨认，主要有持刀立俑、持盾立俑、立俑、男跪俑3件、写字俑等①（图2-11）。

图2-11 长沙晋墓M22出土白毫相俑

（采自《长沙两晋南朝隋墓发掘报告》图版捌、图版玖）

长沙晋墓M1出土了一件石质的衣物疏，呈长方形，两面均刻划有文字，其中正面提到“故棺材一口”，背面有“升平五年六月丙寅朔廿九日甲午，不禄。公国典卫令荆州长沙郡临湘县都乡吉阳里周芳命妻潘氏，年五十八，以即日醉酒不禄，其随身衣物，皆潘生存所服□，他人不得忘认抵债，东海童子书，书讫还海去，如律令”③。

长沙左家塘西晋墓，单室砖券墓，长方形墓室，宽大约1米，后壁有一小龛室。墓内出土器物有金钏6个、银钗1枚、骨簪2枚、琥珀珠2颗、小料珠3粒、铜镜1面、四系釉陶罐4件、釉陶小壶1件、双系釉陶壶1件、釉陶碗1件、陶钵1件。其中出土的铜镜为佛像夔凤镜，其主纹为四组相对的凤叶，四瓣内均有一组佛像，每组佛像由三尊像组成。相对的两瓣内各有佛龛，龛中一坐佛，两肩后有莲枝状物，佛像趺坐，两侧立有羽人；另外相对的两瓣内为半跏思惟佛像，坐姿，左侧有一侍者，手持曲柄伞，右侧为一供养人跪拜③。简报推测该墓为西晋时期墓葬，王仲殊认为该墓为西晋无疑，但镜

① 湖南省博物馆：《长沙两晋南朝隋墓发掘报告》，《考古学报》1959年第3期，第75-103页、图版壹-图版贰贰。

② 湖南省博物馆：《长沙两晋南朝隋墓发掘报告》，《考古学报》1959年第3期，第87-88页。

③ 刘廉银：《湖南长沙左家塘西晋墓》，《考古》1963年第2期，第107页，图版捌。

的制作年代或可上推到孙吴中后期①。

仪征胥浦西晋M89为前后室双室砖墓，前室近方形，后室呈长方形，前后室之间以隔墙隔开，前室东北角人字形铺地砖上再横铺砖四块，上面放置明器一组，两只陶狗在前侧，面向甬道，另外还有磨、杵臼、箕、鸡笼等，后室的东北角也铺砖六块，红陶质地的魂瓶残片散落于此。魂瓶附近出土的器物有青瓷盘口壶、陶仓等。魂瓶根据碎片复原，其肩部有四个小罐，罐与罐之间各塑一个佛像，瓶口的下方也塑有佛像一组，简报推测可能有佛像八个。佛像有背光，魂瓶的顶部有庑殿式顶，通高约30厘米。简报推测该墓年代在西晋灭吴前后②。

仪征胥浦M93为多室墓，平面呈“十”字形，由甬道、前室、后室组成，前室两侧各有一侧室。前室近似方形，后室呈长方形。在前室的西北角发现不少随葬器物，如以灶为中心的，包括井、磨、杵臼、甑、鸽笼、鸭等器物，旁边还有一组，包括魂瓶、鐎斗、勺、小几、箕、男俑、女俑等。墓室甬道口摆放的器物有鳄鱼③俑、狗俑、犀牛俑、铜镜等。出土的魂瓶上下可以分出四层，下层为束腰圆座，第二层的中部开门，门前有牌坊，四个小罐在周围，小罐之间塑有人像六个，每个人像均戴冠，右手持剑，左手也持物，但所持何物模糊，身着右衽衣，顶有屋面。第三层为四个佛龛，龛有屋檐，里面塑有佛像，为一主尊，一胁侍侧立。第四层的底部为盘状，中间为束柱，上承四阿式屋顶（图2-12）。整个魂瓶通高34厘米④。这个魂瓶有两个比较值得注意的特点，一是整体呈多层塔状；其二有佛龛，里面为一主尊一胁侍的造像组合，这是非常难得的早期造像组合。墓砖的侧面发现铭文，如“元

图2-12　仪征胥浦M93出土魂瓶
（采自《佛教初传南方之路文物图录》图92）

① 王仲殊：《论吴晋时期的佛像夔凤镜——为纪念夏鼐先生考古五十年而作》，《考古》1985年第7期，第636-643页，图版肆-图版柒。

② 胥浦六朝墓发掘队：《扬州胥浦六朝墓》，《考古学报》1988年第2期，第233-256页，图版拾柒-图版贰陆。

③ 仪征胥浦西晋墓中出土的这件“鳄鱼”，笔者认为或为镇墓神煞，容另文探讨。

④ 胥浦六朝墓发掘队：《扬州胥浦六朝墓》，《考古学报》1988年第2期，第233-256页，图版拾柒-图版贰陆。

康七年七月十日”“广陵郡舆县张平”等，舆县隶属于徐州广陵郡。仪征胥浦这批吴晋墓葬中，M70出土的墓砖上有铭文“徐州广陵郡舆县永康里散部曲将孙少父年一百食口卌人”，这里也有舆县，而且有舆县永康里。M93有元康七年纪年，元康七年为297年。

江苏吴县狮子山西晋墓，位于吴县狮子山，三座墓葬呈一行分布在狮子山的东坡，M1、M2保存完好，M3被毁严重，但该墓有一些征集的文物①。M1为前后室砖室墓，封门墙中有纪年砖，上有铭文“元康五年七月十八日”，前室平面呈横长方形，后室平面呈长椭圆形，后室的左侧有一耳室，报告描述该墓前后室均为穹庐顶。M1出土文物较多，其中，魂瓶有两件，报告称为“青瓷楼台堆塑谷仓罐”，其一通高48厘米，顶盖为一庄园式建筑，中间为高耸的三层楼房，四周为院墙，院墙的四角各有亭子一座；罐的肩部堆塑有两层，上层有角亭四个，角亭的周围有鸟兽及歌乐人物塑像；下层有楼阁、门阙各两个，内层塑有歌舞、乐人俑像，姿态各异，有的翩翩起舞，有的吹乐，有的操琴，还有观赏及鼓掌的，外层塑有狗、熊、羊、虎等走兽；罐的腹部有仙人骑兽、团龙、麒麟、衔环铺首、蛇等薄片贴塑。该魂瓶出土于后室右前角。在后室右前角出土的器物还有扁壶、瓷簋、香熏、仓罐、方形多子槅、牛厩。M1出土的另一件魂瓶高46.5厘米，施黄釉；罐的顶盖部为重檐楼阁，屋面可见瓦棱，楼的四周有院墙，带花窗，四角塑龙形兽吻各一；口沿部对称分布小罐四个，塑檐屋两座，檐口有熊形动物做支柱，间有飞鸟翔集；罐的肩部有人物坐像八尊，头有高髻，身披袈裟，双手合握于腹前，下坐莲花座，模印，罐左右各四，这八尊坐像应该是佛像；中间前后各有门屋一间，也是用熊柱支撑檐口，前门左右各有门阙。该魂瓶出土于M1后室耳室内。出土于后室一侧耳室及附近的器物还有青瓷钵、水注、方形多子槅、铜灯座（耳室前）等。另外出土的青瓷罐、钵、灶、箕、鸡窝、猪栏、鐎炉、盘口壶、四系罐、铜洗、鐎斗等，报告讲分别出在后室的左右前角，没有进一步区分位置。此外，该墓还出土了金钗2件、金环2件、金圈1件、戒1件。

狮子山M2（庐江太守墓）为前后室砖墓，前室平面呈横长方形，前后室之间有短甬道，后室呈长方形，前后室均为四隅券进积顶，前后室的墓壁转角处均有平置的砖作为灯台使用。M2出土铭文砖，铭文为：“元康三年四月六日庐江太守东明亭侯主簿高敕作。”该墓出土魂瓶罐1件，报告名为“青瓷百戏堆塑纪年谷仓罐”，通高59.2厘米，青灰色釉；魂瓶罐的顶部为一四方形院落式建筑，院落中心为一方形多层楼阁式建筑，庑殿顶，脊上似有装饰，院落四角有角屋，也均是庑殿顶，四边开门，门上有两面坡式屋顶作为门檐，屋面及檐上有飞鸟翔集，口沿周沿有小罐四个；魂瓶大罐肩

① 吴县文物管理委员会（张志新）：《江苏吴县狮子山西晋墓清理简报》，文物编辑委员会编：《文物资料丛刊（3）》，文物出版社，1980年，第130-138页，图版拾伍-图版拾陆。

部塑有人像20，有吹管、拔阮、弹琵琶、奏琴、吹笙、要球、舞蹈等，人物之间还间杂有阙门及门屋；罐的腹部有朱雀、仙人骑兽、鱼、羊、狗、马、鹿等，均为贴塑，也间杂有人物，手持类似棍棒等物；在罐的肩部堆塑中有一龟趺驮碑，碑尖首，碑尖首与碑身以横线间隔，形成碑额，碑上刻有铭文“元康二年润月十九日起会稽”，字刻在胎体上，然后施釉烧制，“元康”二字直接自右向左刻划在碑额上，其他文字在碑身，字体显得较潦草。该庐江太守墓除了这件“元康二年”魂瓶罐外，还有青瓷洗、唾壶、青瓷家禽家畜圈舍、双系罐、灶、盘口壶、鐎炉、铜熨斗、金钗等。

M3破坏严重，清理出少量的青瓷器，如魂瓶、鐎斗、瓮、猪舍、双耳镂空罐等。其中的魂瓶报告名为“青瓷人物鸟兽堆塑铭文谷仓”，该瓶通高57.8厘米，豆青色釉，瓶盖顶为一庑殿式屋顶，瓶的肩部堆塑有人像11，其中一为吹奏乐器，一为舞蹈，其余均做拱手作揖状，四周塑有鹿、狗、虎、马等动物，瓶的口沿部对称伸出龟首鸡爪，瓶上各顶四方形亭阁，前后门均为三层楼阁，前门左右有阙。堆塑中夹杂不少飞鸟，在三层楼阁的旁侧，有一龟趺驮碑，碑为尖首，分碑额和碑身，碑额有铭文“元康”二字，碑身分三行铭文“出始宁，用此霻”“宜子孙，作吏高”“其乐无极”，报告将铭文释为“霻”字，有一定道理。

报告根据M2出土的“庐江太守东明亭侯”的墓砖铭文，推测狮子山M2的墓主可能为傅隽，狮子山三座墓葬极有可能为晋傅氏家族墓葬。

吴县狮子山M4西晋墓是一座前后室砖石券顶墓，由门墙、墓道、前室、过道和后室组成，前室出土的器物较多，正中摆放有鐎斗，其他还有香熏、钵、灶、青瓷楼阁堆塑罐、盘口壶等，后室前端近过道口出土器物有钵形鼎、三足盘、奁、方形多子槅、罐、耳杯等。棺的位置出土铁剑1件。鐎斗出土在前室正中是该墓随葬器物分布的一个比较重要的特征。青瓷堆塑罐，也就是魂瓶，出土于前室的一角，在其附近有青瓷盘口壶、灶等器物组合。该魂瓶通高46.1厘米，鼓腹，中间有镂孔，腹部有贴饰，有铺首衔环、天禄、仙人骑神兽、蜥蜴、佛像，以及一些侍者。贴塑的佛像身披佛衣，双手合抱，头后有圆形的头光，身下有覆莲座。魂瓶的上部为堆塑，可以分出三层：最上层为瓶口，口周分布着栖息的小鸟，口上覆盖着一个四出攒尖宫殿顶的建筑；中层四角有小角楼，角楼的下面有兽首顶着；下层的前后各有一座楼阁，三层，廊柱上饰有仙人骑神兽等形象，前面的楼阁两边有门阙，后面的楼阁两侧各有龟趺驮碑一座，上刻“出始宁，用此……宜子……”。在前后楼阁的门阙和龟趺碑之间，各有三尊跪地的人像，均头戴冠，着短衣，双手握于胸前，呈恭敬状。人像的外边还饰有鹿、狗等走兽。简报推测狮子山M4的年代在西晋中晚期①。

---

① 吴县文物管理委员会：《江苏吴县狮子山四号西晋墓》，《考古》1983年第8期，第707-713页，图版捌。

南京仙鹤山西晋M7。我们将该墓列于此，不仅仅是因为该墓出土了与佛教有关的遗存，而是在这个家族墓地中，有的墓葬墓主（M6）在文献的记载中，有与佛教关联的相关内容，而墓葬的文化内涵却较复杂。该墓地位于南京仙鹤山东南麓，是一处吴晋时期的墓地，已经发掘的7座砖室墓大体可分为南北两排，南排由东向西依次排列为M7、M3、M2和M1，北侧已发掘及勘探出的墓葬共有7座，其中M4、M5和M6已经发掘，在M5和M6之间还勘探出4座墓葬，北侧7座墓葬，除M6外均公用一排水总渠，每个墓葬的南北向排水沟均连通这一东西向的排水总渠，通向东侧的水塘，排水总渠向西延展，是否与西侧的M6连通，未知①。在上述11座墓葬中，7座墓葬为已发掘，其中的M2、M3和M6推测为东晋名臣高崧家族墓，M3出土有高崧及其妻谢氏的砖志。《江苏南京仙鹤观东晋墓》提到在M6的西侧还有建筑遗迹，未能正式发掘②。

M7位于两排墓地的东南侧，方向朝向东南，与另外的M1～M6基本为朝南方向不同。该墓为平面呈“吕”字形的砖室墓，前室为四隅券进式积顶，后室为券顶。前室出土器物有青瓷钵、青瓷四系罐、青瓷灯、青瓷唾壶、瓷盏、铁剪，后室出土有青瓷钵、青瓷双系罐、铁镜、石黛板、滑石猪、陶纺轮、金顶针、金环、金钗、银钗等。前室的唾壶上贴塑有佛像，该唾壶腹部贴塑衔环铺首一对，其间对称贴塑佛像一对，佛像的头后有圆形头光，有顶髻“U”形衣饰近水平，趺坐，座侧似为龙虎座。简报推测该墓时代为西晋时期。

仙鹤观M6墓内出土了18件玉器，主要器形有猪、带钩、环、柄饰、心形佩、璜、珩、珠、剑首、剑格、剑璏、剑珌等；出土丹丸附近有玻璃碗，白色微泛青，含有不少小气泡，口微敛，束颈，肩腹有极浅细的弦纹，腹及底部有4周磨光的竖长椭圆形磨花纹，碗底有漆托的痕迹，口径9.1、高7厘米，附近的鲜红色丹丸，出土时呈丸状。鎏金带盖小铜鼎，鼎内残存少量细碎的云母残片。鉴于墓内出土的丹丸，小银鼎内盛有云母，王志高等结合《晋书·幸灵传》的记载，推测墓主可能有道教信仰③。在M6墓室内，丹丸和盛有云母的鎏金银鼎均放置在西侧棺木位置处，而棺木位置处出土不少金花、金环、顶针等，东侧棺木在西侧放置铁剑，以及与之组合的玉剑具一套，组合成一套玉具铁剑，在玉具铁剑的附近有组玉佩一套，其中包括珩、璜、珠等，由此推测东侧棺为男性墓主人棺，西侧棺为女性墓主人棺。

---

① 南京市博物馆、南京师范大学文物与博物馆学系：《南京仙鹤山孙吴、西晋墓》，《文物》2007年第1期，第22-34页。

② 南京市博物馆：《江苏南京仙鹤观东晋墓》，《文物》2001年第3期，第4-40、91页。

③ 王志高、周裕兴、华国荣：《南京仙鹤观东晋墓出土文物的初步认识》，《文物》2001年第3期，第80-91页。白彬专门撰文研究了唐以前的道士墓葬和道教信众墓葬，没有提及仙鹤观东晋墓M6，详见白彬：《唐以前道士墓和道教信众墓研究》，北京大学中国考古学研究中心、北京大学震旦古代文明研究中心编：《古代文明（第7卷）》，文物出版社，2008年，第247-285页。

《江苏南京仙鹤观东晋墓》根据出土墓志，明确M2为东晋高崧和其妻谢氏的合葬墓，并据此推测M6为高崧父高悝夫妇墓，M3为高崧子高耆夫妇墓。《高僧传》卷十三记载高悝与西域胡僧有往来。《高僧传》卷第十三《兴福》“晋并州竺慧达”条记载：

> 又昔晋咸和中，丹阳尹高悝，于张侯桥浦里，掘得一金像，无有光趺，而制作甚工。前有梵书云是育王第四女所造。悝载像还至长干巷口，牛不复行，非人力所御，乃任牛所之，径趣长干寺。尔后年许，有临海渔人张係世，于海口得铜莲花趺，浮在水上，即取送县。县表上上台，敕使安像足下，契然相应。后有西域五僧诣悝云，昔于天竺得阿育王像，至邺遭乱，藏置河边。王路既通，寻觅失所。近得梦云，像已出江东，为高悝所得，故远涉山海，欲一见礼拜耳。悝即引至长干，五人见像，唏嘘涕泣，像即放光，照于堂内。五人云，本有圆光，今在远处，亦寻当至。晋咸安元年（公元371年），交州合浦县采珠人董宗之，于海底得一佛光。刺史表上，晋简文帝敕施此像。孔穴悬同，光色一重。凡四十余年，东西祥感，光趺方具。①

但是高崧家族墓葬中却有道教因素存在。

福建地区的材料比较独特，到南朝时期表现尤其明显。晋的材料如福建霞浦眉头山M1，霞浦眉头山M1为凸字形单室砖墓，墓室后部有砖砌棺床，墓室四壁砌花纹砖和纪年砖，花纹砖花纹可见钱纹、锯齿纹、网格纹等，纪年砖可见“元康九年”纪年。该墓出土器物有青瓷盘口壶、青瓷谷仓罐、青瓷三足盆、青瓷唾壶、青瓷狮形插器、青瓷虎子，以及数枚五铢钱。其中的青瓷谷仓罐，简报有详细描述：罐体主体分为上下两部分，肩以上为楼阁，肩以下为罐的深鼓腹，平底。肩部出檐，檐下堆贴猴、虎、盘龙、人物等，檐上为人物、飞禽，其上为楼阁，以及人物、飞禽、四个小罐。罐檐和楼阁之间有四个柱子，柱头有铺首衔环，最上部为方形城状建筑，有城门，有角楼②。简报没有明确指出该谷仓罐上面的人物是否为佛教因素，后来有福建的学者明确指出，“该瓶上部堆塑三层亭台楼阁，其间装饰结趺盘坐的僧人和与佛教故事相关的动物。瓶的下部堆贴六尊手执乐器站立的胡俑。这些雕塑造型的内容，正是当时佛寺建筑造型和僧众活动的形象”③。

---

① （梁）释慧皎撰，汤用彤校注，汤一玄整理：《高僧传》卷第十三《兴福》，中华书局，1992年，第478页。

② 福建省博物馆：《福建霞浦两晋南朝唐墓》，《福建文博》1995年第1期，第60-73页。

③ 陈邵龙：《福建六朝佛教文物的发现和思考》，《福建文博》2011年第4期，第35页。

第二节　忠县涂井蜀汉崖墓中的钱树佛像与白毫相俑

忠县涂井蜀汉崖墓位于重庆忠县涂井，共发掘蜀汉墓葬15座，位于涂井西南不远处的卧马凼山，涂井溪从墓地南侧流入长江①。这批崖墓均由墓道、甬道和墓室三部分组成，其中单室墓7座，分别是M1～M4、M8、M10和M14；双室墓3座，分别是M5、M7和M13；多室墓有5座，分别是M6、M9、M11、M12和M15。M5位于山的中部，墓向154°，墓道和甬道位于前室的正中，条石砌的排水沟位于墓道、甬道的中部，两层封门。前室平面呈长方形，长3.34、宽3.36米，前室右壁有龛，右壁底凿有排水沟，与甬道的排水沟相连通。后室平面呈竖长方形，偏于前室的左侧，后室右前角就原岩凿灶一孔。该墓没有被盗扰，随葬器物比较丰富，而且多位于原先摆放位置，因此非常具有研究价值（图2-13）。

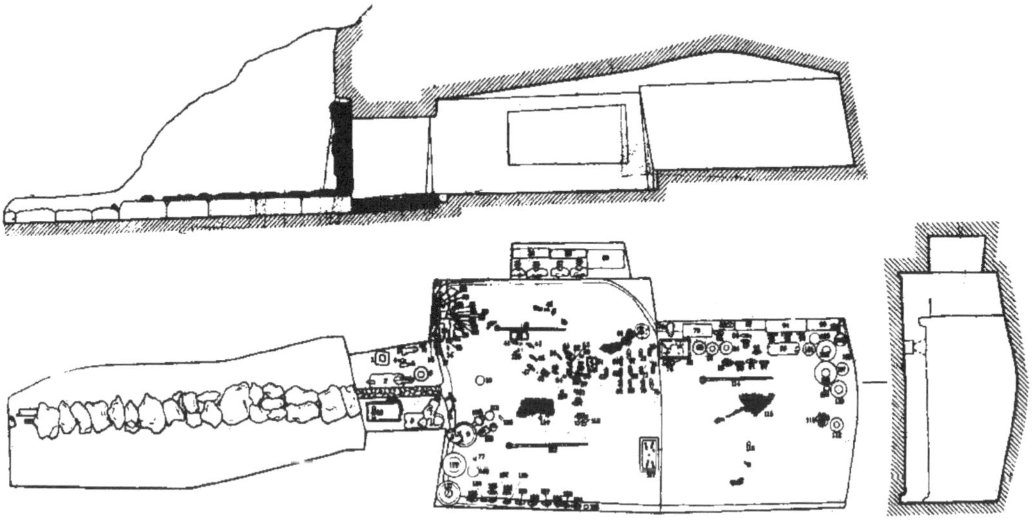

图2-13　忠县涂井蜀汉崖墓M5平、剖面图
（采自《四川忠县涂井蜀汉崖墓》图一七，第57页）

M5　甬道内的器物有陶井模型、陶狗、陶鸡、陶猪、陶马、陶牵马俑、陶马车模型、陶乐俑。编号为M5：12的吹箫俑出土于马车车厢内，头着帻，双手持箫，跽坐。前室正中有两把环首铁刀，分置在左右两边，铁刀附近残存有红漆皮和板灰，板灰的厚度在3～4厘米，简报推测可能为红漆木棺朽痕，铁刀位置附近应该安放了两位死者，前室的随葬器物基本上是以此两位死者为中心的。前室右前侧器物有陶

①　四川省文物管理委员会：《四川忠县涂井蜀汉崖墓》，《文物》1985年第7期，第49-95页，彩色插页一、图版壹-图版捌。

鸡、陶猪、陶灶、陶鸭、陶拱手俑、陶狗等；前室的前侧，也就是相当于两把铁刀中间靠甬道口位置，摆放的器物有陶屋模型（M5：105）、铜洗、铜壶、瓷碗；前室的左前角摆放有铁釜陶甑、铜釜。前室的左侧近墓壁处放置有陶听琴俑（M5：124）、陶跽坐俑（M5：125）、陶乐俑（M5：126、M5：127）、陶说唱俑（M5：128）、陶听琴俑（M5：129）、陶舞俑（M5：130）、陶侍从俑（M5：132）、陶井模型（M5：134）、陶侍从俑（M5：135），在这一排的前排还有两件俑，分别是陶听琴俑（M5：131）和陶舞俑（M5：133）。其中M5：127为吹箫俑；M5：126为抚琴俑，三髻，每髻饰花一枝，额前眉间有类似“白毫相”；M5：133舞俑右额簪花二枝，额前饰三朵大花；M5：130舞俑三高髻，每髻饰花一枝；M5：124听琴俑，饰三髻，每髻饰花一枝，眉间有类似“白毫相”；M5：135为托盘俑，左手端高足杯，内置一匙；M5：132为执锄俑。

前室两铁刀之间的中间位置及靠后壁处分布的器物较多，大致可以以两件水塘模型为分隔，分为两组，前面一组大致能够看出分为五排，但略显凌乱，后面一组也是五排，排放得较为整齐规律。前面一组最前面摆放的是水塘模型（M5：43）、陶舞俑（M5：44）、陶侍从俑（M5：45）、陶侍从俑（M5：138）、陶侍从俑（M5：46）、陶侍从俑（M5：47）、陶贮钱器（M5：48）、陶侍从俑（M5：49）、陶残俑（M5：50）、陶拱手俑（M5：54）、陶乐俑（M5：51）、陶残俑（M5：52）、陶庖厨俑（M5：53）、陶拱手俑（M5：55～M5：58）、陶残俑（M5：59、M5：60）。上述排列陶俑的后面又有一组陶俑，前面也是一陶水塘模型（M5：61），后面分五排陶俑排列：第一排1件陶俑，为陶舞俑（M5：63）；第二排3件陶俑均为陶侍从俑（M5：64～M5：66）；第三排也是3件陶俑，从左至右分别为陶跽坐俑（M5：69）、陶乐俑（M5：68）、陶侍从俑（M5：67）；第四排也是3件陶俑，均为陶侍从俑（M5：70～M5：72）；第五排3件陶俑，自左至右分别是陶侍从俑（M5：75）、陶武士俑（M5：74）、陶侍从俑（M5：73）。在这组陶俑第四、第五排的右侧摆放了一件带陶座的铜摇钱树（M5：62）。根据后面一组摆放的情况，前面一组也应该是在水塘模型之后，第一排首先也应该是陶舞俑（M5：44），整体数量也是13件，与后面一组是相同的。前室的后侧，靠近后室口处，摆放了一件陶水塘模型（M5：117）。这里值得注意的是，简报墓葬平面图中器物名为陶侍从俑的，在后面器物介绍部分均冠以更具体的名称。我们将这两组器物编号与名称列表（表2-1）。

表2-1　忠县涂井蜀汉M5两组陶俑组合

<table>
<tr><th colspan="2" rowspan="2">组别</th><th colspan="3">器物组合</th></tr>
<tr><th>编号</th><th>平面图器名</th><th>器物描述部分器名</th></tr>
<tr><td colspan="2" rowspan="17">前面一组</td><td>43</td><td>陶水塘模型</td><td></td></tr>
<tr><td>44</td><td>陶舞俑</td><td>陶舞俑（高髻饰花，高44厘米）</td></tr>
<tr><td>45</td><td>陶侍从俑</td><td>男执臿俑</td></tr>
<tr><td>46</td><td>陶侍从俑</td><td>男执便面俑</td></tr>
<tr><td>47</td><td>陶侍从俑</td><td></td></tr>
<tr><td>49</td><td>陶侍从俑</td><td></td></tr>
<tr><td>50</td><td>陶残俑</td><td></td></tr>
<tr><td>51</td><td>陶乐俑</td><td>陶抚琴俑（簪花）</td></tr>
<tr><td>52</td><td>陶残俑</td><td></td></tr>
<tr><td>53</td><td>陶庖厨俑</td><td>陶庖厨俑</td></tr>
<tr><td>54</td><td>陶拱手俑</td><td></td></tr>
<tr><td>55</td><td>陶拱手俑</td><td></td></tr>
<tr><td>56</td><td>陶拱手俑</td><td></td></tr>
<tr><td>57</td><td>陶拱手俑</td><td></td></tr>
<tr><td>58</td><td>陶拱手俑</td><td></td></tr>
<tr><td>59</td><td>陶残俑</td><td></td></tr>
<tr><td>60</td><td>陶残俑</td><td></td></tr>
<tr><td rowspan="14">后面一组</td><td>最前列</td><td>61</td><td>陶水塘模型</td><td></td></tr>
<tr><td>第一排</td><td>63</td><td>陶舞俑</td><td>陶舞俑（白毫，高56厘米）</td></tr>
<tr><td rowspan="3">第二排</td><td>64</td><td>陶侍从俑</td><td>女执箕俑（簪花、饰花，高54厘米）</td></tr>
<tr><td>65</td><td>陶侍从俑</td><td>女执镜俑（白毫）</td></tr>
<tr><td>66</td><td>陶侍从俑</td><td>男执臿俑（白毫）</td></tr>
<tr><td rowspan="3">第三排</td><td>67</td><td>陶侍从俑</td><td>女提罐俑（高59.5厘米）</td></tr>
<tr><td>68</td><td>陶乐俑</td><td>陶击鼓俑（饰花，白毫）</td></tr>
<tr><td>69</td><td>陶跽坐俑</td><td></td></tr>
<tr><td rowspan="3">第四排</td><td>70</td><td>陶侍从俑</td><td>女提鱼俑（高59厘米）</td></tr>
<tr><td>71</td><td>陶侍从俑</td><td>女提罐俑（白毫）</td></tr>
<tr><td>72</td><td>陶侍从俑</td><td>女执便面俑（白毫，高53厘米）</td></tr>
<tr><td rowspan="3">第五排</td><td>73</td><td>陶侍从俑</td><td>女执锄俑（白毫）</td></tr>
<tr><td>74</td><td>陶武士俑</td><td>陶武士俑（持矛盾，白毫）</td></tr>
<tr><td>75</td><td>陶侍从俑</td><td>女执锄俑（簪花）</td></tr>
</table>

前室中间偏后位置前后两组陶俑，分别是陶水塘模型放置在最前列，尽管我们不知道该水塘与后面呈排排列的陶俑是否具有某种属性相同的组合关系，但是其确实起到分隔两组陶俑的作用。如果不考虑陶水塘模型，前后两组陶俑排列似乎都是以陶舞俑作为领头，为第一排，而且仅陶舞俑1件。以后面一组陶俑为例，在陶舞俑后面呈四排排列，每排3件陶俑，大多数眉间饰有白毫相。这样，我们对材料介绍得比较详细的后面一组的陶俑组合，有了一个更加具体的认识：第一排为陶舞俑，眉间有白毫；第二排为执箕俑、执镜俑和执臿俑，有簪花、饰花，眉间有白毫；第三排为提罐俑、击鼓俑和跽坐俑，有饰花和白毫；第四排为提鱼俑、提罐俑和执便面俑，有白毫；第五排为两件执锄俑和1件持矛、盾俑，有簪花和白毫。

图2-14　涂井M5出土陶俑

（采自《四川忠县涂井蜀汉崖墓》图二七，第66页）

前室右侧偏后处，有一龛，长0.52、宽1.72、高0.8米。龛内器物分两排摆放，后面一排自前至后分别摆放了3件陶屋模型（M5：34、M5：38、M5：40），前面一排4件陶俑，基本摆放在M5：34、M5：38陶屋模型的前面，自前至后分别是陶舞俑（M5：35）、陶庖厨俑（M5：36）、陶侍从俑（M5：37）、陶庖厨俑（M5：39）。M5：37陶侍从俑在后面陶俑介绍部分，称之为女提鱼俑，簪花，正中饰大花一朵，左肩还饰大花一朵，左腕戴镯。M5：35陶舞俑，高髻簪花四枝，额前饰大花一朵，俑身绘红、绿、蓝三彩（图2-14）。M5：36庖厨俑双髻，置俎于面前，俎侧饰花一朵。

后室墓室中间有一堆铜钱，旁侧有一件环首铁刀，墓室门口右侧放置陶水塘模型一件。在环首铁刀的西侧摆放有陶俑、陶屋模型，以及一些陶质、铜质的器物。靠近环首铁刀最前侧一排陶俑3件，分别为陶侍从俑（M5：90）、陶乐俑（M5：91）、陶侍从俑（M5：97），水塘模型前是一件陶侍从俑（M5：76，托盘俑），其后有陶侍从俑（M5：89）、陶武士俑（M5：92），最后一排有陶乐俑（M5：85）、陶侍从俑（M5：86）、陶跽坐俑（M5：88）、陶乐俑（M5：93）、陶残俑（M5：95）、陶乐俑（M5：98）。其中M5：76陶侍从俑为托盘俑，高髻、簪花五枝，额前饰大花一朵，双手戴镯和串珠；M5：93陶乐俑为抚琴俑；M5：85为拍乐俑，高髻簪花，额前饰一朵大花，两腕戴镯和串珠，跽坐，左手执圆形乐器，右手做欲拍打状；M5：86为执便面俑，簪花四枝，额前饰一朵大花，右手执便面；M5：92为男武士俑，左手执盾和环首刀，右手夹持一物；M5：97陶侍从俑，为女提罐俑，高髻，簪花四枝，额前饰一朵大花；M5：98陶乐俑为抚琴俑，跽坐，高髻插笄，髻前簪花五枝，一朵大花饰于额前，双手戴镯和串珠，原有彩绘。

根据墓室内陶俑摆放的位置及组合，我们可以清晰地看到，忠县涂井M5墓室内陶俑可以分为四组，第一组为前室左侧前端近壁处摆放的11件陶俑，第二组为前室两棺之间前端的16件陶俑，第三组为前室两棺之间后端的13件陶俑，第四组为后室棺右侧依靠房屋模型的12件陶俑（表2-2）。第二组和第三组陶俑组合的前端均摆放一件陶质水塘模型，第四组在陶俑的前侧，M5：76托盘俑的后侧也有一件水塘模型。此外，在前室左侧棺木的后端近前室后壁处，也有一件水塘模型（M5：117），如果将此件算作第一组陶俑组合中的水塘模型，那么，似乎每一组陶俑组合都配备一件水塘模型，特别是第二、第三组表现得比较明显，但笔者认为此或许与墓室内器物的成套布置有关，水塘模型与陶俑组合之间，具体有怎样的逻辑关系尚不明晰。

四组陶俑中，第一、二、三组均是以舞俑作为组合中的第一件，第四组如以前侧M5：76托盘俑为第一件，则第四组与前三组不同。第一组基本是以乐舞俑等为主，第四组也是以乐俑为主。眉间似乎有“白毫相”的陶俑，以第三组和第一组为多。第二组因不少陶俑在简报器物介绍部分没有进一步详细的介绍，因而不太清楚饰白毫相的情况。

表2-2　忠县涂井蜀汉崖墓M5四组陶俑组合

组别	1	2	3	4	5	6	7	8	9	10	11	12	13	14	15	16
第一组	舞俑 133	听琴俑 131	托盘俑 135	执锄俑 132	舞俑 130	听琴俑 129	说唱俑 128	吹箫俑 127	抚琴俑 126	跽坐俑 125	听琴俑 124					
第二组	舞俑 44	执臿俑 45	便面俑 46	侍从俑 47	侍从俑 49	残俑 50	抚琴俑 51	残俑 52	庖厨俑 53	拱手俑 54	拱手俑 55	拱手俑 56	拱手俑 57	拱手俑 58	残俑 59	残俑 60
第三组	舞俑 63	执箕俑 64	执镜俑 65	执臿俑 66	提罐俑 67	击鼓俑 68	跽坐俑 69	提鱼俑 70	提罐俑 71	便面俑 72	执锄俑 73	武士俑 74	执锄俑 75			
第四组	托盘俑 76	侍从俑 90	乐俑 91	提罐俑 97	侍从俑 89	武士俑 92	拍乐俑 85	便面俑 86	跽坐俑 88	抚琴俑 93	残陶俑 95	抚琴俑 98				

注：俑名下方数字为器物编号。

忠县涂井蜀汉M5出土房屋模型共8件。前室右侧壁龛内3件，分别编号为M5：34、M5：38、M5：40；前室两棺前侧位置出土1件，编号为M5：105；后室右侧壁前摆放4件，分别编号为M5：79、M5：87、M5：94和M5：99。M5：105陶屋模型所在位置非常重要，因其处在墓葬前室前部，相当于两具棺木的前端，在其附近的器物有铜洗、铜壶、瓷碗等。M5：105陶屋为平脊，在横额的中间有立柱，柱下有较高的长方形柱础，柱上施一斗三升，屋下有台基，左右立有角柱，两角柱上均有一斗，上承横檐。该房屋模型长37.5、宽10、高35厘米。M5：34，门开于房屋的中部，敞开着门扇的两侧各站立着两人吹箫，璧形饰悬挂于檐额的中部，斗拱上装饰着垂瓜和小鸟。长53、宽11、高35厘米。M5：38庑殿顶，左右墙侧挑出华拱以承檐额，中间立柱，上施一斗三升曲拱，柱的下方设置栏板，栏板上和栏板内有抚琴俑、听琴俑，以及一些嬉戏的儿童。长56、宽12、高45厘米。M5：40庑殿顶，正脊中开天窗，左右立角柱，柱上施一斗三升。中部台基上亦立柱，柱上一斗三升曲拱，柱外设置有栏杆，后壁侧睡一人，圆被盖身，身侧似乎设置有帷帐。陶屋内左栏内侧立四人，两人吹箫，两人侍立在侧，似在倾听。房屋两侧还各有两人，探出上身，前侧一人吹箫，后一人似在倾听。天窗和斗拱上下装饰有垂瓜、小鸟和花朵。长68、宽22、高11厘米。M5：79简报认为似一座牢房，屋檐中间立柱，柱上施一斗三升，柱的右侧为卧棂壁，左侧开门，门外墙前有三人，门前立一人。长37.5、宽14、高42厘米。笔者认为，这不可能是一件监狱，门外及墙壁处所立四人，似为带头光的陶俑，这样的俑用于装饰建筑，在长江三峡地区还有几处发现。因此，这件建筑就显得有一些特殊，可以与长江流域带佛像和胡人的一些建筑一并考虑。M5：87平顶，宽檐，左右设墙，门前立两柱，柱上施一斗三升托檐，中部设门，门前有廊。长49、宽10、高32.5厘米。M5：94为庑殿顶，陶屋在中部台基上立柱，柱上一斗三升曲拱，后壁开卧棂、方格窗，房屋内左侧有床和垂幛，床上卧一人，房屋内右侧卧一犬，屋前坐三人，一人吹箫，一人抚琴，一人在倾听。屋顶两侧各坐一人，一人吹箫，一人倾听。长60、宽14.5、高50厘米。M5：99为庑殿顶，正脊和戗脊微微上翘，左右墙侧挑出华拱，以承檐额，华拱上施一斗三升，栏板中部蜀柱上挑出华拱，承托上层栏板，栏板上沿两角及拱下饰垂瓜和大花，栏板内侧立数人，有的在吹箫，有的在倾听，横额及栏板上彩绘垂幛和方格。长51.6、宽14、高45厘米。

上述8件陶屋模型，除了位于前室中间前端位置的M5：105应该为独立的一件房屋外，其他数件房屋模型，似乎是一件陶楼上的部分，其中，有的有明显屋顶的，应该属于上面的一件，如M5：38、M5：99；有的有大门及立柱的，似乎应该是陶楼的最下面一件；剩下的M5：40、M5：94、M5：79三件陶房屋模型，似乎是陶楼中间的组件。现根据绘图比例尺，对上述各件陶屋模型的相关数据进行复原（图2-15、图2-16），具体如表2-3所示。

图2-15　忠县涂井蜀汉崖墓M5复原一号陶楼
（由M5：99、M5：94、M5：34陶屋模型组成）

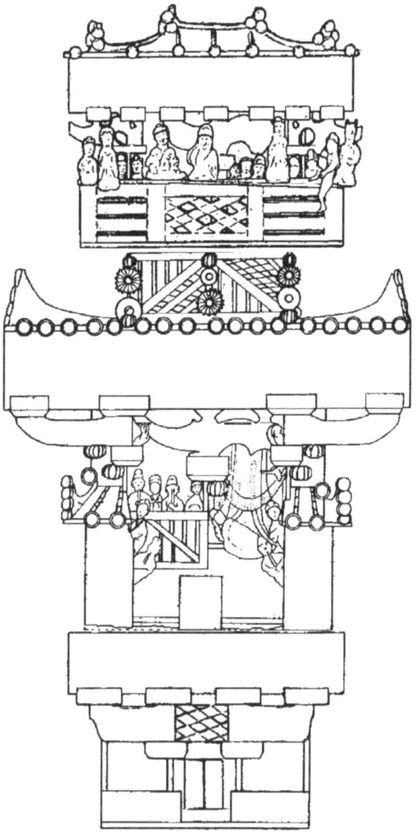

图2-16　忠县涂井蜀汉崖墓M5复原二号陶楼
（由M5：38、M5：40、M5：87陶屋模型组成）

表2-3　忠县涂井蜀汉崖墓M5出土陶屋复原数据　　（单位：厘米）

房屋模型编号	上下面结构	上长	下长	上宽	下宽	高
M5：38	顶		51		12	
M5：99	顶		34		15	
M5：94	中间（上空下实）	37	50	10	15	
M5：40	中间（上空下实）	27	42	20（15）	20	
M5：79	中间（上空下实）	18	33	10	16	
M5：34	底	50	34	12	11	
M5：87	底	50	37	10	10	

M5：99、M5：94、M5：34陶屋为一组陶楼的可能性较大，剩下的M5：38、M5：40、M5：87或许为一组，其实根据各陶屋内容来看，最顶一层均是装饰陶乐俑、听琴俑等的组合，中间的M5：40和M5：94反映的内容也都相似，为一房间内有人卧床，附近有吹箫等俑。这样我们可以将M5出土的6件陶房屋模型，复原为如图2-15、图2-16的两件陶楼，其中M5：99、M5：94和M5：34新组合成的陶楼命名为M5的一号陶楼，M5：38、M5：40和M5：37房屋模型组合成二号陶楼，M5：79房屋模型似乎无法组合进去，单列。

此外，忠县涂井蜀汉崖墓M5中，除了出土陶俑额上饰有白毫相外，出土的摇钱树（M5：62）树干上也装饰有佛像。该摇钱树座为陶质盘龙形，龙口中含珠，上插摇钱树一株，六节树干，每节长度为18厘米，接头处有插孔四个，孔内插枝叶，枝叶间装饰璧和钱，每节树干铸一人，高髻，盘坐，高度仅1.26厘米，这就应该是摇钱树树干佛像。

忠县涂井蜀汉崖墓中，“平五铢”、“太平百钱”和蜀“五铢”共出，因此，墓葬的年代不会早于值百钱的始铸年代，简报推测为蜀汉前期。

如何对忠县涂井蜀汉崖墓佛教因素遗存性质进行探究，M5所出的建筑模型无疑是一个分析的对象，此类建筑在西南和其他地区汉墓中均有发现。如淮阳于庄汉墓①。淮阳于庄汉墓编号为M1，为长方形土坑竖穴式墓，墓室南部为死者的棺木，棺木的西侧随葬鼎、壶、盆、卮等陶器，中部随葬车马饰件，北部为庄园建筑模型明器。该庄园建筑模型明器编号为M1：7，陶质，南北长1.3、东西宽1.14米，模型分为两大部分，东部为陶院，西部为田园。该建筑模型比较特殊之处有三：一是在建筑模型院门的两侧绘画墓主夫妇及侍女图像；二是在建筑室内有一组伎乐俑；三是在建筑模型院落的西侧有水井及田园模型。具体如下：东部院落分为前院、中庭和后院。前院大门为硬山式顶，卷云纹瓦当，门外东壁画一妇女，身着红色褒衣，两边各有一个侍者，东边女性，手拿一杵。西壁画一男像，亦身着红衣，两边亦各有一侍者。中庭的主体建筑为重檐庑殿，建于高台之上，殿内东部放置一组陶伎乐俑6批，五女一男，有弹琴、吹笙、合掌等形象，乐俑的前部放有耳杯、陶盘等。后院有厕所、猪圈、厨房等。庄园的西部为田园，有围墙，围墙上部有脊，有瓦垄盖顶，园内南部是旱田，共22垄，中间有灌溉沟和土埂。旱田北有一水井，有水沟可以灌溉，向北流向两边的畦内。田园的西壁上也有六个人物画像，东壁的壁画与墙相同。简报推断该墓时代为西汉前期。

在云南大理熹平纪年汉墓中，也有类似的建筑发现②。该墓为多室砖墓，由墓道、

① 周口地区文化局文物科、淮阳太昊陵文物保管所：《淮阳于庄汉墓发掘简报》，《中原文物》1983年第1期，第1-3页。

② 大理州文物管理所：《云南大理市下关城北东汉纪年墓》，《考古》1997年第4期，第63-72页。

甬道、前室和东西并列的两个后室组成，出土陶器有羊形壶、灯、池塘模型、罐、盆、囷、灶、井、陶楼、带盾立俑、兽足俑（镇墓兽）、听琴俑、抚琴俑、鞍马、牛、犬、鸡、鸭，铜器有马、鸭、案足、摇钱树等。该墓同时在前室的东南、西南、西北角和西后室的东南、西南角的铺地砖上各出土铅块一块，共五块。铅块有三角形、扁体半圆形、方形、长条形等。该墓在前室的西侧及西后室的前端发现两件泥质灰陶楼，编号为DX：55和DX：60。DX：55的陶楼分上下两部分，下部为构架，室内以栏板间隔，一侧为一吹箫俑，另一侧为畜圈，凿有小槽及地面留有牛粪圈。上层为三开间，板栏上坐一吹箫俑，俑头戴尖帽，长方脸，深目高鼻，局部留有朱色。陶楼DX：60也分为上下两层，下层左次间有一吹箫俑；楼上部分有外廊，廊的正面，在中间两根望柱背后各贴有一陶俑，男左女右，男俑头戴冠，女俑裹头，回廊正面两端各坐一吹箫俑。简报描写十分生动，4件陶俑构成一幅主人凭栏远眺、仆人吹奏侍奉之画面。简报认为，该墓墓砖有模印"熹平年十二月造"纪年铭文，说明该墓时代为东汉中后期，墓主可能是落籍边疆的汉族移民。

上述忠县涂井M5两件陶楼的复原，都呈现出一些共同的特征，第一层建筑均相似，立面均为一大斗拱支撑，二楼中间为一立柱加斗拱，二楼均有人卧于床榻上，旁边有吹箫者、侍立者，周围装饰有帷幔。两件陶楼的三楼似乎表现的是比较欢快的场景。王睿认为用一组乐舞俑围绕躺卧之人，是模拟了佛教涅槃的内容，是对死亡和死者归属的一种本土化描述。王睿也提出，在忠县崖墓里出土的随葬品上，出现了借鉴的佛教涅槃场景，显然与佛教教义无关，而且他也认为，与忠县出现的涅槃场景相似，孔望山涅槃像也与佛教教义无关，这些材料关心的是涅槃的死亡形式和死而复生的解说。王睿一直强调的是，忠县涂井蜀汉崖墓的材料受到了佛教涅槃内容的影响，是对死亡和死者归属的一种本土化描述①。

佛经经文中，关于涅槃的记载，也可以为我们观察涅槃图像提供文本参考。讲述释迦牟尼涅槃的经典众多，在中国影响最大的就是《大般涅槃经》，主要有西晋白法祖的《佛般泥洹经》、东晋法显的《大般涅槃经》及《大般泥洹经》、北凉昙无谶的《大般涅槃经》等。如东晋法显《大般涅槃经》卷中记载：

> 佛言：阿难，供养转轮圣王之法，用新净绵及以细氎，合缠其身，如是乃至积满千重，内金棺中。又作银棺，盛于金棺。又作铜棺，盛于银棺。又作铁棺，盛于铜棺。然后灌以众妙香油。又復棺内，以诸香花而用涂散。作众伎乐，歌呗赞颂，然后下盖。造大宝舆，极令高广，轩盖栏楯，众妙

① 王睿：《公元2～3世纪涅槃经像在中国的流传》，中国社会科学院考古研究所、新疆文物考古研究所编：《汉代西域考古与汉文化》，科学出版社，2014年，第433-455页。

庄严，以棺置上。又于城中作阇维处，扫洒四面极令清净，以好栴檀及诸名香，聚为大积，又于积上，敷舒缯氎，施大宝帐，以覆其上，然后舁举，至阇维处，烧香散花。伎乐供养，绕彼香积，周迴七匝，然后以棺置香积上，而用香油，以浇洒之。然火之法，从下而起。阇维既竟，收取舍利，内金瓶中，即于彼处，而起兜婆。表刹庄严，悬绘幡盖。①

此经文涅槃仪式程序描写当与南北朝至隋唐时期涅槃图像相近，能否反映出汉晋时期的涅槃，或者多大程度上反映出汉晋时期涅槃的内容，从目前比较明确的孔望山材料来看（图2-17），仍然有很大差距②。如果考虑本书对陶楼的复原，整个图像由上、中、下三层楼内容构成，而不是单单中间一幅卧床的图像，那么对涅槃图像的解释，显然不及汉晋时期人们对丧葬场景、升仙愿景的解释，更呈现出整体性。

图2-17　孔望山涅槃图像
（采自《连云港孔望山》图五八，第49页）

① 东晋平阳沙门释法显译：《大般涅槃经》卷中，《大正新修大藏经》第一卷，No.7，第199-200页。

② 中国国家博物馆田野考古研究中心、南京博物院考古研究所、连云港市文物管理委员会办公室、连云港市博物馆编著：《连云港孔望山》图五八，文物出版社，2010年，第49页。

霍巍老师曾对汉代画像中的门阙与“天门”进行了专门研究。霍老师提到，天门在文献学方面的含义，至少在汉代人们对其含义的理解及认识是指升仙之门、升天之门。天门所在，就是上天“天帝”所居之门，后来也成为天师道的最高尊神的居所。对“泛天门论”，以及完全否定图像上的天门与文献学中天门的含义对应关系，均应避免以偏概全，而应结合墓葬画像与画像之间、画像与墓室环境，乃至墓主人之间丰富而复杂的关系。霍老师认为，墓阙既包括地下墓葬中出现的门阙，也包括地面墓葬前面的石阙。像“赵氏天门”“赵君神舍”这类应该与升仙之门及含义有关，而对于汉画像材料车马出行中的门阙，在没有题铭、图像与墓葬关系不太清晰的情况下，最好不要将其解释为“天门”，以避免形成“泛天门论”①。这一认识，无疑也有助于我们研究早期佛教传播遗存，特别是关系这一时期佛教传播有关记载的文献，多为后代追记、补记，尽管此阶段对于史前考古而言，属于历史时期考古，但是，从文献的生成、利用等角度而言，对于早期佛教传播而言，又与史前考古有相似之处，因此，笔者将类似于早期佛教传播的考古学研究，称为“历史时期考古的早期阶段研究”。

第三节　曹操墓出土的画像“舍利”

曹操墓的一块画像石上刻绘了一神兽，旁有榜题“舍利也”，而且神兽的嘴里还衔有一颗圆形的珠状物，结合此前和林格尔壁画墓中“猞猁”榜题，以及旁边盘里装着一颗颗圆形的珠状物，早年俞伟超根据初次进入墓室者的回忆，认为是早期佛教遗存。因此，曹操墓中这件材料值得关注。

曹操墓是指高陵陵园遗址内的M2，曹操墓的材料在陆续公布②，为我们进一步关注和研究其成为可能。曹操墓材料里有两处值得注意：其一是石堂麒麟兽嘴里衔有一圆形珠状物，旁边有榜题“舍利也”③；其二是石堂画像中纪梁妻图像中有祭祀坟墓内容，坟墓封土上面还有一圆形，似乎是洞，内里有一人首画像。

曹操高陵M1地面，在墓道的南北两侧分别有一排长方形坑，南边11、北边11个。M2墓道南北两侧地面，也各有一排与墓道平行的磬形坑，墓室的前部有一条夯土带。M1和M2的东侧有东墙基槽，对应着M1和M2墓道的位置，还有两个豁口，或许是墓

---

① 霍巍：《阙分幽明：再论汉代画像中的门阙与“天门”》，巫鸿、朱青山、郑岩主编：《古代墓葬美术研究（第四辑）》，湖南美术出版社，2017年，第78-90页。

② 河南省文物考古研究所、安阳县文化局：《河南安阳市西高穴曹操高陵》，《考古》2010年第8期，第35-45页，图版拾-图版拾壹；河南省文物考古研究所编著：《曹操高陵》，中国社会科学出版社，2016年；河南省文物考古研究院、安阳市文物考古研究所、曹操高陵管理委员会：《安阳高陵陵园遗址2016—2017年度考古发掘简报》，《华夏考古》2018年第1期，第42-49页。

③ 承华东师范大学美术学院朱浒老师见告，特此感谢！

园通向两座墓葬的门，在两座墓葬的南北两侧还有南墙基槽和北墙基槽，在南北向基槽的南侧和北侧还有南壕沟和北壕沟，这些都应该是划分墓园各部分的分界遗迹，在南墙基槽和南壕沟之间还有一些建筑遗迹，推测可能与陵寝建筑有关。在M2的西面，考古队也清理出了两座墓葬，时代均为魏晋，报告撰写者认为应该是高陵的陪葬墓。2018年高陵陵园最新考古成果刊布，有了比考古报告更详细的材料，确认了高陵陵园主要由内外周夯土基槽、神道、东部建筑和南部建筑遗址等部分组成。内周夯土基槽平面呈长方形，环绕在M1和M2的东、北、南三面，内周基槽南北宽达88米，基槽宽2.8～2.9米，直壁平底，填土夯实，东基槽正对M2有一宽达5米的缺口，应该是陵园的东门，北部基槽也有宽约3米的缺口，或为北门。外周基槽在内周基槽外侧3～4米的距离处，整体平面也呈长方形，南北宽达100米，基槽内有填土和料姜石，杂乱而无明显夯层，部分下部出现淤土，在东侧和北侧也有对应于内周基槽的东门和北门，简报推测，内周基槽可能为陵园的垣墙基槽，外周基槽可能是垣墙外侧的壕沟。在内外基槽东门的南北两侧，各有9个方形柱础，自西向东延伸，柱础的边长为0.43～0.6米，这些柱础将东部建筑分为南北两部分，向东延展成一通道，与墓道正对，推测可能为陵园的神道。在东侧外周基槽的东边，有由柱础构成的柱网，这就是东部建筑基址，被神道分成南北两部分，北部分建筑南北8排夯土柱础，柱础为方形或长方形，边长在0.6米左右，每排至少有9个柱础；神道以南发现7排柱础，估计每排8个柱础。南侧建筑遗迹位于南侧内周基槽与M2之间，由四个部分组成。

曹操墓（M2）整体由墓道、护墙、墓门、前甬道、前室、前室一侧室一耳室、后甬道、后室、后室两侧室组成。画像石在M2中分布较多，在盗洞周围、墓圹下部填土、墓室内的扰土，以及墓室内的铺地石和墙壁下的奠基石等处均有发现。出土于墓室墙壁下的画像石，画面上被凿出细密的斜纹，隐约可以看出原始画面，报告撰写者认为这应该是二次利用的画像石。画像石内容有神鸟、神兽、历史故事、建筑、庭院、兵器、车舆等题材。报告专列一节介绍了M2被盗的画像石，其中有“义人赵宣行善图”画像石一块，该画像石保留部分高达105、宽91～92厘米，画像内容自上而下可分为5层：第一层为人物拜谒图；第二层应该是晋献公听信谗言，冤杀太子申生的故事；第三层画像内容为赵宣子桑树下救人，与别人舍身救赵宣子的故事；第四层画面旁边的榜题有“齐王晏子”“管仲”等；最下一层画面为神鸟和神兽，其中一兽前上侧有榜题“舍利也”（图2-18），该兽头顶双角，鬃毛竖起，双目圆睁，尤其是其口内衔有一颗圆形的珠子，在此口衔圆珠的神兽后面，还有几只，榜题有“阳遂鸟”“辟龙离也”等。

被盗的画像石中，还有一块反映的是“七女复仇图”画像石，画面内容分为上、下两层：上层画面最左侧为跽坐的两人，身旁有榜题“首阳山”，两人身侧有一队人车，三人一车，均朝向跽坐的两人，前领头之人，手持符节，其旁榜题“使者”，后

图2-18　曹操高陵出土“舍利也”画像石

（采自《曹操高陵》图一五二，第233页）

面两人躬身作揖，车旁有榜题“使者车”；该层画面的右侧，方向均朝向右，5人，正在祭奠一人，5人旁边榜题分别为“侍吏”“侍郎”“侍郎”“纪梁”“纪梁”，上述5人面向右侧的一个圆形的似乎是坟堆的地方祭拜，以第一人祭拜的动作较大，双手掬于脸前，应该是做悲戚状，坟堆前面摆放着一件三足案盘，案盘上应该是放着一件尊，此为祭奠器具，值得注意的是，坟墓上有一圆形，圆内有一侧面人头像，头戴帽，似为尖顶帽（图2-19）。此坟墓上人头像，与四川长宁七个洞墓门侧墓碑上人面画像有相似之处，是直接反映了图像材料中的丧葬礼俗遗存。

曹操墓发现3套葬具，其中后室包括石棺床和棺木，报告描述棺床已经被盗走，

图2-19　纪梁画像

（采自《曹操高陵》图一五四，第235页）

在后室发现大、中、小三种铁质帐架构件。报告还根据墓室内发现的画像石有瓦当和门柱残件，推测在石棺床和棺木外面还有仿宫殿形状的石椁；后室北侧室仅见木棺残迹，附近发现铁帐构；后室南侧室也发现木棺遗存，髹漆木棺，附近也有铁质帐构出土。报告推测墓室中发现的铁衔环、长方形铁板、凹字形铁饰板、桥形铁饰板、T形铁饰板，应该是葬具上的附件。铁板上面有的有铆钉，钉尖上残留棺木残块。报告在后面介绍出土器物部分，还介绍了79件铜泡钉，认为是箱子或者铠甲上的装饰物，有的可以看出有鎏金，一些泡钉的下部附有一层黑色的腐质物，有的能够看到明显的布纹。不知这些泡钉是否与葬具有关。

《三国志·魏志》卷第十二《司马芝传》记载：

> 特进曹洪乳母当，与临汾公主侍者共事无涧神系狱。卞太后遣黄门诣府传令，芝不通。辄敕洛阳狱考竟，而上疏曰：“诸应死罪者，皆当先表须报。前制书禁绝淫祀以正风俗，今当等所犯妖刑，辞语始定，黄门吴达诣臣，传太皇太后令。臣不敢通，惧有救护，速闻圣听，若不得已，以垂宿留。由事不早竟，是臣之罪，是以冒犯常科，辄敕县考竟，擅行刑戮，伏须诛罚。”①

裴松之注“无涧神”是山名，在洛阳的东北。陈寅恪认为，“无涧神”或许本应作“无间神”，而无间神就是地狱神。无间乃梵文Avici意译，音译则为“阿鼻”，当时意译为“泰山”，而“泰山”一词汉魏六朝内典外书习见，无涧即无间，这却是佛藏之外，史乘之中仅此。陈先生由此得出两点认识：其一，当时的释迦之教颇流行于曹

① （晋）陈寿撰，（宋）裴松之注：《三国志·魏书》卷第十二《司马芝传》，中华书局，1959年，第388页。

魏宫掖妇女间；其二，当时所禁为淫祀，虽然不能确指淫祀的范围，但这里提到所禁无间神与佛教有关，似乎据此也可见佛教在当时流行之程度[①]。

邢义田对和林格尔壁画墓中的“猞猁”提出质疑，撰写了《汉晋的“舍利”与“受福”——域外图饰元素融入本土图饰系统的一例》，对敦煌悬泉置房址F13C出土的东汉初简提出了新认识，而对于和林格尔小板申壁画墓中的“猞猁”榜题，认为可能与曹操墓出土的“舍利禽”“受福禽”有关，并据此推测汉晋画中没有榜题的“舍利”和“受福”图像。邢义田先生文后附录了郑岩先生的回信，大意是和林格尔汉墓壁画中残存的舍利榜题图像，可能是舍利的榜题和受福禽前面所托圆盘及盘中圆球状物[②]。此推测颇有意思，思路非常独特。本书认可他们的看法，如此曹操墓中出土画像石上的“舍利也”画像，应与佛教无关。

第四节　新疆地区汉晋时期墓葬中的佛教因素遗存

新疆吐鲁番地区衣物疏的研究趋热应该是开始于黄文弼先生在《吐鲁番考古记》中介绍的《白雀元年物品清单》，几经周折，该文书最后定名为《后秦白雀元年九月某人随葬衣物疏》，关尾史郎对此进行了述介[③]。白雀元年衣物疏中有“白雀元年九月八日，[　　]□归蒿里。条衣裳杂物[　　]□行，不得留难。时见：左清[　　]朱雀、后玄武”。关尾史郎结合东京柳原数典出版的《中国历史博物馆藏法书大观》第12卷图版的推补，推测此疏“时见”后面应补为“左青龙，右白虎，前朱雀，后玄武”，并列举出包含四神的衣物疏，其中纪年为北凉玄始九年的一件衣物疏引起笔者的注意，现将关尾史郎论文录文如下：

玄始九年十一月一日，高昌[
随身衣裳棺木如右。[
见：左青龙，右白虎，前[
□物数，胡僧受？[

① 陈寅恪：《魏志司马芝传跋》，陈寅恪：《金明馆丛考二编》，生活·读书·新知三联书店，2001年，第89-90页。

② 邢义田：《汉晋的“舍利”与“受福”——域外图饰元素融入本土图饰系统的一例》，荣新江、罗丰主编，宁夏文物考古研究所、北京大学中国古代史研究中心编：《粟特人在中国：考古发现与出土文献的新印证》（全二册），科学出版社，2016年，第542-557页。

③ 关尾史郎：《〈后秦白雀元年九月某人随葬衣物疏〉补说》，荣新江、朱玉麒主编：《西域考古·史地·语言研究新视野：黄文弼与中瑞西北科学考查团国际学术研讨会论文集》，科学出版社，2014年，第288-296页。

白雀元年为384年，白雀为后秦姚苌年号，北凉玄始九年为420年。这里的胡僧，应该是衣物疏中各类衣物接受的主人，也就是随葬衣物疏墓葬的墓主。当然也有可能是此衣物疏的撰写、丧葬安排等，与此胡僧有关。如墓主是胡僧身份，则随葬此衣物疏的墓葬就是一座僧人墓葬，而且是胡僧。但如果仅仅是衣物疏或为胡僧撰写、丧葬安排等，则此墓葬的丧葬礼俗安排活动就受到了佛教的影响。

楼兰LE古城土洞壁画墓尚没有科学的发掘报告出版，韦正结合一些报道和研究，对该墓进行了叙述，其中多处涉及墓葬中的佛教遗存①：古城东北4千米处一座带斜坡墓道的前后室墓，墓室建在一座佛塔的正下方。前室近方形，后室呈方形，前室面积较大，长4、宽3.5米，后室边长为2.8米。墓葬的前室中部有方形基座的中心柱。前室出土5具木棺，后室出土4具彩色箱式木棺。中心柱上绘有轮形图案，后室也绘有这种轮形图案。前室前壁墓门东半部似乎是一结跏趺坐佛像，以及一供养人像；前壁墓门的西半部为一镇墓兽形象，黑色。前室东壁图案似为六人饮酒壁画，西壁为双驼撕咬图；前室北壁壁画被前后室间过洞分成三部分，过洞的西面是扬蹄牡马，过洞的东侧似一僧人，做托钵状，过洞的上面是安弗拉式陶罐，墓室东壁有佉卢文题记。关于该楼兰壁画墓的时代，韦正认为上限不早于曹魏，可能是西晋时期。

该墓明显与佛教有关的遗迹现象有三处：其一是墓葬建在佛塔的正下方；其二是前室前壁墓门东半部的结跏趺坐佛像及供养人形象；其三是前室后壁过洞之东的托钵僧人。除了这些明确的与佛教有关的遗存外，韦正文中还提到法轮和佉卢文题记。法轮应该就是前室中心柱和后室的轮形图案，韦正文没有进一步说明。对佉卢文的使用，韦正结合出土佉卢文材料的遗存都与佛教关联，认为与贵霜月氏人对佛教的掌握有关。关于楼兰这批壁画墓的内涵，韦正认为将这批墓葬的主人推测为粟特人，证据并不过硬，墓葬主人指向楼兰当地高级贵族，楼兰壁画墓本质上是受到汉文化强烈影响的墓葬。

陈晓露对该墓佛教因素总结得较为全面，指出该墓在墓室营建、结构、壁画、出土织物四个方面都可见佛教文化特征。墓室营建可见墓葬地表立塔，该壁画墓位于一方形台地的南端，台地的中部有一塔形的土坯建筑，尽管发掘者认为可能是烽火台，而不是佛塔，但陈晓露认为不排除佛塔的可能性，况且文献中也有于阗王墓葬上起浮屠的记载；楼兰壁画墓最具有佛教文化特征的是前室前壁墓门东所绘“佛与供养人”图像，她的描述更加详细，佛为坐像，结跏趺坐，身着红袍，头部残缺，双手呈禅定印。供养人身着蓝衣，双手合十，跪在佛像的身侧。陈晓露认为，这是犍陀罗造像艺

---

① 韦正：《楼兰地区汉晋墓葬的初步分析》，中国社会科学院考古研究所、新疆文物考古研究所编：《汉代西域考古与汉文化》，科学出版社，2014年，第97-103页。

术中的“梵天劝请”；墓室结构上反映出与佛教文化特征有关，就是在前室正中有一中心柱。该柱上为圆形，下为方形基座，表面满绘轮形图案。陈晓露引述戴维的研究论文，认为中心柱具有佛教中“塔”的意涵，与石窟中的中心柱一样；轮形图案表现的是佛教中的“法轮”①

陈晓露上文中还提到楼兰壁画中出土一件彩绘绢衫，周围衣身及两袖上满绘花卉、璎珞，绢衫的胸襟处描绘了一尊人像，颈部及上半身缺失，着对襟红衫，赤足踩莲花，有头光和背光，手执细长杆状物。陈晓露认为以往认为此人像为佛像不确，而应是酒神狄奥尼索斯的形象，手执细长杆状物，应该就是顶端饰有松果的酒神权杖，这正是狄奥尼索斯的标志。脚踩莲花，身后有头光和背光，这是在中亚艺术中，其他宗教的神祇表现受到佛教艺术的影响。

于志勇、覃大海认为楼兰地区彩绘墓葬中见到的莲花图案，应该与佛教图像有关。他也谈到了楼兰LE壁画墓内出土的绢衫，白色的绢地上有彩绘的莲花座，其上有礼佛图案、花环图案，加之墓葬壁画的僧人形象，佛教因素氛围浓郁。古代多种文化在楼兰、营盘地区交流，极有可能是屯戍汉军和移民将佛教因素杂糅至道教色彩浓郁的传统丧葬文化中②。

《洛阳伽蓝记校释》卷五《城北》记载“宋云惠生使西域”：

闻义里有敦煌人宋云宅，云与惠生俱使西域也。神龟元年十一月冬，太后遣崇立寺比丘惠生向西域取经，凡得一百七十部，皆是大乘妙典。初发京师……从末城西行二十二里，至捍麼城。南十五里有一大寺，三百余僧众。有金像一躯，举高丈六，仪容超绝，相好炳然……后人于此像边造丈六像及诸像塔，乃至数千，悬彩幡盖，亦有万计。魏国之幡过半矣。幡上隶书，多云太和十九年、景明二年、延昌二年。唯有一幡，观其年号是姚兴时幡。从捍麼城西行八百七十八里，至于阗国。王头著金冠，似鸡帻，头后垂二尺生绢，广五寸，以为饰。威仪有鼓角金钲，弓箭一具，戟二枝，槊五张。左右带刀，不过百人。其俗妇人袴衫束带，乘马驰走，与丈夫无异。死者以火焚烧，收骨葬之，上起浮图。居丧者，剪发劈面，以为哀戚。发长四寸，即就平常。唯王死不烧，置之棺中，远葬于野，立庙祭祀，以时思之。于阗王不信佛法。有商胡将一比丘名毗卢旃在城南杏树下……旃语王曰：“如来遣我来，令王造覆盆浮图一所，使王祚永隆。”……王五体投地，即于杏树下置

① 陈晓露：《楼兰壁画墓所见贵霜文化因素》，《考古与文物》2012年第2期，第79-88页。

② 于志勇、覃大海：《营盘墓地M15及楼兰地区彩棺墓葬初探》，西北大学考古学系、西北大学文化遗产与考古学研究中心编：《西部考古（第一辑）》，三秦出版社，2006年，第401-427页。

立寺舍，画作罗睺罗像。忽然自灭，于阗王更作精舍笼之。今覆瓮之影，恒出屋外，见之者无不回向。其中有辟支佛靴，于今不烂，非皮非綵，莫能审之……十月之初，至嚈哒国……王居大氈帐，方四十步，周迴以氍毹为壁。王著锦衣，坐金床，以四金凤凰为床脚。见大魏使人，再拜跪受诏书。至于设会，一人唱，则客前；后唱，则罢会。唯有此法，不见音乐。嚈哒国王妃亦著锦衣，长八尺余，垂地三尺，使人擎之，头带一角，长三尺，以玫瑰五色珠装饰其上……十二月初入乌场国……国王精进，菜食长斋，晨夜礼佛，击鼓吹贝，琵琶箜篌，笙箫备有……去王城东南，山行八日，如来苦行投身饲饿虎之处……宋云与惠生割捨行资，于山顶造浮图一所，刻石隶书，铭魏功德……復西南行六十里，至乾陀罗城。东南七里，有雀离浮图……宋云以奴婢二人奉雀离浮图，永充洒扫。惠生遂减割行资，妙简良匠，以铜摹写雀离浮图仪一躯，及释迦四塔变……衒之按《惠生行记》事多不尽录，今依《道荣传》《宋云家记》，故并载之，以备缺文。①

文中详细提到于阗国的火葬，火葬之后在上面起砌浮屠佛塔，不知是否就是LE古城土洞壁画墓上面的土坯塔形建筑。宋云惠生西行至捍魔城时，见到了寺院佛塔悬挂诸多彩幡，其中最早的有十六国时期姚兴时的幡。此则材料虽然反映的是北魏时期西域情况，但其中的一些习俗或是汉晋时期延续下来。

《高僧传》卷第四记载朱士行：

朱士行，颍川人，志业方直，欢沮不能移其操。少怀远悟，脱落尘俗，出家已后，专务经典。

昔汉灵之时，竺佛朔译出《道行经》，即《小品》之旧本也，文句简略，意义未周。士行尝于洛阳讲《道行经》，觉文章隐质，诸未尽善，每叹曰："此经大乘之要，而译理不尽，誓志捐身，远求大本。"遂以魏甘露五年，发迹雍州，西渡流沙。既至于阗，果得梵书正本，凡九十章。遣弟子不如檀，此言法饶，送经梵本还归洛阳。未发之顷，于阗诸小乘学众，遂以白王云："汉地沙门欲以婆罗门书，惑乱正典。王为地主，若不禁之，将断大法，聋盲汉地，王之咎也。"王记不听赍经。士行深怀痛心，乃求烧经为证，王即许焉。于是积薪殿前，以火焚之。士行临火誓曰："若大法应流汉地，经当不然，如其无护，命也如何。"言已，投经火中，火即为灭，不损

① （魏）杨衒之撰，周祖谟校释：《洛阳伽蓝记校释》卷五《城北》，中华书局，1963年，第168-211页。

一字，皮牒如本。大众骇服，咸称其神感，遂得送至陈留仓垣水南寺。

时河南居士竺叔兰，本天竺人，父世避难，居于河南。兰少好游猎，后经暂死，备见业果。因改励专精，深崇正法，博究众音，善于梵汉之语。又有无罗叉比丘，西域道士，稽古多学，乃手执梵本，叔兰译为晋文，称为《放光般若》，皮牒故本，今在豫章。至太安二年，支孝龙就叔兰一时写五部，校为定本。时未有品目，旧品十四匹缣，今写为二十卷。

士行遂终于于阗，春秋八十。依西方法阇维之，薪尽火灭，尸犹能全，众咸惊异，乃咒曰："若真得道，法当毁败。"应身碎散，因敛骨起塔焉。后弟子法益，从彼国来，亲传此事，故孙绰《正像论》云："士行散形于于阗。"此之谓也。①

朱士行的葬礼是依照西方法阇维之，应该就是佛教的丧葬仪轨了，火葬，然后收骨起塔。

林梅村提到苏巴什发现过魏晋时期的高僧墓，上建佛塔，下建地宫，出土有陶器②。这应该就是库车昭怙釐西大寺塔葬墓③。墓葬位于西大寺最西端佛塔的北侧，佛塔用土坯夹戈壁土筑成，塔座呈长方形，现长35、宽24米，正南北方向，朝南有一坡道，塔顶原有一佛殿，前殿损坏严重，但后部甬道内犹存壁画。墓葬（78KZFM1）位于佛塔背后的中轴线上，墓底仍高出地面1.8米，墓室的西壁和佛塔建筑共用一土坯墙，墓室东侧有用土坯砌的台阶。墓室内用圆木做成一长3、宽1.2、高1.8米的框架，框架的底下有四根地栿，上面四根横梁，东西各有四根立柱，西边原有土坯墙，其余三面在木框内起砌土坯，墓室内木棺置于棺床之上，棺床保存较好，下有四足支撑。木棺已朽，但大致能够看出形制，长方形，长1.84、宽0.64米，前高后低，棺外面彩绘，彩绘以朱色为底，其上饰以蓝色花纹，棺板的边缘有一条蓝线，宽度达到6厘米，边缘向内接一条带，内填对角正方格纹，中间是蓝色。墓内有人骨架及泥质红陶单耳陶罐、木雕龙头、绢袋及铁刀等出土器物。简报推测该墓年代与佛塔时代一致，年代当在魏晋。简报推测墓内人骨架为20岁左右的女性，库车文管所后来又在该墓墓底清理出小儿骨架。

林梅村还提到，斯坦因在和田地区也发现过一具彩棺，上面竟然绘有贴金佛像，现藏大英博物馆，这具彩棺也可能出自伊玛木姆沙·卡孜木麻扎，这一地点发现过有

① （梁）释慧皎撰，汤用彤校注，汤一玄整理：《高僧传》卷第四《义解》一《晋洛阳朱士行》，中华书局，1992年，第145-146页。

② 林梅村：《丝绸之路考古十五讲》第十讲《于阗文明》，北京大学出版社，2006年，第193页。

③ 新疆博物馆、库车文管所：《新疆库车昭怙釐西大寺塔墓清理简报》，《新疆文物》1987年第1期，第10-12页。

可能是于阗公主的10岁女童古尸，身裹绫罗绸缎，1984年在该地点发现过三具彩棺，上面绘有四神等图案，其中一位墓主头裹白绫上有“夫人信附宰相李枉儿”，时代可能已经到了唐代。1987年在该地区又发现了12座墓，其中也出土了箱式木棺记木槽棺，时代约在唐代。林梅村基本认同伊玛木姆沙·卡孜木麻扎地点应该是于阗王族墓地所在，但没有说明上面彩绘贴金佛像的木棺材料到底属于何时[①]。

第五节　佛教因素遗存与“晋制”

文献记载两晋时期佛教已经得到了相当的发展。

如《高僧传》卷第十三《兴福》“晋并州竺慧达”条还涉及东晋双塔的建造：

释慧达，姓刘，本名萨河，并州西河离石人。少好田猎。年三十一，忽如暂死，经日还苏，备见地狱苦报，见一道人云是其前世师，为其说法训诲，令出家，往丹阳、会稽、吴郡觅阿育王塔像，礼拜悔过，以忏先罪。既醒，即出家学道，改名慧达。精勤福业，唯以礼忏为先。

晋宁康中，至京师。先是，简文皇帝于长干寺造三层塔，塔成之后，每夕放光。达上越城顾望，见此刹杪独有异色，便往拜敬，晨夕恳到。夜见刹下时有光出，乃告人共掘，掘入丈许，得三石碑。中央碑覆中，有一铁函，函中又有银函，银函里金函，金函里有三舍利。又有一爪甲及一发，发申长数尺，卷则成螺，光色炫耀。乃周敬王时阿育王起八万四千塔，此其一也。既道俗叹异，乃于旧塔之西，更竖一刹，施安舍利。晋太元十六年（公元391年），孝武更加为三层。[②]

《荀氏灵鬼志》载东晋咸康年间事：

晋周子长侨居武昌五丈浦东冈头。咸康三年，子长至寒溪浦中嵇家，家去五丈数里，合暮还五丈，未达减一里许。先是空冈，忽见四匝瓦屋当道，门卒便抓子长头，子长曰：“我是佛弟子，何故抓我？”吏问曰：“若是佛弟子，能经呗不？”子长先能诵《四天王》及《鹿子经》，便为诵之三四过。捉故不置，知是鬼，便骂之曰：“武昌痴鬼，语汝，我是佛弟子，为汝

① 林梅村：《丝绸之路考古十五讲》第十讲《于阗文明》，北京大学出版社，2006年，第193页。

② （梁）释慧皎撰，汤用彤校注，汤一玄整理：《高僧传》卷第十三《兴福》，中华书局，1992年，第477-478页。

诵经数偈，故不放人也？”捉者便放，不復见屋。鬼故逐之，过家门前，鬼遮不得入，亦不得作声。而心将鬼至寒溪寺中过，子长便擒鬼胸，復骂曰：“武昌痴鬼，今当汝至寺中和尚前了之。”鬼亦擒子长胸，相拖渡五丈塘西行。后诸鬼谓捉者曰：“放为西将牵我入寺中。”捉者已放，子长故復语后者曰：“寺中正有道人辈，乃未肯畏之？”一鬼小语曰：“汝近城东看道人面，何以败？”便共大笑。子长比达家，已三更尽矣。[1]

此事《法苑珠林》卷六十五、《太平广记》卷三百十八均有记载。咸康三年为337年。

《高僧传》卷第六《释慧远传》记载慧远在庐山般若云台精舍阿弥陀佛像前以香华集会，郝春文认为这条材料记载的是慧远与一百二十三位崇信佛教的僧俗之士于东晋时期结成的宗教团体，是迄今所见最早的佛教结社材料，这个团体在佛像前举行了类似于香火盟誓的发愿仪式，团体结合的目的是共赴西方净土[2]。

文献中对晋代的丧葬礼仪有比较详细的记载，如表2-4所示。

表2-4　《通典·凶礼》（大丧至葬仪）所见贺循《葬礼》条文[3]

礼制条目	具体内容	出处
天子诸侯之庶昆弟及妾子为母服议	晋贺循《丧服要记》曰：“公之庶兄弟父卒为其母，大夫之庶子父在为母，皆大功九月。凡降服，既降，心丧如常月。又天子诸侯贱妾子为其母，厌于父，不得制縗麤之服，三月而葬，葬已而除，居处饮食言语，心丧三年。”	卷八一，第2204页
皇后降服及不降服	晋贺循云：“诸侯女以为天王后，以尊还降其族人。”	卷八一，第2213页
诸王出后降本父母及所生母服议	贺循云：“虽不立，位在嫡正，父之所继，己之所承，故为三年。”	卷八二，第2228页
荐车马明器及饰棺	晋贺循云：“饰棺衣以布，玄上纁下。画帷荒云气，不为龙。笭帷易布以绀缯。池以象承霤，以竹为笼，如今车笭，帷以青绢代布。纽，玄纁二。其明器：凭几一，酒壶二，漆屏风一，三谷三器，瓦唾壶一，脯一箧，屦一，瓦樽一，屐一，瓦杯盘杓杖一，瓦烛盘一，箸百副，瓦奁一，瓦灶一，瓦香炉一，釜二，枕一，瓦甑一，手巾赠币玄三纁二，博充幅，长尺，瓦炉一，瓦盥盘一。”	卷八六，第2325-2326页
祖奠	晋贺循云：“载柩于輴，未明而行迁于祖庙者，乃将告辞于先君也。登自西阶，正柩于两楹间，北首，纳輴车于阶下，载之以适墓。启奠从设于西方。质明，灭烛，更设迁奠如启奠。”	卷八六，第2329-2330页

① 鲁迅校录，鲁迅先生纪念委员会编：《古小说钩沉》，人民文学出版社，1951年，第169页。

② 郝春文：《东晋南北朝时期的佛教结社》，《历史研究》1992年第1期，第90-105页。

③ 《通典》卷八六《礼》四六《凶礼》八，中华书局，1988年。

续表

礼制条目	具体内容	出处
遣奠	晋贺循曰："祖奠竟，厥明又大奠。大奠者，加于常一等，士以少牢，大夫太牢，盛葬礼也，是谓遣奠。奠毕，包牲下体以为藏备，大夫苞五，士苞三，遂行如墓。初设遣奠，士陈五鼎，用少牢，庶物备苞之以葬。今虽不能备礼，宜加于常奠，以盛送终也。其以葬日晨而设之。"	卷八六，第2335页
器行序	晋贺循云："丧车前后四引，引十人，合四十人。十人一佽，合四十四人。皆素服白帕俍手執練幡以部伍所主，禁讙呼嬉戏。四佽，一吏主之也。"	卷八六，第2338页
葬仪	晋贺循《葬礼》云："至墓之位，男子西向，妇人东向。先施幔屋于埏道北，南向。柩车既至，当坐而住。遂下衣几及奠祭。哭毕柩进，即圹中神位。既窆，乃下器圹中。荐棺以席，缘以绀缯。植翣于墙，左右挟棺，如在道仪。"	卷八六，第2346页

韦正认为墓葬制度研究是东晋墓葬研究中的薄弱环节，其关于东晋墓葬制度研究主要是从考古学材料进行分析。在一般墓葬研究中，将墓主身份明确的墓葬按照墓主官品进行列表梳理，认为东晋一般墓葬包括方形和长方形两大类，长方形包括凸字形和腰鼓形；墓葬大致可以分为三个等级：二品以上者、三品至无官位有身份者、庶人；随葬器物大致可以分为四类：第一类为碗、罐、灯等生活必须陶瓷器；第二类为耳杯、虎子、唾壶、鸡首壶、凭几等高级生活用具；第三类为俑、牛车等侍从、仪仗品；第四类为金玉等高级服饰用品，玉器是身份标志之一。整个东晋墓葬可以划分为四个等级：一是皇帝，其次是重臣，再次是普通高级官员直至无官位的士族子弟，最后一个等级是庶人。帝王与重臣的等级特征主要表现在近方形墓室、玉器、普通陶器、凭几、床榻、帐座等几个方面。其认为，东晋墓葬材料反映出的这种等级状况，具有随意性和不确定性，并且没有具体的强制性的条文依据。

韦正关于东晋墓葬制度考古学分析的第二部分对家族墓葬进行了分析。同一家族墓葬中的墓葬排列具有一定的规律，不同家族墓葬的排葬规律不同；同一家族墓群内墓葬的规模区别不大；同一家族内的墓葬的形制似有一定的规则；不同家族墓葬的规格与现实社会中的地位并不相称；多数墓葬被盗，随葬品材料进行详细对比不太可能，但是部分家族明显使用了朝服葬，部分家族没有使用，存在一定的差异。在家族墓葬分析的最后，论文还提到了东晋的帝陵。文献记载的东晋帝陵分布在建康城鸡笼山之阳、钟山之阳、幕府山之阳，其中南京大学北园东晋大墓位于鸡笼山之阳，南京富贵山大墓位于钟山之阳，汽轮电机厂大墓位于幕府山之阳，上述三处陵区并没有按照继位顺序或者死亡先后顺序排列，而是以血缘关系的亲疏尊卑，这与汉魏以来家族墓葬排列相似，不能不说东晋帝陵在某种制度上已经家族化了[①]。

概括韦正关于东晋墓葬制度的考古学研究，其关于考古学角度上的东晋墓葬制度，主要集中在如下方面：墓葬形制、四类随葬品、墓葬的等级划分、家族墓葬、东晋帝陵制度的家族化等。吴桂兵基于两晋墓葬文化因素的研究，从墓葬形制及随葬器物组合出发，梳理、区分出洛阳地区的墓葬文化因素，即洛阳因素、建康因素、地区因素等，诸因素的变化，反映着晋代墓葬文化因素变化发展的趋势，然后在此基础上归纳出“晋制”的墓葬文化因素内涵[②]。

齐东方老师撰文《中国古代丧葬中的晋制》，重点论述了晋制在丧葬观念、丧葬习俗、丧葬礼仪及丧葬制度方面的内涵，是目前国内关于晋制的考古学研究中，比较全面的论述，论文不仅对考古材料和考古专题认识进行了比较深入的分析，重要的是还对汉唐历史时期考古中礼俗的制度性研究，提供了很好的方法论范本及逻辑思路。我们下面将全面引述、研读齐老师的这篇宏著[③]（下文分析段落径称“论文”）。

论文第一部分论述“不封不树”与丧葬观念的转变及实践。论文从古代墓葬封树谈起，然后谈到了曹操的薄葬内容，其中也包含有“不封不树”的内容，倡导薄葬，此前《汉书·文帝纪》中也有关于文帝霸陵的记述，进而引申出汉代厚葬是一种美德，而曹魏主张薄葬的观念经过魏武帝曹操、魏文帝曹丕的终制规定，而逐渐在高等级墓葬中实施。西晋的帝陵也实行了薄葬，可见薄葬主张自曹魏开始，到了西晋不仅被继承，还逐渐得到了强化。这种丧葬观念的改变只有普及到社会各阶层，才能形成时代特征，论文就此还关注有限的几座能够确认曹魏时期的墓葬，墓葬形制和随葬器物的简化，构成了曹魏墓葬的新变化；西晋时期，京城洛阳地区的墓葬中东汉墓葬特点的遗留已经不是主流，西晋大、中型墓葬有单室墓和双室墓，地位高者多使用单室墓，单室墓逐渐成为主流，随葬品的数量减少，墓葬的整体大大简化。江南地区的门阀士族墓葬也开始逐渐使用单室墓，基本上也是中原西晋墓葬的主流。新的丧葬观念变化的深刻原因就是生死观的变化，论文提到《汉书·杨王孙传》所载杨王孙的裸葬，厚葬观念逐渐得到动摇，汉末三国时期人们开始重新检讨生死观，魏文帝的终制令很清晰地表现出了这种新的观念。西晋墓葬的变革及其持续，与时人生死观的变化密切相关。丧葬观念内涵中也包括佛教、道教甚至祆教传播、风水等引起的人们观念的变化。

论文主体第二部分是从丧葬习俗的角度展开的。普通墓葬中出现的陶祭台、榻、案几，以及牛车、陶俑等，可以看作改变原有丧葬习俗后出现的新方式和新器物，东

---

① 韦正：《东晋墓葬制度的考古学分析》，《华夏考古》2006年第1期，第66-72页。

② 吴桂兵：《两晋墓葬文化因素研究》，南京大学出版社，2017年。

③ 齐东方：《中国古代丧葬中的晋制》，《考古学报》2015年第3期，第345-366页。

汉至晋，横前堂的消失、祭台的出现，使祭台成为这个时代墓葬中的重要设施，晋墓中的祭台是普遍现象，祭台和案几及其组合竟强势延续到南朝时期。墓葬形制改变了祭祀方式，祭祀方式又使器物组合及器类发生了变化，陶凭几、瓷香熏、多子盒、唾壶、双沿罐、有系罐等成为墓内祭台上常见的组合及器类，与汉代墓葬前堂中的器物已经有很大不同。陶牛车和俑在西晋以后的大中型墓葬中成为普遍的风尚，这些牛车、鞍马及陶俑组合的运用，明显带有仪仗性质，一种新的文化符号出现在随葬品中。墓内出现的碑形墓志，与汉代在墓地上树立的墓碑不同，这种变化应视为“不封不树”丧葬观念出现后在丧葬习俗上的反映。

对于丧葬观念和丧葬习俗的这些变化，要使其常态化、稳定和延续，需要得到理论的支撑，理性表述，并使其成为行为规范，这就关涉这个时代的丧葬礼仪了。魏晋是关于丧葬礼仪讨论十分激烈的时期，主要争议集中于“服丧”制，以及关于司马炎要为司马昭等行三年之丧的争论。但是，丧葬活动中生者的这些礼制内容的讨论，在考古学上无法看到，可以见到的是现实生活中生者的讨论与考古发现的实物遗存并不相向而行，汉文帝废三年服丧，并没有改变汉墓中的厚葬现象，西晋庙堂之上对古礼服丧的重新推崇，也并没有出现类似于汉代的那种厚葬的情况，其原因在于曹魏的废三年之丧，以及“不封不树”的措施，这些观念与习俗到了西晋时，尽管礼仪的讨论很激烈，但墓葬的具体做法已经改变，人们已经接受了新的观念，并形成了新的习俗。

论文的第四部分讨论了正统建设中丧葬晋制的出现。丧葬观念、丧葬习俗得到了系统的礼仪认可后，需要政治权力介入才能使礼仪规定成为强制性的约束。与汉制相比较，晋墓的变化包含三方面关键内容：其一，取消了墓上立祠堂、石碑、石表、石兽的做法；其二，墓葬形制逐渐以方形单室墓为主；其三，俑群组成的仪仗成为随葬品的核心组合。墓葬中对财富的重视演变逐渐矫正为对身份等级的夸耀，东汉微缩再现宅第的墓葬迅速衰落，方形单室墓很快成为主流，反映田园生活的模型明器不再受重视，象征死者身份的以牛车为中心的仪仗俑群出现。论文认为从墓葬的表象到内部结构，以及随葬品等均为之大变，这应该是一场制度的变革。南方西晋、东晋墓葬空前统一的趋势，不仅是北方影响的延续，还是对南北文化的整合，如果没有制度上的原因是不可想象的。北方经十六国至北魏统一，源自西晋流行开来的方形单室墓越过十六国，在北魏全面推广，随葬品也继承了西晋以来埋葬俑群的传统，稍晚的东魏、北齐，方形单室墓、俑群已成定制。论文断言，魏晋墓葬制度的新特色，开辟了中国墓葬演变史上的一个新局面，在区域分布和相当长的时间里有条不紊地延续和发展，尽管其后也有一些新的变化，但应是魏晋丧葬制度整体稳定的大框架下发生的局部调整。

论文在结语部分提到，以多室墓向单室墓转变，仪仗组合取代了模型明器组合为显著标志的晋制，约存在了五百年之久，中国古代墓葬的再次调整、转变大约是在“安史之乱”以后，“展示着生人与死者情感的墓葬逐渐又形成了以世俗、宗教观念为主导的新方式，对风水堪舆空前重视，从注重表示身份，转而热衷于为子孙后代谋求福祉，丧葬中出现了摆道场、设水陆大会等仪式，墓葬形制和随葬品变得更加世俗化”。

齐东方老师在论述中国古代丧葬中的晋制时，提到了研究墓葬制度内涵的四个方面：丧葬观念、丧葬习俗、丧葬礼仪及丧葬制度。对于其中的丧葬观念的变化，其提到佛教、道教甚至祆教的传布，以及风水观念的兴起，对墓葬的变革起到推波助澜的作用，其中就有因果报应、鬼神显验。此段认知，难能可贵，使我们在佛教与墓葬考古之间搭建了一条理论逻辑链条，也就是说，将佛教等宗教观念纳入影响墓葬制度变迁的时代观念，而这种观念就是丧葬观念的主要内容之一，其路径可以演示为：佛教观念→时代观念→丧葬观念→不同地区、不同阶层、不同类型墓葬。

晋制的实施如何，似乎可以通过是否出现佛教因素遗存来反观。西晋佛教虽然得到了一定的发展，但是从政府层面和礼制方面，对其仍有不少限制。如晋初就曾一度禁止汉人出家， 相应地，考古材料中，即便是东晋的墓葬，其中的佛教因素遗存发现也不多。南昌火车站M6东晋墓出土的金戒指戒面上有佛像[①]。南昌火车站站前广场工地此次共发现6座墓葬，分布在同一地层，自北向南依次编号为M1～M6。M1～M3为券顶长方形单室砖墓。M4基本完整，为券顶前后室砖墓。M5为四隅券进式穹隆顶墓。M6为砖室墓，但是已经完全被毁，一副棺木已经毁坏，棺内清理出铜镜、铜镊子、金银器、料珠等近20件器物，其中佛像戒指即出土于该墓。戒指，金质，共4枚（M6：2），环形，环面上似装饰一周三角形栉齿纹，戒面向上伸出，形成“山”形，佛像就在这“山”形的面上。M6：2-1，直径1.6、戒面高1.2厘米；M6：2-2，直径2、戒面高1.5厘米；M6：2-3，直径2、戒面高1.5厘米；M6：2-4，直径1.9、戒面高1.6厘米。山形戒面上有佛像，佛像的四周有放射状弦纹，似为“背光”，下面似为莲花座。M6：2-1与M6：2-3相似，佛像可见头、身、手臂、腿等，面部可见双眼，结跏趺坐；M6：2-2与M6：2-4相似，似为半身佛像。上述戒面佛像系用模印和錾刻的方法制作而成。该墓还出土有金手镯1对、银手镯3件、银发钗3件、银耳挖1件、银顶针1件，值得注意的是该墓棺内还出土了蓝色、红色两种圆环状料器25枚，其中蓝色的4枚，残1枚，直径0.4、孔径0.2厘米；红色的21枚，直径0.2、孔径0.1厘米，红色的环状料器要比蓝色的小。该墓还出土了一件四叶瑞兽对凤纹镜（M6：1），直径达到13厘米，圆纽，纽座外为变形四叶，叶内饰有瑞兽，其中一叶内为瑞鸟和北斗七星。四叶间为凤鸟，两两相对，其外为十六连弧，弧内饰有龙、凤、象、神兽及神人等。尽管该墓残毁比较严重，但是一字排开的6座墓葬中，有一座墓葬墓主的身份明确，这就是

① 江西省文物考古研究所、南昌市博物馆：《南昌火车站东晋墓群发掘简报》，《文物》2001年第2期。

其中的M3，墓中出土了较多器物，主要有青瓷香熏及大量的漆木器，如漆器中的宴乐图漆平盘、车马人物纹漆奁、漆攒盒等。木器有木方1件，长方形，正面直行墨书："永和八年七月戊子朔五日壬辰江州潘阳郡潘阳县都□□□□□□南昌令雷陔命妇潘阳□张□年八十六即醉酒□□□□□□身丧物疏如女胄读书不得志者。"木方背面书随葬清单，有中衣、练衫一领等，可见都为不同质料的衣服。木质名刺2件，可见墨书："弟子雷陔再拜 问起居 潘阳字仲之。"木质印章2件，一件正面阴刻篆文横书"雷陔"，背面阴刻篆体直书"臣陔"；另一件素面无文字，两件中间均有穿孔。据此可知该墓年代及墓主。

由于该墓群中的M3木方上出现了"永和八年"的纪年，推测该墓年代应该是东晋穆帝时期，也就是352年。M1、M2、M4前室两侧设耳室，形制与M3相似，推测这三座墓葬年代也在东晋时期。M5应为四隅券进式墓顶结顶，因此推测年代比M3和M4要早，再结合器物推测该墓年代在西晋晚期至东晋早期。墓葬没有对出土戒面佛像的M6的年代做出推测，但从其整个报告的叙述而言，似乎将M6推测为东晋时期墓葬。笔者据该墓出土的四叶瑞兽对凤纹镜，以及其在墓葬群中居于最南位置，以及M5的时代有可能早至西晋晚期，推测M6的年代也许可能早到孙吴、西晋时期，当然，这只是一种推测，但至少应该与墓群整体不会相差太大。

M6墓葬中出土了戒指、彩色料珠、手镯、钗等，似乎可以推测墓主是一名女性，这也不意外。同时，我们考虑到M3墓主为雷陔，其身份或许与道教信徒有关。这样，这个墓地就非常有意思了，它让我们想起，在南京象山的东晋王氏家族墓地，其家族墓地中也埋葬有一名女性，墓葬中具有强烈的宗教因素，不过不是佛教因素，而是道教因素，墓葬里面出土了不少丹药。这就是象山王氏家族墓中的一个女性王丹虎的墓①，具有强烈的宗教文化因素。南昌火车站雷氏家族墓地中的M6为我们从这个角度观察世家大族墓葬提供了很好的材料。

敦煌祁家湾M310出土陶钵墨书有疑似与佛教有关的遗存，敦煌祁家湾M310为一洞室墓，墓室呈方形，墓室左右各葬一人，各有尸床和尸罩，中间摆放随葬品，主要为陶壶、陶碗、陶甑、陶槅、陶釜、陶碟、陶耳杯、陶樽、陶仓等。墓室靠后壁还有一块画像砖，画面似画墓主画像。左尸罩外头前置一朱书斗瓶，上有墨书"神玺二年十一月己丑八日丙申……"，尸床上撒有人为砸碎的陶钵碎片，上书与佛教有关的文字，尸床上还随葬铜钱2枚；右尸罩尸床上头端置有一枕，枕内包有一墨书斗瓶，上书"神玺二年八月辛酉廿三日癸未敦煌郡西乡里民□富昌命绝身死……"，尸床上也撒有陶盆碎片。陶钵为泥质灰陶，残碎，上有墨书"皇子□女宝女……宽□申□觉□

---

① 南京市文物保管委员会：《南京象山东晋王丹虎墓和二、四号墓发掘简报》，《文物》1965年第10期。

光生南□□儿道□教之效女佛生德文佛德□□”（图2-20），报告认为这些文字与佛教有关[①]。神玺为十六国北凉段业年号，二年即398年。谭蝉雪提到前凉建兴三十年（343年）墓斗瓶文，其上有文“地上生人青乌子诏令：死者佛女自受其殃……不加罪福……远去他乡，不得复来，急急如律令”，谭蝉雪认为“佛女”之名可证4世纪中叶佛教在敦煌的传播已经深入民间[②]。姜伯勤将该斗瓶墨书铭文录文为“地上生人□青乌子诏，令死者佛女自受其殃……不加罪福……远去他乡，不得复来”，且认为墓主即为佛女[③]。

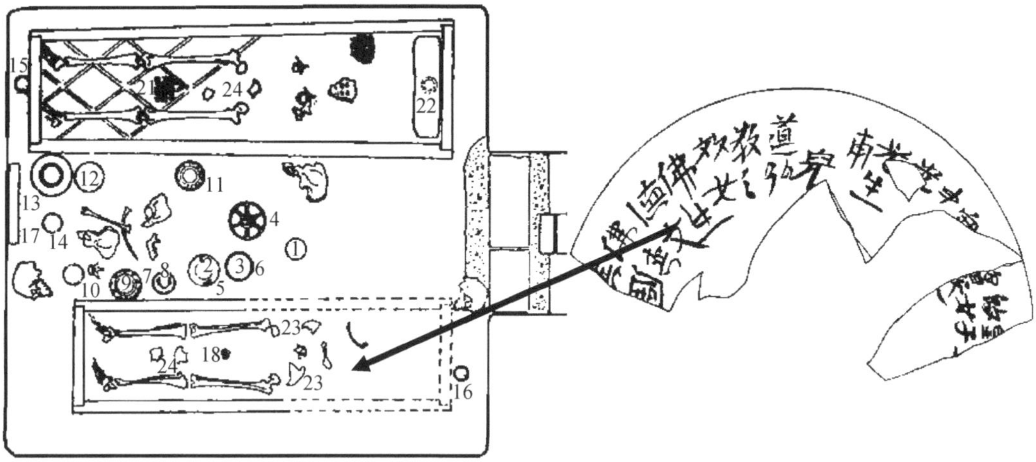

图2-20　敦煌祁家湾M310平面及出土陶钵墨书

（采自《敦煌祁家湾——西晋十六国墓葬发掘报告》图三一、图六一，第45、87页）

十六国时期的北燕冯素弗墓中出土佛像金珰，冯素弗墓中出土的佛像金珰材料两次刊布，其中第一次是在《文物》1973年第3期以简报形式公布，最近一次是在《北燕冯素弗墓》考古报告中刊布，编号为M1：113。简报中公布了拓片及黑白照片，考古报告中刊发了线图和彩色照片。简报中的名称为“压印人物纹山形金饰”，认为应是冠前的帽正，饰片的周边为锯齿和忍冬花纹带，中间是一座带火焰背光的佛像，像坐于座上，左右有两个立侍。金珰的正面以金丝穿缀圆形小金花。简报推测，该金饰片可能是冯素弗墓中出土金冠的组件。饰片高6.8、宽6.5～8.4厘米[④]。

① 甘肃省文物考古研究所（戴春阳、张珑）：《敦煌祁家湾——西晋十六国墓葬发掘报告》，文物出版社，1994年。

② 谭蝉雪：《敦煌民俗——丝路明珠传风情》，甘肃教育出版社，2006年，第318页。

③ 姜伯勤：《敦煌艺术宗教与礼乐文明：敦煌心史散论》，中国社会科学出版社，1996年，第276页。

④ 黎瑶渤：《辽宁北票县西官营子北燕冯素弗墓》，《文物》1973年第3期，第2-28页，图版壹-图版伍。

考古报告将此金珰定名为“压印佛像纹山形金饰片”，描述比简报详细：金饰片由压印佛像纹的山形金饰片及其上穿缀的步摇叶片组成。金片整体呈山形，背面压印纹整体为一山字形大边框，框内边饰锯齿纹带，锯齿纹的上下间隙有忍冬纹，边框正中就是一尊正面佛像，像结跏趺坐于佛台上，膝部显得宽大，双手似作禅定印，背部有火焰纹大背光。佛台前端有并排的四个方框形装饰，框内有对角斜线，台座的左右两侧似为两直立的胁侍，头上似乎戴冠。金饰片上宽8.2、下宽6.8、高6.6、厚0.012厘米[①]（图2-21）。

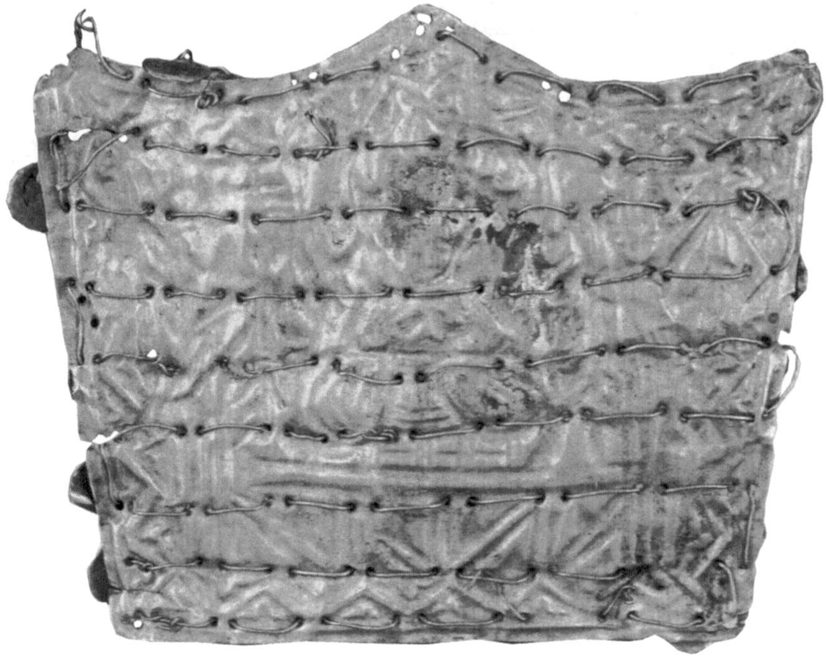

图2-21　冯素弗墓出土金铛背面
（采自《北燕冯素弗墓》彩版四五，2）

遗憾的是，该墓遭盗掘，许多器物的位置及组合均不清楚，报告将该压印佛像山形金饰片放在“服章杂用”部分描述，除此压印佛像纹山形金饰片之外，还有步摇金冠饰1件、山形镂空蝉纹金珰2件、圆形金饰片1件、胜形金饰片2件、镂花饰件金衬片7件、长条形金片1件、喇叭管形金器2件、管形镂空金器1件、笔帽形金器1件、金钗1件、银佩具6件（报告直言是朝服佩饰）、小银笄1件、水晶珠1件、琥珀珠4件、绿石珠2件、联珠式琉璃珠7件、铜带具28件。报告认为，冯素弗墓中出土的金珰和组佩，都是朝仪服饰的组成部分，北燕朝廷沿用中原样式的朝服与组佩，用于大臣丧葬装身，这种装殓用的朝服等，或可能来自朝廷的“赐葬”。

① 辽宁省博物馆编著：《北燕冯素弗墓》，文物出版社，2015年，第59-68页。

冯素弗墓中的前和棺画也值得注意。冯素弗墓为土坑竖穴石椁墓，椁室内葬木棺1具，柏木，前大后小，由盖、底、前和、后和及两侧棺帮组成，棺的外壁施红漆，上绘彩画，前和左右两侧画有两列形状相似的羽人，大致以前和中间一列小腰为中线。羽人皆黑发髻，白色褒衣大袖，领缘及袖襕等黑色，长裾包膝，腋下生黄色双翅，拱袖。羽人是趺坐或者呈飞升状，无法辨明。羽人数目不清，但两列可见南侧3人，北侧亦3人。报告怀疑画幅的主要内容为飞仙接引[1]。但是，冯素弗墓中木棺前和两列羽人的绘画内容在以往的棺画并不常见。

冯素弗墓葬中的材料虽然不能算作是东晋的材料，其年代为北燕时期，这个时期，佛教因素反映也不是很丰富。考虑到北燕与东晋的关系，以及冯氏采取的文化政策，该材料亦可纳入观察。

这也许就是制度性的约束对宗教文化的影响。从这个角度去观察晋制，给了我们研究晋制的新思路，使晋制的内涵显得更加丰富，凸显了墓葬考古的社会史意义。

① 辽宁省博物馆编著：《北燕冯素弗墓》，文物出版社，2015年，第12-13页。

第三章　天人、僧人与佛像

——南朝壁画墓中的佛教因素

平阳府君阙伫立在四川绵阳市郊，其左阙阙身中部位置有供养人韦景的造像记，主要内容就是发愿在石阙上雕造无量寿佛像，从而以造像的功德回向梁武帝及其过世的长子，希望梁武帝长寿，以及超度自己过世的儿子[①]。其实，在与四川相隔遥远的建康城内，从宋齐开始就有对佛教与丧葬祭祀影响的规定。如南齐世祖武皇帝萧赜永明十一年秋七月临终遗诏：

> 我识灭之后，身上著夏衣画天衣，纯乌犀導，应诸器悉不得用宝物及织成等，唯装複袂衣各一通。常所服身刀长短二口铁环者，随我入梓宫。祭敬之典，本在因心，东邻杀牛，不如西家禴祭。我陵上慎勿以牲为祭，唯设饼、茶饮、干饭、酒脯而已。天下贵贱，咸同此制。未山陵前，朔望设菜食。陵墓万世所宅，意尝恨修安陵未称，今可用东三处地最东边以葬我，名为景安陵。丧礼每存省约，不须烦民。百官停六时入临，朔望祖日可依旧。诸主六宫，并不须从山陵。内殿凤华、寿昌、耀灵三处，是吾所治制。夫贵有天下，富兼并四海，宴处寝息，不容乃陋，谓此为奢俭之中，慎勿坏去。显阳殿玉像诸佛及供养，具如别牒，可尽心礼拜供养之。应有功德事，可专在中。自今公私皆不得出家为道，及起立塔寺，以宅为精舍，并严断之。唯年六十，必有道心，听朝贤选序，已有别诏。诸小小赐乞，及閤内处分，亦有别牒。内外禁卫劳旧主帅左右，悉付萧谌优量驱使之，勿负吾遗意也。[②]

此处遗诏，是为终制，主要内容在于殓身衣服为“夏衣画天衣”，祭祀时改变以往用牲的状况，以饼、茶饮、干饭及酒脯为祭祀用品，山陵前朔望设菜食。此外，在显阳殿的玉像诸佛及供养可以尽心礼拜供养，可在其中做功德。特别强调公私皆不得出家

① 颜娟英编著：《与佛有约——佛教造像题记中的祈愿与实践》，“中央研究院”历史语言研究所，2014年，第18-19页。

② （梁）萧子显撰：《南齐书》卷三《武帝本纪》，中华书局，2017年，第66-67页。

为道，以及起立塔寺、舍宅为寺等。

萧梁时既设立佛寺为先人追福，同时也在陵旁作佛寺。《续高僧传》卷一载云：

（梁武）为太祖文皇于钟山竹涧建大爱敬寺，……结构伽蓝，同尊园寝；经营雕丽，奄若天宫。中院之去大门，延袤七里，梁庑相架，檐霤临属，旁置三十六院，皆设池台，周宇环绕，千有余僧，四事供给……又为献太后于青溪西岸建阳城门路东起大智度寺……正殿亦造丈八金像，以申追福，五百诸尼，四时讲诵。寺成之日，帝顾谓群后曰："建斯两寺，奉福二皇，用表罔极之情，以达追远之思，而不能遣蓼莪之哀。"①

通过宝唱的传记，我们大致知晓梁武帝既为文皇帝于钟山建大爱敬寺，也为太后于青溪西岸建大智度寺，这些为了先亡所建寺院，其目的主要是追福、思远。这些为死去的亲人所建寺院结构是"同尊园寝"，其经营雕丽是"奄若天宫"，寺院也应该是多院落布局，有"中院"，有"旁置三十六院"，有池台等，院内僧侣千有余，规模宏大。《文苑英华》卷七八五收录有梁简文帝所作《大爱敬寺刹下铭》：

夫波若真空，导大生于假域；涅槃有岸，引未度于无边……乃于钟山竹涧奉为皇考太祖文皇帝造大爱敬寺……以普通三年岁次壬寅二月癸亥朔八月庚午建七层灵塔，百寻既耸，千龛乃设……珠幡转曜，宝铃韵响。闻声者入道，见形者除累。仙衣梵带去雁塔而来游，天香风笙辞鹤城而下集。灵祇叶替，有识归依。四将五龙，翘勤翼卫；八臂三目，顶带护持……②

"涅槃有岸，引未度于无边"，可见当时人借助佛教荐亡死者的目的。大爱敬寺是为文皇帝造，其中建有灵塔，灵塔上是"珠幡转曜，宝铃韵响"，其护卫有"四将五龙"和"八臂三目，顶带护持"。梁武帝不仅在建康及其附近的山中为其父母建造佛寺追福，还在其父陵墓上建造陵寺。颜之推的《冤魂志校注》中有一篇《弘氏》，其中记载有梁武帝为文皇帝陵上起寺事：

梁武帝欲为文皇帝陵上起寺，未有佳材，宣意有司，使加采访。先有曲阿人姓弘，家甚富厚，乃共亲族，多赍财货，往湘州治生。经年营得一栰，

① （唐）道宣撰，郭绍林点校：《续高僧传》卷一《梁扬都庄严寺金陵沙门释宝唱传第二》，中华书局，2014年，第9页。

② （宋）李昉等编：《文苑英华》卷七八五《铭》，中华书局，1966年，第4149页上、下栏。

可长千步，材木壮丽，世所稀有。还至南津，南津校尉孟少卿，希朝廷旨，乃加绳墨。弘氏所賫衣裳缯彩，犹有残余，诬以涉道劫掠所得，并造作过制，非商贾所宜，结正处死，没入其材充寺用。奏遂施行……（少卿）呕血而死。凡诸狱官即主书舍人，预此狱事署奏者，以次殂殁。未及一年，零落皆尽。其寺营构始讫，天火烧之，略无纖芥。所埋柱木，亦入地成灰。①

这是一个关于冤魂报复的故事，但据之可知梁武帝在文皇帝陵上建有佛寺，建造用了柱木，后因火烧毁。梁武帝在文皇帝陵上所建佛寺也应该是为死者追福，或者在陵园内从事功德法事。

第一节 “竹林七贤与荣启期”帝王陵墓壁画

南朝墓葬中使用“竹林七贤及荣启期”拼镶砖面的墓葬集中在丹阳的三座墓和南京的西善桥、狮子冲几座。在这些墓室壁画中有一些题材被认为与佛教因素有关，兹介绍如下。

丹阳建山金家村南朝墓在胡桥仙塘湾南朝墓东南约2千米处，考古发掘后的材料与胡桥吴家村南朝墓为一份考古发掘简报。墓葬地面有圆形的土墩，墓前有水塘，水塘前200米处还有一对石兽，正对着墓室。西兽独角，刻有双翼，东兽双角，张口吐舌。墓葬由甬道和墓室组成，甬道内设两道石门，外有封门墙，石门半月形门额上浮雕有人字拱，周围有阴刻纹饰，可惜模糊不清，大致能够见到龙凤一类的图案，与胡桥吴家村南朝墓的情况非常相似。墓室平面为长八角形，墓室内长8.4、宽5.17米，左右两壁及后壁砌有直棂假窗和桃形灯龛，顶坍塌，推测为穹隆顶。墓砖也有一些表示大小、上下及厚薄的文字及编号，与吴家村南朝墓同。整个墓葬有彩绘壁画和砖画（拼镶砖画），彩绘壁画分布在甬道口向外一面，可见龙凤一类的图案。建山金家村南朝墓现存砖画12幅。在甬道口与第一重石门之间，甬道的顶部，偏东位置有“太阳”，偏西位置有“月亮”。太阳砖画中有三足乌，月亮砖画中有桂树和玉兔捣药，砖侧文字为“小日”“小月”。这日月砖画仅建山金家村南朝墓有保存。第一重石门前有狮子砖画，左右两壁对称，砖侧文字自铭“狮子”，狮子图案上有彩绘。两重石门之间为武士砖画，与吴家村南朝墓同。墓室前方上部为“羽人戏龙”和“羽人戏虎”，建山金家村羽人戏虎中的羽人左手执仙草，绕过头顶，伸向虎口，大虎上方有三个“天人”，前一人双手各执仙果一串，中一人画面残，所持物不明，后一人双手捧竽。“竹林七贤及荣启期”砖画位于主室后部的上方，东壁由外向里为嵇康、刘伶（实为

① （北齐）颜之推著，罗国威校注：《冤魂志校注》，巴蜀书社，2001年，第90-91页。

阮咸）、山涛、阮步兵（实为王戎）；西壁自外及里分别为王戎（实为向秀）、山司徒（实为刘伶）、阮咸、荣启期。刘伶的题刻是临时阴刻，与其余刻印然后制成阳刻不同，估计是临时补充进去的。此外，一些树木和乐器上可见红色的彩绘。车马出行的仪仗与吴家村南朝墓相同，也是位于羽人戏龙和戏虎及竹林七贤砖画的下面，由4幅画面组成，分别是骑马武士、持戟武士、执扇盖侍从、骑马乐队。出土器物有石俑、石马槽、石祭台、陶俑、青瓷碗、青瓷钵、青瓷鸡首壶、五铢钱、铜饰件、漆奁、漆案、漆耳杯等。简报推断该墓年代为肖齐时期[①]。

丹阳胡桥仙塘湾南朝墓位于丹阳东北水经山南仙塘湾的一座俗名鹤仙坳的山上，墓南有一对石刻神兽，左为天禄，右为辟邪。简报根据文献认为该墓为南齐景帝肖道生夫妇合葬的修安陵。整个墓葬由神道、石刻、门墙、甬道和墓室等组成。甬道内有两进石门，门额半圆形，拱上浮雕人字拱，墓室平面为长方椭圆形，长9.4、宽4.9米，推测原为穹隆顶。墓内有两个头骨残片，应为合葬墓。墓室内甬道口有两件比较高大的石俑，出土的陶器有俑、屋、盘、罐、盒、座等；出土的瓷器有青瓷罐；铁器有铁刀、铁剑；此外还有各种装饰金花、小动物、玉扣、玉泡、玉小方牌、棋子、料珠、红白玛瑙珠、琥珀、水晶饰件等[②]。

墓葬壁画均砌在东西两壁，每壁分为上、中、下三部分。墓室东壁残毁较甚，仅后部下方保存一幅“骑马乐队”的壁画，此壁画的上方还可见一幅较大的壁画，但缺损严重，根据墓砖侧阴刻的文字“嵇下行……”，推测这个位置应该是竹林七贤的半幅，也就是四个人。墓室西壁的情况要比东壁的情况稍好，西壁的后部也已经残缺，前部的中间为“羽人戏虎”壁画，砖侧阴刻“大虎……”文字，后面的下方有三幅壁画，第一幅为“骑马武士”，砖侧阴刻“右具张……”等文字；第二幅为“执戟侍卫”，砖侧阴刻“右立戟……”等文字；第三幅为“执扇盖侍从”，砖侧阴刻“右散迅……”等文字。残砖中可见“天人”的砖刻文字，这应该是飞天的壁画。此墓还可见“朱鸟”文字。简报结合其他南朝拼镶砖画墓的情况，对该墓的壁画分布进行了复原：甬道两壁自外向内，先为“狮子”，后为“武士”，各为两幅；墓室两壁自外向内，上部均为“飞天”，也是各两幅，中部西壁为“羽人戏虎”和半幅的“竹林七贤”四人；东壁为“羽人戏龙”和后面的“竹林七贤”半幅四人。东西两墓室壁的下部均为“仪仗出行”的壁画，各为四幅。“羽人戏虎”为该墓保存较好的壁画，画幅也较大，占据墓室西壁的主要位置。羽人立于画面的一侧，腰系飘带，衣袖和裤管均做羽带状，左手执拂帚，全身做舞蹈状。羽人面向一只大虎，虎的右上角有两“飞

---

① 南京博物院：《江苏丹阳县胡桥、建山两座南朝墓葬》，《文物》1980年第2期，第1-17页，图版贰-图版伍。

② 南京博物院：《江苏丹阳胡桥南朝大墓及砖刻壁画》，《文物》1974年第2期，第44-56页。

天”，一捧仙果，一散仙果。虎的尾部上部还有一“飞天”，做吹笙状。整个画面还散刻有卷云、莲瓣、花草等（图3-1）。

图3-1　竹林七贤壁画墓飞天组合

（采自《六朝艺术》[①]图一八九）

丹阳胡桥吴家村南朝墓在仙塘湾南朝墓西北约4千米处，坐北朝南，地面有夯实的圆形土墩，墓前有水塘。墓葬整体呈凸字形，前为甬道，后为主室，甬道内有石门两重，甬道外有封门墙，石门的门额作半月形，均浮雕人字拱，周围阴刻纹饰，风化严重，但隐约可见龙凤一类的图案。墓室平面呈长八角形，长8.2、宽5.19米，墓室顶为穹隆顶，左右两壁和后壁均砌有两个直棂假窗和桃形灯龛。整个墓室使用的墓砖均有砖文名称，如“大鸭舌”“中鸭舌”“小鸭舌”“上字斧”“中字斧”“下字斧”“正方”“中方”“薄方”等[②]。

墓室装饰各种图案花纹和壁画，壁画可以分为彩绘壁画和砖印壁画（拼镶砖画）。在甬道口向外一面，有彩绘图像，但仅可见龙凤一类的图案，大多剥落。胡桥吴家村南朝墓砖印壁画现存10幅。“狮子”砖画位于第一重石门前，也就是甬道口与第一重石门之间的左右两壁。砖文自铭“狮子”。砖画狮子的耳、眼、鼻、舌等均涂红色，两颊涂白色。在第一重石门与第二重石门之间的甬道两壁，有“武士”砖画，武士身着袴褶，外罩筒袖铠，双手握剑。墓室两侧壁的前方上部有“羽人戏虎”和“羽人戏龙”砖画，戏虎在西壁，戏龙在东壁。“羽人戏龙”的墓砖自铭“大龙”，龙前刻羽人，羽人腰束飘带，衣袖和裤管做羽翼状，右手执一长柄勺，勺下饰花朵，左手握一束仙草，大龙的上方有三“天人”，前一人捧盘，盘中置一三足鼎；中间一人托盘，盘中盛装仙果，后一人手执杖，杖上悬挂一磬。“羽人戏虎”羽人与戏龙的羽人同，“大虎”的上方也有三个“天人”，最后一天人手持杖，上悬一铃。墓室两侧壁

① 姚迁、古兵编著，郭群摄影：《六朝艺术》，文物出版社，1981年。

② 南京博物院：《江苏丹阳县胡桥、建山两座南朝墓葬》，《文物》1980年第2期，第1-17页，图版贰-图版伍。

后部的上方为“竹林七贤及荣启期”砖画，两壁对称，每壁各四人。东壁从外至里分别为嵇康、刘伶（人物特征实为阮籍）、山涛、阮步兵（实为王戎）；西壁半幅，从外向里分别为荣启期（实为向秀）、阮咸（实为刘伶）、山司徒（实为阮咸）、王戎（实是荣启期）。值得注意的是，刘伶的榜题两字为临时阴刻，而其余的都是直接刻印制成为阳刻；同时，竹林七贤砖画局部有彩绘，如树木和乐器都用红色涂绘。车马出行砖画左右对称，位于“羽人戏龙”和“竹林七贤”两幅画面之下，一共有四组。第一组为“骑马武士”，砖文自铭“具张”；第二幅是“持戟武士”，砖文自铭“亘戟（？）”；第三幅是“持扇盖侍从”，砖文自铭“护迅（？）”；第四幅是“骑马乐队”，有三人，前一人执“建鼓”，一人手握“排箫”，后一人手握“埙”。出土器物有石俑、石马、石马槽、石祭台、石臼、陶俑、陶犀牛、五铢钱、铜环、铺首、冒钉、漆奁、漆案、漆耳杯等。简报推测墓葬年代为肖齐时期（图3-2、图3-3）。

南京栖霞狮子冲南朝墓分别编号为M1和M2，两墓并列，位于一长方形陵园内[①]，

图3-2　丹阳建山金家村武士画像

（采自《六朝艺术》图二〇三、图二〇四）

① 南京市考古研究所：《南京栖霞狮子冲南朝大墓发掘简报》，《东南文化》2015年第4期，第33-48页。

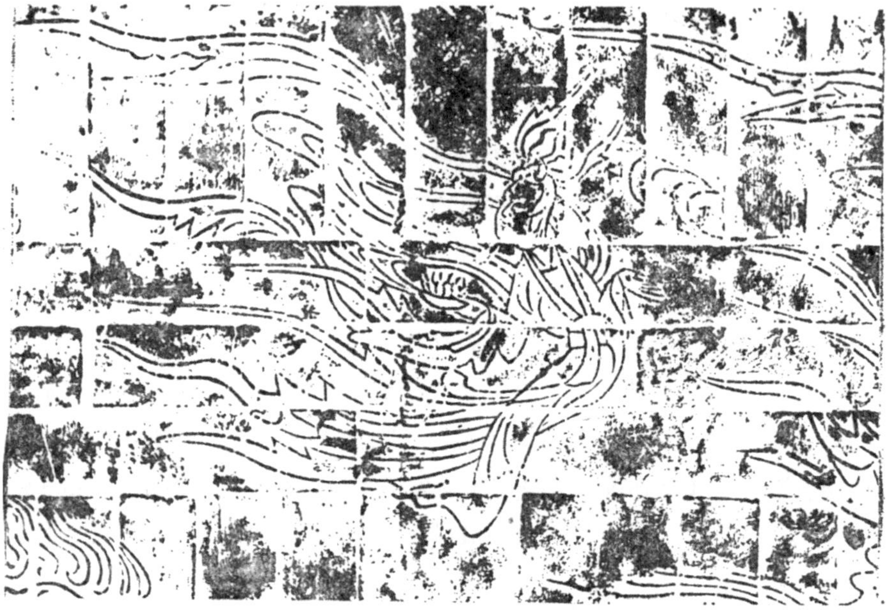

图3-3　丹阳胡桥吴家村南朝墓壁画飞天
（改自《江苏丹阳县胡桥、建山两座南朝墓葬》图一三，第10页）

陵园南侧有神道，神道两侧以竖砖锁边。神道两侧有两尊石刻麒麟，石刻下面有长方形基座①。

M1为一带甬道的长凸字形单室砖墓，五重封门墙，甬道分布两道石门。第一重石门仅见一对石门柱和门楣，西门柱东侧面线刻宝珠莲花和缠枝花卉；西门柱南侧面上端线刻仙人骑天鹿，下端为仙人骑凤。东门柱线刻漫漶不清。半月形门楣浮雕仿木结构的人字拱，线刻纹饰风化。第二重也是由一对石门柱和门楣组成。西门柱东侧面线刻有宝珠莲花等缠枝花卉纹饰，南侧面为上下两组仙人骑兽图案。东门柱西侧面残留宝珠莲花等线刻，南侧面上方为仙人骑飞龙，下方可见仙人骑凤鸟的部分。半月形门楣正面浮雕仿木结构的人字拱。人字拱的顶端斗面有一莲花，人字拱的两侧均为线刻的一组带翼神兽图案，两组左右对称。人字拱的下方也有左右对称的两组神兽。

墓室平面呈长椭圆形，前后壁外弧，内长8.32、宽度近5米。墓室东西两壁均发现壁画图案，均为模印的画像砖拼接，而且该墓砖室的砌造，还将大量的模印画像砖作为普通的墓砖使用，墓室填土内也发现不少模印画像砖。散落的画像砖端面或侧面有文字，如“大龙下行六十五讫”“虎中行十六”“右师子下行十五”“……天人

① 马涛、祁海宁：《南京市栖霞区狮子冲南朝陵园考古工作简报》，南京市博物馆总馆、南京市考古研究所编著：《南朝真迹：南京新出南朝砖印壁画墓与砖文精选》第四节，江苏凤凰美术出版社，2016年，第86-95页。

十一”“大月第……”“左笠戟……”“……具张……”“右迅鑱二”“左值阁中行四”等。东西两壁分布有砖印壁画，西壁壁画由前向后依次为“羽人戏虎”、半幅“竹林七贤”；东壁保存较差，原本应有“羽人戏龙”和另半幅“竹林七贤”。在西壁“羽人戏虎”画像砖画的“大虎”的尾后有两个“天人”，应为飞仙，其中一个保存较好，仙人手捧鼎炉，凌空飞行（图3-4）。西壁的竹林七贤分别为阮咸、阮籍、山涛、阮步兵，其中阮步兵榜题的画像人物应为嵇康。在墓室内乱砖堆积中，发现一砖砖面有刻划的文字“师李/中大通弍年五月/廿七日于俊跰作此/砖大好可用”。

图3-4　狮子冲M1西壁虎与飞天拼镶砖画

（改自《南京栖霞狮子冲南朝大墓发掘简报》图十一，第39页）

M2在M1的西侧，M1西侧边缘的封土叠压在M2的封土之上，平面呈长凸字形带甬道单室砖墓。在墓葬南端，有一叠压于墓道填土上面的砖砌祭台，平面呈长方形，残存两层砖。甬道内设置两道石门。第一道石门由一对门柱及门楣组成，线刻纹饰漫漶不清。第二道石门门柱纹饰漫漶，门楣正面浮雕人字拱，顶端斗面线刻八叶莲瓣，拱心宝珠莲花，两侧对称刻带翼神兽，可见凤鸟、飞龙、千秋、万岁等，人字拱的下部刻有一畏兽正面图像，门楣下部残缺（图3-5）。M2墓室平面呈长椭圆形，散落的画像砖铭文有“嵇下行……”“右具张三”“右天人上六”“小日二”“右迅鑱五……”“……笠戟上一”“大月一”“大日……”等，还有四块砖的端面有“王戎”“嵇康”“阮咸”“山涛”题名。墓室东西两壁均有砖印壁画，东壁保存较好，壁面南距直棂假窗半米处为“仙人持幡”图案，仙人左手持幡，两侧飘带翻飞，呈凌空飞行状；西壁残留一些画像砖，推测原也有“仙人持幡”图案。东壁仙人持幡画像下面露出了一些画像，推测应为“羽人戏虎”砖印壁画。该墓出土纪年铭文砖一块，上刻“普通七年/师张正负”。如此，两墓墓砖上发现刻划的纪年，M1为中大通二年，即530年，M2为普通七年，即526年，两墓年代或与此大致相当。简报初步认定M1的墓主为梁昭明太子萧统，M2的墓主为萧统生母丁贵嫔。

图3-5　狮子冲M2第二重石门门楣纹饰

（采自《南京栖霞狮子冲南朝大墓发掘简报》图二十六，第46页）

此类大型南朝墓石门门楣上浮雕的人字拱，在栖霞山千佛岩石窟中也有发现。栖霞山28号窟为带有前庭的方形单室窟，为一佛二弟子二供养狮子组合。前庭门的两侧，在方座上各凿一蹲狮，主室的正壁安置佛座，上面装饰有壶门，佛像坐于方座上，施禅定印，内着僧祇支。石砌拱门门楣上浮雕人字拱。该窟窟门的右上方有两行楷书题刻“中大通二年□□八月廿三日作”[①]。齐梁高等级墓葬拼镶砖画主要内容是出行与竹林七贤，基本是以墓主人为中心的铺陈设置，其中位于甬道石门前后的狮子、位于大虎大龙上侧的飞天，起到护卫与供养的作用，至于遍布此类墓葬墓室的莲花，则起到了进一步渲染和加强的功效。狮子冲两墓石门上的宝珠及其莲花座，应该表现的是与北朝墓葬壁画绘制的摩尼宝珠相同，两侧刻绘的神兽、仙人骑兽也起到了护卫和供养的作用。

据前引文献，齐武帝生前即信佛，故而在终制诏书中言及山陵祭奠不以牲为祭，而以素食、菜食为祭。死后如果有功德事，也可以在置放有玉佛像的显阳殿进行。《南史·梁本纪中第七》记载梁大同十年（544年）武帝相关活动。

---

① 林蔚：《栖霞山千佛岩区南朝石窟的分期研究》，侯仁之主编：《燕京学报（新十九期）》，北京大学出版社，2005年，第275-308页。

三月甲午，幸兰陵。庚子，谒建陵，有紫云荫陵上，食顷乃散。帝望陵流涕，所沾草皆变色。陵傍有枯泉，至是而流水香洁。辛丑，哭于修陵。壬寅，于皇基寺设法会，诏赐兰陵老少位一阶，并加颁赉。所经县邑，无出今年租赋。因赋《还旧乡诗》。癸卯，诏园陵职司，恭事勤劳，并锡位一阶，并加赐赉。①

在陵区旁边的佛寺皇基寺设法会，这里的法会应该与为死去的先人追冥福有关。

又《南史》卷六《梁本纪上第六》：

（天监十六年）三月丙子，敕太医不得以生类为药，公家织官纹锦饰，并断仙人鸟兽之形，以为亵衣，裁剪有乖仁恕。于是祈告天地宗庙，以去杀之理，欲被之含识。郊庙牲牷，皆代以面，其山川诸祀则否。时以宗庙去牲，则为不复血食，虽公卿异议，朝野喧嚣，竟不从。②

宗庙祭祀，涉及丧葬礼俗“丧”“葬”“祭”中的祭祀，祭祀去杀，郊庙牲皆代以面，不复血食。这也应该与佛教的影响有关。

《资治通鉴·梁纪》“武帝大同二年”条：

上为文帝作皇基寺以追福，命有司求良材。曲阿弘氏自湘州买巨材东下，南津校尉孟少卿欲求媚于上，诬弘氏为劫而杀之，没其材以为寺。③

此条与前面颜之推《冤魂志》之《弘氏》篇内容大致相同，说明梁在陵墓作佛寺，其目的是为死去的文帝追福。

又《宋书·萧惠开传》记载：

萧惠开，南兰陵人，征西将军思话子也。初名慧开，后改慧为惠……丁父艰，居丧有孝性，家素事佛，凡为父起四寺，南岸南冈下，名曰禅冈寺，曲阿旧乡宅，名曰禅乡寺，京口墓亭，名曰禅亭寺，所封封阳县，名曰禅封寺。谓国僚曰：“封秩盖鲜，而兄弟甚多，若使全关一人，则在我所让。若

① （唐）李延寿撰：《南史》卷七《梁本纪中第七》，中华书局，1975年，第216-217页。

② （唐）李延寿撰：《南史》卷六《梁本纪上第六》，中华书局，1975年，第196页。

③ （宋）司马光编著，（元）胡三省音注，“标点资治通鉴小组”校点：《资治通鉴》卷一五七《梁纪》十三“武帝大同二年”，中华书局，1956年，第4870页。

使人人等分，又事可悲耻。寺众既立，自宜悉供僧众。”①

萧惠开家素信佛，其曾经居住在佛寺里，并将佛寺里面斋前的花草全部拔去，换种成树木。尤其是惠开为父起四寺，其一为南岸南冈下的禅冈寺，其二为曲阿旧乡宅的禅乡寺，其三为京口墓亭禅亭寺，其四为所封封阳县的禅封寺。其中，京口的禅亭寺，应该是位于其父墓葬所在地，墓地地面建筑中还有墓亭，禅亭寺应该在此墓亭附近。

又《梁书·任孝恭传》记载：

> 任孝恭字孝恭，临淮临淮人也。曾祖农夫，宋南豫州刺史。孝恭幼孤，事母以孝闻……高祖闻其有才学，召入西省撰史。初为奉朝请，进直寿光省，为司文侍郎，俄兼中书通事舍人。敕遣制《建陵寺刹下铭》，又启撰高祖集序文，并富丽，自是专掌公家笔翰。孝恭为文敏速，受诏立成，若不留意，每奏，高祖辄称善，累赐金帛。孝恭少从萧寺云法师读经论，明佛理，至是蔬食持戒，信受甚笃。而性颇自伐，以才能尚人，于时辈中多有忽略，世以此少之。②

此建陵寺之建陵，应为梁武帝父萧顺之之建陵，如此该寺则为萧梁陵寺，据任孝恭曾撰写建陵寺刹下铭，建陵寺似乎有塔刹。

《旧唐书·仪礼志》记载梁武帝继位以后，曾因建陵陵阴石虎“恨小”，而更造碑石柱麟，并二陵中道门为三阙。《旧唐书·礼仪五》载：

> 梁武帝父丹阳尹顺之，追尊为太祖文帝，先葬丹徒，亦尊为建陵。武帝即大位后，大同十年，亦朝于建陵，有紫云荫覆陵上，食顷方灭。梁主著单衣介帻，设次而拜，望陵流哭，泪之所沾，草皆变色。陵傍有枯泉，至时而水流香洁。因谓侍臣曰，陵阴石虎，与陵俱创五十余年，恨小，可更造碑石柱麟，并二陵中道门为三阙。园陵职司，并赐一级。奉辞诸陵，哭踊而拜。③

加之《南齐书》卷三《武帝纪》记载萧赜临终下诏，佛教信仰的临终内容体现出来了。《南史》卷七《梁本纪中》记载梁太清元年，梁武帝舍身光严、重云殿“游仙、

---

① （梁）沈约撰：《宋书》卷八十七《萧惠开传》，中华书局，1974年，第2199-2200页。

② （唐）姚思廉撰：《梁书》卷五十《文学下》，中华书局，1973年，第726页。

③ （后晋）刘昫等撰：《旧唐书》卷二十五《礼仪五》，中华书局，1975年，第972页。

化生皆震动，三日乃止”。

结合这些文献，考虑到南朝“竹林七贤与荣启期”天人图像与石窟等的比较，“竹林七贤及荣启期”拼镶砖画中存在佛教因素目前看问题应该不大。

第二节 襄阳、常州、邗江、余杭的壁画墓

襄阳地区南朝墓葬材料中，邓县彩色画像砖墓中的“飞仙”画像，贾家冲画像砖墓中的“飞仙”“趺坐小佛像”“化生童子”“供养人”画像，谷城肖家营南朝墓墓砖青龙、朱雀画像构图模仿龙门石窟的尖拱龛，谷城龙湾村画像砖墓中的“飞天”等题材，均认为与佛教有关。

邓县学庄彩色画像砖墓位于河南省邓县县城西北，墓葬由甬道和长方形墓室组成，南北长9.8、东西宽3.09米，墓壁是用花砖横竖相错砌成，左右两边共有12个方柱，墓室的左右两壁各有8个方柱、甬道左右壁各有4个方柱。墓室地面用莲花小砖平铺，砖下用石灰铺墁。该墓出土器物有55件陶俑、1件骨簪、五铢钱及铁质棺钉等①。

墓门券门上绘有壁画，中间为一兽首，嘴衔胜。在衔胜兽首的两旁券门的中部，左右各画一飞仙，右边的飞仙着朱红色裙，蓝绿色飘带，发髻乌黑，双手举着博山炉，炉中烟气缭绕；左边的飞仙一手散花。门两旁各绘一守门武士，手拄宝剑、头戴冠巾，上衣朱红色，长鬚赤脸。兽首、飞仙与守门武士之间砌以莲花纹砖间隔（图3-6）。该墓墓室后壁以四层砖砌就，从内侧观察，似为两砖砌塔柱，塔柱下侧以三组三顺一丁砖砌成塔基，上以三层顺砖似乎砌成台基，其上以一丁三顺分别砌成塔身和每层的塔檐，残存四层塔身及塔檐，第四层塔檐损毁。塔基下层两组丁顺砖纹饰组合成一武士人像画像砖，武士像上第三组为玄武画像砖。

墓中出土器物除了大量的画像砖和花纹砖外，还有陶质兽腿、陶俑、骨簪、棺钉等。陶俑共出土了55件，报告认为，从这些陶俑的姿态上看，大致有歌唱俑、奏乐俑，并且注意到有一个奏乐俑与画像砖上的奏乐者相似。杨泓先生认为这批陶俑的头和身体是分开做的，所以在一些俑的头和身体上分别出现“七”“吕”“△”等，在俑的足部有刻划的文字，如“捉车”“车”“刀”“仪刀”“捉大鼓”等。杨先生认为，这里面的俑有的反映的是车马出行俑群，如刻划“车”等铭文的俑，有的反映的是乐舞俑群，如刻划“鼓”的俑，也有的是侍俑②。该墓墓室及甬道内遍砌画像砖和花纹砖。《邓县彩色画象砖墓》一书没有对画像砖、花纹砖在墓室内的详细分布进行充

① 河南省文化局文物工作队：《邓县彩色画象砖墓》，文物出版社，1958年。

② 柳涵：《邓县画象砖墓的时代和研究》，《考古》1959年第5期，第255-261、263页。

分的介绍。因此，许多学者对该墓画像砖进行了复原，如李梅田①等。杨泓先生在《邓县画象砖墓的时代和研究》中也涉及对画像砖位置的描述。

图3-6　邓县彩色画像砖墓券门壁画
（采自《邓县彩色画象砖墓》彩色图版，第7页）

邓县彩色画像砖墓墓壁用画像砖和花纹砖砌成，左右两边各有十二个方砖柱，两柱之间容一横砖，墓室内左右两侧壁各有八个砖柱，甬道左右两侧壁还有四个砖柱。墓室内每个砖柱分别由下向上砌顺砖三层，然后在两侧各竖砌一砖，中间镶一块画像砖，这样为一组。每个砖柱下面两组组成一武士画像，再向上三组到券顶，东西两壁画像共五组。甬道左右壁四个砖柱各分三组，下面两组与墓室两侧壁相同，也是组成一武士画像，再向上一组到券顶。墓室后壁塔形砖柱上也各由三组画像组成，下面两组画像组合成武士画像，与墓室、甬道一样。上面一组为玄武画像砖。大量的出行、伎乐、千秋万岁、白虎、青龙、牛车、郭巨埋儿、老莱子、乐舞等画像砖集中在甬道的第三组，墓室壁的第三、四、五组。

① 李梅田：《西曲歌与文康舞：邓县南朝画像砖墓乐舞图新释》，《故宫博物院院刊》2016年第4期，第82-94页。

《邓县彩色画象砖墓》第2页有该墓的平、剖面图，其中的剖面图可以见到东壁甬道南侧第一柱由下向上数第三组为双狮画像砖（图3-7），第二至第四砖柱未见介绍；墓室东壁由下向上数第三组画像分别如下：第一柱是战马画像砖，第二柱是乐队画像砖，第三柱为运粮画像砖，第四、第五柱未见介绍，第六柱为五人奏乐，第七柱为送物画像砖，第八柱未见介绍。墓室东壁第四组画像第一柱可见麒麟画像，第二柱为武士画像，第三、第四柱未见介绍，第五柱为牛车，第七柱未见介绍，第八柱为郭巨画像砖。甬道西壁由下向上数第三组画像分别是：第一柱画像砖为双狮，第二至第四砖柱未见介绍。墓室西壁由下向上数第三组第一至第六柱未见介绍，第七柱为老莱子画像砖，第八柱未见介绍。第四组第一至第四柱未见介绍，第五柱为牛车，第六至第八柱未见介绍（表3-1、表3-2；图3-8）。

图3-7 双狮画像砖

（采自《邓县彩色画象砖墓》图四一，第31页）

表3-1 邓县彩色画像砖墓甬道及墓室东壁画像砖分布

→南

结构	墓室								甬道			
砖柱	第八	第七	第六	第五	第四	第三	第二	第一	第四	第三	第二	第一
第五组									三顺一丁至券顶			
第四组		郭巨					武士	麒麟				
第三组		送物	奏乐	牛车		运粮	奏乐	战马				双狮
第二组	武	武	武	武	武	武	武	武	武	武	武	武
第一组	士	士	士	士	士	士	士	士	士	士	士	士

注：舒体字体据报告平、剖面图，宋体字体据彩版、图版补，下同。

表3-2　邓县彩色画像砖墓甬道及墓室西壁画像砖分布

南 ←

甬道				墓室								结构
第一	第二	第三	第四	第一	第二	第三	第四	第五	第六	第七	第八	砖柱
三顺一丁至券顶												第五组
								牛车				第四组
双狮										老莱子		第三组
武	武	武	武	武	武	武	武	武	武	武	武	第二组
士	士	士	士	士	士	士	士	士	士	士	士	第一组

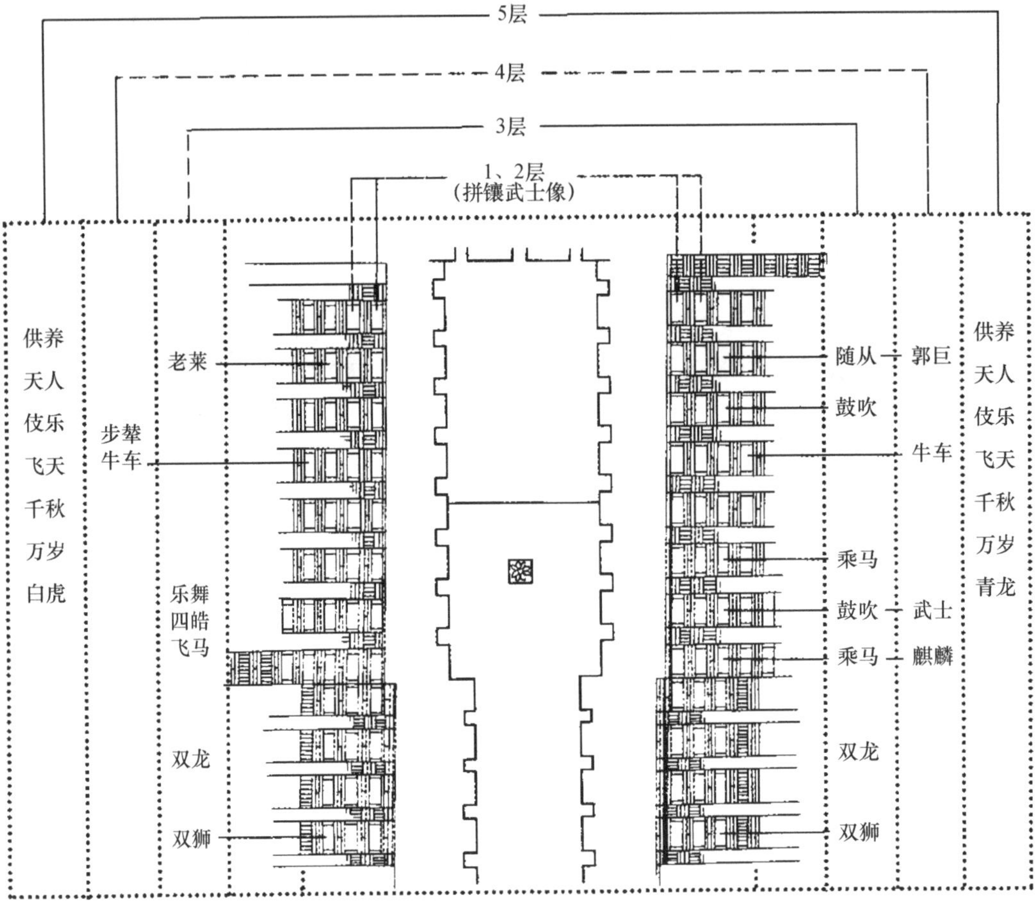

图3-8　邓县彩色画像砖墓画像配置示意图

（采自《西曲歌与文康舞：邓县南朝画像砖墓乐舞图新释》图一，第84页）

我们注意到该墓画像砖一种施加了彩绘，一种没有彩绘。施加了彩绘的有的在墓室壁位置明确，这应该与用画像营造墓室环境有直接关联。有的画像砖尽管是收集的，但报告明确讲上面有的有彩绘，有的彩绘掉落。而从墓葬封门上揭下来的画像砖上面却没有彩绘，直接以顺丁的方式，横一排、竖一排在券门内外共砌两层，从砌法上画像也不是封门墙展现的所有内容。根据报告后面的图版，从封门上揭下来的画像砖内容有牵牛画像、出行画像、贵妇出游画像、武士画像、乐舞画像、吹笙凤鸣画像、王子乔与浮丘公画像、骑麟画像。这些画像砖是从封门墙中揭出的，上面也没有施加彩绘，与墓室内壁上镶砌的施加了彩绘的有明显不同，换句话说，封门墙上揭下来的画像砖并不像墓室内施加彩绘的画像砖一样，前者与普通墓砖无异，后者目的在于利于墓砖上的画像在墓室内营造出一个墓室空间。此外，根据这一认识，我们也可以推测，墓葬画像砖的制作，在墓室营造之前即已经准备好，而墓室内的彩绘，可能是在墓室画像砖砌好后再在上施加。所以在此类彩绘画像砖墓研究中，应该注意画像砖的制作与彩绘画像砖的制作是两个过程。

同时，邓县彩色画像砖墓报告图版中还提到一些收集的画像砖，主要有舞蹈画像砖、南山四皓画像砖、肩舆画像砖（报告作“抬轿画像砖”）、飞仙（中间香熏）画像砖、飞仙（中间瓶花）画像砖、伎乐飞仙画像砖、青龙画像砖、白虎画像砖、飞马画像砖、凤凰画像砖、双龙画像砖等。这些收集的砖上基本上都有彩绘，有的颜色还挺鲜艳，但也有脱落现象。可惜的是报告没有交代这些砖收集的具体情况，根据彩绘的情况，这些应该是砌造在墓室中的画像砖。所以，此类收集的画像砖可以与墓室内的画像砖一并考虑，参与到墓室画像砖的复原中。杨泓先生将邓县彩色画像砖墓画像砖依题材分为三类：第一类是以牛车为中心的仪仗、武士、奴仆和舞乐；第二类是当时流行的孝子画像；第三类是四神、麒麟、神仙等和宗教信仰有关的题材。除此之外就是墓壁壁柱底侧的武士和守门武士。其中，第一类是主要的题材。杨先生根据画像砖在东墓壁上的位置，对出行仪仗图进行了复原：第一柱为乘马二匹，第二柱为执棒武士（上）、四人鼓吹（下），第三柱为乘马一匹，第五柱为牛车一乘，第六柱为五人鼓吹一组，第六柱为捧物仆从[①]。

该墓中与佛教因素有关的是：

a. 券门两侧的飞天；

b. 甬道南第一柱东西壁双狮画像砖；

c. 墓室壁上层的伎乐飞天；

d. 墓室壁上层的供养飞天（图3-9）；

e. 花纹砖端面上的莲花化生；

① 柳涵：《邓县画象砖墓的时代和研究》，《考古》1959年第5期，第255-261、263页。

图3-9　飞天画像砖
（采自《邓县彩色画象砖墓》图三四，第28页）

f. 花纹砖端面上的莲花座人像；

g. 墓室壁、券顶、地面遍砌莲花纹砖。

上述佛教因素题材首先不是该墓墓门、甬道、墓室及后壁所要表现的主要题材。特别是每块画像砖的两侧丁砖端面的莲花化生、莲花人像等均属于大块画像砖两侧的装饰图案。

墓室存在一个由前向后的画像情景延续，也存在一个自下而上的空间场景展开。画像与陶俑同时相辅相成。

襄阳贾家冲南朝画像砖墓，为带甬道的券顶单室砖墓，墓室南北壁保存了约三分之二，甬道南北两壁各有四个砖柱，墓砖有长方形素面砖和楔形砖，还有刀形砖。画像砖主要砌在墓室和甬道，画面模印在砖的平面、侧面和端面，浮雕①。人首鸟身画像砖1块，兽首鸟身画像砖1块，相对地砌在墓室南、北两壁自下至上的第十二层丁砖层中。双狮画像砖2块，两狮做蹲踞状，两砖对称地排列在墓室南、北两壁的第八层丁砖层中。龙砖2块，对称地排列在墓室北壁的第十二层丁砖层中。虎砖2块，对称地排列在墓室南壁的第十二层丁砖层中。备马出行画像砖2块，画像内容为前有一人执缰绳，后一人在侧牵马，马后一人双手执华盖，最后一人手扶团扇做回顾状。四人均戴冠，身穿交领宽袖衫。侍饮画像砖3块。郭巨埋儿画像砖3块，此砖一块见于甬道北部紧靠墓室的第四砖柱的中部，另外两块在封门墙中。飞仙画像砖可以分出三种：第一种为两仙蹲踞，头梳双髻，裙带飞舞，画面的正中为博山炉立于覆莲之上，发现3块。第二

① 襄樊市文物管理处：《襄阳贾家冲画像砖墓》，《江汉考古》1986年第1期，第16-32页，图版肆。

种1块，飞仙与第一种同，画面正中覆莲之上为两净瓶，净瓶的上方有莲瓣和卷草纹。第一、第二种飞仙画像砖相对地砌于墓室南、北两壁第八层丁砖层中。第三种飞仙画像砖数量较多，发现42块，有飞仙手中捧一仙桃和飞仙左右两手各拿一仙桃两种，广泛分布在甬道壁及砖柱的中上部。怪兽画像砖2块，形状为兽头、鸟翅、人身、蛙腿，形象凶恶。此砖一块见于甬道北部第二砖柱的下部，一块作为残砖砌于封门墙中。变形怪兽画像砖47块，兽面形象，图案化较明显。此类砖分布在墓室和甬道的横列砖的中层。供养人有两种，第一种供养人有的双手按剑，头戴冠，空间还刻有卷草，立于覆莲座上。此砖见于墓底乱砖中，可能用于墓室后部或封门墙中；有的女供养人，侧面，头梳双髻，右手持莲草，左手执一类似如意的长柄物。第二种有侧面羽人供养，头插羽毛，双手捧香炉，赤足踏于覆莲；有的左手持幡，右手提佛球（报告语），衣服上有羽状纹，赤足踏于覆莲之上。此两种羽人供养人分布在甬道和墓室的丁砖层中。侍女画像砖3块。小佛像画像砖19块，画面内容为一尊小佛像盘腿坐于佛座上，身穿开领博衫，双手合于胸前，身后有背光，周边饰有忍冬纹。千秋万岁画像砖27块，两鸟相对，分别为人首、兽首。此类砖分布在墓室和甬道的横列砖层上。博山炉画像砖18块，有的博山炉立于莲花之上，炉顶有莲草纹。幢12块，立于覆莲之上。净瓶莲草纹砖58块，双净瓶立于覆莲之上，两侧面饰莲草，上端饰几朵莲花。此类砖砌在墓室和甬道自下而上第四层丁砖层上。净瓶忍冬纹砖，一净瓶立于覆莲座上，瓶中插有忍冬。八瓣莲花大砖12块，此砖见于墓室和甬道的贴墙处。八瓣莲花小砖，56块，此砖见于墓室的铺地砖。此外还有不少莲花纹砖、卷叶纹砖、忍冬纹、卷草纹等花纹砖（图3-10）。此墓破坏严重，但也出土了不少随葬器物。陶俑44件，其中武士俑3件、侍卫俑8件、文吏俑3件、持扇俑1件、持盘俑2件、跪拜俑1件、持案俑1件、持物俑2件，此外，陶质镇墓兽1件，人首、露舌，辟邪1件，陶质模型明器有马、牛、狗、鸭、鹅、灶、车等，陶质器具有罐、碗、碟、三足炉、支架、果盒、凭几、托盏、青瓷钵、滑石猪等。简报推断该墓年代不会早过邓县彩色画像砖墓，下限可能到隋初。需要提及的是，韦正认为贾家冲墓葬中的佛教因素似乎不那么独立，只是在形式上有所体现，墓葬的主旨表现的应该不是佛教①。

安康张家坎南朝墓为长方形单室砖墓，前有甬道，墓室周边有排水沟，面向墓室的砖面均模印有人物画像和各种图案②。墓中出土纪年铭文砖一块，上有“天监五年太岁丙戌十月二十日”铭文，天监五年为506年。一些砖的断面有“大牛”“中牛”“利牛”铭文，正面浮雕莲花忍冬、宝瓶瑞草、莲花宝瓶，此外还有文吏画像砖、武士画

① 韦正：《试谈南朝墓葬中的佛教因素》，《东南文化》2010年第3期，第91-100页。

② 安康历史博物馆：《陕西安康市张家坎南朝墓葬发掘纪要》，《华夏考古》2008年第3期，第47-54页，图版十三-图版十六、彩版。

图3-10　襄阳贾家冲M1画像砖

（采自《天国之享：襄阳南朝画像砖艺术》，第66、69、110、112～114、122、130页）

像砖。花纹砖中有一种连续六边形中间填卷草等纹饰砖值得注意。墓中出土了不少陶俑，计有武士俑、骑马俑、仪仗俑、伎乐俑、侍从俑、胡俑、人面兽身镇墓俑等。出土器物还有陶马、陶鸡、陶鱼、陶牛、白瓷盒、多格粉盒（盒内残存红色脂粉）、铜镜、滑石猪、金钗、银镯、银盒、琥珀串饰。该墓出土陶俑与邓县彩色画像砖墓非常相似，只是略显粗壮。

襄阳麒麟清水沟南朝画像砖墓①，墓室平面呈凸字形，券顶单室砖墓，甬道内设四个砖柱，墓室后设棺床。整个墓葬残毁严重。墓室西壁采用三顺一丁砌法，三组残存，西壁出土画像砖共13块，画像砖隔层呈品字形分布，内容有供养人、蔡顺闻雷泣墓、万岁、弓箭手、侍饮、抬肩舆、吹笙凤鸣、双狮等，其余的墓砖，向墓室的砖面装饰有花纹和图案。墓室的东壁残毁，共出土画像砖13块，画像内容有供养人、千秋、骑士出行、郭巨埋儿、侍饮、双狮、长发人、备马出行等。北壁残存部分可见中部用楔形砖垒砌的拱门，拱门两侧及上部用横砖和竖砖砌出许多龛，龛侧两块一组的砖柱上，装饰供养人、飞仙和侍女等图案，顺砖的侧面装饰忍冬纹。墓室的铺地砖有四层，墓室底边铺莲花菱角砖，中间或为棺床的位置，铺小莲花砖。

清水沟南朝画像砖墓画像砖中单平面砖，除了上述东西两壁出土的26块外，在墓室及封门内还采集到9块。单平面画像砖主体图案外有饰以连续波状忍冬纹边框。长发人画像砖为一人长发及腰，两侧有高山和树木，简报推测可能为王子乔得道成仙时的情形；备马出行画像砖画面为准备出行的场景。画面共有四人和一马，两人为武士，在前，头戴冠，手持剑，后一人骑于马上，头戴高冠，马后有树木，后一人持物跟随；侍饮画像砖有四块，画面侍者居左，跪状捧案，饮者团坐居右，山石、树木为背景。骑士出行画像砖画面可辨五位骑士骑马奔驰向前。郭巨埋儿画像砖发现3块，画面人物为郭巨和郭巨妻，郭巨持锹挖土，其妻怀抱小儿，背景有林木和山石。吹笙凤鸣画像砖正中为王子乔，吹笙，其左为凤鸟，右为一龙。双狮画像砖两狮相对，中间似有装饰。蔡顺闻雷泣墓画像砖发现一块，画面中间为长满杂草的土坟堆，右上反文“蔡顺”，坟堆的左侧上方为一兽环绕连鼓，应为雷神，坟堆的右侧上方，铭文的近侧为一长尾怪兽，坟堆右侧跪有一人，应为蔡顺，后面饰以树木。弓箭手画像砖，与骑士出行画像砖一样，画面也是五人，均呈行走状，右手持物于肩，应为弓，腰部有箭箙，可见箭数支；肩舆画像砖画面四人抬肩舆，后两人中，前一人持华盖，后一人持团扇；供养人画像砖3块，画面中间为带莲座的博山炉，左右两侧各有一供养人，均手持莲花，莲座及供养人的下方均有群山，两侧山上遍布树林。千秋画像砖上为一人首鸟身兽；万岁画像砖上为兽首鸟身，千秋画像砖在东壁，万岁画像砖在西壁。另有

---

① 襄阳市文物考古研究所：《湖北襄阳麒麟清水沟南朝画像砖墓发掘简报》，《文物》2017年第11期，第21-39页。

“虎画像砖”3块、“吹笙凤鸣画像砖”1块、“打望画像砖”1块、“侍饮画像砖”1块、“备马出行画像砖”1块等为采集（表3-3、表3-4）。

表3-3　襄阳麒麟清水沟南朝画像砖墓东壁画像砖分布

结构	墓室						甬道			
层＼序	1	2	3	4	5	6	7	8	9	10
↑	↑	↑	↑	↑	↑	↑	↑	↑	↑	↑
第三	／	骑士出行	千秋	／	／	／	／	／	／	／
第二	／	／	／	／	／	／	／	／	／	双狮
底层	供养人	侍饮	郭巨埋儿	长发人（王子乔）	郭巨埋儿	侍饮	备马出行	郭巨埋儿	长发人（王子乔）	供养人

↑表示墓壁以上层残毁；／表示无画像砖或情况不明。

表3-4　襄阳麒麟清水沟南朝画像砖墓西壁画像砖分布

结构	墓室						甬道			
层＼序	1	2	3	4	5	6	7	8	9	10
↑	↑	↑	↑	↑	↑	↑	↑	↑	↑	↑
第四	弓箭手	肩舆	／	／	／	／	／	／	／	／
第三	万岁	弓箭手	肩舆	／	／	／	／	／	／	双狮
第二	万岁	吹笙凤鸣	万岁	／	／	／	／	／	／	双狮
底层	／	／	／	／	／	／	／	备马出行	蔡顺闻雷泣墓	供养人

↑表示墓壁以上层残毁；／表示无画像砖或情况不明。

一些墓砖的端面有画像，其内容有左侍女、右侍女、左飞仙、右飞仙、供养人、博山炉、双瓶花等。左右侍女均头梳双髻，脚踏莲花，手中似持莲花；左右飞仙双手捧博山炉，脚踏莲花。博山炉和双瓶花（报告称双净瓶）也是立于覆莲上，间饰忍冬纹。此外还有一些砖的窄侧面有莲花纹、忍冬纹等。墓内出土器物有13件陶俑，其中侍俑2件，与江宁胡村的两件陶俑极其相似①；双髻俑2件，小冠俑2件，举物俑，侍俑，持瓶俑等。陶器有盏、碟、器座等。青瓷器有盏和盘口壶，盏应为灯盏；盘口壶颈部有凸棱，盘口外侈。陶质的镇墓兽，兽身人首和兽首。此外有陶磨、陶牛车等。

---

① 南京市博物馆：《南京市江宁区胡村南朝墓》，《考古》2008年第6期，第51-57页。

简报推测该墓年代与邓县学庄彩色画像砖、襄阳贾家冲画像砖墓接近，可能邓县学庄材料要早于襄阳贾家冲画像砖墓，襄阳贾家冲的年代又早于襄阳清水沟画像砖墓。简报结语中也提到了该墓画像既有墓主人生前活动的场景，也有道教、佛教和儒家的故事，认为供养人像、莲花、净瓶、狮子、忍冬纹等与佛教有关。

武昌吴家湾画像砖墓也有飞天、瓶花等。墓葬位于武昌鲁巷附近的吴家湾建筑工地，1972年发掘。为带甬道长方形墓室券顶花纹砖墓，棺床为双莲花纹砖铺砌而成，墓室壁为三横一竖，墓砖的侧面和端面图案均为忍冬纹和花纹，人物造像砖自下而上有三层，最上层为飞天造像砖。墓砖竖砖端面除了飞天外，还有男侍、女侍，以及瓶花。墓内出土了青瓷粉盒、砚、杯、胡俑、男俑、女俑、镇墓俑，以及陶质的灶、磨、仓等。简报根据墓内出土五铢钱及铁钱，推测该墓时代为梁陈间①。令人关注的是，该墓人物画像砖中，处于最上层的是飞天，可惜的是由于该墓上部毁坏，不知在飞天画像砖上面的又是何种画像，是否也与闽侯南屿南朝墓相似。

邗江酒甸公社南朝画像砖墓M1由甬道和墓室两部分组成，墓室平面呈长方形，后壁两角圆弧，墓室后部有棺床，棺床前沿以28块竖砖组成14朵八瓣大莲花。墓室内有5个壁龛，南北两侧壁各有两个，另一个位于西壁正中，券顶，在清理墓室顶部时，还发现一块八瓣大莲花方形砖，中间有一圆孔。墓室中发现六块文字转，文字分别为“一别不相见，以言录年（书）春。夫客（容）半天上，怜子邈愁云。廿字诗”“书来得音□，□□恒不叙。今得却去附，果定在人识。廿字诗”“此是和僧□庭须等会得”“苟人同”“下乐村营家边”“黄总广念”等。该墓重要的是，墓室壁均由画像砖和花纹砖砌成。墓砖模印的技法分浅、高浮雕。浅浮雕的有八瓣小莲花、四瓣小莲花、八瓣大莲花、男女供养人小像、怪兽、朱雀、人首鸟身像、小佛像等；高浮雕的有八瓣大莲花。男供养人像中供养人直立正视，头戴高冠，双手拱于胸前。四个一组对称排列在墓室前部的南、北两壁上。女供养人像有大、小两种，大像全身修长，头梳双圆髻，双手拱于胸前，四个一组排列在西壁正中处；小像有的分布在壁龛两侧，有的夹在八瓣大莲花和八瓣小莲花之间。朱雀发现有46个，分布在甬道两壁距墓底126厘米处。怪兽为兽头蛙身，鸟翅蛙腿，有的砌在甬道，有的砌在墓壁，还有18个砌在棺床壁，与棺床上的莲花相间。人首鸟身像，双手捧一物。小佛像32个，为一尊小佛端坐在莲花宝座上，背后为佛座，四周有宝光，分布在距离墓底170厘米处。高浮雕八瓣大莲花分布在甬道两壁，浅浮雕的八瓣大莲花、八瓣小莲花大量分布在甬道及墓室壁。在棺床前南北两壁面上，距离墓底8厘米的地方，对称分布有四块两个一组的八瓣

---

① 武汉市革委会文物局文物工作组：《武昌吴家湾发掘一座古墓》，《文物》1975年第6期，第93-94页。

大莲花砖。墓内出土器物有石兽1件、灰陶盘口壶、灰陶碗、灰陶带耳罐等[①]。

根据简报的描述，该墓棺床的装饰比较丰富，棺床的前沿以28块竖砖组成14朵八瓣大莲花，上面再砌一层平砖。棺床壁上还砌有18个怪兽画像砖，与莲花砖相间。棺床前侧左右两墓室壁，距离墓底仅8厘米处还分布有两个八瓣大莲花画像砖，每边2个。加之小佛像、供养人，以及墓砖文字上的“此是和僧□庭须等会得”，该墓佛教因素丰富。

邗江酒甸二号墓在一号墓的东北侧约4.5米处，其形制、结构及所用的花纹砖、画像砖皆与一号墓大致相同。出土了滑石猪2件、灰陶双系盘口壶、釉陶四系罐、灰陶碗、封文五铢、女钱五铢等。简报认为酒甸M1和M2两座画像砖墓的年代可能属于南朝梁武帝时期。

韦正认为酒甸南朝画像砖墓中的32个小佛像不能完全确定属于小佛像，报告所说的男、女供养人，也应该是以侍者身份出现的世俗人物形象。但是，以墓葬中出土墓砖文字中的“僧”，以及大量的怪兽、莲花及一些人首鸟身图像组合起来看，该墓佛教因素的主导地位还是可以确定的[②]。

常州南郊戚家村画像砖墓为一椭圆形单室穹隆顶砖墓，由甬道和墓室组成，墓室三壁作弧形[③]。甬道和墓室壁面各有四层画像、花纹砖。甬道西壁第一层为莲花图案、兽首鸟身、莲花、狮子画像砖；第二层为忍冬花纹；第三层为花卉砖和兽首鸟身间列；第四层为卷叶花卉纹砖与双角有翼兽间列。甬道东壁保存不如西壁，其中第一层可见圆形莲花图案砖和狮子画像砖；第二层为忍冬花纹；第三层为花卉纹砖与人首鸟身间列。墓室西壁第一层自前向后可以分为三段，前段开始为圆形莲花图案，后面是武士，再后面为飞仙，最后为两幅侍女画像砖嵌在直棂窗的两旁。西壁正中一段两边是虎纹画像砖，中间为飞仙，飞仙的上部有神兽。西壁的后段又有一组直棂假窗，两旁为莲草纹砖，其后为两个飞仙，中间间隔一朵莲花，最后面为一“千秋”砖。西壁第二层前段为莲花接着狮子相间排列，后端为莲花和有翼兽相间。西壁第三层前段是莲纹砖和凤纹画像相间排列，后端是花卉纹和凤纹相间。墓室西壁第四层存前段7幅，为卷草花卉纹和独角有翼兽相间排列。墓室东壁与西壁画像砖、花纹砖完全对称分布，但保存不如西壁。在这些画像砖中，武士画像砖东西壁各有一幅，还有一件出自封门墙内，武士均有发髻，上有簪，一手持剑柄，一手做按剑状。女像画像砖，有的双手捧奁、有的双手托博山炉，有的双手持一长柄物，有的做拈花状。飞仙画像砖，由四块砖的端面组成一幅完整画面，飞仙双手捧博山炉，衣裳和飘带向后飘舞。此外

① 扬州博物馆：《江苏邗江发现两座南朝画像砖墓》，《考古》1984年第3期，第243-263页，图版伍。

② 韦正：《试谈南朝墓葬中的佛教因素》，《东南文化》2010年第3期，第91-100页。

③ 常州市博物馆：《常州南郊戚家村画像砖墓》，《文物》1979年第3期，第32-41页，图版壹。

还有龙、虎、狮、辟邪、天禄、凤凰、千秋万岁、神兽等画像砖。甬道石门框的前面还出土了一件石龟趺，惜墓碑不见。此墓虽然损毁严重，但也出土了一些器物。对于墓葬的年代，简报认为上限不会早于南京油坊村南朝大墓，下限可能到初唐。

常州南郊田舍村画像墓为单室穹隆顶砖室墓，墓室平面呈椭圆形，甬道和墓室布满画像砖和花纹砖[①]。甬道北壁主体画像残存三层：第一层分别为狮子、卷叶花卉、飞仙画像砖；第二层为飞仙、莲花莲子、中心莲花砖；第三层为出行、覆莲卷叶画像砖。甬道南壁残存两层：第一层为中心莲花、飞仙、莲花莲子；第二层为出行、覆莲卷叶、卷叶草等画像砖。墓室北壁也残存三层，均为莲花、卷叶、凰、忍冬等画像砖。墓室南壁也存有两层：第一层为复瓣莲子、仙女乘鹿、卷叶莲子、凰、飞仙等；第二层为出行、中心莲子、凤、覆莲、仙女乘鹿、卷叶花卉、凰等画像砖。出行图有骑马出行和马车出行两种。骑马出行嵌于甬道南壁下层，画面人物向墓门，依次为马夫、乘马者、侍女。四个侍女分别擎博山炉、夹琴、执扇、撑伞。墓室南壁后部下层也发现一组。马车出行画像砖有马夫、马车、侍女等，砌于甬道北壁下层，简报推测墓室北壁后部下层也许有砌置。飞仙衣带飘飞，有的托物，有的做舞蹈状。该墓出土器物不少，有2件石辟邪、3件石人俑、凭几、陶屋、石帷帐座、石碑、碑座等。简报推测该墓年代为南朝梁陈时期。

余杭的画像砖墓材料近来备受关注，早年公布的庙山的材料，里面有诵经、供养的画像砖，后来小横山的材料出版了大报告，使我们更加全面地认识了这批材料。余杭庙山画像砖墓位于余杭庙山的西北坡，为砖构单室券顶墓，墓室长5.55、宽2.18米，左右两壁及后壁均外弧，墓室的中后部置棺床。墓砖模印花纹、人物等，墓室壁画像砖布置左右对称，以右壁为例介绍该墓画像砖的分布。由墓底向上，第一层为五顺平砖，第二层为立砖，第三层为三顺平砖，第四层为立砖，从第五层的三顺平砖开始，至第六层、第七层由多块花纹砖拼砌成各式人物，自左向右依次分为四组：第一组一人，戴小冠，两手拄剑，应该是武士的形象；第二组两人做交谈状；第三组有四个僧人，均面向右方，第一人和第三人双手合十，第二、第四人均手持器具，其中一人手执带柄香炉；第四组人物与第二组相同。墓室右壁第八层为立砖，用三块立砖拼砌成一朱雀，两两相对，做展翅欲飞状。墓室后壁可见有朱雀六组，分两排排列（图3-11）。该墓出土器物有青瓷盘口壶、青瓷碗、滑石猪、铁剪等。简报推断该墓年代在南朝晚期[②]。

---

① 常州市博物馆、武进县博物馆：《江苏常州南郊画像、花纹砖墓》，《考古》1994年第12期，第1097-1103页。

② 杭州市文物考古所：《浙江省余杭南朝画像砖墓清理简报》，《东南文化》1992年第3、4期合刊，第123-126页，图版贰。

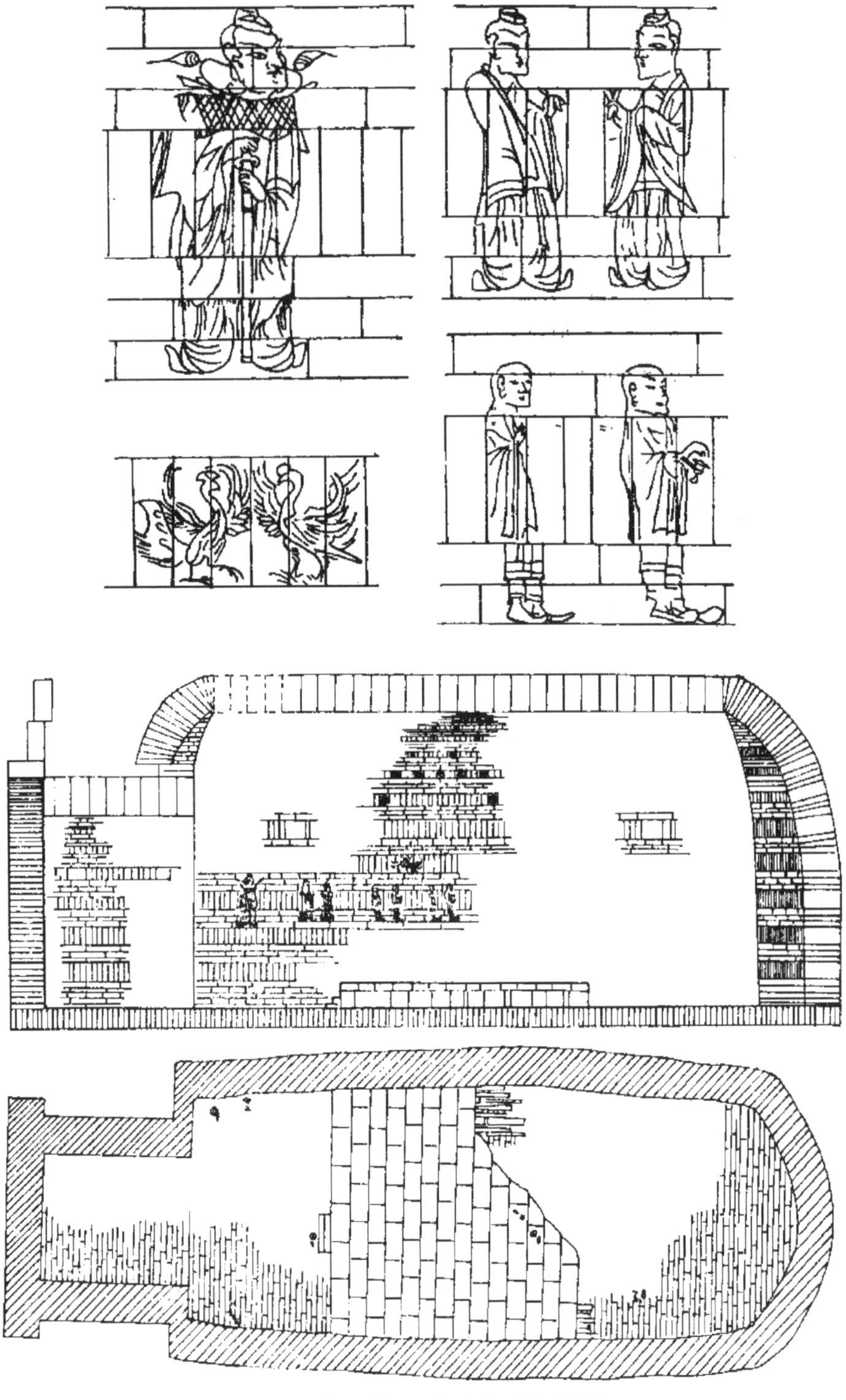

图3-11　余杭南朝画像砖墓画像及位置

（采自《浙江省余杭南朝画像砖墓清理简报》图一、图二，第124、125页）

小横山出土画像砖墓多座，报告描述是根据大型墓、中型墓和小型墓进行的[①]。具体介绍如下。

M7长凸字形单室砖墓，墓室壁外弧平面略呈椭圆形。甬道口有三层券门，券门外壁东、西两壁均有画像砖分布。最外层券门的东壁画像从下而上分别为大莲花、万岁、复莲花、对鸟，西壁为大莲花、千秋、复莲花、对鸟；中层券门画像东壁为复莲花、捧盒飞仙、万岁、莲花化生；西壁为捧盒飞仙、捧熏炉飞仙、千秋、莲花化生。内券门东壁分别为狮子、复莲花、捧盒飞仙、双莲花，西壁分别为狮子、复莲花、捧熏炉飞仙、双莲花。墓室南壁即甬道内口东西两墙面，南壁东墙面自下往上存四组，第一组为狮子及大莲花，第二、三组均为捧熏炉飞仙，第四组为三莲花；南壁西墙现存三组，第一组为狮子及大莲花，第二组为捧盒飞仙，第三组为万岁画像砖。另外在墓室及甬道还发现一些画像砖，有凤鸟宝轮、宝瓶莲花、莲花化生及人头像等。

M18券门两翼上模印画像，东部外券门直壁的两组丁砖饰莲花，中券门下面一块为狮子，第二块为千秋。墓室东西两壁也砌有画像砖，东壁画像砖有双手捧瓶的飞仙、蹲坐的狮子、双手捧熏炉的飞仙、站立的双人等。西壁第三组画像砖为一捧盒飞仙，第四组前面为狮子，后面为头戴花冠的莲花化生，第五组为持物的双人。

M8为带甬道单室砖墓，墓室壁外弧呈椭圆形。甬道口最外层券门两侧壁面砌有画像砖，西壁画像自下而上残存为大莲花、两侍立人物、大莲花。中券门两侧西壁为两侍立人物、捧瓶飞仙、万岁，东壁残存两侍立人物和捧盒飞仙。内券门东西两壁的下面均为狮子，上面各为一幅大体完整的武士画像，武士画幅较大，高58、宽33厘米。墓室东西两壁距离底部1.1米处有拼镶的伎乐飞仙画像，两壁各存一幅，东壁为吹箫飞仙，西壁为吹笙飞仙，飞仙前为直棂假窗。墓砖上文字有“吹萧建第五”“吹生下中一”等。

M9为带甬道单室砖墓，墓室平面略呈椭圆形。墓室南壁为甬道口内口，西侧上面有单幅及拼镶的砖画，最下面为狮子、莲花化生、万岁（自甬道口向南壁里侧），中部为三顺一丁两组拼合而成的武士图像，武士头戴冠，上身裲裆铠，下穿裤褶，手拄仪刀，高50、宽28厘米。武士图像上面有捧盒飞仙和万岁。墓砖文字有“左将军下第一”“右将军下建上第一”“吹生建四”等。出土器物有石质墓志、青瓷盘口壶和小碗。

M1为大型墓，为长方形墓室带甬道单室砖墓，墓壁略外弧，平面略呈椭圆形。墓室东西两侧壁残存顺砖两组，下面一组素面，上面一组中部模印拼镶的大幅龙虎图案画像，现仅存龙、虎的下肢部分，东壁的图像为龙，西壁的图像为虎，东壁的南段

① 杭州市文物考古研究所、余杭博物馆编著：《余杭小横山东晋南朝墓》，文物出版社，2013年。

还残存有羽人的下肢。画像砖正面有刻划的文字，其中东壁有“龙下三第七”“龙下中第五”等，西壁有“虎下三第七”“虎下中第一”等。西壁还发现七块“化生”文字砖，如“化生上第一”“化生上第二”“化生中第一无”“化生下第二”等。墓室的乱砖中还发现有“玄武”文字砖，侧面模印有蛇身图案，应该是墓室北壁的玄武。小幅画像砖发现有朱雀、化生、宝珠、宝瓶莲花、万岁、双人、宝轮、莲花等图案。其中，莲花化生画像砖为莲花中心有一颗童子头，双人画像为两人并列站立，均饰双高髻，前面一人手持管状物，后面一人手执长柄羽扇。宝瓶莲花模印于小梯形砖上，宝瓶安放于覆莲座上，瓶内插三朵莲花。宝珠、宝轮、对鸟、莲花均模印于小梯形砖上。该墓随葬品仅出土盘口壶1件、碗1件。

M2为带甬道长方形单室砖墓，墓室壁略外弧，平面略呈椭圆形。墓室南壁从下往上第3组丁砖均为一块模印画像的长方砖，东墙画像内侧为一捧盒的飞仙，靠近甬道的外侧为一千秋；甬道口西侧画像内侧为一捧熏炉的飞仙，靠近甬道口的为一万岁画像砖。千秋万岁相对应，面向甬道口。

M109为带甬道单室砖墓，墓室略呈椭圆形。券门现存两组丁砖，有千秋和万岁画像，东侧还有飞天小方砖。两侧立墙正面的丁砖揭取后，两侧还各有一武士画像，与墓室南壁东西墙面的左右将军一样。南壁甬道口东西墙面左右将军拄仪刀，东壁中部有三组画像，上面两个为伎乐飞天，双手捧笆吹奏，伎乐前面有桃形小龛，小龛下面有一幅仙人骑虎画像。墓室西壁壁面与东壁对称，现仅存一吹笙伎乐和一幅仙人驭龙画像。此外，还有宝瓶莲花、凤鸟宝轮、宝珠等。墓砖文字有“吹笙飞仙下第一”“笆二”等。出土器物有青瓷盘口壶及一些小碗等。

M10也发现将军画像砖、飞仙画像砖，其中飞仙画像砖位于墓室两侧壁第7层丁砖，东壁为一吹笙飞仙，西壁为一持幡飞仙。M23券门侧壁面有捧熏炉飞仙、捧盒飞仙、千秋、万岁等画像砖。墓室南壁即甬道口内侧两侧壁面上有狮子画像砖和莲花纹砖。墓室北壁从棺床往上有千秋、万岁画像砖。M27墓室东西两壁中部，距离棺床1.16米处有拼镶砖画，东壁现存两幅，西壁一幅，东壁前面为一回首舞动的舞人，后面一幅为吹笙伎乐；东壁为持幡飞仙。该墓的飞仙为高浮雕，与其他不同。M52甬道外券门直壁有莲花化生等画像砖，中券门东壁有万岁、两个站立执物的人物。内券门东壁有捧盒飞仙、捧熏炉飞仙、两侍立人物、单圆轮、大莲花等；内券门西壁为大莲花、捧熏炉飞仙等。墓室壁砌有双钱纹、大莲花等花纹砖。M54的券门上也有狮子、飞仙、千秋、万岁等画像。M65南壁东西墙面残存一幅人物半身画像，应该是左、右将军。墓室东、西壁面装饰有人物画像，均为双手捧物的飞仙。M100南壁两侧墙面有左右将军画像，券门上也有飞仙和飞天等画像。M103券门两侧墙面有狮子、万岁、千秋、捧盒飞仙、捧熏炉飞仙等。墓室南壁两侧墙上也有狮子和飞仙等画像砖。

M93的封门保存基本完整，外券门顶部正中图案模糊，往两侧向下分别为宝瓶莲花、宝珠、大莲花、双莲花、宝瓶莲花、宝轮、双莲花、千秋万岁、复莲花、大莲花，共10组；中券门顶部正中似为朱雀，往两侧分别为宝瓶莲花、宝瓶莲花（西）和化生（东）、宝轮、宝珠、双莲花、双莲花、狮子、捧熏炉飞仙（西）和万岁（东）、千秋（西）和万岁（东），共有9组。内券门顶部正中素面，往两侧分别为宝瓶莲花、宝瓶莲花、宝瓶莲花、小莲花、小莲花、捧熏炉飞仙（西）和捧盒飞仙（东）、千秋（西）河捧盒飞仙（东）、大莲花，共8组。

小横山报告结语部分对这批墓葬进行了分期研究。属于第二期的有M7、M18（图3-12）、M23、M54、M103、M93，属于第三期的有M1、M2、M8、M9、M10、M27、M109、M65、M100。第二期的时代在东晋晚期至南朝早期，第三期在南朝中晚期。庙山材料简报推测年代是南朝晚期。依据报告的分期，小横山二期材料中的M7和M18大致反映出该地点早段砖画的分布情况。M7的砖画以残存材料观察，主要集中在墓门装饰上，甬道口有三层券门，券门外壁两侧自下而上分布的是大莲花、千秋万岁、复莲花、对鸟，中层券门出现了捧物飞仙，内券门又出现了狮子。小横山三期的M1墓中，除了大龙、大虎、化生、仪仗、宝瓶、宝珠等外，还出现了玄武等四神画像砖，反映出四神题材与此莲花、宝瓶、宝珠等题材组合的混合。而属于三期即南朝中晚期的材料中，M9、M10及M109等墓门两侧均有左右将军，墓室两壁有大龙大虎、持

图3-12　余杭小横山M18出土飞仙与化生画像砖纹饰

（采自《余杭小横山东晋南朝墓》图13-3，第96页）

羽扇乐器等画像。庙山的材料尤其值得注意，墓室壁上出现了僧人画像，而且与前后人像形成组合，僧人有手持香炉的，有双手合十的，形成一幅佛教法事场景。

上述襄阳、武昌、邗江、常州、余杭等地点的壁面材料，里面不但出现了飞天、瓶花等装饰性题材，而且出现了佛教僧人俑和供养人的形象，这些形象还手持有香炉、莲花等物，似乎在进行某种与丧葬有关的法事仪式。这与前述的帝王陵墓有很大的不同。之所以有这些不同，我们可以简单列举《荆楚岁时记》中的文献记载，来看看当时的佛教在一般社会民众中的影响。录文如下：

《荆楚岁时记》“正月一日”记载：

> 正月一日，是三元之日也，谓之端月。鸡鸣而起，先于庭前爆竹，以避山臊恶鬼。帖画鸡，或斫镂五采及土鸡于户上。造桃板著户，谓之仙木。绘二神贴户左右，左神荼，右郁垒，俗谓之门神。按庄周云：“有挂鸡于户，悬苇索于其上，插桃符于旁，百鬼畏之”。又魏时，人问议郎董勋云：“今正、腊旦，门前作烟火，桃神，绞索松柏，杀鸡著门户，逐疫，礼欤？”勋答曰：“礼，十二月索室逐疫，衅门户，磔鸡。汉火行，故作火助行气。桃，鬼所恶，画作人首，可以有所收缚，不死之祥。”又桃者五行之精，能制百鬼，谓之仙木。《括地图》曰：“桃都山有大桃树，盘曲三千里。上有金鸡，日照则鸣。下有二神，一名郁，一名垒，并执苇索，以伺不祥之鬼，得则杀之。”即无神荼之名。应劭《风俗通》曰：“《黄帝书》称：‘上古之时，有神荼、郁垒兄弟二人，住度朔山上桃树下，简百鬼。鬼妄榾人，援以苇索，执以食虎。’于是县官以腊除夕饰桃人，垂苇索，画虎于门，效前事也。”①

《荆楚岁时记》为专记两湖地区风俗的著作，梁宗懔撰写，隋代的杜公瞻作注。这里提到了俗谓之门神的神荼和郁垒，也提到了用桃“画作人首”，主要是为了驱逐和捉杀百鬼。人们对死亡增加了一份恐惧，知晓成为鬼也有可能遭受不同的境遇，对地下世界、死后世界的认知或许可以说为佛教在丧葬礼俗中的运用起到了观念性的作用。

接着在《荆楚岁时记》“二月八日”中有记载：

> 二月八日，释氏下生之日，迦文成道之时。信舍之家，建八关斋戒、车

---

①（梁）宗懔撰，（隋）杜公瞻注，宋金龙校注：《荆楚岁时记》，山西人民出版社，1987年，第1-7页。

轮宝盖、七变八会之灯。平旦执香花绕城一匝，谓之“行城”。[①]

这里在二月八日，也就是佛诞日，信舍之家需建八关斋戒、车轮宝盖、七变八会之灯，而且会执香花绕城，这些活动应该与祈福有关。《荆楚岁时记》“四月八日”“四月十五日”的记载也应该属于这种性质：

> 四月八日，诸寺设斋，以五色香水浴佛，共作龙华会。 按《高僧传》：“四月八日浴佛，以都梁香为青色水，郁金香为赤色水，丘隆香为白色水，附子香为黄色水，安息香为黑色水，以灌佛顶。 四月十五日，僧尼就禅刹挂搭，谓之”结夏”，又谓之“结制”。[②]

而且，《荆楚岁时记》中“七月十五日”的记载明确与亡者及地狱等观念有关：

> 七月十五日，僧尼道俗悉营盆供诸寺。 按《盂兰盆经》云：“有七叶功德，并幡花歌鼓果食送之”，盖由此也。《经》又云：“目连见其亡母生饿鬼中，即以钵盛饭，往饷其母。食未入口，化成火炭，遂不得食。目连大叫，驰还白佛，佛言：‘汝母罪重，非汝一人所奈何，当须十方众僧威神之力。至七月十五日，当为七代父母厄难中者，具百味五果，以著盆中，供养十方大德。’佛敕众僧，皆为施主祝愿七代父母行禅定意，然后受食。是时目连母得脱一切饿鬼之苦。目连白佛：‘未来世佛弟子行孝顺者，亦应奉盂兰盆供养。’佛言：‘大善！’”故后人因此广为华饰，乃至刻木割竹，饴蜡剪彩，模花叶之行，极工妙之巧。[③]

在七月十五日这天，僧尼道俗均营盆供，主要内容有幡花、歌鼓、果食。这里提到了盂兰盆供是因为目连的亡母因罪重遭受厄难。若使其母亲避免进入地狱饿鬼道中，若使七代父母免坠厄难中，就必须借助十方众僧威神之力，供养十方众僧，供养百味五果。

前述祈福祛邪的习俗，《荆楚岁时记》中还有一些记载，如“正月七日”载：

---

① （梁）宗懔撰，（隋）杜公瞻注，宋金龙校注：《荆楚岁时记》，山西人民出版社，1987年，第31页。

② （梁）宗懔撰，（隋）杜公瞻注，宋金龙校注：《荆楚岁时记》，山西人民出版社，1987年，第43-46页。

③ （梁）宗懔撰，（隋）杜公瞻注，宋金龙校注：《荆楚岁时记》，山西人民出版社，1987年，第57-59页。

正月七日为人日，以七种菜为羹，剪彩为人，或镂金箔为人，以贴屏风，亦戴之头鬓。又造华胜以相遗。登高赋诗。①

又如《荆楚岁时记》“十二月八日”载：

十二月八日为腊日。《史记·陈胜传》有“腊月”之言，是谓此也。谚云：“腊鼓鸣，春草生。”村人并击细腰鼓，戴胡公头，及作金刚力士以逐疫。沐浴，转除罪障。②

十二月八日的村人并击细腰鼓，戴胡公头，同时作金刚力士以逐疫。

由此可见，以《荆楚岁时记》一书所记一年不同时日之习俗，里面无不体现出时人对鬼神、地狱、因果报应等的认知，佛教活动成为人们生活中避邪、祛灾、祈福、荐亡的重要内容。在此基础上，可以助益我们对这些墓葬壁画中的佛教因素遗存进行思考。

此外，佛教在南朝进入丧葬礼俗，不但表现在“丧”和“葬”的环节，在“祭”的环节也有反映。成都地区出土的南朝造像铭文中有不少这样的内容，反映出生者对死者的祈愿。如川博1号背屏式造像，正面为一佛四菩萨四弟子二天王，背面有佛传故事、说法图和铭文，其铭文：

梁普通四年三月八日，弟子康胜发心敬造释迦文石像一躯，愿现在眷属常安隐，舍身受形，常见佛，闻法及七世父母合一切有形之类，普同此愿，早得成佛，广度一切。③

除了上引为七世父母，更有具体的为亡女、为师等造像，希望死去的亡女能够游神净土。在亲人逝去后未来长久的日子里，人们通过与佛教相关的丧葬活动，搭建了一个与死去亲人交通的桥梁，寄托思念，祈愿他们往生净土。

---

① （梁）宗懔撰，（隋）杜公瞻注，宋金龙校注：《荆楚岁时记》，山西人民出版社，1987年，第15页。

② （梁）宗懔撰，（隋）杜公瞻注，宋金龙校注：《荆楚岁时记》，山西人民出版社，1987年，第64页。

③ 四川博物院、成都文物考古研究所、四川大学博物馆编著：《四川出土南朝佛教造像》，中华书局，2013年，第265页。

第三节　闽侯南屿南朝墓墓室壁画的空间分析

闽侯南屿南朝墓墓室壁画保存较好，因壁画中出现僧人和供养人而备受学界关注。由于其保存较好，简报比较详细地介绍了其墓室壁画的分布，使我们能够根据该材料对南朝墓室壁画的空间进行分析，以此为个案，可以一窥壁画空间安排下的时人的墓葬营建思路与观念。

闽侯南屿南朝墓为一座长方形单室带甬道券顶墓，平面呈“凸”字形，墓室长4.45、宽1.71米，墓室内有砖砌棺床，墓壁用立砖和平砖三顺一丁砌造。该墓墓砖花纹平端侧面主要有青龙、白虎、飞天、飞鱼、云水、缠枝忍冬、云气忍冬、宝相花等，立砖端面花纹有诵经僧人、供花僧人、侍者、飞鱼、宝瓶、宝相联珠、四出花草、宝相花等。刀形砖花纹有卷草、云气忍冬、飞鹤等，楔形砖花纹有宝相花、忍冬、坐兽、莲花等。花纹砖的分布以墓顶正中楔形砖为轴线，左右对称分布，唯僧人和青龙砖用在左壁，侍者和白虎砖砌在右壁。报告以墓室左壁为例详细叙述了各类花纹砖的分布：从墓底向上第一层为立砖，宝相花；第二层为三顺平砖，缠枝忍冬；第三层立砖，宝相花；第四层三顺平砖，自下而上依次为宝相花、青龙、宝相花，右壁为宝相花、白虎、宝相花；第五层立砖，供花僧和侍者，右壁为诵经僧；第六层三顺平砖，自下而上依次为宝相花、青龙、宝相花，右壁为宝相花、白虎、宝相花；第七层立砖，宝相花；第八层三砖平顺，青龙、宝相花、飞天，右壁为白虎、宝相花、飞天；第九层立砖，四出花草；第十层三顺平砖，青龙、宝相花、飞天，右壁为飞天、宝相花、素砖；第十一层立砖，宝相联珠；第十二层三顺平砖，云气忍冬；第十三层立砖，宝瓶；第十四层三顺刀形砖，卷草、飞鹤、卷草；第十五层楔形砖，坐兽、莲花相间；第十六层三顺刀形砖，云气忍冬、飞鹤、云气忍冬；第十七层楔形砖，坐兽、莲花相间；第十八层三顺刀形砖，云气忍冬；第十九层即券顶正中一层楔形砖，宝相花、忍冬相间。前后壁各层花纹砖分布与左右壁大致相同，但最上一层为人物纹[①]。

自下而上的顺序反映了不同的装饰氛围，第一层至第三层主要装饰宝相花、缠枝忍冬等，营造出庄严的氛围；第四层为宝相花和青龙白虎，除了庄严还增加了引导或者护卫的功能；第四层为侍者，或为供养人、诵经僧等画像，表现的是礼佛或者佛教法事的场景；第六、第七层又是宝相花和青龙白虎；第八层不但有青龙白虎和宝相花，还新出现了飞天，飞天的出现反映出从此层开始，墓室壁画自下而上反映的场景进入了一个新的空间。从第九层四出花草画像以上，第十层至第十三层出现了飞天、宝相、宝相联

① 福建省博物馆：《福建闽侯南屿南朝墓》，《考古》1980年第1期，第59-65页，图版捌-图版玖。

珠、云气忍冬、宝瓶等；从第十四层开始出现了飞鹤、卷草画像；第十五至第十七层是莲花、坐兽夹着云气忍冬和飞鹤；第十九层是宝相和忍冬。在这组自下而上的画像位置经营中，青龙白虎、飞天、飞鹤等成为不同空间的标志物，其自下而上的布置，显示出经历了礼佛、不断飞升的过程，其最终必然是到达梵天净土世界。或可大胆推测，闽侯南屿南朝墓的墓顶应该有反映佛国净土的天空和大莲花（表3-5）。

表3-5　福建南屿南朝墓墓砖花纹分布示意

<table>
<tr><th>层数（自下而上）</th><th colspan="7">左壁</th><th colspan="8">右壁</th></tr>
<tr><td>第十九层</td><td>宝相花</td><td>忍冬</td><td>宝相花</td><td>忍冬</td><td>宝相花</td><td>忍冬</td><td>宝相花</td><td>忍冬</td><td>宝相花</td><td>忍冬</td><td>宝相花</td><td>忍冬</td><td>宝相花</td><td>忍冬</td><td>宝相花</td></tr>
<tr><td rowspan="3">第十八层</td><td colspan="7"></td><td colspan="8"></td></tr>
<tr><td colspan="7">云气忍冬</td><td colspan="8">云气忍冬</td></tr>
<tr><td colspan="7"></td><td colspan="8"></td></tr>
<tr><td>第十七层</td><td>坐兽</td><td>莲花</td><td>坐兽</td><td>莲花</td><td>坐兽</td><td>坐兽</td><td>莲花</td><td>坐兽</td><td>莲花</td><td>坐兽</td><td>莲花</td><td>坐兽</td><td>莲花</td><td>坐兽</td><td>莲花</td></tr>
<tr><td rowspan="3">第十六层</td><td colspan="7">云气忍冬</td><td colspan="8">云气忍冬</td></tr>
<tr><td colspan="7">飞鹤</td><td colspan="8">飞鹤</td></tr>
<tr><td colspan="7">云气忍冬</td><td colspan="8">云气忍冬</td></tr>
<tr><td>第十五层</td><td>坐兽</td><td>莲花</td><td>坐兽</td><td>莲花</td><td>坐兽</td><td>坐兽</td><td>莲花</td><td>坐兽</td><td>莲花</td><td>坐兽</td><td>莲花</td><td>坐兽</td><td>莲花</td><td>坐兽</td><td>莲花</td></tr>
<tr><td rowspan="3">第十四层</td><td colspan="7">卷草</td><td colspan="8">卷草</td></tr>
<tr><td colspan="7">飞鹤</td><td colspan="8">飞鹤</td></tr>
<tr><td colspan="7">卷草</td><td colspan="8">卷草</td></tr>
<tr><td>第十三层</td><td></td><td></td><td></td><td>宝</td><td>瓶</td><td></td><td></td><td></td><td></td><td></td><td>宝</td><td>瓶</td><td></td><td></td><td></td></tr>
<tr><td rowspan="3">第十二层</td><td colspan="7"></td><td colspan="8"></td></tr>
<tr><td colspan="7">云气忍冬</td><td colspan="8">云气忍冬</td></tr>
<tr><td colspan="7"></td><td colspan="8"></td></tr>
<tr><td>第十一层</td><td></td><td></td><td>宝</td><td>相</td><td>联</td><td>珠</td><td></td><td></td><td></td><td>宝</td><td>相</td><td>联</td><td>珠</td><td></td><td></td></tr>
<tr><td rowspan="3">第十层①</td><td colspan="7">素砖</td><td colspan="8">素砖</td></tr>
<tr><td colspan="7">宝相花</td><td colspan="8">宝相花</td></tr>
<tr><td colspan="7">飞天</td><td colspan="8">飞天</td></tr>
</table>

① 发掘报告叙述南屿南朝墓左壁第十层花纹砖同第八层，即为青龙、宝相花、飞天，而第十层右壁为飞天、宝相花、素砖。本书对此处分布存疑，现先改为左右两壁同为飞天、宝相花、素砖，特此注明。

续表

层数（自下而上）	左壁	右壁
第九层	四 出 花 草	四 出 花 草
第八层	飞天	飞天
	宝相花	宝相花
	青龙	白虎
第七层	宝 相 花	宝 相 花
第六层	宝相花	宝相花
	青龙	白虎
	宝相花	宝相花
第五层	供 花 俑 侍 者	诵 经 僧
第四层	宝相花	宝相花
	青龙	白虎
	宝相花	宝相花
第三层	宝 相 花	宝 相 花
第二层		
	缠枝忍冬	缠枝忍冬
第一层	宝 相 花	宝 相 花

南屿南朝墓出土器物均为青瓷器，基本位于墓室前部，也就是棺床的前面，计有双耳罐、盂、盘、托碗、钵、盅（位于莲花托盘上）、博山炉、四管插器、鐎斗、虎子、砚、灯、盘口壶、四耳罐等，其中，在盘、博山炉、灯等器物上饰有莲花纹，博山炉顶部莲花中间立一人，颇有莲花生的意味。简报推测该墓为南朝齐梁时期的墓葬。

南屿南朝墓中砖画其实给我们提供了两个角度的观察：一个角度为从墓室壁的第一层向上逐层展开，是一个往生净土的场景，在这个场景中，我们看到了各种宝相花、花草、飞天、缠枝忍冬、连珠、宝瓶，祥和瑞气，冉冉而上。另一观察的角度，就是中间第五层的诵经僧、供花俑、侍者等（图3-13），这其实是诵经僧带着一众人等沿着墓室的四壁在行走诵经、祈愿，他们中间应该是死者的棺柩。如是，这应该是一场非常庄严肃穆的佛教法事场景。诵经僧等一排仪式的表现，到底是代表着家人在僧人的带领下进行的法事场景，其祈愿的对象是死者呢，还是代表着僧侣带领着死者的亡灵去往乐天净土呢？这就涉及南屿南朝墓中持花者的身份问题。

与闽侯南屿南朝墓比较类似的是福建南安丰州皇冠山梁天监十一年墓，该墓编号为M12，券顶单室砖墓，墓室后部有棺床，墓室前后壁各有一壁龛，内置瓷盅。出

图3-13　闽侯南屿南朝墓画像砖
（采自《福建闽侯南屿南朝墓》图四，第62页）

土器物主要是青瓷质地的盅、碗、盏托、双系小罐、盘口壶、四管插器、唾壶、盆、钵、博山炉、鐎斗、四系罐、砚台、虎子等，此外还有陶三足盘、金指环等。这些器物在墓室内分布具有一定的摆放规律，除了甬道口封门墙内两侧，一边放置一件青瓷四系罐，一边放置一件青瓷盘口壶，其他器物基本集中在长方形墓室的前端，有两侧放置的青瓷双系罐，青瓷博山炉，盏和碗等，虎子的位置应该更加靠近死者棺木的位置，砚、三足盘、鐎斗集中摆放在墓室的一侧。墓砖砌法多为三顺一丁，有长方形砖和楔形砖两种。墓壁上装饰的纹饰丰富而且精美，花纹砖纹饰主要有佛像人物、僧侣、莲花、鱼、龙、朱雀等①（图3-14）。

皇冠山天监十一年墓墓砖上的佛像人物纹饰可分为三种：无冠立像、头顶圆髻后带头光佛像、戴冠坐像。其中，无冠立像印于长方形墓砖的端面，图像头部为侧面像，光头，双目深陷，眉毛浓重，鼻子较大，双脚并立，着裙装，双手合十置于胸前，胸两侧肋骨清晰可见，站立于一长方形台状物上，为苦行胡僧的形象。头顶圆髻

① 福建博物院：《南安丰州皇冠山墓群的发掘与收获》，《福建文博》2007年第3期，第7、28-34页；福建博物院、泉州市博物馆：《福建南安丰州皇冠山“天监十壹年”墓发掘简报》，《东南文化》2017年第4期。《东南文化》期刊上对该墓材料刊布得相对规范一些，本书对该墓材料的使用，以后出的《东南文化》期刊上为准。

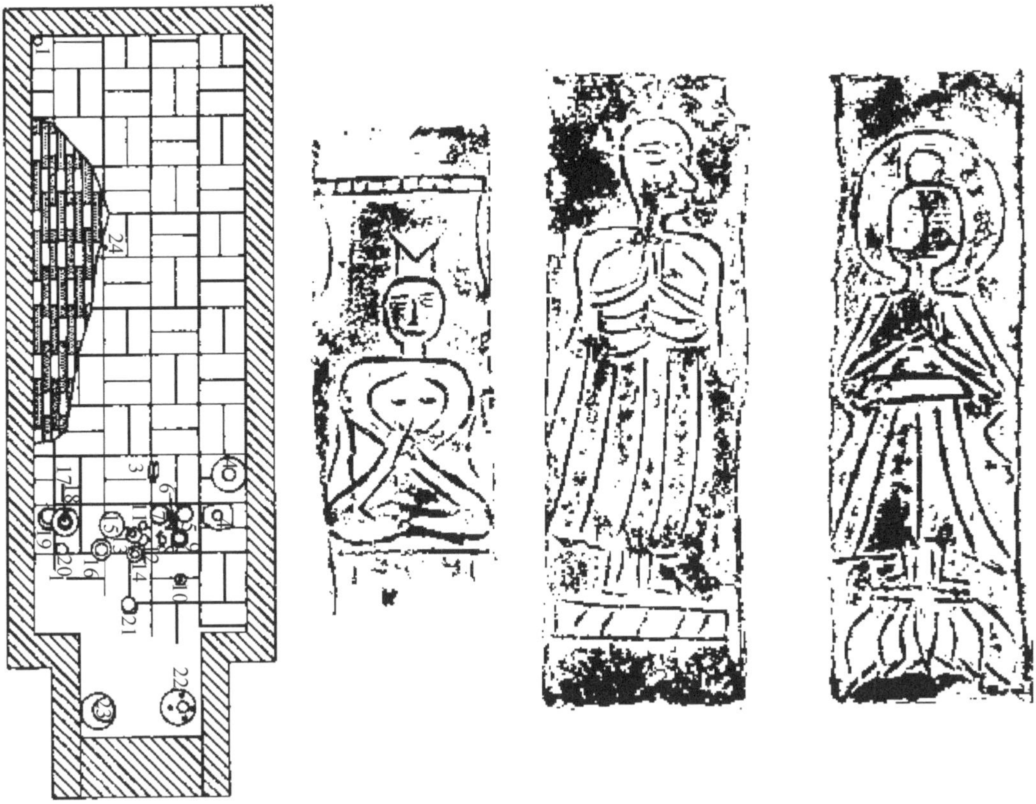

图3-14　丰州皇冠山“天监十壹年”墓平面及墓砖拓片
（采自《福建南安丰州皇冠山“天监十壹年”墓发掘简报》图二、图三，第45、46页）

后带佛光立像，印于长方形墓砖的端面，图像可见头后圆形头光、五官清晰端正，头顶圆髻，双手施说法手势于胸前，下着喇叭形裙装，双脚合并站立于一莲花座上，莲花座莲瓣整体较直立，莲瓣细长。戴冠坐像印于长方形墓砖端面，坐像头戴M形冠，盘腿而坐，似乎为跏趺坐，双手置于腹部。

除了佛像人物纹砖外，还有莲花纹砖、团花纹砖、鱼龙组合纹饰砖、鱼龙篦梳纹组合纹饰砖、鸟圆轮组合纹砖，以及“天监十壹年”纪年铭文砖。莲花纹印于楔形墓砖的端面，下部为莲蓬，上部是带枝叶莲花纹，这个莲花纹的中间是一枝半绽放的莲花，左侧是荷叶，右侧是一枝莲花花蕾。团花纹印于长方形墓砖的侧面。鱼、龙组合纹饰印于长方形墓砖的侧面，鱼、龙纹及篦梳组合纹印于长方形墓砖的侧面，鸟、圆轮组合纹印于墓葬顶部的楔形砖上，也就是楔形墓砖的较窄的侧面。纪年“天监十壹年”铭文砖只在墓葬甬道两侧发现，“天监十壹年”应该就是该墓的大致年代。

我们现在观察墓室壁上的花纹砖时，因需要整体观察这些花纹砖在墓室壁上的分布，因此原来仅仅描述清楚墓砖纹饰的具体图像，已经不能满足墓葬考古对此类材料研究的需要。这也是丰州皇冠山这座梁“天监十壹年”纪年墓材料报道的缺憾之处，墓葬简报没有详细具体地以墓室四壁视图的形式交代每一块题材的花纹在墓室壁上的位置，也没有以文字描述的形式交代这些花纹具体的位置，墓葬剖面图墓砖砌筑排列表现也是错误的。事实上墓葬发掘者是注意到记录这些信息的，期刊彩插七的图2，就是墓葬拓片制作现场，可以看到发掘者拓制了整个墓室壁的拓片，但是简报对此没有任何有意识的交代。所以，我们只能根据墓砖分布的常识，以及不同墓砖四面分布规律，借助彩插七的那张制作拓片的工作场景照片，对该墓的墓室花纹进行初步复原。

以墓室西壁为例，从墓室底部开始向上复原，第一组顺砖和丁砖纹饰据简报无法复原，第二组三顺墓砖应该是鱼、龙组合纹，或者鱼、龙纹、篦梳组合纹，这些纹饰印于长方形砖的侧面。第二组丁砖应该是一排头顶圆髻后带佛光立像的纹饰与无冠双手合十胡人立像的相间排列，这些纹饰均印于长方形砖的端面。第三组顺砖纹饰为鱼、龙纹与篦梳纹组合，这些纹饰印于长方形墓砖的侧面，第三组丁砖为戴冠坐像与无冠双手合十胡人立像间隔排列成一排，这些纹饰均印于长方形墓砖的端面；第四组顺砖为鱼、龙纹与篦梳纹组合纹饰，这些纹饰均印于长方形墓砖的侧面。鱼、龙纹、篦梳纹墓砖的厚度与无冠立像、圆髻有头光立像、戴冠坐像墓砖厚度一致。第四组丁砖为戴冠坐像与无冠双手合十胡人立像间隔排列成一排，这些纹饰也均印于长方形墓砖的端面。第五组顺砖还可见鱼、龙纹、篦梳纹组合纹饰，其上开始起券。墓葬顶部楔形砖侧面上印有鸟、圆轮组合纹，顶部还有楔形砖的端面上印有莲花纹，此外团花纹和鱼龙纹均印于墓砖的侧面上，且较人物纹、鱼龙及篦梳组合纹饰为窄，我们推测其或用于墓室壁开始起券处，或者墓室的顶部。这就是我们对该墓图像纹饰分布的初步复原，从中我们可以观察到，与佛教因素有关的佛像人物纹砖位于墓室的四壁，墓顶为莲花、团花等图案纹饰。

丰州皇冠山梁墓的壁画空间布置与闽侯南屿南朝墓相似，低层为护卫，中间为诵经祈福、供养，最上面是在飞天的簇拥下，飞升莲花净土或者佛国世界。祈福、诵经的对象应该都是安置在墓室中间的墓主，这一点我们可以从南屿南朝墓分析出，诵经僧人和供养人的画像安排在墓室壁中间的位置，面向北，似乎均在围绕着墓主的棺柩进行着丧葬法事。施杰先生也曾对邓县彩色画像砖墓进行过空间关联性的分析，他将整个墓葬空间看作一个石窟，也就是一个礼拜的空间，礼拜的中心是墓主的棺柩和墓室后壁的双塔，其他的护卫、飞天供养、神禽异兽等均围绕着他们[①]（图3-15）。但闽侯南屿南朝墓就空间而言明显有两个：其一是诵经、祈福的空间，这个空间是横向的，围绕着墓室中的死者棺柩进行；第二个是上升的空间，在青龙、白虎与飞天的引领下，墓主似乎能够飞升到莲花盛开、宝相庄严的净土世界。

---

① Shi J. To Die with the Buddha: The Brick Pagoda and Its Role in the Xuezhuang Tomb in Early Medieval China. T'oung Pao, 2014, 100 (4-5): 383-403.

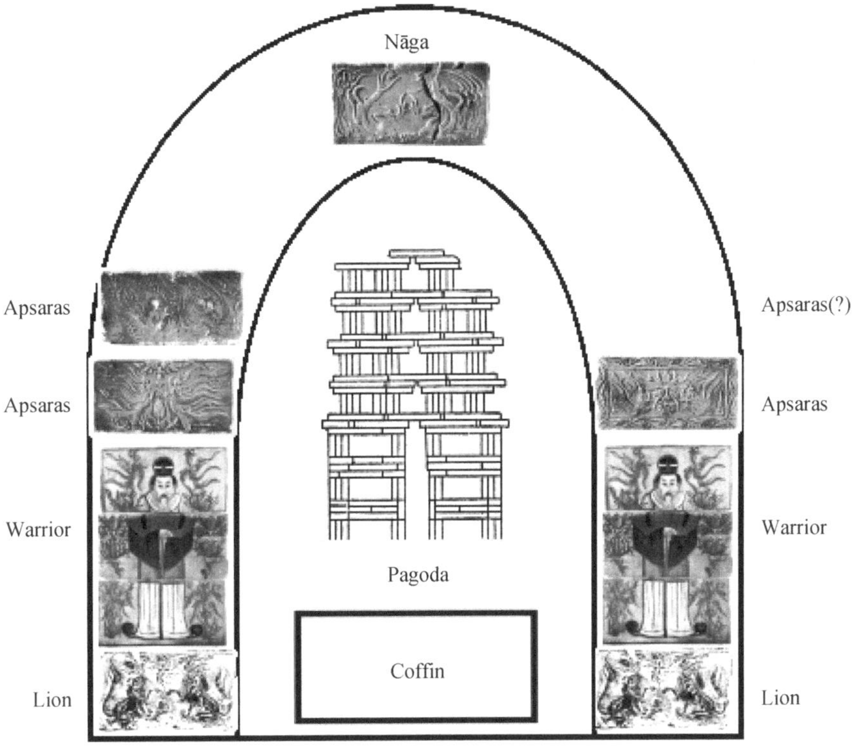

图3-15　邓县彩色画像砖墓壁画空间关系

（采自Shi J. To Die with the Buddha: The Brick Pagoda and Its Role in the Xuezhuang Tomb in Early Medieval China. T'oung Pao, 2014, 100 (4-5): 383）

福建地区的材料与以邓县彩色画像砖为代表的襄阳地区材料有一个明显的不同，即邓县的材料无论是墓门还是墓室内，武士的形象必不可少，似乎强调的是对墓主和墓葬的一种保护。福建的材料在中间加入了供养、礼拜等内容，其他的都是奇禽瑞兽，或者表示祥瑞的花草、飞鹤、忍冬、鱼纹、篦梳纹等。总体感觉福建的材料比较强调世俗的愿景，邓县的材料强调的是一种信仰环境的庄严。这种设置的不同不知是身份的差异，还是地区与观念习俗的差异造成的，值得进一步分析。

我们还可以运用空间观察的方法对南北朝墓葬中出土的青瓷莲花尊纹饰进行释读。青瓷莲花尊在南北朝墓葬中出土，主要集中在南京、武汉、景县，以及山东和河南一些地方，用途的探寻是该器物研究的主要关注点，也只有在用途相对明确的情况下，对莲花尊纹饰的图像程序释读，才会有一定的可靠性。襄阳地区是南朝画像砖墓分布比较集中的地区，其墓砖上的纹饰多与佛教等因素有关，已如前述。在襄阳市博物馆藏有一件瓶花画像砖，画像中的瓶刊布的图录认为是净瓶[①]（图3-16），笔者以为

① 襄阳市博物馆、襄阳市文物考古研究所、谷城县博物馆编：《天国之享：襄阳南朝画像砖艺术》，科学出版社，2016年，第72页。

图3-16　莲花尊画像砖
（采自《天国之享：襄阳南朝画像砖艺术》，第72页）

其显著的特征就是腹部的仰覆莲，而这一点与青瓷莲花尊十分相似，整体上观察，这就是一件插满莲花、仙草的莲花尊。莲花座立于覆莲座上，加之襄阳地区其他画像题材的组合考虑，其佛教供养的用途明确。南京栖霞灵山墓出土的青瓷莲花尊通高达到85厘米，上面纹饰有仰覆莲纹、菩提纹、力士、飞天、忍冬等[①]。另两件比较重要的青瓷莲花尊是河北景县封氏墓中出土的[②]，一件出土于封子绘墓，颈部为飞天，纹饰与灵山墓出土的较为相似。另一件青瓷莲花尊出土具体墓葬单位不明，比较完整，颈部为团花（图3-17），《世界美术大全集·东洋篇3·三国南北朝》中认为是封子绘墓出土[③]，韦正注明封氏墓出土[④]，结合发掘记，当以韦正为是。当我们按照对闽侯南屿南

① 罗宗真、王志高：《六朝文物》，南京出版社，2004年，第174-175页；南京市博物馆：《六朝风采》图216“青瓷莲花尊”，文物出版社，2004年，第271-272页。

② 张季：《河北景县封氏墓群调查记》，《考古通讯》1957年第3期，第28-37页，图版捌-图版拾伍。

③ 曾布川宽、冈田健编集：《世界美术大全集·东洋篇3·三国南北朝》图119，小学馆发行，日本写真印刷株式会社印刷，2002年，第153页。

④ 韦正：《魏晋南北朝考古》，北京大学出版社，2013年，第314页。

1　　　　2

图3-17　青瓷莲花尊

1. 灵山墓出土　2. 封氏墓出土

（1. 采自《六朝风采》图216，第271页；2. 采自《世界美术大全集·东洋篇3·三国南北朝》图119，第153页）

朝墓墓室壁画的空间阅读方法来阅读青瓷莲花尊纹饰时，从尊腹部上下的多层仰覆莲开始，向上阅读，有保护的力士，有祥瑞的珍禽异兽，再上面为飞天、团花等，灵山墓和封子绘墓出土的颈部为飞天，不明出土单位封氏墓的为团花，最上端为类似于莲花的装饰座，中心为一未贯穿的孔。如果从下向上阅读，似乎也表现的是一种逐渐上升以到佛国净土的意味。莲花尊盖顶多层莲花座中心的孔，不知是否用于安放物件，如是，灯耶？佛像耶？

附录　高句丽壁画墓中的佛教因素（附百济武宁王陵）

高句丽陵寝制度中的佛教因素，最显著的当然是陵园中陵寺的设置，如位于传高句丽东明王陵和真坡里古坟群南侧的定陵寺[①]（图3-18）。关于高句丽考古遗存研究，国内比较集中的专著有《高句丽遗迹》[②]，高句丽遗存中具体与佛教因素有关的墓葬材料如下。

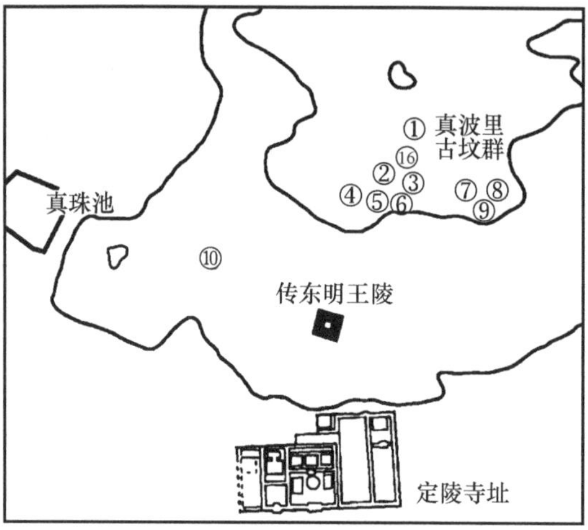

图3-18　传东明王陵与定陵寺位置示意图

（采自《百济佛教寺院遗址的相关问题研究》[③]图二〇，第189页）

集安长川一号壁画墓位于集安县城东北约45里，鸭绿江中上游右岸的冲积盆地内，该墓为一带封土的石筑双室墓，由墓道、前室、前后室间过道、后室等组成[④]。前室略呈横长方形，进深2.37、宽2.9米，后室近正方形，进深3.3、宽3.2米。墓室内壁画分布较多，在墓葬的前室、后室的四壁和藻井，前后室间过道的两壁、后室石门，以及棺床的表面均施彩绘壁画。前室靠墓道口的两侧各绘一手持武器的武士，前室东壁

① 梁银景：《陵寺在高句丽、百济陵寝制度中的性质与特征——以与中国南北朝陵寺的比较为中心》，巫鸿、朱青生、郑岩主编：《古代墓葬美术研究（第3辑）》，湖南美术出版社，2015年，第141-169页。梁银景在文中似乎认为陵寺与陵园、陵寝制度没有关系。

② 魏存成：《高句丽遗迹》，文物出版社，2002年。

③ 梁银景：《百济佛教寺院遗址的相关问题研究》，《考古学报》2014年第2期，第169-194页。

④ 吉林省文物工作队、集安县文物保管所：《集安长川一号壁画墓》，东北考古与历史编辑委员会编辑：《东北考古与历史（第一辑）》，文物出版社，1982年，第154-173页。

靠近后室过道口两侧，各绘一侍立的门吏，后室石门外的过道两侧各绘一侍女。值得注意的是，该墓壁画存在重新绘制的现象，也就是早晚不同时间绘制的壁画存在叠压打破关系。如在后室壁画灰皮剥落的地方，发现灰皮底下石壁上曾经绘过壁画，可见四隅绘影作赭色楹柱，甬道口作赭色门框，墓室第一重顶石侧面横列绘有六个双人童子面带头光的莲花化生。这些壁画没有画完就弃置，并在上面涂上白灰，重新绘制壁画。另外，在前室南北两壁的上部连同平起的第一重顶石表面画有壁画的灰皮上面，也还有一层薄薄的灰皮，这层另外罩上的灰皮上也可发现上面作过壁画，南壁似为白虎，北壁似为青龙，原有的朱雀和玄武是在底层灰皮上画的，而南北两壁的白虎和青龙却是在底层灰皮上新刷的灰皮，然后在上面新绘的。这是通过壁画研究墓葬年代需要注意的遗迹关系现象。

前室四壁上方以赭色单线画界格与顶部藻井隔开，四隅有楹柱，柱头上有雀替。西壁墓道两侧绘卫士，南段残存上部兽面兜鍪和举短刀的右手，北段卫士仅见上举的左臂，肩膀上披兽面形臂甲，手执环首长刀，刀刃下有桃形缨饰。东壁被中穿的前后室过道将壁面分为南北两段，各绘一门吏。过道上面横列一排相互间隔的莲花火焰和莲花化生图像，莲花火焰图像是在侧视的莲花上升腾火焰。莲花化生是在侧视的莲花上绘双人童子面容，两童子均有头光。空隙补以散朵菡萏。南壁画面多剥落，可见三道横向的赭色间隔将壁面分为四个界栏，由上及下第一、第二两栏较窄，分别绘男女歌手、侍从及群舞场面；第三界栏略宽，绘有进馔场景，第四界栏壁画无存。第一界栏歌舞场景中，男女墓主人均坐高凳，男女歌手呈雁行排列，有的头部插有鸟羽，有的头上装饰着羽毛式步摇，有的插花枝状步摇。北壁壁面壁画可分为上下两部分，上部绘百戏伎乐，下部绘山林逐猎。前室藻井下部的第一重石东西南北四面分别绘朱雀、玄武、白虎、青龙。

前室藻井由下向上第二重顶石平行叠涩于第一重顶石之上，与其上的第三重顶石组合成4幅凸字形画面，主要是拜佛场面和菩萨形象。东面正中须弥座上一佛拱手趺坐，须弥座中腰绘一高柄博山炉，左右蹲坐护法的白色狮子。佛像肉髻，面容丰腴，蓄有髭须，双目微睁，额上着白毫，着白色通肩大衣，身后有尖拱形背光，内饰火焰纹，背光上部围一团绿色，内饰赭色条纹，好像是揭起的帷帐。佛像的左侧，有两名侍女及供养人侍立，近佛像为两名供养人，均手持飘带华盖，一男一女，男供养人居前，戴白色莲冠，着黑襦，穿白地饰黑色十字纹的肥筒花袴。女供养人居后，蓬发额上，脸颊施胭脂，着白地黑点合衽花襈裙，襈裙的肩部有黑色肩帔，臂膊还饰有黑色条带。供养人后面有两名女侍，均梳颈后撅起的短发，左臂上搭一条长方白巾，前者着白地绿点花襈裙，居后者着绿地黑点花襦和白地黑点花袴。在女侍的后面有双人童子面莲花化生一朵。佛像的右侧，男女墓主人头手触地跪拜佛像，居前的是男主人，着黑地红点花襦，穿白地饰黑十字纹花袴；女主人居后，蓬发额上，着黑色肩帔的合衽白襈裙，黑带系腰，背后挽花结。女主人身后有两女侍，均梳颈后撅起的短发，前者着白地黑点花襦，穿黄色肥筒袴，后者着黄色合衽襈裙。男女墓主人的上方，绘有俯身飞翔的两个飞天，皆有项光，裸身着长袴，披带飞舞，前者右手握一物，左手捋着胸前的璎珞；后者女相，高髻（图3-19）。

前室藻井南北两面第二、第三重顶石组成的凸字形壁面上，绘有跣足站立在莲台上的菩萨，每面四尊，相互对称，均侧身面向东壁的佛像，头戴花冠，花冠多半圆形，上面可以加插莲苞等饰件，在花冠的后面还有一束束呈放射状展开的装饰，有项光，着天衣，叉腿撇足。南面的四个菩萨中，第一个菩萨足蹬黑色尖瓣莲台；第二个菩萨头戴花冠，黄色项光，足踏红色圆瓣莲台；第三个菩萨蓄髭须，白色项光，着正面开衩的红长裙，立于黑色尖瓣覆莲台上；第四个菩萨也蓄有髭须，黄色项光，披红带，着白色长裙，足踏圆瓣覆莲台。四尊菩萨的左右两端绘双人童子面莲花化生，其他空隙填以翔云。北面的四尊菩萨保存相对较好，右起第一尊左手好像托有供果，红色项光，颈项挂长串交叉腹前璎珞，臂膊挂绿披带，系白色腰带，穿红色长裙，踏一仰瓣的红色莲台；第二尊菩萨绿色项光，蓄髭须，双手似捧一物，佩璎珞，着短衣，白色披带挂于臂膊，腰系白色带，穿绿色长裙，踏黑色尖瓣莲台；第三尊菩萨装扮和着色与第一尊菩萨相同，第四尊菩萨装扮和着色与第二尊菩萨相同。菩萨在左右两端绘双人童子面莲花化生，其他空隙处填以翔云。这些顶石的底侧绘有侧视莲花，交错施以黄色和红色。西面第二、第三重顶石组成的凸字形壁面破损严重，仅在中段可辨识一骑士，披甲，马的腹部可见一长矛，其他还可见具装马匹、双人童子面莲花化生、翔云、莲花等（图3-20）。

前室藻井第四重顶石与第五重顶石也形成凸字形画面，主要内容是飞天。顶石的底侧也是绘制的侧视莲花。东面绘五个飞天，正面飞天束顶髻，有项光，裸上身，双手似握一物于颔下。南面绘四个飞天，左右各两个，相向飞翔，下侧中央绘绿色宝珠，饰红色曲线，火焰纹在四周升腾，四个飞天均顶髻，有项光，袒裸上身，臂挂披带，长袴，跣足。左侧居前者双手似捧一物，居后者俯身抬胸，双手也似捧一物。右侧居前飞天双手捧护一盒，居后飞天上身旋腰转向后方，双手也似捧一物。北面第四、第五重组成的凸字形壁面上绘有四个飞天及一群飞禽，飞天有顶髻、高髻，有披带，项光有白色、黄色，最左端的飞天好像执有旌幡。飞天的右端下方还绘有一群飞禽，可见有白鹤。西面第四、第五重顶石组成的凸字形壁面上也绘有四个飞天和禽鸟。

前室藻井第六重顶石上绘伎乐飞天。每面三个，但现仅存东、南、北三面，均裸身，挂披带。东面的三个飞天均向左，左起第一个吹横笛，束顶髻，有项光，红披带；第二个奏阮咸，穿横条纹的黑长裙；第三个飞天报告的描写特别形象，其向左奔跑，并转身俯首弹一琴。南面的三个伎乐飞天也向左，左起第一人顶髻，绿色披带，系长裙；第二个飞天手举花绳，第三个飞天右手端一细棍。北面三个飞天，绘图较

图3-19　长川一号墓前室东壁及藻井壁画
（采自《集安长川一号壁画墓》图三，第159页）

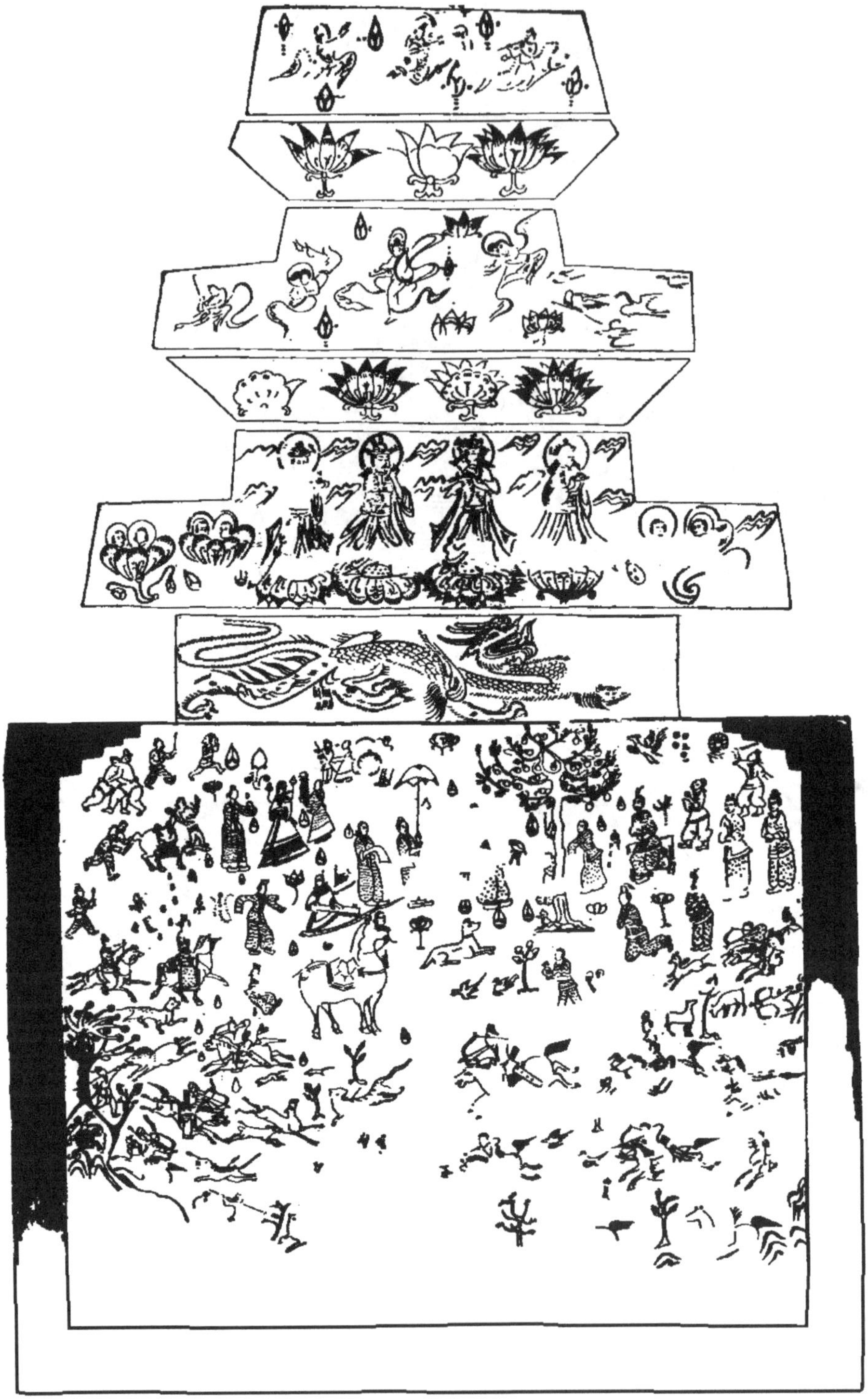

图3-20　长川一号墓前室北壁及藻井壁画
（采自《集安长川一号壁画墓》图四，第160页）

小，形象不清，居中者侧身向右弹阮咸，居右者侧身向左吹竖笛，居左者向右似吹长角。顶石底侧均绘三朵侧视莲花。

前室藻井第一、第三、第五重顶石四隅的抹角石上，均绘有力士形象，基本相同，均袒裸上身，蓄髭须，绿色短袴，跣足，双臂向上推举，臂缠绕披带，双目圆瞪，威武雄健。东南隅力士的披带为红色，东北和西北的均为黄色，西南隅剥落。

前后室间过道两侧石门外各绘一侍女，均向后室侍立。南壁侍女穿白地黑点合衽花襈裙，臂膊系有黑色条带，腰系红带，膝前有腰际垂下的带穗垂饰，双手执有长竿团扇，可惜头部剥落。北壁侍女头部保存较好，蓬发额上，粉面朱唇，着黄地饰黑点的合衽花襈裙，襈裙的臂膊亦系有条带，双手执一长竿，上部残，应为团扇。前后室过道间有两扇石门，北门扉上部略残，外侧均抹有白灰，上绘三朵大莲花，上下两朵均侧视，正中一朵莲花为正视。后室四壁及藻井均绘正视莲花图案，盖顶石上绘有日月星宿及题字。绘于盖顶石上的图案被中间十字交叉的对角线分为四个等边三角形：东面的三角形内绘日象，里面有三足鸟；西面的三角形内绘有月象，白色衬底上画蟾蜍和玉兔；南面是以黑色虚线把七颗星联系起来的勺形星座；北面是黑色实线联系起来的北斗星座。在日月图像的正中，有“北斗七星”四个赭色题字。后室近方形，宽3.2、进深3.3米，西壁正中为通前室的过道，其余三壁壁面自上向下数第一、第二层石材的夹缝中均有等距离的钉孔，东壁8个，南北两壁各7个，原来应安有铁钩，可能是张挂帷帐的设施。后室中间顺置两铺棺床，均为整块石板，外敷石灰，上面原也有壁画，惜仅存周沿一些黑色边框，中间有黄白两色交织的编织纹等。

报告认为，长川一号墓与洞沟墓群中的冉牟墓较接近，而冉牟的身份为显贵世家，官居“大兄”，长川一号墓墓主至少应相当于这一官秩。

对于高句丽壁画，报告认为大体可以分为四期：第一期以舞踊墓、角骶墓为代表，约当4世纪末至5世纪前叶，墓葬形制除方形墓室外，还有横向扁长的、作横券顶的前室，多层叠涩穹隆顶，壁画内容主要是展现墓主人生前的生活情形；第二期以洞沟第十二号墓、麻线沟一号墓及环纹墓为代表，大致在5世纪中叶，墓形除方形外，还将前室改成耳室或者龛室，墓室藻井仍为多层叠涩，壁画内容仍以墓主生活为主，但出现了纯以花纹图案装饰墓室的情况，在墓道中绘镇墓兽，壁画配置开始围绕墓主亡灵；第三期以三室墓为代表，时间范围在5世纪末至6世纪初，冉牟墓也可划归此期，此期墓为双室或三室，墓顶错角叠涩，壁画开始出现四神，大幅绘制力士和侍卫，守卫亡灵成为壁画主题，佛教色彩浓烈；第四期以四神墓、四号墓和五号墓为代表，约6世纪中期，均为单室，藻井层次减少，壁画生活图像完全绝迹，甬道中绘力士，四壁绘大幅四神。报告据此推测，长川一号壁画墓归入第三期比较合适，年代不会早于5世纪末。

吉林集安五盔坟四号墓中壁画四神背景中有许多人物，均站立在莲花座上，既有道教中人物，也有正在诵读的佛教僧侣，还有不少长着胡须的伎乐飞天。该墓报告推定其年代为5世纪末6世纪初①。

朝鲜半岛也有一些高句丽墓葬中具有佛教因素遗存，有些材料还表现得非常充分。如东明王陵陵寺。传东明王陵位于朝鲜真波里墓群，该墓群位于平壤市东南约20千米的丘陵上。在墓群的最前方就是传东明王陵，王陵的下面的平地上，即发现有以塔为中心的大型佛寺遗址。根据佛寺遗址出土的瓦件上有“定陵”“陵寺”等文字，所以称该佛寺遗址为定陵寺遗址。1974年的发掘发现，该佛寺遗址有中门、塔、佛殿、讲堂等多座建筑基址，被认为是东明王或者长寿王的“愿刹”②。传东明王陵墓葬封土边长约22、高8米多，四周砌有高约1.5米的两层砌石，墓室平面为长方形，边长约4.2米，平行叠涩顶，在墓室的四壁及顶部满绘莲花，出土了不少鎏金饰品。墓葬年代应在5世纪末③。永岛晖臣慎推测该墓为长寿王的陵墓④。

德兴里壁画古坟材料先后有几处介绍，1982年的《东北考古与历史》以比较详细的文字进行了介绍⑤，《高句丽古坟壁画》详细出版了相关彩图⑥。株式会社讲谈社出版的《德兴里高句丽壁画古坟》进行了较为详细的描述⑦。本书关于德兴里壁画古坟的材料，基本依据上述。

德兴里壁画古坟位于南浦市江西区德兴里，附近还有江西三墓、药水里壁画古坟、保山里壁画古坟、莲花冢、双楹冢等。该墓1976年被发现，同年底发掘至第二年发掘完成。德兴里壁画古坟为封土石室墓，由甬道、前室、前后室间过道、后室等部分组成，墓向基本为正南方向，前室为横长方形，东西长297、南北宽202厘米，四壁略外凸呈弧形。在前室北壁的西侧放置一石质的祭坛，东西最长97.8、南北最宽55厘米。后室平面呈方形，四壁外凸呈弧形，前后室均为叠涩顶，顶上有盖石。

德兴里壁画古坟在甬道、前室、前后室间过道及后室均有壁画分布。甬道的东

---

① 吉林省文物工作队：《吉林集安五盔坟四号墓》，《考古学报》1984年第1期，第121-136页，图版贰壹-图版贰陆。

② 梁银景：《百济佛教寺院遗址的相关问题研究》，《考古学报》2014年第2期，第169-194页，图版壹。

③ 魏存成：《高句丽遗迹》，文物出版社，2002年，第198-203页。

④ 永岛晖臣慎著，刘力译：《高句丽的壁画古坟——关于真波里古墓群》，《东北亚历史与考古信息》1985年总第7期，转引自魏存成《高句丽遗迹》第202页。

⑤ 云铎、铭学：《朝鲜德兴里高句丽壁画墓》，《东北考古与历史》编辑委员会编辑：《东北考古与历史（第一辑）》，文物出版社，1982年，第228-230页。

⑥ 朝鲜画报社出版部编集：《高句丽古坟壁画》，日本印刷株式会社，1985年，图版53-图版87。

⑦ 朝鲜民主主义人民共和国社会科学院、朝鲜画报社编：《德兴里高句丽壁画古坟》，株式会社讲谈社，1986年。2012年笔者在芝加哥大学做访问学者，巫鸿老师将该墓发掘报告复印一份赠送于我，特此感谢！

壁，上面为守门神怪，下面为莲花和人物；甬道西壁上面同样为守门神怪，下面为树木和人物；前室东壁的中央为人物出行图，西壁上面为6郡太守，下面为7郡太守画像（图3-21），南壁的东侧为出行图，西侧为上下两行幕府官吏。北壁的东侧为出行图，北壁的西侧为墓主人画像。前室墓顶穹隆顶四披有狩猎图、佛说图、日、月、星、云，下侧有莲花纹、火焰纹等。前后室甬道之间有男女墓主人出行图。后室壁画内容比较丰富，东壁的南侧有七宝行事和莲花画像内容，西壁的上下有马射戏，下侧有人物、马及建筑物等，后室的南壁有莲花、厩、牛舍等，后室的北壁有墓主人室内生活场景。

甬道西壁壁画有一人身兽面怪兽，双手执兵器于胸前，怪兽的左侧有竖书的铭文“太岁在已酉二月二日□□成関□□户大吉吏”，前室北壁有墓志铭，涂黄色，横长方形，14行154字：

□□郡信都县都乡□甘里
释加文佛弟子□□氏镇仕
位建威将军国小大兄左将军
龙骧将军辽东太守使持
节东夷校尉幽州刺史镇
年七十七薨焉以永乐十八年
太岁在戊申十二月辛酉朔廿五日
乙酉成迁移玉柩周公相地
孔子择日武王选时岁使一
良葬送之后富及七世子孙
番昌仕宦日迁位至侯王
造藏万功日煞牛羊酒□米粲
不可尽□旦食盐鼓食一□记
之后世寓寄无绝

永乐十八年即东晋义熙五年（409年）。前室北壁的西侧，画着墓主人坐在华帐下，周侧有男女侍从。前室西壁画着向这位幽州刺史问候的十三郡太守。前室东壁的半面画着墓主出行图，南壁东侧是行进着的击鼓吹角笛的鼓吹乐队，后面有手持铁弩的骑者，旁有“蓟县令献铁弩”的墨迹。前室南壁西侧，画的似乎是墓主幽州刺史任命官吏的场景，有榜题：

镇□府长史司马

图3-21　德兴里古坟前室西壁及藻井壁画
（采自《德兴里高句丽壁画古坟》图10，第56页）

参军典军录事□

曹佥史诸曹职吏

故铭记之

前室的东壁为卤簿出行图，在一些图像的旁边有榜题“镇□刺史司马”“御使导从时”“治中别驾”“使君出游时”等；前室壁面的四角画着柱子和斗拱，墓顶天井上绘有狩猎图、牵牛织女、珍禽异兽、仙人玉女等，天井的上部绘有太阳、月亮、北极星等日月星辰。前室和后室之间的过道，西壁画着男主人所乘华盖车在前后护卫下前进的场面，过道东壁画着女主人乘牛车前行的行列。前室穹隆墓顶南披上有牵牛织女图像，榜题文字有“牵牛之象”“□□之象”“织女”，南披中间偏上位置还有仙人在飞翔，手持莲花，旁边有榜题“仙人持莲”，织女的下方有一怪兽，榜题“猩猩之象”，织女的后上方有两禽鸟状怪兽，榜题为“吉利之象”“富贵之象”；穹隆顶东披北侧上方有一鱼，前榜题“飞鱼□象”，飞鱼下面有两头一身的怪物，榜题“青阳之鸟一身两头”，东披中央有一鸟身怪兽，旁边榜题“阳□之鸟履火而行”；前室穹隆顶北披中央为一身两头怪兽，榜题“地轴一身两头”，地轴的下面有人面鸟身怪兽，榜题“贺鸟之象学道不成背负药□”，贺鸟的后面，有头上四耳的一怪兽，榜题“博位之象头生四耳□有得自明在于右”，博位的上方有一天马，榜题“天马之象”，地轴的西边有一雀鸟，榜题“□雀之象”，墓志铭的前上方有一禽鸟，榜题“喙远之象”，西端中央有怪兽，榜题“辟毒之象”，其下方有一怪兽，榜题“零阳之象学道不成头生七□”；穹隆顶西披南端有仙人，榜题“仙人持幢”，还有“玉女持幡”“玉女持桀”，玉女后面有两怪兽，鸟身人面，带翼，榜题“千秋之象”“万岁之象”。整个前室墓顶正中为倒垂的莲花，其周边为星辰，东壁还有三足乌太阳，西壁有月亮，此外，还有一些比较大的圆圈，不知是否代表着星宿，下面就是各类神禽异兽。

后室的南壁画着马厩和牛棚，后室的北壁画着墓主人室内生活的场景，帷帐内西侧坐着男主人，男主人的东侧位置，理应为墓葬女主人画像。帷帐的西侧外边为一男侍牵马待侍，东侧外边画着两个男侍牵着牛车待侍。后室的东西两壁用竖横线分为四等分，分别画有不同的内容，可见有楼阁、仓库、骑射竞赛、池中开放的莲花、佛教的七宝供养等（图3-22）。后室的东壁分为南北两区，北区画着两朵大莲花，盛放在池中；南侧又分为上下两段，均绘有七宝供养图。东壁南侧上端七宝供养图中绘有枝叶茂盛的大树，七种宝物挂在树上，一人头着帻正坐在床榻上供，树的左侧画着一个男孩望树伫立的场景。坐在床榻上的人物应该与七宝供养有关，其附近有墨书榜题“比人为中里都督典知七宝自然音乐自然饮食有□之燔□□□□”，树木右前侧男孩附件榜题“比人与七宝俱生□故□□知之”，树右侧两人拱手而立，前方男子戴头巾，二人附近榜题为“比二人大庙作食人也”，东壁南侧下端共绘有六人，后两人榜题“比二人持刀侍□七宝□时”。中央两人，双手捧着果物，旁边榜题“此二人持菓□食时”，左上侧还有两女子侍立。

图3-22　德兴里古坟壁画后室东壁壁画
（采自《德兴里高句丽壁画古坟》图22，第63页）

此外，梅山里古坟墓室北壁人物中也有画像，墓主夫妇三人坐于华帐之中，前侧有一佛像，坐于榻上。两侧还有玄武和人物牵马图①（图3-23）。花上里联室古坟西壁人物图，身披飘带，或许也与佛教图像有关②；花上里单室古坟四壁均有大莲花，北壁还有莲花化生图③。安岳2号坟壁画中有飞天图像，年代在5世纪末6世纪初。头戴宝冠，身披天衣，手捧莲花④。三室塚也有飞天图，时代约在5世纪初⑤。

梅山里古坟墓主画像旁边出现了佛像，而且佛像要比墓主夫妇的画像大不少。这一材料非常重要。墓主画像原是汉代墓室画像中常见的布置，郑岩曾经专门研究过墓

① 《朝鲜古坟壁画集》（68），李王职发行，大正五年一月二十五日印刷、大正五年一月三十一日发行。

② 《朝鲜古坟壁画集》（78），李王职发行，大正五年一月二十五日印刷、大正五年一月三十一日发行。

③ 《朝鲜古坟壁画集》（90），李王职发行，大正五年一月二十五日印刷、大正五年一月三十一日发行。

④ 朝鲜画报社出版部编集：《高句丽古坟壁画》，日本印刷株式会社，1985年，图版128。

⑤ 朝鲜画报社出版部编集：《高句丽古坟壁画》，日本印刷株式会社，1985年，图版209。

图3-23　梅山里古坟墓室北壁壁画
（采自《朝鲜古坟壁画集》68）

主画像[①]，其中涉及《后汉书·赵岐传》的文献，《太平御览·礼仪部》中引用的《赵岐别传》，大意相同：

> 岐字台卿，年九十余，建安卒。先自为寿藏，图季札、子产、晏婴、叔向四像居宾位，又自像其像居主位，皆为赞颂。敕其子曰：我死之日，墓中聚沙为床，布簟白衣，散发其上，覆以单被，即日便下，下讫便掩。[②]

在传统的墓主画像位置出现佛像，而且比墓主画像大，反映出佛教因素进入墓葬对墓

① 郑岩：《墓主画像研究》，山东大学考古学系编：《刘敦愿先生纪念文集》，山东大学出版社，1998年，第450-468页。

② （宋）李昉等撰：《太平御览》卷五五八《礼仪部·冢墓二》引《赵岐别传》，中华书局，1960年，第2525页上栏。

室壁画中墓主画像的影响。重要的是，这一影响仍然借助墓主画像，没有给佛教尊像应有的位置，表现出墓内佛教尊像祭拜场景的不成熟。

高丽仁宗时期的金富轼编撰了《三国史记》，其中有关于佛教传入朝鲜三国时期等记载。《三国史记》卷十八载：

> （小兽林王）二年夏六月，秦王苻坚遣使及浮屠顺道送佛像经文。王遣使回谢，以贡方物，立太学教育子弟。①

又《三国史记》卷四十九载：

> （盖）苏文告王曰："闻中国三教并行，而国家道教尚缺，请遣使于唐求之。"王遂表请。唐遣道士叔达等八人，兼赐《道德经》，于是取浮屠寺馆之。②

《三国史记》后一条引文，恰恰说明了三教融合的问题，高句丽的一些壁画墓中，也是既有佛教因素，又有道教等因素，如吉林集安五盔坟四号墓。前一条引文说明高句丽小兽林王二年（372年），秦王苻坚遣使，送佛像经文等至高句丽。上述佛教因素遗存所处时代稍晚于4世纪中后期，但差距也不是太大。从文献的记载看，似乎佛教对高句丽的影响是来自北方，但是南方的百济，显然受东晋南朝文化的影响较大，著名的百济武宁王陵就反映出这一状况。

百济武宁王陵位于韩国忠清南道公州郡宋山里，1971年发现并由韩国文化财管理局负责发掘，平面呈长凸字形，墓室内遍饰莲花，墓壁上还砌有直棂假窗和火焰纹灯龛，出土器物中也有与南朝类似的青瓷盘口壶、莲花罐、七子镜、镇墓兽等，根据墓志，墓主为百济武宁王余隆及王妃③。除了墓室壁砌有莲花砖外，王妃的金制冠饰上也有莲花座托瓶花（图3-24）。王妃木枕上也有飞天及莲花等纹饰（图3-25）。百济墓葬中出现的佛教因素应与其与南朝的交往有关。兹将文献记载的萧梁与百济的往来，列表如下（表3-6）。

---

① （高丽）金富轼：《三国史记》卷十八，东京学习院东洋文化研究所刊行，东京笠井印刷社印行，1964年，第143页下栏。

② （高丽）金富轼：《三国史记》卷四十九，东京学习院东洋文化研究所刊行，东京笠井印刷社印行，1964年，第412页上栏。

③ 金元龙、有光教一监修，永岛晖臣慎翻译，大韩民国文化财管理局编：《武宁王陵》（日语版），（汉城）三和出版社、（东京）学生社，1974年。

图3-24　百济武宁王陵王妃金制冠饰
（采自《武宁王陵》图版3）

表3-6　文献记载萧梁与百济往来一览

朝代	纪年	内容	文献出处
梁	天监元年（502年）	戊辰，车骑将军高句丽王高云进号车骑大将军。镇东大将军百济王余（牟）大进号征东大将军	《梁书》卷二，第36页
		进太号征东将军	《梁书》卷五四，第804页
	普通二年（521年）	十二月戊辰，以镇东大将军百济王余隆为宁东大将军	《梁书》卷三，第65页
		王余隆始复遣使奉表，……“可使持节、都督百济诸军事、宁东大将军、百济王”	《梁书》卷五四，第804页
	普通五年（524年）	隆死，诏复以其子明为持节、督百济诸军事、绥东将军、百济王	《梁书》卷五四，第804页
	中大通六年（534年）、大同七年（541年）	累遣使献方物；并请《涅盘》等经义、《毛诗》博士，并工匠、画师等，敕并给之	《梁书》卷五四，第805页

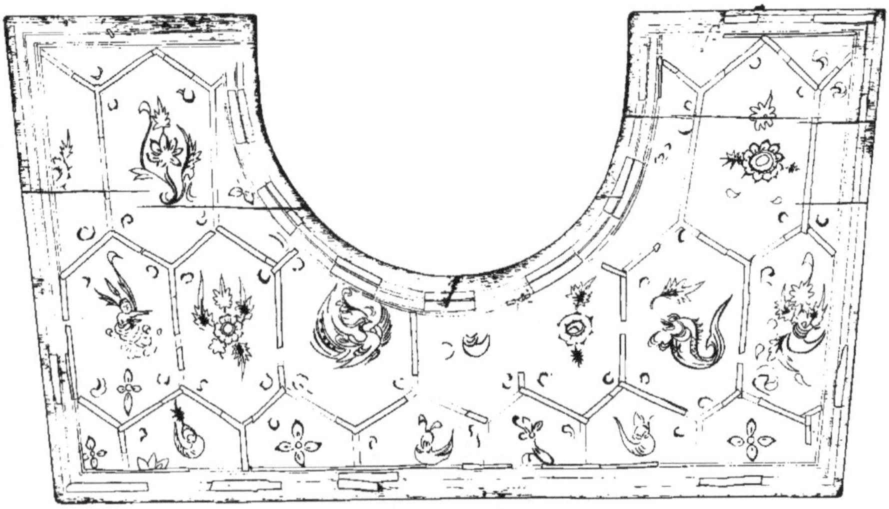

图3-25　武宁王宁王妃木枕
（采自《武宁王陵》图版88）

根据表3-6，在百济与萧梁的交往中，有请《涅槃》等经义，以及工匠、画师等，佛教的往来明显，这种往来，结合宋山里6号坟“梁官瓦为师矣”的墓砖刻铭，是十分清晰的[①]。当然，百济与萧梁及整个东晋南朝的交往，复杂性及特殊性也必须认识到[②]，本书只是在论述高句丽墓葬中的佛教因素时，附带百济武宁王陵的材料，说明了南朝、北朝对他们的佛教影响。

① 王志高：《韩国公州宋山里6号坟几个问题的探讨》，王志高：《六朝建康城发掘与研究》，江苏人民出版社，2015年，第359-376页，原载《东南文化》2008年第4期。

② 吴桂兵：《5至6世纪古代中国墓葬因素的地区互动与百济武宁王陵》，中国考古学会编：《中国考古学会第十四次年会论文集》，文物出版社，2012年，第403-420页。

第四章 “珉床雕户”与“洞房石室”

——北朝墓葬中的佛教因素

北魏洛阳的城西，曾发生一件奇异而恐怖的事，《洛阳伽蓝记校释》记载了这一事件的全过程，地点是在城西的阜财里，《洛阳伽蓝记校释》卷四“城西”记载：

> 南阳人侯庆有铜像一区，可高尺余。庆有牛一头，拟货为金色。遇急事，遂以牛他用之。经二年，庆妻马氏忽梦此像谓之曰：“卿夫妇负我金色，久而不偿，今取卿儿丑多以偿金色焉。”马氏悟觉，心不遑安。至晓，丑多得病而亡。庆年五十，唯有一子，悲哀之声，感于行路。丑多亡日，像自有金色，光照四邻。一里之内，咸闻香气，僧俗长幼，皆来观睹。尚书左仆射元顺闻里内频有怪异，遂改阜财里为齐谐里也。①

这是一则未成年死亡与佛教的关系，此处是因为没有履行诺言而致报应，使小儿死亡。

无独上述，北朝时期，佛教影响到丧葬礼俗的方方面面，无论是从礼俗的空间、器物等，均达到了一个很高的层次。我们可以从下面数例略知大概。如有在墓所建构浮图的，如北魏正光五年（524年）孙辽浮图铭记：

> 大魏正光五年岁次甲辰七月己酉朔廿五日癸酉故兰仓令孙府君浮图之铭记。君讳孙，名辽，定州人也……少怀净行，长而弥洁，悟三有之元常，体四趣之沉溺，洞达苦空，超鉴十相，是以童□之年，信心三宝，厥龄十八，禁酒断肉，修斋持戒……遂烧两指，尽身供养……春秋六十七，前件年日，寝疾三朝，卒于京师，权殡此处。有子显就、灵凤、子冲等追述亡考精诚之功，敬造浮图一坵，置于墓所。愿令事与须弥等寿，理与日月齐明，永流懿迹，式传不朽……②

---

①（魏）杨衒之撰，周祖谟校释：《洛阳伽蓝记校释》，中华书局，1963年，第146-147页。

② 赵超：《汉魏南北朝墓志汇编》，天津古籍出版社，2008年，第147-148页；孙辽浮图铭拓本及照片可参见颜娟英编著：《与佛有约：佛教造像题记中的祈愿与实践》，“中央研究院”历史语言研究所，2014年，第54-55页。

孙辽曾为兰仓令，少时即崇信佛教，后来还禁断酒肉，修斋持戒。孙辽死后，其子即在其墓所建造浮图。又有在丧葬祭祀方面不用牲灵的，如北齐天保六年赵老夫人的墓志（图4-1）：

> 夫人赵氏，出自南阳。父槊虎，领袖南金，羽仪东箭。夫人少稟家风，长垂令範。并州主簿王憐之妻也。琴瑟未几，便失伉俪，唯有一女，甫就口食。及长，适颍川陈氏。值大齐肇构，陈有力焉，除光州刺史，妻封襄城郡君。而郡君政训陈门，恩逮众妾，肃穆闺闱，皆赵夫人慈育之所致也。夫人精心练行,遍览诸经。临终遗嘱，委财三宝。朔望奠祭，不得辄用牲灵。以天保六年四月七日，夫人年七十，薨于光州子城内。即以七月六日葬于城西正山之上。洞房石室，珉床雕户，庶毕天地，永旌不朽。其词曰：二仪合德，阴阳佐时，内外和睦，治道雍熙。如何不弔，少抚孤遗，成斯顾復，实曰母仪。冀保遐延，庶几多福，天不我矜，殒兹令淑。风树不待，慈颜永伏，呜呼哀哉，万春长宿。①

赵老夫人精心练行，遍览诸经，说明其是一位虔诚的佛教徒。其临终遗嘱提及委财三宝，而且死后的祭奠也是不得用牲灵。通过志文，我们知晓赵老夫人的墓葬在城西正山之上，洞房石室与珉床雕户，不知是否是瘗窟，或者葬于石窟之中，不得而知，但老夫人信仰佛教，死后按照佛教的葬仪安葬，是与当时北方地区女性信佛者的丧葬要求一致的。

更有凿崖成龛而葬的，如《北史》卷一三《文帝文皇后乙弗氏传》记载：

> 六年（540）春，蠕蠕举国渡河，前驱已过夏，颇有言虏为悼后之故兴此役……乃遣中常侍曹宠赍手敕令后自尽。后奉敕，挥泪谓宠曰："愿至尊享千万岁，天下康宁，死无恨也。"因命武都王前，与之诀。遗语皇太子，语皆凄怆，因恸哭久之。侍御咸垂涕失声，莫能仰视。召僧设供，令侍婢数十人出家，手为落发。事毕，乃入室，引被自覆而崩，年三十一。凿麦积崖为龛而葬，神柩将入，有二丛云先入龛中，顷之一灭一出，后号寂陵。及文帝山陵毕，手书云，万岁后欲令后配飨。公卿乃议追谥曰文皇后，祔于太庙。废帝时，合葬于永陵。②

---

① 赵超：《汉魏南北朝墓志汇编》，天津古籍出版社，2008年，第399页。

② 《北史》卷一三，中华书局，1974年，第506-507页。

尼礼葬后妃，凿麦积崖为龛而葬。真所谓“洞房石室”。后文将从葬具、墓室壁画、入华粟特人墓葬等方面详细分析北朝墓葬中的佛教因素遗存。

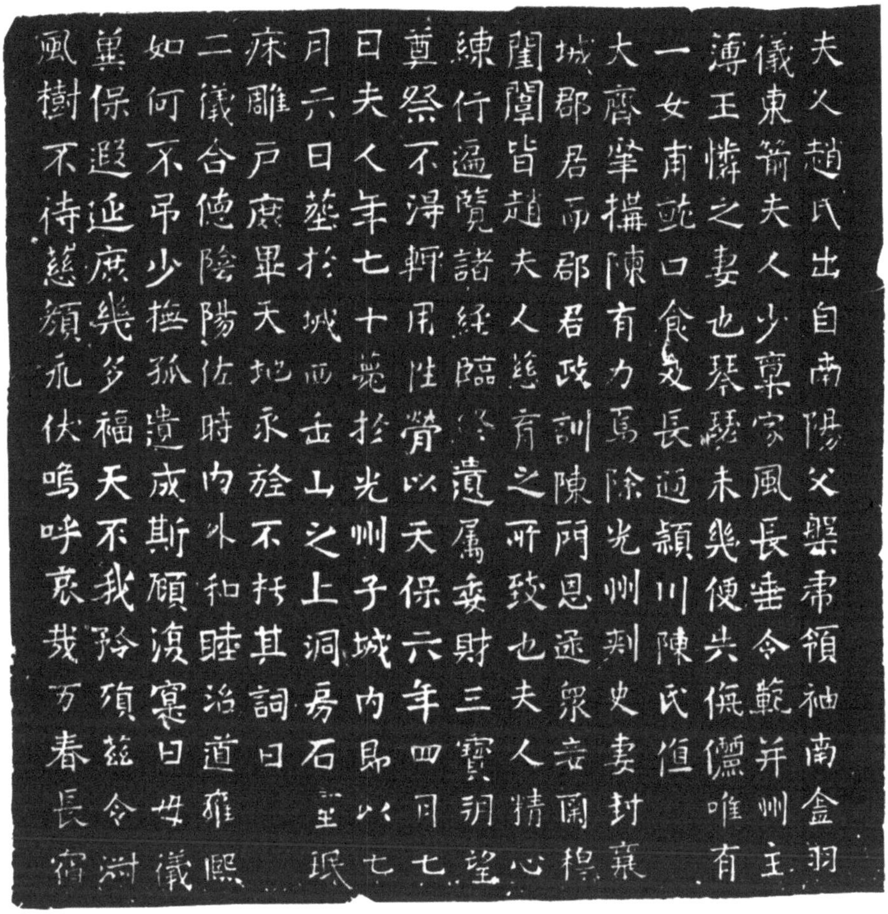
夫人趙氏出自南陽父槃肅領袖南金羽
儀東箭夫人少稟家風長垂令範并州主
薄王憐之妻也琴瑟未幾便失佩儷唯有
一女甫就口食及長適潁川陳氏值
大齊肇構陳有力焉除光州刺史妻封襄
城郡君而郡君政訓陳門恩逮衆喜蘭穆
閨闈皆趙夫人慈育之所致也夫人精心
練行遍覽諸經臨終遺屬妻財三寶朔望
奠祭不得輒用牲肴以天保六年四月七
日夫人年七十薨於光州子城內第以七
月六日葬於城西岳山之上洞房石室珉
床雕戶庶畢天地永旌不朽其詞曰
二儀合德陰陽佐時內外和睦治道雍熙
如何不弔少撫孤遺成斯顧復寔曰母儀
冀保遐延庶幾多福天不我矜殞茲令淑
風樹不待慈顏永伏嗚呼哀哉万春長宿

图4-1 赵氏墓志

（采自《汉魏南北朝墓志集释》①第四册，图版三二三，第206页）

除了在丧葬过程中反映出受到佛教的影响，丧事过后，亡者亲友也会祭奠追福，或抄经，或做法事，或造像等。1965年敦煌莫高窟在125号、126号窟加固工程中，在窟前遗址中发现了刺绣残块若干，刺绣从上到下包括横幅花边、一佛二菩萨说法图、发愿文一方和供养人。绣品的顶部为横幅花边，由忍冬纹和联珠状龟背纹相互套叠而成；说法图残存部分居中为一住佛，两侧为立于莲座上的侍立菩萨；发愿文和供养人接在菩萨像的下面。简报推测发愿文残存有一半，自右至左，纵书十四行，四周有紫线绣出的矩形框，大约一百五十字。简报没有释文和录文，后来罗新根据展览图录进

① 赵万里：《汉魏南北朝墓志集释》第四册“王憐妻赵氏墓志”，科学出版社，1956年，图版三二三，第206页。

行了全面录文，移录如下：

行 1　□□□□□□□□言像之表
行 2　□□难教□□九域之内□
行 3　高轨扬于□□□妙宗而仗
行 4　赖弟子焳□□□□□□会庆
行 5　遵像法之化□□□□□□早
行 6　倾灵荫每悼□□□□□□款
行 7　焳复兴设讲□□□□□□遂
行 8　建兹晖像树□□□□□□
行 9　天祚永康□□□隆亡过先
行 10　王缘□□□□□□妙乐之乡
行 11　朗怀□□□□□□在家馆恒
行 12　住休庆□□□□十方含生
行 13　等成菩提□□□十一年四
行 14　月八日直勤广阳王慧安造[1]

发愿文的右侧存男供养人两身，第一身为供养比丘，第二身供养人手持莲花，榜题残见一“王”字；发愿文左侧有五身女供养人，第一身为供养比丘尼，左手持莲花于胸前，身前榜题“师法智”；第二身头戴高冠，身着对襟长衫，衣上花纹为桃形忍冬和卷草忍冬，左手持莲花，榜题“广阳王母”；第三身榜题“妻普贤”，第四身榜题“息女僧赐”，第五身榜题“息女灯明”。简报根据发愿文中的“十一年四月直勤广阳王”，以及刺绣的内容、布局、字体等，推测刺绣年代应为北魏时期，施主为广阳王，进而根据北魏数位广阳王所在年号纪年达到11年的，推断该十一年为北魏太和十一年（487年），发愿文中的广阳王应为元嘉，“广阳王慧安”中的“慧安”，应与女供养人中的广阳王妻“普贤”、息女为“僧赐”“灯明”相似，为广阳王所起的法名[2]（图4-2）。

简报引唐释法琳撰《辨正论》第四中《十代奉佛篇》说广阳王元嘉曾“读一切经凡三遍，造爱敬寺以答二皇。为众经抄一十五卷。归心委命，志在法诚”。可以说，广阳王元嘉是一名虔诚的佛教徒。从这件刺绣的供养人来看，不但广阳王个人，其整

① 罗新：《跋敦煌莫高窟所出北魏太和十一年刺绣发愿文》，罗新：《王化与山险：中古边裔论集》，北京大学出版社，2019年，第245-255页。该文原发表于《文史》2009年第4期。

② 敦煌文物研究所：《新发现的北魏刺绣》，《文物》1972年第2期，第54-60页，图版拾壹-图版拾贰。

个家庭，包括其母、妻、女等均是佛教徒。那么这件刺绣的用途为何？简报也对这件刺绣的来源和用途进行了分析，认为该刺绣不可能是本地制作的，应该是从平城一带被人带到敦煌的。《洛阳伽蓝记》卷五的“宋云、惠生使西域”条，惠生出发时，皇太后、卿士曾让其携带五色百尺幡千口、锦香袋五百枚、王公卿士幡两千口，让其在有佛事处使用。因此这件北魏刺绣也极有可能是僧人带到敦煌的，用于悬挂在石窟里，作为施主的供品，或者是僧人讲经说法等宗教活动的“幢幡”。

图4-2　敦煌莫高窟出土北魏刺绣供养图（部分）

［采自《世界美术大全集·东洋篇3·三国南北朝》[①]图155“刺绣供养图（部分）”，第166页］

当然，引起我们注意的是刺绣发愿文的内容，尽管部分残缺，但根据罗新的录文，我们大致可以看到，该发愿是使“亡过先王”以达“妙乐之乡”，使“十方含生等成菩提”。从“亡过先王”的角度看，这件刺绣作为供品，是为了亡过的先王荐福，使其能够进入“妙乐之乡”。很显然，这是在葬礼结束之后，生者对死去的亲人所做的功德，这一佛教活动延续了丧葬活动，使其进入祭祀的过程，通过佛事供养，祈福先人。尤

① 曾布川宽、冈田健编集：《世界美术大全集·东洋篇3·三国南北朝》，小学馆发行，日本写真印刷株式会社印刷，2002年。

其值得注意的是，这件刺绣极有可能是从平城携带至敦煌的，反映出佛教活动参与丧葬活动的时空不同，对亡过的先人的荐福功德供养法事，可以借助一件绣有供养人的“幡”，在数千里之外的敦煌莫高窟表达对先人往至“妙乐之乡”的愿望。

日本大谷大学图书馆藏《十方千五百佛名尼道明胜题记》（大约6世纪）更是清晰地反映出书写佛经对于七世父母师长父母的功德：

……是以佛弟子尼道明胜……谨割衣资之分，建（书）写无量寿一部、十善一部、药王药上一部、千佛名一卷、涅槃一部、大方等陀罗尼一部、大通方广一部，因微福，愿七世父母师长父母所生因缘，往生西方净佛国土，若悟洛（误落）三涂，使濩汤□止流，刀山以为宫殿，现在之身，尘罗之蔽，云飞雨散，胜善之果，日晕重集，有一切众生，一时成佛。①

佛弟子通过书写佛经，可以祈愿七世父母、师长父母往生西方佛国净土，可以避免遭受地狱之苦，能使一切众生一时成佛。这里佛弟子所书写的佛经有无量寿、十善、涅槃、大方等陀罗尼等。除了写经，造像也是寄托对死去亲人愿望的方法，如邺城北吴庄出土的张雄造观世音像背面下段题刻：“永平三年，岁在庚寅，佛弟子张雄上为皇帝陛下、皇太后、皇后、皇太子、中宫内外，下为亡父、兄弟、子孙建立兴造观世音石像一坵，所愿从心，故记之。”②永平年号综合分析应为北魏宣武帝元恪年号，其三年即510年。这里，张雄为亡父造观世音石像一坵。

更有直接将父母图像与供佛刻绘一处的，如北吴庄谭副造释迦像，背屏背面上部剔地浅浮雕弥勒兜率天说法图，两侧分别为帝释天、大梵天、难陀龙王、那难陀龙王及像主的亡父阐、亡母张明姬。说法图下面为一列伎乐天，中部为像主谭副及妻、子、女等烧香侍佛的供养像。背屏背面最下面为题刻：“……五日辛……谭副……上为皇帝陛下皇太子敬造释迦牟尼清石立像一躯，光趺七尺六寸，真容严仪，飞天云峙……愿国祚永隆……恩覆四海，百国钦风，殊方归荫……国境晏然，民知其义。又愿亡父母舍此秽形，俱登妙乐。慈氏初唱，愿在上首己身、家眷，业障减除……一时成佛。”③谭副造释迦造像背屏题刻明确提到为亡父母造像，希望能够俱登妙乐，业障减除，从而一时成佛。反映出子女借助佛教造像功德，为亡父母祈求冥福。此外，谭

① 池田温：《中国古代写本识语集录》，东京大藏出版社，1990年，第164页407条，转引自公维章：《涅槃、净土的殿堂：敦煌莫高窟第148窟研究》，民族出版社，2004年，第120-121页。

② 中国社会科学院考古研究所、河北省文物研究所编著：《邺城北吴庄出土佛教造像》3“张雄造观世音像”，科学出版社，2019年，第7-9页。

③ 中国社会科学院考古研究所、河北省文物研究所编著：《邺城北吴庄出土佛教造像》1“谭副造释迦像”，科学出版社，2019年，第2-4页。背屏题刻为笔者据第4页背屏照片释读录文。

副造释迦造像背屏的弥勒兜率天说法图中，在佛、帝释天、大梵天及龙王像的两侧，刻绘了其亡父和亡母的像，亡父母均手执莲蕾，形成了一个整齐的供养尊像组合。

第一节 葬 具

北朝葬具体现出佛教因素的材料主要有漆木棺、石棺、石椁、石棺床等。固原北魏漆棺墓位于宁夏固原城西雷祖庙，由封土、墓道、甬道及墓室等部分组成，近方形墓室，夫妇合葬墓。墓内有两具棺木，女性棺木无髹漆，男性棺木有精美的漆画。墓内出土器物有铜鐎2件、铜灶1套、铜钫1件、铜壶1件、透雕铜饰3件、透雕铜铺首2件、铜棺钉帽20件、铜棺环5件、铜带饰5件、铜顶针1枚、铜发笄2件、铁剑1件、铁刀1件、铁剪刀1件、铁镜2面、铁马镫1副、陶盆1件、陶罐3件、银耳杯1件、波斯银币1枚、金耳环2枚、琥珀珠1枚、水晶珠2枚、珍珠3枚、木锥把1个、木柄1个、面饼1块放置在铜灶的甑内。其中透雕铜饰由双龙构成一椭圆形，龙尾交错连接，背上各立一凤，中间有一站立的人物，肩臂间有天衣缠绕，报告认为似为一佛教中的人物。透雕铜铺首整体近方形，下方为兽面，上部为交错双龙，龙吻处中间为一佛（或为羽人）。透雕铜饰和铺首均位于漆棺侧板位置，应为棺饰。铜棺环表面鎏金，附有八瓣莲花环座[①]。

男性墓主人漆棺前挡、棺盖及左右侧板上所绘棺画，基本可以复原。棺盖所绘正中上方是悬垂帷幔的房屋，单层庑殿顶，有鸱尾，左右两座房屋，屋内各坐一人，即东王父和西王母。屋顶正中各有金翅鸟。左屋宇的上方画有太阳，右屋宇的上方画有月亮，两个屋宇的中间为天河。棺的前挡正中画一建筑，单层庑殿顶，屋内长方形榻上屈膝斜坐一中年男子，头戴高冠，足登尖头乌靴，左手执杯，右手握麈尾，两旁有侍者。画面的下方似形成一门，两侧各绘一人，束发无冠，后有头光，戴耳环，裸胸佩璎珞，颈着项圈，手臂戴钏，天衣绕臂而下（图4-3）。漆棺两侧的漆画可以分为上、中、下三栏：上栏是孝子故事画，中栏是装饰性图案和直棂窗，下栏是狩猎图。右侧上栏孝子故事画残存孝子舜和郭巨的故事。孝子故事画的下面为装饰图案，中间为直棂假窗，假窗后面画着一对男女。其余分布着联珠龟背圆环，其内对称地画着三种图样：一为两人物，裸体状，肩臂上缠绕飘带，有圆形头光，翩翩起舞，类似供养天人；另外两类是对称的怪兽和飞禽。这里棺前挡建筑图画两侧头光璎珞戴钏人物，应该类似于佛教石窟两侧的菩萨或者力士，加之棺侧的类似供养天人图像，应该与佛教因素有关。

报告将该墓的年代定在北魏太和十年（486年）左右。罗丰在对固原北魏漆棺画的

① 宁夏固原博物馆：《固原北魏墓漆棺画》，宁夏人民出版社，1988年。

图4-3　固原北魏漆棺前挡棺画
（采自《固原北魏漆棺画》附图）

年代再确定时，提供了新的材料，这一材料不仅发现了该墓新的纪年材料，而且增加了佛教对该墓丧葬礼俗影响的明确证据，这个新材料就是在该墓墓室南壁下部发现的铭文砖。该墓发掘30多年后，为了绘制墓葬实测图，宁夏文物考古研究所固原工作站对其进行了重新清理发掘，在后室南壁下部发现了铭文砖。墓砖长方形，正反两面均刻有铭文，四个侧面均有卷草纹，铭文文字系在泥坯成形未阴干时刻写。铭文砖正面刻写文字5行：

> 太和十三年六月十四日，高平镇祚（作）□（？专）场，匠（？）用专二万五千，使持莭（節）償（镇）西将军、高平償（镇）督（都）大将冯始公，专场辟（壁）方二丈廿，长三丈。万年至后，名永甃（宙）羽（宇），后人见者，用专作塔庙供镇□。①

砖的背面也提到了太和十三年（489年），从而确定了该墓的埋葬时间应该距此不远，

① 罗丰：《固原北魏漆棺画年代的再确定》，Early Medieval North China: Archaeological and Textual Evidence, Edited by Shing Müller, Thomas O. Höllmann, and Sonja Filip, Harrassowitz Verlag · Wiesbaden, 2019: 142.

墓主也明确为使持节、镇西将军、高平镇都大将冯始公。尤其重要的是，铭文中记载了用砖作塔庙，罗丰认为应该与佛教有关，也就是《魏书·释老志》中所讲的佛弟子收舍利建塔，塔为胡言，犹宗庙，故而世称塔庙。罗丰还联系北魏冯氏与佛教的关系，进行了补充论述[①]。联系到固原北魏漆棺墓中其他的佛教因素，这里的塔庙应该与佛教作塔祈福有关。可惜的是铭文没有进一步交代该塔庙的地点等其他情况，推测与墓主冯始公的墓地或丧葬有关，应大致不误。

正光五年（524年）赵郡贞景王元谧石棺，现存左右两帮和前挡、后挡四石[②]，贺西林在《北朝画像石葬具的发现与研究》一文中对其有详细的描述：元谧石棺头挡正中图像是一大门，门帮为柱式结构，柱上有莲瓣、草叶装饰；门楣为拱尖形，并装饰有双凤头和忍冬纹样；门墩为火翼畏兽形象；门扉上装饰有大乳钉和门铃。门柱、门楣为典型的中亚建筑样式，类似的门还见于虞弘石椁和响堂山、天龙山石窟中。门两侧各立一位门吏，门吏褒衣博带、双手握剑。门楣正上方是由莲花、莲叶托起的摩尼宝珠，宝珠两侧各一火翼畏兽，其间还有一些云纹和花叶图案。门的下面为一带护栏的台阶，以及一些山石和莲花图案。足挡正中为一硕大的畏兽，上、下均为山石树木，两侧还有云纹（图4-4）。其后，还介绍到左帮、右帮均刻绘有六幅孝子故事，如“丁兰事木母”“孝子郭巨”“孝子伯奇”等，同时认为每侧棺帮的中部，即天界与人界交界部分都有两个方框，框内刻画墓主夫妇半身画像[③]。元谧石棺门柱上的束腰状物，与永固陵的类似，即林圣智文中所述的藤座[④]，此外，其尖拱形门楣及回转凤首等也与永固陵有一定的相似，洛阳市郊瀍河公社出土的石棺前挡也与元谧石棺相似[⑤]。

北魏宁懋石室现藏美国波士顿艺术品博物馆，1931年在汉魏洛阳故城的北邙山被盗掘出土。从石室、石堂、石椁的使用来看，宁懋石室应该是埋葬于墓室内，但也有可能是地面的祠堂类建筑。宁懋石室的画像石共有9幅：石室石门左右两侧的外壁各有一幅武士画像；左边山墙的外壁为人物故事画像，分上下两层，上层画面刻着“刻木事亲”的孝子故事，下层画面刻着帝舜的孝子故事；第四幅为人物故事画像，刻在

① 罗丰：《固原北魏漆棺画年代的再确定》，Early Medieval North China: Archaeological and Textual Evidence, Edited by Shing Müller, Thomas O. Höllmann, and Sonja Filip, Harrassowitz Verlag · Wiesbaden, 2019: 133-149.

② 郑岩介绍元谧石棺时，认为其为匣式，现存左右两帮和前挡三石。详见郑岩：《魏晋南北朝壁画墓研究》，文物出版社，2002年，第102-103页。

③ 贺西林：《北朝画像石葬具的发现与研究》，巫鸿主编：《汉唐之间的视觉文化与物质文化》，文物出版社，2003年，第341-376页。

④ 林圣智：《墓葬、宗教与区域作坊——试论北魏墓葬中的佛教图像》，《美术史研究集刊（第二十四期）》，2008年，第16页。

⑤ 洛阳博物馆：《洛阳北魏画象石棺》，《考古》1980年第3期，第229-241页。

图4-4　元谧石棺前挡

（《瓜茄》5号，367页，转引自郑岩《魏晋南北朝壁画墓研究》图175，第248页）

右侧山墙的外壁，上层刻着董永孝子故事，下层刻着馆陶公主与董偃近幸的故事；后墙外壁的左、右两边均刻有庖厨图；室内左侧山墙的里壁刻画牛车出行图，中间以双线条做出格界，将画面分为左右两部分，右边一图刻着牛车一乘，车厢右侧站立一人，其前一人，牛前站立一人。左边一图中间刻着半圆形帷帐，帐内站立四人，左边第二人似为女主；第八幅为铠马图，刻在室内右侧山墙的里壁，中间也以双线条做出格界，分为左右两图，左边一图中间刻画铠马一匹，右边一图中间刻着半圆形帷帐，帐内站立四人，其中似有男主；最后一幅即为宁懋的画像，刻在室内后墙的里壁，以双线条做出格界，分为三组，疑每组均为宁懋画像，三像均戴圆形平顶高冠，两侧插笄，身着宽袖长衣，腰束带，从面容上看，右侧画像年岁较轻，左侧画像年岁居中，中间画像年岁较高，拇指捏着莲花一朵，三像之旁均刻着三个女像[①]（图4-5）。波士

① 郭建邦：《北魏宁懋石室和墓志》，郭建邦：《北魏宁懋石室线刻画》，人民美术出版社，1987年，第29-39页。

图4-5 宁懋石室人物画像

（采自《北魏宁懋石室线刻画》之"宁懋画像"，第20页）

顿艺术品博物馆在1942年刊发文章，对于石室各幅画像的配置与前述不同，尤其重要的是其认为三位墓主像位于墓室后壁的外面[①]，郑岩认为后壁正面为左、中、右三部分，中央空白，两侧刻画庖厨，背面刻三幅墓主像，均有一名侍女扶持[②]。

另有宁懋及妻郑氏墓志：

魏故横野将军甄官主簿宁君墓志

君讳懋，字阿念（？），济阴人也。其先五世属□，秦汉之际，英豪竞起，遂□离邦，遥寓西凉，既至皇魏，祐之遐方，□□父兴，以西域夜陋，心恋本乡，有意东迁，即便还国，居在恒代，定隆洪业。君志性澄静，湛若水□，少学三坟，长崇（五）典，孔氏百家，睹而尤练。年卅五蒙获起部曹参事郎，在任□恭，朝野祇肃。至太和十三年，圣上珎德，转升山陵军将，抚巢恤民，威而不猛，飨食惠下，黎庶怿心。至太和十七年，高祖孝（文），迁都中京，定鼎伊洛，营构台殿，以康永祀，复简使右，营戍极军。主宫房既就，汎除横野将甄官主簿。天不报善，构此□。春秋卌有八，景明二年，遇疾如丧。荥阳郑□女，太武皇时，蒙授服常侍，郑□女遗姬以去。孝昌三年正月六日丧，以今十二月十五日，葬于北芒□和乡，刊石立

① Kojiro Tomiata. A Chinese Sacrificial Stone House of the Sixth Century A.D. Bulletin of the Museum of Fine Arts, 1942, 40 (242): 98-110.

② 郑岩：《魏晋南北朝壁画墓研究》，文物出版社，2002年，第102页。

铭，以述景□。[①]

宁懋曾历部曹参事郎、山陵军将及甄官主簿，这些官职基本上都与营造等活动有关，而太和十七年（493年）正是诏司空穆亮与尚书李冲、将作大匠董爵等经始洛京的时候，且甄官主簿又是主管砖瓦之事的，因此，我们可以推测宁懋本人的石室或许与北魏王朝的丧葬礼仪制作有着强烈的关联，无论宁懋祖上是否是鲁人，其在北魏由西凉迁至恒代，应该没有问题。这使我们联想到北魏太延五年（439年）“徙凉州民三万余家于京师”，宁懋的父亲或许就是在北魏平西凉后迁至恒代的，宿白先生在研究云冈模式的形成时，梳理了平城实力集聚的史事，这也是云冈石窟技术系统的来源之一[②]，我们也可以据此推测北魏墓葬中出现佛教窟龛的因素、技术系统路径或与宁懋家族的经历及仕宦有关。

洛阳关林石刻艺术馆藏有一件画像石棺，该石棺1977年在邙山南坡上窑村东出土[③]。石棺全长240、通高103厘米。石棺的前后挡、左右两帮以及棺底的四侧边，均阴刻线画，主题是夫妇乘龙升仙。右帮为男子乘龙升仙图，画面中央为一着褒衣博带式冕服男子，乘龙，手持长茎莲花，乘龙男子的后面有三人手持莲花和羽扇。右帮的后部是6人组合的鼓吹伎乐，二人吹笛，三人吹排箫，一人击鼓。左帮为女子乘龙升仙图，主要有乘龙女子，持熏斗、团扇的方士，后部有五个侍女。石棺的前挡画一墓门，左右两侧有按剑门吏，中央为莲花盘托的摩尼宝珠。棺底前部刻青龙、白虎，正中为一兽头。棺底后部也刻青龙、白虎，中间是一株盛开的莲花[④]。关林石刻艺术馆展出的石棺床正面三足，足间浮雕铺首，两侧各雕刻一金刚力士，力士均有头光，立于莲座上，手操金刚杵[⑤]。

弗利尔美术馆藏北齐石棺床腿上也有佛教题材。棺床立面整体呈长方形，图像自上而下分四个部分，最上面一横列为椭圆形宝珠，外一圈联珠纹，共33个；其下为一组垂直的复瓣莲花；复瓣莲花下面为方框内布置圆形联珠圈，圈内为各种姿势的童

① 郭建邦：《北魏宁懋石室和墓志》，郭建邦：《北魏宁懋石室线刻画》，人民美术出版社，1987年，第29-39页。

② 宿白：《平城实力的集聚和“云冈模式”的形成与发展》，云冈石窟文物保管所编著：《中国石窟·云冈石窟（一）》，文物出版社、日本株式会社平凡社，1991年，第176-197页。

③ 宫大中：《试论洛阳关林陈列的几件北魏陵墓石刻艺术》，《文物》1982年第3期，第79-83页。

④ 画像内容描述还参考了洛阳博物馆：《洛阳北魏画象石棺》，《考古》1980年第3期，第229-241页。

⑤ 宫大中：《试论洛阳关林陈列的几件北魏陵墓石刻艺术》，《文物》1982年第3期，第79-83页。

子、菩萨或者力士。三组图案的前侧是棺床腿上浮雕的主体图案：由三足和其间的两个壶门组成。中心床足正中为一怪兽，兽身上驮莲花座，莲花座上为一巨大的香熏，怪兽的两侧有四个莲花台，最边上两台带长长的莲花枝，上面还有莲叶，最上莲台各站一位带头光的菩萨，菩萨头戴宝冠，双手合十，身姿略向莲花座香熏倾斜，紧靠着怪兽的两个莲台较矮，上面站立的应该是两位力士，托举着莲花座。左右两足足面上浮雕的应该是神王或者天王，左侧神王一手拄着三叉戟，一手持剑，脚侧两只狮子，其中一只似被踩在神王的脚下，头后有头光；右侧足面神王也是手拄三叉戟，另一手侧披帛，头后也有头光，脚侧也是两只狮子，其中一只狮子的背部被神王踩着。左右壶门内雕刻的图像相同，为两力士，或者菩萨形象的人物，似戴宝冠，其中一人双手托举一物，一人一手托举一物，二者均作胡跪，头后均有头光，两者之间为一石幢，幢身分两节，中间以仰覆莲座分隔，上下幢身有的可见多棱，有的可见是圆柱形，石柱的顶端为一莲座，莲座上承宝珠，幢座为覆莲状[①]（图4-6）。这样，该石棺床给我们提供了一个供养、卫护的场景，其中心应该就是棺床上的死者（图4-7）。

图4-6 弗利尔美术馆藏北齐石棺床

（《世界美术大全集·东洋篇3·三国南北朝》图28，第40页）

20世纪60年代发掘的琅琊王司马金龙墓以其木板漆画闻名，司马金龙墓后室出土的石棺床上面也有佛教因素存在。石棺床由六块石板组成，前立面三足，足面高浮雕四个力士，作承托棺床的姿势，三足之上有盘绕的忍冬纹，中间雕有伎乐及龙、虎、凤凰、金翅鸟、人头鸟等星宿。伎乐共13个，中央为舞蹈者，两侧对称排列伴奏，所持乐器有琵琶、曲颈琵琶、排箫、箫、横笛、钹、鼓、细腰鼓等[②]。李裕群认为司马金龙墓石棺床力士等浮雕，肩搭披巾，身挂璎珞，与云冈石窟同类雕刻完全一致；伎乐上身袒露，下着短裤，或坐或腾跃，旁边雕刻的神禽瑞兽等，在云冈石窟第9、10窟门

---

① ［韩］金镇顺：《南北朝时期墓葬美术中的佛教影响》，杨泓先生八秩华诞纪念文集编委会编：《考古、艺术与历史：杨泓先生八秩华诞纪念文集》，文物出版社，2018年，第203-204页。

② 山西省大同市博物馆、山西省文物工作委员会：《山西大同石家寨北魏司马金龙墓》，《文物》1972年第3期，第20-29、64页。

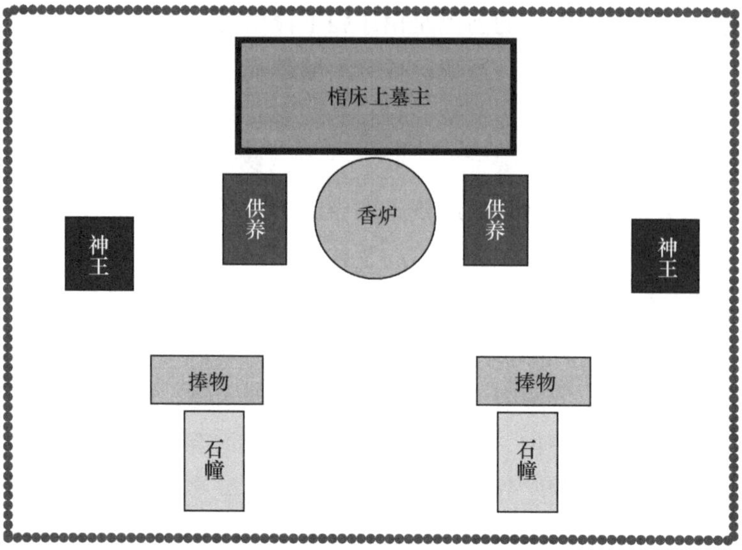

图4-7　石棺床足图案与墓主关系

楣上均可找到原型①。

大同湖东北魏M1位于大同城的东南方向，为砖砌前后室墓，前室平面呈长方形，后室平面略呈弧边方形，前室长宽均为3.82米，后室长宽达到4.2米。墓葬的后室安置一棺一椁，棺、椁的形制均前宽后窄、前高后底，属于典型的梯形棺，棺床也呈梯形，绘白色忍冬花纹，木棺置于棺床上，棺外髹黑漆，漆上以朱红、白色绘画，棺盖顶面呈弧形，边沿镶铜条装饰，棺外以鎏金铜钉帽和铜牌装饰，木棺内葬有男性尸骨一具。该墓随葬器物多为棺椁外表装饰件，有鎏金铜牌饰1件，鎏金，圆环状，圆环由对称双龙首尾相连环抱而成，龙身饰联珠纹和羽状鳞片，龙首之上两尾之间端坐一化生童子，童子上身裸露，双手叉于腰间，下着短裤，双腿弯曲，双脚交叉，赤足。莲花化生铜饰件1件，饰件周边饰十组双瓣莲叶中间为莲花化生，高肉髻，双耳垂肩，双手合十，有背光和头光，周缘开有两小孔，孔内残存铁钉，应该是固定在棺上或者其他器具上的装饰件。此外，还有鎏金铜铺首、鎏金铜钉帽、铁棺环、漆盘等。该墓棺板上还绘有彩画，左侧板漆画是由直径约0.3米的联珠纹圈两两相切组成上下两排复合图案，各联珠纹中均绘一伎乐童子，童子姿态各异，周边饰忍冬花纹，童子穿三角裤，上下身裸露，赤脚，臂绕彩带向后飘扬，颈部有珠形项饰，戴白色珠形手镯和脚圈，有的上臂绘臂钏，童子有翩翩起舞者，有手执乐器者，做吹奏和弹拨状，可辨识的乐器有排箫和横笛。后挡板漆画中部绘门楼一座，屋脊上有鸱吻，朱色大门，左扇

① 李裕群：《北朝石刻艺术概论》，大同北朝艺术研究院编著：《石雕》，文物出版社，2016年，第6-29页。

门外启，门内有人翘首前视；门外两旁绘守门侍者，侍者曲身呈胡跪状，双手置于膝上胸前，头戴尖圆顶窄缘帽，上身穿圆领窄袖红色衣，腰部系带，侍者的身后还有阔叶树。在后挡板、侧板多处绘联珠纹圈，中部绘童子和缠枝花卉。棺盖的前沿也绘有连续相切的联珠纹圈纹，圈内绘有童子、花草等。棺床的露白处，绘有复合缠枝忍冬花纹，用白色单线绘（图4-8）。简报推测该墓年代最晚在北魏太和年间①。

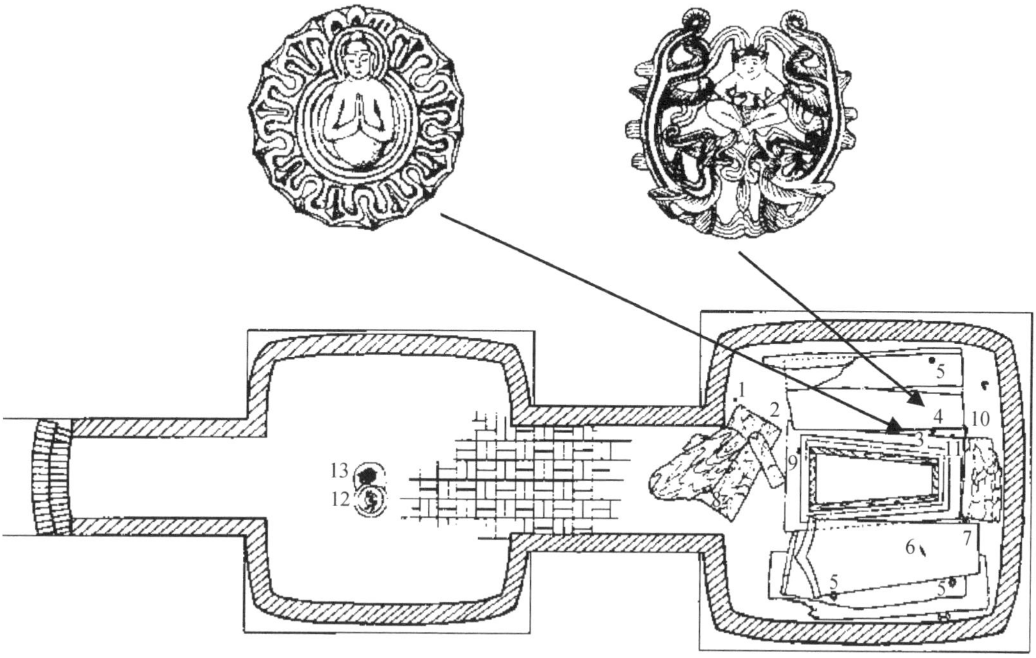

图4-8　大同湖东北魏一号墓平面及出土棺饰
（采自《大同湖东北魏一号墓》图三、图一三，第28、33页）

内蒙古正镶白旗伊和淖尔M1由斜坡墓道和长方形墓室两部分组成，墓室穹隆顶，木棺置于墓室的中央，棺外摆放有陶器、铜器、银器及铁器等②。木棺外髹黑漆，松木材质，前宽后窄，前高后低，棺外包裹有一层丝绸，四周饰有鎏金铜泡钉，墓主头部棺板的外侧镶嵌兽面纹铺首3件，脚部棺板外镶嵌兽面纹铺首1件，两侧的棺板外镶嵌有兽面纹铺首各5件。兽面纹铺首，整体呈方形，下衔圆形环，模制，主图案乃一兽面，上翘的眉毛上为两尾巴相交的怪兽，怪兽吐舌，呈回首望月状。两怪兽正中有一人，左右两手各牵引回首望月的怪兽，人物头戴毡帽，身披两条对称的长带。铺首的正面上部，也就是在眼睛后毛发处两侧，各有一个铁钉，铁钉上残留有木屑的痕迹，

① 山西省大同市考古研究所：《大同湖东北魏一号墓》，《文物》2004年第12期，第26-34页。

② 中国人民大学历史学院考古文博系、锡林郭勒盟文物保护管理站、正镶白旗文物管理所：《内蒙古正镶白旗伊和淖尔M1发掘简报》，《文物》2017年第1期，第15-34页。

铺首的背面黏附有丝织物残片。该墓还出土了泥质灰陶长颈壶、浅色酱釉陶罐等，特别是出土了68件金器，以小型装饰品为主，主要有耳环、铃、鼓形饰件、心形饰件、珠饰。下颌托一套4件，包括1件头箍、2件连接条、1件下颌托。此外还有鎏金錾花人物碗、蓝色玻璃碗等。简报推测该墓年代在5世纪末期，墓主很可能是高等级的鲜卑贵族。

大同富乔发电厂北魏皇兴年间佛教画像石堂，绘有多尊佛像，该材料较早由张庆捷先生披露，故而本书关于该材料的引用，初始参照的是张庆捷先生的文章[①]，具体如下：

> 富乔发电厂出土的皇兴年间佛教画像石堂为长方形屋宇结构，悬山顶，由地栿、四壁、梁和顶板组成，石堂北安放石棺床，雕刻忍冬纹和水波纹。墓中同时还出土了一方墓碑，形状为上圆下方，上有北魏皇兴三年（469）纪年，根据志文，墓主人为幽州燕郡安次县人韩受洛拔的妻子，名为邢合姜。
>
> 石堂北壁（正壁）中间为二佛并坐，有头光、背光，面相丰腴，施说法印，头部和上身略微内倾。西侧为一尊坐佛、两边为供养菩萨和婆薮仙，双手捧雀于胸前，仰望着主像，左上角虚空夜叉作飞行状。下层为博山炉，两侧为前导供养僧人紧跟着鲜卑服装的供养人行列。
>
> 东壁彩绘两尊坐佛，佛之间为供养菩萨和莲花装饰，下层为博山炉和供养人行列。西壁彩绘两尊坐佛，佛之间为供养菩萨和莲花装饰，南侧为罗睺罗因缘，坐佛左手举于胸前，施说法印，右手自然下垂，作抚摸状，放于双手合十作胡跪状的罗睺罗头顶。下层为博山炉和供养人行列。南壁内侧上层彩绘形象、大小相同的七佛坐像，下层为朝向墓门昂首挺胸、张嘴咆哮的镇墓兽。顶部后坡为三组飞天和莲蕾（缺一块），飞天有头光，圆脸，上身斜披络腋，下穿紧身裙，周身帔帛飘舞，双腿向后微曲，赤脚，双手摆出不同的姿势，或捧莲蕾，或挽飘带在凌空飞舞。[②]

---

① 山西省考古研究所（张庆捷）：《威风与奢华：北魏平城墓葬壁画》，《文汇报》2017年12月1日第W10版《文汇学人·专题》。

② 大同富乔发电厂材料描述还见于张庆捷：《献给另一个世界的画作——北魏平城墓葬壁画》，上海博物馆编：《壁上观——细读山西古代壁画》，北京大学出版社，2017年，第82-95页，文中注释提到张志忠：《大同北魏墓葬佛教图像浅议》，德国慕尼黑大学：《4～7世纪中国北部的多样文化》，《国际会议论文集》，2017年。韦正在《壁上观——细读山西古代壁画》一书中刊文《山西大同北魏墓葬壁画研究》也提到了这个材料：“最近抢救的一座满绘佛像的墓葬属于房形石椁墓。”注释也提到大同考古研究所张志忠先生2017年1月在德国慕尼黑“中国中世纪（4～7世纪）的文化与文化多样性”会议上展示过，第96-111页。

2019年德国出版了《从考古与文献看中古早期的中国北方》论文集，其中全文刊载了张志忠的《大同北魏墓葬佛教图像浅议》，尤其是文中刊布了富乔发电厂北魏石椁墓的彩色图片。张志忠文补充了石椁前壁门的纹饰，门楣雕有5枚门簪，莲花图案在中间，门的两侧彩绘两尊护法神，均圆形头光，上身裸露，肩臂之间有帔帛，双手拄金刚杵。石椁的北壁为正壁，左侧石板正中彩绘二佛，有头光，有舟形背光。右侧还彩绘一尊坐佛，左侧为供养菩萨，右侧为婆薮仙。正壁下层为排列整齐的供养人队伍。东壁绘有两尊坐佛，西壁也绘有两尊坐佛，两壁下面均有供养人像。南壁上层彩绘七尊坐佛像，下层门框两侧彩绘两只相向站立的镇墓兽。石椁的顶部绘有六组飞天（图4-9）[①]。

宋绍祖夫妇墓为长斜坡墓道砖砌单室墓，墓室中央为石质仿木结构带前廊的殿堂式石椁，单檐歇山顶，前廊后室，面阔三间[②]（图4-10）。椁顶的中间石板阴刻文字“太和元年五十人用公三千盐豉卅斛”，南壁西椁板下面兽首双角内饰一朵盛开的忍冬花，上面雕刻一人，头饰圆形头光，左腿下内弯曲，立于花上，臂膀之间有飘带；南壁石椁板下面的兽首，双角内边雕刻一人，双手紧握兽角，石椁的外壁共雕刻7朵莲花，西壁刻画有五个人物，其中有四个人物头戴花瓣形冠（图4-11）。该墓墓道过洞填土中出土了墓铭砖一块，其上阴刻文字，涂朱，文字为“大代太和元年岁次丁巳幽州刺史敦煌郡宋绍祖之柩”，太和元年即477年。

大同云波路北魏墓（M10），器物位置保存较好，空间非常清晰[③]。墓室内安置石椁1具。墓主为40～50岁的女性。石椁为单檐悬山式顶，长方形地栿平面，四周由石板拼合，前侧有两根檐柱和两根角柱，柱呈八边形，南面梁有出挑，挑上有大散斗，斗上有大檐枋，顶板下面雕刻仿木椽子，正脊的两侧有“凸”字形鸱尾。石椁内有铺地石板，上置梯形木棺。该墓器物分布空间清晰，长斜坡墓道方形土洞墓，墓室甬道口两侧置镇墓俑，墓室正对甬道口置两镇墓兽，石椁角柱前各置一陶毡帐，毡帐的内侧置两辆车，一为陶鳖甲车，一为陶卷篷车，再内侧有陶女乐俑、陶胡乐俑、侍俑和陶牛。石椁两檐柱正中，基本是在石椁门的正中，置陶灯1件，其后为陶屋1件，附近棺前有一些陶罐和女侍俑。棺的位置有人骨一具及一枚铁镜。简报推测墓葬的年代在北

① 张志忠：《大同北魏墓葬佛教图像浅议》，Early Medieval North China: Archaeological and Textual Evidence, Edited by Shing Müller, Thomas O. Höllmann, and Sonja Filip, Harrassowitz Verlag · Wiesbaden, 2019: 57-80；北京大学倪润安教授较早为笔者提供该材料，并辛苦地用手机翻拍发来，后德国安然研究员来华，携来此书赠我，特此感谢！

② 大同市考古研究所（刘俊喜）主编：《大同雁北师院北魏墓群》，文物出版社，2008年，第71-162页。

③ 大同市考古研究所：《山西大同云波路北魏墓（M10）发掘简报》，《文物》2017年第11期，第4-20页。

图4-9　大同富乔发电厂石椁北壁内（上）、南壁内（下）彩绘
（采自《大同北魏墓葬佛教图像浅议》图25、图28，第71、74页）

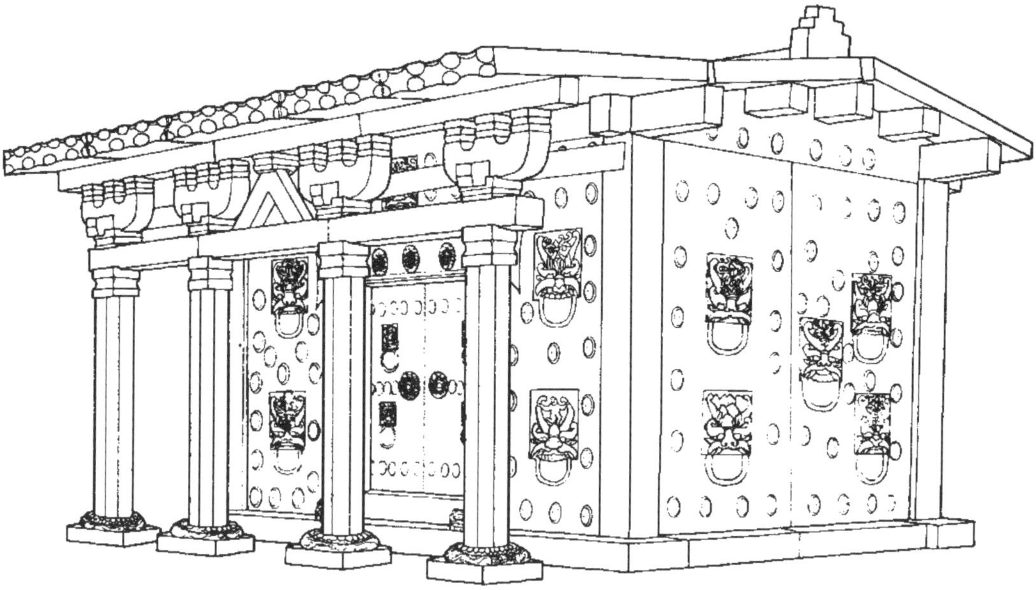

图4-10　宋绍祖墓石椁结构示意图

（采自《大同雁北师院北魏墓群》图五五，第79页）

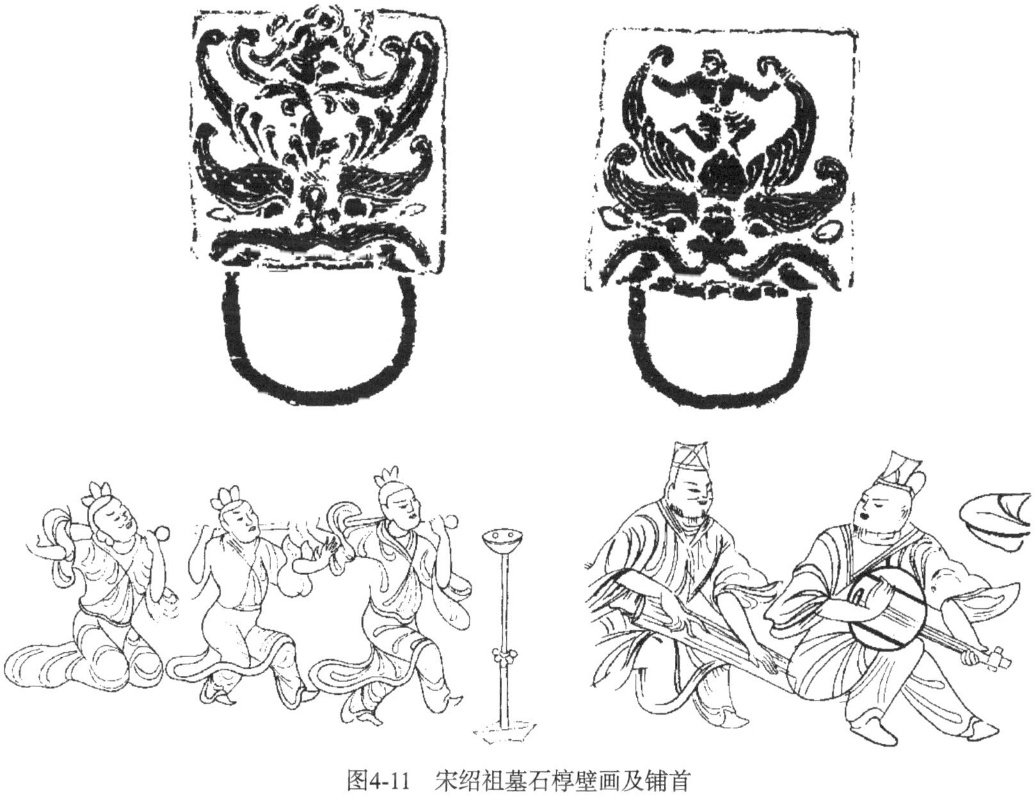

图4-11　宋绍祖墓石椁壁画及铺首

（采自《大同雁北师院北魏墓群》图一〇〇、图一〇七、图一三二、图一三三，第120、122、129页）

魏太和以后。

大同智家堡北魏石椁壁画墓的石椁为单檐人字坡悬山顶式，彩色壁画分绘在石椁内四壁、顶部、三角形梁和脊榑上。北壁共绘9个人物，画面正中绘男女二人并坐于榻上，应是墓主夫妇，墓主人东西两侧有男侍2人，西侧有女侍2人；东壁正中绘男性4人，头戴垂裙黑帽，着裤褶，均半侧身面向墓主人，四人手中各持一莲蕾做供养状，第四人头上方绘两个持幡羽人；西壁画面构图与东壁略同，正中绘女性4人，四人头部前后均有红色的莲蕾，因画面过于漫漶，这些莲蕾也有可能是四人手中所持，与东壁情况相同（图4-12）。持莲蕾的供养人在许多石窟中多有发现，如永靖炳灵寺时代为西秦时期的第169号窟[1]。简报认为，该墓众多人物均着鲜卑装，说明该墓的年代当在孝文帝改服制的太和十八年（494年）以前[2]。

图4-12　大同智家堡石椁壁画

（采自《大同智家堡北魏墓石椁壁画》图六-图八，第43-44页）

① 甘肃省文物工作队、炳灵寺文物保管所：《中国石窟·永靖炳灵寺》，文物出版社、株式会社平凡社，1989年，图26。

② 王银田、刘俊喜：《大同智家堡北魏墓石椁壁画》，《文物》2001年第7期，第40-51页。

北朝僧尼葬具装饰也可以为我们的观察提供参考。山东临朐辛寨村出土张鹿寺尼石棺，该石棺出土于一砖室墓中，单室，墓室平面呈圆角方形，券顶，墓内出土石棺和木棺各一具，墓室内出土器物有青瓷罐1件、残瓷盘2件、陶罐1件。石棺长2.16米，首宽0.7、高0.63米，尾宽0.4、高0.43米。石棺棺盖、棺身侧板、前挡和足挡均装饰有莲花等纹饰。四朵圆形莲花纹装饰于棺盖表面居中；棺身一侧长板外表面刻莲花纹，均为圆形八瓣双层莲花纹，分布于棺板两端；铭文位于靠近棺尾的吊环处，纵书三行：“大魏兴和三年岁次辛酉」，安平县张鹿寺尼化生」之神寿。棺身另一侧板无纹饰，头挡及足挡外表面各绘一朵莲花纹。”[①]兴和三年已是东魏，为541年。

最近出版的洛阳北魏曹连石棺材料也值得注意。曹连墓为一座长方形斜坡墓道土洞墓，墓内出土了陶碗、银簪、钱币，以及魏故使持节安西将军凉州刺史曹连墓志一方。石棺位于墓室偏西侧，青色石灰岩质地，由盖、左右两帮、前后挡及底座安榫组成。棺盖的前侧中部为火焰宝珠纹，下托覆莲座；前挡雕刻有门，两侧拄剑门吏，门额有兽头，上有莲花宝珠，门下框中部亦为火焰宝珠莲花（图4-13）。后挡线刻武士御玄武图像，左右两帮为升仙图及孝子故事[②]。

北朝材料中与佛教窟龛关联属于建筑空间结构的有元谧石棺前挡所饰墓门、丹扬王墓、宋绍祖墓莲花门簪、大同陈庄北魏墓莲花门簪、大同文瀛路北魏壁画墓力士画像等；属于礼仪性空间结构的材料有固原雷祖庙漆棺墓、宁懋石室中的宁懋画像、北齐崔芬壁画墓中的出行图、陕西靖边统万城八大梁墓地M1墓门及两侧飞天力士、东魏茹茹公主墓中的出行图、北魏方山永固陵之墓门、大同智家堡石椁持莲蕾做供养状男女侍等。墓葬中与佛教窟龛建筑空间关联的仅仅是一些装饰或者题材，与佛教窟龛在礼仪空间结构相似的材料主要体现在墓门、供养、礼佛等佛教仪式上，但固原雷祖庙漆棺墓及智家堡石椁中墓主画像的存在表明，借助于佛教供养的仪式，在墓葬中被“供养”的却是墓主，反映出即使借鉴了佛教窟龛中表现仪式的建筑空间形式，墓葬的中心仍然是围绕着墓主而展开，这是原有墓葬的传统。此外，墓葬中其他题材的存在也可以说明，佛教窟龛的因素仅仅是墓葬载体的使用材料来源中的一种。所以说，无论是墓葬中出现的与佛教窟龛建筑结构相似的因素，还是在仪式空间上出现的佛教窟龛的表现形式，北朝墓葬仍然距离佛教的窟龛很远，它们还是墓葬，不是窟龛。

① 宫德杰：《山东临朐大佛寺等四处遗址出土造像、经幢及石棺》，《文物》2018年第10期，第77-89页。

② 洛阳市文物考古研究院（司马国红、顾雪军）编著：《洛阳北魏曹连石棺墓》，科学出版社，2019年，第1-23、33、37、43页。

图4-13　曹连石棺前挡线刻
（采自《洛阳北魏曹连石棺墓》图24，第37页）

第二节　墓室壁画

北朝墓室壁画材料丰富，主要集中在大同、洛阳、邺城等中心城市，山东地区也是主要的分布地区，其中也有与佛教有关的遗存。

墓室壁画中有佛教因素的有统万城八大梁墓地M1，该墓位于统万城东南方向约3

千米处，为一座斜坡墓道单室土洞墓，由墓道、封门、甬道及墓室组成①。甬道平面呈长方形，入口两侧雕刻柱式尖拱形仿石窟窟门，柱体绘有红彩，尖拱形门楣两侧有火焰纹装饰，两侧稍低壁面各绘一飞天。墓室整体为歇山顶梁柱结构，平面呈长方形，整体建筑雕刻涂红彩，墓室四角各绘一角柱。

墓室四壁以墨彩线绘为主，满绘壁画。东壁南北两侧内侧各绘一尊力士，立于覆莲座上，两力士均圆睁双眼，高鼻，双手叉腰或举过头顶，黑发束小髻，须发浓密，戴大耳珰、项圈及手镯，双腿及上身赤裸，有飘带。力士的两侧绘有莲花和莲叶，覆莲座呈扁平状，莲瓣圆润。北壁壁画比较复杂，东面为山林及动物，其次为门吏图，门吏束髻戴小冠，上身外披裲裆，手执环首仪刀，朝向甬道口。西壁画面中间及西部为主体内容，表现的是胡僧礼拜塔的场景。树的西侧有一塔，塔刹自下而上由方形两层叠涩须弥座、五层瓣状边缘华盖、桃形火焰摩尼宝珠组成，两侧装饰花卉、铃铛等；塔身有双线勾画的拱门，门两侧有龛；塔基四层叠涩。塔的两侧上部有两个飞天，侧身相对而飞；塔的下部为六名僧人，立成一排，头顶可见浓密的黑发，高鼻，须发浓密，双手或掩，或屈指执细长颈莲茎，外披袈裟。在一排僧人的西侧有一胡人，跪于地面，高鼻，双手相合，头戴小胡帽，头发微卷，须发浓密，外穿圆领窄袖袍服，脚着尖头靴，身旁还摆放有一些器皿。这一组人像组合的西边有一虎，东侧有一龙，在六名立姿僧人的下方，可见长茎莲花与火焰纹摩尼宝珠图案。西壁壁画分为南北两部分，北侧为山林及做行走、奔跑状的各种动物，有披花垫（莲花座？）的大象、鹿、兔子、盘羊等；南部为一僧人，跪坐于绳床之上，绳床旁立一僧人，绳床较高，可见绳子编成的菱形网格，绳床的下面前侧可见一竖置的净瓶，小口细长颈，绳床右侧为一根细长茎的莲花。跪坐僧人身披袈裟，立姿僧人与跪姿僧人同。北部山林的上侧有涂满白彩的太阳。两僧人的南侧为山林和建筑，两侧是山林，中间为一座高台建筑，高台建筑的基座上有一周围栏回廊，回廊与建筑均有门，北向开，建筑的屋顶为歇山式，正脊和垂脊端头装饰有弧尖状鸱吻，建筑的上方可见圆形月亮，线绘，内有蟾蜍及玉兔捣药图案。南壁自西向东，也就是朝着甬道口的方向分别绘有跪姿的僧人、奔跑的大角山羊、拈花的引导人、手执环首仪刀的门吏。跪姿僧人跪坐于绳床之上，容貌服饰与西壁跪姿、立姿僧人同；引导人戴小冠，穿宽袖袍服，领较高，手持短弧茎莲花；门吏与北壁门吏同（图4-14）。

该墓葬具无存，人骨仅存少量残块，葬式不明。出土器物有陶灯2件、陶盏4件等。简报认为，八大梁M1墓室壁画具有浓郁的佛教色彩和鲜明的胡风。墓室北壁西侧

① 陕西省考古研究院、榆林市文物保护研究所、榆林市考古勘察工作队、靖边县文物管理办公室、靖边县统万城文物管理所：《陕西靖边县统万城周边北朝仿木结构壁画墓发掘简报》，《考古与文物》2013年第3期，第9-18页，图版壹-图版肆、封二、封三。

图4-14　陕西靖边统万城八大梁M1墓室壁画

1. 甬道口拱门与壁画　2. 墓室东壁壁画　3. 墓室北壁壁画　4. 墓室北壁胡人礼佛图　5. 北壁跪姿胡人　6. 西壁僧人　7. 南壁僧人　8. 北壁门吏

（采自《陕西靖边县统万城周边北朝仿木结构壁画墓发掘简报》图版壹-图版肆、封二、封三）

礼拜佛塔的跪姿胡人，应当是一位粟特信徒，也有可能是该墓墓主人形象。粟特人信仰中的佛教因素，主要源于其本土贵霜佛教，以及商路沿途新疆至山西大同一线的佛教。八大梁M1壁画中的飞天也与延安安塞区大佛寺第4窟飞天相似。简报认为，该墓的年代在北魏晚期，下限可能到西魏。

张志忠认为，大同沙岭北魏壁画墓甬道顶部伏羲女娲图之间的火焰摩尼宝珠是佛教艺术的产物，环绕四周半壁上部的列队侍女，均头戴花冠，身着窄袖衣高腰间色裙，身体两侧帔帛上下飘舞，而帔帛是佛教艺术产物，墓主夫妇的坐姿已不同于野宴图中的跪坐，可能属于佛式的结跏趺坐。这些现象的存在与统治者推崇、佛教在平城广泛流行、佛教文化因素逐渐开始渗透到丧葬习俗中的背景有关①。伏羲、女娲与摩尼宝珠的壁画组合，在敦煌莫高窟西魏285窟窟顶东披也有发现，伏羲和女娲之间有莲花座托举着摩尼宝珠，两侧为伏羲和女娲，伏羲、女娲的胸前有日月。但与传统伏羲、女娲图像不同的是，伏羲、女娲都有类似于石窟壁画飞天的衣饰与姿态。在佛教典籍中，伏羲和女娲是阿弥陀佛的从属菩萨，即宝应声和宝吉祥菩萨②。

大同文瀛路北魏壁画墓为一带墓道、甬道的方形砖墓，墓室四壁、顶部及甬道东壁局部绘有壁画。墓室壁画仅存棺床立面、东北壁券顶及甬道部分画面，墓室东、北壁券顶绘星象图，北侧棺床立面绘胡商牵驼图和力士画像，力士上身、腿部赤裸，肌肉发达，左手持树棍状物；西侧棺床立面大部绘火焰纹，形似壶门，立面南端似为力士，北侧棺床前的长方形踏步平面绘三朵莲花。棺床佛教因素也可纳入前述葬具部分。甬道天神值得关注，甬道东壁绘一天神，长卷发，戴耳环、项圈和臂环，周身环绕红色帔帛，左手持一黑色长柄锤。张庆捷、刘俊喜认为，前述力士类人物的衣饰及其手持树棍类物件，与克孜尔石窟第207窟中“蛤蟆闻法升天”中的樵夫极为相似，甬道壁的天神形象也与克孜尔石窟中的人物形象十分相似③。也有研究认为，此形象三眼、卷发大眼、露膊赤足、戴项圈耳环，应该是来自婆罗门教的帝释天④。简报认为该墓年代应在北魏迁都洛阳以前的平城时期⑤（图4-15）。

丹扬王墓位于山西省朔州怀仁，墓葬由墓道、甬道、前室和后室，以及前室两侧的左右侧室组成，在墓道与前室之间的甬道东西壁各绘有一幅壁画，残损严重，但仍

① 张志忠：《大同沙岭北魏壁画墓文化渊源解析》，上海博物馆编：《壁上观——细读山西古代壁画》，北京大学出版社，2017年，第112-127页。

② 胡同庆：《敦煌佛教石窟艺术图像解析》，文物出版社，2019年，第96-98页。

③ 张庆捷、刘俊喜：《大同新发现两座北魏壁画墓的年代初探》，《文物》2011年第12期，第52-54页。

④ 严耀中：《中国古代的婆罗门教和婆罗门文化影响》，中华书局，2019年，第246页。

⑤ 大同市考古研究所：《山西大同文瀛路北魏壁画墓发掘简报》，《文物》2011年第12期，第26-36、60页，封二，2。

图4-15　大同文瀛路北魏壁画墓甬道东壁壁画

（采自《山西大同文瀛路北魏壁画墓发掘简报》封二，2）

可看出两幅内容相同，各绘一位三头四臂的武士，手持兵器，脚踩怪兽，头部两侧空处以花朵点缀（图4-16），墓壁可见“丹扬王墓砖”文字砖及各式忍冬纹、瑞兽等纹饰①。简报仅推断该墓为北魏墓葬，对于墓砖上的“丹扬王”，学者多有研究，有的认为是薨于太和二十一年（497年）的刘昶②，有的认为是薨于太延三年（437年）的叔孙建③，也有研究认为丹扬王墓为刘昶建于怀仁的旧墓④。

① 怀仁县文物管理所：《山西怀仁北魏丹扬王墓及花纹砖》，《文物》2010年第5期，第19-26页。

② 王银田：《丹扬王墓主考》，《文物》2010年第5期，第44-50、77页。

③ 李梅田：《丹扬王墓考辨》，《文物》2011年第12期，第55-60页。

④ 倪润安：《怀仁丹扬王墓补考》，《考古与文物》2012年第1期，第62-67页。

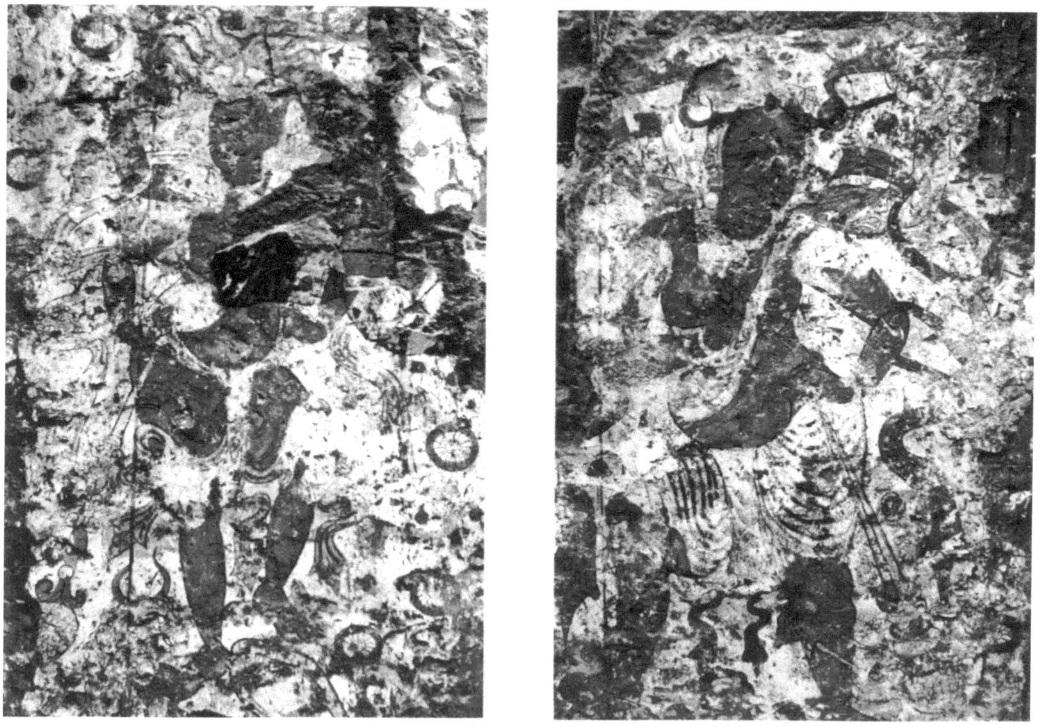

图4-16 丹扬王墓东西壁壁画武士
（转引自《北周史君墓》图211、图212，第210页）

北朝壁画墓中的武士图像，在大同沙岭壁画墓甬道两壁、怀仁丹扬王墓甬道、大同文瀛路壁画墓甬道东壁、大同迎宾大道北魏16号壁画墓的甬道南壁、解兴石堂和张智朗石堂的前壁门两侧，均有发现。怀仁丹扬王墓西壁武士穿短裙，周身缠绕帔帛，周围装饰莲蕾和莲花；西壁的武士有三头，东壁的武士有四臂。文瀛路壁画墓东壁武士卷发、尖耳，眉间有一目，上身裸露，赤脚，缠绕帔帛。迎宾大道北魏16号墓壁画武士脚踩在圆形覆莲台上。张庆捷认为，这些武士守护着墓门，意同守护大门或殿堂，应该是中国较早的天王形象。张先生特别提到怀仁丹扬王墓武士三头四臂，与后世的天王极为相似。天王形象出现于墓内，与佛教在平城的传播有关①。

北魏方山永固陵为文成帝之妻文明皇后冯氏的陵寝，由墓道、前室、甬道及后室组成，前后室之间有甬道，甬道前后各有一道大型石券门，由尖拱门楣、门柱、门槛、虎头门墩及石门等五部分组成，尖拱门楣两侧下端各浮雕一捧莲蕾童子（图4-17），门柱与拱形门楣用榫卯吻合，在童子的下部、门柱的上端浮雕一孔雀，孔雀立于圆顶束腰状物上，束腰带装饰有联珠纹。后室墓顶石上雕莲纹图案，根据文献记载，永固陵在

① 张庆捷：《献给另一个世界的画作——北魏平城墓葬壁画》，上海博物馆编：《壁上观——细读山西古代壁画》，北京大学出版社，2017年，第82-95页。

太和五年（481年）始建，太和八年告成，太和十八年（494年）冯氏薨，简报认为墓中石卷门的门框、门拱上的石雕艺术，无论是题材还是整个雕刻作风，均与云冈中部窟群极为近似[①]。林圣智指出永固陵墓门上的尖拱门楣、童子、神鸟与藤座雕刻（前述孔雀所立圆顶束腰状物）组合可见于云冈石窟[②]。

思远佛寺遗址是北魏文明太皇太后冯氏陵园中的重要建筑（图4-18），遗址平面布局整体呈长方形，坐北朝南，其台基状基址包括第一层平台和踏道、第二层平台和踏道、山门实心体回廊式塔基基址、佛殿基址、僧房基址等。寺址第一层平台南北长87.8、东西宽57.4米，面积达到5039.72平方米。第二平台南北长45.8、东西宽35米，面积达到1603平方米；回廊式塔基位于第二平台南部中央位置，正方形，边长18.2米，

图4-17　永固陵石门框浮雕

（《世界美术大全集·东洋篇3·三国南北朝》图24，第38页）

① 大同市博物馆、山西省文物工作委员会：《大同方山北魏永固陵》，《文物》1978年第7期，第29-35页。

② 林圣智：《墓葬、宗教与区域作坊——试论北魏墓葬中的佛教图像》，《美术史研究集刊（第二十四期）》，2008年，第16页。

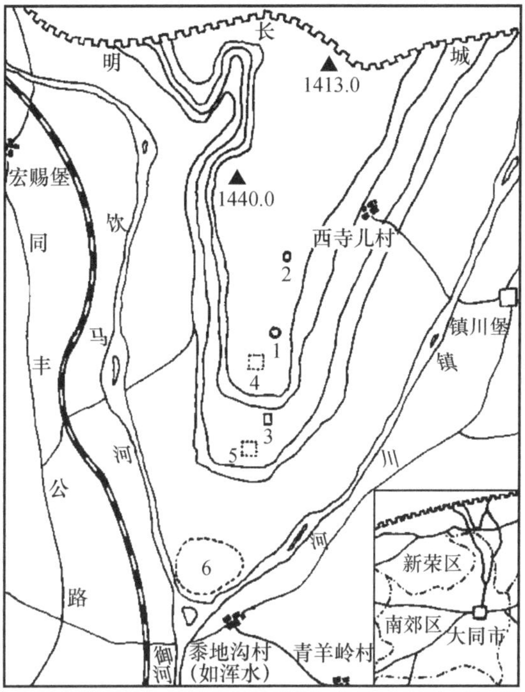

图4-18 思远佛寺与陵园遗址分布示意图

1. 永固陵 2. 万年堂 3. 思远佛寺 4. 永固堂 5. 斋堂 6. 灵泉池

（采自《大同北魏方山思远佛寺遗址发掘报告》图一，第4页）

根据塔基柱础石分布，可知塔基回廊四面，每面开间五间①。佛寺遗址进入陵寝规划内容，是中古陵寝制度发展的重要变化。

本书关注的墓上遗存仅仅是墓葬研究从葬向丧、祭转变的一个方面。关于永固陵及思远佛寺，《魏书·皇后列传》载文成文明皇后冯氏：

> 十四年，崩于太和殿……谥曰文明太皇太后。葬于永固陵，日中而反，虞于鉴玄殿。诏曰：“尊旨从俭，不申罔极之痛；称情允礼，仰损俭训之德。进退思惟，倍用崩感。又山陵之节，亦有成命，内则方丈，外裁揜坎，脱于孝子之心有所不尽者，室中可二丈，坟不得过三十余步。今以山陵万世所仰，復广为六十步。辜负遗旨，益以痛绝。其幽房大小，棺椁质约，不设明器。至于素帐、缦茵、瓷瓦之物，亦皆布置。此则遵先志，从册令，俱奉遗事。而有从有违，未达者或以致怪。梓宫之里，玄堂之内，圣灵所凭，是以一一奉遵，仰昭俭德。其余外事，有所不从，以尽痛慕之情。其宣示远

① 大同市博物馆：《大同北魏方山思远佛寺遗址发掘报告》，《文物》2007年第4期，第4-26页。

近，著告群司，上明俭诲之衷，下彰违命之失。”[①]

杨宽先生在陵寝制度演变的视角下观察了汉魏晋南北朝墓葬地面遗存，东汉诸帝的陵园包括“周垣”“行马”“司马门”“寝殿”“石殿”“钟虡”，魏文帝曹丕的“终制”言及的陵寝内容包括“封树”“寝殿”“园邑”“神道”等。北魏永固陵有“永固堂”（清庙）、“碑兽”、“思远灵图”、“斋堂”、“石阙”、“御路”等[②]。

郦道元在《水经注·㶟水》中记载了北魏文明太后冯氏永固陵的情况：

羊水又东注于如浑水，乱流迳方山南，岭上有文明太皇太后陵，陵之东北有高祖陵，二陵之南有永固堂，堂之四周隅，雉列榭、阶、栏、槛，及扉、户、梁、壁、椽、瓦，悉文石也。檐前四柱，采洛阳之八风谷黑石为之，雕镂隐起，以金银间云矩，有若锦焉。堂之内外，四侧结两石趺，张青石屏风，以文石为缘，竝隐起忠孝之容，题刻贞顺之名。庙前鐫石为碑兽，碑石至佳，左右列柏，四周迷禽闇日。院外西侧，有思远灵图，图之西有斋堂，南门表二石阙，阙下斩山，累结御路，下望灵泉宫池，皎若圆镜矣。如浑水又南至灵泉池，枝津东南注池，池东西百步，南北二百步。[③]

又《魏书》卷七《高祖纪》载：

（太和三年）六月辛未，以雍州民饥，开仓赈恤。起文石室、灵泉殿于方山。……八月壬申，诏群臣直言尽规，靡有所隐。乙亥，幸方山，起思远佛寺……（太和五年）夏四月己亥，行幸方山。建永固石室于山上，立碑于石室之庭，又铭太皇太后终制于金册，又起鉴玄殿。[④]

此处记载了北魏太和三年（479年）朝廷于方山永固陵园建造思远佛寺事。《魏书》卷一三又载文成文明皇后冯氏传如下：

太后与高祖游于方山，顾瞻川阜，有终焉之志，因谓群臣曰：“舜葬苍梧，二妃不从。岂必远附山陵，然后为贵哉！吾百年之后，神其安此。”

① （北齐）魏收撰：《魏书》卷一三《皇后列传》，中华书局，1974年，第330页。
② 杨宽：《中国古代陵寝制度史研究》，上海人民出版社，2003年，第49-50页。
③ （北魏）郦道元著，陈桥驿校证：《水经注校证》，中华书局，2007年，第312页。
④ （北齐）魏收撰：《魏书》卷七《高祖纪》，中华书局，1974年，第147-150页。

> 高祖乃诏有司营建寿陵于方山，又起永固石室，将终为清庙焉。太和五年起作，八年而成，刊石立碑，颂太后功德。太后以高祖富于春秋，乃作《劝戒歌》三百余章，又作《皇诰》十八篇，文多不载。太后立文宣王庙于长安，又立思燕佛图于龙城，皆刊石立碑。[①]

倪润安认为在墓葬文化正统争夺方面，北朝采取了针锋相对的反制策略，一个表现就是在陵墓石刻的种类选取方面。南朝陵墓石刻恢复“汉制”以争正统，选取了汉代陵墓石刻中已经出现的石碑、石柱、石兽（天禄、辟邪），而北朝所选取的恰恰多是南朝未选的，如石阙、石碑、石人、石兽（狮、羊）。北朝这样选择的目的，在于破解南朝维护正统的措施[②]。

韩国河在《东汉北魏陵寝制度特征和地位的探讨》一文中提到，《魏书·释老志》中记载的汉明帝令画工在显节陵上画佛像，可视为陵寝与佛教因素结合的最早例证，而陵寝与佛教文化结合的典型首推永固陵。韩文对永固陵和万年堂的封土上圆下方提出疑问，认为寓意不明。对这一问题，韩国河先生结合明堂和太庙的营建，以及明堂、陵墓的建筑设计和主持修建者都是李冲，进而认为，永固陵上圆下方的封土，既模仿了东晋帝陵的园丘形封土，又融合了明堂灵台的形制，并且认为这是北魏陵寝制度的一次大的转型[③]。问题是，如果视为转型，那么此后北魏陵墓的封土是否均是上圆下方呢？笔者推测或许是模仿墓塔的形制。其实我们从永固陵修建者王遇的经历，也可以分析出至少从建筑方面，宫观、陵庙、墓园的关联性。宿白先生在校注《大金西京武州山重修大石窟寺碑》提到北魏宕昌公钳耳庆（王遇）时，述其事迹多有监作佛寺、陵园等[④]，《魏书》卷九十四载如下：

> 王遇，字庆时，本名他恶，冯翊李润镇羌也。与雷、党、不蒙俱为羌中强族。自云其先姓王，后改氏钳耳，世宗时复改为王焉。自晋世以来，恒为渠长。……遇坐事腐刑，为中散，迁内行令、中曹给事中，加员外散骑常侍、右将军，赐爵富平子。迁散骑常侍、安西将军，进爵宕昌公。……遇性巧，强于部分。北都方山灵泉道俗居宇及文明太后陵庙，洛京东郊马射坛殿，修广文昭太后墓园，太极殿及东西两堂、内外诸门制度，皆遇监作。[⑤]

---

① （北齐）魏收撰：《魏书》卷一三《皇后列传》，中华书局，1974年，第328-329页。

② 倪润安：《南北朝墓葬文化的正统争夺》，《考古》2013年第12期，第71-83页。

③ 韩国河：《东汉北魏陵寝制度特征和地位的探讨》，《文物》2011年第1期，第51-58页。

④ 宿白：《〈大金西京武州山重修大石窟寺碑〉校注——新发现的大同云冈石窟寺历史材料的初步整理》注七、注八，宿白：《中国石窟寺研究》，文物出版社，1996年，第52-75页。

⑤ （北齐）魏收撰：《魏书》卷九十四《阉官》，中华书局，1974年，第2023-2024页。

钳耳庆时曾监修方山灵泉道俗居宇、文明太后陵庙及文昭太后墓园。说明北魏的陵墓地上遗存中应该包括这些建筑。

位于山东的临朐北齐崔芬墓，墓室内出土了非常重要的壁画，该墓形制为方形石室墓，由墓道、甬道和墓室三部分组成，墓室北壁和西壁下部中央皆设龛，在西壁龛额以上部位有较大幅的出行图，绘制内容当为墓主夫妇出行的场面，画面由16个人物组成，绘有三男十三女[①]。杨泓先生注意到崔芬墓中的出行壁画主像褒衣博带、高冠大履、双臂舒展、广袖拂垂，其形态、构图均与顾恺之《洛神赋图》王者出行行列极其相似，过去所见北朝雕塑中类似这样构图的作品，都是帝后礼佛的行列，如龙门宾阳洞和巩县（现巩义市）石窟寺的礼佛图浮雕[②]。郑岩也指出崔芬墓这种格局的墓主画像并不是崔芬墓作者的发明，这种格局年代最早的一例是《洛神赋图》起首曹植的形象，同一构图表现的人物身份不同，在龙门石窟北魏宾阳中洞、皇甫公窟、巩县石窟寺、洛阳永宁寺中，这种构图表现的是皇帝皇后礼佛[③]。基于这样的认识，本书暂将北朝墓葬中出现的此类格局的出行图看作礼佛图[④]。

大同陈庄北魏墓（M1）为带斜坡墓道的前后双室砖砌墓，虎头形门墩、条石门框、半圆形门额、长方形门板组成墓室石门结构，半圆形门额上以减地高浮雕法雕刻5枚圆形莲花门簪，石板门外各绘守门武士，均手持环首大刀，门框内边饰红色边框，顶部呈拱尖状。前室内绘有简单的壁画，大多直接绘在裸露的条砖上，仅在后甬道口以白灰做地仗层，塑圆拱形门框，框边以红色画出边框，边框内东西两边以红色颜料各绘一组束莲柱，柱头之上绘一曲颈翘首长龙，红、黑两种颜色分绘，龙尾下绘三朵圆形重瓣莲花，墓室顶部正中绘重瓣莲花，后室顶部满绘星象图，正中绘有莲花。简报认为陈庄北魏墓石门额上5枚莲花门簪与云冈石窟晚期窟群门簪雕凿技法、形状相同，并推测该墓为北魏晚期墓葬[⑤]。

上述材料，笔者曾经从墓室与石窟的比较，强调其中一些材料与佛教有关[⑥]。

---

① 临朐县博物馆：《北齐崔芬壁画墓》，文物出版社，2002年。

② 杨泓：《美术考古半世纪——中国美术考古发现史》，文物出版社，1997年，第228-229页。

③ 郑岩：《崔芬壁画墓初探》，临朐县博物馆：《北齐崔芬壁画墓》，文物出版社，2002年，第29页。

④ 礼佛图在巩县石窟寺第1窟中保存较好，人物也较多，详细参见河南省文物研究所：《中国石窟·巩县石窟寺》，文物出版社，1989年，图36-41。仔细比较巩县礼佛图与崔芬墓、茹茹公主墓中的出行图，两者无论是在人物的组成、队列的排序，还是人物的动作与所持物件等方面，都有很大的区别。

⑤ 山西省考古研究所、大同市考古研究所：《山西大同市大同县陈庄北魏墓发掘简报》，《文物》2011年第12期，第37-46页。

⑥ 吴桂兵：《洞房石室与珉床雕户——关于北朝墓葬与佛教窟龛关联的思考》，巫鸿、朱青生、郑岩主编：《古代墓葬美术研究（第三辑）》，湖南美术出版社，2015年，第95-118页。

前述永固陵在陵寝布局中设置了思远佛寺，成为佛教寺院进入帝王陵寝制度的重要实物资料，但这一现象在隋唐以前并不常见。如北魏孝文帝长陵的陵园材料，长陵位于河南省孟津县朝阳乡官庄村，邙山之巅，瀍河西岸，为北魏孝文帝陵（大冢）、文昭皇后陵（小冢）的陵园。经过考古钻探及试掘，长陵陵园东西长443、南北宽390米，整体平面近似正方形，陵园整体由夯土垣墙、壕沟、陵门、陵寝等部分组成。长陵陵园内有两座陵寝，应属帝后异穴合葬。孝文帝长陵（大冢）位于陵园中部偏北，封土平面呈圆形，其夯筑结构特殊，封土外侧下叠压一条环形夯土沟，南向为墓道，封土的南侧有对称的石礅，为石翁仲的基座，再向南有两个对称的长条形竖穴方坑。墓道、石礅、方坑在一条轴线上，这里应该是长陵的神道。文昭皇后陵（小冢）封土平面也呈圆形。长陵陵园内的建筑基址发现3座、建筑堆积1处、窑址2座、井1个。两处建筑基址位于文昭皇后陵（小冢）的东南，一处位于孝文帝陵的东南。三处建筑的形制均较特殊，平面形状均不规则，报告推测与祭祀有关。建筑堆积位于南垣内侧中部，性质不明。陵园的中部还发现一横贯东西的水渠，西南角也有一条类似的水渠，均应为陵园的排水设施。井与小冢东南的建筑基址在同一轴线上，可能与陵园的建筑有关①。上述工作中，未发现有佛寺遗迹的遗存。

第三节　娄睿墓佛教因素的整体认识

北齐东安王娄睿墓位于山西太原市的南郊区王郭村，为一座甲字形砖砌单室墓，墓上有封土，长斜坡墓道，墓道中瘗埋有大批的陶俑和陶质明器生活用具②。甬道的券顶过洞前后都有封门墙，中间安置石墓门一道。石门整体由门扇、门额、门框、门限、门墩等组成，门额为半圆形，两扇石门（图4-19）。墓室平面呈弧方形，东西宽5.7、南北长5.65米，墓室西半部有砖砌棺床，棺床表面涂抹石灰层，但是没有彩绘，上面放置内外套棺。外棺平面呈矩形，前高后低，棺盖呈卷棚式；内棺形制与外观相同。墓内人骨架已经散落于棺外，经鉴定属于两个成年个体，性别无法判定。

娄睿墓的墓道、甬道及墓室等壁上均绘有壁画。墓道的东西两壁的第一层，西壁为出行图，东壁为回归图。出行图首先以猎狗开道，树木映衬，后面是骑马出行导骑2人，再后面为主人出行，前面为男主人，画面已残，后半部为女主人出行图，女主人老态龙钟，戴小冠，插笄，腰挂黑色香囊，前有一侍女，后面为驼队的导骑图，骆驼商队四人五驼，为首一人高鼻、络腮胡、腰间蹀躞带，身后的骆驼商队背驮软囊和丝

① 洛阳市第二文物工作队：《北魏孝文帝长陵的调查和钻探——“洛阳邙山陵墓群考古调查与勘测”项目工作报告》，《文物》2005年第7期，第50-62页。

② 山西省考古研究所、太原市文物考古研究所：《北齐东安王娄睿墓》，文物出版社，2006年。

图4-19　娄睿墓墓门石刻彩绘
（采自《北齐东安王娄睿墓》图六四，第79页）

绸，骆驼背的虎纹皮囊上挂有一鍑。墓道东壁第一层为回归图，前面有导骑，后面有牵马图，再后面为驼队，后面又有导引图及群马奔驰图。墓道第二层的东西两壁为鞍马游骑图，东西两壁内容基本相似，在墓道开始的地方用树木、山石作为前景。墓道第三层有军队仪卫图，持班剑仪卫图十幅、门官仪卫图六幅，位于甬道前部第三层和天井第三层。墓道第三层仪卫图有四马、四部曲、鼓吹图，后面墓道北端有宾礼图，主要为迎宾，东西两壁情况相似（图4-20）。持班剑仪卫图，位于甬道和天井的东西两壁的第三层（底部）。甬道后部包括甬道过洞和墓门的正面，绘有门官仪卫图。墓室内北壁主要是娄睿夫妇二人宴飨行乐图，正中有幔帐，幔帐的上部垂挂流苏，四条红色绶带，将幔帐分为五间，两侧有立柱，立柱前有华灯，幔帐下正中有一大组由玉帛、璜、璧、珠宝等组成的大垂髾，东西两侧垂挂有二组玉帛、璜、璧、珠宝组成的小垂髾，幔帐下有男女二人，应为墓主夫妇，端坐于几案后，桌面上有供养的食盒，墓主夫妇双手捧杯。东西两侧绘有内侍供奉行列，西侧内侍为女侍，有的捧盘，有的

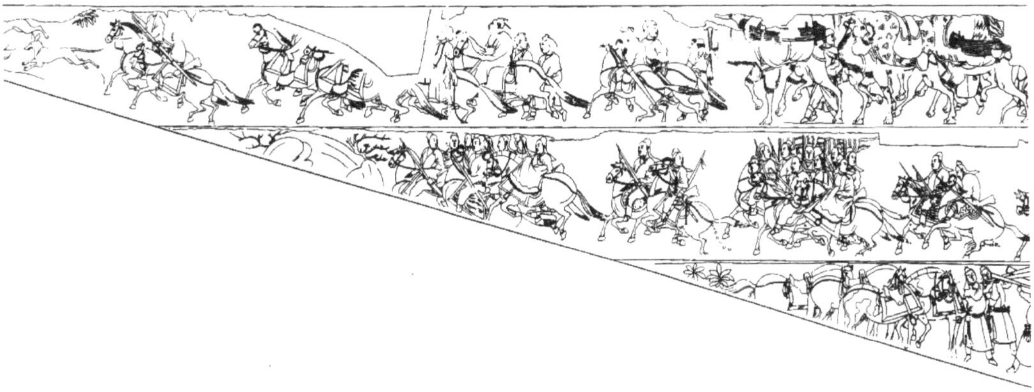

图4-20 娄睿墓墓道壁出行图
（采自《北齐东安王娄睿墓》图七，第14、15页之间）

送茶，有的供奉果品；东侧男侍二人肩扛大包囊。北壁西部有一女子乐队，5～6人，有的吹笙，有的吹箫，有的吹笛，有的弹奏琵琶等；北壁东部为男子歌舞乐队，乐器可见竖箜篌和曲项琵琶。墓室的东壁壁画内容为墓主人备马出行，西壁为牛车出行图。墓室南壁有门洞，门洞的东侧为一头戴兜鍪，身披铠甲，身背长弓和矢箙的武士，戴盔武士后面有一执鞭武士，两武士的身旁有树木鹊鸟做背景。南壁门洞西侧残甚，估计主题与东侧相似。

整个墓葬中还绘有不少升天祥瑞图。甬道东壁的第二层绘有獬豸，其后为方相氏，也就是畏兽。獬豸是送葬入墓的护路神卫，畏兽也有辟邪祛疫的作用。天井的第二层有两个方士，方士戴小冠，穿右衽长袍，手执乐器，画幅的背后及人物之间有树木做衬景或间隔。天井东壁的第三层，也就是临近墓门口处，绘有一男侍，头裹双螺髻幞，浓眉、深目、高鼻，左手拿法器，位于胸前，右手握拳相扶持，身穿灰白色圆领内衣，外罩土黄色左衽宽袖长袍，回首注视身后的方士。其手执法器平底，两侧八字形木板，中间用横木相连接，中有两块圭形木板。报告认为其似为一位佛教信徒。墓门南外壁壁面，也就是拱门上，正中绘有摩尼宝珠、莲花、忍冬、卷草等，报告认为这些内容皆为佛教内容，寓意墓主灵魂飞升西方净土世界。墓门包括门框、门楣、门扇等，全部彩绘浮雕。门额正中刻辟邪，额前隆起双角，圆眼怒睁，血盆大口，头上绘摩尼宝珠和仰莲座，辟邪两侧绘对称的金翅鸟（图4-21）；门楣上刻有5朵圆形莲花，以缠枝卷草相联系；门两侧竖柱上也刻有六组缠枝莲，卷草衬托画的中心有贴金箔的摩尼宝珠；门砧也刻绘有面目狰狞的怪兽；两扇门扉上东绘青龙、西绘白虎；墓门背面门额上彩绘摩尼宝珠及莲花、莲叶等，墓门后上部券顶壁面上也绘有荷花、莲叶、摩尼宝珠，宝珠两侧还对称绘有神兽。报告认为，这些都是佛经思想的反映，与墓主娄睿是一名虔诚的佛教徒有关。墓室里面的壁画，前面已经详细介绍了最下层的墓主夫妇宴饮图及备马、备车图等，这是墓室壁画的最下层，墓室壁画从上至下，一共可以区分出四层，上述最下面的为第四层，报告描述第一层至第三层均象征“天国”。墓室的第二、第三层三面脱落，仅东壁保存有仙人引龙、仙人骑龙与雷公等，西壁可见白虎画迹，北壁尚存玄武一段蛇体，由此可见第三层为守护四方的四神，即东青龙、西白虎、北玄武、南朱雀。第二层为十二辰图，均为具体的牛、虎、兔的形象。墓顶为天象图，绘有天河，自东北走向西南，将周天中分为二，东绘日象，里面绘有三足金乌；西绘月象，似有蟾蜍；用黑、白、红三色绘星辰，似绘有北斗七星，不少星星托着长尾，报告推测可能描绘的是死亡。

图4-21　娄睿墓墓门门额正面、背面彩绘

（采自《北齐东安王娄睿墓》图六三，第77页）

娄睿墓报告认为，娄睿墓壁画的布局和内容受到了当时盛行的寺观壁画的影响，并且继承了汉魏以来的传统，组成了一个天人一体的壁画体系，这个体系中包括古代神话传说与儒道释三教合流①。

娄睿墓出土了鼓乐仪仗俑23件，分别是击建鼓乐俑1件、击鼓俑12件、吹潮儿俑1件、吹觱篥俑1件、骑马吹俑2件、吹奏乐俑5件、乐俑1件；羽葆俑10件；人面镇墓兽1件；兽面镇墓兽1件；釉陶灯4件，灯分灯盏、柄和座三部分，贴塑有莲瓣、忍冬和宝珠等纹饰，盏底有覆莲，覆莲座，宝装莲瓣（图4-22）；石狮8件，前腿前伸，后腿曲卧，身上多有卷毛，口紧紧咬住穿有铜环的铜方棍，有的已经掉落，身上施釉红、白、黑三色彩绘。石基座8件，其中4件为上圆下方，石基座为宝装八瓣覆莲，上绘红、白二色彩绘，另外4件的基座被切去一角，8件石基座均分布在棺床的东侧，从分布来看，具有一定的规律，似乎位置变化不大。每件石基座的旁边均有一件石狮子，石狮子嘴中的铜环应该是悬挂帷帐时系绳起固定作用，8件石基座，其中4件被切去四

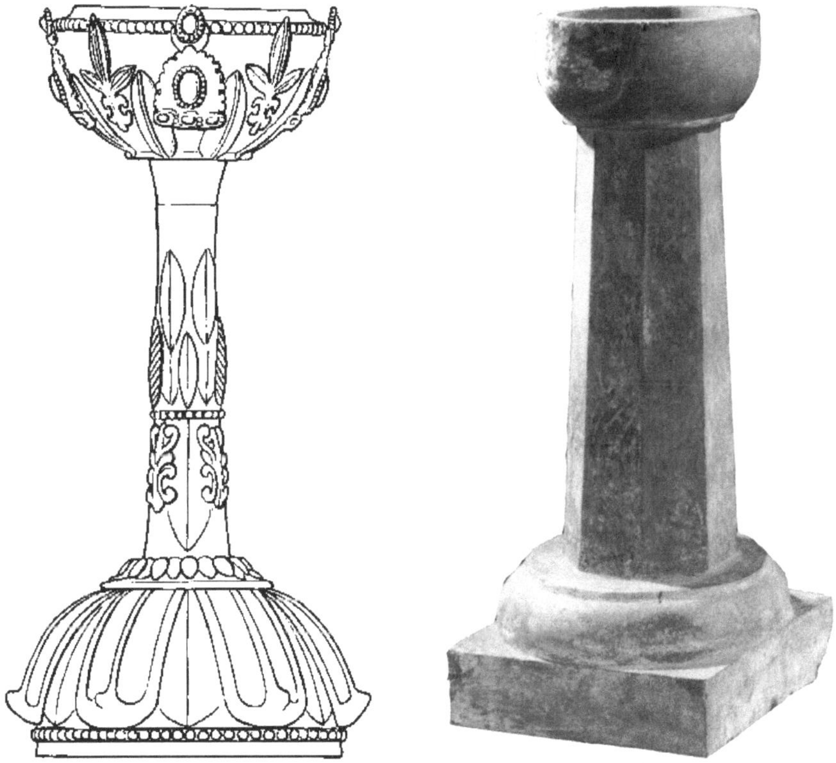

1　　2

图4-22　北朝高等级墓葬出土灯

1. 娄睿墓出土釉陶灯　2. 磁县湾漳壁画石灯

（1. 采自《北齐东安王娄睿墓》图一一二，第136页；2. 采自《磁县湾漳北朝壁画墓》彩版33，2）

① 山西省考古研究所、太原市文物考古研究所：《北齐东安王娄睿墓》，文物出版社，2006年，第14页。

角分布在靠近墓室后壁的地方，4件石基座应该安置在长方形4个顶点上，另4件没有被切去一角，也呈长方形分布，4件基座也大致位于长方形的4个顶点。所以，笔者推测棺床的东侧可能布置了两顶帷帐。

娄睿墓出土了墓志一合，盝顶志盖，刻“齐故假黄钺右丞相东安娄王墓志之铭”，根据志文记载，娄睿于武平元年（570年）薨于位，天子举哀，百僚赴吊，朝廷赠帛百万匹，并且追赠其为假黄钺、右丞相、太宰、太师、太傅、使持节、都督冀、定、瀛等十州军事，谥恭武王。宿白先生在参观娄睿墓后写有参观记，宿先生认为，娄睿墓的等级高于韩裔墓和厍狄迴洛墓，与高润墓接近，但也略低于高润墓；甬道和天井的壁画中，上栏绘的神兽、云气、摩尼、散花等，大约表现的是天空，下栏绘的拄有班剑仪刀的武士，应该是墓主人的门卫。上栏壁画中的摩尼、散花，都是佛教艺术中常见的题材，这些题材的出现，反映墓主有可能是一位佛教信徒。娄睿佛教活动较多，如大兴佛教于定州、施建宝山寺等，都与北齐境内以奉佛为国事相关。宿先生还指出娄睿墓十二时绘在墓壁的上栏，这是比较特殊的，以往十二时出现在墓室内，皆作陶或者木制的立体形象，然后安置在特设的小龛之中，最早是在湖北武昌、湖南长沙及湘阴、四川万县的隋唐墓中，后来的南唐二陵也是沿用此制。宿先生认为，图绘十二时于墓壁上方的，除娄睿墓外，仅见于辽墓。而且，娄睿墓是以动物的具体形象描绘十二时，与此前发现不同。宿白先生注意到日本正仓院所藏的布幕上，也有十二时画，动物形象。该布幕原系日本圣武天皇遗物，原应横悬于宫殿檐下，大约为圣武天皇葬仪所使用，后来，天皇的妻子藤原氏将此布幕奉献于东大寺卢舍那佛。宿先生所引此横幕，其实勾勒出丧葬礼仪与佛教关联的细节，非常生动。宿先生进一步分析，圣武天皇的卒年在唐玄宗天宝末年（756年），圣武天皇的葬仪当仿自唐制，那么天皇葬仪上使用的十二时横幕，也可能源于中土，娄睿墓墓顶在莲花中心四周绘天象，墓壁第二层绘十二时，应与正仓院此横幕类似。经宿先生此番论述，娄睿墓，甚至许多墓葬在四壁与墓顶连接处的壁画，其名称、使用及功用豁然开朗，连宿先生都不得不感叹“此亦一佳例也”[①]。

娄睿墓出土的黄绿釉莲花纹盖宽肩罐（707）与河北临漳核桃园一号建筑遗址塔基中瘗埋的石函四角放置的青釉小罐外形较为相似，均为带纽的盖罐，但娄睿墓的器形显得高大，比核桃园的要高很多。核桃园一号建筑遗址是一座大型的佛塔遗存，有规律地瘗埋石函及安置青釉罐等，与邺城赵彭城佛寺遗址的塔下砖函情况类似，是中国早期佛塔埋藏制度的珍贵资料[②]。娄睿墓还出土了大量的串珠，质地有白玉、玻璃和料

① 宿白：《太原北齐娄睿墓参观记》，《文物》1983年第10期，第24-28页。

② 中国社会科学院考古研究所、河北省文物研究所邺城考古队：《河北临漳邺城遗址核桃园一号建筑基址发掘报告》，《考古学报》2016年第4期，第563-591页，图版壹-图版柒。

器等，颜色有白色和蓝色等，这些串珠有的可能是组玉佩上的串饰物，或者某些器物上面的装饰物。洛阳永宁寺遗址也出土了不少串珠，两者之间或许有一些关联。另外娄睿墓还出土了釉陶灯，上面有宝珠等纹饰。

如果将娄睿墓的墓室壁画作为一个整体，形成一个以墓主棺柩为中心的丧葬场景，前面有摩尼宝珠，两旁有神兽，下面有出行行列和出行的车马，这个场景与石窟中表现的佛的涅槃有着惊人的相似。石窟中佛教涅槃图像表现得最为完整和全面的是敦煌莫高窟148号窟。公维章对148号窟涅槃图中的“送殡图”有比较详细的描述：

> 画面最前方有六引魂天人引路，接其后为四菩萨手托盘，盘中放鲜花，随后为四菩萨抬一台，台上放大香炉，其后又有四菩萨抬一台，台上放宝幢。抬香炉、宝幢图左右各有七身菩萨，手持长柄香炉、宝幢、鲜花。抬宝幢后为六力士抬佛棺，佛棺刻镂精细，放于一装饰华丽的舆上，舆上立一雄鸡，舆上方有四飞天，六力士抬佛棺。后为拘尸那城的世俗信徒及佛弟子跟随其后。①

公维章认为，148号窟涅槃图中的送葬场面与文献记载中的隋唐奉迎舍利及高僧出殡场面极为相似，宫治昭的《涅槃和弥勒的图像学》材料比较丰富，详细罗列了涅槃图像的传播。曲阳修德寺遗址出土双思惟菩萨造像基座背面，主要是两幅场景，右侧的为佛陈于案床之上，四人在佛身后，一北齐时人打扮在侧。左侧为四弟子伏于棺上，棺足端有时人打扮者做悲伤状，四弟子亦是呼天抢地，悲痛欲绝。棺前有一僧人做诵经状。值得注意的是床和棺，床为四足，半高，足有内展。棺应为木棺，上面有蝴蝶榫②。涅槃图像是巴米扬石窟壁画中的题材之一，主要分布于七个洞窟中，绘画位置主要在主室门内上方、正壁龛外、侧壁、窟中心塔基台侧面③。其中的330号窟涅槃图画在侧壁南端，该涅槃图“构图复杂，人物众多，举哀者中有披头散发、举手打头、捶胸抓发等表达悲痛哀悼的姿态”④。此外，新疆克孜尔石窟第163窟、第219窟涅槃图，敦煌莫高窟第158窟均有涅槃图。

《广弘明集》卷十七为《佛德篇》，其中隋著作王邵作《舍利感应记》，记载了舍利入州之情形：

---

① 公维章：《涅槃、净土的殿堂：敦煌莫高窟第148窟研究》，民族出版社，2004年，第106页。

② 河北博物院编：《河北博物院基本陈列——北朝壁画 曲阳石雕》第47“双思惟菩萨造像基座”，文物出版社，2014年，第218页。

③ 晁华山：《佛陀之光——印度与中亚佛教胜迹》，文物出版社，2001年，第178页。

④ 张文玲：《黄金草原：古代欧亚草原文化探微》，上海古籍出版社，2012年，第240页。

> 皇帝于是亲以七宝箱奉三十舍利，自内而出置于御座之案。与诸沙门烧香礼拜，愿弟子常以正法护持三宝，救度一切众生。乃取金瓶瑠璃各三十，以瑠璃盛金瓶，置舍利于其内，熏陆香为泥，涂其盖而印之。三十州同刻十月十五日正午入于铜函石函，一时起塔。诸沙门各以精勤，奉舍利而行。初入州境先令家家洒扫覆诸秽恶。道俗仕女倾城远迎，总管刺史诸官人，夹路步引。四部大众容仪齐肃，共以宝盖幡幢、华台像辇、佛帐佛舆、香山香钵，种种音乐，尽来供养，各执香华，或烧或散，围绕赞呗，梵音和雅。依阿含经舍利入拘尸那城法。①

上述佛教涅槃和舍利出行的场景，与娄睿墓壁画内容非常相似，考虑到文献记载的娄睿与佛教的关系，以及其所为崇佛活动，娄睿墓壁画整体呈现的宗教性质就明了很多。这是我们将娄睿墓壁画整体进行认识的结果，这是任何单一题材，孤立观察所不能达到的效果。杨莹沁在研究汉末魏晋南北朝时期的神仙与佛教的混合图像时，认为北朝一些墓葬中出现大量莲花，其目的在于将整个墓葬打造成净土世界，莲花化生，也即是往生净土②。

此外，北朝还有几座有壁画的大墓，我们可以用整体认识的方法对其观察，同时与娄睿墓壁画布局进行对比。如东魏茹茹公主墓，该墓位于河北磁县城南大冢营村北，为甲字形砖砌单室墓，由墓道、甬道和墓室三部分组成。斜坡状墓道，两壁残存壁画，墓道入口处东壁画青龙，西壁画白虎，其后每壁均由十四人组成的仪卫行列，其中八人做站立持械状，六人持盾坐于棨戟架后。墓道北端上层自南而北有镇墓威神（畏兽，简报称方相氏）、羽人、凤鸟等，莲花纹点缀其中。墓道斜坡的路边两侧均绘有花草纹。甬道拱券上方砌有门墙，墙上绘有正面大朱雀，左右两侧各有一手舞足蹈的镇墓威神（畏兽），朱雀的下面正中有一莲花座承托的摩尼宝珠纹，其上部缀以莲花。甬道两侧各画三或四名侍卫，后段甬道南端券门西侧残存火焰、宝珠画面。墓室平面略呈方形，四壁略外弧，南北长5.23、东西宽5.58米，墓室的西侧砌棺床，墓室内的壁画也残损严重，北壁上部残存龟蛇缠绕图像，其下绘七名女子，报告认为居中着冠者就是墓主人茹茹公主；西壁上部残存白虎图像，其下绘侍女十人，东壁残存少量，南壁基本不存。墓室东南部发现少年女性头骨及肢骨、肋骨等残骸。墓内出土器物众多，仅陶俑就有1064件，其中有按盾武士俑4件、甲骑具装俑13件、侍卫骑俑20件、伎乐骑俑29件、击鼓俑23件、伎乐俑7件、舞女俑5件、陶编钟12件、陶磬9件、胡

① （隋）王邵：《舍利感应记》，载《广弘明集》卷十七《佛德篇》，《大正新修大藏经》第五十二卷，No.2103，第213下-214页上。

② 杨莹沁：《汉末魏晋南北朝时期墓葬中神仙与佛教混合图像分析》，中国古迹遗址保护协会石窟专业委员会、龙门石窟研究院编：《石窟寺研究（第三辑）》，文物出版社，2012年，第37-90页。

俑7件、萨满巫师俑1件、镇墓兽4件（两个为人面，两个为兽面）、仰覆莲灯座7件、石灯4件、拜占庭金币2枚等，墓内还出土了金饰2件，其中一件在花蔓间透雕化生童子及伎乐飞天各一，镶嵌有珍珠、宝石等，应该是一件冠饰或者头饰（图4-23）。墓志一合，盖题“魏开府仪同长广郡开国高公妻茹茹公主闾氏铭”。据志文可知，墓主为茹茹公主，谙罗臣可汗之女，武定八年四月七日薨于晋阳，时年13岁，同年葬于齐献武王之茔内①。武定八年为550年，齐献武王茔即高欢之茔。

图4-23　茹茹公主墓出土金饰

（采自《中国古代金银首饰》图四一二一，第293页）

① 磁县文化馆：《河北磁县东魏茹茹公主墓发掘简报》，《文物》1984年第4期，第1-9页，图版壹-图版伍。

墓中金饰上的化生童子及伎乐飞天，应该与佛教有关，墓门上朱雀下的摩尼宝珠纹也值得注意。扬之水也注意到茹茹公主墓的这件金饰，化生童子与捧盘飞仙，以及莲花台上的鹦鹉一起簇拥在一茎莲花上，莲花上下均有莲座承托的摩尼宝珠。其文还谈到巴林右旗出土的辽代迦陵频伽金耳坠、敦煌西千佛洞第十六窟壁画所绘回鹘王妃所带迦陵频伽耳环装饰、镇江丹徒蒋乔宋墓出土的莲花化生金耳环、浙江龙游高仙塘南宋末年墓出土的化生金耳环。不过，扬之水认为这些形象并不十分拘泥于经义，而只是作为一种意象灵活布置①。

太原北齐徐显秀墓壁画保存较好，该墓位于太原迎泽区郝庄乡王家峰村②。墓葬由墓道、过洞、天井、甬道和墓室组成，斜坡墓道，北接过洞，过洞后接天井，天井北边接过洞，然后是甬道，甬道南北两侧均有封门墙。过洞顶部有建筑门楼壁画遗迹。甬道北口砖券顶上，有两畏兽俯冲而下，畏兽的下侧有宝相莲花、云气纹，两畏兽的正中也许有莲花座托摩尼宝珠，可惜残毁不见。拱门内侧为石墓门，门额为半圆形，正中刻怪兽，两边神鸟各一，口衔莲花，门上5个门簪，均为凸起的莲花造型，门框上面刻有宝相莲花、摩尼宝珠、忍冬纹等，门墩部分为狮头形象，上面也有彩绘。石门的门扇为浮雕彩绘，西门扇上面刻神鸟，神鸟鸟身兽头、蹄足，口衔花草，下部刻一白虎，但在后期彩绘时，原下面浮雕的白虎上面用颜料改绘出一鸟的形象；东门扇与西门扇一样，上面也浮雕一神鸟，但是下部刻着一青龙，同样在后期彩绘时，青龙被彩绘改成神鸟（图4-24）。整个门扇可以看出青龙和白虎消失，上下均为彩绘的神鸟。墓室为单室穹隆顶，西部砌有棺床，葬具扰乱严重，残剩的木板上面有漆皮，木板材质均为柏木。在墓内发现少量的头骨、下颌骨、牙齿、颈椎、肋骨等，简报报道乳齿代表的年龄在10岁以下，下颌骨代表的是一个老年个体。从骨骼的年龄测定来看，该墓有未成年人的骨骼。甬道底部东北角清理出泥质红陶碗，碗底沉积有橘红色颜料，墓壁上还发现墨汁泼洒的痕迹，东边门枕石兽前也清理出泥质灰陶残盆1件，里面有紫红色颜料，简报推测其为绘制壁画的颜料容器。

墓内出土陶俑320多件，有镇墓武士俑、镇墓兽、文吏俑、武士俑、持盾俑、风帽俑、铠甲俑、笼冠俑、女侍俑、骑马俑、击鼓骑俑、辫发骑俑、鼓吹骑俑等；出土瓷器有鸡首壶7件、尊1件、灯4件、带盖罐2件、灯盏2件、罐、壶等，其中的4件灯，每件均分座、柄、盏三部分，灯座为八瓣覆莲图案，柄上也有三圈联珠纹，灯盏的盏底饰八瓣仰莲，通体施黄绿釉，此外还有蓝宝石戒面金戒指、银指环、柱础石、墓志等。

---

① 扬之水：《中国古代金银首饰》，故宫出版社，2014年，第290-295页。

② 山西省考古研究所、太原市文物考古研究所：《太原北齐徐显秀墓发掘简报》，《文物》2003年第10期，第4-40页，封面、封二、封底；太原市文物考古研究所编：《北齐徐显秀墓》，文物出版社，2005年。

图4-24　徐显秀墓石门
（采自《太原北齐徐显秀墓发掘简报》图四，第7页）

图4-25　备车图侍女裙裾菩萨像
（采自《北齐徐显秀墓》图23，第38页）

徐显秀墓壁画内容丰富，墓道东壁画26人，在墓道口处有神兽2个，周围绘宝相莲花，后面的人物有的执彩色三旒旗，有的肩扛鼓吹、有的佩带弓囊；墓道西壁前面神兽2个，组合与东壁相似。过洞、天井壁画鞍马和人物。甬道口东西两侧各有一门吏，甬道两壁各有仪卫4人，东壁残存的2人，一人戴风帽，举鞭按剑；西壁残存3人，可见一人戴风帽佩剑。墓室壁画分为墓顶壁画和墓室四壁壁画。墓顶为天象图，分灰色和黄色两层，里面均绘有群星，墓室顶部正中悬挂一铁镜。墓室壁画分东南西北四个壁面，下面为人物、牛车、羽盖、鞍马等，人物的上方绘有天莲花。墓室北壁正中高悬帷帐，帐下为床榻，后有屏风，上有彩画，床榻之上坐有男女墓主人，手捧漆杯，正中摆一大盘食品，周围围以高脚杯，两旁有侍女手捧盘杯，男女乐伎乐器有曲项琵琶、五弦、竖箜篌、笙、横笛、拍钹，侍女长裙饰以联珠纹，联珠纹内绘有对兽；西壁为男主人备马出行的场景，马背上垂向两侧的鞍袱边上绘有两圈联珠纹，联珠纹内有戴花冠菩萨像；东壁为女墓主出行时备车的场景，正中有一卷篷顶牛车，顶篷之上悬挂一联珠纹造型的宝镜状物件，四周缘以覆莲。牛车右面有一侍女，裙边饰以花瓣，裙上饰有联珠纹，联珠纹内有一头戴花冠的菩萨像，侍女手捧黑色匣子（图4-25）。墓室南壁正中为墓门，两侧有执三旒旗的仪卫，墓门上方绘有作俯冲姿势的畏兽2个。墓志记载，武平二年正月七日徐显秀薨于晋阳里第，时年70岁，朝廷诏赠使持节都督冀瀛等七州诸军事、冀州刺史、太保、尚书令，并且祭以太牢，太常给谥。

徐显秀墓中最引人注目的佛教因素是侍女裙摆和马鞍边缘上的联珠纹菩萨像。荣新江认为，联珠纹的文化特征可以追溯到波斯和粟特文化，而宗教属性主要是琐罗亚斯德教，也就是祆教。但是外来的联珠纹内确实是地道的中国画法的菩萨像，两者的结合是中西文化交流的佳例。荣先生接着结合阿富汗巴米扬石窟壁画中出现联珠纹菩萨、坐佛的形象，以及我国新疆焉耆明屋遗址出土的联珠纹模制陶砖，中央就是犍陀罗风格的菩萨头像，所以这些并不孤立的材料，说明联珠纹菩萨像是伊朗系统的图像，进入佛教王国以后图像融合的反映，这也是与北齐胡化和佛教的盛行相符合的①。新近公布的吐鲁番巴达木2号墓地康氏茔院中的M244，也出土了具有佛教纹样的织锦小袖长衣，纹饰可见骑马形象、带莲花座的佛像、联珠纹圆形图案、力士怪兽等。带莲花座佛像为覆莲座、双手合十、头后似有头光，两侧有植物纹样。巴达木墓地墓葬的年代一般在麴氏高昌王国的麴干固早期到唐西州时期②。

磁县湾漳北朝壁画墓一度被认为是北齐的帝陵。该墓原有坟丘，现已夷为平地，底部尚存夯筑痕迹，呈圆形，直径100～110米，在墓室的南略偏西100米处有石刻人像，双手执握仪剑，调查有言，此石刻之东，尚有一石刻人像，未发现。钻探发现墓南有道路，宽约15、长270米，报告推测应是墓前的神道，在神道的东西两侧发现两处夯土建筑基址，距离神道等距，各约8米，西侧的基址东西32、南北70米，东侧的建筑基址东西30、南北82米，报告推测应是陵园的地面建筑。墓葬的地下部分由墓道、甬道和墓室组成，整个平面略呈甲字形。墓道全长达到37米，长斜坡，墓道壁面、地面均有绘画。甬道分为前后两部分，甬道前拱券上有门墙。甬道中有三道封门墙，在中封门墙和后封门墙之间，有石门。石门的外侧有两件大门吏俑，石门由半圆形门楣、门框和门扇组成，石门楣上有彩绘，正面中央有火焰宝珠，左右各有一朱雀，嘴中衔有芝草，石门楣的背面似绘有神兽，门框和门扇均涂朱红色③（图4-26）。

墓室平面近方形，四边略外弧，南北7.56、东西7.4米，规模较大，墓壁由五层砖砌成。墓室的西侧有须弥座石棺床，棺床的正中用朱红彩单线勾绘一八瓣仰莲，墓主棺椁摆放在这八瓣仰莲之上。棺床的须弥座用红、白、绿色画出忍冬纹、连环纹等图案。棺床上尚保存一些葬具残片，经分辨，应为一棺一椁，人骨无存。该墓出土器物数量较多，特别是陶俑达到了1805件，如4件按盾武士俑、4件陶镇墓兽、仪仗俑、乐俑、舞蹈俑，武士俑和镇墓兽摆放在墓室南壁甬道口的两侧。石灯出土了4件，分别安置在棺床的北壁边沿、西南角、东南角及棺床上，灯柱均为八棱体，八面施彩，有墨线勾画的花纹，钵形盏，方形底座，上有红彩绘制的覆莲图案，高50多厘米（图4-22，2）。

湾漳大墓的墓道、甬道、墓室等均绘有壁画，墓道的地面还绘有地画。墓道的东

① 荣新江：《略谈徐显秀墓壁画的菩萨联珠纹》，《文物》2003年第10期，第66-68页。

② 吐鲁番市文物局、吐鲁番学研究院、吐鲁番博物馆编著：《吐鲁番晋唐墓地：交河沟西、木纳尔、巴达木发掘报告》，文物出版社，2019年，第284-290页，彩版八一。

③ 中国社会科学院考古研究所、河北省文物研究所编著：《磁县湾漳北朝壁画墓》，科学出版社，2003年。

图4-26　磁县湾漳北朝壁画墓甬道门墙壁画
（采自《磁县湾漳北朝壁画墓》图117，第170页）

西两壁各描绘了53个人物，前面有青龙、白虎引导，青龙和白虎的前面有神鸟和神兽（畏兽），仪仗队伍中的仪仗有似叉类兵器、班剑、弓、幡旗、盾牌、仪剑、鼓、旌旗、笏板、长戟、幡旗、伞盖、幢麾、节、氅、棨等[①]，在仪卫队伍的上面还有一些神兽，有朱雀、千秋、万岁、畏兽，以及一些不知名的神鸟、神兽等。在墓道两壁的南面，有一截断立面，立面朝南，上面分别绘一狰狞的兽面，扼守住墓道的入口。墓道

① 扬之水也对湾漳大墓中的仪仗进行了考释，详见扬之水：《磁县湾漳北朝壁画墓卤簿图若干仪仗考》，扬之水：《藏身于物的风俗故事》，人民美术出版社，2016年，第23-40页。

东西两壁墙体的最顶端，做出了拱背形，南北贯通，像柱子横置在墓壁顶端，在此拱背弧面上，也绘有壁画，由南而北，有7处图案，每个图案的中心为朱红色小点，前后分别绘两排莲花瓣。报告提到，河北北响堂山石窟的窟柱装饰图案与此相似。这是非常难得的发掘记录。在墓道出行队伍中莲花、忍冬和云朵纹，飘散在仪仗队伍中，上列神兽间也有分布。此外，在壁画画面中，还有一些火焰宝珠，多以莲花为基座，其上有一宝珠，发出火焰。两壁火焰宝珠中，以东壁第18神兽下的大火焰宝珠最为复杂优美。报告也直言，火焰宝珠是典型的佛教题材。

与茹茹公主墓墓道地面一样，湾漳大墓墓道的地面也绘有地画。墓道白灰的地面，以绛红色彩带为边框，墓道的中间，贯穿南北的两条绛红色彩带将墓道地面间隔出左、中、右三纵列，中间一列最宽，达146厘米，其上绘巨大的莲花，自南而北，共计14朵大莲花，左右两列较窄，图案为缠枝忍冬莲花纹，左右两纵列对称分布。报告脚注提到，洛阳龙门石窟北魏宾阳中洞及皇甫公洞的地面有类似的莲花纹地面浮雕装饰①。墓道南端的地面上还有车辙的痕迹。

甬道前端入口券顶的上方为门墙，门墙正中绘正面凝望墓道的大朱雀，立于莲台之上，莲台上面，大朱雀两侧各有一莲花忍冬，大朱雀的两腿内侧有一莲花宝珠。大朱雀两腿两侧、画面的下部，各有一神兽（畏兽），人身、兽爪、兽足。大朱雀两侧、画面的中部，左右各有一羽兔，自上而下做俯冲状，背生双翼，口衔忍冬。画面的上部，大朱雀尾翎两侧各有一翼禽，口衔朱红色卷叶忍冬。前甬道东壁残存一些人物图像线描，西甬道亦残存两人物。后甬道南部券顶，也就是中封门与石门间的券顶上，有翼禽壁画的残迹，东西各一，禽鸟的附近有忍冬莲花。墓室顶及四壁均绘有壁画，自下而上，第一栏位于墓室四壁的最下面，破坏严重，可以看到一些人物着装的痕迹，墓室北壁可以看到两长杆羽扇和帐幔的迹象，报告推测第一栏主要是人物和仪仗；第二栏的高度已经超过了甬道的券顶，南壁甬道两侧各有一飞翔的翼禽，旁边有彩云、莲花等，东壁的北端有神兽的痕迹，因此第二栏壁画内容主要以天界神兽为主体，辅以彩云和莲花；第三栏有彩带与第四栏相隔，而且也以纵向的彩带分隔成一个个小方格，每壁绘九格，每格内绘一动物，东壁自北向南九个依次为虎、豹（？）、羊、异兽、鹿、青龙、白虎、异兽、龙（？），南壁可见马、牛、鹅、鸭等，西壁可见狼、猴等，个别方格内还有与八卦类似的符号；第四栏已接近墓顶券脚，以彩带与券顶上的天象图分隔，毁甚，可见似为檐椽和鸱尾的建筑部位；第四栏上即是天象图，由天河与星宿组成。

报告推断湾漳大墓的年代在550～568年，墓主应该是比茹茹公主、高润身份还要

① 中国社会科学院考古研究所、河北省文物研究所编著：《磁县湾漳北朝壁画墓》，科学出版社，2003年，第168页脚注①。

高的北齐高等级贵族，报告推测该墓有可能是北齐皇帝高洋的陵墓。报告在论述湾漳大墓壁画、地画反映的社会问题时，认为壁画、地画表现了中国传统思想与佛教思想的融汇，地画中的大莲花、二方连续忍冬莲花纹等装饰也具有佛教色彩，在佛教艺术中比较常见，火焰宝珠也是佛教供养的宝物。我们要特别提及的两点是，其一，该墓须弥座棺床上画有大莲花，死者的葬具就安放在这朵大莲花上，须弥座的侧面均彩绘有忍冬莲花等；其二，我们认为东西两壁出行的队伍、前面的牵引青龙白虎，在出行队伍的上侧有神鸟和神兽，起到了祥瑞和保护的作用，后面是大朱雀，大朱雀两腿之间有莲花托宝珠，两侧又有一些类似保护的畏兽、羽兔、神禽等，再往后是甬道中石门，正中也是一火焰宝珠，门后侧也许还有神兽，最后是墓室中须弥座棺床上大莲花上安放着死者的棺柩。整个甬道还有墓室壁面、墓室内布满了各式陶俑。这是一幅巨大的场景，是一个整体，这个整体有两处中心，一个是石门和照墙上的火焰宝珠，一个是墓室内安放于大莲花上的墓主。

此外还有磁县高润墓，该墓为砖砌单室墓，前有长斜坡墓道和甬道[①]。甬道前拱顶券上有门墙，墙上原有彩绘，已遭破坏；封门墙之间有石门，上有半圆形门额。墓室平面呈方形，略外弧。墓室西部有石棺台。北壁壁画保存较好，东西两端各有六人，分执华盖、羽旌等，中部为帷帐，墓主人端坐其中；东壁可见华盖、车篷、侍者及羽旌等；西壁仅见侍从；南壁模糊不清。墓内出土器物较多，特别是陶俑，此外还有青瓷烛台3件、石灯4件、石狮子3件、墓志等。

娄睿墓及北朝一批高等级的壁画墓，从具体的壁画题材观察，见不到十分明显的佛教因素遗存，但是，我们观察到从墓道开始，到墓门门楣、门柱等的摩尼宝珠等装饰，再到装饰壶门的棺床，护法的力士、怪兽、神禽等，营建了一个类似于涅槃的空间。这就是整体认识对释读材料的影响。但我们也要注意到，类似于娄睿墓这样的大墓，将墓道两侧壁壁画题材区分，将墓室地面上摆放的随葬器物考虑进来，同时考虑墓顶的天象图，加上后壁的墓主夫妇图，诚如我们以佛、道“混合”观察某种题材一样，北朝此类高等级墓室绝对不仅仅营建的是一种空间，其观念应该较复杂，空间也应该较复杂。我们需要寻找到不同空间在墓葬遗存上的交接点，北朝壁画大墓的研究应该会持续深入。

第四节　“混合”的入华粟特人墓葬

入华粟特人，无论是其本人还是其祖先，应是存在一个从中亚逐渐向西域、河西，乃至洛阳等地的迁徙过程。在这个迁徙的过程中，他们必定会受到各地区风俗与

① 磁县文化馆：《河北磁县北齐高润墓》，《考古》1979年第3期，第235-243、234页。

宗教的影响。由于入华粟特人不断迁徙的地区，也是各种宗教传播的地区，因此，在他们的丧葬文化中存在着多种宗教影响，这也是一种文化现象。考古发现的多座入华粟特人墓葬，或者粟特式墓葬中也存在着一些佛教因素遗存，我们从中可以辨别出多种宗教文化影响的痕迹。

西安北周李诞墓位于西安市北郊南康村，南面有北周康业墓、北周安伽墓，东面有北周史君墓。该墓为长斜坡墓道穹隆顶砖室墓，平面呈凸字形。墓室内出土了墓志一合及石棺一具。石棺由底座、两侧帮板、两端挡板及盖板组成，石棺内有人骨架两具，男性骨架外裹有三层布，女性骨架亦裹有数层布，并在其口内发现一枚东罗马查士丁尼一世（527～565年）金币。石棺的两侧帮、前后挡板及盖板上均有线刻的图案。左侧帮线刻一龙，周饰火焰及摩尼宝珠纹饰；右侧帮线刻一虎；前端挡板的中间线刻一门，团状莲花三朵装饰在门楣上，门额正上方为折枝忍冬纹，两侧各一朱雀，两侧门柱呈覆莲柱状，门柱两侧的覆莲座上各有一守门神，有圆形头光，卷发束髻，上身袒露，肩披霞帔，短裙，跣足，一手执戟，一手叉腰。门的下方有一火坛，亚腰形，上有火焰升腾（图4-27）。后挡板为一玄武，玄武上侧有一神，圆形头光，束髻，深目高鼻，右手上举长柄环首刀。石棺的盖板线刻伏羲女娲图案。根据墓志文，墓主李诞为周故邯州刺史，正光中自罽宾归阙，太祖以君婆罗门种屡次奖赏，春秋五十九保定四季薨。程林泉在材料介绍后，进行了相关的研究，他推测墓主李诞很可能是去罽宾研禅学，归来后在中途讲习佛经，因其高贵的种姓和从事的活动多次受到皇帝的嘉奖。其薨于保定四年，也就是564年①。对于石棺前挡板线刻石门，他认为与石窟中的门龛有相似之处，门柱两侧的守门神与佛教造像中的人物颇为相似，其站立的位置、姿态及武器等与佛教中的力士、天王较为接近。

北周史君墓位于西安市未央区大明宫乡。墓葬平面呈甲字形，为长斜坡单室土洞墓，平面由墓道、过洞、天井、甬道和墓室等组成。甬道北端有石门，有彩绘。墓室平面呈长方形，在墓室的中部偏北处有一石堂，为单檐歇山顶殿堂式仿木建筑结构。石堂内有石榻，上有人骨，为男女两个个体。墓内出土金戒指1枚、金币1枚、铜带扣1件、陶灯盏1件②。

史君墓石门有浮雕和彩绘图像。门楣正面减地浅浮雕四臂神、神兽和鸟首人身像，图像之间用缠枝忍冬纹相连。门楣正面的四臂神有头光，卷发，颈戴项圈和串珠，左侧神祇也有头光，高鼻深目，左手执来通。门两侧有左右门框，正面减地浅浮雕飞天和守护神。飞天两组，每组五位，均有头光，挽小髻，肩生双翼，左门框上飞

---

① 程林泉：《西安北周李诞墓的考古发现与研究》，西北大学考古学系、西北大学文化遗产与考古学研究中心编：《西部考古（第一辑）》，三秦出版社，2006年，第391-400页。

② 西安市文物保护考古研究所编著、杨军凯著：《北周史君墓》，文物出版社，2014年。

图4-27　北周李诞墓石棺前挡线刻

（采自《西安北周李诞墓的考古发现与研究》图四，第394页）

天有的执长杯，有的弹奏曲项琵琶，有的弹箜篌，有的吹横笛，有的吹觱篥；右门框飞天所奏乐器不同。两扇门扉上各绘三位飞天，可见头光和帔帛，身后有飘带，身着长裙。石堂浮雕图像，上有彩绘和贴金。石堂南壁第一幅画面下部雕刻人身鹰足祭司，有头光，前有火坛；南壁第二幅为高浮雕脚踏小鬼的四臂神，头戴花蔓冠，上有三个莲花形的圆形饰；石堂第四幅也是浮雕四臂神（图4-28）；石堂南壁第五幅下部雕人首鹰身祭司，也有头光。石堂西壁四根立柱将画面分为三块，第一幅画面上部中心一主神，交脚坐于莲花宝座上，身后有椭圆形背光，主神右下角有一对夫妇跽坐在椭圆形毯上，男子深目高鼻，双手合十，面向主神，似在祈祷，女子手捧一枝莲花。画面下部有跽坐的五位男子，双手合十；石堂西壁第二幅，主体为一建筑，一对怀抱婴儿的夫妇坐于其中，建筑的顶上有贴金圆形宝顶，下饰覆莲，屋檐有角兽，嘴衔一组杂佩。石堂北壁由四块石板拼合而成，第五幅内容为一老人坐于洞中和飞天搭救落水者的场景。石堂东壁为男女主人接受神的审判和过桥的场景，上部正中为一坐于圆环中的神，盘腿坐于三头牛上，圆环两侧各有一有翼飞天执其两端，其下为男女主人跽坐于椭圆形地毯上。石堂东壁第二幅画面上部正中有两匹向左飞奔的翼马，似来迎接男女主人升天。下部为一拱形桥梁，桥上有一列向右行进的人和动物，走在最前面的是男女主人和两位侍者。石堂东壁第三幅是史君夫妇在飞天的引导下升入天国的场景，画面正中男女主人各骑一匹翼马，额顶饰莲花，上有日月形装饰，男女主人周围共有六位飞天，有的在前面引导，有的在周边奏乐。石堂基座的南侧面两侧有各一飞天，西侧图像两侧也有一飞天，北侧图像画面正中为一四臂神，两侧也有飞天，双手托宝珠（图4-29～图4-31）。

在史君墓石堂南壁的门楣上，刻有粟特文和汉语双语铭文。根据铭文，墓主史君本史国人，为本国萨保，大象元年（579年）七月薨于家。其妻康氏，应为康国人，同年薨，第二年（580年）三个儿子为其父母造了这个石堂，将他们夫妇合葬。

史君墓中祆教题材集中在四臂神上。史君墓石堂出现四臂神形象共有四处，即南壁、门楣和基座上。史君墓报告详细叙述了以往关于四臂神的研究，认为此四臂神与中亚的粟特祆神“娜娜女神”有很大的关联，祆教在中西交流的过程中，受到了其他宗教的影响，西域诸国中古时期在信仰上，有的则祆、佛兼信，因此，史君墓中大量出现的头光、飞天等，是随着祆教的传播逐渐融合了佛教等宗教因素而形成的[①]。北周安伽墓石门的门额上是一幅祆教祭祀的场景，画面中心三驼座组成的覆莲基座上有升腾的火焰，两侧各有一个乐神，乐神的形象也类似于飞天，上身裸露，腰系长裙，跣

① 西安市文物保护考古研究所编著、杨军凯著：《北周史君墓》，文物出版社，2014年，第202-212页。

图4-28　北周史君墓石堂南壁四臂神
（采自《北周史君墓》图89、95，第91、95页）

图4-29　北周史君墓石堂图像
（采自《北周史君墓》图97、图85、图104，第96、88、102页）

图4-30 史君石堂东壁丧葬图

（采自《北周史君墓》图155、图152、图148，第148、145、141页）

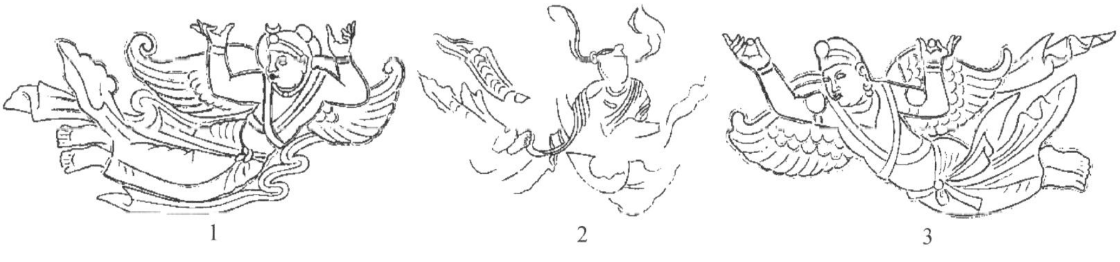

图4-31 北周史君墓飞天图像

1. 石堂基座西侧左飞天 2. 石门右门扉彩绘飞天 3. 基座北侧右飞天

（采自《北周史君墓》图194、图197，第174、177页）

足，肩披飞扬的条帛，四周祥云环绕，左侧乐神弹奏曲项琵琶，右侧舞弄竖箜篌[1]。对于这种多样性，杨泓先生在论述北朝至隋唐从西域来华人的墓葬时认为，西域来华人士的墓葬石葬具是中国式的，装饰图像选用了不同的粉本，火坛造型也没有共同遵守

① 陕西省考古研究所编著：《西安北周安伽墓》，文物出版社，2003年，第16页。

的规范，图像的粉本各有各的来源，这与粟特人本来就没有统一的民族文化的历史史实相符合[①]。

荣新江对祆教木版画的分析给我们带来了很好的启示。荣新江提到斯坦因从丹丹乌里克房屋遗址中发掘到的8世纪的木版画，原先对这些木版画的内容比定的都是属于佛教的，后来莫德发表文章，判断出和田出土的一些木板上绘制的不是佛教的形象，而是祆教的形象，如编号为D.X.3的木板，正面三个一组的神像，从左至右依次为阿胡拉·马兹达、娜娜女神和风神。荣新江还提到这块木板的另一面是佛教菩萨的形象，这是非常有意思的材料。我们目前先不涉及其他内容，先行观察这块与祆神有关的图像的特征，我们也注意到了这块出土于和田的木板祆神后面有类似于身光和头光的图像，而荣新江用于对比的片吉肯特陶器、花刺子模出土碗、Qala-Qahqah Ⅰ出土壁画等材料上的相关神祇，却没有身光和头光这些特征，同样的情况也见于荣新江用于对比的Yakkabag出土纳骨瓮上的材料[②]。荣新江认为，粟特美术宗教功能存在一个转换的过程，粟特祆教美术在佛教盛行的西域于阗地区表现出来的图像特征，既可以看作祆教的，也可以看作佛教的。粟特祆教美术东渐的过程中，一些祆神图像的宗教功能逐渐转换，从祆神变成了佛像，或者说被看成佛像，在佛教徒的眼中，祆教形象无异于佛像[③]。

沈睿文在推论唐代天王俑与毗沙门信仰之间的联系时，提到了在佛教图像中，与毗沙门天王为一组合同时出现的乾闼婆，很可能是贵霜人借助赫拉克拉斯形象来表现佛教中的乾闼婆[④]。这种借用思路，同样可以用来观察史君墓石椁图像中出现的不少佛教的特征。

虞弘墓位于太原市晋源区王郭村，地表已被破坏，村民反映在虞弘墓之南百余米的地表，原来有体积较大的石羊、石猪、石狮等石象生，虞弘墓发掘后，在虞弘墓前偏东南发现一深约2米的土坑，土坑内发现石狮一尊，土坑距离虞弘墓墓室直线距离24米，距虞弘墓墓道南偏东约8米，石狮为蹲坐状，后腿弯曲，前腿伸直，下带底板，高1.66米，报告推测其可能与虞弘墓同时[⑤]。

① 杨泓：《北朝至隋唐从西域来华人士墓葬概说》，杨泓：《中国古兵与美术考古论集》，文物出版社，2007年，第297-314页，原载《华学（第8辑）》，2006年。

② 荣新江：《中古中国与外来文明（修订版）》，生活·读书·新知三联书店，2014年，第278-282页。

③ 荣新江：《中古中国与外来文明（修订版）》，生活·读书·新知三联书店，2014年，第288-291页。

④ 沈睿文：《唐镇墓天王俑与毗沙门信仰推论》，樊英峰主编：《乾陵文化研究（五）》，三秦出版社，2010年，第138-152页。

⑤ 山西省考古研究所、太原市文物考古研究所、太原市晋源区文物旅游局编著：《太原隋虞弘墓》，文物出版社，2005年。

虞弘墓为单室砖墓，由墓道、甬道、墓门和墓室组成，墓室平面为弧边方形，墓室的中部偏北处为一汉白玉石椁，石椁外观呈仿木结构，三开间，由椁顶、椁壁、椁座和廊柱几部分组成。石椁椁顶呈歇山顶，正脊两端有鸱尾，椁身正中为椁门，椁门门楣上浮雕有凤鸟、宝珠等图案，除椁门外，椁身由9块竖列的石板拼成，前壁椁门左右各1块，左右侧板各2块，后壁3块。前壁椁门两边的石板朝外的表面浮雕图案，其他7块石板朝里的板面浅浮雕图案，朝外的，也就是石椁左右壁及后壁朝外的板面，有墨线彩绘的图案。椁座为一平放的长方形箱体，椁座的四侧表面浮雕或彩绘有壁龛，上下两栏，上栏为壁龛，下栏为壶门，龛及壶门内均刻绘有人物和其他的图案。椁座下面四角垫有狮头坐垫，每角垫两个，共8个。椁座长方体框架上安放横梁，在横梁上垫汉白玉石板。墓室内还发现5根汉白玉八棱柱，另外发现5个安放此八棱柱的覆莲柱础，八棱柱柱身浮雕或彩绘忍冬纹。报告推测，八棱柱应是石椁的廊柱，四根浮雕八棱柱应当在椁顶前沿板下，也就是前廊柱，形成三开间的结构，另一根彩绘忍冬纹的八棱柱，或许在椁顶后檐板下，起支撑椁顶的作用（图4-32）。墓内未见木质棺痕和任何木器痕迹，人骨散落于椁内外，为一男性和一女性，推测是墓主虞弘夫妇的骨骼。

墓内出土石俑16件，可见汉白玉石伎乐俑、砂石奉侍俑及汉白玉石文吏俑，通体施彩，彩绘，除砂石俑方座外，其他汉白玉石俑，也就是伎乐俑和文吏俑均在俑脚下

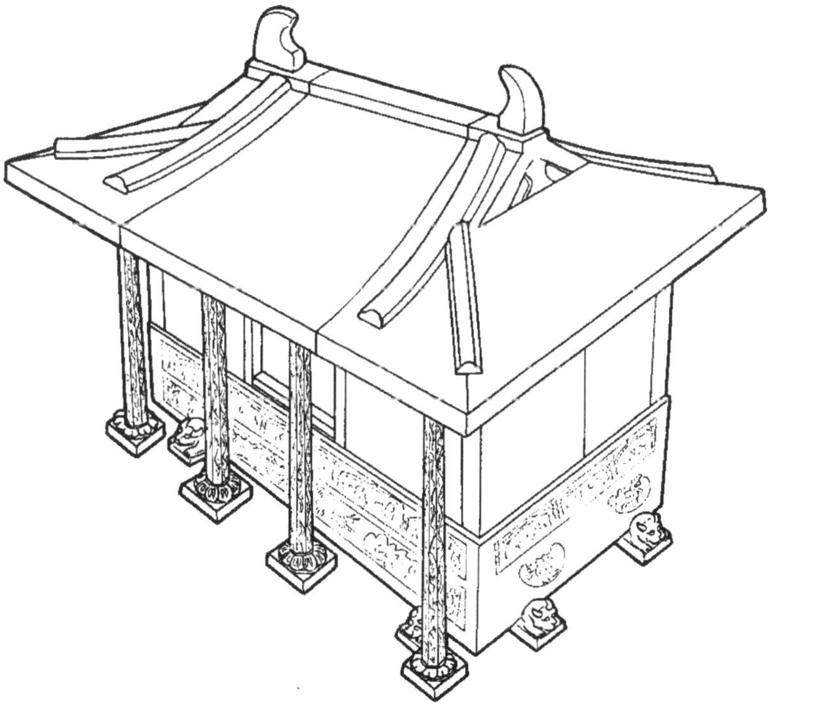

图4-32 虞弘墓石椁复原示意图
（采自《太原隋虞弘墓》图15，第23页）

雕出榫头，以便插入汉白玉石覆莲俑座中。汉白玉伎乐俑有伎乐男俑7件，有拱手男俑、抱竖箜篌男俑、抱琵琶男俑、持笙男俑、持笛男俑等；伎乐女俑有持排箫女俑、抱琵琶女俑、抱竖箜篌女俑；砂石质地的奉侍俑有持壶男俑、持瓶男俑。持壶男俑，立于方形石座上，深目高鼻，腰系蹀躞带，手持带把壶，有盖。汉白玉文吏俑双手拄仪剑。墓中出土了汉白玉石覆莲俑座6件，是用来插立汉白玉石俑的，俑座下为方形基座，上为圆形小座，其上雕八瓣覆莲，莲的中心有卯眼。墓室的西南角还出土汉白玉质地石灯1件，由灯座和灯盏两部分组成，座呈束腰状，座的下部雕刻覆莲，中部为环纹，灯座上部雕圆窝，以承灯盏，通高47.8厘米（图4-33）。

图4-33　虞弘墓出土墓志盖纹饰及莲花座俑
（采自《太原隋虞弘墓》图104、图123、图105，第88、77页）

虞弘墓石椁内外均有图案，图案分为上、下两部分，上部分浮雕面积较大，下部分较小。石椁前壁椁门左侧（报告谓椁壁浮雕第1幅）画面为一人牵马，三人侍立在侧，在马和人的上方还有两只鸟，其中大鸟有头光。椁壁浮雕第2幅，位于椁内左壁南部，图画的中心为一高大的台座，台上栏杆内有三人，手臂相连，正在舞蹈，其中两人有头光，深目高鼻，颈佩项圈，下身穿一短裤；台座下也有两男子，深目高鼻，有头光，颈上戴有项圈，头光后上扬起飘带，其中一人抱一圈足敞口大坛。浮雕第3幅位于椁内左壁北部，上部大图案为一男子射杀狮子的场面，该男子有头光，头后飘着三彩条带，卷曲短发，深目高鼻，身穿开襟长袍，所骑为一单峰骆驼。大图案下的小横长方形框内，浮雕一深目高鼻、戴耳环人侧身坐于花边圆垫上，有头光，右手正握一角形器送入口中。浮雕第5幅，位于椁内后壁中部，正对着椁门，是所有图案中面积最大的，分为上、下两部分，上部面积较大，呈现的是一幅盛大的宴饮场面。图案的中部似是一大庐帐的后半部，帐内大厅后部正中是一联珠纹装饰的帐幔式建筑，帐顶为莲花宝珠，下为双重联珠纹檐，两端起翘，垂脊上似插有瓦钉，檐下有两根立柱，柱下是向前伸出的床榻，床榻的边沿饰联珠纹。在床榻上坐着一男一女，男子头戴王冠，冠顶有日月形装饰，冠后有两条飘带，深目高鼻，耳下有串饰，鬓角至唇下有长且浓密的胡须，一腿平放，一腿垂至台下，右手端多曲酒碗；女子头戴花冠，冠顶似饰有珠宝，深目高鼻，右手举一高足酒杯。在男女主人的两侧各有两名男女侍者，均有头光，头光后露出两条飘带。男侍一捧大钵，一持鼓腹圈足瓶；女侍戴花冠，深目高鼻。在男女主人和侍者面前是一片开阔的场地，左右对称有六名男乐者，两侧均前面一人，后面两人，后面的两人均有头光飘带，所弹奏乐器有竖箜篌、铜钹、腰鼓、曲颈琵琶、箫、觱篥等。场面的正中为一男子在急速旋转腾跳胡腾舞。下部小图案中为人狮搏斗的场景。浮雕第6幅，位于椁内后壁西部，画面大图案为一男子乘象杀狮的场面，男子有头光，后有两条彩色飘带，带端有三个圆形饰物。浮雕第7幅位于椁内右壁北部，画面大图案为三人一马行进途中饮食的场景，马背上一男子头戴王冠，有头光，有两根飘带，马前后均立一人，为侍者，均有头光。浮雕第8幅，位于椁内右壁南部，上部大图案是主仆三人休息的场景。男主人头戴王冠，冠上有两飘带，深目高鼻，手持多曲高脚大口杯，坐于红色束腰高座上；身旁有一倒抱琵琶的仆人，也有头光，头光后有两条飘带。浮雕第9幅位于椁前壁椁门的右侧，大图案画面主体为一人骑马，头戴王冠，上饰日月形饰，有很大的头光，冠后有飘带，带端饰三颗圆珠，前后侍仆也均有头光。椁外壁墨绘，左右外壁及后外壁两侧均绘有侍者，或持高足杯，或持器皿，后外壁正中一人，有头光，肩披长帔，一腿垂下踏地，一腿平放。椁座前壁和后壁浮雕图像中也多见有头光。椁座前壁上栏为壁龛图，龛门两侧为束莲柱，中有一束仰覆莲，柱头为金色的近圆球形，门楣为尖拱弧形。椁座前壁上栏壁龛内图案为端圆盘的、抱大壶的、弹琵琶的、握横笛的、跳舞的、吹笛的、弹箜篌的、吹箫的人等，均有头光。椁座前壁下栏左右两长方形龛内为持矛武士，均有头光，其他下栏图案均在壶门内，中心为一火坛，束腰形，两旁各有一人首鹰身的人相对而立。

墓内出土虞弘墓志一合，盝顶形志盖，四角有圆形铁环，已残。志盖正中阳刻“大隋故仪同虞公墓志”，四周每边中间和两端阴刻一朵圆形莲花，四杀上刻忍冬，正中及四角刻有莲座，莲座上托宝珠。墓志的四侧细线刻有忍冬纹饰。根据志文，可知墓主为虞弘，鱼国人，大象末年，左丞相府，迁领并、代、介三州乡团，检校萨保府，开皇年间转仪同三司，59岁时薨于并州府第，开皇十二年（592年）十一月十八日葬。虞弘夫人墓志一合，残缺较甚，但志文载其葬于开皇十八年（598年）。

对于虞弘墓椁座浮雕第2幅，图像的上部有三个人物于高台之上，三人牵手做舞蹈状，台下两人可见双手抱酒瓮。我们注意到牵手跳舞的胡人均有头光。该材料，沈睿文曾经结合天水石马坪石棺床石屏9的图像，认为此类图像可以称为“槽醧图”，与4世纪的罗马Santa Costanza拱顶马赛克图案相似，而Santa Costanza教堂为罗马皇帝康斯坦丁为长女康斯坦齐亚准备的洗礼堂，在康斯坦齐亚死后，成为她及其亲属的陵墓。至于为何在教堂和陵墓中出现此类槽醧图像，应是源自希腊祭祀酒神狄俄尼索斯（Dionysus）的仪式，而酒神狄俄尼索斯有死亡后再生的神话，因此，这些图像的希腊文化来源确凿，墓葬中出现祭祀酒神狄俄尼索斯图像的目的就是期望亡灵再生[①]。该材料年代一般认为在北朝晚期至隋，尽管年代较晚。新疆尼雅出土的一件持角杯（来通）上的丰收女神形象，其希腊化也很明显，且也有头光。

从上述诸例可以看出，这些入华粟特人墓葬题材的“混合”是其一大特征，不但图像具有混合的特征，北朝一些墓葬中所谓的可能与祆教有关的器物，在宗教属性上也没有定论，其也在于“混合”。如施安昌认为，北齐徐显秀、娄睿墓中的青瓷灯应为祆教祭火的小型火坛[②]。施先生之所以这样认为，有三点原因，其中两点原因值得注意：其一，这种祭祀火坛在安伽墓门的左右两角上（墓主人拜火），安阳北齐粟特贵族墓双阙上，茹小策合邑一百人造像碑碑阳（主尊右侍者手中所持）都可以见到；其二，娄睿墓火坛的上部有新月托日的符号，而且小火坛上面的莲瓣纹、忍冬纹、联珠纹、摩尼珠纹等也是祆教墓葬装饰中常见的。同时，施先生认为，徐显秀墓和娄睿墓同出的高柄龙首鸡首壶、贴花尊一起形成了以火坛为中心的祭祀礼器。但也有研究持比较中允、客观的观点，如宿白先生就认为，南北朝在大型瓷器上烧制出贴花装饰，是模仿金银器上的捶揲花纹，而具备捶揲花纹的金银器流行于葱岭以西，这是胡风的影响[③]。

为了对中古入华粟特人丧葬礼俗宗教性质有完整的认识，我们这里将唐代安菩夫妇墓的材料也一并述之。洛阳龙门唐安菩夫妇墓，位于洛阳龙门东山北麓，为单室带甬道砖墓，墓中出土有三彩人面兽面镇墓兽、天王俑、兽面驮囊骆驼、胡人俑，以及白瓷细颈瓶和白瓷净瓶。甬道处安装石门，门楣有花卉装饰，门扇上有门吏线刻图。墓室安置两张棺床，棺床石边上线刻十二生肖[④]。安菩墓志志文言“君讳菩，字萨”，

① 沈睿文：《天水石马坪石棺床所见希腊神祇》，荣新江、朱玉麒主编：《西域考古·史地·语言研究新视野：黄文弼与中瑞西北科学考查团国际学术研讨会论文集》，科学出版社，2014年，第497-511页。

② 施安昌：《北齐徐显秀、娄叡墓中的火坛和礼器》，施安昌：《火坛与祭司鸟神：中国古代祆教美术考古手记》，紫禁城出版社，2004年，第118-128页。

③ 宿白：《太原北齐娄睿墓参观记》，《文物》1983年第10期，第24-28页。

④ 洛阳市文物考古研究院编著，程永建、周立主编：《洛阳龙门唐安菩夫妇墓》，科学出版社，2017年，第154-163页。

合起来是"菩萨"，夫人殡洛阳城南敬善寺，子嗣有"金刚"等名。志文讲殡于洛城南敬善寺东，李鸿宾查阅过徐松的《两京城坊考》，只有敬爱寺，在洛阳建春门附近没有敬善寺，李鸿宾认为，不排除二者乃是同一座寺院，被误写成不同名字。但无论如何，二者在城东南是无疑的，与龙门附近应该有关[①]。

《旧唐书·安金藏传》记载："金藏为其母躬造石坟、石塔，昼夜不息。" 其文如下：

安金藏，京兆长安人，初为太常工人。载初年，则天称制，睿宗号为皇嗣。少府监裴匪躬、内侍范云仙并以私谒皇嗣腰斩。自此公卿以下，并不得见之，唯金藏等工人得在左右。或有诬告皇嗣潜有异谋者，则天令来俊臣穷鞫其状，左右不胜楚毒，皆欲自诬，唯金藏确然无辞，大呼谓俊臣曰："公不信金藏之言，请剖心以明皇嗣不反。"即引佩刀自剖其胸，五藏并出，流血被地，因气绝而仆。则天闻之，令舆入宫中，遣医人却纳五藏，以桑白皮为线缝合，傅之药，经宿，金藏始甦。则天亲临视之，叹曰："吾子不能自明，不如尔之忠也。"即令俊臣停推，睿宗由是免难。

金藏，神龙初丧母，寓葬于都南阙口之北，庐于墓侧，躬造石坟石塔，昼夜不息。原上旧无水，忽有涌泉自出。又有李树盛冬开花，犬鹿相狎。本道使卢怀慎上闻，敕旌表其门。景云中，累迁右武卫中郎将。玄宗即位，追思金藏忠节，下制褒美，擢拜右骁卫将军，乃令史官编次其事。开元二十年，又特封代国公，仍于东岳等诸碑鐫勒其名。竟以寿终，赠兵部尚书。[②]

这里的石坟、石塔值得注意，沈睿文撰文对刘淑芬认为安菩夫妇墓是石窟的调和提出反对意见，重申了安菩夫妇墓的祆教宗教属性。对于其中的石塔，沈睿文认为可能是墓幢，其上或刻祆教的经文，或与景教徒的墓幢相似[③]。这里需要解决一个前提，就是祆教徒有无立墓幢的传统和做法。笔者以为，考虑到墓志志文与墓中出土的一件细颈瓶和一件净瓶，作为粟特胡人后代的安金藏，为其母墓葬造石坟、石塔，以佛教的方式处理丧葬礼俗活动的一些事情也是有可能的。考虑到安菩与夫人何氏外来胡人后裔的身份，文化因素，包括宗教因素的"混合"是有可能的。

上述入华粟特人墓葬墓主身份均很明确，而1971年山东省益都县发现的一石室

① 李鸿宾：《安菩墓志铭再考——一个胡人家族入居内地的案例分析》，杜文玉主编：《唐史论丛（第12辑）》，三秦出版社，2010年，第160-181页。

② （后晋）刘昫等撰：《旧唐书》卷一百八十七上《忠义上》，中华书局，1975年，第4885-4886页。

③ 沈睿文：《重读安菩墓》，《故宫博物院院刊》2009年第4期，第6-21页。

墓，墓主身份不明，墓葬的具体情况也不清楚，但其画像材料也呈现出复杂的文化因素，其中也有与佛教有关的遗存。益都这座石室墓已被毁坏，当时博物馆征集到10件石板，其中8件上面有线刻画像，计有商旅驼运图、商谈图、车御图、出行图、饮食图、主仆交谈图、象戏图等。商旅图中的商人、商谈图中的商人、车御图中牵牛仆人、饮食图中跪举华盖的仆人，以及主仆交谈图中的仆人，均深目高鼻，为胡人形象。象戏图中大象背上驮一大型方基座，座栏有柱饰，柱顶呈火焰宝珠状，方座下为覆莲座，画面远方群山中有一座方形盝顶舍利塔，塔的正面辟有一门。该石室墓原有墓志，已砌入水利工程大坝底基，仅知墓主卒于北齐“武平四年”（573年）[①]。青州博物馆后来整理又发现，当年石板中还有一块完整的石板和一块残石，并加以刊布。较完整的一石画面中部为四马双扛，抬一小型房屋前行，四马抬屋的行列旁有一犬奔跑随行。画面的上部为连绵山峦，其中有一佛塔，塔侧有一双柱树。残石与原刊布的出行图可复原拼对[②]（图4-34）。后来的《山东青州傅家庄北齐线刻画像石》又补了一块，编号为004520，可见联珠云气纹边饰，边饰之上为一赤足，带脚钏，脚旁似有垂地的衣角或帛带[③]。

对于青州傅家庄这一材料，姜伯勤认为是与祆教有关的七组画像石中年代线索较早的一组，他认为主仆交谈图中嘴含物带翅飞行的动物，为《阿维斯陀》中的森莫夫，即古伊朗神话中的寓言未来之鸟；象戏图反映的是祆教万灵节的场景，并对傅家庄画像石的图像程序进行了复原[④]。郑岩对傅家庄北齐线刻画像石的研究非常详细，将其编排为第一至第九石。他认为，这些线刻画像的风格与洛阳邙山出土的北魏晚期线刻画像十分相似，推测可能与迁邺后洛阳工匠流失，或许有来到青州的有关，据此认为这是一套葬具的构件。傅家庄的这些画像石是一具殿堂式石棺或石椁的构件，它们构成了一个半封闭的三维空间。郑岩认为第八石，也就是原介绍资料中的象戏图石，反映的是祆教万灵节，并进一步将远处的建筑屋宇推测为象征万灵节“置座于中”的房屋，大象背上的床应是安置盛烧骨金瓮的床。墓主或为北齐统治阶层中的汉人或鲜卑人，可能与粟特人关系密切[⑤]。第九石是送葬图，大家观点基本一致。扬之水认为这一组画像石，或许表现的是墓主人出使西域的经历，象戏图定名不确，图中无象戏，

① 山东省益都县博物馆（夏名采）：《益都北齐石室墓线刻画像》，《文物》1985年第10期，第49-54页。

② 夏名采：《青州傅家北齐线刻画像补遗》，《文物》2001年第5期，第92-93页。

③ 青州市博物馆编：《山东青州傅家庄北齐线刻画像石》，齐鲁书社，2014年，第40-42页。

④ 姜伯勤：《中国祆教艺术史研究》第五章《青州傅家庄北齐画像石祆教图像的象征意义》，生活·读书·新知三联书店，2004年，第63-76页。

⑤ 郑岩：《魏晋南北朝壁画墓研究（增订本）》八《青州傅家庄北齐画像石与入华粟特人美术》，文物出版社，2016年，第212-255页。

图4-34 青州傅家北齐线刻画像
（采自《山东青州傅家庄北齐线刻画像石》第23、35页）

应是象舆，象舆护栏上的火焰纹即摩尼宝[①]。

笔者认为，傅家庄线刻画像石第八石、第九石上的图像，也就是“象戏图”“送葬图”中的攒尖顶建筑，应为佛塔，夏名采最初对其认知是正确的。此建筑尽管为线刻，局部表现相对模糊，但大致特征还是清楚的，如四面，攒尖顶，顶上有一竖起的柱状物，位于山间，旁有双树。与此类似的建筑在青州龙兴寺佛教造像中可见，如青州龙兴寺背屏式北魏晚期至东魏的佛菩萨三尊造像，背屏上部为飞天托塔，此塔与傅家庄画像石建筑有相似之处。其他如青州龙兴寺东魏天平三年邢长振造释迦像，上面也有飞天托塔[②]。隋大业七年（611年）建造的山东历城四门塔[③]，与青州傅家画像建

① 扬之水：《象舆——兼论青州傅家北齐画像石中的“象戏图”》，扬之水：《曾有西风半点香：敦煌艺术名物丛考》，人民美术出版社，2016年，第179-192页。

② 青州市博物馆编：《青州龙兴寺佛教造像艺术》图19、图31，山东美术出版社，2014年，第36、46页。

③ 周绍良主编：《梵宫：中国佛教建筑艺术》，上海辞书出版社，2006年，第139-141页。

筑非常类似。这种四面单层攒尖塔在邺城北吴庄也有发现[①]，也有学者对此宝塔纹进行了专门的研究[②]。如果这个推测不误，那么就需要考虑粟特风格与佛教一起出现的问题了，毕波曾收集了北朝至隋唐粟特人明确信仰佛教的墓志材料，在已经收集到的北朝隋唐时期100余方粟特人墓志中，有6方墓志可以表明墓主人信仰佛教[③]。邱忠鸣对青州龙兴寺佛像佛衣上的胡人画像进行了研究，认为佛像双肩彩绘的五位胡人中，居中相向的两位胡人双手各持一朵莲花，说明这些胡人是此件佛教造像的供养人。如此结合青州傅家庄北齐墓线刻画，他认为龙兴寺佛像上的胡人画像或许与粟特有关。基于这样的认识，邱忠鸣有一个大胆的假设，这个假设非常重要，它使我们从宗教信仰的角度，重新将青州傅家庄北齐石刻线画放入丧葬礼俗中考虑。邱忠鸣的假设是，考虑到龙兴寺与傅家庄距离不远，如果傅家庄石刻上的胡人或者与墓主人关系密切的粟特人，是否有可能出自龙兴寺佛像佛衣上彩绘的这个胡人商队。同时其借助于毕波的研究，胡人不单单信仰祆教，还信仰粟特本土即有的摩尼教、景教和佛教[④]。从粟特胡人信仰佛教的这个角度观察，青州傅家庄出土石刻线画的北齐墓葬，遗存中应该存在着佛教因素。

毕波在其《信仰空间的万花筒——粟特人东渐与宗教信仰的转换》一文的最后，以比较诗意的语言描述了旅居中国的粟特胡人信仰的多样性：

> 在匆匆梳理过入华粟特人的宗教信仰后，我们不难发现，无论是在遥远的撒马尔干，还是在丝绸之路这一段的长安，对于那些深目高鼻的粟特胡人来说，在他们的心里，信仰可以是无比神圣的女神，因为它是心灵的支点；同时信仰也可能只是一个卑微的奴仆，因为经济利益是主宰它的主人。因此，即便是他们的民族宗教——祆教，也无法独占他们所有的信仰空间，摩尼教、景教、佛教，哪个能给予他们美好与富足，哪个就可以赢得他们的心。开放包容的天空之下，高高飘扬起实用主义的旗帜，一个五彩斑斓的信

---

① 中国社会科学院考古研究所、河北省文物研究所编著：《邺城北吴庄出土佛教造像》图28、图56，科学出版社，2019年，第53、109页。

② ［韩］苏铉淑：《东魏北齐庄严纹样研究——以佛教石造像及墓葬壁画为中心》下篇第一章，文物出版社，2008年，第82-137页。

③ 毕波：《信仰空间的万花筒——粟特人东渐与宗教信仰的转换》，荣新江、张志清主编：《从撒马尔干到长安——粟特人在中国的文化遗迹》，北京图书馆出版社，2004年，第54页。

④ 邱忠鸣：《拈花的胡人——由北齐青州佛衣胡人画像管窥中古丝绸之路上的粟特商队》，余欣主编：《中古中国研究（第一卷）》（重绘中古中国的时代格：知识、信仰与社会的交互视角专号），中西书局，2017年，第211-232页。

仰万花筒，就这样随着时间的推移而呈现在世人面前。[①]

最后，我们讨论一下青州傅家庄线刻画像石的图像程序。前述郑岩的专论中，注意到了傅家第八、第九两石之间有许多共性，其共性内容就包括山中有一建筑，大象背上的床和四马所抬小型房屋。他认为这两石可以互相呼应，原来的位置可能比较对称[②]，从主题看两者均与死亡、丧葬有关，第八石表现的是迎接死者灵魂的活动，第九石刻画的是送葬的场面。前述姜伯勤论述中，对傅家画像石的图像程序也进行了草拟，根据有无花边，将八块画像石按照从右至左读图，最后一块，也就是最左的是送葬图，倒数第二块，也就是送葬图的右侧为象戏图。两图紧邻，依据其自右向左读图，应是从象戏图阅读到送葬图。这与郑岩认为的位置可能对称不同。笔者赞同姜伯勤的程序复原。其实，我们如果以两石线刻画中相似的图像作为参照，也可以得出一个顺序，如象戏图中的疑似佛塔的四面建筑，画面较小，感觉距离象舆及人物较远，而送葬图中的建筑距离已经很近，建筑周边的树木也看得比较清楚。这一距离远近的变化，反映出两幅图像的动态变化，而这一变化是围绕着山中四面攒尖建筑而展开的，结合前述佛塔的推测，那么这一连续的过程，可能反映出与佛教或者祆教有关的丧葬礼俗过程。此外，在《山东青州傅家庄北齐线刻画像石》中，新识别出象戏图上端忍冬纹中的"石匠"二字，难能可贵，但笔者注意的此处所刻或为"东面之石"四字，如此，对此画像石的图像复原又会添加新的认识。

第五节 "确载"与"形似"

——李希宗夫妇墓与崔氏家族墓

所谓"确载"，就是历史文献和出土文献中明确记载墓主崇信佛教，甚至记载墓主的墓葬处理明显受到佛教仪式的影响，但是在考古遗存中却没有佛教因素的发现。"形似"是指丧葬考古遗存中，与佛教各种建筑物、法物等相似，如与佛塔相似等。这代表了丧葬考古遗存中探寻佛教因素的两种窘状，前一种是一无所获，因为考古材料中没有表现；后一种是大胆假设，甚至确认，却没有直接明确的证据。本节根据这两种情况，分别选取李希宗夫妇墓（前一种）和临淄北朝崔氏墓（后一种）为例，做

① 毕波：《信仰空间的万花筒——粟特人东渐与宗教信仰的转换》，荣新江、张志清主编：《从撒马尔干到长安——粟特人在中国的文化遗迹》，北京图书馆出版社，2004年，第54页。

② 沈睿文也认为这两石对称呼应，详见沈睿文：《中古中国祆教信仰与丧葬》第七章"青州傅家画像石的图像组合"，上海古籍出版社，2019年，第223-235页。

一初步分析。

河北赞皇东魏李希宗夫妇墓出土齐故太姬崔夫人之铭，其文如下：

> 夫人□，崔讳幼妃，博陵安平人也……司空文简公，一时龟镜，当世伟人……性本淳和，雅崇撝退……爱好冲虚，崇尚黄老，食止七珍，衣□□色。俭以自持，严而率下，□臺绝浮云之影，濯龙无流水之声。自非蹈德履仁，正视胎教，何以□□太阴，克生□母。既得黄羊之社，兼膺积□之庆。铜钩尚在，玉树罗生……五子告归，铙管相次，白珩连響，青盖成阴。开岁发春，高秋杪节，或上□□，□登轻辇，泛莲舟于积水，养螭帐于高台，歌奏正声，絃调雅典，贵寿称觞，欣欣如也。爰始洛都，至于邺食，瞻彼淆函，实阻同气。……迴□释典，刻意法门，洞识苦空，悬鉡常乐。帷屏象马之翫，罗绮玉帛之珍，施舍无遗，藏箧俄尽……以武平六年十二月廿二日薨于邺之道政里，春秋七十有四。七年十一月归祔于司空文简公之茔……①

李希宗夫人崔太姬的墓志中明确记载“迴□释典，刻意法门”，可知其是信仰佛教的，而且表现在具体的行动上，如“施舍无遗”，但是墓志的前文也说其“爱好冲虚，崇尚黄老”，似乎又和道教有关。所以，在这里墓志文献的记载是不可能告诉我们墓主信仰的清晰的答案的。所以，对墓葬本身的观察就显得尤为重要。

李希宗夫妇合葬墓位于河北赞皇，同时发现的还有其弟李希礼的墓志，推测该处5座墓葬是北朝赵郡李氏的一处族葬地②。李希宗夫妇墓在清理前尚存有封土，高5～6米，盗洞内发现石雕人像的头部，简报推测可能原来竖立在墓顶封土之前。墓葬为前后室砖墓，后室内有棺两具，东棺葬李希宗，西棺葬其妻崔氏。随葬品及墓志的摆放也明显分为东西两组，东侧一组为李希宗随葬器物，西侧一组为崔氏随葬器物。在西棺的前端偏西处有一口径达到49厘米的铜盘，盘内放置有鎏金铜鐎斗、银杯、鎏金铜壶及5件瓷碗。西棺的西侧，也就是在崔氏棺的西侧，还出土镶有青金石的金戒指一枚，青金石戒面上刻一鹿，四周有联珠纹，除此之外还有3枚东罗马金币，1号金币有两个穿孔，其余两枚均经剪边，夏鼐先生推测此货币不可能作为法定通货之用，可能是放在死者的口中，或者握在两手中③。此外，李希宗夫妇墓甬道券顶上原砌有矮墙和砖刻仿木结构，后室的东、西、北三壁发现有木灰，染为黄、赭、灰、白等色，估计可能是木制彩绘屏风一类的遗迹。根据墓志，李希宗死于东魏兴和二年（540年），夫

① 赵超：《汉魏南北朝墓志汇编》，天津古籍出版社，2008年，第475-478页。

② 石家庄地区革委会文化局文物发掘组：《河北赞皇东魏李希宗墓》，《考古》1977年第6期，第382-390、372页。

③ 夏鼐：《赞皇李希宗墓出土的拜占庭金币》，《考古》1977年第6期，第403-406页。

人崔氏葬于北齐武平七年（576年）。

李希宗《魏书》和《北史》均有传。崔氏墓志中明确记载其与佛教信仰有关，但是墓葬形制结构及随葬器物等方面不见佛教因素的存在。此类材料，可以使我们更加认识到佛教信仰者在丧葬礼俗中的取向，尽管信仰佛教，但是墓葬仍然与礼俗下的一般墓葬没有任何区别。

《魏书·李顺传》附《李希宗传》：

> 希远第二弟希宗，字景玄。出后宪兄。性宽和，仪貌雅丽，射猎书传，有文才。起家太尉参军事，转直后，领侍御史，迁通直散骑常侍。寻为东南道行台邸珍右丞，与诸军讨贼于彭沛，克之，转齐献武王大行台郎中。迁散骑常侍、中军大将军、金紫光禄大夫。献武王擢为中外府长史，为齐王纳其第二女。希宗以人望兼美，深见礼遇。出行上党太守。寻而遘疾，兴和二年四月卒于郡，年四十。赠使持节、都督定、冀、沧、瀛、殷五州诸军事、骠骑大将军、司空公、殷州刺史，谥曰文简。①

从简短的《李希宗传》中，我们找寻不到其与佛教信仰的信息，而且我们发现这个家族在孝义、吉凶礼仪方面，一直被北方称道。如《李敷传》中就提到李希宗祖辈的李敷兄弟"敦崇孝义，家门有礼，至于居丧法度，吉凶书记，皆合典则，为北州所称美"②。《北史》中关于李希宗的记载还要简略③，但是我们也可以从一些蛛丝马迹中找寻到李希宗可能与佛教有关：其一就是其家族与皇室及文明太后、灵太后等有关联，而这些太后均与佛教有着很深的关系；其二就是其家族中也有信佛之人，如李熙族孙李同轨"体貌魁岸，腰带十围。学综诸经，多所治诵，兼读释氏"，其主要事情有二，一是出帝幸平等寺时，同轨与讲说僧徒论难；二是出使萧梁，萧衍集名僧于爱敬、同泰二寺讲《涅槃大品经》，同轨参与论难，道俗咸以为善④。

李希宗的女儿和孙女均信仰佛教。李希宗孙女李难胜的墓志出土于磁县申庄乡，志盖云"齐故济南愍悼王妃李尼墓铭"，根据墓志，可知李难胜为李希宗孙女。现在，我们需要思考的是，李希宗妇崔氏墓志中明确讲其信仰佛教，尽管文献中没有直接记载李希宗信仰佛教，但是，从蛛丝马迹中推测其极大可能信仰佛教，但是，李希

① （北齐）魏收撰：《魏书》卷三十六《李顺传》，中华书局，1974年，第836页。

② （北齐）魏收撰：《魏书》卷三十六《李顺传》，中华书局，1974年，第834页。

③ （唐）李延寿撰：《北史》卷三十三《李顺传》附《李希宗传》，中华书局，1974年，第1216页。

④ （北齐）魏收撰：《魏书》卷三十六《李顺传》附《李同轨传》，中华书局，1974年，第848-849页。

宗夫妇的墓葬中，我们却见不到明确的佛教因素。推测可能的原因，或许与其家族“敦崇孝义，家门有礼，至于居丧法度，吉凶书记，皆合典则”有关，这从一方面说明这些北方大族在信仰佛教的同时，仍然在丧葬礼俗上坚守固有的礼法。

赞皇李氏墓葬经考古发掘的还有正始四年（507年）李仲胤、永熙三年（534年）邢僧兰夫妇墓，以及永熙三年（534年）李翼、崔徽华夫妇墓。

河北赞皇北魏李翼夫妇墓位于赞皇西高李氏家族墓地的后排（M4），为带长斜坡土洞单室墓，墓室平面略呈弧方形，墓室的中部和南部均有一具木棺痕迹，在棺的旁侧放着一件铜洗，铜洗内有一件铜瓶，外形与净瓶十分相似（图4-35）。铜瓶通体打磨光滑，喇叭口，折沿，细长颈，鼓腹，圈足，平底，高17厘米。该墓出土墓志一合，为一盖两志形式，盝顶形志盖，根据志文，墓主为北魏赵郡李翼及其妻博陵崔徽华[①]。李翼历仕员外散骑侍郎、建威将军等，建义元年（528年）卒，诏赠定州刺史等，谥曰忠孝惠侯。李翼妻崔徽华，博陵崔逸之女，孝昌三年（527年）卒于洛阳东安里，永熙三年（534年）迁葬于永宁岗。值得注意的是，李翼夫妇墓所在的西高墓群，在赞皇县西高村南约2000米的岗坡地上，南水北调工程渠线范围内共勘探发现古墓9座，东魏李希宗夫妇墓即位于西高墓群南约8000米处，也就是说，李翼家族墓地与李希宗家族墓地分处岗坡地的南北两端。李希宗夫妇墓中出土了鎏金铜瓶，李翼夫妇墓也出土了一件置于铜洗中的铜瓶，值得关注。

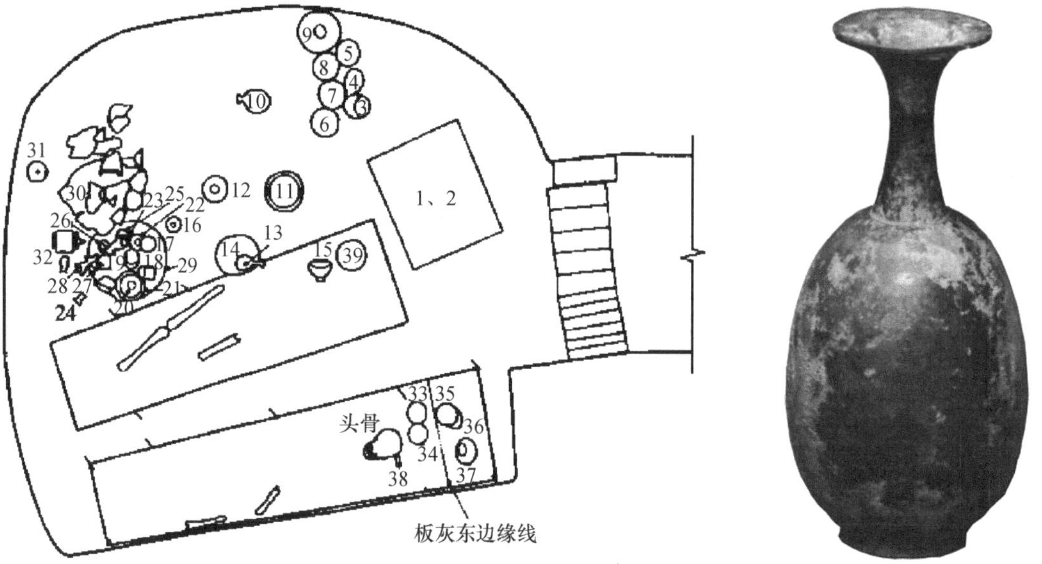

图4-35　李翼夫妇墓平面及出土铜瓶

（采自《河北赞皇县北魏李翼夫妇墓》图五、图二六，第66、74页）

① 中国社会科学院考古研究所河北工作队：《河北赞皇县北魏李翼夫妇墓》，《考古》2015年第12期，第64-77页。

李仲胤夫妇墓位于赞皇西高李氏家族墓地的前排（M52），为一座长斜坡带墓道的砖筑单室墓，墓上还残存有少量封土。墓室的平面为弧长方形，墓内有木棺两具，北棺为男性墓主北魏赵郡李仲胤，南棺为其夫人河间邢僧兰。墓室内出土随葬器物32件，在两棺的南侧偏西墓室内，位置相对集中，出土了铜瓶、铜盆、铜杯、铜奁、铜杯盖、铜唾壶一组铜器，其中的铜奁为圆形平顶盖，盖的中心及外圈饰有两组凹弦纹，奁盒整体呈圆柱体形，直壁，通高4.5厘米；盖杯顶有尖圆形纽，有柄，上有杯身，钵状，下有杯座，高圈足；铜瓶喇叭口，细颈，椭圆腹，圈足，颈部饰九道凹弦纹，高11.6厘米。该墓出土墓志两合，根据志文，李仲胤于北魏正始三年（506年）卒于洛阳，诏赠镇远将军、光州刺史，正始四年（507年）归葬于赵郡家族墓地，其夫人邢僧兰北魏太昌元年（532年）卒于陈留封丘县先贤里，永熙三年（534年）归葬赵郡[①]。李仲胤夫妇墓中出土的铜器组合是否为礼佛器具，值得关注。

时人在表达祈福诉求时，往往是佛道兼备、儒释道兼备。如《北史·隐逸》记载冯亮：

遗诫兄子综，殓以衣帢，左手持板，右手执《孝经》一卷，置尸磐石上，去人数里外，积十余日，乃焚于山，灰烬处，起佛塔经藏。初，亮以盛冬丧，连日骤雪，穷山荒涧，鸟兽饥窘，僵尸山野，无所防护。时有寿春道人惠需，每旦往看其尸，拂去尘霰，禽虫之迹，交横左右，而初无侵毁。衣服如本，唯风吹帢巾稍侧。又以亮识旧南方法师信大栗十枚，言期之将来十地果报，开亮手，以置把中。经宿，乃为虫鸟盗食，皮壳在地，而亦不伤肌肤。焚燎之日，有素雾蓊郁，回绕其傍，自地属天，弥朝不绝。山中道俗营助者百余人，莫不异焉。[②]

此处，我们注意到冯亮的丧葬是左手持板，右手持《孝经》，此板或为经变，依据其佛教徒身份，应为佛经。在其焚烧之处，起佛塔经藏。冯亮的佛教因素浓厚的丧葬，还不能完全从一个普通的佛教信仰者去观察，其与佛教关系密切，某种程度上说，其本身与佛教僧侣身份差异不大。如其传记中所述：

冯亮字灵通，南阳人，梁平北将军蔡道恭之甥也。少博览诸书，又笃好佛理……宣武尝诏以为羽林监，领中书舍人，将令侍讲《十地》诸经……还

① 中国社会科学院考古研究所河北工作队：《河北赞皇县北魏李仲胤夫妇墓发掘简报》，《考古》2015年第8期，第75-88页。

② （唐）李延寿撰：《北史》卷八十八《隐逸》，中华书局，1974年，第2910-2911页。

> 山数年，与僧礼诵为业，蔬食饮水，有终焉之志……遂寓居景明寺，敕给衣食及其从者数人。后思其旧居，復还山室。亮既雅爱山水，又兼工思，结架岩林，甚得栖遊之适。颇以此闻，宣武给其功力，令与沙门统僧暹、河南尹甄琛等同视嵩山形胜之处，遂造闲居佛寺，林泉既奇，营制又美，曲尽山居之妙。①

由此可见冯亮与佛教的关系，这种情况复杂了宗教信仰的辨别。还有的墓志记载了墓主信仰佛教，但是志文所载丧葬却处理不见任何佛教的安排。如孝昌二年元瑛墓志：

> 魏故司空渤海郡开国公高猛夫人长乐长公主墓志铭
>
> 主讳瑛，高祖孝文皇帝之季女，世宗宣武皇帝之母妹……加以披图问史，好学罔倦，该柱下之妙说，覈七篇之幽旨，驰法轮于金陌，开灵光于宝树……春秋年三十有七，孝昌元年十二月七日薨于洛阳之寿安里。二宫摧恸，遐迩同伤，诏曰：高氏姑长乐长公主，四德早徽，柔仪播誉，方享遐颐，式昭闺范。奄至薨背，哀恸抽惋，不能自任。可赙杂綵八十匹、绢八百匹、布八百匹，给东园秘器蜡三百斤，可遣鸿胪监护丧事。以二年三月七日将合葬于司空文公之穴……②

根据志文，元瑛应该是信仰佛教的，但是其丧葬，无论是赗赙、监护丧事，还是与其夫高猛的合葬，均不能直接看出受到佛教的影响。

北朝崔氏家族墓共19座，其中有18座砌成圆形或者近似圆形，此外，加之墓葬中出现的十二生肖俑、跪拜俑、双人首连体俑等，成为这一世家大族墓葬——北朝崔氏家族墓的典型特征，引起研究者的关注。山东临淄崔氏家族墓经过两次考古发掘及材料的刊布③，1973年考古发掘清理了14座墓葬，均为朝西北方向的石室墓。其中一号墓为崔鸿夫妇墓，墓壁作人字形斜砌，圆形墓室（图4-36），崔鸿死于北魏孝昌元年（525年），其妻张玉怜死于东魏天平三年（536年）。三号墓为崔鸿长子崔混墓，墓室平面呈圆形，崔混死于东魏元象元年（538年）。十四号墓崔鹔为崔鸿之弟，墓室平面也为圆形，崔鹔武泰元年（528年）死于京师。五号墓为崔鸿之侄崔德墓，墓室平面

① （唐）李延寿撰：《北史》卷八十八《隐逸》，中华书局，1974年，第2909-2910页。

② 洛阳市文物局编，朱亮主编、何留根副主编：《洛阳出土北魏墓志选编》孝昌一三，科学出版社，2001年，第95、329页，图版一一五。

③ 山东省文物考古研究所：《临淄北朝崔氏墓》，《考古学报》1984年第2期，第221-244页，图版拾玖-图版贰陆；淄博市博物馆、临淄区文管所：《临淄北朝崔氏墓地第二次清理简报》，《考古》1985年第3期，第216-221页，图版肆。

呈正方形，东、西、南三壁的中部各有一方形长石柱竖立壁间，墓门门扉正面有等距离四道浮雕菱形和圆形忍冬、莲花花纹装饰，两端各一道忍冬花纹装饰，中部有门环残迹方孔，外围一浅浮雕八瓣莲花，莲花外为两圈缠绕的忍冬花纹装饰。崔德死于北齐河清四年（565年）。十二号墓主崔博也是崔鸿之侄，墓室形制、结构和砌法与一号崔鸿墓相同，但在墓门内两侧的白灰泥面上各彩绘武士像一尊，该墓出土有连体俑、人首蛇尾俑等。墓主崔博于北齐武平四年（573年）葬于黄山之阴。十号墓形制、结构及砌法与一号崔鸿墓相同，该墓随葬品中较引人注意的是6件带有龛台的十二生肖俑，惜墓中未出墓志，报告推测此墓年代应为北魏时期，比一号崔鸿墓略早。其余的七号墓形制等与一号墓同，二、四、六、八、九、十一、十三号等7座墓形制等与三号墓同。1983年4月淄博市博物馆和临淄区文管会又在临淄崔氏家族墓地清理了5座墓葬，均为圆形单室石室墓，其中十五号墓墓主为崔猷，与崔鸿、崔鹔父兄崔光、崔敬友为叔兄，延昌元年（512年）葬。

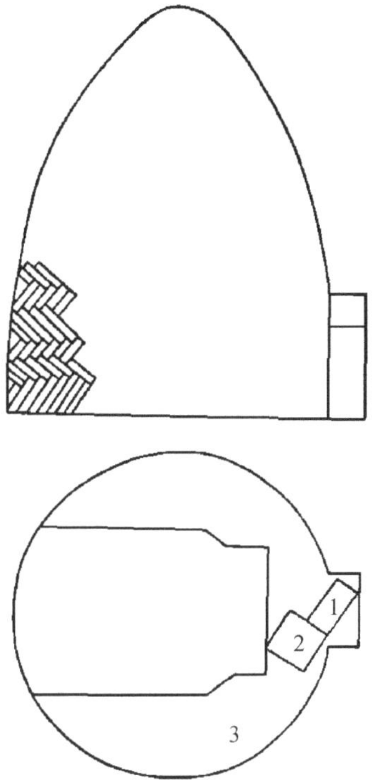

图4-36 崔氏家族墓地一号墓（崔鸿夫妇墓）平、剖面图
（《临淄北朝崔氏墓》图二，第221页）

临淄崔氏家族墓地中圆形墓室引起学界很大关注，杨泓先生归纳认为石材构筑圆形墓室是青州北朝墓葬的区域特色①。方殿春认为北魏厚葬，务求墓室逐渐加大，空间跨度增大，弧线壁代替直线壁增加墓室的坚固度，是符合力学原理的②。沈睿文认为北朝崔氏圆形墓的出现与北朝崔氏信奉新天师道的家学有关③。倪润安详细地将临淄崔氏家族墓分为两期，一期为北魏晚期至东魏时期，墓室平面基本都呈圆形；二期为北齐时期，墓室平面并存圆形或方形。倪文进一步探讨了圆形石质墓的渊源，认为乌水房崔氏的圆形石质墓的渊源应当从北朝的时空框架中去探寻，指出乌水房崔氏的圆形

① 杨泓：《关于南北朝时青州考古的思考》，《文物》1998年第2期，第46-53页。

② 方殿春：《论北方圆形墓葬的起源》，《北方文物》1988年第3期，第38-43页。

③ 沈睿文：《北朝崔氏与圆形墓的出现》，载其博士学位论文《魏晋南北朝士家大族墓葬与社会变迁》，北京大学，2009年，转引自王佳月：《北朝崔氏墓研究》，北京大学硕士学位论文，2013年，第70页。北京大学韦正教授及王佳月同学惠赠《北朝崔氏墓研究》论文，因上述二论文均未正式出版，特此注明以致谢！

石质墓葬模仿了云冈石窟的椭圆形窟，此种模仿与乌水房崔氏家族中的崔光有关[①]。王佳月对沈、倪观点均表示疑问，坦诚指出其文无法对圆形墓的起源给出确凿结论，但认为将圆形墓起源与乌水房崔氏、十二时、神怪俑相结合讨论的趋势非常可取，进而推测圆形墓与十二时的结合，反映出北朝地论宗的发展，以《华严》为圆教，以《大集》为圆宗的脉络，探寻圆形墓的起源[②]。最近，韦正在《试谈北朝崔氏墓的象征性》一文中也说："毋庸讳言，崔氏墓有若干佛教和道教因素，这在那个时代是相当正常的。但将崔氏墓的性质认定为佛教或道教为主导目前都没有充分的理由。"[③]在这里注意，韦正提出的是"主导性质"，换句话说也就是墓葬遗存反映出来的性质或者因素应该有很多，但谁是主导性的呢？这将墓葬文化因素或者遗存性质研究导入一个更加精细的研究中，但这种精细也带来了更大的推测性分析，从研究角度而言，是可行的。

将圆形墓的起源与佛教在北朝的传播产生关联，应当是可取的思路。崔氏家族墓的M1，墓主为崔鸿，其妻张玉怜墓志云："夫人姓张，讳玉怜，齐国西安人也……孝昌中，文侯薨徂，子女茕稚，夫人慈抚训导，咸得成立。居家理治，严明著称，推尚佛法，深解空相，大悲动心，惟慕慈善，闻声见形，不食其肉，三长六短，斋诫不爽。福善徒施，上天不弔。以魏天平三年正月乙□奄焉薨逝。道俗行泣，少长进慕……"[④]根据张玉怜的墓志，可知其信奉佛教，我们可以将其墓葬的圆形墓室朝着与佛教的关联思考。但是，我们也必须注意到墓志中的内容只是其信仰佛教的一些活动，如深解空相、不食其肉、斋诫等，真正属于佛教影响到丧葬礼俗中的应该是其薨逝后的"道俗行泣"，这是丧的活动中参与者有道俗，主要行动是"行泣"。

同时，文献中记载的崔氏家族确与佛教有关联，认定崔氏家族成员信仰佛教、参与佛教活动也是有史可稽的。《北史·崔光传》记载：

> （崔光）崇信佛法，礼拜读诵，老而逾甚。终日怡怡，未曾恚忿。曾于门下省昼坐读经，有鸽飞集膝前，遂入于怀，缘臂上肩，久之乃去。道俗讚咏诗诵者数十人。每为沙门、朝贵请讲《维摩》《十地经》，听者常数百人。即为二经义疏三十余卷，识者知其疏略。凡所为诗赋铭赞诔颂表启数百

---

① 倪润安：《试论北朝圆形石质墓的渊源与形成》，《北京大学学报（哲学社会科学版）》，2010年第3期，第57-63页。

② 王佳月：《北朝崔氏墓研究》，北京大学硕士学位论文，2013年，第69-77页。

③ 韦正：《试谈北朝崔氏墓的象征性》，《庆贺徐光冀先生八十华诞论文集》编委会编：《庆贺徐光冀先生八十华诞论文集》，科学出版社，2015年，第433页。

④ 墓志拓本见山东省文物考古研究所：《临淄北朝崔氏墓》，《考古学报》1984年第2期，释读可参见赵超：《汉魏南北朝墓志汇编》，天津古籍出版社，2008年，第319页。

篇，五十余卷，别有集。①

同卷记崔光弟崔敬友：

(敬友)本州从事。颇有受纳，御史案之，乃与守者俱逃。后除梁郡太守，会遭所生忧，不拜。敬友精心佛道，昼夜诵经，免丧之后，遂菜食终身。恭宽接下，修身厉节。自景明已降，频岁不登，饥寒请丐者，皆取足而去。又置逆旅于肃然山南大路之北，设食以供行者。卒于家。子鸿。②

光从祖弟长文：

少亦徙于代郡，聪敏有学识。永安中，累迁平州刺史，以老还家，专读佛经，不关世事。卒，曾齐州刺史，谥曰贞。③

山东历城西南有螺丝顶山，其主峰西侧黄石崖凿有北朝造像龛窟，其间有北魏正光至东魏兴和年间的造像题记8则，其一为：

大魏孝昌二年九月丁酉朔八日甲辰，帝主元氏法义卅五人敬造弥勒像一躯，普为四恩三有法界众生愿值弥勒。都维那比丘静志、都维那杨鹿子、都维那贾道顺、都维那赵伏念，比丘道云、比丘邱洪，□□□□邓恭伯、张慧银、张皇思、张社生、马僧智、皇外龙、刘欢、刘市奴、陈宜德、王难生，维那刘阿母、女维那赵胜姜、崔令姿、鱼小姬、白舍姬、薛男生、张金姿、王肆胜、张女珠、刘斋、刘胜、郭男、西门清姜、赵迎男、贾娥、张外姿、员三英、张胜姜、工伏姬、赵勾男、赵胜姿、刘明胜、赵桃女、赵祖借。④

此处造像题记中的邓恭伯、崔令姿，其夫妇墓位于济南市东郊，为前后室墓，平面呈“8”字形，而墓室应该也是圆形的⑤。

---

① (唐)李延寿撰：《北史》卷四十四《崔光传》，中华书局，1974年，第1623页。

② (唐)李延寿撰：《北史》卷四十四《崔光传》，中华书局，1974年，第1624页。

③ (唐)李延寿撰：《北史》卷四十四《崔光传》，中华书局，1974年，第1629页。

④ 张总：《山东历城黄石崖摩崖龛窟调查》，《文物》1996年第4期。题记文据该调查报告，录入本节时做了标点，文义不明处以“□”代之。

⑤ 济南市博物馆(王建浩、蒋宝庚)：《济南市东郊发现东魏墓》，《文物》1966年第4期，第56-58页。

另崔氏家族与刘氏家族颇有交集，如《北史·崔亮传》附叔祖道固：

> 初，道固之在客邸，与薛安都、毕众敬邻馆，时以公集相见。本既同由武达，颇结僚旧。时安都志已衰朽，与道固疏略，而众敬每尽殷勤，道固谓刘休宾、房法寿曰："古人云'非我族类，其心必异'，安都视人，殊自萧索，毕固依依也。"[①]

此刘休宾叔父之子刘孝标，曾参与平城佛寺，并亲预昙曜译场，刘孝标后南返。宿白先生认为平城武州山佛教盛迹之南传，孝标兄弟应起重要的中介作用，并推测齐竟陵王赞助摄山福业之时，摄山龛像之经营，或为孝标（刘峻）所重视。此为在北方，崔氏与刘氏之关联，孝标南返后，多借异书，清河崔慰祖谓之书淫，建武中，崔慧景荐峻硕学[②]。刘氏参与了不少佛事活动，崔、刘二氏多有关联，则崔、刘二氏或可作为崇信佛教的世家大族观之。崔氏家族墓中并不明确的佛教因素遗存，或可视为北朝世家大族墓葬与佛教关系的反映。

上述论述中，特别是倪润安的论述，强调了临淄崔氏墓圆形墓室与云冈石窟椭圆形窟相似，关于云冈石窟椭圆形窟，宿白先生在其《平城实力的集聚和"云冈模式"的形成与发展》[③]一文中提到，云冈一期窟室，即位于云冈石窟群中部西侧的第16～20窟，五窟在形制、布局、主要造像组合、造像形制及装饰纹带等方面共同特征显著，其窟室形制为椭圆形平面、穹隆顶、模拟草庐形式的大型窟，原窟口上方皆凿出明窗。对此类石窟形制，宿白先生认为：

> 最近在大同市北郊小石寺村大沙沟北发现的鹿野苑石窟主窟，在窟室形制、布局和造像形制方面，也具有类似的上述特征。鹿野苑石窟，据《魏书·显祖纪》记载"（皇兴）四年（公元470年）十有二月甲辰，幸鹿野苑石窟寺"，知建于献文帝时期。由此可知，这一类石窟是公元460年至公元470年间平城地区开凿石窟的流行式样。这种式样的石窟，就已知的资料，自南亚、中亚以迄我国新疆、甘肃地区，都还没有发现相似的先例。因此，我们

---

① （唐）李延寿撰：《北史》卷四十四《崔光传》，中华书局，1974年，第1639-1640页。

② 以上关于刘孝标（刘峻）与崔氏家族之间的关系，详细可参见宿白：《南朝龛像遗迹初探》第三部分《南朝龛像与北方窟像关系的探讨》，《考古学报》1989年第4期，第389-413页，图版壹-图版贰。

③ 宿白：《平城实力的集聚和"云冈模式"的形成与发展》，云冈石窟文物保管所编著：《中国石窟·云冈石窟（一）》，文物出版社、日本株式会社平凡社，1991年，第176-197页。

认为它应是五世纪中期平城僧俗工匠在云冈创造出的新模式。①

此类椭圆形窟室形制在云冈二期第13窟，以及二期中一些中小型窟中还有使用。从平面形制上来看，崔氏家族墓确实与云冈一期的椭圆形平面窟有较大的相似。但一个不可忽视的事实是云冈石窟这些类似的窟平面形制大多为椭圆形，而这与崔氏家族墓中的圆形墓明显不同，当然我们也可以将此简单形制的类比置之一旁，但更为重要的是，我们目前尚无法找到临淄崔氏家族墓中圆形墓室模仿石窟的文献证据②；同时，北朝圆形石窟也并非仅存云冈石窟。另外，山东地区发现的北朝之前的一些平面近似圆形的墓葬，也值得我们关注，如山东龙口市东梧桐晋墓③。

出土文献和历史文献中均记载了一些丧葬礼俗中与佛教有关的情况。这些材料可以弥补丧葬礼俗中“丧”和“祭”方面的材料，全面加深了我们对北朝佛教影响丧葬礼俗的了解，略举如下。

武泰元年薛慧命墓志：

> 魏前将军廷尉卿元公妻薛夫人墓志铭
>
> 夫人讳慧命，河东汾阴人也……敬上接下，娣姒贵其仁；尊佛尽妙，禅练尚其极。内外冥鉴，女功直置……以武泰元年岁次戊申二月己丑朔十七日乙巳薨于澄海乡绥武里舍，葬于邙山之陵……门师释僧泽书。④

薛慧命墓志志文明确指出其“尊佛尽妙”，其墓志乃是由门师释僧泽书写。

《颜氏家训集解·终制》篇记载：

> 今年老寝疾，傥然奄忽，岂求备礼乎？一日放臂，沐浴而已，不劳复魂，敛以常衣。先夫人弃背之时，属世荒馑，家涂空迫，兄弟幼弱，棺器率

① 宿白：《平城实力的集聚和“云冈模式”的形成与发展》，云冈石窟文物保管所编著：《中国石窟·云冈石窟（一）》，文物出版社、日本株式会社平凡社，1991年，第180页。

② 萧默在《敦煌建筑研究》中提到单层砖石塔的第二种即为窣堵坡式塔，其主要特征就是塔身为覆钵形，即塔壁上部弧转收小，平面呈圆形或方形，萧先生以敦煌北周第301窟舍身饲虎故事画中埋藏太子尸骨的塔作为此式塔比较早的例子。那么，平面呈圆形的窣堵波式塔或许就是崔氏家族墓圆形穹隆顶墓室形制的来源？本书存此一问，以求后证。可参考萧默：《敦煌建筑研究》，文物出版社，1989年，第162-163页。

③ 烟台市博物馆、龙口市博物馆：《山东龙口市东梧桐晋墓发掘简报》，《考古》2013年第4期，第20-32页。

④ 洛阳市文物局编，朱亮主编、何留根副主编：《洛阳出土北魏墓志选编》武泰二，科学出版社，2001年，第118、357页，图版一四三。

> 薄，藏内无塼。吾当松棺二寸，衣帽以外，一不得自随，床上唯施七星板；至如蜡弩牙、玉豚、锡人之属，并须停省，粮罂明器，故不得营，碑志旒旐，弥在言外。载以鳖甲车，衬土而下，平地无坟；若惧拜扫不知兆域，当筑一堵低墙于左右前后，随为私记耳。灵筵勿设枕几，朔望祥禫，唯下白粥清水干枣，不得有酒肉饼果之祭。亲友来餟酹者，一皆拒之。汝朝若违吾心，有加先妣，则陷父不孝，在汝安乎？其内典功德，随力所至，勿刳竭生资，使冻馁也。四时祭祀，周、孔所教，欲人勿死其亲，不忘孝道也。求诸内典，则无益焉。杀生为之，翻增罪累。若报罔极之德，霜露之悲，有时斋供，及七月半盂兰盆，望于汝也。①

颜之推在《终制》中提及死后采用佛教盂兰盆经中所说的盂兰盆供，恰与颜氏信佛有直接关系，而且祭祀形式也是在死者去世之后进行的，因而充分反映了佛教对古代丧葬礼俗中的祭祀的影响。同时，颜之推也提到朔望祥禫不得有酒肉果饼，同时不得杀生，这些都与佛教有关。

碑林博物馆藏北周建德三年（574年）宇文建崇造像碑，碑阳碑额有龛，龛内为一结跏趺坐佛，一佛二菩萨二弟子，龛下有发愿文。碑阴碑额处刻有“建崇寺”三字。也有龛，碑阳龛下发愿文为：

> 惟建德三年岁次甲午二月/壬辰朔廿八日巳未，佛弟子/本姓吕，蒙大祖赐姓宇文，建崇。/夫灵象神容，遗形□（异）品，□（毗）伦/讃道，敷五抽之劫化。显扬设/教，斯畤百代，聚沙起塔，欲崇/虚之妙旨。崇寔因业浅。又息/别将法和，为国展效，慕卫戎/首，从柱国铫国公益州征讨，/因阵身故。是以削竭家珍，興/越？福邦，造浮图三级、石铭壹立、/师子乙雙，/辄于冥積，採取将/来之因。身骸分流，欲追之怀，/竊求乙念之善。又愿帝祚永/隆，万国来助，普济乙切，旷劫/师宗，六道众生，同登斯福。②

此造像碑发愿文为宇文建崇为其子法和所造，法和从柱国铫国公赴益州征讨，阵亡，大概尸骨无存，其家为造三级浮图、石铭、狮子一双等，以积冥福。碑阴的“建崇寺”应该与宇文建崇家族有某种联系，或为其家族寺院，碑的左侧有供养人，题名中还有“佛弟子权法超、王湛书、权仕宾”等，这些都应该是为阵亡的法和做法事积冥

① 王利器：《颜氏家训集解（增补本）》卷第七《终制》第二十，中华书局，1993年，第601-602页。

② 宇文建崇造像碑介绍及发愿文录文均参见宋莉：《北魏至隋代关中地区造像碑的样式与年代考证》，西安美术学院博士学位论文，2011年，第38-40页。

福的主事者。特别值得注意的是，该发愿文及所反映的佛教与丧葬之间的关系，死者法和为阵亡，且身骸分流，属于非正常死亡的材料，佛教参与到对非正常死亡的丧葬处理中了。

《洛阳伽蓝记校释》卷二“崇真寺”条，记载了崇真寺比丘慧嶷死而复生的事：

崇真寺比丘慧嶷，死经七日还活，经阎罗王检阅，以错召放免。惠嶷具说过去之时，有五比丘同阅。一比丘云是宝明寺智圣，以坐禅苦行得升天堂。有一比丘是般若寺道品，以诵经四十卷《涅槃》，亦升天堂。有一比丘云是融觉寺昙谟最，讲《涅槃华严》，领众千人。阎罗王云：“……今唯试坐禅、诵经，不问讲经。”……阎罗王敕付司。即有青衣十人送昙谟最向西北门。屋舍皆黑，似非好处。……有一比丘云是灵觉寺宝真，自云出家之前，尝作陇西太守，造灵觉寺。寺成，即弃官入道。虽不禅诵，礼拜不缺。阎罗王曰：“卿作太守之日，曲理枉法，劫夺民财，假作此寺，非卿之力，何劳说此！”亦付司，青衣送入黑门。时太后闻之，遣黄门侍郎徐纥依，慧嶷所说即访宝明等寺。城东有宝明寺，城内有般若寺，城西有融觉、禅林、灵觉等三寺。问智圣、道品、昙谟最、道弘、宝真等，皆实有之。议曰人死有罪福。即请坐禅僧一百人常在内殿供养之。诏不听持经像沿路乞索，若私有财物。造经像者任意。慧嶷亦入白鹿山，隐居修道。自此以后，京邑比丘皆事禅诵，不复以讲经为意。①

这段文献的信息量较大，其撰写者的本意是为了提倡坐禅、苦行和诵经。这段文献对我们研究北魏时期的佛教地狱观颇有价值。其一，说明当时有一个佛教的地狱观，在这个地狱里有阎罗王，同时还有青衣，有有司，有黑门，黑门应该是受到惩罚的人的去处。对于每一个进入地下世界的人都需进行审判，最高审判者就是阎罗王；其二，善恶均有报应，人死有罪福，死后阎罗王需要对其进行审判；其三，殿内供养坐禅僧，或许有助于积福消罪。

《魏书》卷八十七《节义·王玄威传》：

王玄威，恒农北陕人也。显祖崩，玄威立草庐于州城门外，衰裳蔬粥，哭踊无时。刺史苟颓以事表闻。诏令问状，玄威称：“先帝统御万国，慈泽被于苍生，含气之类莫不仰赖，玄威不胜悲慕，心中知此，不知礼式。”诏

① （魏）杨衒之撰，周祖谟校释：《洛阳伽蓝记校释》卷二《城东》，中华书局，1963年，第59-62页。

问玄威欲有所诉，听为表列。玄威云："闻讳悲号，窃谓臣子同例，无所求谒。"及至百日，乃自竭家财，设四百人斋会，忌日，又设百僧供。至大除日，诏送白紬袴褶一具，与玄威释服，下州令表异焉。①

这里在百日设置了四百人的斋会，在忌日又设置了百僧供。

又《魏书》卷九十四《阉官·孟鸞传》记载：

孟鸞，字龙儿，不知何许人。坐事充阉人。文明太后时，王遇有宠，鸞以谨敏为遇左右，往来方山，营诸寺舍。由是渐见眷识。灵太后临朝，为左中郎将、中给事中。素被病，面常黯黑，于九龙殿下暴疾，半身不摄，扶载归家，其夜亡。鸞初出，灵太后闻之，曰："鸞必不济，我为之忧。"及奏其死，为之下泪，曰："其事我如此，不见我一日忻乐时也。"遂赐帛三百匹、黄绢十匹以供丧用。七日，灵太后为设二百僧斋，赐助施五十匹。同类荣焉。②

死后七日，灵太后为设二百僧斋。这里的死后七日应该就是"七七斋"。除此之外，灵太后还赐助施五十匹。赐葬本是丧葬礼俗在丧事活动中，皇帝、皇太后、皇后等对重要的大臣死后的赞助和褒扬，这里设二百僧斋似乎也成为这类"赐"的活动中的内容。

又《魏书》卷五十八《杨逸传》：

及其家祸，尔朱仲远遣使于州害之，时年三十二。吏人如丧亲戚，城邑村落，为营斋供，一月之中，所在不绝。③

《魏书》卷九十二《列女传》载"陈留董景起妻张氏"：

景起早亡，张时年十六，痛夫少丧，哀伤过礼。形容毁顿，永不沐浴，蔬食长斋。又无儿息，独守贞操，期以阖棺。乡曲高之，终见标异。④

上述两例涉及死后斋供和平时的蔬食长斋。

① （北齐）魏收撰：《魏书》卷八十七《节义·王玄威传》，中华书局，2017年，第2045-2046页。
② （北齐）魏收撰：《魏书》卷九十四《阉官·孟鸞传》，中华书局，2017，第2203页。
③ （北齐）魏收撰：《魏书》卷五十八《杨逸传》，中华书局，2017年，第1421页。
④ （北齐）魏收撰：《魏书》卷九十二《列女传》，中华书局，2017年，第2149页。

又如前引《魏书·冯亮传》，此详引如下：

> 冯亮，字灵通，南阳人，萧衍平北将军蔡道恭之甥也。少博览诸书，又笃好佛理……至洛，隐居崧高……世宗尝诏以为羽林监，领中书舍人，将令侍讲《十地》诸经，固辞不拜。又欲使衣帻入见，亮苦求以幅巾就朝，遂不强逼。还山数年，与僧徒礼诵为业，蔬食饮水，有终焉之志。会逆人王敞事发，连山中沙门，而亮被执赴尚书省……复还山室。亮既雅好山水，又兼巧思，结架岩林，甚得栖游之适，颇以此闻。世宗给其工力，令与沙门统道暹、河南尹甄琛等，周视崧高形胜之处，遂造闲居佛寺。林泉既奇，营制又美，曲尽山居之妙。亮时出京师。延昌二年冬，因遇笃疾，世宗敕以马舆送令还山，居崧高道场寺。数日而卒。诏赠帛二百匹，以供凶事。遗诫兄子综，敛以衣帢，左手持板，右手执《孝经》一卷，置尸盘石上，去人数里外。积十余日，乃焚于山。以灰烬处，起佛塔经藏。初，亮以盛冬丧，时连日骤雪，穷山荒涧……无所防护。时寿春道人惠需，每日往看其尸，拂去尘霰。禽虫之迹，交横左右，而初无侵毁，衣服如本，唯风吹帢巾。又以亮识旧南方法师信大栗十枚，言期之将来十地果报，开亮手以置把中。经宿，乃为虫鸟盗食，皮壳在地，而亦不伤肌体。焚燎之日，有素雾蓊郁，迴绕其傍，自地属天，弥朝不绝。山中道俗营助者百余人，莫不异焉。①

冯亮之丧事涉及大殓，如左手持板，右手执孝经。置尸盘石上，然后焚之，再起佛塔经藏，还有道俗营助。

扬之水详细列举了青州傅家线刻画像石中"象戏图"的相关分析，赞同郑岩"傅家石棺的主人是北齐统治阶层中汉人或鲜卑人的一员"的观点，并且认为，从服饰来看，前者的可能性更大一点。对于线刻内容，扬之水试探性地提出，线刻画表现的是墓主人出使西域的经历。至于"象戏图"的定名，其以为非，明指为"象舆"，与《隋书·石国传》中提到的石国风俗以及粟特人的万灵节"马牛其风"相类。而"象舆"是古代中国早期佛教艺术中的重要图式，如在新疆库木吐喇石窟第34号窟中的《须达多乘象劝化缘》因缘故事画中的象舆、敦煌莫高窟第296窟《善事太子入海品》中太子出游所乘象舆，等等。扬先生认为，这些象舆来自印度，原非中土所习见，自然是随着佛教和讲唱文学的传播，更有相关图式的传递，传播到中土的。这些材料均与佛教有关，但对于青州傅家线刻画中的象舆，其明确指出是佛教艺术之外的

① （北齐）魏收撰：《魏书》卷九十《逸士·冯亮传》，中华书局，2017年，第2091-2092页。

艺术图像[1]。

摩尼宝珠也是我们观察佛教因素“形似”的重要题材，《大智度论》记载了摩尼宝珠的作用：

> 问曰：摩尼宝珠，于玻璃、金银、车渠、玛瑙、琉璃、琥珀、金刚等中，是何等宝？答曰：有人言：此宝珠从龙王脑中出，人得此珠，毒不能害，入火不能烧，有如是等功德。有人言：是帝释所执金刚用，与阿修罗斗时，碎落阎浮提。有人言：诸过去久远佛舍利，法既灭尽，舍利变成此珠，以益众生。有人言：众生福德因缘故，自然有此珠。譬如罪因缘故地狱中自然有治罪之器。此宝珠名如意，无有定色，清澈轻妙，四天下物皆悉照现。如意珠义如先说。是宝常能出一切宝物，衣服、饮食，随意所欲，尽能与之；亦能除诸衰恼病苦等。是宝珠有二种：有天上如意宝，有人间如意宝。诸天福德厚故珠德具足；人福德薄故珠德不具足。是珠所著房舍、函箧之中，其处亦有威德。般若波罗蜜亦如是者，如如意宝珠，能与在家人今世富乐，随意所欲……如宝珠能除四百四病……如意宝珠能除黑暗……[2]

与娄睿墓等材料类似的莲花座托摩尼宝珠的图像，在许多佛教造像中也有表现，如邺城北吴庄佛教造像窖藏坑出土的北齐立佛五尊像，该造像为背屏式造像，正面为一佛二弟子二菩萨，底座正面浮雕双狮香炉及力士，主尊头光上侧，也就是背屏尖顶下册正中，墨线彩绘莲花座，中间托举着摩尼宝珠[3]。娄睿墓中的摩尼宝珠，我们按照整体认识的思路，将其视作整个墓葬中的重要题材。但仅仅以宝珠题材的单一装饰而言，尽管“形似”，我们也很难直接将其视为佛教信仰性质题材的。

---

① 扬之水：《曾有西风半点香：敦煌艺术名物丛考》，生活·读书·新知三联书店，2012年，第209-228页。

② 龙树菩萨造、（后秦）鸠摩罗什译《大智度论》卷第五十九《释校量舍利品第三十七》，《大正新修大藏经》第二十五卷《释经论部上》，No.1509，第478页上栏、中栏。

③ 中国社会科学院考古研究所、河北省文物研究所编著：《邺城北吴庄出土佛教造像》64“立佛五尊像”，科学出版社，2019年，第122页。

第五章　从地下到地上
——隋唐墓葬中的佛教因素

在辽宁朝阳工程机械厂墓地，发掘了一批北朝隋唐的墓葬，其中M1和M2分别为蔡须达和其父亲蔡泽的墓葬。蔡氏父子两墓均为方形单室带甬道、阶梯墓道的砖室墓，两墓均出土了石墓志一合，根据墓志记载M1（蔡须达墓）纪年为唐贞观十七年（643年），M2（蔡泽墓）纪年为唐武德二年（619年），值得注意的是蔡泽的墓志并没有述及任何与佛教有关的内容，墓葬遗存也观察不到任何佛教因素。但是，在其子蔡须达的墓志中，却详细记载了蔡泽的佛教信仰内容，兹录如下：

> 君讳　字须达，营州柳城县人也……父晖，龆年艰祸，蔬食常斋，憔悴形容，摧残义气，青衿孝性，童子仁心，闾里悲伤，朝野嗟叹。舍宅造寺，蒙敕下名，所有资财，并入功德。五都冠盖莫匪倾心，三辅簪裾谁不拭目？寒暑迭运，晷漏推移，淑气芳时，据荫追集。齐授始平王参军，家风未变，本性清规，行著群僚，恭勤民患，又除安德王骑兵参军事。君秉性淳厚，志在淳和，任己以仁，立身由义，洞知生灭，早识无常，行坐诵经，不离于口，波若未遍，已悟真空，涅槃不尽，先知佛性，尊崇慧业，敬爱法门，兄弟同宅，舍宅为寺。绝伦居士，高行沙门，鸣锡来仪，扬烟戾止……[①]

据蔡须达墓志，蔡须达与其父蔡泽均信仰佛教，其活动有蔬食常斋、舍宅造寺、行坐诵经等。蔡须达墓志志盖“蔡长者墓志铭”中“长者”，田立坤认为蔡须达号“蔡长者”，字“须达”，须达即须达多之省，而须达多为古印度舍卫城的富商、释迦的施主，因其经常为孤独贫苦者施食，被称为孤独长者[②]。因此墓志志盖铭文“长者”也反映了墓主的佛教信仰。

《旧唐书·姚崇传》记载姚崇遗令以诫子孙：

---

① 辽宁省文物考古研究所、朝阳市博物馆：《辽宁朝阳北朝及唐代墓葬》，《文物》1998年第3期，第4-26页。墓志释文据简报，句读为笔者所加。

② 田立坤：《蔡泽蔡须达墓志考》，田立坤：《采铜集：田立坤考古文稿》，文物出版社，2016年，第322-336页。

吾身亡后，可殓以常服，四时之衣，各一副而已。吾性甚不爱冠衣，必不得将入棺墓，紫衣玉带，足便于身，念尔等勿復为之，且神道恶奢，冥途尚质，若违吾处分……今之佛经，罗什所译……梁武帝以万乘为奴，胡太后以六宫入道，岂特身戮名辱，皆以亡国破家。近日孝和皇帝废使赎生，倾国造寺，太平公主、武三思、悖逆庶人、张夫人等皆度人造寺，竟术弥街，咸不免受戮破家，为天下所笑……且佛者觉也，在乎方寸，假有万像之广……且死者是常，古来不免，所造经像，何所施为？夫释迦之本法，为苍生之大弊，汝等各宜警策，正法在心，勿效儿女子曹，终身不悟也。吾亡后必不得为此弊法。若未能全依正道，须顺俗情，从初七至终七，任设七僧斋。若随斋须布施，宜以吾缘身衣物充，不得辄用余财，为无益之枉事，亦不得妄出私物，徇追福之虚谈。道士者，本以玄牝为宗，初无趋竞之教，而无识者慕僧家之有利，约佛教而为业。敬寻老君之说，亦无过斋之文，抑同僧例，失之弥远。汝等勿拘鄙俗，辄曲于家。汝等身没之后，亦教子孙依吾此法云。①

姚崇认为佛教之于丧葬属于“弊法”，这些活动包括建寺和造经像。当然，如果子女为了顺应俗情，也可以从初七至终七，设七僧斋，随斋布施以其缘身衣物，至于追福，则是虚谈。至于道教也不过是慕僧家之利而已。姚崇的家族墓地在洛阳万安山南原②，姚崇父姚懿墓也在陕县经考古发掘③，未见明确的佛教因素遗存。

佛教对隋唐丧葬礼俗的影响还体现在对亡者先人的追荐冥福上，如唐太宗为太穆皇后追福愿文：

贞观十六年五月，御制愿文致弘福寺曰：圣哲之所尚者，孝也；仁人之所爱者，亲也。朕幼荷鞠育之恩，长蒙抚养之训……嗟二亲之不待，方寸乱矣，信可悲夫。每痛一月之中……永慕哀切深衷，欲报靡因，唯凭冥助，敬以绢二百疋奉慈悲大道，倘至诚有感，冀销过往之愆，为善有因，庶获后缘

① （后晋）刘昫等撰：《旧唐书》卷九十六《姚崇传》，中华书局，1975年，第3027-3029页。

② 涂宗呈：《洛阳万安山南原的姚崇家族墓地——以墓志和神道碑为中心》，北京大学中国古代史研究中心：《中国中古史研究：中国中古史青年学者联谊会会刊》编委会编：《中国中古史研究：中国中古史青年学者联谊会会刊（第四卷）》，中华书局，2014年，第116-140页。

③ 河南省文物研究所：《陕县唐代姚懿墓发掘报告》，《华夏考古》1987年第1期，第126-137页。

之庆。①

唐太宗为太穆皇后祈福愿文，发给弘福寺，所以此愿文应该是弘福寺僧在为太穆皇后举行的荐福斋会法事中使用，愿文的目的为二亲销过往之愆。

白居易在唐开成元年（836年）除同州刺史，四年冬得风疾，仍自为墓志，病中吟诵不断，自言："予年六十又八……余栖心释梵，浪迹老、庄，因疾观身，果有所得。何则？外形骸而内忘忧患，先禅观而后顺医治。"②会昌中与香山僧如满结香火社，自称香山居士。大中元年卒，时年76岁，赠尚书右仆射。"遗命不归下邽，可葬于香山如满师塔之侧，家人从命而葬焉。"③白居易遗命葬在香山寺的如满师塔之侧，是典型的丧葬与佛寺关联的材料。白居易之所以醉心于佛教，放弃自己的家族墓地所在下邽，而选择香山寺，或许与其嫡子崔儿、幼女金銮的早夭有关④。

辽东的一个考古材料及文献的记载，说明隋唐佛教进入丧葬礼俗已经到了一个新的阶段，而且在国家礼仪里涉及皇帝大丧里均有反映，如《大唐元陵仪注》在启殡朝庙时的丧葬内容：

> 前启一日，门下省奏："某日某时，启太极殿欑宫。"启日之晨，奉礼郎设御位于太极殿之东间，当帷门，西向。诸王位在后……又设蕃客，酋长位于承天门外之西，僧道位于承天门外之东，并以北为上……其日质明，皇帝服初縗絰杖，入就位，晨哭……通事舍人引蕃客、酋长及僧道分位于承天门外之位。⑤

如此可见，僧道已经参与进了帝王丧葬礼仪，并记载于《大唐元陵仪注》。考古材料也更好地反映出了这一点，从地下到地上遗存，而且呈现出更加细节化的方面。

---

①（唐）释道宣撰：《宋思溪藏本广弘明集》卷二十八《启福篇》之《为太穆皇后追福愿文》，国家图书馆出版社，2018年，第一一册第61-62页。标点为笔者所加。

②（后晋）刘昫等撰：《旧唐书》卷一百六十六《白居易传》，中华书局，1975年，第4355-4356页。

③（后晋）刘昫等撰：《旧唐书》卷一百六十六《白居易传》，中华书局，1975年，第4356-4358页。

④［日］埋田重夫著，王旭东译：《白居易研究：闲适的诗想》之《白居易的香山寺》，西北大学出版社，2019年，第243-251页。

⑤（唐）杜佑撰，王文锦、王永兴、刘俊文、徐庭云、谢方点校：《通典》卷八十五《凶礼七》，中华书局，1988年，第2311-2312页。

第一节　佛寺（附论石桲与神道石柱）

丧葬礼俗与佛寺有关，大致有下面几种情况：第一种是陵墓旁边建立佛寺，以便祈福；第二种是陵墓建在佛寺中佛殿的下面，遥追宝塔；第三种是丧葬礼俗活动在佛寺中进行，如暂厝于佛寺等。此外，还有死后舍宅为寺。到了唐代佛寺与墓地的关系更加紧密，地面的佛寺应该成为丧葬礼俗佛教活动表现的主要空间，这一点与南北朝时期有了很大不同，材料增加了不少。

隋开皇元年（581年）七月，隋文帝杨坚在其父生前征战之地各立寺一所，歌颂其父功业。次月隋文帝又下诏在相州立佛寺一所，明确与京观联系在一起，其目的是为阵亡将士祈福、救度[①]。《宋思溪藏本广弘明集》卷二十八《启福篇·隋高祖于相州战场立寺诏》：

> 门下：昔岁周道既衰，群凶鼎沸，邺城之地，寔为祸始。或驱逼良善，或同恶相济，四海之内，过半豺狼……朕出车练卒……将士奋阵，肆其威武……然兵者凶器，战实危机。节义之徒，轻生忘死，干戈之下，又闻徂落。兴言镇悼，日久愈深。永念群生，蹈兵刃之苦；有怀至道，兴度脱之业。物我同遇，观智俱愍。思建福田，神功祐助。庶望死事之臣，菩提增长；悖逆之侣，从闇入明。并究苦空，咸拔生死。鲸鲵之观，化为微妙之台；龙蛇之野，永作颇梨之镜。无边有性，尽入法门。可于相州战地建伽蓝一所，立碑纪事。其营构制度、置僧多少、寺之名目，有司详议以闻。[②]

该诏明确说明在相州战场建立佛寺一所，目的为“鲸鲵之观，化为微妙之台；龙蛇之野，永作颇梨之镜”，为阵亡的将士祈福，以使其“从闇入明。并究苦空，咸拔生死”。这里的“鲸鲵之观”也就是京观，是对战场上敌方阵亡者尸骸的处理方式，集中收埋，以成大土堆，从而达到彰显己方武功，震骇敌方的目的。隋代于战场以佛寺取代京观，显然是佛教影响到此特殊埋葬形式的表现。此后，隋炀帝下诏在辽西郡掩埋将士遗骸并立道场一所，也属于佛寺对战场凶死者死亡的处理表现。唐太宗后来所下的《唐太宗于行阵所立七寺诏》，也是为了用佛教救度阵亡者，其文如下：

① 雷闻：《从“京观”到佛寺——隋与唐初战场尸骸的处理与救度》，武汉大学中国三至九世纪研究所编：《魏晋南北朝隋唐史资料（第三十一辑）》，上海古籍出版社，2015年，第163-182页。

② （唐）释道宣撰：《宋思溪藏本广弘明集》卷二十八《启福篇》，国家图书馆出版社，2018年，第一一册第51-52页。标点为笔者所加。

门下：至人虚己，忘彼我于胸襟；释教慈心，均异同于平等。是知上圣恻隐，无隔万方，大悲弘济，义犹一子。有隋失道，九服沸腾。朕亲总元戎，致兹明罚……各徇所奉，咸有可嘉。日往月来，逝川斯远。虽复项籍放命，封树纪于丘坟；纪信捐生，丹青著于图象。犹恐九泉之下，尚沦鼎镬；八难之间，永缠冰炭。愀然疚怀，用忘兴寝。思所以树立福田，济其营魄。可于建义以来交兵之处，为义士、凶徒殒身戎阵者，各建寺刹，招延胜侣。望法鼓所震，变炎火于青莲；清梵所闻，易苦海于甘露。所司宜量定处所，并立寺名，支配僧徒及修造院宇，具为事条以闻，称朕矜愍之意。①

唐太宗此诏所建寺刹地点在交兵之处，所济营魄者为义士、凶徒殒身戎阵者，以易苦海于甘露。

1957年，李静训墓由中国科学院考古研究所发掘②。该墓位于西安城西的梁家庄附近工地，埋在一座夯土台基的下面，台基残长50、宽22米，应当是一座建筑物的遗址。村民讲，这里的地势原来很高，考古从现在地表向下挖进0.6米，便露出墓室、墓道所填的五花夯土和四周围比较纯净的台基夯土。墓室为长方形竖穴，斜坡式墓道，墓穴底部长5.5、宽4.7米。将墓穴填土掘去后，墓室中便露出石椁和墓志，志石和志盖在石椁的南侧，墓志的底部和周围有一层烧过的黑色纸灰痕迹。石椁用青灰色岩制成，内放置雕刻精致的石棺，石棺盖上放置陶灶、房屋、井栏、牛俑及陶罐、陶俑和木马俑的残片，石棺南北两端的中部各放置瓷罐两个，南面接近墓道处放置高大的武士俑和镇墓兽各一对，南面还有一些模型明器。棺内随葬器物较多，有金器、铜器、银器、玉器、玻璃器等。头骨顶部有金花发饰、发钗和小木梳，颈上有金项链，胸骨上有白玉卧兽，两手腕上有金镯子，两手指上有金、玉戒指，足部附近有一铜钵，钵内盛有玛瑙珠一串、银戒指甲套10枚、做坠饰的波斯银币1枚、小铃2件、铜针1件、琥珀饰物1件等。墓内出土的玻璃器有2件瓶、2件蛋形器、2件杯、1件盒、1件管形器、1件杵形器，以及10枚长形珠、3颗绿色小珠等。

葬具有长方形石椁及房形石棺。石椁呈长方形，粗糙无纹饰。石棺雕刻精美，为九脊殿堂形式，面阔三间，平面呈长方形，长1.92、宽0.89米。棺的西壁是三间殿堂的正面，石板上雕刻出大门一对，直棂窗两扇，补间铺作人字拱，大门两侧门框柱和房柱之间各刻有侍女一人，其他在柱上、墙上、框上等处刻有卷草纹、莲花纹、龙凤

① （唐）释道宣撰：《宋思溪藏本广弘明集》卷二十八《启福篇》，国家图书馆出版社，2018年，第一一册第54-55页。

② 中国社会科学院考古研究所编著：《唐长安城郊隋唐墓》贰《隋代李静训墓》，文物出版社，1980年，第3-28页。

纹、宝瓶等（图5-1）。棺的南段朝向墓道，也刻有两扇大门。这是李静训墓房形石棺比较特殊的地方。南端门的两侧也刻有男侍各一人。石棺的北壁和南壁相似，东壁和西壁相似，但是北面和东面没有刻大门。棺盖雕成歇山顶，正脊的中央置火珠（宝珠），两端设鸱尾，屋檐有刻莲花纹的圆瓦当。石棺内壁都绘有壁画，现仅见残迹，西壁正中画有花卉图案，两边各画有侍女人物画两幅，南北两壁各画两幅，每幅为两女侍，东壁画有房屋、人物、禽鸟、树木等形象。

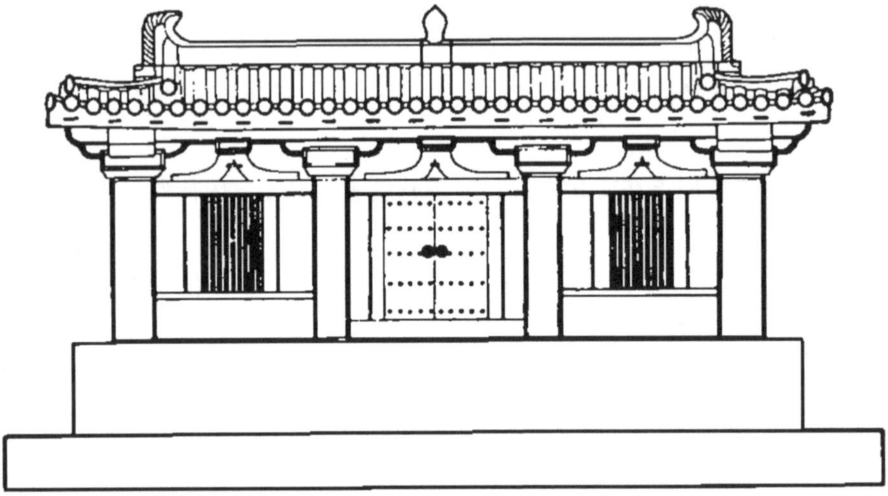

图5-1　李静训墓石棺西壁正视图
（采自《隋代李静训墓》图八，第9页）

李静训墓志盖为盝顶式，平素无纹饰，盖上阳刻篆书“隋左光禄大夫女墓志”。志石为长方形，长、宽皆39.4厘米，志文如下：

隋左光禄大夫岐州刺史李公第四女石志铭，并序。

女郎讳静训，字小孩，陇西成纪人。上柱国幽州总管壮公之孙，左光禄大夫敏之第四女也。族篡厉乡，得神仙之妙；家荣戚里，被日月之晖。况复淑慧生知，芝兰天挺；誉华髫发，芳流鞶帨。幼为外祖母周皇太后所养，训承长乐，独见慈抚之恩；教学深宫，弥遵柔顺之德。于是，摄心八解，归依六度；戒珠共明珰并曜，意花与香佩俱芬。既而繁霜昼下，英苕春落，未登弄玉之台，便悲泽兰之夭。大业四年六月一日，遘疾终于汾源之宫，时年九岁。

皇情轸悼，撤县辍膳，频蒙诏旨，礼送还京，赗赙有加。以其年龙集戊辰十二月己亥廿二日庚申，瘗于京兆长安里休祥里万善道场之内。即于坟上构造重阁。遥追宝塔，欲髣髴于花童；永藏金地，庶留连于法子。乃为铭曰：光分務女，庆合天孙。荣茗比秀，采璧同温。先标令淑，早习工言。生长宫闱，恩勤抚育。法水成性，戒香增馥。金牒旦窥，银函宵读。往从舆跸，言届河汾。珠涓润岸，镜掩轻云。魂归秪阁，迹异吴坟。月殿回风，霜钟候晓。砌凝阴雪，檐悲春鸟。共知泡幻，何嗟寿夭。[①]

根据李静训墓志，可知其曾祖父为北周骠骑大将军、河西郡公李贤，父亲李敏隋文帝时养于宫中，后官至左光禄大夫。李静训的外祖母是隋文帝的长女杨丽华，杨丽华也是隋炀帝的姐姐，也是周宣帝宇文赟的皇后，李静训的母亲为周宣帝之女宇文娥英，其身份可谓是金枝玉叶。

墓志记载李静训于隋大业四年（608年）十二月埋葬“于京兆长安里休祥里万善道场之内”，报告提到，“休祥里”（唐称坊）即在隋大兴城（唐为长安城）内，也就是在皇城西第二街由北向南第二坊。万善道场也就是万善尼寺，报告根据韦述的《两京新记》的记注进一步说明，万善尼寺位于休祥坊的东南隅，乃是周宣帝在大象二年所立，在隋开皇二年，周氏皇后嫔御以下千余人为尼，安置在该寺。由此可见该寺的性质及其与皇家的关系，李静训死后葬于此地应与此有关。报告在描述此墓位置时，根据墓志中“即于坟上构造重阁”，推测墓上的夯土台基有可能就是此重阁的高台基础，台基的长宽残为50米×22米，我们根据这个台基的规模，可以将其与北朝至隋唐的佛寺规模简单比较一下。唐长安青龙寺遗址塔院3号殿堂是早晚两期重叠的台基遗址，晚期台基东西长40.4、南北宽24.9米，早期台基东西长57.2、南北宽26.2米，而报告推测早期台基为隋代所建灵感寺的一部分，这个应该与李静训墓所在万善尼寺台基时代最为接近，晚期台基是在唐武宗灭佛后在其上恢复的建筑[②]。西明寺遗址殿址东西长50.34、南北宽32.15米，西明寺为唐高宗时期所立，殿址规模反映唐前期情况[③]。向前追溯到北朝的材料，可以与赵澎城佛寺的材料做比较，赵彭城佛寺西南院南北中轴线偏北部位，勘探发现一座大型夯土建筑遗迹，东西长约38、南北宽约20米，简报认为该遗迹具有西南院落中央佛殿性质[④]。2011年，邺城考古队在赵彭城佛寺东南院也发掘了一座大型殿堂式建筑基址，该遗迹坐北朝南，平面呈横长方形，东西面宽36.6、南

① 中国社会科学院考古研究所编著：《唐长安城郊隋唐墓》，文物出版社，1980年，第25页。

② 中国社会科学院考古所西安唐城队：《唐长安青龙寺遗址》，《考古学报》1989年第2期，第231-262页，图版玖-图版贰拾。

③ 中国社会科学院考古研究所西安唐城工作队：《唐长安西明寺遗址发掘简报》，《考古》1990年第1期，第45-55页，图版陆-图版捌。

④ 中国社会科学院考古研究所、河北省文物研究所邺城考古队：《河北临漳县邺城遗址赵彭城北朝佛寺遗址的勘探与发掘》，《考古》2010年第7期，第31-42页，图版陆-图版玖。

北进深23.4米[①]。李静训墓位于万善尼寺内，上面有重阁，考古发现的这个台基或许就是寺内的殿堂、殿阁类建筑，墓志也说“遥追宝塔”，从上面北朝到隋唐佛寺规模比较观察，李静训墓上佛寺殿阁建筑规模要比北朝赵澎城东南院、西南院内的佛殿大，与隋唐如青龙寺、西明寺这样的佛寺中的佛殿规模相差不大。

此外，李静训墓上台基建筑，如果是在佛寺内，又直接叠压在墓葬之上，那么这座殿阁是否是坟寺建筑呢？无论如何，这又给我们增加了新材料。同时，李静训是一个年仅9岁的小女孩，这也给我们增加了未成年人死亡的丧葬材料，我们也可以从这一线索观察李静训墓。李静训墓中出土随葬器物较多，但是随葬器物的摆放也有其特殊的地方，墓室中仅在石椁的前面放置墓志，墓志的底部及周围都有一层烧过的黑色纸灰痕迹，墓室及墓道内，除了墓志外，再也没有其他随葬器物，大量的随葬器物集中在石椁内和石棺内，这比较奇特。石椁内石棺的顶上放置的器物基本上是庖厨模型明器和一些牛俑和马俑，石棺四周放置的是家禽家畜俑、男女俑等。随葬品的摆放也与一般隋墓不同，值得注意。

总之，李静训墓中的佛教因素至少可以体现在如下几个方面：一是地点特殊，在离皇城不远的佛寺内，而且这个佛寺与皇家女性有很密切的关系；二是墓上有一个建筑，这个建筑是重阁，考古也在墓葬上面发现了夯土台基，这也许是墓志所言重阁的基础，其目的是“遥追宝塔”。这是从墓上建筑考虑的，是否与坟寺有关，可以思考；三是墓志中所言的与佛教有关的内容。墓志中与佛教有关的一方面是描写李静训为周皇太后杨丽华所养的描述，如“摄心八解，归依六度”“戒珠与明珰并曜，意花与香佩俱芬”等，另外就是直接对其死后丧葬礼仪的安排，如埋葬于万善道场内，坟上有遥追宝塔的重阁，李静训仿佛就是花童，或许就是莲花化生的童子；另外“永藏金地，庶留连于法子”也应该与佛教有关。后面还有戒香、法水，有金牒，有银函，有阁，有月殿，有霜钟，有檐上悲鸣的春鸟。其实，我们通过这个墓志可以看到此时皇家对一个未成年女孩丧葬的佛教仪式安排，这是非常难得的材料。另外，根据《魏书·释老志》的记载，至少到了北魏真君六年，规定在城内不得留瘗，原来葬于寺内的惠始也就不得不葬于平城的南郊了[②]，由此可见，李静训葬在休祥里万善尼寺内，以北魏情况视之，也属于不同寻常了。

李静训的外祖母杨丽华为北周宣帝的皇后，《周书》卷九《后妃列传》中不见其信仰佛教的记载，大业五年，杨丽华从隋炀帝幸张掖，殂于河西。杨丽华是隋炀帝的姐姐，而隋炀帝萧后的弟弟萧璟也是一个非常著名的佛教徒，《冥报记》卷中有“隋

① 中国社会科学院考古研究所、河北省文物研究所邺城考古队：《2011年度河北临漳邺城遗址赵彭城北朝佛寺发掘》，《中国文物报》2012年2月24日第4版。

② （北齐）魏收撰：《魏书》卷一百一十四《释老志》，中华书局，1974年，第3295页。

萧璟”条，详细记载了一个佛教信仰者萧璟的死亡前后情况①。S. 4553《大通方广经卷上清信女令狐妃仁等题记》载：“大隋仁寿三年（603年）二月十四日清信女令狐妃仁，发心减割衣资之分，敬写大乘方广经一部，愿令七世父母及所生父母，见在家眷所生之处，值佛闻法，与善知识共相值遇，命过已后，托生西方无量寿国，及法界众生同沾斯愿。清信女仁是是，亦劝化助写供养。妃仁息男吕胜遵持心供养。息女阿漫存心供养并愿同上愿。”②清信女是为了七世父母等能够托生西方无量寿国。由此可见佛教观念的变化。

与李静训墓中的石棺类似的葬具，在唐代一些高等级墓葬中发现不少，一般称之为石椁。冉万里对唐墓使用石墓门、石棺床、石棺椁进行了统计③，如永泰公主墓石椁④、懿德太子墓石椁⑤、薛儆墓石椁⑥、李寿墓石椁⑦、李宪墓石椁⑧等。这些石椁整体呈房屋形状，上面线刻有许多花草、鸟兽、人物等，文化内涵丰富。最近公布的唐玄宗武惠妃贞顺皇后敬陵被盗石椁材料⑨，由于其体量较大，石刻题材丰富，且有色彩鲜丽的彩绘，引起许多学者对其研究，其主要争鸣集中在石椁线刻题材的宗教内容方面。葛承雍认为武惠妃石椁线刻画具有希腊艺术因素，石椁围绕冥界的主题没有采用佛教涅槃超度、道教仙游升天，以及儒家的恩泽慈爱⑩。希腊文化的传播者可能是景教

① （唐）唐临撰，方诗铭辑校：《冥报记》卷中，中华书局，1992年，第20-21页。

② 转引自公维章：《涅槃、净土的殿堂：敦煌莫高窟第148窟研究》，民族出版社，2004年，第121页。

③ 冉万里：《隋唐考古》表三“唐墓使用石墓门、石棺床、石棺椁统计一览表”，陕西人民出版社，2009年，第135-138页。唐金乡县主墓报告中也有一个“唐代石葬具一览表”，详参西安市文物保护考古所（王自力、孙福喜）编著：《唐金乡县主墓》表五“唐代石葬具墓葬一览表”，文物出版社，2002年，第100-102页。

④ 陕西省文物管理委员会：《唐永泰公主墓发掘简报》，《文物》1964年第1期，第7-33页，图版壹-图版陆。

⑤ 陕西省考古研究院、乾陵博物馆编著：《唐懿德太子墓发掘报告》，科学出版社，2016年，第35-111页。

⑥ 山西省考古研究所编著：《唐代薛儆墓发掘报告》，科学出版社，2000年，第9-12页。

⑦ 陕西省博物馆、文管会：《唐李寿墓发掘简报》，《文物》1974年第9期，第71-87页，图版贰、图版伍。

⑧ 陕西省考古研究所编著：《唐李宪墓发掘报告》，科学出版社，2005年，第16-18页。

⑨ 程旭主编、陕西历史博物馆编：《皇后的天堂：唐敬陵贞顺皇后石椁研究》之《唐敬陵贞顺皇后石椁》，文物出版社，2015年，第26-109页。

⑩ 葛承雍：《唐贞顺皇后（武惠妃）石椁浮雕线刻画中的西方艺术》，程旭主编、陕西历史博物馆编：《皇后的天堂：唐敬陵贞顺皇后石椁研究》，文物出版社，2015年，第112-125页，原载《唐研究（第十六卷）》，北京大学出版社，2010年。

传教士，武惠妃死后的安葬活动，或许有景教士参与①。程旭认为武惠妃石椁纹饰具有外来文化以及佛教对丧葬文化的影响，线刻画题材中具有佛教因素的有胡人神兽图、伎乐图、飞天供奉、迦陵频伽、莲花童子等②。杨瑾注意到了武惠妃石刻线画中的波斯、祆教艺术，如半鸟半兽图像、胡人驭兽图像、骑马供奉神祇图像等；同时也注意到了狮子形象的佛教意义。所以，其认为武惠妃石椁线刻画内容可能混杂了佛教、祆教等多种文化内涵，具有多元文化融合的特征③。我们从此类石椁的遗存组合，以及石椁线刻的具体题材上，也能观察到丧葬遗存中佛教因素的存在，如李寿墓中有歇山顶石椁，后甬道东壁壁画绘寺院图，西壁绘道观图，封土前有石柱。永泰公主石椁、贞顺皇后石椁、李宪石椁上的迦陵频伽，呈站立状，手捧盘或者花朵，呈供奉器物状。冉万里将此类迦陵频伽划入第一类B型，与此类似的有唐开元二十四年（736年）大智禅师碑碑侧线刻的迦陵频伽④。不过，陈凌在对中国境内的中古祆教徒葬俗考论时认为，昭武九姓胡石棺床是突厥石棺与中原屏扆大床、榻以及围屏等相结合的产物，反映出在华昭武九姓文化中，夹杂有突厥和中原两种文化因素。陈凌文中还列有石棺床情况表，将北朝至隋唐的围屏石榻、石椁、石室等悉数列出，其中就包括李静训的石棺，而李静训家族血统全为胡族⑤。如此，与此类石椁宗教属性的复杂相对应，其族别及来源等文化因素亦很复杂。

位于山西万荣的唐代薛儆墓，也出土了一件石椁⑥。石椁为庑殿顶房屋形状，石椁底座雕有12个壶门，内雕花草、鸟兽等图案。石椁中部内外由石板和倚柱构成，上面雕刻有花草、鸟兽，以及姿态各异的供侍人物等，其中编号为外19的石椁椁板上雕刻有立于莲台上的鸳鸯，外4中部有盛开的莲花，花上站有一舞蹈戏耍的小孩。石椁的内14和16侍女手拈莲花（图5-2）。墓内出土墓志一合，志盖中间篆书“河东薛府君墓志之铭”，四斜面雕刻四神，朱雀两侧还雕刻有捧物和双手合十的人首鸟身图像。志石为方形，四侧雕出十二生肖。根据志文，墓主为驸马都尉、上柱国、汾阴郡开国公薛

① 葛承雍：《再论唐武惠妃石椁线刻画中的希腊化艺术》，程旭主编、陕西历史博物馆编：《皇后的天堂：唐敬陵贞顺皇后石椁研究》，文物出版社，2015年，第126-141页，原载《中国国家博物馆馆刊》2011年第4期。

② 程旭：《唐武惠妃石椁纹饰初探》，程旭主编、陕西历史博物馆编：《皇后的天堂：唐敬陵贞顺皇后石椁研究》，文物出版社，2015年，第154-167页，原载《考古与文物》2012年第3期。

③ 杨瑾：《唐武惠妃墓石椁纹饰中的外来因素初探》，程旭主编、陕西历史博物馆编：《皇后的天堂：唐敬陵贞顺皇后石椁研究》，文物出版社，2015年，第168-183页，原载《四川文物》2013年第3期。

④ 冉万里：《唐代长安地区佛教造像的考古学研究》，科学出版社，2017年，第141页。

⑤ 陈凌：《中国境内中古祆教徒葬俗考论之二》，余太山、李锦绣主编：《欧亚学刊（新8辑）》，商务印书馆，2018年，第24-49页。

⑥ 山西省考古研究所编著：《唐代薛儆墓发掘报告》，科学出版社，2000年，第3-12、24-63页。

儆，开元八年（720年）薨，第二年归葬于万泉之孤山，其妇为鄎国长公主。薛儆墓石椁上的题材比较丰富，许多是与其他石椁相似的，也出现了一些与佛教信仰有关联的要素，如莲花童子、莲花座等，那么薛儆墓石椁是否具有佛教因素呢？在薛儆墓道天井内出土了墓表2件，残存顶部，形制可见八角形座、联珠纹、仰莲座，以及莲座上面的宝珠。此形制墓表石柱柱顶，与法门寺地宫灵帐中心的长明灯形制有相似之处，八棱台上为仰覆莲座，中间为凸起的宝珠，最上为火焰[①]（图5-3）。此外，根据薛儆墓志志文，薛儆死后丧葬事宜主要由其妻鄎国长公主操办，而鄎国长公主是佛教信徒，《大唐鄎国长公主神道碑铭》载：

图5-2　薛儆墓石椁线刻侍女
（采自《唐代薛儆墓发掘报告》图五三、图五四，第44页）

臣闻……皇唐鄎国长公主者，睿宗之第七女也。母曰崔贵妃……求之令族，嫔于薛氏尔……迨公主成笄之日，外除过制，内疚余哀，手写金字梵经三部，躬绣綵线佛像二铺。贝叶真偈，现心相于银钩，莲花妙容，呈意生于玉指，孝思惟则，道远乎哉……其后君子晨歌，夫人昼哭，未亡为称，生意尽矣。抚视遗孤，将守柏舟之誓，志祈剃落，永从奈苑之游。朝制断恩，改降郑氏……开元十三年二月庚午薨于河南县之修莹里……有诏光禄卿孟德监护丧葬，京兆少尹能延休副焉。窀穸之礼，一如凉国长公主故事……[②]

鄎国长公主是一个佛教信徒，曾经手写过梵经，还亲自绣过彩线佛像。故而，当其在处理其夫薛儆的丧葬事宜时，我们有理由相信她或采取了与佛教有关的活动。从这个角度，加之凸起宝珠的墓表柱顶，以及莲花、拈花等，薛儆石椁存在佛教因素大致不误。

① 陕西省考古研究院、法门寺博物馆、宝鸡市文物局、扶风县博物馆编著：《法门寺考古发掘报告》，文物出版社，2007年，第236、243页。

② 山西省考古研究所编著：《唐代薛儆墓发掘报告》，科学出版社，2000年，第76-77页。

图5-3　法门寺地宫出土灵帐
（采自《法门寺考古发掘报告》图一六二，第243页）

对此类石椁材料的研究，尽管我们可以根据遗存组合来推测其可能具有佛教信仰，乃至结合推定文献。但是，我们要清醒地认识到，遗存的纹饰，甚至某个特征、某个点与佛教有关联，但是并不一定这个遗存或者这件器物就一定与佛教有关联。正如有莲花不一定是与佛教有关的道理是一样的。而且，其他性质的遗存也会借用或者融合佛教的一些特征点、因素等。在混合的状态下，非要明确其信仰属性是有一定困难的。进一步说，遗存中出现了明确与佛教有关的因素或者相关内容，也不一定能够确定此遗存，或者遗存组合中某一件器物就一定具有佛教信仰性质。隋唐墓葬中的石椁研究就面临着这样的路径困惑。当我们将这些材料统一起来看时，就可能涉及丧葬礼制问题。如果石椁、石柱、石门等遗存上面的纹饰及使用等具有佛教因素，但是这些器物的使用本身属于丧葬礼制，这就涉及礼制性的遗存、遗物与个人宗教信仰的关联性问题。笔者以为，单纯器物及组合属于制度性的内容，这种使用应该从制度性角度去考虑，而不应牵扯个人的宗教信仰以及墓葬遗存中出现的宗教因素。当然，我们在制度性框架下也应该考虑到个别特征、个别器物的差别，这种差别或许就来自信仰属性的影响，或者区域性的文化氛围。

陕西省文物管理委员会曾对关中唐陵进行了多次调查，形成了比较全面的唐陵布局与结构成果①，具体如下。关中唐陵建筑大致分为三部分：陵寝是主体建筑，有高大的墓冢，有围墙及献殿，这一部分似乎类似于唐长安城的宫城；自陵园围墙朱雀门向南，有三对土阙，象征着三重宫门，在第一土阙和第二土阙之间，长约1千米，两旁陈列着石人、石马、石鸵鸟等，犹如唐长安城的三省、九寺等衙署，这一部分象征着唐长安城的皇城；自第二土阙与第三土阙之间，长2～3千米，分布着功臣密戚的陪葬墓，星罗棋布，如同坊里，这一部分相当于唐长安城的外郭城。乾陵陵寝的四周筑有围墙为内城，城为方形，东西宽1450、南北长1582米，四角各有一大土墩，似为角楼，四面各开一门，南为朱雀，北为玄武，东曰东华，西曰西华，南门有大道“御道”。各陵内城南门外有二对土阙，其余三门各有土阙一对。张建林根据考古新发现，专门梳理了唐代帝陵的寝宫，认为唐代帝陵中设置的专门用于祭祀的建筑群，应当称为寝宫。从文献观察，寝宫有南北门、寝殿、东庑，寝殿又有东西阶、东西厢等；从考古发现分析，寝宫宫城有内外两重城垣，外城、内城的南面均开有门，内城有两进院落，各有一座大型建筑和两侧的小型建筑。除唐高祖李渊献陵外，其他帝陵的寝宫均设在陵山及陵园的西南方；寝宫的外围有宫城城垣及门，寝宫内以寝殿作为中轴线的主体②。

---

① 陕西省文物管理委员会（贺梓城）：《“关中唐十八陵”调查记》，文物编辑委员会编：《文物资料丛刊（3）》，文物出版社，1980年，第139-153页，图版拾柒、图版拾捌。

② 张建林：《唐代帝陵的寝宫——考古新发现与文献的再梳理》，《庆贺徐光冀先生八十华诞论文集》编委会编：《庆贺徐光冀先生八十华诞论文集》，科学出版社，2015年，第482-498页。

内城南门内有一座较大的建筑遗迹，应是原来的献殿（寝宫），各陵的西南面都有建筑遗迹，昭陵内城西南约400米处有一遗址，可能是守陵官员和宫人居住的地方。献陵四门内各有石虎一对，内城南门南有石犀一对，再南面为华表一对。昭陵东西庑陈列太宗生前所乘六匹战马浮雕，即“昭陵六骏”，玄武门内陈列着永徽年间所刻十四尊“蕃酋长”像，有突厥的阿史那氏、高昌王等。乾陵以后，陵墓石刻有一定制度，如乾陵内城四门外各有石狮一对，由南门石狮向南60米有石人十对（乾、定、桥三陵石人均为中郎将，拄剑而立，泰陵以后的十三陵均左文右武），再向南130米有石马五对，再南95米为鸵鸟一对，再南235米为翼马一对，再南284米为华表一对。乾陵北门之北又有立马六匹，号曰“六龙”，表示这里是帝王陵寝制度中的内厩。景陵、简陵的北门外，有小型石狮两对，乾陵、泰陵、崇陵南门外有东西陈列石刻立像多尊，乾陵六十一尊，泰陵、崇陵各八尊。高宗葬时，周边少数民族及邻近国家首领共61人前来乾陵参加典礼，刻石记之，乾陵石像背部刻有国名、官职、姓名，尚可见的有木俱罕国王斯陀勒、于阗国王尉迟儆、吐火罗王子持羯达健等7人。唐陵陪葬墓石刻材料丰富，以初唐和盛唐为佳，一般有石人、石虎、石羊、石狮和华表。昭陵陪葬墓李勣墓前有石人一对，东为三羊，西为三虎；唐陵各陪葬墓还保存有相当数量的碑石，山陵中还有许多陪葬墓，其中以昭陵为多。昭陵现存碑碣中有一“张阿难碑”，年代为咸亨二年（671年），撰书人为“僧普□书”，存百余字[①]。

宋敏求《长安志·长安志图》卷中所绘唐昭陵图、唐建陵图，陵园的外侧有寺院，具体情况后面的图说及图志杂说没有明确说明[②]。唐高祖李渊第四代祖宣皇帝李熙的建初陵及第三代祖光皇帝李天赐的启运陵，位于河北隆尧县城正南魏庄乡，二陵合茔，合称“大唐帝陵”。李兰珂撰文对隆尧唐陵及光业寺碑进行了详细的介绍[③]。现据《全唐文补遗（第一辑）》录文如下：

> 大唐帝陵光业寺大佛堂之碑
>
> 大唐开元十三年岁次乙丑六月癸丑朔二日甲寅赵州象城县光业寺碑并颂
>
> ……
>
> 光业寺者，盖开元八代祖宣皇帝、七代祖光皇帝陵园之福田也。总章之年，奉敕置是额曰“光业”焉。於戏！……贞观廿年，累遣使臣左骁卫府

① 陕西省文物管理委员会（贺梓城）：《“关中唐十八陵”调查记》附表一，文物编辑委员会编：《文物资料丛刊（3）》，文物出版社，1980年，第146页。

② （宋）宋敏求撰、（元）李好文撰，辛德勇、郎潔点校：《长安志·长安志图》，三秦出版社，2013年，第38-68页。

③ 隆尧县文物保管所（李兰珂）：《隆尧唐陵、〈光业寺碑〉与李唐祖籍》，《文物》1988年第4期，第55-65页，图版三。

长史孙尊师，与邢州刺史李宽、赵州刺史杜敖等，检谒茔域，画图进上。麟德元年，敕：宣简公懿王陵墓，并在赵州，各宜配守卫户卅人，仍令所管县令，专知检校刺史，岁别一巡。逮乎仪凤之年，追上尊号曰……皇祖简宣公，谨追上尊号谥宣皇帝。皇祖妣夫人张氏，谨追上尊号谥宣庄皇后。皇祖懿王，谨追上尊号谥光皇帝。皇祖妣妃贾氏，谨追上尊号谥光懿皇后……至其年五月，敕：皇祖宣皇帝陵，以建昌为名。皇祖光皇帝陵，以延光为名。有司依式。中书令臣李敬玄宣，中书侍郎同门下三品臣薛元超奉，中书舍人臣刘祎之行。既而礼备昭告，恭惟奉行……钦若勤修之果，实光帝业者欤。借如影散真严，仍留宝塔。函分舍利，尚积珠台。况乎剑履前湖，不无仙馆；桑梓旧国，须筑法宫。于是乎百堵齐举，千栌竞设。工倍斯巧，不日而成……斜界城池，参差舍卫，高悬毕昂，依稀佛星……银函经藏，竺篮之所来传。玉露仙槃，长老叹其稀有。大士持论，则高举胜幡。南云雨香，则迴拥华盖……寺有阿育王素像一铺，景皇帝玉石真容一铺，铭勒如在，故总章敕云：为像为陵，置寺焉。……爪发掩于珠函，天衣藏于银田叠……而鹫山空寂，终悲说法之堂；雪岭深岑，永痛安居之寺。于是乎像教住法，塔庙瞻仰。神鬼八万，争圆满月之容；巧工三十，共画开莲之相。罗汉取雄黄之树，即日成龛；沙门奉交露之珠，尔时营塔。是以育王申愿，果见分躯；景帝归依，湛然常乐。……展敬陵园，归诚法海。谛听兹肃，瞻颜无怠。凡阙有情，千百斯倍。摩诃功德，不可思议。座满狮子，地尽琉璃……常乐超然。①

这段碑文非常重要，它既告诉我们唐祖陵及陵寺的相关情况，也详细记载了佛教进入中国，影响到帝王陵寝制度、影响陵寝布局的陵寺的详细情况，包括陵寺因何建造、陵寺的作用、陵寺的规模结构及建筑的辉煌等。

根据光业寺碑文，隆尧唐陵开始建造的时间最迟不晚于贞观二十年（646年），建成的时间不晚于麟德元年（664年）。隆尧陵区现低洼一片，石刻倒地，封土无存。1984年，陵区洼地的北部发现两座砖室墓的券顶，两墓南北相距25米，南面砖室墓向南25米，发现砖瓦和建筑基址，应为献殿类遗址，此建筑基址再向南约70米为陵区神道的北端。神道南北长约100、东西宽约40米，神道两侧分列八对石刻，每对基本对称，东西石刻间隔32米左右。原来石刻至少有20件，现存残毁较轻者有8件、毁坏较严重的有10件、另外2件不存。其自南向北依次为：石柱1对，柱身为八棱体，残断，座

① 杨晋：《大唐帝陵光业寺大佛堂之碑》，陕西省古籍整理办公室编、吴钢主编：《全唐文补遗（第一辑）》，三秦出版社，1994年，第14页下栏至第17页下栏。

埋于地下。西柱残高1.5、东柱残高1米，八棱柱直径0.6米。顶盖倒伏于地上，盖形制上为仰莲座，座上承托摩尼宝珠，盖的下部为八边形座。石飞马（翼马）1对，在石柱的北面13米处，马头已经缺失，前腿上刻卷云纹浮雕羽翼；石鞍马（仗马）2对，南面一对距离飞马12.3米，2对鞍马之间间距12.5米。鞍马全高1.76米，下为两层台座，第一层座与马身为一体，第二层座为单独一石。4匹鞍马的形制基本一致，有鞍鞯、笼羁、鞍鞦，鞦的两侧各有三只杏叶，缚尾。4匹鞍马的左侧各有一控马人，着翻领衣，系腰带；石人（翁仲）4个，原应为三对6个。南面一对石人距离北面一对鞍马17米，每对石人间距12米，南面石人戎装按剑，北面两队褒衣拱手，这三对石人应为文武侍臣；石狮子1对，距离北面1对石人13.7米，均高1.5米，昂首挺胸，后蹲，作雄踞之势，怒目前视，张口吼叫，颌下雕三绺胡须，脑后毛发卷曲，四肢肌腱暴凸。

光业寺在唐陵正东偏南，现已毁没，《光业寺碑》是该寺幸存下来的唯一的唐代碑刻，该碑于开元十三年（725年）六月大佛堂建成之后，立于寺院中殿的东侧。青石质地，原碑连座高达5.5米，碑首顶部四龙盘绕，双龙后爪共戏火焰宝珠于碑额正中上方，宝珠下面为圭形佛龛，龛内雕一佛二菩萨，龛右侧楷书“皇帝供养”四字，左侧缺，或应为“皇后供养”四字。碑身正面正中刻“大唐帝陵光业寺大佛堂之碑”，现存2000多字。

李寿墓位于陕西三原，地上有圆锥形封土，紧靠封土由北向南排列着石人1件、石羊2对、石虎1对、石柱1对。墓葬整体由墓道、过洞、天井、小龛和墓室等组成。甬道内有石门，将甬道分为前后两部分，石门后面放龟形墓志一合。墓室近似正方形，西部放石椁一具。墓道、过洞、天井、甬道和墓室绘满了壁画。墓道东西壁的壁画分为上下两层，下层为骑马出行图，东西对称；上层为飞天、狩猎图，东西对称。过洞的壁画内容有步行仪仗图、列戟图、重楼建筑图、农耕图、牧养图、杂役图；甬道口东西壁的上部各绘一个飞天，飞天身披彩带，手捧莲花。飞天下面有两人，一人腰佩剑，一人双手持弓。甬道中部东西壁绘对称的内侍图、侍女图，甬道的顶部绘四组大型的忍冬图案，东西两边各绘飞天三个，手捧莲花，面向墓室方向飞翔。过洞的龛门边饰均是大忍冬纹样。甬道的后段，东壁绘一寺院，寺院正面辟门，四周绕有围墙，里面有殿堂、双阁等建筑。殿内有沙弥十余人，有的双手合十，有的盘坐，有的在殿堂旁走动；甬道后段的西壁绘有一道观，同样也是正面有门，以墙围成院落，分为前后两部分，道观周有回廊，后院有殿一座，殿的内外有道士、女冠等在活动。道观的前院有双阁，其中一个阁内悬挂钟一口，旁有道士做撞击状。墓室西壁上部绘马厩及草料库；北壁东部绘庭院一座，门旁有列戟一架，院内左上角绘有台阁、山石、树木等，贵妇和侍女正在游园，下面有乐舞一组；南壁下部可见两侍女图（图5-4）。龟形墓志全身彩绘贴金，龟背篆刻“大唐故司空公上柱国淮安靖王墓志铭”，龟背甲下为志文。简报也有对李寿墓石门的描写，但尹夏清的描写比较详细，李寿的石墓门门额

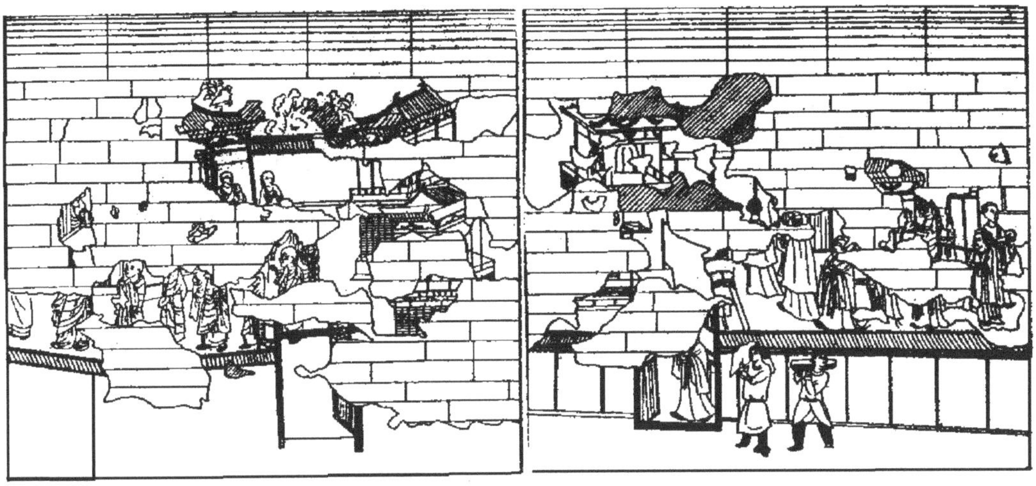

图5-4　李寿墓后甬道东壁寺院图（左）、西壁道院图（右）
（采自《唐李寿墓发掘简报》图二六、图二七，第83页）

的正中雕刻浮雕兽头，彩绘贴金，獠牙外露，头部两侧刻出猛兽的前肢和爪，头部上方两角之间有宝珠装饰，左右门柱上装饰缠枝忍冬纹饰。门扉正面上部浮雕凤鸟，下部雕刻彩绘贴金朱雀。门扉的里面唯阴线刻的天王像，右门扉的天王有背光，身着明光铠，右手持三叉戟，脚踩小鬼；左门扉里面天王也有背光，左手持剑，右手拄三叉戟，脚踩小鬼。门柱的下部左右各雕刻一蹲狮[①]（图5-5）。李寿墓石椁上也有浮雕、线刻与彩绘。石椁的外部为浅浮雕并彩绘贴金的四神、武卫、文武侍从、骑龙驾凤的仙人等画面，里面为阴线刻的乐舞、侍女、内侍、男女侍从、星象等画面。椁底四周为阴线刻的十二生肖像[②]（图5-6）。

李寿墓随葬器物比较丰富，有彩绘贴金的武士俑、镇墓兽、仪仗俑、骑马俑、舞俑、彩绘贴金的驮马、陶罐、瓷碗、瓷罐、金带扣、铜碗、铜镜、玉珠、玻璃瓶、料珠等。铜镜就有素面镜2件、十二生肖镜1件、重列神兽镜1件等。李寿薨于贞观四年，葬于贞观五年（631年）。倪润安专门对李寿墓壁画进行了研究，对其中的寺院道观图及甬道上的飞天，结合考古材料和历史文献进行了论述，主要阐述其历史背景和文化渊源[③]。

① 尹夏清：《李寿石墓门与石墓门装饰艺术的发展》，《文艺研究》2010年第1期，第150-152页。拓片可参见冉万里《唐代长安地区佛教造像的考古学研究》图3-1-9“陕西三原李寿墓墓门内侧线刻天王像”，科学出版社，2017年，第116页。

② 陕西省博物馆、文管会：《唐李寿墓发掘简报》，《文物》1974年第9期，第71-88、61页，彩版贰、图版伍。

③ 倪润安：《唐李寿墓壁画的“贞观探索”》，《考古》2016年第11期，第104-112页。

1　　2

图5-5　李寿墓过洞小龛封门及墓门石刻

1. 第四过洞东小龛封门正视图　2. 李寿墓墓门石刻正视图

（分别采自《唐李寿墓发掘简报》图二、图九，第72、76页）

图5-6　李寿墓石椁外线刻画

（采自《西安碑林博物馆》，第87页）

高力士墓位于陕西省蒲城县，是唐十八陵中玄宗泰陵的陪葬墓[①]。文献记载中的高力士有许多奉佛的事迹，如《旧唐书·高力士传》中记载“力士资产殷厚，非王侯能拟，于来庭坊造宝寿佛寺”。高力士的墓葬也已经考古发掘，这是正史有记载、考古有材料的非常好的墓例，我们可以据此来分析墓葬中的佛教因素遗存。

高力士墓墓前原立有一碑，上题“大唐故开府仪同三司赠扬州大都督高公神道碑”。封土残高7米，底边周长48米，夯筑。斜坡墓道，上有天井四个，三个过洞，每个过洞两侧各有一壁龛，共六个壁龛，壁龛内放置陶俑。甬道内有石门，石门由门额、门楣、左右门框、左右门扉、左右门砧和门限组成，上有线刻图案。石门门额半圆形，线刻主题为双凤对舞，以花朵、草叶为陪衬图案。门楣为两兽相向奔跑，正中为一朵大花，周围衬以花朵、草叶。左右门框线刻花朵，门扉线刻左为文官、右为武将。墓室平面为四壁向外弧凸的正方形，边长4.2米，四角攒尖顶，墓室四壁绘制壁画，室内置石棺床，外侧有线刻图案。石棺床平面线刻的内容全部为团花，立面的主题为七只怪兽，七只怪兽分别立于七个壶形的开光内，造型相同。墓室内还散乱地发现一些遗骨，属于一60岁以上之老年个体，应该是高力士本人的。壁画脱落、破损严重，甬道顶部残存红彩卷云图案，西壁可见男子、树木、花草及蝴蝶，整幅壁画内容应该是墓主出行游玩所携带的仆从及用具。墓室四壁都绘有壁画，东、西两壁各用宽5厘米的红彩分为六屏，每屏高1.65、宽0.6米，十二屏内分别绘有兽首人身的十二生肖。墓室南壁绘有大鸟，应该是朱雀，北壁壁面脱落过甚，画面内容无考。出土器物有陶俑、钱币及墓志石。

整个墓葬中没有明显的与佛教有关的器物及图案，但是墓志中最后关于高力士去世时的记载，值得注意。志文记载：“宝应元年，有制追赴上都中路闻，天崩地坼，二圣下席长号泣血，勺饮不入口，惜举髯而无极，俄易箦而长辞，其八月八日终于朗州龙兴寺，享年七十三，舆榇至京。恩制赠开府仪同三司扬州大都督，仍陪葬泰陵。”可见，高力士最后的辞世是在朗州的龙兴寺，这应该与其长期奉佛有关，也有可能其去世时选择在佛寺中，也是希望佛教能够超度其死亡，或许龙兴寺就为高力士举办过一些超度佛事。高力士墓棺床平面线刻团花，或许可以与平城棺床彩绘莲花、湾漳北朝壁画大墓墓道、潼关税村隋壁画墓石棺大莲花等，一并考虑。

唐代梨园弟子曹乾琳及其妻刘那罗延墓志[②]，现收藏于洛阳师范学院河洛文化中心

① 陕西省考古研究所：《唐高力士墓发掘简报》，《考古与文物》2002年第6期。

② 毛阳光：《洛阳出土唐代梨园弟子曹乾琳墓志及相关问题探析》，武汉大学中国三至九世纪研究所编：《魏晋南北朝隋唐史资料（第三十三辑）》，上海古籍出版社，2016年，第57-73页。本书关于曹乾琳及其妻刘氏材料及相关问题均采自此文，根据该文描述此墓志材料应非考古发掘出土，收藏者先为私人，后为洛阳师范学院河洛文化中心文物陈列馆，因此材料志文内容与粟特、佛教等有关，可资参考，故集于此，特此说明。

文物陈列馆，根据毛阳光描述，应该不是考古发掘出土器物。曹乾琳墓志长宽各47厘米，志盖和边均线刻花蕊及叶片，盖文“大唐故曹府君墓志铭”，现据毛阳光墓志录文，如下：

> 府君讳乾琳，字宝鼎，雍州高陵人也。本姓何……舅氏曹公，皇左武卫大将军。察府君无诡色于下，不谄情于上。遂进名入内，供奉圣朝。出入金门，徘徊凤阙。天仗之下，别受恩晖。万圣亲教殊绝之艺。曹氏之姓，因此继焉。后天宝末，戎夷乱常……书官当位，受游击将军、守左金吾卫大将军员外置同正员，赐紫金鱼袋、上柱国，兼试关禄卿……府君有堂弟曰义忠，曰英等，抚榇长号，哀深至性……以贞元十三年三月九日享年六十九终于东都河南县私第。孀妻主丧，孤妹号绝。以其年八月十三日迁葬于龙门乡南王村天竺寺石门北之岗阜也。其处也，松柏迎合，烟染新坟……

其妻刘那罗延墓志长宽各37厘米，墓志盖及志边均线刻有莲花花纹，据毛阳光文录文如下：

> 曹府君夫人刘氏墓志并序
>
> 怀州济源县处事（士）刘公令女曰那罗延者，本彭城之族也。今随夫是从，为河南人也……夫人主家严敬，治生守约。孀居已远，志行唯和。深信佛僧，至存因果。或圣善大殿，或诸寺迦蓝。有所施之，无心不遍。降此之外，余资自焉。空驰向暮之心，每叹浮生之息。虽年寿八十一，而从至之礼犹存。今古难俦，人不可及。嗟夫，以元和八年正月一日因疾而终于河县陶化坊私第里也，即于其年二月十三日合祔于龙门天竺寺前元夫之茔，礼也。加以养一男而曰多儿。育二女，长姊未事于良夫，幼妹先从于君子尹公……听令闻古，唯孝是仪。刻石志之，而作词曰：夫人之仪……一掩玄堂，千年永固。
>
> 唐元和八年岁次辛巳二月乙酉十三日丁酉建

曹乾琳卒于唐德宗贞元十三年，即797年，其妻刘氏那罗延卒于唐宪宗元和八年，即813年。二人墓址在河南县龙门乡南王村天竺寺石门北之岗阜，天竺寺为唐代洛阳龙门地区重要的佛寺，在今洛阳龙门寺沟村附近。墓址的选择或许与志文所载其妻刘氏信仰佛教有关，刘氏名那罗延，这也是佛教里神王的称号，对佛教的信仰还包括对佛寺的布施，其中就包括洛阳的圣善寺，刘氏应该是对圣善寺大殿的建设进行了布施，出资助建。曹乾琳死后的改葬，或许也与刘氏是一名佛教徒有关，曹乾琳墓志提到，乾琳的丧葬事宜是由其孀妻主办的，改葬至天竺寺附近，或许是出于刘那罗延的考虑，也是为了日后其作为一名佛教徒埋葬的方便，这应该是她的愿望。前述毛阳光文中还提到一些粟特人信仰佛教者，如康昭、史然等，他们死后均倾向于埋葬在佛教氛围浓厚的龙门地区。

文献中也有一些因特殊原因死亡而建造佛寺的，如《唐大诏令集》卷一百十三《为殒身戎阵者立寺刹诏》，与前《广弘明集》所引略有不同，亦录之。贞观三年，下《为殒身戎阵者立寺刹诏》：

> 至人虚已，忘彼我于胸怀，释教慈心，均异同于平等，是知上圣恻隐，无隔万方，大悲弘济，义犹一子。有隋失道，九服沸腾，朕亲惣元戎，致兹明罚，誓牧登陑，曾无宁岁，其桀犬愚惑，婴此汤罗，衔鬚义愤，终乎握节。各殉所奉，咸有可嘉。日往月来，逝川斯远，虽复项籍放命，封树纪于丘坟，纪信捐生，丹书著于图象，犹恐九泉之下，尚沦鼎镬，八难之间，永缠水火，揪然疚怀，用忘兴寝。思所以树立福田，济其营魄，可于建义已来交兵之处，为义士凶徒殒身戎阵者立寺刹焉。贞观三年润十一月[①]

又《新唐书》卷八十三《晋阳公主传》：

> 晋阳公主字明达，幼字兕子，文德皇后所生。未尝见喜愠色。帝有所怒责，必伺颜徐徐辩解，故省中多蒙其惠，莫不誉爱。后崩，时主始孩，不之识；及五岁，经后所游地，哀不自胜。帝诸子，唯晋王及主最少，故亲畜之。王每出閤，主送至虔化门；泣而别。王胜衣，班于朝，主泣曰："兄今与群臣同列，不得在内乎？"帝亦为流涕。主临帝飞白书，下不能辨。薨年十二。帝阅三旬不常膳，日数十哀，因以癯羸。群臣进勉，帝曰："朕渠不知悲爱无益？而不能已，我亦不知其所以然。"因诏有司簿主汤沐余赀，营佛祠墓侧。[②]

这也是在墓侧营建佛祠。《唐昭陵韦贵妃墓发掘报告》在论及昭陵山区陪葬的几位嫡出公主和妃嫔的墓葬时，也提到了晋阳公主墓的位置，在长乐公主墓的南偏东约400米。韦贵妃墓是距离昭陵陵山九嵕山最近的一座陪葬墓，位于昭陵陵山东南侧，在韦

---

① （宋）宋敏求编：《唐大诏令集》卷一百十三《政事·道释》，中华书局，2008年，第586页。

② （宋）欧阳修、宋祁撰：《新唐书》卷八十三《诸帝公主》，中华书局，1975年，第3648-3649页。

贵妃墓南山梁的半山腰处有唐阴嫔墓。韦贵妃墓东直线距离2千米处有燕妃墓，新城长公主墓位于韦贵妃墓东偏南1.2千米处，长乐公主墓和晋阳公主墓位于韦贵妃墓南1.5～2千米处[①]。

嗣虢王李邕及夫人扶余氏墓的墓前遗迹，为我们探寻墓前丧葬礼俗有关活动的空间提供了材料。李邕乃高祖第十五子李凤嫡孙，开元十五年（727年）因病去世。开元二十六年（738年），王妃扶余氏去世，附葬于夫君之茔。该墓在墓道南部东西壁开口线外各有数道凸棱，一直向南延伸至墓道南端开口之外，遗址有平坦坚硬的地面，有凹槽，有矮墙，在遗址最南部有东西两座门阙，均为主阙与子阙连接成一体的双出阙，两门阙间有夯土筑成的门槛。遗址南端门阙内有长方形土墩三座，东西向排列成一行，分居东、西、中方位，出土了朽木痕迹两处。报告将此遗迹称为墓头遗址，推测可能为丧葬礼俗过程中安置的帐幕，并推测其用途可能有如下一些内容：棺椁运至后暂行停放其内，以备下葬；棺椁进入墓室后，送葬者可由此临时性帐幕入内凭吊亡灵、观赏墓内装饰壁画以及设置葬具等；下葬后，在此帐幕内举行某种仪式，或请道人做法，或邀请僧侣诵经；摆放御赐物品与祭品、祭器之处[②]。

如果如上述推测，李邕墓头遗址与帐幕的临时设置有关，而且有可能是做法与诵经之处，那么这就是在墓葬考古发掘中的重要发现，这是与墓葬相关仪式进行留下的遗存，当然其中也极有可能是佛教仪式实施的遗存。这是墓葬考古学的重要发现。

唐懿德太子墓壁画题记报告录文为“杨䍐跬”“杨䍐□愿得常供养”[③]。该题记位于墓葬前室的顶部西侧凸棱的上方，距前室西壁壁顶相交处较近。在墨书题记的下方为西壁的14位侍女，分成南北两铺，有的捧仰覆莲的盖杯和托盏，有的捧金色浅盘，有的捧小口瓶，有的手捧蜡烛，有的执拂尘[④]。关于此壁画题记，王仁波[⑤]、翟战胜[⑥]等都提出一些认识。

懿德太子墓中还出土了塔式罐座、塔式罐兽面贴饰及塔式罐盖。塔式罐盖正中竖五层塔形纽，顶为宝珠形，塔形纽尚存朱红色彩[⑦]。我们推测这位愿得常供养的“杨䍐

---

① 陕西省考古研究院、昭陵博物馆编著：《唐昭陵韦贵妃墓发掘报告》，科学出版社，2017年，第3页。

② 陕西省考古研究院编著：《唐嗣虢王李邕墓发掘报告》，科学出版社，2012年。

③ 陕西省考古研究院、乾陵博物馆编著：《唐懿德太子墓发掘报告》，科学出版社，2016年。

④ 陕西省考古研究院、乾陵博物馆编著：《唐懿德太子墓发掘报告》，科学出版社，2016年，第154-160页。

⑤ 王仁波：《唐懿德太子墓壁画题材的分析》，《考古》1973年第6期，第381-393、371页。

⑥ 翟战胜：《懿德太子墓壁画墨书题记初考》，《文博》2013年第3期，第34-38页。

⑦ 陕西省考古研究院、乾陵博物馆编著：《唐懿德太子墓发掘报告》，科学出版社，2016年，第353-354页。

硅”，或许是与墓葬营建有关的官吏或匠人，也或许是某位僧人。无论如何，这种碎片式材料值得关注。与丧葬活动有关的佛寺，或者佛寺里面的僧人，在丧葬活动中主持一些什么样的仪式活动呢？我们可以佛教斋会疏文进行分析。曹凌专门梳理了中古佛教斋会疏文的演变[①]，文中提到圣武天皇《杂集》所收《镜中释灵实集》，根据内文及标题，可以知晓这位释灵实是唐开元时期活跃在越州的僧人，此文集中存有其为斋会法事所作的祈愿文，如《为人父母忌斋文》《为人父忌设斋文》《为人父母忌设斋文》《为人母祥文》《为人妻设斋文》《为人妻妊娠愿文》《为人息神通举及第设斋文》等。其中的《为人母祥文》中还罗列了“又写育王宝塔一区，造铜钟一口”等功德。曹凌文还提到空海的《遍照发挥性灵集》中的文书，多为度亡的法会所作，其中卷八有《三屿大夫为亡息女书写供养法华经竟说表白文》《有人为亡亲修法事愿文》《有人为先师修法事愿文》。

曹凌文中提到《五杉练若新学备用》三卷，为南唐僧应之所撰，现存有驹泽大学藏朝鲜天顺六年（1462年）刊本一件，其中卷下收有斋会祈愿文例，其中《为亡妻斋疏》及配套的《斋文》格式如下：

> 为亡妻斋疏
>
> 右稽首三身调禦十地圣人罗汉一切圣众，咸廻慈证，俯察哀诚，所申意者，伏惟亡妻……某七今晨，是以敬敞轩庭，特开法会……当愿便承佛记，永脱尘机……伏请表白。谨疏。
>
> 斋文
>
> 恭闻枫叶早凋，露珠易坠……即日某人令室云亡攸经某七，追悼去识，有兹会焉。伏惟某氏……伏愿身抛有漏，法悟无生，速归覩史之天，永绝阎浮之想。[②]

这份可能是南唐的斋疏文，告诉我们一个丈夫为死去的妻子所作佛事的斋文内容，需在某七晨日开法会，祈愿亡妻“速归覩史之天，永绝阎浮之想”。亦可作为唐代情况的参考。

观察唐代陵墓地面遗存时，佛寺是非常重要的佛教因素遗存。除此之外，陵园中的石柱也值得注意。高祖献陵石柱柱头雕有一兽，与南朝陵墓石柱柱顶蹲兽应有继承关系。但是乾陵以后的石柱发生变化，柱头由兽变成了摩尼宝珠，下部为莲花座，与

① 曹凌：《中古佛教斋会疏文的演变》，武汉大学中国三至九世纪研究所编：《魏晋南北朝隋唐史资料（第三十三辑）》，上海古籍出版社，2016年，第152-176页。

② 转引自曹凌：《中古佛教斋会疏文的演变》，武汉大学中国三至九世纪研究所编：《魏晋南北朝隋唐史资料（第三十三辑）》，上海古籍出版社，2016年，第163页。

佛座相似，有的学者认为二者之间有相互影响[①]。墓葬地表所树石柱在汉代即有发现，如洛阳城西东汉墓园遗址，该墓园位于洛阳白马寺镇，墓园遗址整体呈长方形，墓园东部是以大型殿基为主体的建筑群，由东向西毗连的三进院落组成，在大型殿基F1的西、北两侧，出土石柱残块25件，报告认为其风格颇似南朝陵墓神道柱，推测可能是神道石柱。报告推测该墓年代在东汉桓帝至献帝时期[②]。表原来应该是立在建筑前面，用于纪念等。前述成都天府广场东御街发现了汉阳嘉二年（133年）李君碑，碑阴文字即有纪念李君兴办学校立表事[③]，从李君碑碑阴可知，纪念李君在蜀兴办学校除了立石表外，还应当建有纪念性的殿堂，殿堂里面还列画了贤君良佐，殿堂与石表成为一个旌表纪念的组合。杨宽先生对墓前神道上的华表（石柱）的起源和演变进行了较系统全面的梳理，墓前华表原来是木柱，战国时代的燕昭王墓前已有华表，西汉时在墓道树立华表已经很流行了，到东汉才开始盛行用石柱作华表，南朝石柱继承了东汉风格，但是柱顶莲花纹圆盖及蹲坐小辟邪却是东汉所没有的。唐代神道石刻到乾陵才有定制，宋陵及以后皇帝陵墓沿用唐制[④]。曾布川宽也指出在帝陵设置石兽和神道石柱是从南朝的宋武帝开始的，东晋还没有这种做法[⑤]。沈睿文也详细梳理了神道石柱的文献记载，认为从文献与考古材料来看，神道石柱存在一个从一般官吏向社会顶层渗透的过程。“石柱”为常见的称呼，“华表”较少，“望柱”一词恐怕始见于赵宋。石柱位于神道的最南端，其柱体雕刻蔓草、翼马、飞天、獬豸、凤、花卉、迦陵频伽、吹笛童子等图案，其升天的寓意已自显明[⑥]。

宿白先生对南朝陵墓神道石柱与外来文化、佛教的关系也有精彩论述，兹移录如下：

---

① 冉万里：《隋唐考古》，陕西人民出版社，2009年，第92页。

② 中国社会科学院考古研究所洛阳汉魏城队：《汉魏洛阳城西东汉墓园遗址》，原刊《考古学报》1993年第3期，此据杜金鹏、钱国祥主编：《汉魏洛阳城遗址研究》，科学出版社，2007年，第585-615页。

③ 成都文物考古研究所：《成都天府广场东御街汉代石碑发掘简报》，四川大学博物馆、四川大学考古学系、成都文物考古研究所编：《南方民族考古（第八辑）》，科学出版社，2012年，第1-8页，图版一-图版四。

④ 杨宽：《中国古代陵寝制度史研究》，上海人民出版社，2003年，第144-151页。该书上海古籍出版社出版于1985年。

⑤ ［日］曾布川宽著，傅江译：《六朝帝陵——以石兽和砖画为中心》，南京出版社，2004年，第8-9页。据译者后记，该书原名《南朝帝陵的石兽和砖墓》，原是日本京都大学人文科学研究所教授曾布川宽先生撰著的一篇长十余万字的论文，1991年3月刊于日本《东方学报（京都）第六十三册》。

⑥ 沈睿文：《唐陵的布局：空间与秩序》，北京大学出版社，2009年，第142-146页。

南朝都城今南京附近的梁朝陵墓前都布置一对或两对高大的神道石柱，这种神道石柱，是在我们华表的基础上发展出来的，东汉时期中原的墓葬前面就出现了，但柱上饰以覆莲石盖，盖上蹲踞石狮的做法，则不是我们的传统。这种做法渊源于西方，它首先见于古波斯帝国，后来在印度的建筑群中很流行，印度孔雀王朝阿育王于前250年左右在各地建立的纪念石柱和梁神道石柱极为类似。阿育王纪念石柱很多是为提倡佛教而建立的，南朝出现这种石柱装饰又正是提倡佛教的南朝，这不能是偶合，估计也是和佛教艺术的东传有联系的。前面说了，佛教徒认为狮子是护卫佛法的，神道石柱顶饰以狮子应是和把护卫佛的东西借用到护卫墓主人方面这一情况是相同的。①

宿先生的论述有三点值得注意：其一是梁代的神道石柱是在我们华表的基础上发展出来的；其二柱上覆莲石盖，盖上蹲踞石狮，不是我们的传统，估计和佛教艺术的东传有联系；其三就是神道石柱装饰狮子的目的，是借用狮子护卫佛，来护卫墓主人。墓主人成为利用护卫佛法的方式护卫的对象，这一点对于我们理解墓葬中佛教因素颇为重要。霍巍赞同宿先生的观点，进一步论述认为，南朝地面神兽与地下神兽联为一体，从而形成一套从外而内、由表及里、与六朝大型单室砖墓形制特点相适应的地下镇墓守护神灵的瑞兽系统。与这一变化相对应的墓葬装饰方面的考古现象，还包括大量与佛教艺术有关的题材，表明佛教的影响已经渗透到墓葬习俗当中，推测狮子图像在六朝陵墓的流行也与佛教文化影响有关②。金弘翔进一步论述了南朝神道石柱在墓葬体系中的功能与象征，其称之为“三道门”体系，即第一道门为现实世界与墓地之间，由神道两旁石兽守门；第二道门为地下世界与墓室之间，由甬道旁所绘神兽守门；第三道门为天界与墓室之间，由石柱柱顶的神兽守门。其认为三道门仍然体现的是升天思想，重新构建了汉人的升天体系③。

目前北朝墓葬前面没有发现石柱的材料，北朝墓葬地面也用石刻，如北周上柱国卢国公尉迟运及其妻贺拔氏墓，该墓地表封土堆积已经不存，墓室前面自南向北依次遗留有石人3、石羊2、石狮2，石人、石羊、石狮均应是两两对应。3件石人中一件保存完好，头梳高髻，身着宽襟长袍，双手拄剑，下有方形座。石羊有双角，为踞卧状，下有方形座。石狮前腿直立，后腿曲卧，下有方形座。根据墓志，尉迟运死于“大成元年”（579年），其夫人贺拔毗沙死于“开皇十九年”（599年），报告根据

① 宿白：《考古发现与中西文化交流》，文物出版社，2012年，第69-70页。

② 霍巍：《六朝陵墓装饰中瑞兽的嬗变与“晋制”的形成》，《考古》2015年第2期，第103-113页。

③ 金弘翔：《南朝神道石柱在墓葬体系中的功能和象征》，刘庆柱主编：《考古学集刊（第20集）》，社会科学文献出版社，2017年，第165-174页。

尉迟运的墓主身份，结合墓葬结构规模分析，地面上的石刻群应该是为尉迟运的墓葬而设置的，当为北周时期，墓中随葬的北周时期器物，当是尉迟运埋葬时葬入的，墓中的隋代器物当是贺拔氏埋葬时葬入的[①]。在洛阳关林石刻艺术馆陈列着一些北魏陵墓石刻，其中就包括1976年发现于邙山上砦村南大冢南面出土的石人1坻[②]。该石人发现时已经断为三截，底部有榫，推测原来应该有一个底座，同时出土的还有石人头1件，规模较大，在石人的冠顶有一孔洞，二者冠服相同。石人双手抚剑于胸前。在该地点还出土了石狮1件，须作三绺，弯曲下垂，造型丰满敦厚，雕刻洗练，整体夸张变形。此石人被认为是魏孝庄帝静陵所有[③]。此外，北魏宣武帝景陵前也有石人[④]，磁县湾漳北朝壁画墓前也有高大石人1坻[⑤]，但均未发现石柱，看来石柱在北朝帝王陵墓中也未使用。

唐代陵墓前石柱材料较多，如唐昭陵陪葬蒋王妃元氏墓，发现石柱两对，残见石柱柱身及座。柱身呈八棱形，上细下粗，柱身阴线刻蔓草纹，在柱身一面顶端刻有题记“蒋王故妃元氏墓石柱一双显庆元年十一月卅日葬”[⑥]。德宗崇陵石柱1对，立于司马道南端石刻首位，摩尼宝珠顶，八棱柱身，各棱面线刻伎乐飞天和蔓草纹饰，带底座[⑦]。唐顺宗丰陵陵园内四门外原各置石狮1对，朱雀门外原置石人10对、石马5对、鸵鸟1对、翼马1对、石柱1对。今唯朱雀门外现存残石柱1件，八棱柱状，仰覆莲宝珠顶，棱面阴线刻迦陵频伽、獬豸、风、花卉、吹笛童子等[⑧]。顺陵神道石柱顶部仰覆莲座，座的束腰部分浮雕八个宝珠状凸起，与此类似的还有唐节愍太子墓出土的石灯、法门寺塔基地宫出土的唐景龙二年汉白玉灵帐上的长明灯，此类仰覆莲座及凸起的宝珠，就是冉万里所划分的唐代长安地区结跏趺坐的Bd型Ⅰ式[⑨]。前述薛儆墓出土墓表，

---

① 负安志编著：《中国北周珍贵文物——北周、初唐、盛唐、中晚唐考古发掘报告系列之一》六《尉迟运和贺拔氏墓》，陕西人民美术出版社，1993年，第93-109页。

② 宫大中：《试论洛阳关林陈列的几件北魏陵墓石刻艺术》，《文物》1982年第3期，第79-83页。

③ 黄明兰：《洛阳北魏景陵位置的确定和静陵位置的推测》，《文物》1978年第7期，第36-41、22页。

④ 中国社会科学院考古研究所洛阳汉魏城队、洛阳古墓博物馆：《北魏宣武帝景陵发掘报告》，《考古》1994年第9期，第801-814页。

⑤ 中国社会科学院考古研究所、河北省文物研究所编著：《磁县湾漳北朝壁画墓》，科学出版社，2003年，第11-15页，彩版1-2。

⑥ 李浪涛：《唐昭陵陪葬蒋王妃元氏墓发现题记石柱》，《文物》2004年第12期，第83-85页。

⑦ 刘向阳：《唐代帝王陵墓（修订本）》，三秦出版社，2012年，第237页。

⑧ 刘向阳：《唐代帝王陵墓（修订本）》，三秦出版社，2012年，第246页。

⑨ 冉万里：《唐代长安地区佛教造像的考古学研究》，科学出版社，2017年，第23-27页。

宝珠顶下面的束腰处也有凸起的宝珠，与法门寺灵帐长明灯、顺陵等石柱柱顶[①]相似。八角形石柱在南越宫苑遗址的石构水池及曲流石渠均有出土，其八角形石柱的技术很可能是从印度传来的[②]。有学者将东汉神道石柱和墓内石柱分为束竹纹和瓦棱纹，束竹柱指带有凸出直棱纹的柱子，中间往往以绳索纹隔开，瓦棱柱指带有凹下直棱纹的柱子，束竹柱起源于本土，瓦棱柱为外来起源[③]。

李星明对石柱的佛教文化因素也有专门研究[④]。李星明认为，唐陵南端的神道石柱由覆莲柱础、八棱柱身和宝珠顶构成，显然与佛教有关。随后，李星明详细论述了汉晋南朝陵墓神道石柱的传统样式，提到的材料有北京石景山的东汉幽州书佐秦君墓石柱（图5-7）、东汉琅玡相刘君墓石柱，两晋神道石柱材料有西晋韩寿墓神道石柱、西晋笱府君墓神道石柱、东晋隆安三年（399年）杨阳墓神道石柱，重庆忠县乌阳镇刘宋泰始五年（469年）石柱，此外就是大量的梁代陵墓石柱。李星明认为，南朝神道石柱与汉晋中原时期的神道石柱一脉相承，尤其重要的是指出神道石柱与《晋书》所载的“凶门柏历”有相似之处，进而认为有充分的证据说明汉晋时期的神道石柱柱身样式是在本土文化环境中发展起来的。总结认为，从汉代经两晋到南朝，陵墓神道石柱主要用于标记神道兆域、界隔生死、举哀表丧、显示等级等，南朝梁代石柱顶盘上的覆莲纹、狮形小兽，以及柱额两侧的礼佛童子、莲花等线刻，表明石柱已经受到了佛教艺术的影响。唐陵神道石柱摒弃了汉晋南朝传统的神道石柱样式，采用北朝晚期以来佛教造像中流行的八棱摩尼宝珠柱样式。李星明特别注意到空间方面的关联，他认为唐陵神道摩尼宝珠石柱与陵山之间的空间布局，与北朝晚期石窟中覆钵式塔与宝珠柱之间的空间布局是类似的，这造成了佛教礼仪空间和世俗陵墓礼仪空间某些方面的重叠，原本的儒家圣王礼仪空间具有了来自佛教的神圣化倾向，以摩尼宝珠柱的形式出现在唐陵神道，寄托着帝王往生佛国乐土的希冀（图5-8）。

与陵墓石柱相似的材料，如双石柱及宝珠柱等情况在响堂山石窟中即可见。响堂山石窟中的南响堂山第一洞方柱的上部，中央为宝盖下结跏趺坐佛像，佛像的前面左右两侧为火焰纹宝珠柱，六角柱，柱下有双层础，中央为仰覆莲束节，也就是束莲柱，火焰宝珠下为覆莲座[⑤]。南响堂第七洞外壁为三间列柱，共四柱，均呈八角形，柱

---

① 陕西省考古研究院、顺陵文物管理所编著：《唐顺陵》，文物出版社，2015年，第27-28页。

② 全洪、李灶新：《南越宫苑遗址八角形石柱的海外文化因素考察》，《文物》2019年第10期，第69-78页。

③ 陈轩：《东汉束竹柱与瓦棱柱的初步研究》，《考古》2019年第5期，第93-101页。

④ 李星明：《隋唐墓葬艺术中的佛教文化因素——以唐陵神道石柱为例》，巫鸿、郑岩主编：《古代墓葬美术研究（第一辑）》，文物出版社，2011年，第245-270页。

⑤ ［日］水野清一、长广敏雄：《响堂山石窟》，发行者日本东方文化学院京都文化研究所，印刷者日本大阪单式印刷株式会社，1937年，第14页。

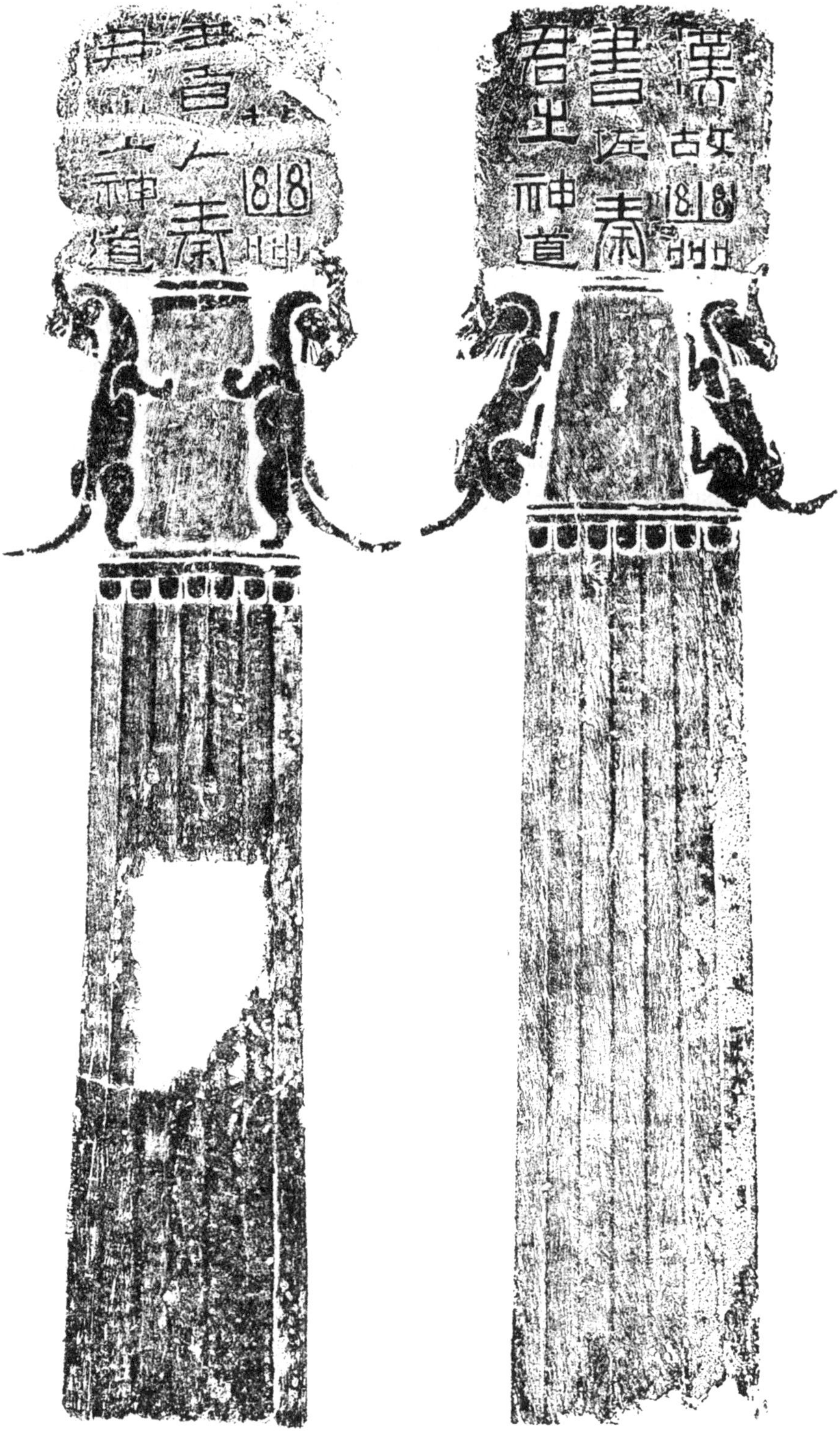

图5-7　秦君神道石柱拓片

（采自《北京西郊发现汉代石阙清理简报》图八、图九，第18页）

头均为火焰宝珠，下承覆莲座，柱下有础，中间有两节束腰仰覆莲，将整个八角束莲柱柱身分为三段。柱上承斗拱，上承檐枋，再上承椽子和瓦顶，屋脊正中为大覆钵，覆钵侧雕有金翅鸟，覆钵上为宝瓶宝刹[①]，覆钵两侧的前方各雕有八角柱，柱头为带覆莲座的火焰纹宝珠[②]（图5-9）。北响堂山的中洞和南洞也与此类似。北响堂北洞为中心柱窟，窟内宝坛三面为宝珠柱龛，四壁列置，上部为覆钵，龛两侧为宝珠柱，覆钵正中为宝珠，覆钵顶为塔刹，上饰三个带覆莲座宝珠[③]。三宝珠呈品字形分布，与麦积山43号窟窟前建筑列柱柱顶相似。宝珠在南响堂第2窟前右侧明窗上亦可见，明窗上浅浮雕飞天两身，头戴三叶花冠，下身飞扬，飘带飘扬，双手共捧火焰宝珠，为北齐遗迹[④]。北响堂南洞内部正壁主尊佛帐顶部为一带覆莲火焰宝珠，窟顶为大莲花，周边也有带覆莲座火焰纹宝珠，南洞窟檐的上部也是覆钵和宝珠装饰[⑤]（图5-10）。

北响堂山北洞传为高欢陵，《资治通鉴》卷一百六十载：

> 太清元年……（正月）丙午，东魏渤海献武王欢卒。欢性深密，终日俨然，人不能测，机权之际，变化若神。……世子澄秘不发丧，唯行台左丞相陈元康知之。……（六月）丁丑，澄还晋阳，始发丧。……（七月）丁酉，东魏主为丞相欢举哀，服缌服，凶礼依汉霍光故事，赠相国、齐王，备九锡殊礼。……（八月）甲申，虚葬齐献武王于漳水之西，潜凿成安鼓山石窟佛寺之旁为穴，纳其柩而塞之，杀其群匠。及齐之亡也，一匠之子知之，发石取金而逃。[⑥]

---

① 钟晓青描述为宝珠刹，笔者赞同。详参钟晓青：《响堂山石窟建筑略析》，《文物》1992年第5期，第19-31页。

② ［日］水野清一、长广敏雄：《响堂山石窟》，发行者日本东方文化学院京都文化研究所，印刷者日本大阪单式印刷株式会社，1937年，第39-40页。

③ ［日］水野清一、长广敏雄：《响堂山石窟》，发行者日本东方文化学院京都文化研究所，印刷者日本大阪单式印刷株式会社，1937年，第66-68页。

④ 邯郸市峰峰矿区文管所、北京大学考古实习队：《南响堂石窟新发现窟檐遗迹及龛像》，《文物》1992年第5期，第1-15页。

⑤ 钟晓青：《响堂山石窟建筑略析》，《文物》1992年第5期，第19-31页。

⑥ （宋）司马光编著，（元）胡三省音注：《资治通鉴》卷一百六十《梁纪十六》，中华书局，1956年，第4947-4957页。

图5-8　汉晋南北朝石柱

1. 秦君　2. 青州　3. 韩寿　4. 琅玡相　5. 笴府君　6. 萧景　7. 义慈惠

（1、2、4. 采自《中国陵墓雕塑全集》第3卷《东汉三国》图四六、图四九、图四八，第43、46、45页；3、5、7. 采自《中国陵墓雕塑全集》第4卷《两晋、南北朝》图一、图二、图九，第2、3、10页；6. 采自《六朝陵墓装饰中瑞兽的嬗变与“晋制”的形成》图二，第105页）

图5-9　南响堂第七洞立面

（采自《响堂山石窟建筑略析》图三，第23页）

1　2　3

图5-10　南响堂山石窟

1. 南响堂第2窟前右侧明窗上飞天　2. 南响堂石窟莲花八角柱　3. 北响堂南洞窟檐的上部

（1. 采自《南响堂石窟新发现窟檐遗迹及龛像》图一〇，第5页；2. 采自《南响堂石窟清理记》图三，第18页；3. 采自《响堂山石窟建筑略析》图九，第27页）

这就是响堂山石窟与北齐皇室关联的证据之一[①]，《佛教石窟考古概要》还提到《永乐大典》所引的《元一统志》，以及《续高僧传·释明芬传》中的记载[②]。《续高僧传》卷第二十六《隋京师大兴善寺释明芬传》载如下：

> 释明芬，相州人。……仁寿下敕，令置塔于慈州之石窟寺，寺即齐文宣之所立也。大窟像背文宣陵，藏中诸雕刻骇动人鬼。芬引舍利去州三十许里，白云郁起，从寺至舆长引不绝，耿耿横空中。有天仙飞腾往返，竟日方绝。明旦将晓还，有白云长引来迎，云中天仙如昨无异。人众同见，倾目叵论，识者以为石窟之与鼓山连接密尔，竹林仙圣响应之乎。既至山塔，东面有泉，众生饮皆病愈。芬后卒于兴善，所著众经，如费氏录。[③]

慈州石窟寺乃北齐文宣帝所立，大窟像背为文宣帝陵，藏中雕刻内容应该非常丰富和形象，才能达到骇动人鬼的效果。诚如所载，则文宣帝陵整体包括石窟寺、大窟、像、藏、雕刻，反映出以石窟为陵墓的系统组合。此外，该段文献的记载还有供迎舍利的场景，释明芬引舍利时，天空中有白云，有天仙飞腾往返，白云长引。

天水麦积山石窟也有宝珠装饰，如第43窟西魏窟，该窟外观雕附崖三间带前廊的单檐庑殿顶小殿，前檐三间四柱，当心间廊后壁为圆形拱门，门装饰火焰纹。四柱断面呈八角形，上下有收分，柱下雕覆盆柱础，柱顶雕栌斗，栌斗上耳、平的正面均雕带莲座火焰宝珠（傅熹年描述为花饰），栌斗之上相当于齐心斗、散斗的位置各浮雕一火焰纹宝珠，与栌斗正面所雕相同。明间的两柱上也各有三个带莲座火焰纹宝珠，阑额上也雕有火焰宝珠纹。43窟前室为椭圆形，上为穹顶。后室平面近似长方形，甬道偏于一侧，盝顶，后室内四角雕出壁柱，柱头之间雕出横眉，窟顶为覆斗状，整个后室表现的是矩形覆斗顶的帐[④]。《佛教石窟考古概要》在概述陕甘宁地区石窟时，依

① 李裕群指出不能肯定北洞与高欢有关，但东魏武定五年（547年）北响堂即有石窟佛寺存在，且与高欢有关；并以作注的形式提到2001年其调查的情况：“该墓穴有六块封门石，上雕佛像背光，现在下部两块封门石仍镶嵌在墓穴口部，非常坚固，其余四块则散落在墓穴内。背光样式与旁侧龛内背光完全相同，可知墓穴的开凿应在洞窟完成后不久。”详见李裕群：《北朝晚期石窟寺研究》，文物出版社，2003年，第48页、第55页注44。另茹茹公主间叱地连简报提到墓志称其葬于齐献武王之陵内，献武王为高欢谥号，那么如何看待《资治通鉴》等关于高欢葬地的说法呢？详见磁县文化馆：《河北磁县东魏茹茹公主墓发掘简报》，《文物》1984年第4期，第1-9页，图版壹-图版伍。

② 国家文物局教育处编：《佛教石窟考古概要》，文物出版社，1993年，第133页。

③ （唐）释道宣：《续高僧传》卷第二十六，《大正新修大藏经》第五十卷，No.2060，第669页下栏。

④ 傅熹年：《麦积山石窟所见古建筑》，天水麦积山石窟艺术研究所编著：《中国石窟·天水麦积山》，文物出版社、株式会社平凡社，1998年，第201-218页。

据《北史·后妃列传》的记载，明确指出乙弗后凿龛而葬的寂陵即麦积山43号窟[①]。宝珠装饰、火焰纹宝珠柱是该窟的一大特色，这或与其为乙弗后的墓葬有关。

响堂山石窟的一些题刻也大致能够反映佛教与亡者之关系。北响堂山南洞外南面壁有《齐晋昌郡公唐邕刻经记》[②]，知刻经起于北齐天统四年（568年）。南响堂山第6洞外面右侧南面有隋开皇四年（584年）的《翊军将军顺阳郡□□树造阿弥陀观音像记》，刻文有“为亡妻□□女华敬造阿弥陁佛一区、观世音二菩萨。愿法界众生，断一切恶，修一切善”[③]。在南响堂第2洞的右壁下部第二龛，三座佛像的下部，两蹲狮的附近有题刻铭文，内容为：“维大周证圣元年岁次乙未九景午朔十乙卯，清信佛弟子比丘尼十一娘，为亡父金龛母□，敬造阿弥像一铺，并二菩萨二狮子，并及法界众生俱登正觉。”[④]该龛为第2洞的武周时期的龛，尽管时代晚于北朝，但是其为死去父母及法界众生造像，应该与北朝时期是相通的。在第二窟发现的《滏山石窟之碑》为隋碑，碑文言及窟龛始凿于北齐天统年间，“天统元年乙酉之岁，斩此石山，兴建图庙。时有国大丞相淮阴王高阿那肱，翼帝出京，憩驾于此，因观草创，遂发大心，广舍珍爱之财，开此□□之窟”，隋代新修乃是邺县功曹，其为报亡考之恩[⑤]。钟晓青提到北响堂北洞、中洞、南洞的窟檐外观均为佛塔形式，南响堂第7窟和第3窟的窟檐也同样是佛塔形式，这种形式除了与塔即佛殿，塔即塔庙，入塔观像有关外，钟晓青也提到佛塔又有藏置佛舍利的功能，联系北响堂的总体布局及文献所载或为北齐帝陵所在，那么上述塔形窟檐形式也可能与之有某种联系。笔者以为不是没有可能。此外，钟晓青还注意到南响堂下层双窟即第1、2洞的窟檐形式相同，为四柱三间仿木构佛殿形式，尤其难能可贵的是其注意到，木构佛殿的柱身上下不同。下部为八棱束莲柱，上承覆莲座火焰宝珠，但上部却是纤细的方柱，柱头上承小斗托斗拱，侧面看上下两不同柱有错位。钟晓青认为这种手法可能是为了表现前后两个空间层次，即下部四柱为佛殿之前的火焰宝珠束莲柱，上部四个方柱表现的是佛殿本身的檐柱[⑥]。这样的视觉复原空间，恰恰与南响堂第7洞窟檐建筑之顶覆钵前两侧火焰宝珠的安置相似。

---

① 国家文物局教育处编：《佛教石窟考古概要》，文物出版社，1993年，第86页。

② ［日］水野清一、长广敏雄：《响堂山石窟》，发行者日本东方文化学院京都文化研究所，印刷者日本大阪单式印刷株式会社，1937年，第143-144页。

③ ［日］水野清一、长广敏雄：《响堂山石窟》，发行者日本东方文化学院京都文化研究所，印刷者日本大阪单式印刷株式会社，1937年，第131页。

④ ［日］水野清一、长广敏雄：《响堂山石窟》，发行者日本东方文化学院京都文化研究所，印刷者日本大阪单式印刷株式会社，1937年，第125页。

⑤ 邯郸市峰峰矿区文管所、北京大学考古实习队：《南响堂石窟新发现窟檐遗迹及龛像》，《文物》1992年第5期，第6-7页。

⑥ 钟晓青：《响堂山石窟建筑略析》，《文物》1992年第5期，第19-31页。

从南北朝开始墓葬中也大量出现宝珠纹饰，如前面我们已经提到的一些考古材料，南朝材料大致有南京栖霞狮子冲石门上的宝珠莲花；余杭小横山南朝墓中宝珠画像砖，材料可见于小横山M1、M109、M93等，宝珠画像砖通常与化生画像砖、瓶花画像砖等形成组合。北朝的材料有正光五年元谧石棺，门楣上莲花托摩尼宝珠，旁边有畏兽；洛阳关林画像石棺，石棺前格画一门，中央莲花托起宝珠；弗利尔美术馆藏北齐石棺床，床腿上最上一列为宝珠纹，床面浮雕宝幢顶上承莲花宝珠；统万城八大梁子M1西壁，六名礼拜僧人的下方装饰有莲花和摩尼宝珠图案；大同沙岭北魏壁画墓甬道顶，伏羲和女娲之间装饰的火焰纹摩尼宝珠纹；娄睿墓在多处绘制有摩尼宝珠，如拱门上墓门背面门额上及出土的釉陶灯上面也装饰有宝珠纹；茹茹公主墓甬道拱券门墙正面绘制大朱雀，朱雀的下面正中绘有摩尼宝珠；北齐徐显秀墓的甬道北口砖券顶上，两畏兽的正中有莲花托摩尼宝珠；磁县湾漳北朝壁画大墓的石门门楣上也有火焰纹宝珠；北周李诞墓石棺侧帮装饰有摩尼宝珠纹饰；北周史君墓的飞天，双手也托有宝珠；隋代虞弘墓石堂门楣上也浮雕有宝珠纹，石堂浮雕帐顶上也有摩尼宝珠，虞弘墓出土墓志上也有莲花托摩尼宝珠。从南北朝开始，墓葬中出现大量的宝珠纹，与石窟中出现宝珠石柱是一致的，与这一时期汉译佛经中出现的关于兜率天宫宝珠、摩尼珠，《佛说弥勒下生成佛经》中的“明珠柱”“珠宝”，《长阿含经》中的置高幢之上的“宝珠”，以及摩尼幢、明珠柱等是一致的，反映了佛教典籍所载宝珠的含义[①]。

唐代的一些墓葬中，出现了宝珠幢，考古发现了石幢顶，如凤南M322、西安白鹿原M11、李仁夫妇墓等。这些材料本书后面将有详细描述。结合汉唐整个石柱的发展过程，笔者认为，从墓前立柱这个墓葬系统思路而言，汉唐墓前石柱似乎是一个成系统的考古材料。但是，从南北朝开始的摩尼宝珠石柱与汉晋石柱不是一回事，功能和性质均不相同。汉晋石柱主要在于“表”和“标”，表明神道，标明区域界线。南朝神道石柱上面的石兽尽管不是宝珠，但与宝珠一样，同样是为了保护死者，石兽石柱与汉晋以来墓地石刻一样，是对死者的卫护，这还是汉晋以来的传统，宝珠装饰到石柱顶，同样起到了卫护作用，但却与石窟寺石柱、佛教的宝珠观念相关。简言之，汉唐石柱，乃至后来的宋陵石柱，经历了从标识到卫护的发展，南朝石柱上的“表”延续了汉晋以来石柱标识的功能，也就是石表的功能；南朝石柱顶盖上的蹲兽，来自汉晋以来地面石兽的卫护功能，南北朝以来宝珠在佛教中的卫护功能使用到石柱上，八棱形石柱也与此前石柱不同。南北朝以来石柱的这种新变化，与石窟寺中的摩尼宝珠柱、墓葬中大量出现的摩尼宝珠是相一致的，反映出佛教的影响。

---

① 李星明：《隋唐墓葬艺术中的佛教文化因素——以唐陵神道石柱为例》，巫鸿、郑岩主编：《古代墓葬美术研究（第一辑）》，文物出版社，2011年，第260-265页。

此外，北魏就有为薨逝的皇帝立别庙祭祀的记载[①]，到了隋唐，曾经的佛寺被作为皇帝的别庙，反映出丧葬礼俗中祭祀与佛教的关联。如《唐两京城坊考》卷四西京“大开业寺”记载：

> 本隋胜光寺，文帝第二子蜀王秀所立。大业元年，徙光德坊于此，置仙都宫，即文帝别庙。武德元年，高祖为尼明照废宫列为证果尼寺。贞观九年，徙崇德坊于此，置静安宫，即高祖别庙。仪凤二年废宫，复立为开业寺。[②]

隋代的胜光寺，在大业元年（605年）改置仙都宫，也就是隋文帝的别庙。《增订两京城坊考》卷四“崇圣寺”条也记载有“徙道德寺额于嘉祥坊之太原寺，以其所为崇圣宫，以为太宗别庙”[③]。这是唐太宗的别庙。此外，在交河故城台地西北地下寺院遗址，有墓葬与寺院建筑成组合遗迹，寺院遗址东侧有房屋F1，被其叠压打破的有M1，另外，在寺院南侧也有一些墓葬。其中M4侧室葬一儿童，M1和M5的年代与该墓相近，大致在唐代中晚期[④]。该处遗迹比较复杂，但寺院建筑的年代早可至唐代，墓葬和寺院的组合关系，应当指墓葬及其上所立寺院而言。

第二节　幢、塔

幢、塔成为唐代墓葬中常见的佛教因素遗存，有的墓中还砌了多层的佛塔，文献对墓地幢、塔的设置也有记载：

《永乐大典》卷八一九九所收《大汉原陵秘葬经》，其中有“碑碣仪法篇”：

> 公侯卿相碑碣仪制。凡卿相墓园前街道阔五步，长三十五步。前安舍人一对、长五尺五寸；石羊一对，长四尺，高三尺；石虎一对、长四尺五寸，高三尺；石笋柱二条，长九尺，相距二步；长生方上安碑楼一座，高六十尺，碑长一丈五尺。三代为将相要碑楼，上五品官方得安，中五品官石羊、石虎、石笋柱各一对，下五品官与庶人同，只要石幢、石柱。式云：常以沟

① （北齐）魏收撰：《魏书》卷一〇八《礼志》，中华书局，1974年，第2736页。

② （清）徐松撰，张穆校补，方严点校：《唐两京城坊考》卷四，中华书局，1985年，第93页。

③ （清）徐松撰，李健超增订：《增订两京城坊考》，三秦出版社，2006年，第181页。

④ 交河故城保护修缮办公室：《交河故城：1993、1994年度考古发掘报告》第四章《地下寺院遗址》，东方出版社，1998年，第117-153页。

渎加姓墓上津梁下安碑楼也吉；朝官只用舍人一对、石柱一对，吉也。[①]

又有记载：

> 凡下五品至庶人，同于祖穴前安石幢，上雕陀罗尼经，石柱上刻祖先姓名并月日。石幢长一丈二尺，按一年十二月也，或九尺，按九宫。庶人安之，亡者生天界，生者安吉大富贵。凡石者，天曹注生有石功曹，安百斤，得子孙大吉也。或云：常以墟丘加冢礼，天梁下安之，大吉。安幢幡法当去穴二步安之，即吉庆吉也。[②]

第一段引文为公侯卿相碑碣仪制内容，公侯卿相墓地有碑碣仪制，有舍人、石羊、石虎、石笋柱、安碑碑楼。这些设置具有等级规定，三代为将相，可设置碑楼，上五品可以安置。中五品可安置石羊、石虎、石笋柱各一对。下五品与庶人一样，只需要石幢和石柱。这里的石幢应该就是墓幢。第二段引文为庶人幢碣仪制，庶人至五品，在祖穴前安置石幢，上面雕刻陀罗尼经，石柱上还刻有祖先姓名及日月。庶人立石幢的目的是使亡者生天界，生者吉祥大富贵。这里特别注意的是安幢幡当去穴二步，这与后面辽代于穴顶所立顶幢不同。《秘葬经》的撰者为金元时期的地理阴阳人张景文，其内容主要反映宋元时期的情况，但对唐代的材料也有一定的参考作用[③]。

圆仁东行求法时，遭遇会昌灭佛，会昌四年又下敕，灭佛内容进一步扩大，尊胜石幢、僧人墓塔等悉数拆毁：

> （七月十五日）城中诸寺七月十五日供养。诸寺作花：腊花饼、假花果树等，各竞其妙。常例皆于佛殿前铺设供养，倾城巡寺随喜，甚是盛会。今年诸寺铺设供养胜于常年。敕令诸寺佛殿供养花药等尽般到兴唐观，祭天尊……又敕下，令毁拆天下山房兰若、普通佛堂、义井、村邑斋堂：未满二百间，不入寺额者。其僧尼等尽勒还俗，宛入色役。具令分析闻奏。且长安城里坊内佛堂三百余所，佛像、经楼等庄校如法，尽是名工所作。一个佛

---

① 《永乐大典》卷八一九九《大汉原陵秘葬经》，收入胡道静、陈耀庭、段文桂、林万清主编：《藏外道书（1）》，巴蜀书社，1992年，第160页下。

② 《永乐大典》卷八一九九《大汉原陵秘葬经》，收入胡道静、陈耀庭、段文桂、林万清主编：《藏外道书（1）》，巴蜀书社，1992年，第161页上。

③ 徐苹芳：《中国历史考古学论丛》叁《古代陵墓制度》五《唐宋墓葬中的“明器神煞”与“墓仪”制度——读〈大汉原陵秘葬经〉札记》，台北市允晨文化，1995年，第277-314页，原载《考古》1963年第2期。

> 堂院敌外州大寺。准敕并除罄尽。诸道天下佛堂院等不知其数，天下尊胜石幢、僧墓塔等有敕皆令毁拆。[①]

圆仁这里所记载的尊胜石幢及僧墓塔，尽管没有明言这些尊胜石幢和墓塔是否包括普通民众的墓上建筑及设施，但对于在灭佛如火如荼地开展的背景下，需要拆毁的或许就包括墓前立幢，或者一些俗众塔墓。

《旧唐书·杜鸿渐传》记载：

> 杜鸿渐，故相暹之族子……永泰元年十月，剑南西川兵马使崔旰杀节度使郭英乂……西蜀大乱。明年二月，命鸿渐以宰相兼充山、剑副元帅、剑南西川节度使，以平蜀乱。鸿渐心无远图，志气怯懦，又酷好浮图道……（大历）三年八月，代王缙为东都留守，充河南、淮西、山南东道副元帅，平章事如故。以疾上表乞骸骨。从之，竟不之任。四年十一月卒，赠太尉，谥曰文宪。辍朝三日，赐物五百疋、粟五百石。鸿渐晚年乐于退静，私第在长兴里，馆宇华靡，宾僚宴集。鸿渐悠然赋诗曰："常愿追禅理，安能挹化源。"朝士多属和之。及休致后病，令僧剃顶发，及卒，遗命其子依胡法塔葬，不为封树，冀类缁流，物议哂之。[②]

玄宗晚期至肃宗时期的杜鸿渐，生前信仰佛教，死后遗令子孙的内容也与佛教有关。在其病后，剃去顶发，应该也是为了借助佛教祛除病患。其遗令丧葬事宜也是按照佛教僧徒的做法，依照胡法，实施塔葬。从后面"物议哂之"来看，其"胡法塔葬"应该是付诸实施了。显然，这一丧葬仪法并不受社会认可。

考古发掘的墓葬等材料中，也会有一些与幢等相关的遗存，如《陕西凤翔隋唐墓》中的凤南M322墓中出土了石幢顶，还有石墓门[③]。该墓为斜坡带一天井长方形土洞墓。墓主棺置于室内西侧，墓主二人骨骼均见头骨，头骨均经火烧，并列置于棺内，两头骨均为男性，西侧头骨年龄35～40岁，东侧头骨年龄4～45岁，棺长1.89、宽0.39～0.62米。棺内南端随葬一石幢顶。该墓天井、墓道填土中及墓室内共发现13个个体殉人，均为人体部分骨骼，也就是殉人骨骼均残缺不全，有的均为一个体桡骨，有的仅胫骨，有的为上半身骨骼，有的为头骨，可鉴定的均为成年人，性别有男性、女

---

① ［日］释圆仁原著，白化文、李鼎霞、许德楠校注：《入唐求法巡礼行记校注》卷四，花山文艺出版社，2007年，第441-442页。

② （后晋）刘昫等撰：《旧唐书》卷一〇八《杜鸿渐传》，中华书局，1975年，第3282-3284页。

③ 陕西省考古研究院、西北大学文博学院编著：《陕西凤翔隋唐墓——1983~1990年田野考古发掘报告》，文物出版社，2008年，第17-19、235-237、246-248页。

性。石幢顶（编号凤南M322：3），宝珠形顶，中束，下部雕刻一周仰莲瓣。残高27厘米。该墓出土器物除了此石幢顶外，还有石雕刻墓门、残陶俑、石球等。其中石雕刻墓门值得注意，门扇上雕刻的应该是天王的形象。

石雕刻墓门，出土于凤南M322的甬道口，编号为凤南M322：1。青石质地，上圆下方如碑形，正面雕刻出门楣、门框、门槛、门扇等。门楣上阴刻相对而立的两只凤凰，其间填以牡丹花纹，门框雕刻牡丹花纹和宝珠纹（报告作桃形纹），两扇门上各雕刻一身着铠甲的站立的武士形象。左边武士右手执剑，左手托塔；右边武士左手叉腰，右手扶持一长杆旗子。门的下面左右两侧近门槛处各雕刻一只麒麟。报告认为，根据石幢顶，墓主可能是佛教信徒，或是地方宗教人士。报告认为该墓时代大约在唐玄宗至代宗时期，约8世纪初至8世纪中叶。

宁夏固原史索岩夫妇墓由封土、墓道、过洞、甬道及墓室等组成。甬道内出土墓志一块，甬道端有石门，包括门框、门槛、门楣等①。墓室平面呈长方形，四壁土坯丁顺砌，墓室西侧有长方形棺床，砖砌，棺床呈须弥座，束腰，中间有壶门两个。墓早年被盗，随葬器物不多，棺床靠北侧的人骨下出土一枚东罗马金币仿制品。墓室壁原有壁画，残剩第五过洞上方一幅朱雀图像壁画保存比较完整。该墓出土石幢1件，通体呈八棱形，青石质地，顶上有一榫，呈四方形，八棱柱体下端残缺。棱柱体的八面有纹饰，为缠枝卷云纹。通高70、直径30、每面宽11厘米，柱段榫的高度为10厘米，榫径15厘米×17厘米。报告虽然没有在文字和墓葬平、剖面图中交代该石幢的位置，但是在黑白图版一八中，我们可以清楚地看到上面带榫的八棱柱石幢立于墓门前面偏左侧，墓志的旁边，从照片墓门的形态来看，应该是外甬道。杨晓春认为该墓报告所言石幢应为石灯，可从，但认为报告没有交代石灯出土位置，不确②。

该墓出土史索岩夫妇墓志，史索岩墓志盖上阳刻“大唐故朝请大夫平凉郡都尉史公之铭”，盝顶式盖，四周斜杀，下刻四神，其妻安娘墓志也为盝顶式。两方墓志志文中提到他们的子女为法僧、德僧、德威、神义等。从长子和次子的名观察，似乎他们的子女与佛教有关。据墓志，史索岩“以显庆元年五月十三日气疾暴增，薨于原州万福里第，春秋七十有八”；其夫人安娘以龙朔元年终于原州平高县招远里，时以卜远未从，临时殡于私第，后来在麟德元年十一月十六日与其夫史索岩合葬。显庆元年为656年，麟德元年为664年，均在唐高宗李治时期。

固原南郊82M2墓在史道德墓稍偏西侧，由墓道、过洞、天井、甬道和墓室五部分

---

① 宁夏回族自治区固原博物馆（罗丰）编著：《固原南郊隋唐墓地》叁《唐代史索岩夫妇墓》，文物出版社，1996年，第31-54页，图版一五-图版三一、彩版八、彩版一六。

② 杨晓春：《固原唐墓所出八棱形石刻非石幢辨》，西安碑林博物馆编：《碑林集刊（第十二辑）》，陕西人民美术出版社，2007年，第90-92页。

组成[①]。共有四个天井，墓室为不规则正方形，墓室西壁下置一土筑棺床。在棺床的前侧出土石幢三段。复原后为一通体呈八棱形幢，顶部有一方形榫，残长150厘米左右，直径33厘米，八棱边长16厘米。通体布满线刻图案，以缠枝宝相花为背景，中间加饰海石榴纹样，缠枝宝相花间刻有两周人物、动物及怪兽。上端一周围狸（？）、怪兽等，中间一周为鹤、童子、鹤、童子，两两相对。两童子背对而立，右侧童子光头，高鼻深目，佩项圈，项圈下有圆坠，呈行走状；左侧童子形象与右侧相同，唯似盘腿坐于花簇之中。报告认为这些童子线刻是化生童子，与佛教有关。报告据墓中出土开元通宝，认为是武德开元，因此将该墓时代定在初唐时期。

固原南郊隋唐墓地中史索岩夫妇墓和82M2所出八棱形石刻，报告叙述为幢。前引杨晓春认为不是石幢，而是石灯残件[②]。是石灯可能问题不大，但是石灯在墓葬中的出现显然在丧葬礼俗上有一些新的变化。《唐惠庄太子李撝墓发掘报告》李撝墓出土完整石灯1件，位置清楚。唐青龙寺遗址出土了1件石灯，上面雕刻有《佛说施灯功德经》和《佛顶尊胜陀罗尼咒》。这也说明这些石灯恐怕与佛教有关，而且是某种仪式“施灯”。陈明达关于石幢和石灯的区别有很好的说明[③]。

西安白鹿原M11唐墓出土有石幢顶[④]。该墓为带斜坡墓道洞室墓，墓道有天井，墓室的后半部有条砖铺出的棺床，出土人骨一具，墓内出土塔式罐1件、陶砚1件，此外还有漆器等。在天井内出土了石幢顶1件、石覆莲座2件、门形石刻1件。石幢顶下层为八角座形，中间仰莲一周，上部是一宝珠，高度达到43.5厘米。两件石覆莲座和门形石刻也是出土于天井内，门形石刻门楣上刻一佛二菩萨，下部以阴线刻两扇门，门框饰以缠枝花，高41、宽29.5、厚10厘米。报告推定M11为盛唐时期墓葬。报告在尾注26中还提到卢八娘石塔，这是洛阳墓中出土的石塔。此外，还提到俞伟超先生1954年在洛阳邙山上还见到四例。

吉尔吉斯斯坦阿克别西姆遗址出土唐杜怀宝造像碑，1982年发现于吉尔吉斯斯坦托克马克西南8千米的阿克别西姆古城遗址附近[⑤]，为一造像碑的基座，上有汉文题铭，下有基础柱头。周伟洲将题铭补为：

---

① 宁夏回族自治区固原博物馆（罗丰）编著：《固原南郊隋唐墓地》陆《唐代史道德墓》，文物出版社，1996年，第96-103、105-111页，图版七九-图版八九。

② 杨晓春：《固原唐墓所出八棱形石刻非石幢辨》，西安碑林博物馆编：《碑林集刊（第十二辑）》，陕西人民美术出版社，2007年，第90-92页。

③ 陈明达：《石幢辩》，《文物》1960年第2期，第22-26页。

④ 俞伟超：《西安白鹿原墓葬发掘报告》，《考古学报》1956年第3期，第33-75页，图版壹、图版贰。

⑤ 于志勇编译：《吉尔吉斯斯坦发现杜怀宝碑铭》，《新疆文物》1998年第2期。

安西副都护、碎叶镇压十姓使、上柱国杜怀宝，上为天子□□□下为□□□考妣见□□使□法界□众生，普愿平安，获其冥福，敬造一佛二菩萨。

周伟洲先生推定上述杜怀宝造像镌刻的时间，当在唐调露元年末二年初至垂拱二年（679～686年）之间，造像碑的形式是北魏以来黄河流域祈福、冥福的常见佛教形式，在碎叶城的发现，反映了内地佛教西传的轨迹①。立碑与立幢在功能上有相通之处。

邛崃龙兴寺出土大中十二年潘怀谦造佛顶尊胜陀罗尼经幢②，邛崃城西门外大佛寺附近出土，现收藏于四川大学博物馆。经幢见柱身，八面柱，刻汉文文字，通高59.4厘米，幢上有敷金残痕。汉字音梵文，真言后为敬造姓名等内容：

佛顶尊胜陀罗尼真言
大中拾贰年拾月上旬发菩提心弟子潘怀谦敬为
父母造此幢永为供养　父潘良　母黄氏　谦新妇李氏
弟怀敬　新妇李氏　弟怀宗　新妇王氏 孙阿锦
孙阿□
潘怀谦敬造此尊胜幢愿合家大小平安造永为
供养

大中为唐宣宗时期年号，十二年即858年。此幢安立的目的是合家大小平安，与墓幢不同，列于此可资比较。

大和六年董□撰《咸阳平城乡张白龙村唐佛顶尊胜陀罗尼经幢铭记并序》记载了墓地立幢的诸多方面：

唯有佛顶尊胜陀罗尼经，能灭除罪业……维大唐京兆府咸阳县平城乡龙池里张白龙村仁勇校尉、守左金吾卫晋州神山府折冲、上柱国、赐紫金鱼袋、左神武军宿卫、彭城郡刘文□奉为先亡于坟茔处创造建立尊胜影幢一所铭记并序乡贡明经董□撰

粤有刘公者……又缘少遭凶悯，唵丧慈严，永隔幽途，无时再睹。所以先发弘愿，奉为七代先祖，及考妣之明灵，敬造西方大尊胜陀罗尼经咒幢者

① 周伟洲：《吉尔吉斯斯坦阿克别西姆遗址出土唐杜怀宝造像题铭考》，原载《唐研究（第六卷）》，北京大学出版社，2000年，后收入其著《新出土中古有关胡族文物研究》，社会科学文献出版社，2016年，第211-227页。

② 冯国定、周乐钦、胡伯祥：《四川邛崃唐代龙兴寺石刻》，中国古典艺术出版社，1958年，图版63、图版87。

也。伏愿销铄累世之宿冤，资未来之福祐。唯此经云，当感文殊真身，化见世界，云礼敬者，恒沙罪灭，露尘一聚，悉得生大。故知是经咒威力，难可称量也。又愿亡灵乘此功德，生居净域，永离轮回。是时也，夏景初临，朱明丽景，于庄东北隅，先祖及考妣坟间建立者也。……维大和六年岁在癸丑五月丁亥朔十八日甲辰建立。弟……次弟……十一姊、十二姊、妻郭氏，弟新妇傅氏，次弟新妇陈氏，侄女子十娘，女子十二娘……甥……表弟……侄公亮。[①]

大和为唐文宗李昂年号，六年即832年。这里的经幢是立在坟茔间的，为了其先祖和考妣能够乘此功德，生居净域。参与人员众多，有弟弟、弟媳、外甥、侄女、侄子等。经幢由于上面刻有《尊胜陀罗尼经咒》，所以能够消除一切罪业，威力巨大。经幢的建立并不是一坟一幢，此处经幢是建立在先祖及考妣坟间的，应该是在一个家族墓地建立，以祈福祐整个家族先亡之人。

墓内砌塔的材料见于唐肃宗乾元二年（759年）大燕柳城何府君夫妻合葬墓[②]。墓葬位于北京陶然亭东侧的燕京汽车厂院内，由墓门、甬道和墓室三部分组成。墓门两侧及上部影作立柱、柱头、斗拱、人字拱、补间斗拱、挑檐、瓦垄等，甬道两侧各有两个小龛，砖雕灰塑力士及菩萨形象。墓室平面近方形，四壁略弧，墓室内西北角有棺床，棺床西、北两面临靠墓壁，东、南两面做成须弥座形，饰有壶门和彩画，墓室四角及东、西、北三壁的中部影作出七根木柱，四壁的上部对称有八个小龛和放置十二生肖俑的小台；南壁券门的东侧影作一灯台和衣架，西侧影作两把椅子。西壁南部有一塔形浮雕，用砖磨成。浮雕砖塔塔身九层，下为两层方形塔基，第一层塔身较高，正面有门，圆弧形门额，其余塔层均无门，层与层之间间隔较低矮，塔檐应为四面坡，顶坡面相对平直，两头略起挑上扬，塔顶似为球状塔刹；西壁上部为墓主人及侍女形象，北壁为马厩，内绘有马夫和一匹马；在北壁的东部及东壁的南北各有一个壁龛，这三个壁龛的外观都影作建筑形式，而且均有彩画。该墓被盗，出土了一方墓志及几件小陶罐，墓志首题为“大燕柳城何府君墓志铭并序”。根据墓志文，该墓年代为759年，也就是安史之乱之史思明僭号的天顺元年，墓葬是何府君与其妻兰陵康氏的合葬墓。

刘淑芬对墓葬遗存与塔有关的文献资料进行了梳理。她提到俗人塔葬的区域主

① 陕西省古籍整理办公室编、吴钢主编：《全唐文补遗（第一辑）》，三秦出版社，1994年，第9页下栏至第11页上栏。

② 王策撰文、程利配图：《燕京汽车厂出土的唐代墓葬》，张展主编：《北京文博》1999年第1期，北京燕山出版社，1999年，封二、彩一；宋大川主编：《北京考古发现与研究》，科学出版社，2009年，第204、218-219页。

要有长安的终南山、安阳宝山灵泉山、洛阳龙门等。关于塔和埋葬的关系，刘淑芬列举了三种情况：一是埋藏遗体或者遗骨的塔；二是在墓旁建塔，以作为追福，或为纪念；三是坟墓之旁作标记之用的塔。她认为第一种情况才是严格意义上的塔葬。终南山唐代俗人塔葬主要围绕在信行禅师塔侧，有个人墓塔、夫妇和家族墓塔。宝山灵泉寺的俗人塔葬多为灰身塔葬，也就是收骨所起的塔。洛阳俗人的墓塔是先采用石室瘗窟，然后收骨起塔[①]。严格意义上说，刘淑芬归类的这三类塔葬都不属于本书丧葬礼俗中佛教因素遗存讨论的范围，它们均属于俗众受到佛教丧葬形式的影响，而采取的与佛教僧侣丧葬类似的塔葬形式。刘淑芬文后结语部分提到了追福之用的墓塔、标记之用的墓塔，笔者以为，此类材料才应该属于本书讨论的范围。

塔铭及文献所记有三条材料值得注意，《文苑英华》卷七八五有署前人所作《大唐故悼王石塔铭并序》：

> 唐开元五年岁在丁巳四月庚午朔二十一日庚寅，故悼王薨于上阳之中禁，年曰二岁，而未及周，呜呼哀哉。王即开元神武皇帝第九之爱子也，以恭月二十七日景申葬于万安山之东南岭。圹唯五尺，棺不三寸。垒石塔一丈于其上，不雕不砻，从省薄也。其铭曰：
>
> 南有万安兮，北有洛城。城可望兮天之京。呜呼悼王，宁不恋兮。呜呼悼王，宁不见兮，倚素塔兮……呜呼悼王兮其何归。[②]

悼王年二岁于717年而夭，埋葬于万安山之东南岭。其墓圹唯五尺、棺不三寸，应该是比较小的墓穴、比较薄的棺。在其墓上垒砌石塔，石塔也很省薄，不雕不砻。

又《旧唐书》卷一百五十载：

> 肃王详，德宗第五子。大历十四年六月封。建中三年十月薨，时年四岁。废朝三日，赠扬州大都督。性聪慧，上尤怜之，追念无已，不令起坟墓，诏如西域法，议层砖造塔。礼仪使判官、司门郎中李岩上言曰："坟墓之义，经典有常，自古至今，无闻异制。层砖起塔，始于天竺，名曰'浮图'，行之中华，窃恐非礼。况肃王天属，名位尊崇，丧葬之仪，存乎简册，举而不法，垂训非轻。伏请准令造坟，庶遵典礼。"诏从之。[③]

---

① 刘淑芬：《中古的佛教与社会》之《唐代俗人的塔葬》，上海古籍出版社，2008年，第290-316页。

② （宋）李昉等编：《文苑英华》卷七八五《铭》，中华书局，1966年，第4151页上栏。

③ （后晋）刘昫等撰：《旧唐书》卷一百五十《德宗顺宗诸子列传》，中华书局，1975年，第4044页。

建中三年为782年，肃王详薨，不令起坟墓，诏如西域法，议层砖造塔。这里尤其重要的是不起坟墓。此外，《旧唐书·姜公辅传》记载德宗唐安公主薨事：

> 从幸山南，车驾至城固县，唐安公主薨。上之长女，昭德皇后所生，性聪敏任孝，上所钟爱。初，诏尚韦宥，未克礼会而遇播迁；及薨，上悲悼尤甚，诏所司厚其葬礼。公辅谏曰："非久克复京城，公主必须归葬，今于行路，且宜俭薄，以济军士。"德宗怒，谓翰林学士陆贽曰："唐安夭亡，不欲于此为茔垅，宜令造一砖塔安置，功费甚微，不合关宰相论列……乃负朕如此！"贽对曰："公辅官是谏议……若造塔为是，役虽大而作之何伤；若造塔为非，费虽小而言者何罪。"……贽再三救护，帝怒不已，乃罢为左庶子。[①]

唐安公主薨令造砖塔安置。上述三例中，悼王和肃王及唐安公主的塔葬不同，悼王是有墓穴及棺的，而肃王及唐安公主，根据句意，二者似乎是直接安置在塔中。直接安置在塔中就应该是仿照佛教僧侣的塔葬，与悼王在墓穴之上造塔不同，如前述所引刘淑芬对唐代俗人塔葬的研究，在墓穴之上造塔，应有追福和标记的作用。我们从三者造塔的实施情况来看，悼王之塔已经砌造，肃王详的塔应该没有砌就，唐安公主塔也应该没有建成[②]，应该与李岩上书内容所谓"坟墓之义，经典有常，自古至今，无闻异制。层砖起塔，始于天竺，名曰'浮图'，行之中华，窃恐非礼"有关，二者实施与否也反映出时人对墓上墓地建塔与直接塔葬的不同态度。此外，上述两位王，均为未成年人，其死后丧葬均面临建塔，反映出佛教对未成年人丧葬礼俗的干预[③]。

塔式罐材料的宗教属性一直是研究的大热门，但也确实没有定论。下面几例材料，我们可以从佛教因素组合及空间分析的角度观察，可以为塔式罐的宗教属性研究提供一种可能性。

吴忠西郊唐墓M017出土有塔式罐。该墓为砖室墓，在棺床上出土1件青铜佛像，

① （后晋）刘昫等撰：《旧唐书》卷一百三十八《姜公辅传》，中华书局，1975年，第3787-3788页。

② 唐安公主后迁葬于长安城东龙首原，其墓于1989年发现于西安东郊王家坟，陕西省博物馆对其进行了清理，墓葬为凸字形单室穹隆顶砖墓。详见陈安利、马咏钟：《西安王家坟唐代唐安公主墓》，《文物》1991年第9期，第15-27页，图版贰。

③ 关于中古未成年人墓葬的研究，笔者有另著待版。

塔式罐即位于其附近[①]。笔者推测此佛像或许与塔式罐有一定的器物组合联系，报告将该墓定为中晚唐时期。此材料中塔式罐与佛像为一组合，从而为求证推论塔式罐的宗教属性提供组合证据。西安东郊唐代曹氏墓也出土了塔式罐和佛像[②]。前文述及的西安白鹿原M11也出土有塔式罐，在天井内还出土了石莲座2件、石幢顶1件、门形石刻1件，石幢顶下层为八角座形，中间仰莲一周，上部是一宝珠，高度达到43.5厘米。门形石刻门楣上刻一佛二菩萨，下部以阴线刻两扇门，门框饰以缠枝花，高41、宽29.5、厚10厘米。报告推定M11为盛唐时期墓葬。报告在尾注26中还提到卢八娘石塔，这是洛阳墓中出土的石塔。此外，还提到俞伟超先生1954年在洛阳邙山上还见到四例[③]。M11中出土了塔式罐，墓内发现石幢顶，石墓门上线刻一佛二菩萨，这些佛教组合因素的出现，无疑指向佛教属性。此外，还有墓葬内既出土了塔式罐，又出土了经咒，如凤南M17[④]、凤南M92[⑤]、西安沣镐自来水厂唐墓[⑥]等。

洛阳龙门张沟唐墓位于洛阳市洛龙区张沟村，洛阳南龙门山麓西，东距龙门石窟2.5千米，为一座带墓道的土洞墓，由墓道、甬道、耳室、墓室等组成[⑦]。甬道的东西两侧各有一耳室，长方形墓室中部有棺床，东西两壁又各设一耳室。棺床中间用4块石块铺成，东、西、北三边用条形石包边。墓内随葬器物多为陶器，有少量瓷器和石器。棺床的四角各有一带铁杆的石帐座，这是难得的墓内设置帷帐留下的遗存，石帐座的一角缺成直角，恰好卡于棺床四角。更值得注意的是塔式罐在墓室内的摆放。该墓共出土4件塔式罐，基本上呈一字排开，摆放在棺床的前侧，也就是放置在棺木的前侧（图5-11）。该墓出土的塔式罐由盖、罐和座组成，盖呈塔形，罐为鼓腹、平底，底座呈束腰喇叭形。通体彩绘，颈部饰覆莲纹一周，腹部似为团花纹，通高56、腹径28、底径18厘米。墓中出土方形墓志一合，盝顶盖顶上书“大唐故萧府君墓志铭”，四侧刻蔓草和蔓草飞鸟纹，志文中记述了其“临终之日顾训”：“其旨云：丧至洛邑，无升旧堂，因车为帷，旋葬而窆，诸妹多疾，免临祖之攀援，季弟至性促，未虞

① 宁夏文物考古研究所、吴忠市文物管理所：《吴忠西郊唐墓》，文物出版社，2006年，第43-45、305-306页，彩版二：3。

② 王自力：《西安唐代曹氏墓及出土的狮形香熏》，《文物》2002年第12期，第66-71页。

③ 俞伟超：《西安白鹿原墓葬发掘报告》，《考古学报》1956年第3期，第33-75页，图版壹、图版贰。

④ 陕西省考古研究院、西北大学文博学院编著：《陕西凤翔隋唐墓——1993~1990年田野考古发掘报告》，文物出版社，2008年，第37-39、278-230、240-241页，彩版一〇。

⑤ 陕西省考古研究院、西北大学文博学院编著：《陕西凤翔隋唐墓——1993~1990年田野考古发掘报告》，文物出版社，2008年，第35-37、228-230页，彩版九：2。

⑥ 李域铮：《西安发现的唐经卷》，《文博》1984年第1期，第102页，图版捌；李域铮、关双喜：《西安西郊出土唐代手写经咒绢画》，《文物》1984年第7期，第50-52页。

⑦ 洛阳市文物工作队：《洛阳龙门张沟唐墓发掘简报》，《文物》2008年第4期，第42-50页。

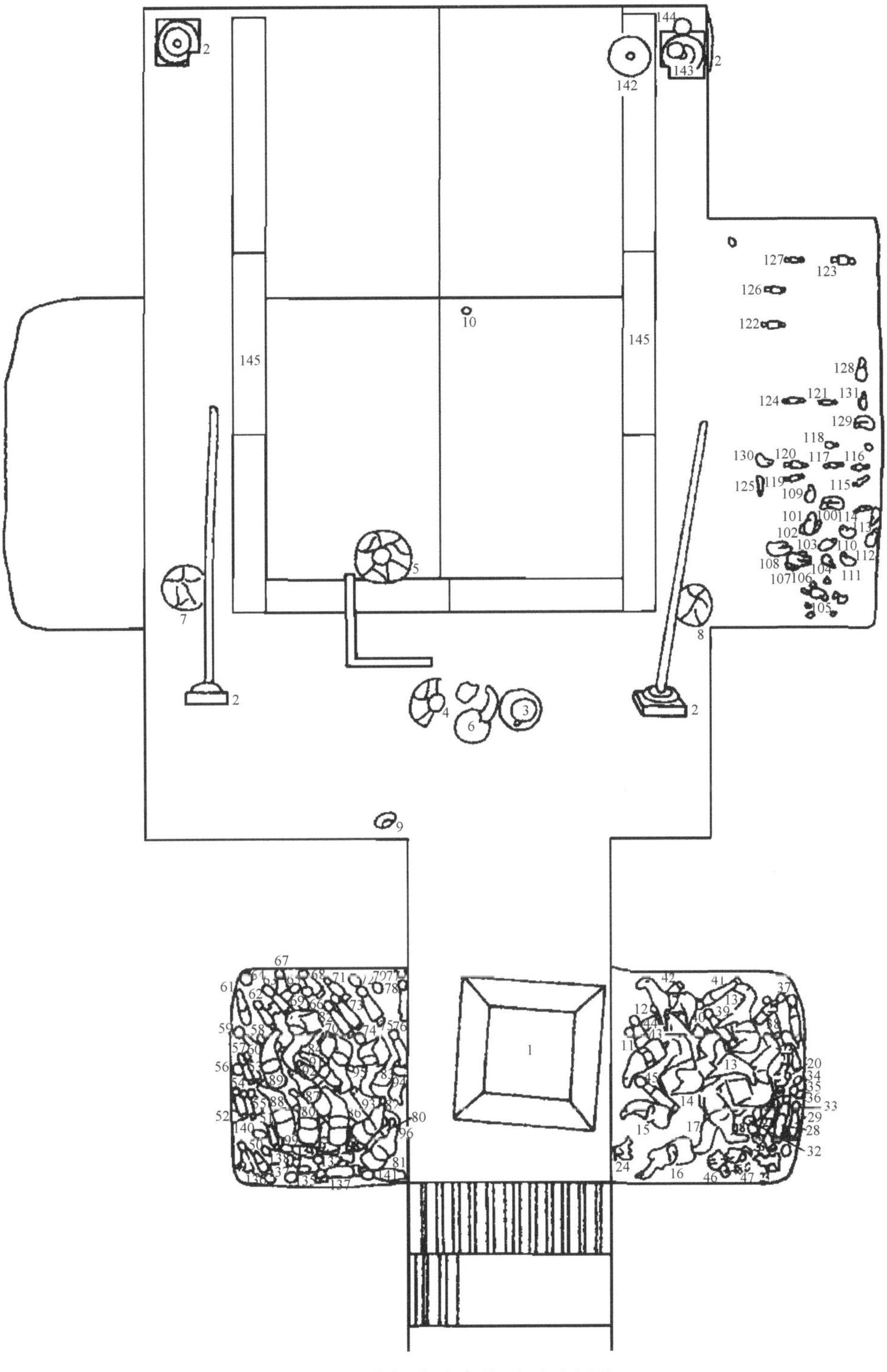

图5-11　龙门张沟唐墓平面示意图

（采自《洛阳龙门张沟唐墓发掘简报》图一，第43页）

之哀苦，于是乎不俟同位，从君之遗志，宅于旧阡，成君之奉先。孀妻毕氏，嗣子曰坦铭、德玄、堂垂、光来……”

从该墓内遗存反映丧葬礼俗角度观察，有两点值得注意：一是墓内石棺床的四角立石帐座，帐座上竖铁杆，用于张设帷帐；其二是棺床前一字排开4件彩绘塔式罐，其摆放位置应有意为之，反映出墓葬下载器物过程中的某种仪式。

西安市长安区唐乾符三年天水赵氏墓位于西安长安区韦曲镇，为竖穴斜坡土洞墓，平面呈刀把形[①]。该墓出土有陶镇墓兽、铜镜、铜带具、水晶首饰、铜鎏金饰件及墓志一合。该墓出土的塔式罐共2组，每套均由盖、罐体及底座三部分组成，均为泥质红陶。墓志一合，编号为M7：8，志盖盝顶呈方形，四周阴线界格，格内阴线刻卷草纹，四刹阴线刻卷草纹，志文共178字，据简报释文，录如下：

天水郡赵氏墓志

归虔范撰并书

赵氏山羊人也，奉余巾栉十有四年，日用贤能，无亏礼敬，温和接物，柔顺推诚，言念岁深，始终如一。而又精崇释氏，调伏灵源，必谓契我心。期享之福寿，遽萦疾恙，竟至沉沦，铅华忽坠于泉台，惠质永归于夜壑。毕徵医药，莫起膏肓，以乾符三年三月五日，疾终于亲仁里我宅。有子一人曰道坚，足为后祀，玄灵保之。呜呼，霜败树兰，日晞薤露。芳姿既隔，虽通曷追。以其年四月十四日，葬于京兆府万年县李永村。时遇吉良，永安窀穸。[②]

乾符三年为876年，墓志明确记载赵氏“精崇释氏”。明确记载与不明确的塔式罐共存，能够加深对塔式罐宗教性质的理解。与赵氏墓相似的是偃师杏园唐长安县尉韦诜故太夫人郑氏墓，出土墓志也明确郑氏信仰佛教，墓中也出土了一件塔式罐的座[③]。

当然，最直接表现出与佛教关系的是河北邢台泽丰园小区4座宋墓。唐代的塔式罐信仰性质一直是争论较多的问题，其主要原因就在于没有直接证据。河北邢台泽丰园小区发现4座带竖井式墓道的洞式墓（M1～M4），4座墓葬分为两排，具有一定的排列

---

① 陕西省考古研究院：《西安市长安区唐乾符三年天水赵氏墓发掘简报》，《四川文物》2011年第6期，第16-21页。

② 陕西省考古研究院：《西安市长安区唐乾符三年天水赵氏墓发掘简报》，《四川文物》2011年第6期，第20页。

③ 中国社会科学院考古研究所编著：《偃师杏园唐墓》，科学出版社，2001年，第307-310页。

规律，宗教氛围浓郁，有利于我们观察塔式罐的性质，墓葬均开口于第2层下[①]。各墓情况具体如下。

M1平面呈椭圆形，内置一棺，棺内有人骨1具，经鉴定为男性。棺的前端分别放置陶式罐的第一层的器座、第二层的器座和扶梯。棺内还有白釉瓷碗1件和开元通宝铜钱19枚。M2墓室平面呈椭圆形，墓葬曾经被盗，墓内仅见下肢骨和陶塔式罐1套。M3的墓室平面也是呈椭圆形，内置一木棺，棺内人骨经鉴定为一男性，棺前墓室分别放置陶塔式罐构件4件。M4的墓室平面呈椭圆形，墓门用砖封堵，墓室内置一棺，棺内1具人骨，经鉴定为男性。棺前自西向东放置陶塔式罐的第一层器座、第二层器座、器身、陶罐，罐上有器盖。4座墓葬中出土了4件泥质灰陶塔式罐，M1：1，形似圆形土台式建筑，整体由器盖、罐、扶梯、器身、器座组成，通高96厘米。器盖呈覆钵状，顶部有宝珠形纽，盖上绘黑色覆莲纹图案；其罐为鼓肩、圆腹、小平底，罐体满施白衣，肩部墨绘莲瓣纹，腹部绘有牡丹花；扶梯隆起呈弧形，共有台阶9级；器身为圆形束颈仰莲式，上腹部镂3个桃形窗和门洞一个，局部有黑色彩绘；器座呈覆盆状，座内上部有承托器身的平台，平台周边拒马叉子、立柱、寻杖齐全，柱头稍高于寻杖，上腹部对称镂桃形窗6个，塔身有黑色彩绘，扶梯下、器座台面拒马叉子与器身之间，形成了一个圆形回廊。M2出土的陶塔式罐编号为M2：1，形制结构相对简单，由器盖、罐、器座三部分组成，通高60厘米。

M3出土的陶塔式罐编号为M3：1，形制结构相对复杂，整体形状酷似圆形的多层雕有塑像的佛塔，由器盖、罐、器身和两层器座五部分组成，通高99厘米。器盖形似四层相轮的塔刹，罐为短颈、鼓肩、圆腹、平底，肩部贴塑三角形蜂蝶纹，腹部贴塑由连珠组成的双层覆莲纹，莲瓣饰流苏；器身为束颈仰莲式，敞口，莲花边口沿，肩部贴塑变形蜂蝶纹一周，下面贴塑变形连纹一周，腹部贴塑站立佛像、蹲坐像、狮子等，其中站立像三尊，均跣足立于一个三角形台面上，头绾高髻，双臂平端于胸前；蹲坐像两尊，着交领宽袖袍服，下衣可见衣纹，五像之间间杂五尊狮像，站立奔走状。第二层器座覆盆状，台面周边有拒马叉子，腹部贴塑飞天像八组，均头戴花冠，脸侧向右，双手捧鲜花状物，衣带飘飞，相向成组飞行，两飞天之间贴塑花卉；第一层器座也是覆盆状，台面周边有拒马叉子，腹部对称贴塑倚坐像六尊，体型较胖，光头，袒胸露腹，双臂拄于膝上，两坐像之间贴塑一神兽，共六只，均口含宝珠，做腾空飞奔状。该墓还出土了一件桶形器座，直腹中空，腹部对称镂尖拱形门四处，尖拱门两侧各贴塑站立武士像一尊，头戴兜鍪，下穿战裙，武士之间贴塑团菊、莲花等装饰，尖拱门下贴塑变形连纹一周。

---

① 李军、李恩玮：《河北邢台市泽丰园小区宋墓的发掘》，《考古》2007年第5期，第39-49页，图版柒。

M4出土的陶塔式罐也比较复杂，其形亦似雕有造像的多层塔。整体由器盖、罐、器身和两层器座组成，通高1.22米。覆钵状器盖顶部为宝珠形纽，宝珠和覆钵之间饰荷叶纹、宝相花一周，钵体的下方有一圆孔。器罐鼓腹、平底，颈、肩部饰花蕊一周。塔式罐器身为圆形仰莲式，仰莲上托盂形器，下接喇叭状口器身，莲瓣下与器身相接处贴塑花蕊一周。器身的贴塑自壶门开始，向右依次为壶门、一佛二菩萨、一天尊一鹿二真人、一佛二武士、一天尊二真人一士庶共五组。第一组贴塑主要位置在壶门，分上下两部分，上部为左右两壶门，左侧壶门内贴塑两人，左侧一人仰身直肢，做静卧状，肩部有一神鸟，双脚落于静卧者的肩部，似在用尖喙啄静卧者；右侧一人头戴笠，手持棍棒上扬，似欲殴打静卧者。右侧壶门内也贴塑两人，一人蹲坐于台上，一人做侧卧状，腰间丝带飞扬。在上述两壶门的下方，贴塑有张口雄狮，做腾空飞奔状。第二组贴塑为一佛二菩萨，佛结跏趺坐于帐形龛内，覆莲座，左手施手印，右手扶膝，两菩萨之间为帐形龛，龛为覆莲顶，两侧下垂帐钩。两侧菩萨均跣足立于莲台上，头戴花冠，手执帛带，颈及胸腹部有连珠组成的璎珞，双臂钏环。第三组贴塑为一天尊一鹿和二真人。两真人均束发、双手合十，身着道袍；天尊束发、戴冠，颌下有髯，双手捧钵状物，外着道袍，腰部束带。第四组贴塑为一佛二武士，佛结跏趺坐于帐形龛内，帐形龛，覆莲顶，两侧垂帐钩。龛两侧各有一武士，头戴盔，双目圆睁，身穿鱼鳞甲，双手拄剑。第五组贴塑为一天尊二真人和一士庶，天尊、真人的服饰、手势等与第三组同，唯真人左侧的士庶，头上束巾，身材高大，手抱筒状物于胸前，做奔走状（图5-12）。

M4塔式罐的第二层器座为圆形，中空，束腰。上部有华版、寻杖、望柱，下部贴塑由连珠组成的宝相花一周。第一层器座呈覆盆状，中空，器座腹部的贴塑自壶门开始，向右依次为壶门二、二鹿一狮、一佛二菩萨、二鹿一狮一天马、一佛二菩萨等五组。第一组贴塑壶门二，与器身壶门贴塑相同。第二组贴塑为二鹿一狮。第三组贴塑为一佛二菩萨，与器身的第二组贴塑也相同。第四组贴塑为二鹿一狮一天马，天马位于狮子的右侧，展翅做欲飞翔状。第五组一佛二菩萨与第三组贴塑相同。

简报推测上述4座墓葬年代以M1为早，M4的年代与其相近，均在北宋，墓中有一些唐代的风格，M2和M3的年代也是宋代墓葬，但要比M1为晚。简报注意到M1塔式罐器身、第一层器座贴塑的帐形龛两侧菩萨，与南响堂唐龛中的地藏、观音合龛中的观音站式、服饰相似。对于这4座排列有序的墓葬，而且墓中随葬器物均一致地随葬了贴塑比较复杂、多层的塔式罐，其摆放在墓室前部棺的前面，盖罐、器身、器座等分开摆放，这一丧葬面貌的一致性，说明这批墓葬在性质上或有特殊指向。简报推测这4座墓葬的墓主是具有宗教信仰的教徒。此外，M4塔式罐贴塑内容既有佛教内容，也有道教的天尊和真人，显示出佛道因素在墓葬内的掺杂。

出土塔式罐的陇县原子头唐墓M50材料较为特殊，该墓为带长方形竖穴斜坡墓道

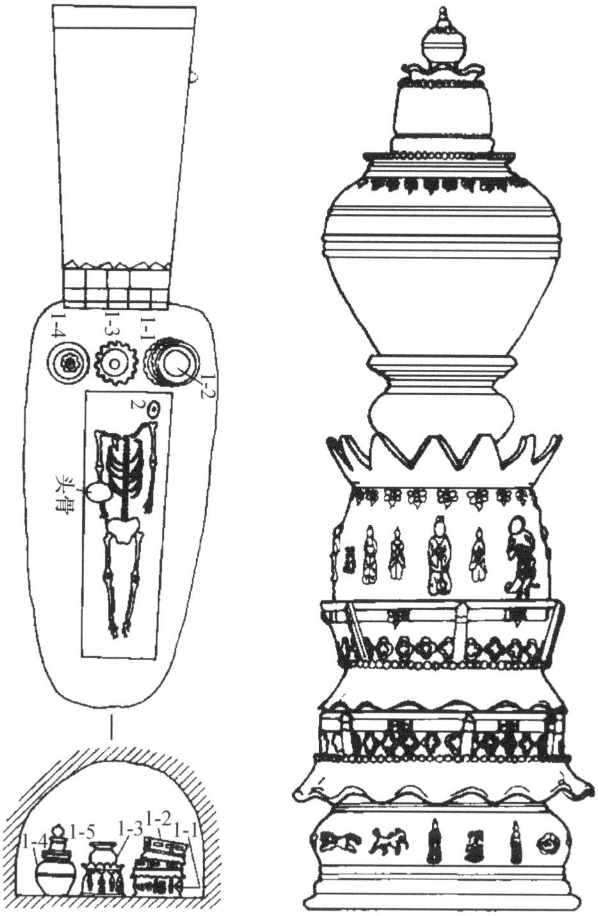

图5-12　邢台泽丰园M4墓葬平面图及出土塔式罐示意图
（采自《河北邢台市泽丰园小区宋墓的发掘》图五、图八，第41、43页）

洞室墓，墓道壁与墓室壁相连，形成刀形墓。墓室口用木板封门，墓室平面呈不规则长方形，室内并置三棺，南棺长1.35米，中棺长1.04米，北棺长0.9米，棺内均有人骨架一具，三棺的葬主均为小孩，北棺7岁左右，性别不明，中棺和南棺分别为9岁和15岁左右，均为女性，中棺和北棺之间安放一件无座的陶塔式罐。报告将该墓分期定在第二期，大致在中唐[1]。三个未成年人葬于一墓本就特殊，安放了陶塔式罐，更会让我们思考其使用属性。西安东郊白鹿原唐开元年间的韦美美墓，编号M29，为一座带斜坡墓道的土洞式墓，平面呈刀把形，墓内出土器物较多，有一些小件的铜器、石器、陶俑等，该墓也出土了塔式罐，还有天王俑等器物。根据墓志志文，韦美美也是一未成

① 宝鸡市考古工作队、陕西省考古研究所编：《陇县原子头》，文物出版社，2005年，第207-209页。

年人，“仅过笄年，冀成中馈之礼”[①]。

M29保存较好，应该没有被盗扰。据简报录墓志文如下：

左威卫仓曹参军韦恂如长女墓志铭并序：京兆韦氏之女者、左威卫仓曹恂如长女也。名美美、字英娘。祖翼，皇台州刺史，曾祖琨，皇太□詹事。肃肃我祖，赫赫衣冠，传商伯之元功，承汉相之余庆。妣皇岐州刺史陆伯玉之长女，女生于陆氏，三岁丧亲。天性孝心，幼而有识，尝以毁瘠，恨以偏孤，赖祖母崔氏哀念所钟，自鞠自育，爰在襁褓，孩而名之，仅过笄年，冀成中馈之礼，岂期厚夜翻惊，川上之悲谁知，生涯殃罚何酷！以开元廿年十二月廿七日遇疾，卒于京常乐里也，春秋一十有七。呜呼！大渐之际犹有遗言，所寄之心不逾孝道：儿没之后望就先茔。祖母恩慈尚未能报，再三回顾，更欲申情。情未尽申，气即将奄。以廿一年正月三日窆于先茔之北，礼也，从之愿矣。铭曰：

念尔明惠，幼而有知，发言有礼，动不逾规。虽事女则，未成妇仪。呜呼运命，天道何为，丧妣之日，犹孩之时。已识孝感，啼声而嘻。岂图祸伏，与世长辞。北堂恩爱，祖母为之衔悲；东原悽惨，慈父为之卜期，恨一掩于泉路，齐万古以在兹。

韦美美埋葬在先茔之北，而且直言之“礼也”。韦美美墓中用一些小件器物随葬，或许与其乃未成年人有关。

如此，塔式罐表达的信仰和观念中，有佛教影响是没有问题的。但事实上，塔式罐的宗教信仰和观念也是多样的，既有佛教也有道教，也许还有地区性的关于丧葬的观念等。

第三节　墓　　门

墓门是进入墓室的必经之门，但对于生者和死者而言，墓门可能蕴含的意义更加复杂，简单地将其理解为进入墓室的门，已经不能涵括复杂的丧葬文化所表达的意味。墓门最初是进入墓室之门，所以其本意当有墓室与墓外的区别，也有死者空间之门的含义，所谓幽门一闭，亲人阴阳两隔，此类文学作品甚多。当然，从营造墓葬和对死者的希冀而言，墓门也承担着保卫死者、护卫死者的功能。同时，当宗教信仰进入墓葬时，墓门又成为帮助死者达到信仰目的的空间设施，本书所关注即为佛教因素

① 呼林贵、侯宁斌、李恭：《西安东郊唐韦美美墓发掘记》，《考古与文物》1992年第5期，第58-63、82页。

对墓门的影响，依此角度，本节所谓墓门，既包括墓葬区隔开墓室与墓道的墓门，也包括石棺、石椁等石葬具上面的线刻门。

在研究粟特人与祆教等外来遗存时，一座石墓门的时代引起不同的认定。荣新江先生在《中古中西交通史上的统万城》一文中提到统万城发现的《翟曹明墓志》，认为翟姓虽然不见于通常所知的史、石、康、安等中亚粟特的姓氏，但越来越多的翟姓墓志表明，翟姓人亦可能来自粟特的某一地区，并提到翟曹明墓门的天王形象①。尹夏清对靖边彩绘贴金石墓门进行了详细介绍，并结合北朝及隋唐的墓门实例认为，靖边石门的时代在盛唐时期，石门内容及特征反映出北朝及唐西域胡人的面貌及文化特征②。

后来，罗丰、荣新江两位先生的合作撰文，特别指出这应该是北朝的遗存，并对此墓进行了具体介绍：墓葬发现于1993年，具体地点在陕西靖边县红墩界乡，先是被盗掘，后陕西省考古研究所也组织人员进行了发掘。墓葬坐北朝南，为长斜坡墓道土洞墓，出土遗物有石门、石狮、石椁及墓志等。石门由门楣、门框、门扉、门槛、狮形石砧组成。门楣正面有线刻图案，兽面形象位于正中，两侧为相对而立的两只公鸡；左右门框线刻有龙、凤、力士、狮，守护力士赤脚束发袒身，身披飘带及地，左侧力士头顶双丫髻，右侧力士头顶锥形髻，最下面的狮子为侧身像，两侧门框狮子相向而蹲，尾巴上翘。左右门扉各刻有一持戟胡人武士，部分保存有彩绘贴金。狮形门砧左右各一，石狮呈蹲踞状，前腿直撑，后腿蹲坐，胸前饰两层卷毛（图5-13）。罗、荣两位先生文中赞同沈睿文所述门楣上的公鸡，乃是祆教的圣禽斯劳沙，是亡灵的引导者，接引死者之灵到达彼世，史君墓石椁东壁墓主夫妇驼队过钦瓦特桥时，最后驼队驮着高高的货物上面，站立两只公鸡，与翟曹明门兽面两侧公鸡用意相同。对于门扉上的武士，他们认为与敦煌莫高窟第285窟的天王形象极为相似，似乎看作两位天王更为合适，具有强烈的伊朗风，与门框上的两位力士一起，是对墓主翟曹明亡灵的不同级别的守护神。他们也认为，翟曹明墓墓门并没有祆教祭司的形象出现，但是天王、力士、公鸡（斯劳沙化身）、狮子等形象，都透露出同时代胡人墓葬的共同特征，翟曹明的墓门表现出他的宗教信仰，也就是祆教信仰，也与其墓志中所言“夏州天主”即夏州祆主吻合，墓葬年代应在北周③。

翟曹明墓墓门图像的特殊性，毋庸讳言，如两只公鸡站立门楣两侧、两位天王的

① 荣新江：《中古中西交通史上的统万城》，荣新江：《丝绸之路与东西文化交流》，北京大学出版社，2015年，第34-41页。

② 尹夏清：《陕西靖边出土彩绘贴金浮雕石墓门及其相关问题探讨》，《考古与文物》2005年第1期，第49-53页。

③ 罗丰、荣新江：《北周西国胡人翟曹明墓志及墓葬遗物》，荣新江、罗丰主编，宁夏文物考古研究所、北京大学中国古代史研究中心编：《粟特人在中国：考古发现与出土文献的新印证》（全二册），科学出版社，2016年，第267-299页。

图5-13　翟曹明墓石门

（采自《北周西国胡人翟曹明墓志及墓葬遗物》图1，第270页）

典型胡人形貌。但是，墓门中一些比较显著的纹饰，在北朝墓葬中也常出现，如门楣正中的兽面等。而且，使用石门不是外来胡人的传统，在墓葬中出现神王的形象以北朝比较明显，这与汉代的门吏图，或者墓室门旁绘制的执盾武士等不同。在固原北魏漆棺前挡上，绘有单层庑殿建筑，其间绘有墓主人像，墓主人的下方为一门的设置，门楣上还有莲花装饰，门的两侧有两力士的形象，均有头光，裸胸佩戴璎珞，天衣绕臂而下。永固陵的石门上侧也有童子，两侧立柱与石窟门等也非常相似。陕西靖边八大梁M1北朝墓墓门彩绘与石窟门也非常相似，柱式尖拱形，尖拱形门楣两侧绘有火焰纹，稍低壁面还各绘一飞天。在甬道内侧门的两侧，分别绘制一尊立于覆莲座上的力士，力士两侧有莲花等。北朝葬具和墓门上均出现了与佛教护卫有关的情况。但是，石窟两侧有天王式的武士守卫，是否与佛教有关，目前还没有明确的证据，尽管佛教里面的护法天王也已经成为常见的配置。但我们清晰地看到这一变化发生在北朝。汉代石棺上也有图像，如王晖石棺，为妇人启门图。到了十六国时期，北燕冯素弗的木棺前挡的彩绘值得注意，其木棺前挡上彩绘有左右两列形状相似的羽人（图5-14），报告怀疑画幅的内容与飞仙接引有关。棺顶绘有星云图。再早的材料是河西嘉峪关等地区的彩绘木棺画，棺的前挡有“十”子星纹等。从这些迹象来看，北朝出现的天王武士或力士的形象与此前大不相同，当然也与汉代的门吏图不同了。

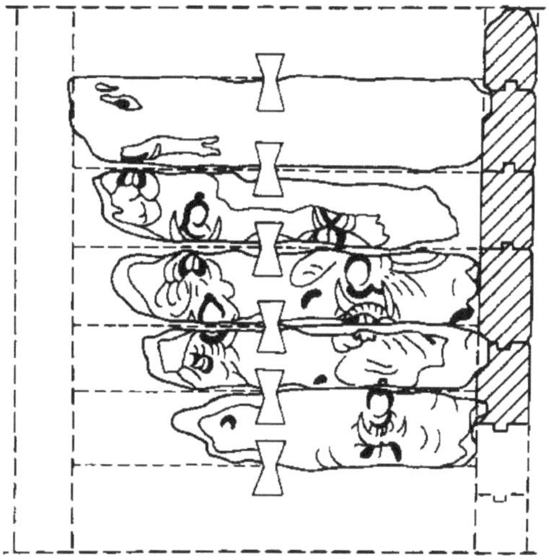

图5-14　冯素弗墓木棺前挡彩画羽人
（采自《北燕冯素弗墓》图八，第13页）

要了解这种新的变化，北齐崔芬壁画墓给我们提供了很好的观察材料。在崔芬墓甬道两侧各有一块整体石壁，其上绘有图像，尽管不是在墓门的位置，但是从刻绘图像而言，与墓门功能或有相似之处。原先在甬道两侧整体石壁线刻有门吏图，门吏戴小冠，着大袖衫，双手合抱，拄剑于前。这一形象与汉代的具有护卫性质的武士门吏图非常相似，但是，在此线刻门吏图之上，又彩绘了一层图像，这就是两尊彩绘武士，均身着铠甲、戴盔，手下悬剑，面目狰狞①（图5-15）。彩绘武士叠压在线刻门吏之上，这一图像的叠压关系，恰恰反映的是汉唐两种不同系统于门上刻绘的图像，下层为线刻的从汉代以来的门吏形象，上层为彩绘的狰狞的武士形象，与天王、神王极为相似。这一具体的、个案式的具有地层叠压关系的图像材料，是否就反映出两大门上图像系统的变化，目前还不能绝对，但两种不同系统叠压于同一石壁，这背后为何改动，为何重新绘出新的武士形象的问题值得思考。此外，我们也注意到崔芬墓甬道石壁下层线刻门吏和上层彩绘武士的方向不同，下层两线刻门吏头脸均侧朝向墓室内，上层彩绘武士均侧朝向墓室外。从镶嵌于墙壁情况看，彩绘利用原先其他墓的线刻墓门的可能性不大，但这种情况也要考虑到。前述靖边八大梁M1的情况，我们也看到了新的代替旧者的不协调。八大梁M1两位立于莲座之上的力士，位于甬道与墓室间门口的内侧墓室壁上，这一力士的安排，或许像固原北魏漆棺头挡一样，绘于墓门两侧就显得相对协调了。事实上该墓也绘出了两个怀抱仪刀的门吏形象，只不过由于墓门、甬道内口两侧壁均没有绘画的位置，两位带刀的门吏只能绘到墓室两侧壁，两位门吏均面向甬道方向。传统带刀门吏绘制位

① 孙秉明、宫德杰：《崔芬墓壁画》，临朐县博物馆编：《北齐崔芬壁画墓》，文物出版社，2002年，第13-22页。

图5-15　崔芬壁画墓甬道石壁下层线刻（上图）、上层彩绘（下图）
（采自《崔芬壁画墓》图二、图三，第15页）

置的变化，也反映出新的绘画布局，对旧有绘画系统的影响，也许开始时，在两者转变的节点时刻，这种转换显得不是那么协调。徐显秀墓石门原来浮雕的青龙白虎这一传统的题材，也被彩绘的神禽所覆盖[①]，而这些神禽恰恰是北朝墓门、墓道上面大量新出现的图像。

隋唐时期的墓门、石棺、石椁上均有门的图像。如隋郁久闾可婆头墓石门门扉线刻两执兵器武士形象，武士均身披铠甲，腰佩环首大刀，身后上部绘祥云和莲花。该墓出土有墓志，志盖四刹有线刻四神图案，龙和白虎的尾部均饰摩尼珠，志石四侧线刻壶门，壶门中线刻十二生肖图案。根据墓志志文，开皇十二年正月廿六日，郁久闾可婆头迁葬于京兆高阳原[②]。山西太原隋代斛律彻墓也使用了石门，石门门额上为一大大的兽首，两侧为口含芝草的朱雀，石门门槛两侧各有一兽形门墩[③]。该墓也出土了绿釉莲花尊。

唐昭陵韦贵妃墓也使用了石门，墓室内也有石椁。墓室石门门额上阴刻凤凰对舞的图案，门扉上阴线刻飞龙、舞凤、翼兽等图案，门砧正面阴刻兽面。石椁门扉磨光，没有刻绘图像[④]。西安白鹿原M11唐墓中出土了一件门形石刻，其上雕刻一佛二菩萨。该墓为带斜坡墓道洞室墓，墓道有天井，墓室的后半部有条砖铺出的棺床，出土人骨一具，墓内出土塔式罐1件、陶砚1件，此外还有漆器等。在天井内出土了石幢顶1件、石覆莲座2件、门形石刻1件。石幢顶下层为八角座形，中间有仰莲一周，上部是一宝珠，高度达到43.5厘米。两件石覆莲座和门形石刻也出土于天井内，门形石刻门楣上刻一佛二菩萨，下部以阴线刻两扇门，门框饰以缠枝花，高41、宽29.5、厚10厘米（图5-16）。报告推定M11为盛唐时期墓葬[⑤]。

纽约大都会博物馆藏唐代石墓门，整体由半圆形门额、上下及左右门框、两扇门扉等组成[⑥]。两扇门扉上为线刻天王，均着明光铠，头戴鸟形冠，跣足，瞪目，表情凶猛夸张。其中右侧门扉上天王手持兵器，左门扉天王双手姿势于胸前，天王的两侧及头顶均填满茎叶枝蔓。墓门左右侧门框上各线刻一僧人，站立在莲花上。右侧僧

① 太原市文物考古研究所编：《北齐徐显秀墓》，文物出版社，2005年，彩版10、彩版11。

② 陕西省考古研究院编，李明、刘呆运、李举纲主编：《长安高阳原新出隋唐墓志》九《隋郁久闾可婆头墓志》，文物出版社，2016年，第32-35页。

③ 山西省考古研究所编著：《太原沙沟隋代斛律彻墓》，科学出版社，2017年，第10页。

④ 陕西省考古研究院、昭陵博物馆编著：《唐昭陵韦贵妃墓发掘报告》，科学出版社，2017年，第63-80页。

⑤ 俞伟超：《西安白鹿原墓葬发掘报告》，《考古学报》1956年第3期，第33-75页，图版壹、图版贰。

⑥ 该材料见于纽约《大都会博物馆艺术品公报》第15卷，1920年，第278-279页（Bulletin of the Metropolitan Museum of Art. 1920, 15: 278-279）。感谢美国纽约瓦萨学院的徐津先生提供相关材料。

图5-16　白鹿原M11出土门形石刻
（采自《西安白鹿原墓葬发掘报告》图三六，第69页）

人一手执香炉，其右上侧榜题“弟子尼无滕（？）”，左侧僧人榜题为“弟子尼Yin Kung”汉字音译据所引公报。上门框上对称线刻两飞天，飞天托盘，盘中装有鲜果。门额上线刻对称站立的两只凤鸟，粗壮有力。

西安郊区唐成王李仁夫妇墓编号为M305，位于西安东郊的洪庆村①。双室砖墓，前后室皆为方形，长斜坡墓道，顶部开凿长方形天井5个，东西两壁各有壁龛3个，壁龛的龛口残留木门痕迹，墓门有封门墙和石门。石墓门由门楣、门额、门框、门扉和门限等组成，门楣上刻双凤对舞，卷草花纹衬在周边，剔地阴线刻；门额中部刻对称卷草纹，门框上也刻有卷草纹。门扉两扇，右扇刻戴冠执笏文臣，左扇虽残，但可见上刻执剑武士。根据墓志志文，该墓墓主为唐成王李仁，墓葬营于景云二年（710年），至开元十四年（726年）成王妃慕容氏又葬入此墓。在李仁夫妇墓靠近甬道封门的第一过洞内，出土了一件石人头和石幢顶。石幢顶，编号为M305：10，由顶和座组成，顶宝珠形，座分上下，上座为圆形，下座为八角形，在底部有圆孔一，应当是接插幢身榫的孔，通高50、座径30.5厘米。石人头头戴小冠，通高48厘米。该墓还出土了笼冠男骑俑、风帽男俑、幞头男骑俑、高髻女俑、马俑、石璜、石舞戚、石墓志等。石人头和石幢顶说明李仁夫妇墓前原有石刻组合存在，石幢顶的存在说明墓地立幢。

隋代李和的材料尤其值得注意，其不单石棺葬具的前挡刻绘有门，整个线刻画具有浓郁的宗教氛围，而且，墓门上也有线刻图像，两者风格差距较大。李和墓发掘于陕西三原，为一带天井长斜坡墓道的方形砖室壁画墓。墓葬石门门扇上线刻头戴兜鍪、身披铠甲、横眉怒目的武士形象，手握长矛。石棺遍体刻有图像，前挡浮雕门，门楣上刻有两只朱雀，或许就是前面荣新江等提到的引导亡灵的祆教里的斯劳沙。门的两侧刻有武士一人，足下踩卧兽，上身穿甲衣，下披战裙，手执长柄武器。门的下部刻有5个圆形的图案，里面有动物的头像（图5-17）。棺盖上刻绘有伏羲女娲，棺盖的中间和四周刻绘有数十个以禽兽头部为内容的圆形，其中有的正面头像与法门寺灵帐的装饰相似。伏羲女娲的下侧还各绘有飞天，棺盖足端还绘有一瓶花。石棺的侧帮刻绘有神人驭兽图像，身侧后方也刻绘有手持熏炉等的飞天②。李和墓墓门和石棺门风格不同，石棺门侧武士胡人形貌明显，墓门门扉武士汉人相貌特征明显。

从汉代的门吏、墓室中的护卫，到仿照石窟之门、神王武士的出现，隋唐墓葬之门表现出祥瑞之门、护卫之门，乃至于佛的形象刻绘于石门之上，石门成为任一理想中想要达到的去处，封闭的防卫，也许仅仅是其一个方面，更多的是借助于此门希

---

① 中国科学院考古研究所编著：《西安郊区隋唐墓》，科学出版社，1966年，第8-13页，图版肆柒。

② 陕西省文物管理委员会：《陕西省三原县双盛村隋李和墓清理简报》，《文物》1966年第1期，第27-42页。

图5-17　李和墓石棺前挡图像
（采自《陕西省三原县双盛村隋李和墓清理简报》图四一，第39页）

望祈愿得偿。所以说，石门本身与佛教影响没有关系，但是会成为表现不同信仰文化因素的载体，这其中当然也包含佛教。我们所要注意的是需要从整个墓葬本身和这一石门系统的角度，整体性、历时性地观察这一材料。观察不同空间的门时，需要结合其不同的图像组合，如石棺之门当和石棺两侧帮、棺盖、后挡等图像组合分析；观察墓葬的门时，当和墓道两壁、甬道壁、墓室壁，以及甬道顶、墓室顶的壁画图像组合一并分析。

第四节　俑、佛像、衣物疏

隋唐墓葬中出现了与佛教因素有关的俑，主要就是僧人俑、供养人俑和佛像。此外，高昌衣物疏也是具有佛教因素的随葬器物。

隋代的材料以安阳张盛墓最为丰富。隋张盛夫妇墓为砖筑单室墓，平面由甬道、甬道两侧耳室及墓室组成①。墓室平面近方形，四壁外弧，长2.8、宽2.9米，方锥形墓顶，北壁下砌有棺床，甬道两侧各有一小耳室，宽0.3、高0.96、深0.2米，墓内棺木已朽，发现人骨架两具。墓内共出土陶瓷俑数十件。其中侍吏俑2件，发现于甬道两侧的耳室内，戴冠，上穿裲裆，下穿蓝衫，双手按刀直立于莲座上，高约72厘米。武士俑2件，分立于甬道两壁下，头戴盔，上系红甲，下着袴褶，腰束带，脚穿靴，手执武器，立于莲座之上，一件高73厘米，另一件高64厘米。镇墓兽2件，人面立于墓道口的西侧，兽面立于墓道口的东侧，高约50厘米，上身涂有红、绿色彩。仪仗俑出土了35件。伎乐俑出土了8件，跪坐式，着裙，所奏乐器有觱篥、竖箜篌、箫、钹、琵琶2件，另有似吹笛等俑。舞俑5件。侍仆俑27件，侍仆俑手中捧着的有瓶、盘、盆、碗、镜、洗、勺、果盒、巾等日用器物，有的为执箕扶铲的劳作俑。胡俑2件，胡俑深目高鼻，黄色的卷发，络腮胡，身穿翻领长袍，脚穿皮靴，高约25厘米。2件，身披袈裟，袈裟上涂黄、绿、红、黑等色彩，下着靴，左手下垂提瓶，右手平执香熏，大的僧俑高度为22厘米，小的高15厘米。家畜家禽俑9件、牛车1辆、铜镜1面、青瓷坛4件，坛下有座，上有纽盖，身似圆筒，其中一件内装泥制的圆钱。瓷三足炉3件，瓷三足带环盘1件，瓷博山炉1件，瓷盒25件（其中21件为粉盒），瓷奁状器1件。奁状器腹部饰弦纹，上有盖。张盛夫妇墓出土的日用器物模型有陶制的井、灶、碓、磨、碾、房屋，以及瓷制的水桶、剪、案、凭几、烛台等，方底覆莲陶座4件，中间有孔，切去一角，位于棺床的四角。出土的两件瓷兽座也是方底覆莲座，上面有圆孔。棺床的东南角出土墓志1件，志文如下：

隋故征虏将军中散大夫张君之铭

君讳盛字永兴，南阳白水人也。……祖原州主簿，加龙骧将军，特除谯、梁二郡太守。考齐郡中正，寻迁给事中、颍川郡太守。君幼而开朗，秀□不世之资，早著奇名，果有栋梁之用，起家郡功曹，寻转左卫殿中将军，仍加龙骧将军。魏景明年立勳归国，蒙授积射将军、秦州五零县令，仕至征

---

① 考古研究所安阳发掘队：《安阳隋张盛墓发掘记》，《考古》1959年第10期，第541-545页，图版玖-图版拾叁。

虏将军、中散大夫。宜此喆人，永毗家国，何图命也，坠彼先秋，以隋开皇十四年正月十五日终于相州安阳县修仁乡之第，春秋九十有三。

夫人王氏，南徐州人，右将军散骑常侍澄城公凝之女也。夫人乃神彩明润，志调温敏，及作俪时，英穆如琴瑟。开皇六年，奄从运往，亡于灵泉县西斗山之第，时年六十有七。今开皇十五年岁次乙卯十一月十八日，与先君同窆于相州安阳城北五里白素乡。

乃为铭曰：

君子已殁……俱委尘埃，风悲陇树……呜呼！永矣！有去无来。

张盛夫妇墓中，侍吏俑、武士俑等均立于莲花座上，墓中出土了2件僧人俑，一些器物如带宝珠纽盖器、奁形罐等，或许均与佛教有关。墓志中记载的张盛夫人王氏，早于其夫张盛去世，其埋葬地点在灵泉县的斗山，尽管志文中提到的是斗山之第，但是这个地点在佛教信徒的丧葬上有特殊的地位。《宝山灵泉寺》中记载了一些佛教墓葬[①]，刘淑芬提到华北地区的一些妇女，为了按照佛教的丧葬形式，均不愿与其丈夫合葬，而选择独自埋葬在宝山灵泉寺[②]。所以斗山之第，或许为与佛教有关的隐晦之说。

此外，于薇在《圣物制造与中古中国佛教舍利供养》中，提到弦纹深腹圆盒这种外来样式舍利容器，与此类似的有安阳张盛墓中的奁状瓷器，宝珠盖，腹部饰以弦纹，此类具有犍陀罗风格的舍利容器只出现在河北中部及南部地区，流行时间集中于北齐至隋大约30年间，在与佛教关系密切的上层贵族中流行，并俗用到墓葬环境中[③]。

西安西郊热电厂基建工地唐墓两座墓葬（M60、M91）中出土了僧人俑和佛像[④]。M60：17僧人俑内着宽袖僧袍，外披袈裟，结跏趺坐，右手托钵盂，左手置于腹部，高6.5厘米；M60：20也是身着宽袖僧袍，外披袈裟，结跏趺坐，双手拱于胸前，执一器物，高7厘米。M60墓内还出土了一铜臂钏，其所附铜盒内有一团绢织物，应为经咒。M91出土的僧人俑为立姿，双手持物于胸前，内着交领宽袖僧袍，上有彩绘，高6厘米。该墓还出土了佛像，盘腿坐于莲花座上。M91还出土了胡俑、合十盘坐俑、伎乐俑、天王俑。M60、M91报告将其划定为第三期，也就是相当于唐玄宗至代宗时期。此外，在M102墓内发现有保存较好的纸质印本《陀罗尼经咒》。

西安唐代曹氏墓位于西安东郊，编号为M3，坐北朝南，带竖穴式墓道，墓室为方

① 河南省古代建筑保护研究所：《宝山灵泉寺》，河南人民出版社，1991年，第26-27页。

② 刘淑芬：《石室瘗窟——中古佛教露尸葬研究之二》六《佛教对中古妇女信徒丧葬的影响》，刘淑芬：《中古的佛教与社会》，上海古籍出版社，2008年，第279-285页。

③ 于薇：《圣物制造与中古中国佛教舍利供养》，文物出版社，2018年，第17-58页。

④ 西安市文物管理处：《西安西郊热电厂基建工地隋唐墓清理简报》，《考古与文物》1991年第4期。

形土洞，墓室四壁设有11个小龛，小龛为拱形土洞式，墓室中部正中为棺床，周边雕刻有壶门，在墓室西壁和北壁中央的龛中，有较小的泥塑佛像，面目不清，但仍能辨别出佛像①。该墓的墓志放置在棺床的西侧正中，墓志前面放置有白滑石狮形香熏、石砚、琉璃残片等，棺床前侧两端对称放置有铁猪和铁牛，墓室东壁下正中摆放有一件铁炉，墓室东南角放置一件塔式罐。

墓中出土的滑石狮形香熏，简报认为其造型为香炉与狮子的结合，推测是受到了佛教艺术的影响，同时墓志中也记载有曹氏在其夫杨公去世后"夫人旷朗孤居""搂心释老"，加之墓室壁拱形龛中的佛像、棺床上的壶门，墓葬中佛教因素应该是很明显的。同时，该墓棺床前放置有铁牛、铁猪，以及棺床东侧的铁炉，反映出该墓丧葬实施时的仪式感及复杂的信仰。

陇县原子头唐墓M8出土一件小铜佛像，该墓带长方形竖穴墓道洞室墓，墓室内南侧置一棺，随葬器物共15件，一件小铜佛像位于墓主头部左侧，13件带扣置于死者的腰部，一枚开元通宝钱握于死者的左手。佛像呈扁平状，有背光，顶部较尖，下有圆座，通高3.4厘米。报告将M8的分期定在第三期，大致在晚唐②。

西安郊区M505位于西安东郊韩森寨，墓室平面呈长方形，墓室的西部用砖砌成棺床，棺床的东侧，也就是棺床的正面，用长方形砖和花砖砌出壶门，墓室内在棺床的前侧，并排放置3件力士俑（报告语），但是后面墓葬登记表及器物描述部分，均记载为6件力士俑。6件力士俑均头裹软巾，上身赤裸，下身仅穿三角形短裤，肌肉发达，显得强壮有力，两手握拳，有的全身原涂有粉红色彩③。根据墓志的记载，该墓为扬州大都督曹景林及其妻张氏的合葬墓，墓葬营建于建中三年（782年），墓志云：

> 将军讳景林，右卫长史秀之曾孙……天宝五载，由宿卫而渐官阶。至德初，二京陷覆，肃宗迁幸灵武，以警从授左武卫翊府左郎将……广德中，羌戎寇甸，从狩于陕，以劳拜本军大将军……若迺郊庙分仗，正至陈仪；辉威振旅，六师禀则。酌故制宜，曾无违忒；实敏于事也。既而惊荣宠之地，发厌离之心。禁荤绝羶，戒酒寡欲；履精纯以养浩素，蕴诚明而际空奥。度生灭于识性，视形骸如逆旅。建中三年自春兆疾，涉夏沉痼。帝居轸情，王人谕问；赐绢百匹，以供医救。药物莫镯，竟臻羸亟。七月甲午，奄终于里第，享年五十三。圣朝嗟悼，赠绢、布壹佰伍拾疋，充给哀纪。戊戌，诏赠

① 王自力：《西安唐代曹氏墓及出土的狮形香熏》，《文物》2002年第12期，第66-71页。

② 宝鸡市考古工作队、陕西省考古研究所编：《陇县原子头》，文物出版社，2005年，第205、224-225页。

③ 中国科学院考古研究所编著：《西安郊区隋唐墓》，科学出版社，1966年，第17、47页，图版拾玖。

> 扬州大都督。交故追怆，卫士悲恻……将军孝行表于微隐，真致畅于性情。羽卫四朝，殆逾三纪。敬惧以奉上，优容以畜众。出入屯险，忠以立节；通修禅寂，善不易俗。盛迹遗美，充着周庐。然不登遐纪，不就终养，固生人之疑痛也。而知微者以为净业克备，遽真界是往；道不系于脩短，神不滞于一方。则将军之殁，何嗟及矣……呜呼。①

据墓志，墓主应该是信仰佛教的，志文中提及，其“发厌离之心”“通修禅寂”，而且在生活中也是“禁荤绝羶、戒酒寡欲”，其死亦是“真界是往”。加之墓中墓床设置了壶门，墓床前安放了6件力士俑，大致可以肯定墓主的佛教信仰，佛教因素遗存明确。该墓除了6件力士俑、石墓志外，还出土了幞头男俑、垂发梳髻女俑、博鬓抛鬟女俑、双髻女俑等。

吴忠西郊唐墓M017出土有铜佛像，该墓为倒凸字形方形单室砖墓，棺床上散见残碎的胫骨和肱骨，未见颅骨，经鉴定为两具人体骨骼，分别为40～50岁的女性及30岁左右的男性。青铜佛像出土在墓室东侧的棺床上，附近有塔式罐的盖、饰兽面腹片等。笔者推测此佛像或许与塔式罐有一定的器物组合联系。青铜佛像立姿，一手下垂，一手上举，似乎施某手印，又似有头光和背光，双足立于覆钵上，覆钵下为四方座，无足。报告将该墓定为中晚唐时期②。

西安西北政法学院南校区34号唐墓为带斜坡墓道的土洞墓，墓室平面呈正方形，墓室北侧为东西向的砖砌棺床，外侧有两组壶门图案，棺床下正对甬道口有两件天王俑，俑的后面有两件镇墓兽。天王俑均为泥质红陶，其中M34：1头戴兜鍪，局部描金，左腿屈膝踏在其下小鬼的左臂上；M34：2卷发，局部描金。镇墓兽两件，一件为人面，一件为兽面。简报推测该墓年代在唐玄宗开元时期③。

三门峡庙底沟198号唐墓未经科学发掘，故而形制等情况不明，但是，该墓出土随葬器物较多，其中就有双手合十的礼拜人物瓷俑。该墓出土器物中，可见彩绘莲花的陶罐，有的带盖，有的未见。此外出土的三彩器、绿釉器是该墓出土器物的主要种类，如绿釉背壶、绿釉酱彩四足炉、三彩罐、三彩铃铛、绿釉瓷俑、三彩狮等。其中三彩狮呈蹲踞状，张口平视，胸前挂釉圆形的铃铛，狮子下部有椭圆形的台座，通体饰绿、黄、白三色釉。绿釉瓷俑，编号为M198：18，俑戴帽，着袍，双手合十于胸前，双腿盘坐于椭圆形台座上，高5.8厘米。除此之外，该墓还出土了铜镜2件、铜钗

① 中国科学院考古研究所编著：《西安郊区隋唐墓》，科学出版社，1966年，第100页。

② 宁夏文物考古研究所、吴忠市文物管理所：《吴忠西郊唐墓》，文物出版社，2006年，第43-45、305-306页，彩版二：3。

③ 西安市文物保护考古所：《西安西北政法学院南校区34号唐墓发掘简报》，《文物》2002年第12期，第50-65页。

11件、银钗3件、铜簪6件、铜花饰2件、玛瑙珠1件、白瓷珠2件、小螺壳1件、小蚌壳2件、蚌壳5件等。报告将该墓大致定在中唐末期至晚唐初期[①]。

唐长安醴泉坊三彩窑址中出土了一些用于墓葬随葬的器物，如天王俑等，陶女俑、陶男俑等。尤其重要的是，与这些窑址中出现用于随葬的器物共存的，还有一些与佛教有关的造像[②]。那么对于这些共出的佛教造像，我们显然需要思考，它们是否也是用于随葬，或者在丧葬礼俗活动中使用，如果是，那么这些材料显然也可用来论证丧葬礼俗中的佛教因素。现将这批窑址遗址材料介绍如下。

Y2火膛底部残留有10厘米左右的灰渣，其中夹杂着俑、窑具等，主要器物有黄褐釉男立俑、三彩盂、三彩碗、三彩枕、素烧的青年佛弟子造像头像、素烧的童子头像、陶器足、陶幞头男俑头、陶梳髻女俑头、陶立男俑、陶立女俑、陶天王俑头、陶天王俑披帛残块、陶天王俑手臂残块、陶天王俑头顶禽鸟尾羽饰、陶镇墓兽头、陶狗、陶骆驼、陶鸡等，此外还有陶质的瓜果模型，似乎模拟的甜瓜、香瓜等。窑外有成堆的陶俑残片、三彩陶片、窑具等，主要器物有三彩豆、三彩方形刻纹砖（宝相花纹），素烧的筒瓦、板瓦，陶器有盆、幞头男俑、幞头胡俑、梳髻女俑、风帽女俑、男立俑、女立俑、天王俑盔顶饰、天王俑腰带残件、镇墓兽残块等，与制作有关的女俑模、垫柱等，瓷器有白釉瓷盒。

Y3火膛内出土的三彩器有女立俑残片、刻宝相花纹方形砖；素烧器有豆、佛弟子坐像、青年佛弟子造像头像、狮子等；出土的陶器有幞头男俑头、幞头胡俑头、风帽男俑头、梳髻女俑头、女立俑、坐俑、骑马俑、羊、鸡、船模型等；火膛内出土的制作器具有垫柱、三叉形支钉等。Y3窑外出土的器物有酱黄釉俑残片、绿釉樽残片、立俑模具、幞头俑头模、天王俑局部模等。在T1H1B的灰坑中，出土了素烧器的佛弟子坐像、老年佛弟子造像头部，以及一些陶俑的俑头等。T1H1中还出现玻璃碎块17件；在T1H3中也出土了素烧的豆、罐、碗、盆、佛弟子坐像、女俑、男俑等，以及一些大王俑、贴花模模具等；T2H2中，出土的釉陶器有绿釉盘口瓶、黄釉罐、黄釉碟、酱黄釉方形宝相花纹砖、三彩瓶、三彩豆、三彩水注、三彩盂、三彩碗、三彩俑等，素烧器有佛弟子坐像、青年佛弟子造像头像，陶器有幞头男俑、幞头胡俑、梳髻女俑、镇墓兽、小鬼（夜叉）、蛇、鸡、九蕊莲花纹瓦当、筒瓦、兽面砖等，出土的模具有印花、立俑、佛弟子、舞人俑、女俑、幞头俑、骆驼俑、马头俑等，出土的窑具有垫柱、垫圈、垫饼等。T3H1、T3H1、T3H3的情况也类似，T3H3出土的天王俑，体形高大，额箍上插饰展翅的禽鸟，髻的顶部装饰高耸的禽鸟尾羽，身着明光铠，脚踏小

① 河南省文物考古研究所编著：《三门峡庙底沟唐宋墓葬》，大象出版社，2006年，第124-135、171-179页

② 陕西省考古研究院编著：《唐长安醴泉坊三彩窑址》，文物出版社，2008年。

鬼，虽然是残次品，但仍具威严气势。

醴泉坊窑址内的器物基本是残毁的，所以报告认为是残次品。素烧器是釉陶器的半成品，出土了制作坯件的模具、用来制作模具的母模，以及窑具等，体现了制作程序上的链条关系，也反映了次品堆积中的共存关系。报告提到在窑址发掘前，当地人士在Y3和Y4之间的管道沟中发现一片红陶俑（镇墓兽）残片，其上有“天宝四载……祖明”等字，天宝四载为745年。“祖明”在河南巩义市康店镇砖厂唐墓及巩义黄冶村唐墓中均有发现，康店镇砖厂唐墓中出土了两件镇墓兽，均素烧、白胎，其中一件为人面，一件为兽面，均做蹲踞状，兽面的背部墨书“祖明”二字；黄冶村南岭唐墓中，出土的一件白胎周身绘红彩的镇墓兽，背部也有墨书的“祖明”二字[①]。报告根据出土器物与纪年墓，或者典型墓葬材料进行对比，认为醴泉坊三彩窑址的全盛时期大致在玄宗开元后期至天宝年间，即8世纪30年代后期至50年代中后期。

报告提到醴泉坊窑址创立取决于坊内和坊外两个因素，坊内一是居住在坊内东南区域的皇族成员势力，如申王礼撝和陕王李享；二是坊内西北区域的以醴泉寺为主的宗教集团。醴泉坊的外面紧邻金光明—春明门大街，以及繁华的西市。报告提及，三彩窑址的发掘反映出三彩制品的日用器皿化，以及随葬明器生产的趋向规范化和序列化；报告也认为，窑址的三彩产品，主要是非随葬用的日用产品。那么问题是，我们是否可以确定与作为随葬用的天王俑、镇墓兽、幞头俑、胡俑、男女侍俑为共存关系的佛弟子像，也是用于墓葬随葬呢？

宿白先生曾经推测长安西市西大街中部遗址可能属于凶肆遗址，在现代修掘的窖穴填土中，发现了唐后期的残陶俑和陶俑的头部。其所据材料为北京大学历史系考古专业1975届同学的调查成果，对于里面有没有与佛教有关的器物，不得而知[②]。对于西大街中部遗址出土的陶俑来源也未见说明。妹尾达彦也提到唐长安东西两市的葬仪，在两市有超过一百人的挽歌歌手，有出售、租赁用于葬仪用品的店铺，也就是凶肆在营业，在街西的丰邑坊也聚居着赁贷、方相、丧具等丧葬从业者。两市在凶器的华丽和挽歌比赛中，各有千秋[③]。但其无论是对文献的梳理，还是对考古材料的涉及，均没有交代这些凶肆材料中有与佛教有关的记载。比较直接的是崔世平，他认为长安醴泉

① 郑州市文物考古研究所：《中国古代镇墓神物》，文物出版社，2004年，第24页，图版161。

② 宿白：《隋唐长安城和洛阳城》，宿白：《魏晋南北朝唐宋考古文稿辑丛》，文物出版社，2011年，第40-62页，原载《考古》1978年第6期。

③ ［日］妹尾达彦：《唐代长安的东市与西市》，樊英峰主编：《乾陵文化研究（第四辑）》，三秦出版社，2008年，第327-377页。

坊曾发现过烧造唐三彩的窑址，应该是为凶肆供货的陶窑之一[①]。

上述醴泉坊窑址遗址中出土的天王俑、男女陶俑、幞头俑、镇墓兽、明器等应该是用作墓葬随葬器物的，也有建筑中使用的，如莲花瓦当、筒瓦、宝相纹方砖、兽面砖等。佛弟子像与它们具有共存关系，但是否具有组合关系，即二者之间是否存在一定的逻辑关系，如果这个逻辑均指向丧葬，则尽管这些材料不是从墓葬中发掘出来的，也反映了丧葬礼俗中的佛教因素。换言之，我们的视角，通过醴泉坊三彩窑址中出土的器物组合，已经从墓葬遗存转移到制作和产生墓葬遗存的“前传”。此外，我们还需要分析此类佛弟子像的具体用途为何？《唐长安醴泉坊三彩窑址》提到青龙寺、庆山寺、实际寺中都曾出土过此类器物。青龙寺出土的三彩佛像，持佛珠，盘腿而坐，残高8厘米[②]。实际寺遗址也出土了陶佛像、铜造像、小泥佛菩萨像、陶供养人像等[③]。这些出土的佛像与醴泉坊三彩窑址出土的均不太一样。我们有理由推测其可能是与天王俑、镇墓兽一样用于墓内随葬，或者使用于丧葬礼俗中，当然，目前还没有直接证据证明窑址出土的佛弟子像与天王俑、镇墓兽等一起用于墓内随葬。醴泉坊三彩窑址出土的黑釉瓷钵标本（T2H1：9、T2H2：57）形制与庆山寺地宫出土的4件瓷钵相同[④]。

墓葬器物与墓志内容均能反映出佛教信仰的是西安东郊韩森寨“功德山居长”雷府君夫人宋氏墓。雷府君夫人宋氏墓志铭为石墓志一合，53厘米见方，盖的四边雕刻阴绘“四神”，内书“大唐故内侍雷府君故夫人宋氏墓志铭”，墓志志文如下：

夫人号功德山居长，其先出于广平……年十有五，而归于我内侍雷公。雷公六礼以聘之，百两以将之，凤凰于飞，琴瑟相友。公为内省之长，我有封君之邑。协心以理于家国，并命而登乎富贵。方将偕老，同至寿域；何图中年，半坠泉路。自内侍既殁，乐寿未亡。因昼哭之余，忽焉回向；救前途之下，转益坚修。顿悟空色，了归禅定。保是圣善，以为灵长。短运倏以告终，泛舟于焉不系。以天宝四载九月六日，奄然归真于京辅兴里之私第，春秋五十有七。时爱子在旁，孝女同侍。乃付嘱而言曰：吾业以清净，心无恋着，岂以诗人同穴之言，而忘老氏各归之本。纵犹议于封树，即愿存于贞

① 崔世平：《唐五代时期的凶肆与丧葬行业组织》，崔世平：《中古丧葬艺术、礼俗与历史研究》，中国社会科学出版社，2018年，第120-136页，原载《暨南史学（第8辑）》，广西师范大学出版社，2013年。

② 中国社会科学院考古研究所编著：《青龙寺与西明寺》，文物出版社，2015年，第99页。

③ 柏明主编：《唐长安太平坊与实际寺》，西北大学出版社，1994年，第52-53页。

④ 宣鼎文：《综述》，浙江省博物馆、西安市临潼区博物馆编：《佛影湛然：西安临潼唐代造像七宝》，中国书店，2019年，第1-29页。

独。建塔旧茔，同尘齐化。铭曰：

诞灵宋国，育德高氏。教自公宫，配于君子。
君子永往，哀哀未亡。昼哭虚室，斋心法堂。
悟有皆空，归真以正。不封不树，惟清惟净。
建此灵塔，苍然旧丘，平生孤镜，松槚千秋。

天宝四载岁次乙酉十月乙酉朔廿五日己酉丙时安厝。[①]

宋氏墓志铭显示，宋氏号“功德山居长”，在其夫内侍雷公死后，就“顿悟空色，了归禅定”，应该是信仰了佛教，“功德山居长”之号或许就与其信仰佛教有关。宋氏对自己的丧葬事宜亦有安排，“纵犹议于封树，即愿存于贞独。建塔旧茔，同尘齐化”，也就是希望不与其夫合葬，同时在旧茔建造佛塔。后面的墓志铭也以写实的语句，叙述了“斋心法堂”的宋氏作为一名佛教徒，其丧葬与一般民众的不同，如“不封不树，惟清惟净。建此灵塔，苍然旧丘”。

雷府君夫人宋氏号功德山居长，作为一名佛教信仰者的墓葬，有不少丧葬内容与传统丧葬内容不同，换言之，就是佛教改变了传统中国丧葬礼俗的内容。其中重要一点就是不与其夫合葬，这就改变了自汉代以来形成的夫妇同穴合葬。大唐开元二十三年（735年）去世的吴兴郡沈和，临终也遗命不令合葬，她也是一位佛教徒，反映出中古妇女因为佛教戒律等原因，不愿与其夫合葬的特殊丧葬内容。沈和墓经科学发掘并刊布简报，使我们得以一窥8世纪前段一位女佛教信徒墓葬的具体内容。沈和墓位于西安市南郊韦曲街道，为一带斜坡墓道两天井的单室砖墓，墓室平面呈正方形，穹隆顶，墓室壁面原有壁画脱落殆尽。砖棺床砌于墓室的西部，棺床的侧立面砌出壸门的形状，棺床上有残碎骨块及数枚铁棺钉，推测原有木棺。靠近墓室北壁的棺床上出土的器物有铜盆、铁削、陶塔式罐、陶砚等，棺床东侧及墓室东北角出土器物有陶十二生肖俑、骑马俑、侍女俑、塔式罐、风帽俑等。甬道北端放置墓志一合，志文记载了“加以晚崇佛法，至通妙理，知内外缘缚，体色相空，有以为□。殁□归于寂灭，会合未出于尘牢，乃命曰：吾终之后，慎勿以吾会葬□□，再三示无着也，昌舜从其理，命悲魂魄之两孤，违其志言，惧明灵之必怒，遂别宅兆而安厝之”。简报结语提到沈和夫秦守一的墓已经由西安市文物保护考古研究院发掘过，说明沈和确未与其夫

① 中国国家博物馆编：《中国国家博物馆馆藏文物研究丛书·墓志卷》，上海古籍出版社，2017年，第154-155页，拓本见图六七（1）（2）。

合葬[①]。

前述宋氏墓位于西安市东郊韩森寨，是一座由墓道、甬道及墓室组成的土洞墓，平面呈刀形[②]。墓室顶部为圆拱形，现已倒塌；墓室的西北角设有棺床，棺床的西北两边紧贴墓壁，东南两侧面刻有生动的双狮数对，矗立在牡丹花装饰中，棺床的边沿刻有精致的蔓草纹饰。棺床的中央有木棺一具，已朽，但在其北挡处发现铜泡钉23个，推测为饰棺所用。板灰范围内存放有较为完整的人骨架，单身仰身直肢葬式，死者的左右手中还放置有石棒和夹肘，头骨右旁还有云母4片，头骨的右上方放有铜镜一面。该铜镜破为两块，镜内纹饰有浮出的飞天相对飞舞，并在上下点缀山峰、流水、树木、云彩等；口中含有12粒水晶珠，颈部还有水晶项链围颈一匝，托于胸前，这些珠质地有水晶、料珠、玛瑙、玉石等，多数为水晶珠，有椭圆形、葫芦形、三孔玛瑙等；头骨由顶经双耳至下颌结有金下颌托1件；墓主头骨的左上方还有铁剪刀和金球1件，金球镂空纹饰，上面镶有翠玉1粒；墓主胸前有金银花“一件又三包”，有大金花镶翠一粒，另有小金花瓣和花瓣形的饰品。头骨的左旁和足下各有圆形漆盒，盖上均饰有银花瓣多件；头骨附近还有4件金笄，素面。此外，墓主口内还含有钱币多枚，其中两枚为银铸的开元通宝钱，其余钱币分布在左右腿骨内外及腰部。

墓室四壁绘有壁画，多已脱落。东壁北端一幅壁画保存尚好，所绘为两个乐人，正在吹奏古笙，还有一个舞女在绣有龙纹的地毯上舞蹈。另外，在西壁上还可见一人像，盘腿而坐。简报疑为墓主人画像，姿态颇值得注意。墓室还发现玉石12块，分放在墓室四隅，玉石均为打击后未加修饰的多角体状，不规则，且大小不一，简报推测是“辟邪”之意。

在墓室的东半部，多为随葬陶俑，主要有男俑、女俑、十二生肖俑及天王俑和镇墓俑等。男俑可见捧物俑、拱手俑、提袖俑及牵马俑等；女俑可见捧物俑、拱手俑、单髻俑、双髻俑、跪俑、匍匐俑等；十二生肖俑12件，均兽首人身，着宽袖长袍，自北向东转到南再转到西，相继排列；天王俑2件，一件位于棺床稍东傍北壁而立，另一件位于甬道北口；镇墓兽2件，一件位于东壁中央，另一件位于该镇墓俑的正西，也就是棺床东沿下。上述4件天王俑和镇墓俑均彩绘鲜艳，姿态雄伟，足下踏有兽，还有盘形座。笔者注意到女俑中跪俑似乎是一件佛教造像，或者说与佛教有关的陶俑。像俑高髻，双手作说法式，褒衣博带，面相庄严，额部似有白毫。同时联想到一件女性匍匐俑，可惜的是我们不知道这些俑的具体位置，我们似乎可以猜想这件匍匐俑正在礼拜这件面相庄严的造像。这些俑在墓葬中的出现，与墓志所述其佛教信仰及丧葬特殊

① 西安市文物保护考古研究院：《西安南郊唐吴兴郡夫人沈和墓发掘简报》，《文物》2019年第7期，第38-49页。

② 张正岭：《西安韩森寨唐墓清理记》，《考古通讯》1957年第5期，第57-62页，图版拾贰-图版拾肆。

安排一致。天宝四载为745年，也就是唐玄宗李隆基时期。

高昌衣物疏中出现佛教因素的以下列几件极为典型，其衣物疏文字中的主要人物有比丘、佛弟子，提到的衣物疏佛教活动为敬移五道大神，衣物疏文字中反映出与佛教祈福消灾的有关活动还包括造佛像、菩萨像，说盂兰盆经等。具体如下：

阿斯塔那M170，长斜坡墓道单室土洞墓，墓室平面呈方形，出土器物有陶罐、木案、木灯、木柄铁刀、绿地对羊纹锦复面、红地人面鸟兽纹锦裤、树叶纹锦复面、鸡鸣锦枕、绛紫色幡纹嵌对凤立人兽面绮、绛色大联珠对狮纹绮、黄色龟甲填画绮。该墓还出土了砖质的张洪墓表、张洪妻焦氏墓表[①]。焦氏墓表文如下：

章和十三年癸亥岁
正月壬戌朔十三日
甲戌财官校尉洿林
令张洪妻焦氏之墓
表

章和为麴氏高昌第三代王麴坚的纪年，十三年为543年。延昌二年（562年）张洪墓表文如下：

延昌二年壬午十一
月丁卯朔廿乙未
新除明威补为侍郎转
为财官校尉洿林令迁
为虎威将军转为广武
将军迁为长史令如故
追赠振武将军仓部郎
中张洪妻焦氏之墓表

该墓出土了章和十三年（543年）的孝姿衣物疏及延昌二年长史孝寅随葬衣物疏，孝姿衣物疏文字如下：

---

① 新疆文物考古研究所：《阿斯塔那古墓群第十次发掘简报》，新疆文物考古研究所编：《新疆文物考古资料汇编（下册）》，新疆人民出版社，2013年，第1665-1710页，原载《新疆文物》2000年第3～4期合刊。

故树叶锦面衣一枚，故绣罗当一枚，故锦襦一枚，领带具，
故锦褶一枚，领带具，故绯绫襦二枚
……故金银钏两枚，故金银指环六枚
……故波斯锦十张，故魏锦十匹……
……故金钱百枚，故银钱百枚，
……攀天丝万万九千丈。
章和十三年水亥岁正月壬戌朔十三日甲戌，比丘果愿
敬移五道大神。佛弟子孝姿持佛五戒，专修
十善，以此月六日物故，迳涉五道，任意所适。右上
所件，悉是平生所用之物。时人张坚固、季
定度。若欲求海东头，若欲觅海东壁，
不得奄遏停留，急急如律令。①

长史孝寅随葬衣物疏在疏文的后部分也提到了“比丘大僧统果愿，敬移……弟子长史孝寅，持佛五……善”，以及“时人张坚固、李定度”等内容②。长史孝寅应该就是张洪，孝姿就是张洪妻焦氏。

阿斯塔那延昌三十六年墓，编号为66TAM48，在简报中被划分为第二期，也就是相当于南北朝中期至初唐，墓葬没有单独具体的介绍，但简报中附了该墓的平、剖面图，以及延昌三十六年的衣物疏、联珠孔雀纹锦，同时在出土织物登记表中，还可见该墓出土编号为TAM48：7的蓝地小团花锦③。所以我们可以大致了解其相关情况。墓葬应该是一座带斜坡墓道的单洞室墓，墓室呈方形，墓内埋葬3人，两女一男④。出土器物有延和三年衣物疏、延昌三十六年衣物疏、义和四年衣物疏、伏羲女娲画像、纸帽、联珠对雀“贵”字纹锦复面、小团花纹锦复面、铜钱、金币残片、小米、泥俑、面俑、绢画、垫角、木梳、小陶碗、贝饰等。根据墓葬随葬器物平面图，3件衣物疏有2件摆放在里面两位墓主的腹部，延昌三十六年衣物疏摆放在最里面墓主腹部，义和四年衣物疏摆放在中间墓主的腹部，还有一件延和二年衣物疏出土位置在最外侧墓主的

① 黄景春：《中国宗教性随葬文书研究——以买地券、镇墓文、衣物疏为主》，上海人民出版社，2018年，第402-403页。

② 侯燦、吴美琳：《吐鲁番出土砖志集注（下）》附录二《吐鲁番晋—唐古墓出土随葬衣物疏》第二十四，巴蜀书社，2003年，第707页。

③ 新疆维吾尔自治区博物馆：《吐鲁番县阿斯塔那——哈拉和卓古墓群清理简报（1966～1969年）》，《文物》1972年第1期，第8-29页。

④ 该信息得自文书介绍，详见中国文物研究所、新疆维吾尔自治区博物馆、武汉大学历史系编：《吐鲁番出土文书（壹）》，文物出版社，1992年，第334页。

身侧，也许原来放在墓主的身上。此外，墓主的身上还有绢画和伏羲女娲画像，面部应该有复面，两件织物联珠对雀“贵”字纹锦和小团花纹锦，均为复面。最外侧墓主为女性，头部附近有背饰。延和为高昌麴伯雅年号（602～613年），延和三年即604年，延昌为高昌麴乾固年号（561～601年），延昌三十六年即596年，义和也是高昌年号，为614～619年，义和四年即617年。延昌三十六年和延和三年的衣物疏中均有佛教相关内容，延昌三十六年的衣物疏讲“大德比丘某甲”，后面佛弟子也是某甲，比较程式化，未做具体填写。延和三年的衣物疏直接讲“大德比丘果愿”，后面佛弟子似乎也有名，可惜缺失。今将比较完整的延昌三十六年衣物疏文移录如下：

> 紫绫褶袴一具，白练褌衫一具，被锦一百张，
> 杂色彩帛一千段，金银钱二萬文，鸡鸣枕一枚，
> 石灰一囊，胭脂胡粉具，镊一枚，剪刀尺具，
> 针梳具，玉豚一雙，脚□一两，攀天丝万万九千丈。
> 延昌卅六年丙辰岁三月廿四日，大德比丘
> 某甲敬移五道大神，仏弟子某甲持仏五戒，
> 专修十善，宜享遐龄，永赐难老，但昊天
> 不吊，以此月十九日忽然徂殒。迳涉五道，幸
> 勿呵留，任意听过。倩书张坚固，时见
> 李定度。若欲求海东头，若欲觅海西
> 壁，不得奄遏留停，急急如律令。①

这件衣物疏在比丘大德和佛弟子处，均以某甲代之，说明其程式化比较明显，是否书写墓主姓名显得无关紧要。但是，衣物疏还是透露出佛教对高昌墓葬葬俗的影响，比丘或许参与了某甲的丧葬活动。当然，也有可能此件衣物疏或为一件丧葬用的商品，丧家自行购置使用，如此，则墓主是否信佛，丧葬活动中是否真有僧人参加，也就不一定了。此外，张坚固、李定度等名字也具有一定的道教色彩，高昌此类衣物疏应该融合了佛道丧葬文化内容。

马雍在研究高昌文书时，曾注意到这件延昌三十六年的衣物疏，马雍据衣物疏中所列物品数量太大，从而认为这些衣物绝非随葬的实物，可能是专供死者用的拟制品，甚至是一纸虚文。马雍同时还提到《陶斋藏石记》卷十三所录山东临朐出土的北齐高侨为妻王江妃所造衣物疏，这是一件木板，板上文字中也有“江妃生时十善

① 侯灿、吴美琳：《吐鲁番出土砖志集注（下）》附录二《吐鲁番晋—唐古墓出土随葬衣物疏》第三十一，巴蜀书社，2003年，第710页。

持心，五戒坚志”“敕汝地下女青，诏书五道大神”等，该板书写年代为北齐武平四年（573年），在内容、格式乃至年代上均与高昌衣物疏相似。马雍也指出“五道大神”“张坚固”“李定度”等均是民间信奉的冥神[①]。“五道大神”又称“五道将军”，原为东岳大帝的座前将军，属于传统的中国民间信仰神，后来五道大神与阎罗王结合，成为佛教地狱里审判犯人的重要角色[②]。

阿斯塔那咸亨四年（673年）左憧憙墓[③]，简报没有对该墓的单独具体介绍，而是放在同一期别中统一介绍。该墓为盛唐至中唐时期的墓葬，这一期的墓葬主室的平面出现弧形，开始向圆形演变，双室墓开始出现。有的大型墓葬中出现仿木结构的擎天柱。墓葬有茔区，一般由一个、二个，乃至三五个墓葬组成，四周围以浅沟，一边留出通道。随葬器物以陶制的罐、碗、灯、盆、盘常见。大历时期的墓葬中出土有变体宝相花纹的陶器；一些墓葬中出土成组的骑士仪仗俑；左憧憙墓中一女俑的背部书有“妻合端身”；后期还出土十二生肖俑；伏羲、女娲画像有所增加。这一时期的墓葬主要为合葬，譬如其中的M24主室内女尸身边为一大草人，外边用麻布缝成，简报推测应是夫亡后，寻尸不得，以草人代替夫妻合葬。M10中夫妇合葬还袝葬一小男孩。M34中还出现骨灰，应当是火葬墓。

左憧憙墓中出土有随葬功德及衣物疏，其文如下：

> 憧憙身在之日告佛：
> 憧憙身在之日，十年已前造壹仏、贰菩
> 萨；迳三年，说盂兰盆经，左郎身自□
> 晚伍伯僧表银钱用。左郎随身去日，将
> 白银钱叁斗，白练壹萬段，青稞、□麦、粟、麻
> 等伍萬石，婢阿迦、婢□香、婢多不胵、婢解、奴□
> □、婢尾香，咸亨四年四月廿九日付曹主左□
> 校收取钱财及练、伍谷、麦、粟等斗斛收
> 取费用。铠有于人，不得抴取。付主□

① 马雍：《略谈有关高昌史的几件新出土文书》，马雍：《西域史地文物丛考》，文物出版社，1990年，第163-172页，原载《考古》1972年第4期。

② 陈登武：《从人间世到幽冥界：唐代的法制、社会与国家》，北京大学出版社，2007年，第278-279页。

③ 新疆维吾尔自治区博物馆：《吐鲁番县阿斯塔那—哈拉和卓古墓群发掘简报（1963～1965）》，《文物》1973年第10期，第7-27页，图版贰。

□意收领。[1]

左憧憙为了死后能够有一个好的归属，告佛祈愿的活动主要安排在身前，而且分为两个阶段，如其十年前就造了一佛二菩萨功德事；后来开始说盂兰盆经，以及施舍钱财给僧人使用。这些活动应该都是希望借助佛教功德，避免死后坠入地狱苦海，以便祛除不祥，从而能够升入佛国净土。

在吐鲁番木纳尔墓地出土的文书中，还能见到佛教与儒、道等的融合。如吐鲁番木纳尔墓地M102，该墓位于木纳尔1号台地的宋氏家族茔院，为一座带斜坡墓道的近方形墓室的洞室墓。根据墓志，墓主为唐显庆元年（656年）的西州永安人武欢。墓内出土一缺名移文，移文内容中首先列举了各种器物，如朱衣笼管具、白银朱带二具、白练衫袴十具、被锦一千张、金钱一万文、金刀子、牛羊一千头、奴婢十具，其中包括金眼笼、燕明，以及孝经一卷、石灰三斛、鸡鸣一枚、玉坠一双、攀天丝万万九千丈等，最后移文的主角是“正信佛弟子竞（敬）移”，后面也有“急急如律令”[2]。这里佛弟子在敬移时，其中物品就有孝经一卷，至于石灰、鸡鸣、玉坠、攀天丝是否与道教有关，应是传统葬俗的反映。此类文书反映出佛、儒等多种文化的融合。木纳尔1号台地宋氏家族茔院中与佛教有关的墓葬应该不止一座，M102西侧的M103，墓主为延寿四年（627年）、延寿九年（632年）的兵曹司马宋佛住及妻张氏[3]。从宋佛住的名字来看，墓主也有可能是一名佛教信徒。

高昌的衣物疏是用于墓内随葬的，后期程式化的内容已经很明显，尽管出现佛弟子等内容，但丧葬礼俗中到底有多少佛教因素遗存不得而知。唐代的宫人亡后，也会剩下很多衣物，当然这和衣物疏意义上的衣物不同，但非常有价值，这个材料保存在玄奘建造佛寺的文献中。

《大慈恩寺三藏法师传》卷七记大慈恩寺的建造：

（永徽）三年（652年）春正月，法师欲于寺端门之阳造石浮图，安置西域所将经像，其意恐人代不常，经本散失，兼防火难。浮图量高三十丈，拟显大国之崇基，为释迦之故迹。将欲营筑，附表闻奏。敕使中书舍人李义府报法师云：“所营塔功大，恐难卒成，宜用砖造。亦不愿师辛苦，今以敕

① 侯燦、吴美琳：《吐鲁番出土砖志集注（下）》附录二《吐鲁番晋—唐古墓出土随葬衣物疏》第六十二，巴蜀书社，2003年，第721页。

② 吐鲁番市文物局、吐鲁番学研究院、吐鲁番博物馆编著：《吐鲁番晋唐墓地：交河沟西、木纳尔、巴达木发掘报告》，文物出版社，2019年，第65-75页。

③ 吐鲁番市文物局、吐鲁番学研究院、吐鲁番博物馆编著：《吐鲁番晋唐墓地：交河沟西、木纳尔、巴达木发掘报告》，文物出版社，2019年，第75页。

> 大内东宫、掖庭等七宫亡人衣物助师，足得成办。”于是用砖，仍改就西院。其塔基面各一百四十尺，仿西域制度，不循此旧式也。塔有五级，并相轮、霜盘凡高一百八十尺。层层中心皆有舍利，或一千、二千，凡一萬余粒。上层以石为室。南面有两碑……时三藏亲负簣畚，担运砖石，首尾二周，功业斯毕。[①]

这段文献虽然主要叙及佛塔建设移就西院的情况，但是，高宗敕令以大内东宫、掖庭等七宫亡人衣物，帮助三藏法师建造佛塔，此处七宫亡人衣物的去向，也反映出佛教对丧葬礼俗的影响。

偃师杏园唐长安县尉韦诜故太夫人郑氏墓（M2845）为竖井斜坡墓道洞室墓[②]，过洞式甬道，东西两壁有壁龛，墓室的形状不太规整，墓内出土器物有陶罐、塔式罐、铁器、瓷碗、狗俑、瓷罐、滑石猪、俑头、铜镜等。该墓出土了石墓志，志文如下：

> 唐前长安县尉韦诜故太夫人荥阳郑氏墓志铭并序
>
> 嗣子宣德郎前行京兆府长安县尉诜撰并书
>
> 自官有著定……先夫人巩县府君之季女。礼必有行，仪则无失……而乐以清净，深厌浮荣。大乘经典导其真，中庸教戒出于性。持法华经章句尊胜呪：一物不获，我诚有苦；四生皆遂，我心则降。此仁人行道之极也。孤子诜吏于长安，贫自无第，嘻嘻之乐，亲党亦荣。皇天不佣，孝养不至。贞元八年八月八日终于长安县之官舍，享年六十三。其年十二月廿一日窆于偃师县亳邑乡北邙山原，礼也……[③]

由墓志可知，墓主郑氏卒于唐德宗贞元八年，即792年。志文记述其曾诵读大乘经典，并且持法华经章句尊胜呪，应该是崇信佛教的。墓中除了一件带座的罐也许有一定关联外，没有与佛教有关的遗物。

杏园唐墓中郑氏常持《法华经》，这与时人对《法华经》《金刚经》等经的认知有关，持诵这些佛经，不仅能够祈福祛灾，即使暴死者都能够重新活过来，《酉阳杂俎》的记载给我们留下不少此类故事，《酉阳杂俎》续集卷七《金刚经鸠异》中经常会记载一些暴死的事例，如：

---

① （唐）慧立、彦悰著，孙毓棠、谢方点校：《大慈恩寺三藏法师传》，中华书局，2000年，第160-161页。

② 中国社会科学院考古研究所编著：《偃师杏园唐墓》，科学出版社，2001年，第99-101页。

③ 中国社会科学院考古研究所编著：《偃师杏园唐墓》，科学出版社，2001年，第307-310页。

梁崇义在襄州，未阻兵时，有小将孙咸暴卒，信宿却苏。梦至一处，如王者所居，仪卫甚严，有吏引与一僧对事。僧法号怀秀，亡已经年，在生极犯戒，及入冥，无善可录，乃绐云："我尝嘱孙咸写《法华经》。"故咸被追对。咸初不省，僧故执之，经时不决，忽见沙门曰："地藏尊者语云，弟子若招承，亦自获祐。"咸乃依言，因得无事。又说对勘时，见一戎王，卫者数百，自外来。冥王降阶，齐级升殿。坐未久，乃大风卷去。……因引咸看地狱。及门，烟焰扇赫，声若风雷，惧不敢视。……地藏乃令一吏送归，不许漏泄冥事。及回如梦，妻儿环泣已一日矣。遂破家写经，因请出家……[①]

贞元中，荆州天崇寺僧智灯常持《金刚经》，遇疾死，弟子启手足犹热，不即入木，经七日却活。云初见冥中若王者，以念经故，合掌降阶。因问讯，言更容上人十年在世，勉出生死。又问人间众僧中，后食薏苡仁及药，食此大违本教。灯报云："律中有开遮条，如何？"云："此后人加之，非佛意也。"今荆州僧众中，后无饮药者。[②]

公安潺陵村百姓王从贵妹未嫁，常持《金刚经》。贞元中，忽暴疾卒，埋已三日，其家复墓，闻冢中呻吟，遂发视之，果有气，舆归。数日能言，云："初至冥间，冥吏以持经功德放还。"王从贵能治木，尝于公安灵化寺起造，其寺禅师曙中，尝见从贵说。[③]

大和五年，汉州什邡县百姓王翰，常在市，日逐小利，忽暴卒，经三日却活。云冥中有十六人同被追，十五人散配他处，翰独至一司。见一青衫少年，称是己侄，为冥官厅子，遂引见推典。又云是己兄，貌皆不相类。其兄语云："有冤牛一头，诉尔烧畬枉烧杀之。尔又曾卖竹与杀狗人作箜篌，杀狗两头，狗亦诉尔。尔今名未系死籍，犹可以免，为作何功德？"翰欲为设斋及写《法华经》《金光明经》，皆曰不可，乃请曰持《金刚经》日七篇与

① （唐）段成式撰，曹中孚校点：《酉阳杂俎》续集卷七《金刚经鸠异》，上海古籍出版社编：《唐五代笔记小说大观》，上海古籍出版社，2000年，第767-768页。

② （唐）段成式撰，曹中孚校点：《酉阳杂俎》续集卷七《金刚经鸠异》，上海古籍出版社编：《唐五代笔记小说大观》，上海古籍出版社，2000年，第768页。

③ （唐）段成式撰，曹中孚校点：《酉阳杂俎》续集卷七《金刚经鸠异》，上海古籍出版社编：《唐五代笔记小说大观》，上海古籍出版社，2000年，第768页。

之，其兄喜曰："足矣。"及活，遂舍业出家。今在什邡县。①

通过这些材料，我们可看到佛教与死亡发生更为直接的关系，如能信仰佛教就可以祛死回生，暴死都能回生，真是很极端、很夸张了。同时，我们也看到这些死者均属于暴死的类型，也就是说是一种非正常死亡，佛教也参与进来，而如何处理非正常死亡，从汉魏以来，一直是丧葬礼俗中的一项非常特殊的内容，佛教进入，既是佛教进入丧葬礼俗的重要内容，也反映出佛教进入中国的技巧与独特路径。

第五节　陀罗尼经咒

唐墓中出现陀罗尼经咒已经在雕版印刷起源研究和民间信仰等方面引起学术界的关注。较早记录陀罗尼经咒的是斯坦因的《西域考古图记》，其中记录了一张从敦煌千佛洞窃走的宋太平兴国五年（980年）的陀罗尼经咒。冯汉骥先生记录了1944年四川大学修筑校内道路时发现的唐墓，其中即出印本《陀罗尼经咒》②。宿白先生在《唐五代时期雕版印刷手工业的发展》后附《后记八则》中，提到了西安唐墓、安徽唐墓、镇江唐墓、洛阳史家湾五代墓葬中出土的陀罗尼经咒③。温玉成1990年撰文介绍密教遗存及其所反映的密教史问题时，也提及西安唐墓中出土的陀罗尼经咒④。2011年霍巍老师在《考古》上撰文介绍了唐宋墓葬中出土的陀罗尼经咒，并对其反映的信仰性质进行了分析⑤。我们分析唐墓中出土的陀罗尼经咒主要考虑其与佛教的关系，即这些经咒使用的性质。此外，墓葬中出现的这些经咒到底是专门用于随葬，还是仅仅作为现实生活用品入葬，也需要仔细辨别。如果是专门用于随葬，就与佛教因素对丧葬礼俗的影响有关，如果这些经咒并不是专门用于随葬，而是作为死者生前佩带使用的物品，那么墓葬中出现的这些经咒就与丧葬礼俗本身没有太大的关系。这其实是两个问题，下面我们试着对这批材料进行分析。

霍巍、朱德涛撰写的《法门寺地宫出土"随求"与舍利瘗埋制度》一文，对法门

---

① （唐）段成式撰，曹中孚校点：《酉阳杂俎》续集卷七《金刚经鸠异》，上海古籍出版社编：《唐五代笔记小说大观》，上海古籍出版社，2000年，第772页。

② 冯汉骥：《记唐印本陀罗尼经咒的发现》，原载《文物参考资料》1957年第5期，后收入其编著《冯汉骥考古学论文集》，文物出版社，1985年，第73-77页。

③ 宿白：《唐五代时期雕版印刷手工业的发展》附《后记八则》，宿白：《唐宋时期的雕版印刷》，文物出版社，1999年，第1-11页。

④ 温玉成：《新中国发现的密教遗存及其所反映的密教史问题》，原载《世界宗教研究》1990年第4期，后收入其著《中国佛教与考古》，宗教文化出版社，2009年，第35-51页。

⑤ 霍巍：《唐宋墓葬出土陀罗尼经咒及其民间信仰》，《考古》2011年第5期，第81-93页。

寺地宫中一通名为《应从重真寺随真身供养道具及恩赐金银器物宝函等并新恩赐到金银宝器衣物帐》碑文中“随求六枚共重二十五两”中的“随求”做出了新的解释，赞同以往研究认为的6枚随求就是地宫中出土的两件羯摩三钴杵纹银臂钏，以及4件三钴杵纹银臂钏。同时，文中还详细论述了随求与大随求陀罗尼经咒及臂钏的关系，信奉佛教随求信仰者利用臂钏这一载体，随身携持、常做诵念“随求”经咒，从而达到镇恶驱邪、常得安乐的目的。论文随后梳理了几座佛塔遗存中出现的随求经咒，据此认为，“随求”从唐代用于守护墓葬中死者的亡灵，到用于守护佛塔中的舍利，是“佛教中国化”的新的考古依据[①]。根据这一点，我们认为，霍巍、朱德涛认为随求经咒刚开始的使用是专门用于墓葬的。

霍巍等注意到据称是斯坦因窃自敦煌千佛洞的大随求陀罗尼经咒的内容，经咒的右下角有长方形题框，内刻有“施主李知训”，对应的左上角也有一框，内刻“王文诏雕板”，在经咒的正下方中央有一方框，刻有题为“大随求陀罗尼”的经咒。具体内容如下：

> 大随求陀罗尼
>
> 若有受持此神咒者，所在得胜。若有能书写带在头者，若在臂者，是人能成一切善事，最胜清净，常为诸大龙王之所拥护，又为诸佛菩萨之所忆念，此神咒能与众生最胜安乐，不为夜叉罗刹诸鬼神等为诸恼害，亦不为寒热等病之所侵损，厌蛊咒咀不能为害，先业之罪受持消灾。持此咒者常得安乐，无诸疾病色相，色相炽盛，圆满吉祥，福德增长。一切咒法皆悉成就。若有人受持供养，敕宜护净。 太平兴国五年六月二十五日雕板毕手记。[②]

大随求陀罗尼神咒的使用，有带在头上的，也有戴在臂上的。时人认为，使用了神咒就会得到诸大龙王的保护，得到诸佛菩萨的忆念，其功效有得到安乐，不为夜叉罗刹鬼神伤害，也不会生病，也不会受到厌胜、巫蛊等毒害，还能够消灾。从大随求陀罗尼功效而言，应该是生者使用的，我们从上述文字中找不到安置到丧葬中，或者专门为丧葬使用的证据（图5-18）。

唐墓中出土的陀罗尼经咒的材料大致有如下一批。

---

① 霍巍、朱德涛：《法门寺地宫出土“随求”与舍利瘗埋制度》，《文物》2017年第2期，第69-76页。

② 此处录文据霍巍《唐宋墓葬出土陀罗尼经咒及其民间信仰》一文图二“千佛洞雕版印刷的《大随求陀罗尼》”，并参考了霍巍先生的录文，但有不同。

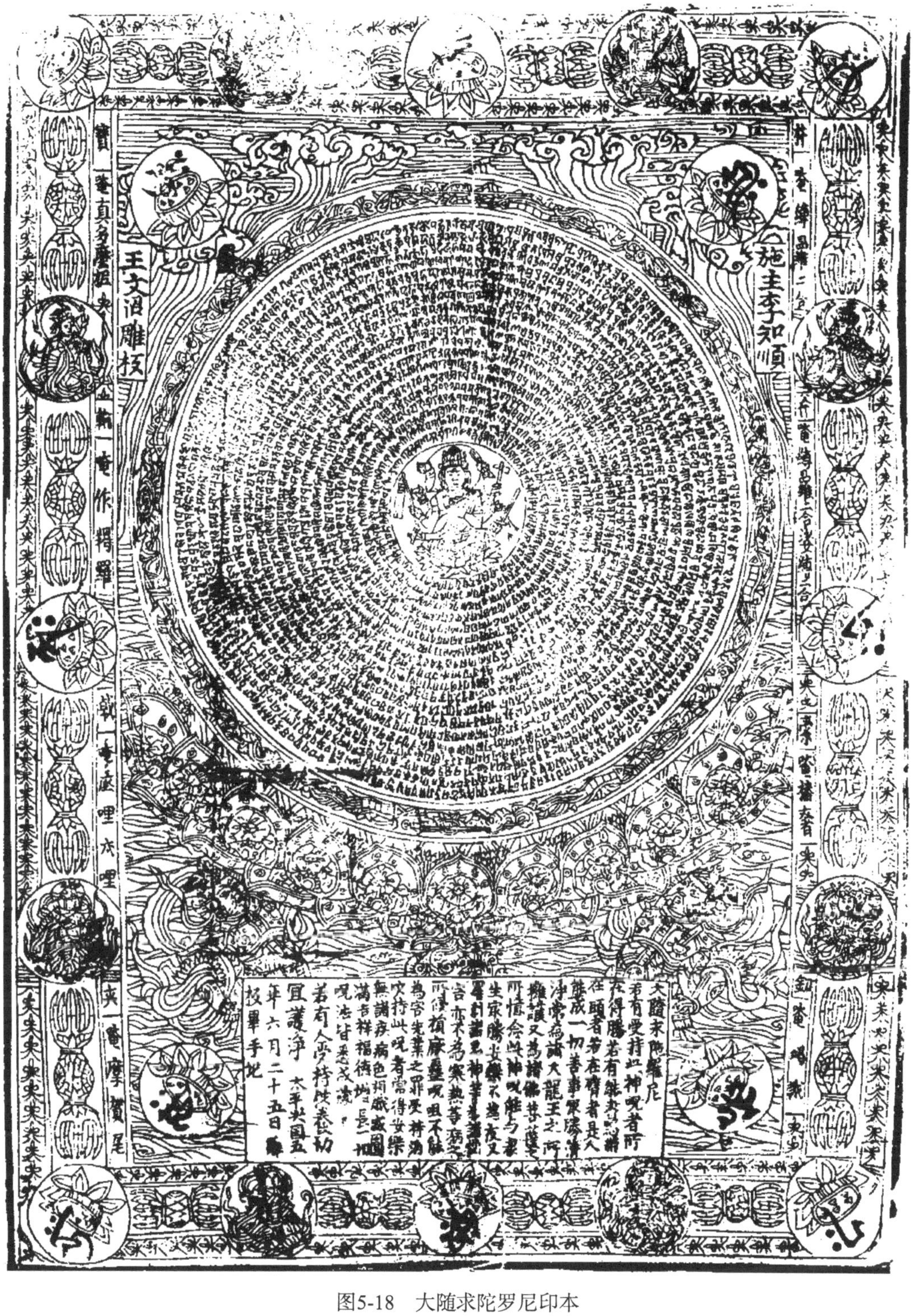

图5-18　大随求陀罗尼印本

（采自《唐宋墓葬出土陀罗尼经咒及其民间信仰》图二，第83页）

四川大学校内唐墓出土陀罗尼经咒印本①。1944年，四川大学修筑校内道路时发现小型墓葬4座，其中3座为小型南宋墓，另一座即为出土印本陀罗尼经咒的唐墓。该唐墓为长方形砖室墓，长约2、宽不及1米，棺椁已经朽尽，有铁钉痕迹，其葬式：

> 尸体仰卧，西南向。两乳上各覆置一碗，口中含开元钱二枚，两手各握珉玉小棒及开元钱两枚。右臂上戴银镯一只，印本经咒即装置在银镯里面。头的右部置双耳陶罐及陶盏各一个。左足附近仰置陶碗。

该墓出土陶器共5件，其中碗3件、双耳罐1件、盏1件，值得注意的是两乳上覆置陶碗，对于这样的葬式及器物摆放，冯汉骥先生也认为颇为特别，是四川墓葬中仅见的墓例。冯先生根据墓砖砌法、墓中出土陶器、口中所含和手中所握的开元通宝钱等方面，认为该墓时代不会晚到五代初年。冯先生文中对印本陀罗尼经咒有着较详细的描述：

> 此经咒印本系装置在骨架臂上的银镯之内。在初发现时并不知道里面有东西。当取回馆中整理时，因银质已朽，小处有破损，觉其中装有弹性的物品，有如橡皮。乃将银镯剖开，乃知是纸，但已固结，不易展开。在将其展开时，曾小有破损。
>
> 此印本为31×34厘米，对角紧紧卷裹，装置于镯中。纸为茧纸，极薄，半透明，但韧力甚强……
>
> 印本中央为一小方栏，栏中刻一菩萨像坐于莲座之上，六臂手中各执法器。栏外围绕刻一种梵文，中国佛教经典中所称为天城体7的经咒十七周。咒文外又雕双栏，其中四角各刻菩萨像一，每边各刻菩萨像三，而间以佛教供品的图像。
>
> 印本右边首题汉文一行：“成都府成都县□龙池坊□□□近卞□□印卖咒本□□□……等字。”

冯汉骥先生没有明确证明使用这件印本陀罗尼经咒的性质，但在他的文章中有两点有助于我们思考：其一是提到斯坦因于敦煌千佛洞盗走的那件太平兴国五年（980年）“大隋求陀罗尼”②经咒，其手记中有：“若有人持此神咒者，所在得胜。若有能书写

① 冯汉骥：《记唐印本陀罗尼经咒的发现》，原载《文物参考资料》1957年第5期，后收入其编著《冯汉骥考古学论文集》，文物出版社，1985年，第73-77页。

② 原作“大随永陀罗尼”，今据霍巍文改，详参霍巍：《唐宋墓葬出土陀罗尼经咒及其民间信仰》，《考古》2011年第5期，第81-93页。

带在头者，若在臂者，是人能成一切善事，最胜清净，为诸天龙王之所拥护，又为诸佛菩萨之所忆念……”；其二是根据《新唐书·食货志》的记载，唐武宗灭佛时，以铜像等铸为开元通宝钱，后又以毁钱铸为像，由于这些开元通宝钱为佛像所铸，对于佛教徒而言，当有吸引力，故留之以为随葬。冯文最后认为，佛教徒利用雕版来印刷符箓经咒是极为可能的。所以，总体上来说，冯先生认为使用这件陀罗尼经咒属于佛教信仰，而使用者应该就是佛教徒。宿白先生认为成都所出的陀罗尼经咒印本时代定在中晚唐较为稳妥[①]。

西安唐墓出土有数量较多的经咒。如西安造纸网厂出土唐印本梵文陀罗尼经咒[②]，该经咒属于采集品，1967年沣西西安造纸网厂基建过程中，破坏了一座古墓，施工工人在现场捡到了一个小铜管，铜管长约4、直径约1厘米，梵文印本陀罗尼经咒即卷藏在铜该管中。印本长32.3～32.7、宽28.1～28.3厘米，纸的质地接近唐代的楮皮纸，整个长方形印本由三部分内容组成，即中心方框内、中心方框外和印刷边框线之间、印刷边框线之外。报告对这三部分进行了详细的描述：

> 中心方框呈正方形，边长6厘米，边框线为墨线勾勒。方框内为一幅墨线人物图。画面的右半部绘有一金刚力士：蹙眉瞪目，面容忿怒，上身裸露，下系战裙，赤足立在山石上。力士束发高髻，戴有宝珠冠，身披帛带，颈下挂项圈，并戴有手镯、脚镯。力士的左臂夹有金刚杵。右臂伸出，右手触摸着画面左下方男子的幞头。画面的左下方画一男子：面部表情从容，有须，较丰腴，头系幞头，身着圆领窄袖袍，左腿蹲，右腿跪，双手合掌，作祈祷状，正在接受金刚力士的摩顶祝福。男子头上画有祥云。
>
> 中间方框外和印刷边框线之间为雕版印刷的梵文陀罗尼经文。雕版边框线为单线，近似方形，长22.6、宽22.9厘米。右侧边框线印得粗重模糊，似印刷过程中移动所致；其余三边单薄纤细。经文的排列方式比较独特，分为四个板块。每个板块长14.1～14.5、宽8.2～8.5厘米，自上而下印有13行梵文，每行字母28～37个。4个板块的排列顺序是从中心画面的右上方开始，围绕中心画面顺时针排列。
>
> ……
>
> 在印文的经咒中留有空白，空白上手书“荆思泰”三字。整个经文中共填写10处“荆思泰”……手书的墨迹颜色稍浅，与印文墨迹及中心画面墨迹

① 宿白：《唐五代时期雕版印刷手工业的发展》附《后记八则》，宿白：《唐宋时期的雕版印刷》，文物出版社，1999年，第8页。

② 安家瑶、冯孝堂：《西安沣西出土的唐印本梵文陀罗尼经咒》，《考古》1998年第5期，第86-92页，图版捌。

明显不同。

……

这件经咒的印刷边框外四周都留有空白，其上绘有墨线印契、法器和花朵等。以中心画面为中心，可分为上、下、左、右四个部分。

上方的空白部分最窄，仅留有1.5～1.6厘米的纸边，自左至右墨线勾绘有系绶带的金刚杵、三股杵（？）、花朵、莲花座上双手指相对的手印、花蕾、星座和系绶带的法螺贝。

右侧的空白最宽，宽5.6～5.8厘米。在靠近印刷边框线的部分自上而下画有系绶带的斧、莲花座上左手握拳的手印和系绶带的法轮。在靠近纸边的下方，墨书"荆思泰"三字。墨色稍浅，字体与咒文空白填写的"荆思泰"相仿，为同一人书写，但"荆"字用的是别体。

左侧的空白宽3.6～4.0厘米。自上而下绘有花蕾、系绶带的法螺贝、莲花座上双手相搭的手印和系绶带的戟。

下方的空白部分宽3.1～3.9厘米。自左至右倒着画有花蕾、莲花座上的坛（？）、系绶带的三股杵、花朵、莲花座上双手指内交叉的手印和花蕾。

报告根据上述经咒的形制和内容，从经咒的画面、印文、绘画风格、早期印刷品的发展阶段，推测西安造纸网厂经咒的年代在唐玄宗时期。

西安柴油机厂唐墓出土梵文陀罗尼经咒[①]。印本为长27、宽26厘米的近似方形，整个印本由三部分组成，即正中的方框、方框四周的咒文，以及咒文与印本四边形成的边缘。该印本正中方框空白，为一长7、宽6厘米的近似方形，其右上方有墨书"吴德□福"四字。方框外即是四周分布的咒文，方框上下均是13行，方框左右的由于残损严重，估计也是13行。关于方框的文字，保全先生直接以外文称之，其原因是有的认为是古梵文，有的说是巴利文，莫衷一是，尚无定论。我们根据宿白等先生的论述，现径称之为梵文。经咒印文的四周围以双线边框三重，内外边框间距3厘米，在这个3厘米的印本边缘部分，布满了莲花、花蕾、法器、手印星座等图案。

在西安柴油机厂唐墓中，与梵文印本陀罗尼经咒同出的文物有铜颌托和规矩四神铜镜。铜颌托做弧圈状，托长4.5、宽4.2厘米，两侧各连接一个长12厘米的系，托的下面附有一个中空的半圆形筒，印本经咒即置于此筒中。出现在下颌托中的经咒印本应该是专门为丧葬殓尸使用的，如此此经咒就应该是专门用于墓葬中的。四神规矩铜

① 保全：《世界最早的印刷品——西安唐墓出土印本陀罗尼经咒》，《中国考古学研究论集》编委会编：《中国考古学研究论集——纪念夏鼐先生考古五十周年》，三秦出版社，1987年，第404-410页。

镜圆纽龙形方座，镜面以锯齿、栉齿纹间隔成内外两区，内区有青龙、白虎、朱雀、玄武四神花纹，四神之间间以四规，规内饰以兽头。外区为一圈铭文带，铭文为“仙山并照，智水齐名。花朝艳采，月夜流明。龙盘五瑞，鸾舞双情。传闻人寿，始验销兵”，铭文外为双环纹带。

保全先生认为梵文印本陀罗尼经咒年代应是初唐，大概是7世纪初叶的印刷品。

西安冶金机械厂唐墓出土汉文印本陀罗尼经咒①，出土时装在一个长5～6厘米的小铜盒中。印本作边长35厘米的正方形，整个印本分为三部分，即中间方框、方框四周的经咒印文、四边缘各式手印。中间方框为呈宽4.6、高5.3厘米的近似长方形，内绘二人物像，其中一人为站立姿态，一人跪踞。人像的绘制用淡墨勾描，内再以蓝、红等色淡彩填涂。站立人像披发于肩，身着淡蓝色长袍，下穿淡红色长裙。跪者上着淡红色上衣，下着淡绿色长裙。中心框右侧题有汉文“佛说随求即得大自在陀罗尼神咒经”，保全先生认为这是经咒的名目。中心框外环绕经咒印文，每边为18行，行间以墨线相隔，印文环读，均以汉字音译。咒文外围以双线边框，边框长29厘米，边框外的四边每边印有佛手印12种。保全先生推测此汉文印本陀罗尼经咒年代为盛唐时期。

西安沣镐路自来水厂唐墓出土经咒绢画②。墓葬已遭破坏，形制结构不明。墓中出土器物除了安置经咒绢画的鎏金铜臂钏外，还有塔式罐3件、陶俑3件，以及陶猪、陶鸡、陶狗各1件。鎏金铜臂钏由钏圈和其上铆接的半圆形铜筒形盒组成，盒内装有折叠着的手写经咒绢画一团。一团绢画经修复、揭裱后，展开为26.5厘米见方，绢质。画面上的人物、器物等均以墨线勾勒，同时填敷水墨、朱砂、石墨、赭石等颜料。根据画面布局，整个绢画内容可以分为三个部分，中间部位为一梵文围起的方框，方框内绘一尊三眼八臂菩萨，面相端庄丰颐，眉眼细腻修长，头戴发箍，颈饰项圈，手腕可见戴钏，手各持不同类型的法器，结跏趺坐于仰覆莲座上，头后有圆形头光，身后有圆形背光。菩萨右侧上方榜题楷书一行“弟子焦铁头一心供养”，菩萨的右侧下方绘供养人，着圆领宽袖长袍，戴幞头，双手合十，呈跪拜礼佛姿态。菩萨图像及供养人像之外，有梵文经咒13行墨书于四周的每一面，梵文行文中夹杂着汉文人名及佛教术语，可见“焦铁头”“一切佛心咒”“灌汤”“吉界”等汉字人名及佛教用语。梵文之外即是绢画经咒的边缘部分，可见墨线绘制于莲台之上的宝瓶、法轮、宝螺贝、宝幡、三股叉、慧日、刀、斧等法器。报告认为该绢画经咒应为中唐前后时期的作品。

---

① 保全：《世界最早的印刷品——西安唐墓出土印本陀罗尼经咒》，《中国考古学研究论集——纪念夏鼐先生考古五十周年》，三秦出版社，1987年，第404-410页。

② 李域铮：《西安发现的唐经卷》，《文博》1984年第1期，第102页，图版捌；李域铮、关双喜：《西安西郊出土唐代手写经咒绢画》，《文物》1984年第7期，第50-52页。

西安市三桥镇陀罗尼经咒[①]。该经咒1999年5月于西安市三桥镇出土，出土时叠装于臂钏内。经咒为雕版梵文，纸质墨印，整体近正方形，长30、宽31厘米。经咒整个画面是以方形方框为中心，方框内印八臂菩萨，颈饰项圈，后有头光，手执多种法器，结跏趺坐于仰莲莲花座上，右侧有手写汉文墨书“比丘僧少贞”。方框外环绕18行经咒咒文，其内容为陀罗尼经。外围边框双线印制，框内为菩萨像和法器、手印等，相间排列四边框。边框左右两侧空白处形成侧边，右侧印有“成都府浣花溪报恩寺□□生敬造此印施”。左侧边书写有梵文音译汉字真言，可辨有“……的…真言　唵句通曰驮曩……”（图5-19）。

图5-19　西安市三桥镇（左）及西郊（右）出土臂钏
（采自《寻觅散落的瑰宝——陕西历史博物馆征集文物精粹》第130、131页）

西安西郊唐墓墨书汉文陀罗尼经咒[②]。该墨书汉文经咒2000年出土于西安西郊，出土时藏于臂钏内，铜质臂钏由钏圈和半圆形筒组成，经咒应该安置于半圆形铜筒内。由于粘连紧密，揭开时已经变成残片，可见残留的墨书汉文陀罗尼经咒。除咒文外，还可见手印、法器等图像，残见墨书“□二载”“□三载”，推测可能是唐天宝十二载，或天宝十三载，即753年或754年。马世长曾对此经咒有过分析描述，中心周边有三匝环形，围成圆形的曼荼罗图像，由内向外依次是手印一圈，汉文书写的经咒一圈，佛、菩萨（？）或契印（？）一圈。汉文咒语残存部分不足90字，其内容应是大随求陀罗尼的根本咒和七段小的咒语[③]（图5-19）。

① 陕西历史博物馆编：《寻觅散落的瑰宝——陕西历史博物馆征集文物精粹》，三秦出版社，2001年，第130页。

② 陕西历史博物馆编：《寻觅散落的瑰宝——陕西历史博物馆征集文物精粹》，三秦出版社，2001年，第131、147页。

③ 马世长：《大随求陀罗尼曼荼罗图像的初步考察》，《唐研究（第十卷）》，北京大学出版社，2004年，第531-532页。

东都洛阳的史家湾五代后唐墓葬中出土雕印陀罗尼经咒[1]。该经咒1985年出土于洛阳东郊史家湾砖厂，为长38、宽30厘米的长方形，经咒的中心画一八臂大随求菩萨，左侧四手分持三钴杵、轮、戟、索，右侧四手分持宝幢、剑、宝珠和梵箧。环绕大随求菩萨的是八圈梵文，整体作圆形，其外是方形七圈梵文，在圆形与方形梵文的四角，绘出四身供养天人，在方形梵文四边正中方位各画一坐佛。此陀罗尼右侧印有文字："经云，佛告大梵天王，此随求陀罗尼，过去九十九亿诸佛共同宣说，若人依法书写佩戴，所有恶业重罪并得消除。当知是人，一切如来加持，一切菩萨护念，一切天龙守护。离一切灾横，除一切忧惧，灭一切恶趣，不被水火雷电毒恶之所伤害。如经广说。岁在丙戌朱明之月初有八日。报国寺僧知益发愿印施。布衣石弘广雕字。"下面还有墨书："天成二年正月八日徐般弟子依佛记。"[2]温玉成按曰：天成二年是五代后唐明宗年号，即927年。印制的丙戌年即天成元年，926年。马世长对此经咒录文略有不同，如"石弘广"为"石弘展"，"徐般弟子依佛记"为"徐殷弟子依佛记"等[3]。

陕西凤翔唐墓中出土了两件经咒，其一为凤翔南郊风南M17出土绢质经咒图[4]，该经咒图出土于凤南M17中，这是非常难得的经科学发掘的考古材料，资料较为翔实。凤南M17为一带斜坡墓道的土洞墓，墓室平面作不规则长方形，墓室西侧有生土台棺床。墓室内单人葬，墓主为13～18岁的女性，随葬品基本置于墓室内东侧，主要有陶天王俑、陶镇墓兽、陶幞头男侍俑、陶幞头牵马俑、陶高髻女侍俑、陶垂发梳髻女侍俑、陶马、陶骆驼、陶牛、陶塔式罐、铜盒、铜镜等。值得注意的是，在该墓墓道中段底部填土中发现2个殉人，殉人骨骼基本齐全，均为男性，年龄在30～40岁。绢质经咒经折叠即装于出土的铜盒（编号为M17：25-1）内，铜盒出土时位于墓主的右手腕处，推测原来应该是联结在臂钏上，圆筒形，平底有盖，盒高3.4、口径2.1厘米。

报告描述，置于圆筒形铜盒内的经咒图，长方形，残，长约35、宽约29.5厘米，草绿色绢，中心画一披甲戴胄执矛（杵？报告说的执剑）的罗汉，其周围是用汉字环绕书写的经咒咒文，经咒之外的四边边框绘有佛手印、莲花等图案。该经咒的字和画均为用毛笔墨书。报告认为该墓时代在唐玄宗至代宗时期，约8世纪初至8世纪中期稍后。

郭晓涛对凤翔唐墓出土的陀罗尼经咒进行了整理、释文及相关研究，认为经咒

① 温玉成：《中国石窟与文化艺术》，上海人民美术出版社，1993年，第350-351页。

② 亦有释读为"徐殷弟子"的，详参洛阳市文物工作队程永建：《洛阳出土后唐雕印经咒》，《文物》1992年第3期，第96、81页，图版捌。

③ 马世长：《大随求陀罗尼曼荼罗图像的初步考察》，《唐研究（第十卷）》，北京大学出版社，2004年，第544页。

④ 陕西省考古研究院、西北大学文博学院编著：《陕西凤翔隋唐墓——1993~1990年田野考古发掘报告》，文物出版社，2008年，第37-39、278-230、240-241页，彩版一〇。

除了主体部分是《佛说随求得大自在陀罗尼神咒经》外，在靠近中心图像的位置，似乎还存在《佛说救护身命经》，并且指出凤翔出土的该件经咒所含的《佛说救护身命经》，是目前国内唐墓考古发掘中出土的唯一一件与《佛说救护身命经》相关的经咒写本。经咒中写有人名题记"王公主"，应是供养人的身份，与墓主人相关[①]。

其二为凤南M92出土绢质物[②]。凤南M92位于凤翔城南，为一带斜坡墓道长方形土洞墓，甬道前带一天井，墓室西侧为一生土台（棺床），棺长1.84、宽0.38～0.46米，墓主为一女性，年龄在20～25岁。该墓墓室内出土器物有陶天王俑、陶镇墓兽、陶塔式罐、陶骆驼、陶马、陶幞头男俑、陶女侍俑，棺内出土器物有瓷碗、瓷盒、铜钗、铜镊子、铁刀、开元通宝钱、铜臂钏，绢质物即位于铜臂钏内。

凤南M92出土铜臂钏，编号为M92：16，整体由两部分组成，即薄片状的钏圈及截面作半圆形的筒。两者以短轴套接连接，筒的中部两侧各焊接了两个小铜纽，铜纽上面有小孔，臂钏两端弯曲，即可以与圆筒套接，筒顶端似乎有盖。钏圈径7.5、宽0.8厘米，圆筒高5.4、径2.34厘米，报告描述圆筒内装有折叠的绢质物，可惜已经锈为一团，不可观其形状。该墓时代在唐玄宗至代宗时期，约在8世纪初至8世纪中期稍后。我们将其与凤南M17出土绢质经咒的情况相比较，推测该铜圆筒内折叠的或许是绢质经咒，由于其出土背景材料翔实，故将此材料列于此。

新疆阿斯塔那唐墓中也出土有经咒。阿斯塔那72TAM189出土纸质梵文经咒[③]，72TAM189为带斜坡墓道洞室墓，该墓材料在报告描述部分没有详细介绍，在文后所附的出土器物登记表及阿斯塔那墓葬登记表中，登记了该墓出土器物有陶盘1件、泥质马俑1件、木刀1件、握木1件，该墓出土了不少纺织物，有彩绘宝相花织物、大联珠纹锦囊、印花红罗、百纳袋、绢复面等，陀罗尼经咒画1件，编号为72TAM189：13，丝质，其他没有特别的介绍。墓葬年代在唐西州时期。

另一件为阿斯塔那72TAM188出土绢质梵文经咒[④]，72TAM188为带斜坡墓道洞室墓，墓内葬一男一女，墓内出土沙岩石质的"唐开元三年（715年）张公夫人麴娘墓志"，知墓主妇为张公夫人麴娘。经咒编号为72TAM188：5，报告有详细描述：残片，绢本墨绘，经拼对，可见图为长方形，以窄框将四周分割成小格，四角为方格，2方格之间为6个长方格，全图为24个方格及四角的方格，各方格内绘不同的菩萨、法

---

① 郭晓涛：《凤翔唐墓出土陀罗尼经咒研究》，《考古》2015年第1期，第103-113页。

② 陕西省考古研究院、西北大学文博学院编著：《陕西凤翔隋唐墓——1993~1990年田野考古发掘报告》，文物出版社，2008年，第35-37、228-230页，彩版九：2。

③ 新疆文物考古研究所：《阿斯塔那古墓群第十次发掘简报》，《新疆文物》2000年第3、4期，第84-167页。

④ 新疆文物考古研究所：《阿斯塔那古墓群第十次发掘简报》，《新疆文物》2000年第3、4期，第84-167页。

器等，中间绘环形，环形圈内绘梵文经咒17周，中央绘莲座上的菩萨，环形圈与方框间绘莲花、法器等。文后登记表中登记为陀罗尼经绢被，1包，丝质。该墓出土器物有陶灯盘1件、泥质木身泥首侍女俑2件、泥质侍女俑及武士俑各1件、高足木盘3件，墓内出土墓志有纪年“唐开元三年”，即715年。马世长根据照片，对该件经咒做了补充说明：整体构图内圆外方，中心圆圈内右侧下方可见一头戴幞头的男性供养人，双手合十，长跪做礼拜状，右侧上方残存一女性头部，面形丰满。周边栏框四隅画四身身着甲胄的天王像，每侧边栏安放菩萨及契印①。霍巍、朱德涛在《法门寺地宫出土“随求”与舍利瘗埋制度》一文中提到，新疆阿斯塔那唐墓M188、M189号墓中，手绘的大随求曼荼罗纸本经咒覆盖于死者身体上②。这就应该直接于丧葬活动中的殓尸有关。

阜阳唐墓也出土有陀罗尼经咒印本③，该经咒是宿白先生根据安徽省考古研究所同志见告而记录，经咒残存半幅，由安徽省考古研究所于阜阳一土坑唐墓中发现，咒文为梵文，同出的遗物有白瓷碗、盘，碗饰四曲葵瓣。

此外，美国耶鲁大学艺术博物馆馆藏有大随求陀罗尼经咒绢画④，马世长先生根据目验原件及照片，对耶鲁大学艺术博物馆藏经咒绢画有较详细的描述：该经咒绢画为墨绘敷彩，为21.5厘米见方的正方形。该绢画经咒与西安沣镐路绢画经咒在构图与内涵上极为相似，中心方框内画一身菩萨，结跏趺坐于莲花座上，头后有火焰状头光，身后有火焰状背光，左手执金刚杵，右手前伸抚摩供养者头部，供养者为女性，双足长跪于菩萨像的右侧下方，双手合十做礼拜状，发型高耸，双鬓抱面，面相丰圆肥腴，菩萨右侧有汉文题字“受持者魏大娘一心供养”，左侧汉文题字“奉持载六十三”。周边书写梵文13行，中间夹有汉文“魏大娘”。图像最外一周边框四隅分别画一件瓶花，瓶带莲花座，瓶花间每侧边画有莲花烘托的契印，主要有杵、戟、斧、索、三股叉、剑、轮等。马世长认为该绢画经咒应在唐天宝年间。

唐以后也有经咒的使用，如前文已引的敦煌千佛洞“太平兴国五年”雕印陀罗尼经咒，该经咒上图下文：“若有受此神咒者，所在得胜；若能书写戴在头者，若在臂者，是人能成一切善事，最胜清净，常为诸天龙王之所拥护，又为诸佛菩萨之所忆念。此神咒能与众生最胜安乐，不为夜叉罗刹诸鬼神等为诸恼害，亦不为寒热等病之所侵

① 马世长：《大随求陀罗尼曼荼罗图像的初步考察》，《唐研究（第十卷）》，北京大学出版社，2004年，第533页。

② 霍巍、朱德涛：《法门寺地宫出土“随求”与舍利瘗埋制度》，《文物》2017年第2期，第81-93页。

③ 宿白：《唐五代时期雕版印刷手工业的发展》附《后记八则》，宿白：《唐宋时期的雕版印刷》，文物出版社，1999年，第7-8页。

④ 马世长：《大随求陀罗尼曼荼罗图像的初步考察》，《唐研究（第十卷）》，北京大学出版社，2004年，第527-581页。

损，厌蛊咒诅不能为害，先业之罪受持消灾。持此咒者，常得安乐，无诸疾病，色相炽盛，圆满吉祥，福德增长，一切咒法皆悉成就。若有人受持供养，切宜护净。太平兴国五年六月二十五日雕板毕手记。”[①]太平兴国五年为980年，属于宋太宗时期。

此外，还有安徽阜阳桑皮纸汉文经咒[②]、安徽阜阳桑皮纸梵文经咒[③]、江苏镇江纸质梵文经咒[④]、西安碑林博物馆藏梵文陀罗尼经[⑤]等。葛承雍在研究唐代外来文明的专著中，配了一幅彩图，图名是《西安市长安县出土唐代雕版纸本经咒画》，但没有图号也没有图注和插图索引，行文中也没有任何对此经咒的文字介绍[⑥]。笔者观察图片：该经咒图为方形，最中心为一方形框，框内主要为结跏趺坐菩萨坐于莲座之上，戴宝冠，有头光和背光。菩萨前左侧跪有一戴幞头状唐装供养人，双手合十，菩萨右手摩顶于幞头唐装供养人。在整个中心方框内，菩萨显得极大，唐装供养人显得极小。中心方框外为十五圈梵文，每边均在梵文中留有空缺处，然后用书写汉文“阿洛”，梵文经咒文外为一圈装饰，包括宝瓶、法轮、宝剑、斧等，共24件。在下侧除装饰法器外，靠近经咒的边缘还书写有汉字“阿洛”。据此这件经咒的主人应该是“阿洛”，这位阿洛或许是一位未成年人（图5-20）。

安家瑶、冯孝堂根据经咒各部从全部手书发展到局部手书和印刷，最后发展到全部印刷的演变趋势，对几件经咒进行了年代先后排列。演变趋势按朝代具体来说，就是北宋的经咒全部印刷，五代的经咒除墨书持诵人题记外全部雕版印刷，晚唐时期成都的经咒全部雕版印刷，西安冶金机械厂经咒的咒文和边框外图案为印刷，中心画面和首题则为手绘手书，西安柴油机械厂经咒的咒文和边框外图案为印刷，而中心画面空白，榜题为空白。西安造纸网厂经咒只有梵文部分是雕版印刷，而中心画面、边框外图案均为手绘，持诵人的姓名也是手书。这样，西安造纸网厂经咒年代最早，其次

① 转引自温玉成：《中国石窟与文化艺术》，上海人民美术出版社，1993年，第350页，又据郭晓涛：《凤翔唐墓出土陀罗尼经咒研究》一文引文补全，详参《考古》2015年第1期，第111页。同时参考了霍巍的补释，见其《唐宋墓葬出土陀罗尼经咒及其民间信仰》，《考古》2011年第5期，第84页。

② 马幼梅：《70年代阜阳出土唐经卷注解》，《科技信息》2010年第28期，第564页。

③ 马幼梅：《70年代阜阳出土唐经卷注解》，《科技信息》2010年第28期，第564页。

④ 1985年5～8月，中国历史博物馆、镇江市文物管理委员会、镇江市博物馆联合举办了“镇江文化精华”展览，其中就包括一件彩绘木刻经咒，图版见《中国历史博物馆馆刊》图版叁，12，1986年总第9期。

⑤ 西安碑林博物馆编：《西安碑林博物馆》，陕西人民出版社，2000年，第153页。

⑥ 葛承雍：《唐韵胡音与外来文明》配图《西安市长安县出土唐代雕版纸本经咒画》，中华书局，2006年，第124页。

图5-20　“阿洛”雕版经咒画
（采自《西安碑林博物馆》第153页）

是西安柴油机械厂经咒和冶金机械厂经咒，这两者的年代接近，最后是成都经咒[①]。宿白先生在《唐五代时期雕版印刷手工业的发展》附《后记八则》中，认为将随葬《陀罗尼经咒》印本的时代推定在中晚唐较为稳妥。但是在几件经咒的时间先后顺序上与安家瑶、冯孝堂有明显的不同。

面对这些墓葬中陀罗尼经咒的出土，我们需要思考的是，这些经咒到底是墓主生

① 安家瑶、冯孝堂：《西安沣西出土的唐印本梵文陀罗尼经咒》，《考古》1998年第5期，第86-92页，图版捌。

前佩戴使用，然后随着死者的下葬而埋入墓中的，还是专门为埋葬死者而随葬的。如果是前者，就与丧葬礼俗没有太大的关联了，如果是后者，就直接涉及丧葬礼俗了。我们暂时还无法得到唐代社会现实生活中佩带陀罗尼经咒的文献，现实生活中应该有经咒的佩戴。但是，西安柴油机厂出土的梵文陀罗尼经咒是出土在下颌托所附铜管中，下颌托本身应该与专门处理丧葬活动有关，有可能是殓尸过程中的器物，其下再附一个铜管，这更加说明这件器物应该是专门用于丧葬的。《东京梦华录笺注》卷八“中元节”载人们在市井热闹之处印卖尊胜目连经[①]，从这个角度来看墓葬中随葬的陀罗尼经咒应该是丧葬过程中出现的器物，不是墓主现实生活中使用的实物，至少西安柴油机厂唐墓出土的经咒能够说明这个情况。

我们可以从考古发现的臂钏上做一些思考，如桂阳刘家岭宋代壁画墓，墓中前室西壁壁画备茶图中，侍女的手腕上戴缠钏，后室南壁七个飞天仙童的手腕上也戴缠钏。该墓时代为北宋晚期，晚不会迟至南宋[②]。宋代的绘画中也可见到许多妇女图像，如《浣月图》和《搜山图》中有妇女头上插满首饰、臂戴缠钏。根据这些，可以推测一些臂钏是生前所带，或有区域性的不同。另外，偃师酒流沟水库宋墓壁画中也有头戴花冠、臂戴缠钏的妇女形象[③]。四川是陀罗尼经咒的制作与流行地区，上述材料中文字说明与成都府有关。梅维恒在《唐代变文——佛教对中国白话小说及戏曲产生的贡献之研究》第一章后附有《四川与敦煌的联系》，根据在敦煌发现了相当可观的出自四川地区的文书，比如有一个《维摩诘经》讲经文（P.2292号文书），显然是在四川写就。敦煌P.2249号背面文书上，即有“成都府大慈沙门藏川述赞如来临”[④]。

根据上面材料的梳理，在墓葬中发现的陀罗尼经咒，至少有三种安置方式，安置于臂钏，如西安三桥等臂钏；安置于下颌托，如西安柴油机厂械的材料；覆盖于死者身体之上，如新疆阿斯塔那唐墓M188、M189。臂钏中的经咒无法判断是否是身前所戴，但是在臂钏上有小盒的，或许还是专门为丧葬准备的。另外两种安置方式均应该与丧葬礼俗有关，下颌托应该属于小殓过程中安置，覆盖于死者身上，或是大殓过程中安放。

---

① （宋）孟元老撰，伊永文笺注：《东京梦华录笺注》卷八“中元节”，中华书局，2007年，第794-795页。

② 湖南省文物考古研究所：《桂阳刘家岭宋代壁画墓》图一八、图四一，文物出版社，2013年，第19、34页。

③ 董祥：《偃师县酒流沟水库宋墓》，《文物》1959年第9期，第84-85页。

④ 梅维恒（Victor H. Mair）著，杨继东、陈引驰译，徐文勘校：《唐代变文——佛教对中国白话小说及戏曲产生的贡献之研究》，中西书局，2011年，第10-12页。

第六节 吐蕃丧葬礼俗中的佛教因素

佛教何时传入吐蕃，一直是西藏佛教史研究中比较重要的问题。《红史》在叙述吐蕃历史时，有多处涉及西藏早期佛教传入的问题：

> 止贡赞普和布带巩夹父子二人在位时，出现了苯教的仲苯和德乌苯，并开始农耕种地、熔炼金银、修建桥梁。①

> 拉脱脱日年赞六十岁时，从天空中落下一肘高的黄金宝塔、大乘庄严宝王经、百拜忏悔经、六字大明心咒、赞达嘛呢泥塔、木叉手印等物，并有声曰"五代以后将会懂得其意义"。拉脱脱日年赞虽不懂其意，仍把这些起名为玄秘神宝而加以供养，因此他活到一百二十岁。据说这是佛教在西藏的开始，他是普贤菩萨的变化。②

> 拉脱脱日年赞的儿子是赤年松赞，赤年松赞的儿子是仲年岱乌，他因得癞病而在世时就住进坟墓。③

> 南日松赞与蔡邦妃甄玛脱噶所生的儿子，即是松赞干布王，他于阴火牛年诞生于不动弥勒宫，年十三岁时父亲去世，他继位执政，在位六十九年，以噶尔东赞域宋任大臣。松赞干布由尼泊尔迎娶俄赛郭洽之女、忿怒杜母化身之赤尊公主，在陪嫁物中有释迦牟尼八岁身量相等的觉卧不动金刚像、弥勒法轮、自现旃檀度母像，并修建了拉萨幻显神殿（即大昭寺）。又迎娶唐朝皇帝唐太宗的女儿文成公主，陪嫁物中有释迦牟尼十二岁身量相等的觉卧释迦像，并修建嘉达日沃且神殿（即小昭寺），并建造自成五位一体现观音菩萨像等。在修建大昭寺以前，因吐蕃地方形如魔女仰卧，为镇压魔怪，修建约茹昌珠寺等魇胜寺和再魇胜寺多处。并迎请印度大师古萨热、婆罗门香噶热、尼泊尔大师西拉曼殊、迦湿弥罗大师达努达、噶努达、印度堪

① 蔡巴·贡噶多吉著，东噶·洛桑赤列校注，陈庆英、周润年译：《红史》，中国国际广播出版社，2016年，第32页。

② 蔡巴·贡噶多吉著，东噶·洛桑赤列校注，陈庆英、周润年译：《红史》，中国国际广播出版社，2016年，第32-33页。

③ 蔡巴·贡噶多吉著，东噶·洛桑赤列校注，陈庆英、周润年译：《红史》，中国国际广播出版社，2016年，第33页。

布李敬、和尚玛哈德哇等，由吞米桑布扎任译师……并预言说：“由我下传五代，有一个名叫德的国王的时期，将会有佛教教法和出家僧人在吐蕃出现，并修建大屋顶寺（即指桑耶寺）。”这样，在松赞干布时期吐蕃开创了佛教，他的头上有阿弥陀佛显现。圣观音菩萨化身的松赞干布在阴土鼠年八十二岁时与两位王后一起没入大悲菩萨像的胸中。①

赤松德赞从十三岁起执政四十三年，迎请印度的堪布喜瓦措、莲花生大师……和汉地和尚玛哈衍那等，由毕若扎那、噶瓦贝则……等人任译师，翻译无数经典。又于吐蕃臣民之中，有巴·塞朗、韦·赤谢……等七试人出家。此时，派遣康朗卓朗希……等人去印度，从毕噶玛拉寺迎请堪布的弟子说一切有部的比丘十二人，于羊年春正月八日到达扎玛，为七试人等吐蕃臣民三百人剃度出家，并把出家人奉为顶礼供养处。国王并仿照欧丹达普日寺，依须弥山的形状修建大屋顶寺（桑耶寺），其下层为吐蕃样式，中层为汉地样式，上层为印度样式。并依须弥山四周金山、游戏海围绕之意，修建内外三道巡礼过道、四大洲、八小洲、日月等坛。并修建四座神殿、四座佛塔、围墙等代表须弥山的四座山峰。修建此桑耶不变自然成就寺，从阳火兔年奠基，至阴土兔年历时十三年建成。王妃蔡邦梅朵准修建康松桑康洲，颇茹容妃甲姆准修建布蔡康洲，没庐妃菩提主修建格杰切玛洲。使吐蕃臣民得享安乐，禁废苯教，宏传佛法。赤松德赞手掌上有莲花纹，是文殊菩萨的化身，于阴木牛年五十六岁时去世。②

（赤松德赞）四儿子赤德松赞生于阳木龙年，从二十三岁起执掌国政三十二年。由班智达毕玛拉米扎、噶玛拉锡拉……等人翻译许多经典，修建噶琼多吉英等寺院，使吐蕃臣民得享安乐。③

赤德松赞有五个儿子……由钵阐布等大臣拥立热巴巾继位。赤祖德赞热巴巾生于阳火狗年，十二岁时继位执政。由堪布阿扎雅兹那迷扎……等人校对各种经典，厘定文字。给每一个出家僧人奉献七户平民，修建文江岛福德

① 蔡巴·贡噶多吉著，东噶·洛桑赤列校注，陈庆英、周润年译：《红史》，中国国际广播出版社，2016年，第33-34页。

② 蔡巴·贡噶多吉著，东噶·洛桑赤列校注，陈庆英、周润年译：《红史》，中国国际广播出版社，2016年，第34-35页。

③ 蔡巴·贡噶多吉著，东噶·洛桑赤列校注，陈庆英、周润年译：《红史》，中国国际广播出版社，2016年，第36页。

无比扎西格培寺等寺院。至此时吐蕃王臣共建寺院一千零八座，吐蕃臣民得幸福安乐。统治疆土超过以往父祖之时，东方边界至汉人会聚之地，抵达如白绸覆盖之贺兰山山脉，北面与突厥交界处抵达如鱼脊背的沙山处，统治世界三分之二的地方。热巴巾王是金刚手菩萨的化身，因他在位时十分崇拜佛教，韦·达那巾等喜爱外道的大臣们害死钵阐布，将出家的王子臧玛流放到卓木（亚东）地方，并在国王三十六岁的阴铁鸡年将国王害死。以上幸福时代共计十二代半，其中最为幸福的时代为四代半。①

国王热巴巾没有儿子，其兄朗达玛被立为王。即使他偶尔也想按国王轨则办事，也会被那些喜爱外道的大臣更改。他因以前立弟弟为王而没有立他的旧恨，在吐蕃毁灭佛教。此后，国王朗达玛也被拉隆贝吉多杰用箭射死，拉隆贝吉多杰逃往朵康地方。国王朗达玛被称为下丁之王。朗达玛以上吐蕃王统共传四十二代。②

详细的引文简要梳理出了西藏早期佛教的大概，引文中拉脱脱日年赞的儿子是赤年松赞，赤年松赞的儿子是仲年岱乌，他因得癞病而在世时就住进坟墓。这一记述似乎与榆林窟唐代窟中的老人去世之前入墓有相似之处。藏族史书一般认为，佛教传入西藏高原是在吐蕃松赞干布前五代的拉脱脱日年赞赞普时期，但对于这一具有神话色彩的说法，学术界多持否定的态度，多认为佛教在西藏的传播归于吐蕃赞普松赞干布时期。③

《大唐西域求法高僧传校注》卷上记载太州玄照法师记载：

沙门玄照法师者，太州仙掌人也……以贞观年中，乃与大兴善寺玄证师处初学梵语。于是杖锡西迈，挂想祇园。背金府而出流沙，践铁门而登雪岭。漱香池以结念，毕契四弘；陟葱阜而翘心，誓度三有。途经速利，过覩

① 蔡巴·贡噶多吉著，东噶·洛桑赤列校注，陈庆英、周润年译：《红史》，中国国际广播出版社，2016年，第36-37页。

② 蔡巴·贡噶多吉著，东噶·洛桑赤列校注，陈庆英、周润年译：《红史》，中国国际广播出版社，2016年，第37页。

③ 霍巍：《关于佛教初传吐蕃传说的一个新版本——兼论藏传佛教在西域的传播》，《世界宗教研究》2000年第4期，第37-46页。

货罗，远跨胡壃，到土蕃国。蒙文成公主送往北天。[①]

《大唐西域求法高僧传校注》卷上又记载了齐州道希法师：

> 道希法师者，齐州历城人也……幼渐玄门，少怀贞操。涉流沙之广荡，观化中天；陟雪岭之嶔岑，轻生徇法。行至土蕃，中途危厄，恐戒检难护，遂便暂捨。行至西方，更复重受。[②]

这两条文献记载了玄照法师、道希法师西行求法时，均行至吐蕃，前者蒙文成公主帮忙，送往北天，后者因中途危厄，也曾暂时居住在吐蕃，然后行至西方。二者行至吐蕃，甚至暂舍，必然对吐蕃的佛教传播带来影响。

古龟兹国洞窟藏文壁文是关于佛教初传吐蕃的一个新的版本，日本学者寺本婉雅据古荣卫德的《古龟兹国》，对香巴拉国佛教进行了研究[③]，文中收录了藏文洞窟壁文的译文。兹就寺本婉雅译文，详录其一Mir—Li的记录如下：

> 为了众多的佛教徒，曼特拉王、波斯王、阿难达古尔玛王即靓货罗王命艺术家米特拉达塔，裸体外道的那兰古哈那达塔、由鲁玛卡玛之地来的普力亚兰特那及这些艺术家的诸弟子在多数的洞窟内绘画。曼特拉王和靓货罗王（黄发王）受得阿弥陀佛（此为汉语讹音）的身体往生极乐世界。
>
> 大黄发王（靓货罗王）之子发愿去米鲁利城，为众裸体派的人们解说一切时轮说，在诸洞窟中描绘了此佛画。
>
> 在此诸麦夏教徒（犹太教）的净窟中，曼特拉王描绘了诸佛画。受木鲁力敏王的派遣，由另利来的艺术家阿蒙哈文都、里匹达塔、阿哥塔达玛描绘了释迦牟尼诸行迹、由普来特利王培养的一切时轮派的教徒被驱逐。
>
> 在此为木鲁来王和普来特利王所属的时轮派诸洞窟六十五座被捣毁。
>
> ……
>
> 普来特来王向西藏的聂赤赞普呈送裸体外道（离击子的亲戚子）的书翰并将《阿鼻地狱鬘》称为龙树作的伪书一起呈送，西藏王怒而将其投弃

① （唐）义净著，王邦维校注：《大唐西域求法高僧传校注》，中华书局，1988年，第9-12页。

② （唐）义净著，王邦维校注：《大唐西域求法高僧传校注》，中华书局，1988年，第36页。

③ ［日］寺本婉雅著，金伟、张虎生、吴彦译：《古龟兹国洞窟壁文与香巴拉国佛教》，《国外藏学研究译文集》编委会：《国外藏学研究译文集（第十四辑）》，西藏人民出版社，1998年，第173-189页。

火中。[①]

寺本婉雅所说的香巴拉国即今巴克特里亚地区。藏文壁文中提到，曼特拉王、波斯王、阿难达古尔玛王（覩货罗）命艺术家希特拉达塔、叙利亚艺术家布利亚拉特那等于龟兹的洞窟中绘画，其中有曼特拉王和覩货罗王受到阿弥陀佛的身体往生极乐的描绘。寺本婉雅认为4世纪中期，小乘佛教已经传到龟兹，时轮说于10世纪传入印度，11世纪传入西藏，覩货罗的王子推崇时轮说。藏文壁文中的普来特来王向吐蕃聂赤赞普送外道书翰，还有《阿鼻地狱鬘》及一些伪书，这与西藏早期佛教传播有关。聂赤赞普为传说中的吐蕃第一代赞普，比拉脱脱日年赞赞普要早很多。霍巍称之为佛教初传吐蕃的“中亚版本”，强调西藏西部地区在早期佛教传入研究中的重要性，之所以将佛教初传的赞普改为聂赤赞普，当与西藏西部本教的文化传统及影响有关。由于印度密宗时轮教与聂赤赞普时代的巨大差异，这一新版本仍然属于后期佛教徒的附会，但是再次证实了源于本教的佛教初传吐蕃的“从天而降”的神话，这个神话的发源地之一有可能是与我国西域毗邻的西藏西部地区[②]。

沙武田《归义军时期敦煌石窟考古研究》提到了赞普举哀图在吐蕃的敦煌统治结束之后的命运，其中涉及王子举哀图和赞普问疾图[③]。沙武田将莫高窟158窟涅槃经变中的赞普举哀图，与莫高窟44窟中心柱后西壁中唐补绘涅槃经变中各国王子举哀图进行了对比，指出44窟中的赞普像不像158窟那样占据重要的位置，并且也没有了头光。敦煌莫高窟159窟和藏经洞绢画中的赞普问疾图在吐蕃统治结束之后退出，恢复到吐蕃之前的形式，吐蕃赞普从图像的前列显著位置，恢复到重新出现在各国王子行列中，已经不再比其他王子突出，如莫高窟第12窟维摩诘经变图。

褚俊杰在据P.T.239古藏文写卷进行解读时，曾引述石泰安的《唐蕃会盟考》，石先生的主要观点认为，唐蕃会盟中的“刑牲”“歃血”仪式是汉人的习惯，而不是像传统观念认为的是吐蕃的本教传统的习俗，当时的吐蕃已经信仰了佛教，吐蕃方面要求会盟时实施的仪式应该是围着佛像绕转、以三宝做证的形式，并且以唐蕃会盟碑中的“三宝及诸贤圣，日月星辰请为知证”为证[④]。

---

① ［日］寺本婉雅著，金伟、张虎生、吴彦译：《古龟兹国洞窟壁文与香巴拉国佛教》，《国外藏学研究译文集》编委会：《国外藏学研究译文集（第十四辑）》，西藏人民出版社，1998年，第173-189页。

② 霍巍：《关于佛教初传吐蕃传说的一个新版本——兼论藏传佛教在西域的传播》，《世界宗教研究》2000年第4期，第37-46页。

③ 沙武田：《归义军时期敦煌石窟考古研究》，甘肃教育出版社，2017年，第283-296页。

④ 褚俊杰：《论苯教丧葬仪轨的佛教化——敦煌古藏文写卷P.T.239解读》，《西藏研究》1990年第1期，第45-69页。

吐蕃丧葬礼俗中佛教因素在墓葬考古遗存中也有迹可循。在琼结藏王陵区，一号陵是规模最大的，陵墓分为三层，最上层为椭圆形土墩，土墩的四周筑有直立的方形土垒，每垒分为四层，每层有小窟龛三个，内藏模印佛像及塔形物。第二层土台上有两石狮①。上述内藏模印佛像及塔形物的窟龛，后来涉及藏王陵的材料没有提及，应该为后期的遗存。霍巍在研究吐蕃时期墓葬的封土结构及营建技术时，提到了特殊的封土形制——塔形墓丘。其列举的材料主要有朗县列山墓地M168、朗县列山墓地M28、拉孜县查木钦墓地三座塔形墓、扎囊县斯孔村墓地M3、扎囊县加日村墓地塔形墓、加查县邦达墓地M4等②。稍早侯石柱在《西藏考古大纲》中也概述了列山墓地，列山墓地位于朗县东嘎区列山南山坡上，墓地的封土可分为四型，其中方形封土墓2座，也称为塔形墓，封土平面呈方形，立面呈塔形，分四级。塔基为石块垒筑，塔身、塔顶用土、石、木夯筑，逐层进行，墓葬举例也是M168③（图5-21）。列山墓地的东区墓地南部边缘还发现三处未建成的塔形封土墓遗迹，东区的西北还发现一石碑底座，碑座刻有莲花④。

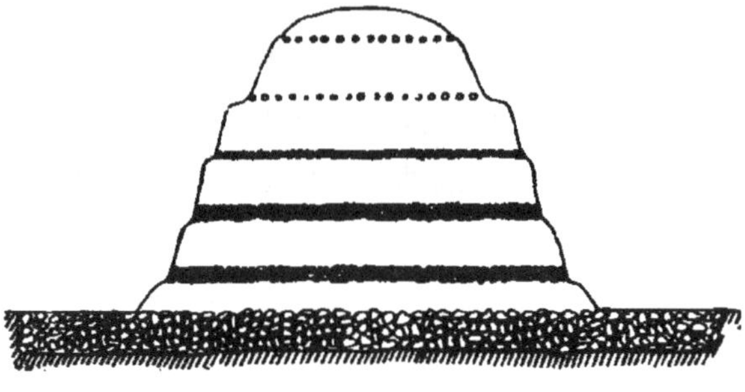

图5-21　列山墓地方形封土（M168）剖面示意图
（采自《西藏朗县列山墓地的调查和试掘》图八，第34页）

霍巍认为，塔形墓的起源显然与吐蕃时期佛教的盛行有关，是佛教建筑对墓葬建筑产生影响的生动例子。同时，推测塔形墓在吐蕃时代墓葬中的出现大概不会很早，墓主的身份一种可能是佛教高僧，死后塔葬，然后附葬于统治阶级的墓地中；也有可能是吐蕃贵族，信仰佛教，死后按照佛教的葬仪营建特殊形式的墓丘，以葬入死者。霍巍结合历史背景及塔形墓的平面形制结构，初步将平面呈曼荼罗状的塔形墓年代判定在公元8世纪后半叶至9世纪上半叶，约当吐蕃王朝赤松德赞至赤热巴巾时期，此时，佛教势力在吐蕃社会处于鼎盛的发展阶段⑤。塔形封土墓在拉孜县的查木钦墓群也有发现，一共有3座，其中的M111保存较好，方形平面，立面似塔，不出檐，共有五级，顶部呈馒头状，简报推测这些墓

① 王毅：《藏王陵——西藏文物见闻记（六）》，《文物》1961年第4、5期合刊，第81-87页。
② 霍巍：《西藏古代墓葬制度史》，四川人民出版社，1995年，第169-176页。
③ 侯石柱编著：《西藏考古大纲》，西藏人民出版社，1991年，第90-99页。
④ 索朗旺堆、侯石柱：《西藏朗县列山墓地的调查和试掘》，《文物》1985年第9期，第32-38、50页。
⑤ 霍巍：《西藏古代墓葬制度史》，四川人民出版社，1995年，第169-176页。

葬的时代当在吐蕃前后[①]。

在查木钦墓地还发现石狮一对和石碑一通。石狮呈半蹲状，方头大眼，鬃毛内卷，下有长方形基座，镶嵌于A区梯形封土墓M1的前端底边两角，该墓是整个墓群中规模最大、地位最为显赫者。在A区的左上端，发现石碑一通，砂石质地，长方体，碑身四面刻有藏文，文字内容与赤祖德赞、修建佛殿等有关。报告中提到在A区的上部有建筑遗迹，编号为F1，围墙夯筑，有房屋两组，一组在东南角，平面呈长方形，内设隔墙，形成套间；另一组在西北角，有房两间。F2在墓地B区的右上方，残存一段墙及前端平台。报告认为，墓地上这些建筑墙体的方法与墓葬封土堆中的夯筑方法基本一致，推测墓地建筑与墓葬时代大致相同。报告同时结合石碑修建佛殿的记载，认为这些房屋建筑可能就是墓群专门修设的有特殊用途的场所。在这里，报告做了一个脚注，提到了松赞干布墓上就专门修有供朝拜用的佛殿。松赞干布陵墓有佛殿，霍巍在用后世文献论述吐蕃王陵墓内装饰等内容时，提到了《汉藏史集》《西藏王统记》《雅隆尊者教法史》等文献[②]。成书于15世纪的《汉藏史集》记载了松赞干布信仰佛教及其陵墓的一些情况：

> 如是，大法王松赞干布被称为现世的观世音菩萨，他在吐蕃开创了释迦牟尼教法之善业，于八十二年的阳土狗年（戊戌）年初，留下了他的遗训，遗训中说："在此雪域吐蕃，由我下传五代之时，有一名字中有德字的法王出世，大弘佛法……佛法将在吐蕃大为显明。"……松赞干布的陵墓建于琼结河谷。其墓之大小、长宽俱为一箭之地。据说墓中建有五座佛殿，因而被称为有内部装饰之墓，修建正方形的陵墓是由此开始的。据说松赞干布陵墓的名称叫作穆日穆波。[③]

可见，在松赞干布陵墓内建有佛殿5座。成书于14世纪后期的《西藏王统记》内容与此有不同，但显然要丰富得多，引述如下：

> 如是化身大法王，在位约有七十载，
> ……

① 西藏自治区文管会文物普查队：《西藏拉孜、定日二县古墓群调查清理简报》，四川大学博物馆、中国古代铜鼓研究学会编：《南方民族考古（第四辑）》，四川科学技术出版社，1992年，第105-124页，图版伍、图版陆。

② 霍巍：《西藏古代墓葬制度史》，四川人民出版社，1995年，第185-186页。

③ （明）达仓宗巴·班觉桑布著，陈庆英译：《汉藏史集》，青海人民出版社，2017年，第87页。

其陵建于琼堡内，广度大约一由旬，
墓作方形中网格，烧绫罗纸成为泥，
以此塑造法王身，奏诸伎乐车送往，
将诸遗体藏墓中。内罗网用珍宝满，
殉葬华贵名声著。并闻其内有五殿，
四方墓形自此始。穆日穆布为墓名。
十方如来及声闻，菩萨守誓护法众，
皆集会此为陵墓，而做吉祥开光事。
王孙芒松芒赞等，侍臣眷属及属民，
以诸无量供品物，携至此处顶礼供。
如是无匹王陵墓，祷请地方神护佑，
启请事毕返故里，利乐光明遍十方。①

《西藏王统记》的记述与《汉藏史集》不同，没有明确说其内有五佛殿，《汉藏史集》明确说是佛殿，但两者对五殿的记述均为“并闻”，或者“据说”，是否属实不得而知。但《西藏王统记》的记述更全面，不但涉及墓葬的内容，而且涉及丧事的操办、祭祀等内容。“墓作方形中网格”，应该讲的是墓室中有方形网格墓室，丧事活动中烧绫罗纸，用烧绫罗纸为泥塑造法王身，有塑像。送丧的队伍有伎乐，有车。墓中有很多珍宝。后面的叙述涉及在墓地进行法事，十方如来、菩萨、法众均集会于陵墓，做吉祥开光的事；参加的人员有芒松芒赞、侍臣、眷属及属民，他们带来了许多供品，在这里上供祭祀。同时，对陵墓的护卫也祷请地方神。查木钦墓地A区石碑所言修建佛殿事，如果与墓地有关，则是吐蕃陵墓制度中佛教对丧葬礼俗影响的重要材料。此外，列山墓地也有建筑遗迹，除了前面提及的石碑座外，还有房屋和祭祀场所，祭祀场所有两处J1和J2，平面呈“山”字形，其中J2被未建成的两座方形封土墓打破②。

吐蕃墓碑是吐蕃丧葬礼俗中受佛教因素影响的地面遗存。如赤德松赞墓碑，吐蕃赞普赤德松赞为吐蕃后期赞普，死后葬于西藏琼结的藏王陵，赤德松赞墓碑即位于墓的东侧。杜齐在谈到琼结的藏王墓时，提到了赤德松赞陵墓前的石碑（图5-22）：

在一些陵墓上，如赤德松赞的陵墓上竖有一块石碑（在其他陵墓上也可以发现），这自然具有象征意义。它代表着世界的轴线并以有形的形式来解

① 索南坚赞著，刘立千译：《西藏王统记》，中国国际广播出版社，2016年，第136-137页。

② 索朗旺堆、侯石柱：《西藏朗县列山墓地的调查和试掘》，《文物》1985年第9期，第32-38、50页。

读两界之间（地域、地和天）进行交流的这种观念，因而也体现出微观世界与宏观世界的对应和赞普的居所（此时是他们的陵墓）与宇宙的相似性。[①]

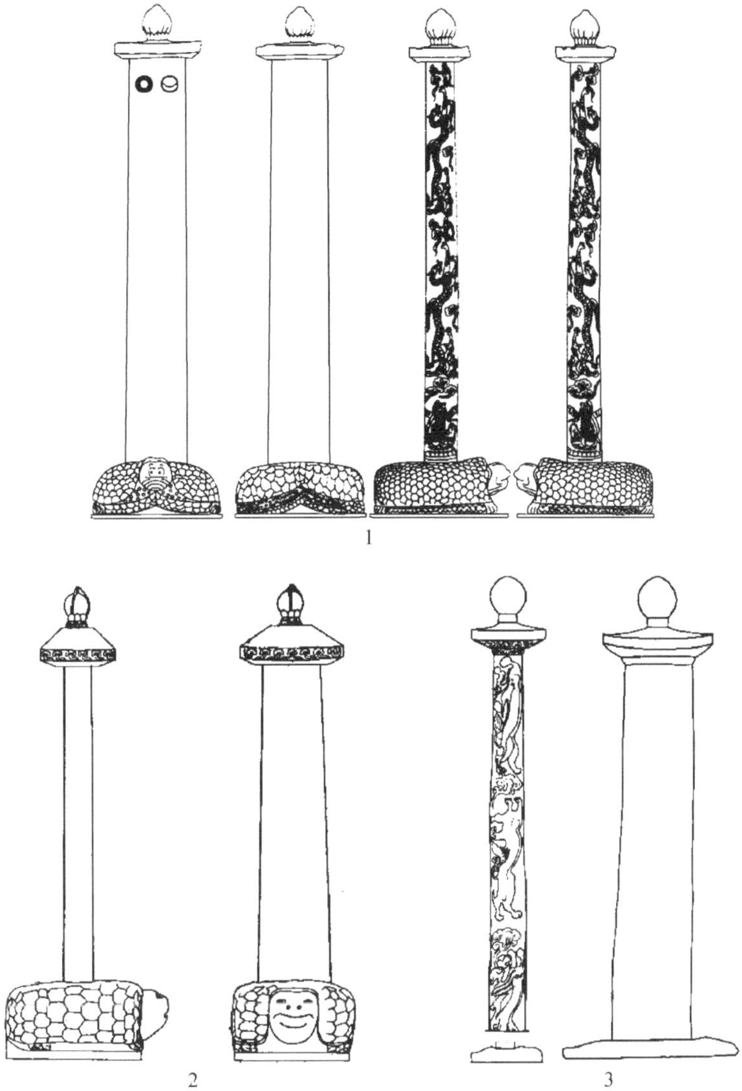

图5-22　吐蕃时期石碑

1. 赤德松赞墓碑　2. 唐蕃会盟碑　3. 琼结桥碑

（1. 采自《赤德松赞墓碑清理简报》图一，第73页；2. 采自《唐蕃会盟碑碑座出土》图三、第78页；3. 采自《藏王陵》图九，第163页）

① ［意］G. 杜齐著，向红笳译：《西藏考古》，西藏人民出版社，2004年，第23页，图45、图46。

1984年西藏文管会文物普查队对该墓碑进行了发掘清理，新发现12行古藏文碑文，简报将碑文汉译为：

> ……大菩提……昔圣明之时，广行福德，昌明圣教之宏恩……圣神降下，深谋远虑，命令严峻。国势煊赫，遍具福德，盛于往昔……是尽人皆知。四方大小诸王，亦被臣服……令至四方，普遍从命……大小诸王……各自之诸忠臣……奉献……等财物……如此作人间之主。崩于雄……之地，谓其陵为结钦吹。①

赤德松赞为吐蕃后期赞普（793～815年在位），其墓位于西藏琼结县历代吐蕃赞普墓地，也就是著名的藏王陵区，墓碑位于赤德松赞墓的东侧。1984年，西藏文管会文物普查队对该墓碑进行了发掘清理。墓碑通高7.18米，由碑帽、碑身、碑座三部分组成。碑帽顶为莲花宝珠，帽顶部作四面坡式，边缘略向上翘，碑帽底部四角对称浮雕四尊飞天。飞天双手上举，各有一条飘带，上身赤裸，下身着裙，大耳，一腿弯曲，一腿向外伸出。飞天之间浮雕升云图案，东侧中央浮雕太阳，西侧中央浮雕月亮。碑身平面为长方形，上大下小，从下往上有明显的收分，碑正面朝北，上端东侧刻太阳，西侧刻月亮（图5-23）。日月下面为横排古藏文碑文。碑身东西两侧上下各浮雕一条龙，下面为仰覆莲座。碑背面没有文字也没有纹饰。碑座为石质龟形，其下为基座。新发现的古藏文碑文12行，在碑身正面底部往上至0.9米处，碑文刻字较小，其上又有后人凿刻的符号及凹窝。后来，该碑又经重新调查，碑身东西两侧面下部浮雕四蛇图案，结合王尧和索朗旺堆的译文对碑文进行了更译，大意是说赞普天子，乃是天神下凡，治理人间的各种丰功伟绩，提到了与唐、大食、突厥、回纥等的战争及会盟等。

图5-23　赤德松赞墓碑（左）琼结桥碑（右）碑帽

（左. 采自《赤德松赞墓碑清理简报》图三，第74页；右. 采自《吐蕃琼结桥碑的考古复查与研究》图二，第102页）

① 西藏文管会文物普查队：《赤德松赞墓碑清理简报》，《文物》1985年第9期，第73-76页。

碑文中也提到了“大菩萨”“圣灯”“大菩萨地”“广行福德”“大行佛教之宏恩”等文字[①]，反映出赤德松赞时期吐蕃佛教的发展。

又如赤松德赞碑，也就是琼结桥碑，有研究认为该石碑的墓碑纹饰不乏佛教文化因素，加之其碑身有与佛教有明确关系的文字，兹详细介绍如下。

琼结桥碑原位于琼结河北岸桥头，现位于琼结县政府院内西北角。石碑由碑帽、碑身、碑座三部分组成，整体通高5.13米。碑帽顶端为重叠的宝珠两枚，碑帽平面呈长方形，为四面坡状庑殿顶式，边缘略上翘，沿宝珠边缘的碑帽上有一圈莲瓣纹。碑帽边缘四周图案漫漶不清，碑帽底部有浮雕升云图案。碑身下大上小，自下而上呈一定的收分。碑身正面刻有古藏文，碑身背面浮雕雄狮与对龙图案，雄狮正面像，蹲立，位于碑身背面的上部。下半部为肢体伸展、尾向两边上卷的怪兽图案。碑的两侧面对雕刻三段有翼升龙祥云图案，圜丘状碑座下为基座[②]（图5-22、图5-23）。

夏吾卡先根据噶托·仁增次旺诺布收藏的琼结桥碑抄本，同时参照《琼结文物志》，将琼结桥碑碑文进行了重新翻译，现转录如下：

> 神圣先王赞普，治理天神人间，教法圣典兴旺，圣冕极其珍贵。
>
> 神圣赞普赤松德赞恪遵祖训，不违圣典，和谐天地之教等伟业勒铭于石。伟大法王的功业及圣冕开拓疆土等详志它方。
>
> 天神化身赞普赤松德赞，不同于四方诸王，他以宽广的胸怀，圣冕征服了上自大食边境，下迄陇山隘口，四方疆土广袤无际。因政权强大，吐蕃地域辽阔，民众富庶，永久安居乐业。赞普心怀菩提行，兴出世间之善法，恩惠广施。人畜两者，永久受其恩泽。万众尊号，赤吉拉强曲钦波（意为“天神化身大菩提”）。[③]

值得注意的是，琼结桥碑本应位于赤松德赞的陵墓前，但是为何却远离了其陵墓位置。夏吾卡先提及霍巍早就注意到这个问题，霍巍认为无非有两种可能：一是原先判定的赤松德赞的陵墓位置有误，二是石碑的位置可能后来发生过移动。2012年在考古清理中发现石碑两侧的第三段纹饰仅残留龙身上半截，石碑的底座也是略加修整的自然石块，碑身与底座的风格、技法与吐蕃时期石碑底座以石龟、莲瓣等为主存在较大差别，而且与自身琼结桥碑帽、碑身上部的刻画工艺也完全不一致。这恰恰为霍巍先

① 夏吾卡先：《赤德松赞墓碑的考古复查与研究》，西藏自治区文物保护研究所编著：《西藏文物考古研究（第3辑）》，科学出版社，2019年，第27-38页。

② 夏吾卡先：《吐蕃琼结桥碑的考古复查与研究》，《考古》2015年第6期，第102-108页；中国社会科学院考古研究所编著：《藏王陵》，文物出版社，2006年，第163页。

③ 夏吾卡先：《吐蕃琼结桥碑的考古复查与研究》，《考古》2015年第6期，第102-108页。

生提出的第二种可能提供了一些线索，因此，夏吾卡先认为，琼结桥碑不仅位置发生过移动，而且在移动的过程中可能受损。并进一步推测其移动当在17世纪以五世达赖喇嘛为首的甘丹颇章政府成立，为了巩固政权的合法性和树立威权，修建了一系列的历史建筑，当修建完松赞干布陵陵垣和五世达赖喇嘛幼年生活的日乌德钦寺后，琼结桥碑即作为一个全新的纪念性建筑被移至雪村，日乌德钦寺即位于雪村。

琼结桥碑（赤松德赞碑）与赤德松赞墓碑一样，作为陵墓遗存来说，均受到了后世的干扰，如赤德松赞墓碑下半部重新发现的古藏文碑文上面被刻有后来的符及凹窝等，琼结桥碑又被移动，且碑身的下半截及碑座均与碑帽和碑身上半部差别较大，可能是在后世移动时，损坏后再补加的。面对遗存在保存过程中出现的一些问题，我们在使用这些材料进行墓葬佛教文化因素甄别及研究时，就必须注意。关于石碑的文化渊源，夏吾卡先认为，可以在唐代石碑中找到原型，碑体顶端刻有蹲立狮子的造型也有可能受到阿育王时代南亚次大陆地区原始宗教和唐陵石柱的影响。当然，碑身的龙等纹饰应该是本教及吐蕃自身的文化因素。中亚地区粟特的文化因素也是考虑的方向。赤德松赞墓碑和赤松德赞碑（琼结桥碑）与唐蕃会盟碑在形制特征上比较相似①，这是非常清晰的。笔者认为，赤德松赞墓碑碑帽四角飞天围绕飞翔的图案配置，与中原地区的北朝至隋唐时期的石窟窟顶图案相似，如巩县石窟寺第5窟的窟顶，属于北魏时期的雕刻，飞天环绕着中间的大莲花②（图5-24）；龙门石窟的莲花洞，也属于北魏时期的石窟，窟顶也是飞天环绕大莲花③。

青海地区吐蕃时期墓葬中出土的木棺，其宗教属性成为争论的焦点。2002年，青海省文物考古研究所及海西州民族博物馆工作人员在德令哈市郭里木乡清理了两座吐蕃时期的墓葬，出土了三具绘有精美彩画的木棺。两座墓葬均为竖穴土坑，上方存有封土，墓室均为长方形单室，一座为木椁墓，一座为柏木封顶。木椁墓为男女合葬，土坑墓为迁葬。迁葬墓是先将零散骨架装于一小棺内，然后再将小棺整体放进大棺中。两座墓葬均有殉牲习俗，合葬墓在木椁的两侧殉有完整的马和骆驼各1匹，迁葬墓在封顶柏木上放有零散的羊骨。两座墓葬的3具木棺均有彩绘，棺端绘有四神、花鸟，棺侧板绘有狩猎图、商旅图，以及以吐蕃赞普、赞蒙为中心的居帐迎宾图和职贡图④。

许新国认为，郭里木吐蕃棺板画所绘四神直接取法于中原，同时也受到了西方文化的影响；狩猎图受到中原和西方的影响均有可能；郭里木棺板画男女性交图像是以通向释迦牟尼佛国净土再生为主题的象征性美术。总体上认为此类吐蕃绘画风格深受

① 西藏文管会文物普查队：《唐蕃会盟碑碑座出土》，《文物》1985年第9期，第77-78页。

② 河南省文物研究所编：《中国石窟·巩县石窟寺》，文物出版社，1989年，第261页。

③ 刘景龙：《莲花洞：龙门石窟第712窟》，科学出版社，2002年，第181页。

④ 许新国：《郭里木吐蕃墓葬棺板画研究》，《中国藏学》2005年第1期，第56-69页，后附彩图。

图5-24　巩县石窟寺第5窟平棊图
（采自《中国石窟·巩县石窟寺》实测图36，第261页）

中原地区及中亚、西亚的影响，并在此基础上形成了自己独特的民族风格①。

仝涛根据青海郭里木吐蕃棺画复原了吐蕃贵族的丧礼过程，包括灵帐哭丧、骑射祭祀、迎宾献马、动物献祭、丧讫宴饮等，大致完整地描绘了吐蕃时期本教丧葬仪式中的几个重要环节，前后挡板的朱雀和玄武图像，可见中原丧葬观念对青藏高原地区的影响。仝涛认为，吐蕃贵族墓葬中的棺画，左侧棺板上的图画反映的是死者生前的享乐生活，右侧则描绘的是死后的丧葬场景。在墓室内描绘举行死者丧葬的场景，中原地区并不流行，但是葬礼图像多见于粟特人的葬具或者壁画上，说明两地文化之间可能存在相通之处。总之，郭里木棺板画大致完整地描绘了吐蕃时期本教丧葬仪式中的几个重要环节。棺画人物服饰有8世纪吐蕃人物服饰的典型特征，也许与吐蕃向本土以外地区移民有关，也许是吐蕃在被征服地区推行吐蕃化政策的结果②。

仝涛在对郭里木棺板画上的灵帐哭丧进行考释时，引用了藏文古手抄本《巴协》，详细地记载了赞普墀松德赞的葬礼，较清晰地记载了墀松德赞薨逝后，王子牟

① 许新国：《郭里木吐蕃墓葬棺板画研究》，《中国藏学》2005年第1期，第56-69页。
② 仝涛：《青海郭里木吐蕃棺板画所见丧礼图考释》，《考古》2012年第11期，第76-88页。

尼赞普极力想采取佛教方法处理丧葬的失败，反映了佛教与本教在丧葬仪式中的冲突。其文如下：

> 马年，孟春（藏历正月），墀松德赞王薨逝，王子牟尼赞普尚幼，少喜法行，决定举行父王的超荐活动。琛氏赞协勒素与那囊氏嘉察拉囊、恩兰·达拉鲁贡等奉本大臣为了灭法（佛），信奉本僧，在札玛错姆山腰架起牛毛大帐，从马群中挑选出多匹体格强壮、跑速快的马匹，修制了马场，缝制宽敞帐篷，以这些为基础，又召集了澎域地区的阿辛、切布、蔡波、雅安等127人，决定为赞普墀松德赞举行超荐。①

周伟洲先生比较全面地对青海都兰暨柴达木盆地东南沿墓葬主民族系属进行了研究②。

青海藏医药文化博物馆藏木棺板画包括两件完整的盖板、4件完整的挡板、1件完整的侧板和4件残缺的侧板，共11件棺木板，推测是来自两具头大尾小的梯形棺。A挡板由三块木板组成，上圆下方，上面彩绘。上部彩绘可见朱雀，下部似可称为“仪卫图”，对于此仪卫图，介绍也指出可见红色粗线勾画出的长方形方框，方框左右两侧各画一名武士形象，武士侍立，身披铠甲。笔者以为，此图像应该不是仪卫图，而是反映的一门和两侧侍立的武士。B挡板，完整，用四块木板拼合而成，上端也是略呈半月形，隐约可见“玄武”图像，左右两侧有折枝花草；下半部也是红色粗线勾勒出长方形方框，两边也各绘一名武士形象，右武士图像保存稍好，可见武士身披铠甲，腰挎长刀，左手扶刀柄，面涂赭色，头戴兜鍪，脚穿黑色长靴，认为这是一幅“仪卫图”，A挡和B挡而且是同一木棺的前挡和后挡。并且进一步分析认为，前后挡上的红色方框应是死者灵魂通往天神世界的通道，两侧的武士是“仪卫”墓主灵魂的③。笔者认为与A挡板一样，应该彩绘的是一门及门两侧的武士，这没有疑问。

侧板介绍了两件，分别编号为A侧板和B侧板。A侧板由三块木板拼合而成，板画画面布局分为上中下三个部分，上层为山丘和树木，中层和下层为交错绘制的情节和

---

① 恰白·次旦平措、诺章·吴坚、平措次仁著，陈庆英等译：《西藏通史——松石宝串》，西藏社会科学院、中国西藏杂志社、西藏古籍出版社，1996年，第151页。转引自仝涛：《青海郭里木吐蕃棺板画所见丧礼图考释》，《考古》2012年第11期，第79页。

② 周伟洲：《青海都兰暨柴达木盆地东南沿墓葬主民族系属研究》，周伟洲：《新出土中古有关胡族文物研究》，社会科学文献出版社，2016年，第159-210页。

③ 孙杰、索南吉、高斐：《青海海西新发现彩绘木棺板画初步观察与研究》，陕西师范大学历史文化学院、陕西历史博物馆编：《丝绸之路研究集刊（第2辑）》，商务印书馆，2018年，第280-290页。

场景，可分为五组：第一组是四名武士策马追逐牦牛的场景，武士赭色涂面，头缠低平的头巾；第二组和第三组保存不好，推测与郭里木棺画相似，或为“驼运赴盟”和“拂庐宴饮”场景；第四组应为“客射牦牛”的场景；第五组表现的男女合欢图。B侧板是一件失去组合关系的侧板，画面由五个壸门组成，每个壸门内用不同的颜色绘出五个首尾相连的大象，各象造型和装饰基本相同，做奔走状，胸及尾部鞦带缀以圆铃，象背上驮负一束腰覆仰莲座，座内托一圆球形宝珠。介绍认为，大象驮负宝珠莲座带有佛教文化色彩，与吐蕃扶持佛教，以及本教丧葬仪轨佛教化有关。介绍认为，这批材料属于吐蕃时期，海西地区以彩绘木棺为葬具的墓葬，是具有典型吐蕃文化因素的墓葬，墓主族属当是源于鲜卑系统的吐谷浑。

青海都兰热水一号大墓出土的镶镀金银器的木质舍利容器和塔形木饰件值得注意。都兰热水一号大墓位于都兰热水的血渭草原，1982～1985年青海省文物考古研究所对该墓进行了发掘。该墓封土平面和立面均为梯形，从封土顶向下4.5米深处，有一座长方形动物殉葬坑，墓室位于封土下18.5米处，平面呈十字形，由墓道、墓门、回廊、东室、西室、中室和南室组成。大墓南面有动物殉葬遗迹，五条殉马沟居中，东西两侧有圆形殉葬坑。该墓是青海地区规格最高的一座吐蕃墓葬，墓葬的时代在7世纪末到8世纪初。墓主属于吐谷浑降吐蕃后首任或最重要的吐谷浑王的可能性很大①。都兰热水一号墓南面一号殉马坑的正中地表立有一巨石，巨石下的马坑内出土有砸碎的金银器残块②，金银器包括梯形四方连续式环状忍冬唐草饰片2件、方形立凤环状忍冬唐草饰片2件、不规则四方连续环状忍冬唐草饰片1件、包铁立凤与底座银条1件等③，这些镀金银片或来自一件木质容器上面的装饰，经复原这件饰镀金银片的木质容器（图5-25），或为一件舍利容器，一些塔形木饰件应该是插在木质舍利容器顶部的器物④。仝涛认为热水一号大墓出土的镀金舍利银器，埋葬方式较为特殊，与中原地区发现的舍利器物迥异，说明两者在使用功能上并不相同⑤。

此外，许新国也提到都兰吐蕃墓群出土的汉地织锦，其中出现了佛教图像，泥制

① 仝涛：《青海都兰热水一号大墓的形制、年代及墓主人身份探讨》，《考古学报》2012年第4期，第467-488页。

② 许新国：《吐蕃墓的墓上祭祀建筑问题》，许新国：《西陲之地与东西方文明》，北京燕山出版社，2006年，第148-157页，原载《青海文物》1995年第9期。

③ 许新国：《都兰吐蕃墓中镀金银器属粟特系统的推定》，许新国：《西陲之地与东西方文明》，北京燕山出版社，2006年，第246-259页，原载《中国藏学》1994年第4期。

④ 许新国：《都兰热水血渭吐蕃大墓殉马坑出土舍利容器推定及相关问题》，许新国：《西陲之地与东西方文明》，北京燕山出版社，2006年，第260-280页，原载《中国历史博物馆馆刊》1995年第1期。

⑤ 仝涛：《青海都兰热水一号大墓的形制、年代及墓主人身份探讨》，《考古学报》2012年第4期，第476页。

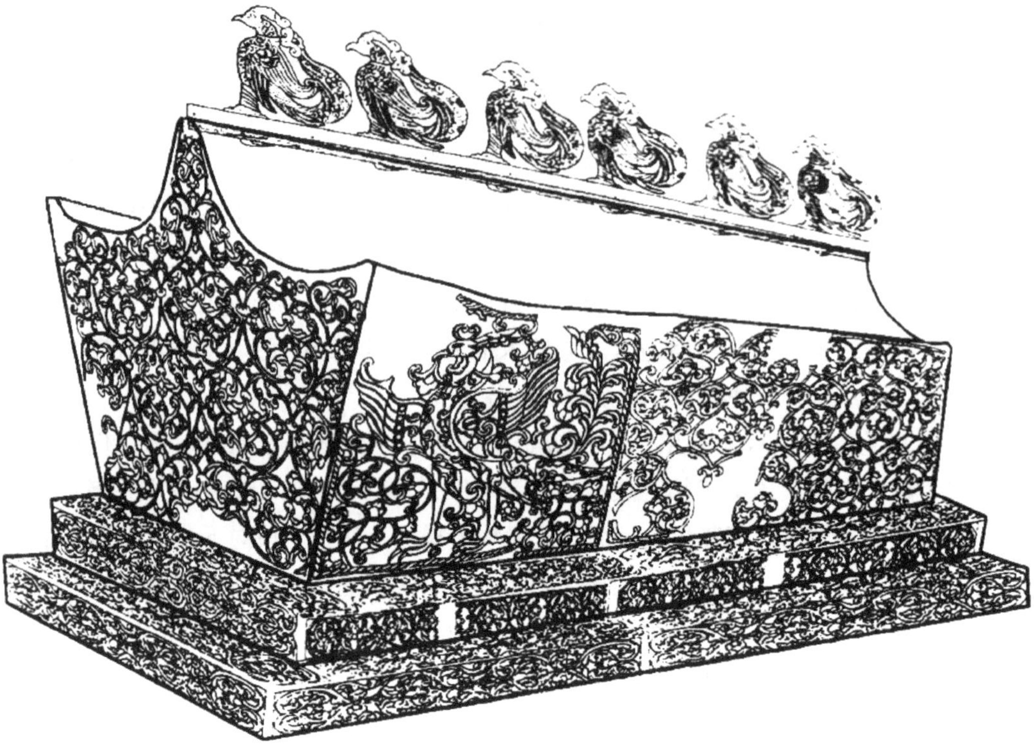

图5-25 都兰热水一号大墓殉马坑出土镀金银器复原
（采自《青海都兰热水一号大墓的形制、年代及墓主人身份探讨》图五-7，第477页）

佛像和菩萨像具有唐代“宫娃如菩萨”的典型特点[①]。都兰吐蕃墓出土的与佛教相结合的织锦含绶鸟，象征着再生和永生[②]。都兰热水一号大墓出土的太阳神织锦上也有一些佛教因素[③]（图5-26）。

按照石泰安先生的观点，至少在赤松德赞的统治初年，丧葬仪式中佛教仪式已经取代了本教仪式，褚俊杰也认为，在赤松德赞赞普或者其后，社会上开始否定杀牲献

① 许新国：《中国青海省都兰吐蕃墓群的发现、发掘与研究》，许新国：《西陲之地与东西方文明》，北京燕山出版社，2006年，第132-141页。该文原载北京大学考古文博院、大阪经济法科大学编：《7~8世纪东亚地区历史与考古国际学术讨论会论文集》，科学出版社，2001年，第26-30页。收入作者文集时与原载有很大不同，特别是增加了线图。

② 许新国：《都兰吐蕃墓出土含绶鸟织锦研究》，许新国：《西陲之地与东西方文明》，北京燕山出版社，2006年，第213-232页，原载《中国藏学》1996年第1期。

③ 许新国：《青海都兰吐蕃墓出土太阳神图案织锦考》《都兰吐蕃墓出土含绶鸟织锦研究》，许新国：《西陲之地与东西方文明》，北京燕山出版社，2006年，第233-245页，原载《中国藏学》1997年第3期。

图5-26　都兰吐蕃墓出土太阳神织锦图案
（采自《青海都兰吐蕃墓出土太阳神图案织锦考》图三、图二，第236、235页）

祭的做法，这大致是可信的，可以从古藏文写卷P.T.239和S.I.O.504读出[①]。现录褚俊杰的译文如下。

P.T.239译文：

Ⅰ. 灵像回向

Ⅰ. 1. 为了消除缠绵心中的悲痛，做了一个“仪轨故事中的飘帘”，象汉人屋子的飘帘那样置于显眼的地方。（这是）各种葬礼上的悬挂物、表示心情悲痛的悬挂物，（这是）饰有泥土妥善安放的灵像。

Ⅰ. 2. （但）依止神中之神三宝，不应将纯美汉绸浪费糟蹋，要用于作有益之布施。熏煨洁净的供神香烟，念诵对治神咒，以此功德，愿叫这个名字的死者获得彻底解脱，升入神变无量宫！叫这个名字的死者如何投胎于地狱，愿他不被（心怀）嗔忿的执守地狱的夜叉捕俘！愿一切到地狱去的众生都被带到神变无量宫！愿一切地狱里的众生都得到救怙！叫这个名字的死者如果投胎于饿鬼趣，愿他不被一切饿鬼趣中的仇敌捕俘，愿一切饿鬼趣中的饥渴众生得到救怙……愿一切三界众生都不被一切苦难之地的仇敌捕俘，升入彻底解脱的无量宫！愿其亲友眷属也都获得吉祥善妙之果！

Ⅱ. 温洛回向

① 褚俊杰：《论苯教丧葬仪轨的佛教化——敦煌古藏文写卷P.T.239解读》，《西藏研究》1990年第1期，第45-69页。

Ⅱ. 1. 由于前世所结的顺缘，而能在同一个地方，（你和我［或：我们］）结成母系亲属和女性亲属之子的关系，成为亲戚，此后由于（你）前世杀生造成恶业要遭报应，命中注定（你）象夏日里的青草一样，短命之霜降临（你）身上，命被无常（死）罗刹夺走而与亲友分离。为了表明亲属（对你）的怀念之情，为了表明亲属出于有情意、知廉耻（而这么做），现在从财库中取出财宝，从畜群中牵出牲畜……作为亲属的供养品而献上。

Ⅱ. 2. 依止三宝，发善愿、念善神咒，以此功德，愿叫作这个名字的死去的人获得亲属慈爱的头盔、幻变的铠甲……愿他去战胜阎王的魔鬼及一切三界中的敌人。

Ⅲ. 熏烟回向

……

Ⅳ. 遮庇羊回向

Ⅳ. 1. 按照黑人之论、黑葬法之典以及要投放灵品的仪轨说、要对阴鬼供应焦烟的仪轨故事，羊比人更聪明、羊比人更有法力。

Ⅳ. 2.（但是）一切众生受各自业力的支配，不需要羊指路，不需要羊开山辟路。羊也不能指路，羊也不会思考……若相信实实在在的义理，则应（按照）天神白教之论、白人之典、白葬法之教法……不要放出（牲畜）满腔热血，不要用手掌掏（牲畜）五脏……让它们在肥美草地上四散寻食吧！点燃洁净天神之香，念诵对治天神咒语，以此功德，愿叫作这个名字（的死者）……获得不生不灭的永恒之身！给遮庇羊做好上路准备！愿我等亲属后来之人获善妙吉祥之果！

Ⅴ. 马回向

Ⅴ. 1.（似有缺漏）如此，在过去世，出现过神奇之事。从狮子洲（指锡兰）之地出发，（刚）到了大海中央，正在船舱里的商主及其随从便被女鬼即可拍的夜叉捕获，被投人铁铸城堡之中，准备吞食。超凡的大自在大慈悲佛见商主极度危难而无所依怙之状……便幻化成方便马王，（该马）是慈悲良马婆罗诃……商主及其随从听到声音，极度欣喜，骑上良马越过大海，逃脱了危难。发无上菩提心而获得永久安乐。

Ⅴ. 2. 现在也是这样，人之子业数已尽，被我执之魔捕获，人之子年幼而亡！草芽早早干枯，无依无怙，长期遭受苦难。为（你）作考虑，以这匹具有宝马血统名号的香马，为也象骏马婆罗诃一样的永世万代的牲畜善缘份而作回向。

Ⅴ. 3. 凭借三宝慈悲及各种大小善行之力，愿你这匹骏马有如此功德，成就一切所愿，（将死者）从危难中解救出来……（用）四神足逃脱出一切恶趣而如愿到达十方佛地！（以）你无误无障的神通眼睛来看无数圣者（佛陀）化身吧！佛所幻变的无所不闻的耳朵前去聆听一切善法吧……愿死者投胎到善趣解脱之境！愿我等施主后来者也获得吉祥善果。

Ⅵ. 亲属供养品牦牛回向

名号称作“尖角”，形体壮美，如此威严的野牦牛，引来黑葬礼之鬼。鬼怪的邪恶风俗被当作邪恶风俗废弃掉，就象身上的污垢一样被清洗掉之后，依止天神白教、吉祥善果之后，就应不思罪孽，不射箭，不刺矛，不放出（牲畜）胸口的热血，不用手一把将（牲口）五脏掏出，不把红舌头拽出来，而是让它们在辽阔的野蒿谷地上散布寻食！由于不对牲口造恶业而得果报，叫作这个名字的死者不论投胎于何处，均能获得精于方略的尖角，英勇无畏的勇敢牦牛心，福泽深厚的牦牛壮美之躯一般的甲胄！①

在赤松赞普时代或者以后，因为佛教得到了发展，在社会上开始酝酿一种否定传统杀牲献祭的做法。P.T.239正是这种思潮的反映。灵像回向部分，提到了做一个仪轨故事中的飘帘，像汉人屋子那样置于显眼的地方，各种悬挂物以及灵像。飘帘、悬挂物及灵像成为丧葬活动中的重要器物及装饰。灵像回向的第二部分提到了三宝、布施，布施使用珍贵的丝绸，念诵神咒，供神香烟。这些功德行为，就是为了使死者脱胎于地狱，不被夜叉捕获，从而不坠入饿鬼趣，能够得到救赎，能够脱离苦难，能够升入神变无量观，从而使死者的亲属也能够得到吉祥善妙之果。温洛回向部分主要讲的是因果报应，避免前世杀生造成的恶业而遭报应，要贡献出自己的财宝作为供养，要依止三宝，发善愿、念善神咒，才能为死者获得头盔、铠甲，以使其战胜阎王的魔鬼及一切三界中的敌人。在马回向部分提到了未成年人死亡，即人之子年幼而亡，以马作回向，要凭借三宝慈悲，以及各种大小善行之功力，将死者从苦难中解救出来，逃脱一切恶趣，如愿达到十方佛地，投胎到善趣解脱之境，施主得到吉祥善果。

又S. I. O. 504译文：

……我等亲属后来者也都获得殊胜吉祥善果！

遮庇羊回向

按照黑人之论、黑丧法之典以及要投放灵品的仪轨述说、要对鬼怪供以焦烟的仪轨故事，羊比人更聪明！遮庇羊玛尔瓦！为你有九种佳善（物品）悬挂在墓穴中，九种快跑的（动物）穿过坟场，屠杀许多牲口，都交给你，

① 褚俊杰：《论苯教丧葬仪轨的佛教化——敦煌古藏文写卷P.T.239解读》，《西藏研究》1990年第1期，第45-69页。

从今以后在没有路的山崖，你这头羊要领路，在没有浅滩渡口的河流，你这头羊要挖掘浅滩渡口！用蹄子去开山辟路，用嘴去把河水吸干！虽有这种说法，但一切众生行动只能受善恶之业支配，羊不能领路，羊不能做保管、领取（财物）的司库，羊蹄不能开山辟路，羊嘴也不能把河水吸干。依止天神白教之典、神中之神三宝，冰冷的兵器不要刺进胸膛，不要把热血放出来，不要一把抓出五脏，头手不要分离，鲜红的（带血的）肉不要放进锅里煮，骨头不要放臼里舂，皮张不要搭在肩上，善趣人之羊不要作恶鬼之业、妖精之业，活的眼睛亮晶晶，活着耳朵在扇动……①

这段文字提到了墓穴中悬挂的九种佳善（物品），坟场上有九种快跑的动物穿过。其余均是对杀牲回向羊的仁慈，如不要用冰冷的兵器刺进胸膛，头手不要分离等，实际上是对传统杀牲的反思。

P. T. 972第二页背面：

凡夫俗子们信奉外道苯教，为行其事而立名相。犹如幼虫爬行，进入蜘蛛网内，其六足愈动，（蜘蛛网）收得愈紧。不要指靠占卜而获得生育能力，不要向鬼怪供灵品，不要向妖魔求救怙。救脱苦难天神教法善，保佑生死佛陀（法力）大，圣僧才是有益的导师。②

此段文字更是明确表达了反对本教，信仰佛教的态度，不要向鬼怪供奉灵品，不要向妖魔求救怙，生死佛陀的法力才大，要把圣僧作为有益的导师。

最后我们观察一下近年来西藏西部地区比较重要的墓葬考古材料——阿里噶尔县的故如甲木墓地，该墓地发掘的4座墓葬均为长方形竖穴土坑石室墓，其中的M3墓坑东西长3.25、南北宽2.2米，坑内堆积的中部南侧的石块上放置有马头骨残骸一具。长方形石砌墓室的底部发现有两堆人骨，包含三个完整的颅骨及大量的肢体骨骼，属于二男一女三个成年人的二次葬。墓室东侧发现一具儿童颅骨、两个绵阳头骨及一些马骨的残片。墓葬中发现木碗2件，其中一件的碗口有铜片包边，另外还有残铁块2件。报告根据^{14}C测年数据，认为故如甲木4座墓葬的年代在2世纪至3世纪前半，即相当于中原地区的东汉时期。报告还根据墓地中出土的带有“王侯”及其反字文字、相似禽兽纹的丝织物，在新疆的营盘墓地及吐鲁番的阿斯塔那墓地也有发现，新疆地区的相似

① 褚俊杰：《论苯教丧葬仪轨的佛教化——敦煌古藏文写卷P.T.239解读》后附原文、译文及注释，《西藏研究》1990年第1期，第45-69页。

② 褚俊杰：《论苯教丧葬仪轨的佛教化——敦煌古藏文写卷P.T.239解读》，《西藏研究》1990年第1期，第47页。

材料，其墓葬年代大抵在汉晋时期，为^{14}C测年数据提供了佐证[①]。汉晋时期的西藏地区墓葬，发现了中原地区文化因素的器物，使用了动物殉葬，却没有发现与佛教因素有关的遗存。

上述，我们结合文献，对吐蕃时期陵墓中的佛教因素遗存做了一个简单的梳理，从墓地建筑遗存到墓内设施、随葬器物等，均有佛教因素的反映。当然，由于吐蕃墓葬考古发掘和研究的难度，佛教因素遗存在西藏地区出现的时间、出现的地区，以及出现在具体的不同等级墓葬等方面，还有许多不清晰的地方。这与佛教进入西藏的时间不确定有关；另外也与本身吐蕃墓葬文化面貌的多样性有关，在陵寝制度上明显受到了唐王朝等中原地区的影响，同时也受到了诸如波斯等外来文化因素的影响[②]。吐蕃丧葬礼俗中的佛教因素遗存与本教以及地方习俗的关联，也反映出佛教因素进入吐蕃丧葬礼俗的过程性和复杂性。

① 中国社会科学院考古研究所、西藏自治区文物保护研究所：《西藏阿里地区噶尔县故如甲木墓地2012年发掘报告》，《考古学报》2014年第4期，第563-587页，图版壹-图版陆。

② 张云：《上古西藏与波斯文明（增订本）》，中国藏学出版社，2017年，第4-9页。

附录　唐代僧人墓葬特征

僧人墓葬尽管不属于本书观察丧葬礼俗中佛教因素演进的对象材料，但是由于僧人墓葬直接反映出佛教僧众的丧葬，这些材料也是我们观察世俗丧葬佛教因素的参照，因此有必要对此做一概观。

唐前北朝时期一些僧尼的墓志为我们呈现出僧尼丧葬的一些情况。

北魏神龟元年（518年）尼慈义墓志：

> 魏瑶光寺尼慈义墓志铭
>
> 尼讳英，姓高氏，渤海条人也。文照皇帝太后之兄女。世宗景明四年纳为夫人，正始五年拜为皇后。帝崩，志愿道门，出俗为尼。以神龟元年九月廿四日薨于寺，十月十五日迁葬于邙山。弟子法王等一百人，痛容光之日远，惧陵谷之有移，敬铭泉石，以志不朽。①

尼高英，本为皇后，后出家为尼，薨于寺，又迁葬于邙山，敬铭泉石，参与主导其丧葬事宜的应该是志文中提到的“弟子法王等一百人”，此或可与非僧尼墓葬比较。

正光五年（524年）魏故比丘尼统慈庆墓志铭：

> 尼俗姓王氏，字钟儿，太原祁人……年廿有四适故豫州主簿、行南顿太守、恒农杨兴宗……王师致讨，掠没奚官，遂为恭宗景穆皇帝昭仪斛律氏躬所养恤，共文昭皇太后有若同生。太和中，固求出家，即居紫禁……护先帝于弱立之辰，保卫圣躬于载诞之日……正光五年尼之春秋八十有六，四月三日忽遘时疹。出居外寺，其月廿七日车驾躬临省视，自旦达暮，亲监药剂。逮于大渐，余气将绝，犹献遗言，以赞政道。五月庚戌朔七日丙辰迁神于昭仪寺。皇上伤悼，乃垂手诏曰：尼历奉五朝，崇重三帝，英名耆老，法门宿齿……可给葬具，一依别敕。中给事中王绍鉴督丧事，赠物一千五百段，又追赠比丘尼统。以十八日窆于洛阳北邙之山。乃命史臣作铭志之……征虏将军中散大夫领中书舍人常景文，李宁民书。②

① 洛阳市文物局编，朱亮主编、何留根副主编：《洛阳出土北魏墓志选编》神龟二，科学出版社，2001年，第43-44、275页，图版六一。

② 洛阳市文物局编，朱亮主编、何留根副主编：《洛阳出土北魏墓志选编》正光三七，科学出版社，2001年，第75-76、308页，图版九四。

孝昌二年元瑛墓志：

> 魏故司空渤海郡开国公高猛夫人长乐长公主墓志铭
>
> 主讳瑛，高祖孝文皇帝之季女，世宗宣武皇帝之母妹……加以披图问史，好学罔倦，该柱下之妙说，覈七篇之幽旨，驰法轮于金陌，开灵光于宝树……春秋年三十有七，孝昌元年十二月七日薨于洛阳之寿安里。二宫摧恸，遐迩同伤，诏曰：高氏姑长乐长公主，四德早徽，柔仪播誉，方享遐颐，式昭闺范。奄至薨背，哀恸抽惋，不能自任。可赙杂綵八十匹、绢八百匹、布八百匹，给东园秘器蜡三百斤，可遣鸿胪监护丧事。以二年三月七日将合葬于司空文公之穴……[1]

根据志文，元瑛应该是信仰佛教的，但是其丧葬，无论是赗赙、监护丧事，还是与其夫高猛的合葬，均不能直接看出何处受到佛教的影响。

考古发现的唐代僧侣墓葬主要材料有西安东郊隋舍利墓等。西安东郊隋舍利墓位于西安市长乐路榆林地区驻西安办事处。长方形砖室墓，南北向，用20块长方砖组成，砖室南北长89、东西宽37、高36.4厘米。墓室内由南向北放置菩萨像1尊、米黄色瓷瓶1件、米黄色瓶口处置玻璃器1件、绿釉四耳瓷罐1件、灰陶罐2件。器物的左侧放置玉琮1件、玉猪1件。右侧酱褐色釉瓷瓶1件。1号灰陶罐高19厘米，内装舍利骨灰，罐的口部覆盖一铜盖，中间穿1小孔，2号陶罐内有谷物腐烂的痕迹。米黄色瓷瓶除了瓶口沿上的玻璃器1件外，瓶内还装有玻璃器、玛瑙器、水晶、玉石等器物。其中，玻璃器有玻璃彩珠10颗；玻璃棋子13颗，通体绿色；玻璃饰3颗，深蓝色，小如衬衫纽扣；枣核形玻璃饰1件。玛瑙类可能有棋子（？）13颗，另外还有未加工的玛瑙料块3块。水晶有饰物6颗，有的中间有穿孔。饰物1件，通体透明，棱角突出，中间有穿孔。水晶圆珠1颗，中有穿孔。紫水晶1颗。玉石器有玉髓珠2件，蛋白石2颗，绿松石3件，硬玉印章1枚，印面阴刻一“南”字。玉琮1件，四面磨光，高7、口径5.9厘米。玉猪1件、琥珀2件。金银饰物镶嵌宝石2件、银戒指2件。残菩萨石像1尊，头部缺失，项系璎珞，残高37、宽约15厘米。四耳瓷罐内出土铜钱304枚，多为隋五铢，还有3枚“常平五铢”[2]（图5-27）。

---

① 洛阳市文物局编，朱亮主编、何留根副主编：《洛阳出土北魏墓志选编》孝昌一三，科学出版社，2001年，第95、329页，图版一一五。

② 郑洪春：《西安东郊隋舍利墓清理简报》，《考古与文物》1988年第1期，第61-65页。

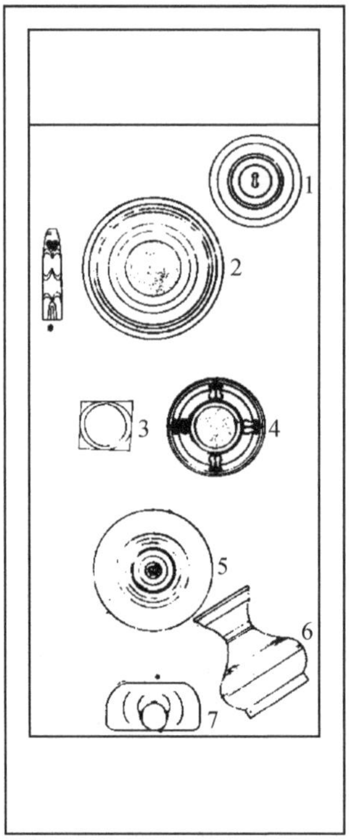

图5-27　隋舍利墓平面示意图
（采自《西安东郊隋舍利墓清理简报》图二，第62页）

该墓出土砖墓志1件，长35、宽27、厚4厘米。志文为墨书楷书，计11行，志文如下：

大隋开皇九年岁星在车井次皇龙入
大□十月□□□十一日　京师于兴
宁坊清禅寺主人德□□□□崇从八年
化四方弟子等出砖石聚运迄今
起基发自泉营筑安舍利佛骨
八粒并诸亡宝定□基下广渐造修
累积达数岁始成□□内大□社崇遂聘儒林
大夫□尤□□□□深可谓□□阿育王普
妙塔者哉□谷十月十一日雍城大兴县老界福化
盘内建立十级浮图
记①

① 郑洪春：《西安东郊隋舍利墓清理简报》，《考古与文物》1988年第1期，第65页。

根据志文可知，清禅寺主人德□□圆寂于隋文帝开皇九年（589年），同年的10月11日将舍利骨灰埋葬在大兴城兴宁坊清禅寺内。

洛阳唐神会和尚身塔塔基、江西瑞昌出佛具唐墓是典型的僧人墓葬。神会和尚身塔塔基位于龙门西山北麓，身塔之下为一石室，石室单室，平面呈正方形，用石板、石条垒砌而成，东壁石板刻有“身塔铭”，西壁石板刻有“南东头”等字，出土器物有铜净瓶、铜盒、铜长柄香炉、陶钵等。铜净瓶肩腹之间有葫芦形短流。铜盒为高柄塔式盖，长柄香炉的柄端有一蹲坐于莲花座上的狮子。神会和尚身塔铭刻于石室东壁上层石板内侧，塔铭记载神会和尚坐化于唐乾元元年（758年）五月十三日①。瑞昌发现的唐代佛具也是出土在唐墓中，出土的器物有鎏金青铜塔形顶盒子、鎏金青铜塔式镇柄香炉②。此外，还有宁波祖关山墓地，该墓地位于祖关山，因宋代四明佛祖坐关而逝而得名，简报提到北宋王安石的幼女、南宋魏王赵恺妃均埋葬于此。考古调查发现一些写有寺院名字的墓砖，如“延庆坟砖”“天宁坟砖”等，根据一些墓碑，可知一些僧人也曾埋葬于此。此次清理的13座墓葬中，有泥墙墓2座、砖室墓10座、土坑墓1座，其中M11有唐大中四年（850年）徐氏墓，其他一些为唐代中晚期、宋代，乃至明代的墓葬。简报根据清代的《四明谈助》文献记载，该地在唐大中三年前建有焚化院，其后改为崇法寺，应该是僧人及信佛的俗众的集中葬地③。

湖北随州义地岗唐墓，已被严重破坏，没有任何关于墓葬形制结构的报道，考古单位现场收集到几件青铜器，分别是青铜净瓶1件、青铜塔形顶盒1件及鎏金青铜长柄手炉1件。刊布材料者认为这批器物的年代为唐代，墓葬主人应为一位唐代僧人④（图5-28）。

朝阳养路费征稽处唐代尼大光明墓，编号为96CZM5，墓葬形制为平面呈舟形的单室砖墓，墓被盗扰，墓室北侧出土女性头骨，墓内出土鼓腹平底陶罐1件、墨书铭文砖1件。墨书铭文砖四面均磨光，墨书铭文为“大唐开元十六年四月十九日平卢军副使昌州刺史李辅翎第二妹尼大光明殡于此营州城南四里官道西壹佰叁拾步兄辅翎记”⑤。开元十六年为728年。

---

① 洛阳市文物工作队：《洛阳唐神会和尚身塔塔基清理》，《文物》1992年第3期，第64-67、75页，图版柒。

② 张翊华：《析江西瑞昌发现的唐代佛具》，《文物》1992年第3期，第68-70页。

③ 宁波市文物考古研究所：《浙江宁波市祖关山冢地的考古调查和发掘》，《考古》2001年第7期，第40-46页，图版伍、图版陆。

④ 项章：《随州义地岗出土唐代佛具》，《江汉考古》2015年第3期，第124-125页。

⑤ 寇玉峰、于俊玉：《辽宁朝阳养路费征稽处北魏唐代墓葬》，教育部人文社会科学重点研究基地吉林大学边疆考古研究中心编：《边疆考古研究（第3辑）》，科学出版社，2005年，第311-325页。

图5-28　唐代佛具
（采自《随州义地岗出土唐代佛具》图一、图四、图二，第124、125页）

文献中的记载，也可以让我们观察到僧人丧葬的情况，尤其是丧的过程记载得比较详细。如《入唐求法巡礼行记》卷第四“会昌三年”详细记载了圆仁弟子僧惟晓丧葬诸事①，是殊为难得的材料：

（七月廿五日）弟子惟晓从去年十二月一日病，至今年七月，都计八个月病。会昌三年当日本承和十年七月廿四日，夜二更尽身亡。

并下数牒，其中内容包括了死亡的告知、遗产的处理及请赐墓地等内容：

日本国僧圆仁弟子僧惟晓

右，弟子惟晓，久患疾病，以昨夜二更尽身亡。谨状报，伏请处分。牒件状如前。谨牒。

会昌三年七月廿五日

日本国僧圆仁牒

日本国僧圆仁弟子僧惟晓身亡

右，弟子僧惟晓房内，除缘身衣物外，更无钱物疋段斛斗等。如后有人糺告，称前件亡僧房内别有钱物等，师主僧圆仁及同学僧惟正请蒙科罪。谨具如前，伏请处分。牒件状如前，谨牒。

会昌三年七月廿五日

① ［日］释圆仁原著，白化文、李鼎霞、许德楠校注：《入唐求法巡礼行记校注》卷四，花山文艺出版社，2007年，第424-434页。

日本国僧圆仁谨牒

日本国僧圆仁弟子亡僧惟晓

右，弟子惟晓身亡，并无钱买地。伏乞三纲和尚慈悲，赐与一墓地埋殡。谨具如前，伏请处分。牒件状如前。谨牒。

会昌三年七月廿五日

日本国僧圆仁谨牒

纲维判与一墓地。

（七月）廿七日 殡葬于春明门外镇国寺东头资圣寺瓦窑北角地[①]。

（七月）廿九日 覆墓。同院惠见、僧宗信专勾当葬事。净土院僧怀安设送殡人供。送殡僧思辨、僧敬中、僧怀约、僧惠见、僧宗信。当寺内供养三教讲论大德知玄法师遣同学僧可从令送殡葬。送殡出城人，僧俗共计十余人。于墓殡前请七僧，称名十念咒愿。

（八月）十五日 修惟晓三七斋，此夜月蚀。

（八月）廿九日 五七斋。

九月十三日 七七日斋……

（十一月）三日 惟晓百日斋。

圆仁的弟子惟晓亡后，由于无钱买葬地，只好请求三纲和尚赐予葬地，最后惟晓埋葬在春明门外镇国寺东头的资圣寺瓦窑北角地；惟晓的丧葬事由同院的惠见、宗信负责；净土院的僧怀安设供；参与送殡的有僧思辨、僧敬中、僧怀约、僧惠见、僧宗信等；知玄法师派同学僧送殡，僧俗共计十余人参与送殡出城；在墓殡前请七僧，称名十念咒愿。十念咒愿，周一良先生在其《敦煌写本书仪中所见的唐代婚丧礼俗》一文中，曾提到敦煌伯2622号写本书仪中“三献讫，孝子再拜躃踊，抚棺号殒，内外俱哭。则令僧道四部众十念讫，升柩入圹”[②]。这应该是很明显的佛教对丧葬活动的影响。白化文等校注认为“称名十念咒愿”应该句读为“称名、十念、咒愿”，恐为“称名十念，咒愿回向”等语，乃十次念佛名“阿弥陀佛”，十念往生愿，这是《无

① 圆仁弟子僧惟晓葬地为春明门外镇国寺东头资圣寺瓦窑北角地，此地点应该是纲维判与的，值得注意的是，这一葬地可能是唐政府集中埋葬僧侣的一处墓地，在《东城老父传》中，东城老父贾昌的师傅僧运平寿尽，其舍利塔亦被奉于长安东门外镇国寺东偏，贾昌在其师墓塔种植了百株松柏，建造了小舍，并且居住在这里，每天朝夕焚香打扫，事师如生。详参李昉等编：《太平广记》卷四八五《东城老父传》，中华书局，1961年，第3992-3995页。

② 周一良：《敦煌写本书仪中所见的唐代婚丧礼俗》，《文物》1985年第7期，第24页。

量寿经》和《观无量寿经》中记载的人临终时念佛，将会见金莲花，亦得往生[①]。

唐玄奘的丧葬前后过程给我们留下了一份较翔实的唐代高僧的丧葬礼俗文献。《大慈恩寺三藏法师传》卷第十载：

（麟德元年）二月四日夜半，瞻病僧明藏禅师见有二人各长一丈许，共捧一白莲华如小车轮，华有三重，叶长尺余，光净可爱，将至法师前。擎华人云："师从无始以来所有损恼、有情、诸有恶业，因今小疾并得消殄，应生欣庆。"法师顾视，合掌良久……至五日夜半，弟子光等问云："和尚决定得生弥勒内众不？法师报云："得生。"言讫，气息渐微。少间神游，侍人不觉……又慈恩寺僧明慧业行精苦，初中后夜念诵经行，无时懈废，于法师亡夜夜半后，旋绕佛堂行道，见北方有白虹四道从北亘南贯井宿，直至慈恩塔院，皎洁分明，心怪所以。即念往昔如来灭度，有白虹十二道从西方直贯太微，于是大圣迁化。今有此相，将非玉华法师有无常事耶？天晓向众说其所见，众咸怪之。至九日旦，凶问至京，正符虹现之象，闻者嗟其感异。

……

法师病时……比至，法师已终，医药不及。时坊州刺史窦师伦奏法师已亡。帝闻之哀恸伤感，为之罢朝，数曰："朕失国宝矣！"时文武百僚莫不悲哽流涕，帝言已呜咽，悲不能胜。翌日，又谓群臣曰："惜哉！朕国内失奘法师一人，可谓释众梁摧矣，四生无导矣。亦何异苦海方舟，舟楫遽沉；暗室犹昏，灯炬斯掩！"帝言已，嗟惋不已。

至其月二十六日，下敕曰："窦师伦所奏玉华寺玄奘法师已亡，葬事所须并令官给。"至三月六日，又敕曰："玉华寺奘法师既亡，其翻经之事且停。已翻成者，准旧例官为钞写；自余未翻者，总付慈恩寺守掌，勿令损失。其奘师弟子及同翻经先非玉华寺僧者，宜放还本寺。"至三月十五日，又有敕："玉华寺故大德玄奘法师葬日，宜听京城僧尼造幢、盖送至墓所。"法师道茂德高，为明时痛惜，故于亡后重叠降恩，求之古人无比此也。

于是门人遵其遗命，以籧篨为舆，奉神柩还京，安置慈恩寺翻经堂内。弟子数百人哀号动地，京城道俗奔赴哭泣，日数百千。以四月十四日将葬浐东，都内僧尼及诸士庶共造殡送之仪，素盖幡幢、泥洹帐舆、金棺银椁、娑罗树等五百余事，布之街衢，连云接汉，悲笳凄惋，响匝穹宇，而京邑及诸

---

① ［日］释圆仁原著，白化文、李鼎霞、许德楠校注：《入唐求法巡礼行记校注》卷四，花山文艺出版社，2007年，第427-429页。

州五百里内送者百万余人。虽复丧事华整，而法师神柩仍在籧篨本舆。东市绢行用缯彩三千匹结作涅槃舆，兼以华佩庄严，极为殊妙，请安法师神柩。门徒等恐亏师素志，因止之。乃以法师三衣及国家所施百金之衲置以前行，籧篨舆次其后，观者莫不流泪哽塞。是日缁素宿于墓所者三万余人。

十五日旦，掩坎讫，即于墓所设无遮会而散。是时天地变色，鸟兽鸣哀，物感既然，则人悲可悉。皆言爱河尚淼，慈舟遽沉；永夜犹昏，慧灯光灭。攀峦之痛如亡眼目，不直比之山颓木坏而已。惜哉！

至总章二年四月八日，有敕徙葬法师于樊川北原，营建塔宇。盖以旧所密迩京郊，禁中多见，时伤圣虑，故改卜焉。至于迁殡之仪，门徒哀感，行侣悲恸，且彼如初。呜呼！①

玄奘的丧葬，首先朝廷为之“罢朝”，其次“下敕”，而且是多次下敕，敕令内容包括葬事所须官给，葬日宜听京城僧尼造幢、盖送至墓所。下面具体的丧葬事主要由其门人负责。以籧篨为舆，这就是与丧葬有关的葬具。安置在慈恩寺翻经堂内，这就是殡所。参与丧葬事的有弟子数百人，以及京城道俗，每天有数百千人。送葬队伍及仪仗的描写最为详细，即所谓的殡送之仪，包括素盖幢幡、泥洹帐舆、金棺银椁、娑罗树等五百余事，送殡者包括京邑及诸州五百里内的百万余人。送葬载具仍然为籧篨，但东市绢行作了华丽的涅槃舆。殡送队伍的前面是法师三衣及国家所施百衲，后面是籧篨载法师神柩。送殡之后宿于墓所的达到三万余人。墓所设无遮会，敕徙葬，迁殡之仪，墓所营建塔宇。反映了唐代高僧丧葬的完整过程及细节。

在敦煌北区现存248个石窟中，瘗窟有25个，用于埋葬故去的僧人骨灰、遗体、遗骨。莫高窟北区瘗窟年代最早的为隋末唐初，其次有初唐、盛唐时期，晚的可到西夏和元代。瘗窟的成片分布，时代相同或不同的瘗窟分布于北区崖面的不同段不同层，表明莫高窟瘗窟开凿是有计划进行的。专门为瘗埋死者而开凿的瘗窟规模一般较小，后室平面呈方形或长方形，有棺床。瘗窟中死者遗体的处理方式有火葬，有火葬后塔葬，有土葬、棺葬。有单人葬、二人葬、多人葬等。瘗窟中的随葬器物有波斯银币等钱币，有木雕彩绘俑、陶器、木牌、丝棉织物、剪纸、文书、衣物疏等，一些随葬器物与敦煌本地俗人墓中随葬品几乎完全一致②。

于阗语《无垢净光大陀罗尼经》写卷，原来应该是作为随葬品随葬于于阗瞿摩帝寺一位高僧的舍利墓葬，可惜不是考古发掘出土的。该写卷制作年代推测在8世纪初或

① （唐）慧立、彦悰著，孙毓棠、谢方点校：《大慈恩寺三藏法师传》卷第十，中华书局，2000年，第221-227页。

② 彭金章：《有关敦煌莫高窟北区瘗窟的几个问题》，胡素馨主编：《佛教物质文化：寺院财富与世俗供养国际学术研讨会论文集》，上海书画出版社，2003年，第363-379页。

者中期[1]。现据段晴经文汉译，移录如下：

> 如是我闻：一时天尊佛逗留在迦毗罗国，住迦毗罗僧伽园……那时，于此众中，有一位名劫比罗战茶的大婆罗门长老曾待在那里……如此对这个婆罗门语言道："这个名劫比罗战茶的婆罗门将于第七日死去。"当那婆罗门听了这番话，听了那语言之后，他怖畏惊惧，愁恼不堪。于是他这样思惟："有何办法？谁能救助？谁当是归依？"……为此缘故，他来到了众人处，即释迦牟尼天尊佛说法处……释迦牟尼天尊佛在此大众之中央……他这样说："此婆罗门劫比罗战茶将于第七日死亡……他将转生在阿鼻地狱。他将次第转生于六大地狱处。当他从那儿命终，又转生于猪处……还有众多苦难，在未来的轮回中，他将遭受。"当婆罗门劫比罗战茶……非常害怕……来到天尊佛处，并且这样说："啊，您啊……请救我脱离个种必然的如此毒犷悷的地狱苦、恶趣苦吧！"于是释迦牟尼天尊佛对婆罗门劫比罗战茶说，他如是说："婆罗门，你现在去迦毗罗园！此国的中央集市处，有为莲花幢天尊佛舍利而竖立的古佛塔。你要修葺它。在其上造相轮樑，或者立幢。然后抄写此《大咒法王》，把它置于相轮樑的中央。凡是将此《大咒法》书写七十七遍者，你要供养这些抄写者。应背诵此咒法，婆罗门啊，寿命将转回。然后你将得长寿，全凭此咒法之威力。当你从此世离去，将转而生在极乐世界，历经百千劫而在那享受极乐……当你随后从那地方寿终，将再度历百千劫而于兜率天神处享受极乐……若有众生长久罹患重病在身……此人应修葺古旧的佛塔，或者仿制新塔，或者镶上宝石，或者书写此《咒法王》，供奉此曼荼罗……一切重病皆得除愈，永离生于一切地狱恶趣畜生趣。"……于是天尊佛如此说道："除一切盖障菩萨，有陀罗尼法场，名曰'无垢光清净，一切如来为起死回生而设立之印'，以及大密咒的仪轨。只要听到此一密咒，并有此陀罗尼印……若是命短，得延长寿命。以此一切吉祥事皆得成就。"[2]

该经咒文提到死后可能要入地狱，而且会遭受很多苦难，如何才能避免呢？释迦牟尼天尊佛也指出了避免死后入地狱遭受苦难的办法，也就是要进行与佛教有关的善事，如修葺佛塔，或者造佛塔，立经幢；或者抄写《大咒法王》，将抄写的经文置于塔的相轮樑中；或者诵读咒法。这样就会延长寿命，除愈重病，永离地狱

---

① 段晴：《于阗语无垢净光大陀罗尼经》，中西书局，2019年。

② 段晴：《于阗语无垢净光大陀罗尼经》之《转写及汉译》，中西书局，2019年，第2-11页。

恶趣，转而生极乐世界。在经咒文中，天尊佛明确无论是族姓子、族姓女，还是比丘、比丘尼、优婆塞、优婆尼，只要按此方法，均能奏效。后面还提到了“无论是谁，若此陀罗尼及吉咒入其耳中，或者其足踏入此佛塔的影子之上，或者手触摸到那佛塔，一切宿障重罪皆得消除。刀枪不能加害其身，不因中毒而死亡，不溺亡，不亡于火中，无人能将幻术作用于他，无人能将咒诅伤害到他。雷电不能触及其身。他得到一切诸佛的加持，受一切诸佛的庇护，得到一切护神的守护”[①]。这些内容其实就涉及此《无垢净光大陀罗尼经》与非正常死亡等的关系，如果按其方法，也就能够避免非正常死亡。经文的最后交代了该《咒法王经》是为瞿摩帝寺法师Jī yänanä而书写。

僧人丧葬中的一些重要特征，为我们从俗众丧葬中辨认佛教因素提供了基础。同时，僧人还撰写了一些关于处理丧葬事宜的方诀，其中内容全方位地体现出佛教对丧葬礼俗的影响。如唐义净所译《佛说无常经》之《临终方诀》：

> 若见有人将欲命终，身心苦痛，应起慈心，拔济饶益，教使香汤澡浴清净，诸新净衣，安详而坐，正念思惟……当病者前，取一净处，唯用牛粪香泥涂地，随心大小。方角为坛，以华布地，烧众名香，四角燃灯。于其坛内，悬一綵像，令彼病人，心心相续，观其香好……唯佛菩提，是真归仗，以归依故，必生十方诸佛刹土……问病者言“汝今乐生何佛土也？”病者答言：“我意乐生某佛世界。”……令病者心乐生佛土……若病人有困不能言者，余人代受，及忏悔等……然彼病人命渐欲终，即见化佛及菩萨众，持妙香花来迎行者。行者见时，便生欢喜，身不苦痛……寻即命终，必不退坠地狱傍生饿鬼之苦……当取亡者新好衣服及以随身受用之物，可分三分。为其亡者，将施佛陀达磨僧伽，由斯亡者业障转尽……为其亡者读无常经，孝子止哀。……为彼亡者，烧香散花，供养高座……或安书窣堵坡中，或以火焚……一切业报等障，一时消灭。[②]

义净所谓《临终方诀》，其施行对象没有明言，只谓“有人将欲命终”，应该适用于佛教信众，那么此《临终方诀》当是佛教僧人参与丧葬礼俗的操作手册了。内容包括香汤澡浴、烧香、燃灯，设坛悬像，以及与病人之间的临终交流。关于死者的财产也有施舍安排，为死者烧香散花，供养高座，实行塔葬或者火葬。这些临终措施，最终

---

① 段晴：《于阗语无垢净光大陀罗尼经》之《转写及汉译》，中西书局，2019年，第65页。

② （唐）义净译：《佛说无常经》之《临终方诀》，《大正藏》第十七卷《经集部四》，No.801，第746页中栏至747页上栏。

目的是使死者能够消除一切罪障，不致坠入地狱饿鬼之道，命终时有化佛及菩萨，持妙香花来迎，从而能够往生佛土。

当佛教僧人著译出与临终操作有关的要诀时，佛教对丧葬礼俗的参与，已经是一种常态了。

第六章　五代十国丧葬礼俗中的佛教因素

第一节　唐代佛教因素的延续

陵墓寺院、儒道“混合”、佛像俑、塔式罐等构成了五代十国时期延续传统佛教因素的表现。具体如下。

后晋高祖石敬瑭显陵位于今宜阳县城北，现存封土呈覆斗形，前有神道，神道旁有石像生9对和望柱2件，封土的东边，有一名为“邱灵寺”的寺院，传为石敬瑭灵舆停放之处，1966年曾发现宋真宗景德年间所立石碑1通[①]。

前蜀王建永陵位于成都老西门外，一般所指的司马相如的琴台。该墓有与佛教有关的材料，其一就是文献记载的王建永陵有二石幢，还有永庆院或许也与佛教有关[②]。其二就是棺床侧面雕刻的伎乐人像，以及棺床东西两侧列置的十二神[③]（图6-1）。十二神材料的宗教属性是有较大争议的，有研究认为这些材料与佛教有关，其目的是帮助墓主往生净土，较近期的就是郑以墨发表的论文[④]，由于该墓其他材料佛教因素特征并不明显，对于力士抬棺的佛教性质证明并不十分有力，但是综合石幢及永庆院佛寺，以及石窟寺壁画中涅槃图像中的力士抬棺，笔者倾向于力士抬棺的佛教性质。

前蜀魏王王宗侃夫妇墓可见丧葬活动中的法事，这一点和刘华的丧葬有相似之处。该墓为多室砖墓，毁坏严重。墓中出土陶质狮子1件，残甚，前肢直立、后肢弯曲，胸部系有铃，背部有卷毛。同时还出土石座1件，为红砂石质地，整体呈下大上小，圆台状，周围凿制三层覆莲，顶部磨光。顶径35.2、底径56、高19.2厘米。夫人墓志1合，志盖四刹刻四朵莲花，志文多透露出其信仰佛教：

---

① 孙新民：《五代十国帝王陵墓制度述略》，邓聪、陈星灿主编：《桃李成蹊集——庆祝安志敏先生八十寿辰》，香港中文大学中国考古艺术研究中心，2004年，第403-410页。

② 陆游《剑南诗稿》卷八，转引自冯汉骥撰：《前蜀王建墓发掘报告》壹《永陵的发现及发掘》注5，文物出版社，1964年，第1-2页。

③ 冯汉骥：《前蜀王建墓发掘报告》，文物出版社，1964年，第26-42页。

④ 郑以墨：《往生净土——前蜀王建墓棺床雕刻于十二半身像研究》，《四川文物》2012年第6期，第50-63页。

图6-1　王建墓棺床十二神（西二、西三）
（采自《前蜀王建墓发掘报告》图三九，第39页）

大蜀故秦国夫人追封明德夫人清河张氏内志铭并序

门吏朝议郎前守尚书水部员外郎柱国赐紫金鱼袋周萼撰

述夫为　元臣之　伉俪贵己□于搢绅冠命妇之班行……国夫人姓张氏，远祖源同轩后……笄年归于　我琅琊公魏王……国夫人□由觉路，早悟玄机，敬奉金仙……以乾德四年六月廿四日寝疾，薨于成都府成□县净德坊龙池里之私第，享年六十四……太后几宣教令屡敕□□梵夹将佛像负来……国夫人及薨逝之时，又哀毁过礼，寻□专焚檀炷，虔写竺书……以乾德五年二月廿五日，安厝于成都府成都县文学乡成均里之南原，礼也……

据志文，张氏早就信仰佛教，所谓“早悟玄机，敬奉金仙”，其去世时，皇太后参与其丧葬事宜，可能送佛像为其祈福，张氏次男承肇在张氏死后应该进行了一些佛教法事，或者祈福的活动，如“专焚檀炷，虔写竺书”等①。

福庆长公主墓与后蜀孟知祥墓位于成都市北郊磨盘山南麓，墓葬由墓道、甬道、墓室及左右耳室组成，青石砌成。墓道由阶梯组成，墓门为牌楼式建筑，彩枋四柱，柱上刻有青龙、白虎，手执剑斧、身披铠甲的守门卫士分列左右。主室内为横陈棺

① 成都文物考古研究所、龙泉驿区文物保护管理所：《成都市龙泉驿五代前蜀王宗侃夫妇墓》，《考古》2011年第6期，第33-44页。

台，须弥座，底座绕以覆莲一周，前后各有力士5人，力士均裸身卷发。棺台的中层四方各凿有数个长方形孔，应该是作为插罩棺的锦帐柱用。棺台中层的四角各有一力士，身披铠甲，做跪地负棺状。棺台上层四周刻有双龙戏珠浮雕，其上绕以仰莲一周。棺台的前方右侧有福庆长公主墓志铭一盒，左侧放置孟知祥玉册，其中残见文字有“明德元年……”“大行皇帝……”“和陵，礼也……”等①。福庆长公主墓志铭中记载有：

> 福庆长公主李氏，即后唐太祖武皇帝之长女，光圣神闵孝皇帝庙号庄宗之长姊，母曰贞简皇后……长兴三年正月十三日长公主享年六十，薨于正寝，殓于咸宜之堂，礼也……我公乃制崇庐杖，馔徹膏粱，轩悬顿止于笙镛，帏弈不施于组繍。于是法惟辩贵，礼重送终，虔祝蓍龟，卜安陵兆。考青乌之妙术，询金马之名岗，长亭追控于牛头，列宿上分于鹑首……逶迤无异于莲宫，偃蹇还同于梵宇……②

长兴为五代后唐明宗年号，长兴三年即932年。福庆长公主墓志铭详细记载了其丧葬礼俗的情况。薨于正寝，殓于咸宜之堂。然后，制崇庐杖，应该是祭祀或者守丧的庐屋、丧杖，准备了祭祀用的“馔徹膏粱”，丧乐也准备了“笙镛”，一些丧葬用搭建的帏帐等，也是使用了简单的没有装饰的粗布。对葬地也进行了龟筮占卜，用“青乌之妙术”和“金马之名岗”寻找埋葬地点，简言之就是寻找埋葬的风水宝地。志文中“逶迤无异于莲宫，偃蹇还同于梵宇”，或许反映出整个地下世界希望营建成一个与莲宫梵宇相似的地方。

张虔钊墓为大型券拱砖室墓，分为前、中、后三室，左右分布对称耳室和龛室。中室设置有棺床，作须弥座式。床身四周有十六个长方形柱子，均刻有力士像，叉腰做托棺状，力士均披头卷发、锁眉、大嘴、鼓眼、赤足。柱子之间有壶门，计十六方，刻有马、狮、獬豸、鹿、麒麟、马等。棺床前端放置青石制成的石缸1件，棺床西侧足下发现有形如三尖瓣石榴花状的铜铃3件。前室正中出土有墓志一盒，前室中部平放买地券1方③。张虔钊墓志铭中记载有：

> 公讳虔钊，字化机……广政十一年二月十三日薨于兴州之公馆，享年

① 成都市文物管理处：《后蜀孟知祥墓与福庆长公主墓志铭》，《文物》1982年第3期，第15-20页。

② 周阿根：《五代墓志汇考》之八七，黄山书社，2012年，第227-231页。

③ 成都市文物管理处：《成都市东郊后蜀张虔钊墓》，《文物》1982年第3期，第21-27页，图版壹。

> 六十有六。乃归山南僧舍，备殡殓之具。□章至阙，上为惨然，抆涕经旬，辍朝三日。颁宣赙赗，常数有加。都尉少卿匡弼供奉□□车一行，元从将校扶护来归。以不入都城，权窆光夏门外亭台之内也。皇上念切元臣，特加异礼，降使赠太子太师，赐谥温穆。以其年九月十五日备本官仪□葬于国之东郊华阳县普安乡白土里高原，礼也。[①]

张虔钊卒于广政十一年，即948年。墓志志文可见其薨于兴州公馆，归于山南僧舍，应该是其权殡于僧舍，然后准备殡殓之具，推测其入殓也应该是在山南僧舍进行的。后蜀在安排张虔钊的丧葬诸事时，辍朝三日，而且有赗赙，护丧来归，且有赠赐。

五代李茂贞夫妇墓位于陕西宝鸡市，其中编号为M1的为李茂贞妻晋故贤德太夫人墓，M2为大唐秦王忠敬墓，也就是李茂贞墓[②]。两墓的正南方有神道，宽12米，两侧各有石造像一排，面向神道。西侧现存石造像14尊（组），其中武官3、文官2、马与控马官2（组）、虎3、羊3、华表1等；东侧现存造像7尊（组），计有文官1、武官1、羊2、马与控马官2（组）、华表1。其中华表由宝顶、柱身、底座三部分雕凿组合而成，八棱柱身，柱顶以榫卯与浮雕束腰仰莲座相接，莲花正中上接葫芦形宝珠，柱身三面还可见缠枝花卉图案；底座呈方形，上覆圆形素面覆盆。此外，在神道位置附近还发现石狮和文官俑。

M2由封土、墓道、端门、庭院、墓门、甬道、前室、后甬道及后室等部分组成。墓葬后室的顶部有砖铺平面，其中有七处未铺砖，报告认为这七处连成线，让人联想到北斗七星，结合以往唐代陵墓的后室顶部有描绘天象图，故而推测此铺砖缺失部分形成的星宿，也是表示的天象。墓道为长斜坡墓道，墓道顶部堆放有很多较大的石条，墓道填土中，出土有瓦当、陶质兽面饰、鸱吻等建筑构件。端门是一砖砌仿木结构建筑，端门的第三层正中为四柱三开间的建筑，正中为大门，两侧有直棂窗，在东西两斜面的墙壁上分布东西厢，有门，门间均有一侍女俏立，门处于微启状态（图6-2）。从端门门墙向北即进入庭院，整体呈长方形，装饰有2人抬轿子、8人抬轿子图、汉人牵马图等。轿子图中的轿子为黑色八脊角上翘的盝顶，顶部饰硕大的仰莲花一朵，莲花上托宝珠。端门西厢的顶端有乘凤驾鹤西游图，整体图案以一驾凤的妇人为中心，前面有两位乘鹤的仙人，居中心的妇人双手持笏，前方导引者，乘鹤，双手于胸前抱举宝伞一柄。甬道前有石门，素面。前室两侧有耳室，后甬道两侧也有小龛，甬道东西壁的两龛之间，镶砌有高浮雕重彩伎乐砖雕，东壁自南而北有舞蹈者、抱拍板者、击正鼓者、拍毛员鼓者、击鸡婁鼓者、擂大鼓者、操笛者、乐舞指挥者

---

① 周阿根：《五代墓志汇考》一六二《张虔钊墓志》，黄山书社，2012年，第442-446页。

② 宝鸡市考古研究所编著：《五代李茂贞夫妇墓》，科学出版社，2008年。

等；西壁自南而北有舞蹈者、拍板者、弹琵琶者、击羯鼓者、敲磬者、吹笙者、吹箫者、乐舞指挥者等。后室由砌成八面体的穹隆顶主室，以及东西北耳室及耳室内的小龛组成。后室壁画可见北壁右侧的侍女图、后室西南壁的花草图，此外，后室东耳室口外南北壁上各有一侍者图。

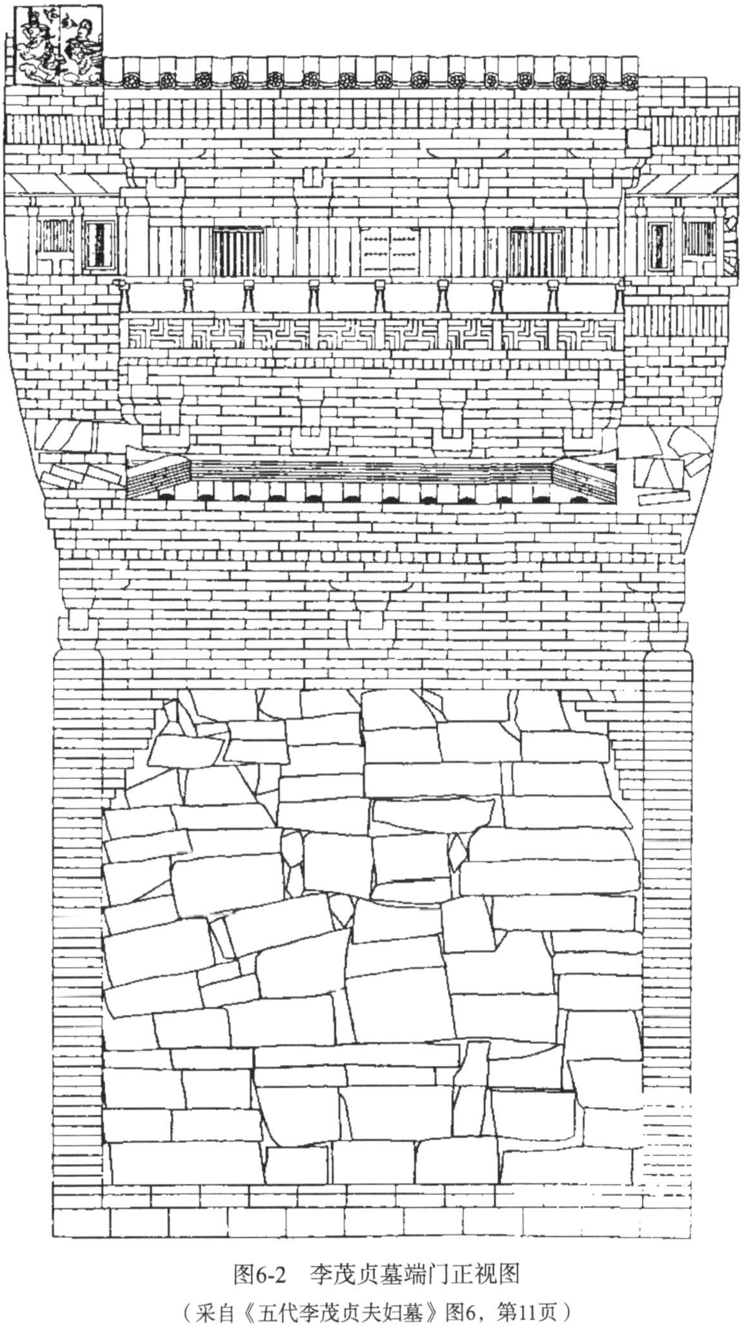

图6-2　李茂贞墓端门正视图

（采自《五代李茂贞夫妇墓》图6，第11页）

出土器物中与佛教有关的有陶经幢、塔式高柄仰莲杯、塔式罐、佛像等。陶经幢1件，残片，出土于墓道，表面磨光，上面阴刻文字："天乐黄/极乐国/□出和。"塔式高柄仰莲杯，共7件，均出土于前室，直壁的碑身，子母口，上为塔式盖，塔尖呈葫芦形，杯身下承双层仰莲花瓣托座，竹节形细高柄，高者可达36.4厘米，器表施以白彩，局部可见浅红色条纹。笔者以为这些仰莲杯其实均为一些小塔。塔式罐1件也出土在前室，球形鼓腹，颈部有相对可穿的两圆孔，肩部以下墨线勾勒大团花，肩部用墨线勾画六只蜜蜂，塔式盖，葫芦形塔刹，下垂圆形塔顶的四弧形脊，圆柱形塔体，下有单层仰莲塔座，盖上有涂彩，罐高47厘米。佛像1件，泥质灰陶质地，缺头部，身着宽袖左衽长袍，双手施禅定印，双腿结跏趺坐，残高10厘米。前室还出土了44件铜铃颇值得注意。另外，在墓道中部原开口地面出土了一件造像石，八棱柱状体，侧面的八棱柱面上，雕有莲花瓣形龛，龛内高浮雕有供养人、侍女、护法金刚等。其中，供养人龛有两个，龛内造像均为一主二仆；侍女龛也有两个，龛内造像均为一侍女立像，侍女头挽高髻，右手持一长柄物，报告怀疑是如意，身后飘带当风，甚显飘逸；另有四龛内高浮雕护法金刚，身披甲胄，或单手持剑，或双手按剑，飘带绕身，动感较强。李茂贞夫人墓中还出土有石函一件，长方形箱体，盝顶盖，盖顶线刻牡丹花，四角及周边也饰以牡丹花纹和祥云，石函中放置铁板一块。墓志一合，方形盝顶志盖，正面篆书"晋故秦国贤德太夫人墓志铭"，四面线刻变体牡丹，四角线刻十字团花，盖四杀线刻四神图像，志石的四侧面线刻十二神像，神像均戴高冠，着宽袖长袍，持笏站立，每侧面线刻三神像，神像的冠顶均刻十二属相，以顺时针顺序排列。根据墓志志文，李茂贞夫人刘氏，于天福八年"体亡宿疾，几杖未尝御，针石无所施。忽一日，坟修退居，恍惚思寐，状如熟寝，奄然而终"，天福八年即943年。志文还提到夫人"依奉能仁之教，诵持大乘之文"，明确指出其对佛教的信仰。墓道中部原开口地面出土造像石，墓道中出土了经幢残片，说明刘氏墓前地面，原应有与佛教有关的遗存，墓室中出土的佛像（未注明具体出土位置），以及出土了7件仰莲杯（笔者认为应为塔），似乎说明前室可能存在一个礼佛的空间，或者法事实施的仪式场景布置（图6-3）。

李茂贞墓编号为M2，位于M1（夫人刘氏）墓东北20米，两座墓葬平行排列，李茂贞墓现存覆斗形封土，由墓道、封门、甬道及墓室等组成，为一座长斜坡墓道的单石室墓。墓室各壁及顶部残存白灰墙皮，上面残存颜料或墨线，基本认定为该墓墓室原绘有壁画。在墓道中部和墓葬开口地面地层中出土陶经幢残片，可见八棱柱状，上面有文字，如"生死世/安乐于现身中/经典难可得闻/为有诸佛/□摄受""会/皆已究竟/幢幡众彩/巧妙□一□"等。塔式盖2件，出土于墓室，竹节状葫芦形塔刹；莲花形罐1件，出土于墓室，罐腹的外壁贴附双层仰莲花瓣。墓室内出土铁牛1件、铁猪1件。墓道近北端西面第2层出土护法金刚石座1件，应该为经幢的一部分，侧面高浮雕一护法

图6-3　五代李茂贞墓遗存示意
（采自《五代李茂贞夫妇墓》图68、图110、图73、图74，第64、101、69、70页）

金刚，披甲胄，绕飘带，手持宝剑、战斧、弓矢、金刚杵等兵器。经幢1件，出土于墓道，八棱石柱身，五面上阴刻梵文、汉文双体经文。莲花石座1件，也出土于墓道，圆形，上底面正中有圆形卯孔，高浮雕双层错缝仰莲花瓣。甬道中部出土墓志一合，志盖顶线刻牡丹花纹，四杀线刻四神图像，志石四侧面线刻十二神像，每面三神像，均着宽袖长袍，持笏站立。志文首行题“大唐秦王谥曰忠敬墓志铭并序”。根据墓志志文，知墓主为李茂贞，字正臣，同光二年薨于凤翔府私第，三年迁葬于宝鸡县陈仓里，归附于先考大茔。同光三年即925年。

尽管李茂贞墓志中没有任何其与佛教关联的记述，但是历史文献中，李茂贞却是一名虔诚的佛教徒。如《大唐秦王重修法门寺塔庙记》所记，大致可以看出李茂贞对佛教的虔诚。移录如下：

> 竭力邦家，推诚君父，身先万旅……天复元年，施相轮塔心樘柱方一条。天复十二年，以旧寺主宝真大师赐紫砂门筠……爰命大师绕塔修复阶舍二十八间。至十三年，迄契至诚，果谐元感，迅雷骤起……化成金像。移山拔海，未足称奇。圣力神功，咸惊不测。天复十四年，□□□□□□□□□□□□十八间及两□□□□天王两铺，及塑四十二尊贤圣

> 菩萨，及画西天二十□祖，兼题传记法，及诸功德，皆彩绘毕。天复十七年，□□□□□□并铸造八所铜炉，塔内外塑画功德八龙王。天复十九年至二十年，盖造护蓝墙舍四百余间，及甃塔庭两廊讲□□□及□□□阶。天复十九年、二十年四月八日遣功德使特进守左卫上将军柱国陇西县开国伯食邑七百户李继潜……施梵筴《金刚经》一万卷。盖自王昼夜精勤，躬亲缮葺。不坠祇园之教，普传贝叶之文。塔前俵施，十方僧众受持，兼香油蜡烛，相续路歧。至天复二十年庚辰，至壬午岁，修塔上层琉璃筒瓦，穷华极丽，尽妙罄能……天祐十九年……玉册官孙福镌字、承旨王仁恭书。①

捐施佛经，在塔前俵施，同时还对塔进行维修，由此可见李茂贞崇佛，这也是与墓葬出土的与佛教有关的遗存相一致的。与李茂贞墓出土佛像类似的材料还有扬州的一座五代晚期墓，该墓为土坑竖穴式木棺墓，出土器物有金佛像1件、金耳坠2件、银簪1件等，墓主或为女性。其中金佛像为一佛端坐于仰覆莲座上，结跏趺坐，后为尖拱形背屏，器身周边有细小的穿孔，当为缝缀之用②。

晚唐钱宽夫妇墓即钱宽和其夫人水邱氏墓，位于临安锦城街道西墅村，上有封土，前有水塘，两墓埋于同一封土之下。钱宽墓（临M23）为船形多耳室券顶砖室墓。前室呈方形，近甬道处略偏前室西南摆放有石灯台，前室两侧壁各有一对称的耳室。后室平面呈长方形，东西两侧壁对称设有耳室和壁龛各两个，后壁有大小不同的壁龛4个，后室中间砌有棺床。前后室均施有彩绘，前室耳室之上各绘有盆花，形似牡丹，前室穹隆顶顶部是圆形的彩色图案，三重同心圆，中心小圆内为18个金色小圆点，小圆与中间圆圈之间为交叉套叠的八角形图案；后室的彩绘围绕耳室和壁龛的门框，绘制花卉，后室的顶部绘有天文图。后室顶部天文图为二十八宿和北斗，星用圆形金箔贴成，在西方昴、毕两宿之间，画着一轮青白色的月亮，在东方心宿三星的下面画着一轮红日。墓内出土墓志一合，根据志文可知墓主为钱宽，乾宁二年（895年）薨，葬于光化三年（900年）③。

水邱氏墓位于钱宽墓东6米，保存完整，为船形多耳室券顶砖室墓。前室平面呈长方形，东西两侧壁正中设有一耳室，前室穹隆顶中心稍偏西处有一个八边形暗窗，前室的正中竖立一件莲花形石灯台，高达67厘米，莲花形石灯台上置一件青瓷褐彩云纹油灯。后面平面略呈船形，东西两侧壁各设耳室2个、壸门5个、壁龛1个，后壁下设

---

① 宝鸡市考古研究所编著：《五代李茂贞夫妇墓》附录七《大唐秦王重修法门寺塔庙记》，科学出版社，2008年，第197-198页。

② 李则斌：《扬州城东路出土五代金佛像》，《文物》1999年第2期，第80页，封底。

③ 浙江省文物考古研究所、浙江省博物馆、杭州市文物考古研究所、临安市文物馆编著：《晚唐钱宽夫妇墓》，文物出版社，2012年。

壶门2个，上设壁龛4个。后室顶部最高处的正中，设有一个八边形暗窗，窗内置铜镜1面，暗窗周围绘出红绿两色的重瓣莲花。水邱氏墓后室中部设有砖砌棺床，后室的十二个壶门内，清理时仅见碎金箔，有的壶门内还有朽木残存，报告推测这些壶门内可能放有涂金的木雕十二生辰俑，东西两侧壁壁龛内发现大量金箔，金箔上附有黑色漆皮，报告推测原先有可能放置涂金佛像。后室出土了不少漆木棍，推测是棺外所设帐幔的遗存。墓室内还发现5颗莲子。水邱氏墓在甬道、过道、前室顶部、后室东西两壁和后壁龛内与两边均施有彩绘。甬道内绘云气纹，过道绘出连枝花卉，前室顶部的八边形暗窗周围饰有大红幡形彩绘，后室顶部绘天文图一幅。后室顶部天文图内容为二十八宿和北斗，墓顶偏南暗窗内，置铜镜一面，周围绘重瓣莲花，星图的东南方绘一轮红日。墓内出土器物有青瓷褐彩云纹熏炉、银盖罐、银葵口碟等器物，其中银葵口碟内底中心錾刻一童子，颈戴项圈，双手捧一圆形托盘，跪坐于莲花座的中央。银盖罐的腹部是一组舞乐杂要图，其中人物站立在莲花座上。墓内出土墓志一合，知墓主为钱宽夫人、钱镠之母水邱氏，天复元年（901年）卒。

闽国王审知夫妇墓位于福州市北郊莲花峰南麓，东西并列双冢，东墓室安葬的是闽王王审知，西墓葬安葬的是王审知之妻梁魏国尚贤夫人任氏[①]。整个陵墓前方后圆，墓前神道两侧有文武石翁仲各2对，石羊、石虎、石狮各1对。墓葬被盗严重，出土了一些玻璃器、铁棺钉、青瓷莲瓣纹碗等。墓内出土王审知墓志一合、任氏墓志一方。墓内未发现有与佛教有关的遗存，但是王审知的墓志志文却提到其崇信佛教的一些内容：“同光三年春……升福州为大都督府。别署官员，以宠其忠孝谦明者矣。且文武宏谋，释道玄理，应机剖判，动合古人……释教乃早悟苦空，广开檀施，见三十三天之要路，弘八万四千之法门。集海内缁黄，启祇园斋忏，佛庙遍廓，雁塔干宵，钟梵之音，远近相接，人天之果，修设无时。老氏乃扣谷神之真寂……同光三年十二月十二日，薨于威武军之使宅……”

刘华墓中出土了僧人俑、道人俑，显示出佛道的“混合”，而且这些俑的出现也属于唐代旧有的佛教因素的延续[②]。刘华墓位于福州市郊莲花峰下，墓主刘华乃南汉南平王次女，封燕国明惠夫人，闽国第三主王延钧夫人，后唐长兴元年（930年）卒。该墓依山而建，形成多个台地，上窄下宽，前方后圆，两个墓室并列，其中左侧的为刘华墓室，分为前后两室，前室平面近方形，后室平面呈长方形。墓内出土陶俑较多，有女俑、男俑、鬼神俑、人首兽身俑等，其中还有戴道士帽抱拳俑（简报语）、戴僧帽执物俑（简报语）、戴风帽扶杖老人俑。戴僧帽执物俑背后刻有“四”字，简报认

---

① 福建省博物馆、福州市文物管理委员会：《唐末五代闽王王审知夫妇墓清理简报》，《文物》1991年第5期，第1-10页，图版壹。

② 福建省博物馆：《五代闽国刘华墓发掘报告》，《文物》1975年第1期，第62-73、78页。

为扶杖老人俑可能是佛教中的人物。出土孤魂台1座，底座呈八角形，刻覆莲，中间承托的为八角形柱，上置仰莲圆台，出土于前室；另外还有覆莲座3件，也是出土于前室。墓中出土刘华墓志，志文中有与佛教有关的文字，如下：

> 夫人讳华，字德秀，其先世居彭城……今燕国明惠夫人，即故南平王之仲女……佛典常观，仙书亦览……年二十有二，适于琅琊王氏闽王……闺门共仰，内外咸称……霜露不留，英华倏萃。享年三十有四，长兴元年龙集庚寅春三月寝疾，至五月一日终于府宅之皇堂……夫人寝疾至辰，闽王搜访良医，煎调至药，或清宵辍寝，或白昼停餐……其次莲宫杳观，鱼梵洪钟，焚修之会联翩，课诵之声响亮……爰令彩绘之工，重写平生之貌……而又散以缣缯，分于乳药，还夫人未亡前弘愿，度夫人已亡后真僧，是何恩爱之情，始终之义，若此者也！……以其年八月七日卜葬于闽县灵山乡宁棋里杨坑原，礼也……①

根据志文，可知刘华在嫁给王延钧为妻前，即已崇信佛教，同时也信仰道教，所谓佛道兼崇。刘华寝疾之际，闽王进行了一些活动，其中就包括佛事，如焚修和课诵。刘华亡后，闽王也做了与佛教有关的法事，以便为刘华荐福，其中就包括赠予缣缯和乳药，其中一些有可能给寺院，另外还完成刘华的弘愿，即度僧。这些活动与刘华墓中出现的莲花燃灯台（孤魂台）、戴僧帽俑等均相互关联。刘华信道也有墓中道教相关俑可证。此外，刘华简报还提到闽国在莲花峰山南麓建有莲花和永兴两座佛寺，同时立八个僧人守冢。这些均与刘华墓志记载吻合。

五代王处直墓位于河北曲阳县西燕川村，墓葬由墓道、墓门、甬道和墓室等部分组成，用青石砌成。墓室有前后室，前室平面呈长方形，两侧各有一个耳室，前室四壁上分布有壁龛14个，龛内镶嵌汉白玉生肖及人像浮雕，残存8个。前室拱顶上置横铁条，上有铁钩，铁钩下面有3根铁条，铁条下端吊一面铜镜。前室四壁及顶部满绘壁画，顶部绘天象图，南北壁上绘有部分星象。墓顶天象图绘有日月星辰和银河，东部绘有太阳，内画三足乌；西部绘一月亮，内画蟾蜍，中间偏南用白粉画有东西向弯曲的银河，周边二十八宿呈椭圆形分布。南壁墓门两侧绘男侍及云鹤，东西两壁绘云鹤和花鸟，北壁绘山水和花卉。后室平面呈长方形，墓室壁顶交接处插入了8个铁钉环，每壁两个，这些对应的铁钉环应该是垂挂幔帐用的。后室砖砌有棺床，棺床侧边有浮雕，棺床中央有一近方形腰坑。后室的东部有奉侍浮雕，西部为散乐浮雕。墓内出土

① 周阿根：《五代墓志汇考》七八《王延钧妻刘华墓志》，黄山书社，2012年，第205-209页。感谢暨南大学崔世平先生提供相关资料！

墓志一合，盝顶形志盖，四斜面浮雕彩绘四神，根据志文，可知墓主为大唐故兴国推忠义武军节度、易、定等州观察处置、开府仪同三司、检校太师兼中书令、北平王王处直，墓中同时还祔葬有其夫人崔氏、费氏和卜氏。志文中记载了在天祐十八年（921年）后，“公乃归私第而习南华，□奇香而醮北极”，这说明其在被幽禁期间，转而皈依佛门，诵经焚香。天祐二十年（923年）王处直薨，享年61岁，924年下葬于曲阳县敦信乡仰盘上之内①。

太原晋祠后晋王氏小娘子墓位于太原晋源区晋祠村，单室砖墓，竖直下挖墓道，墓室平面呈椭圆形，东西长3.37、南北宽2.8米，墓顶下悬一铁钩，结附有织物，原应悬垂有帷帐。墓室为仿木结构砖雕彩绘，6根红色的柱子砌在墓室周壁，将墓壁分成六部分，柱顶两侧绘有黑彩阑额，顶接一斗三升柱头铺作，柱间三个较大壁面设置仿木格子门，其余较小壁面辟出仿木破子棂窗。墓室内砌有棺床，床脚正面雕刻有3个花瓣形壶门，棺床的北侧有棺痕，长2.36、宽0.87米，依据人骨朽痕，可以辨别出墓主葬式为仰身直肢。值得注意的是，在棺的下面有一边长为0.4米的正方形腰坑，内嵌方形青石一合，也就是墓志，下石的正面挖有5个方格，分别放置有无色水晶、紫水晶、（雌）雄黄矿石、朱砂。墓志上石为方形盝顶，四刹饰缠枝牡丹，盝顶四周刻缠枝菊花，志文如下：

> 《玄堂经·生冢术》：其灵幽冥，以此为极；
> 阳覆阴施，大道之侧；五精变化，
> □魂之德。子孙兴盛，诸灾永息。
> 河东节度押衙、充都盐麴使，银青光禄大夫，检
> 校工部尚书兼御史大夫，上柱国郭知密敬为
> 故卿琅琊王氏小娘子，时大晋天福
> 二年岁次丁酉孟夏月十八日庚子，于
> 晋阳县界赤桥社龙山之原安立
> 茔域。千秋万岁，永附山川。故记。

墓中还出土了陶塔式罐、瓷罐、瓷碗、银钗、铜钗等。志文称墓主为王氏小娘子，简报认为，小娘子一指少女，用以称他人之女或者己女，并举韩愈《祭女挐女文》“维年月日，阿爹阿八，使汝奶以清酒、时果、庶羞之奠，祭于第四小娘子挐子之灵”为证，如是，则此材料亦为未成年人墓葬；另也指年轻的妇人和妾。但根据棺的尺寸似是成年人的，且墓志中称“故卿”，墓主或为与郭知密关系密切的妇人。后晋天福二

① 河北省文物研究所、保定市文物管理处编：《五代王处直墓》，文物出版社，1998年。

年，即937年。简报认为，墓中兼具佛教和道教风格，陶塔式罐和花瓣棺床壶门为佛教惯用，墓志铭文及腰坑置五孔青石则具道教文化色彩①。

五代墓葬地面也有使用石墓幢的情况，如洛阳苗北村五代墓MⅠM3649，该墓为竖穴墓道土洞墓，墓道的北端有盗洞，填土中发现两块石经幢残块。石经幢基座及幢顶不见，幢身呈八面形，幢底阴刻团花，幢身刻有《佛顶尊胜大悲真言》《尊胜心真言》，同时还有叙述石蕴家世及立幢的原因。根据经幢刻文，该墓墓主为后唐石蕴的母亲，卒于后唐长兴二年（931年）②。

第二节　五代十国的新因素

五代十国时期，丧葬礼俗中出现了一些新的因素，如墓上的陵台，有学者认为是陵塔；墓中的水果象生，有认为与佛教供养类似；买地券上出现的“南瞻部洲”等用语等。尤其是一些墓葬在墓室的显著位置，安置高大带莲花纹的石灯，这也被认为与佛教的燃灯有关。这些因素在五代十国时期墓葬中有一些考古发现。

文献中记载五代十国时期有火葬，且与佛教有关。《新五代史》卷十七《晋家人传》第五《高祖皇后李氏》：

> 高祖皇后李氏，唐明宗皇帝女也。后初封永宁公主……高祖即位，公主当为皇后……出帝天福八年七月，册尊皇后为皇太后……四年正月丁亥朔，德光入京师，帝与太后肩舆至郊外，德光不见。馆于封禅寺，遣其将崔延勳以兵守之。是时雨雪寒冻，皆苦饥。太后使人谓寺僧曰：“吾尝于此饭僧数万，今日岂不相悯邪？”寺僧辞以虏意难测，不敢献食。帝阴祈守者，乃稍得食。辛卯，德光降帝为光禄大夫、检校太尉、封“负义侯”，迁于黄龙府……于是太后与冯皇后、皇弟重睿、皇子延煦、延宝等举族从帝而北，以宫女五十、宦者三十、东西班五十、医官一、控鹤官四、御厨七、茶酒司三、仪鸾司三、六军士二十人从，卫以骑兵三百……明年乃汉乾祐二年，其二月，徙帝、太后于建州……明年三月，太后寝疾，无医药，常仰天而泣，南亡戟手骂杜重威、李守贞等曰：“使死者无知则已，若其有知，不赦尔于地下！”八月疾亟，谓帝曰：“我死，焚其骨送范阳佛寺，无使我为虏地鬼

① 太原市文物考古研究所：《山西太原晋祠后晋墓发掘简报》，《文物》2018年第2期，第4-10页。

② 洛阳市文物考古研究院：《河南洛阳市苗北村五代、宋金墓葬发掘简报》，《考古》2013年第4期，第43-56页。

> 也！”遂卒。帝与皇后、宫人、宦者、东西班，皆披发徒跣，扶舁其柩至赐地，焚其骨，穿地而葬焉。[①]

此处李太后遗令死后焚其骨，并送范阳佛寺。太后死后，帝与皇后、宫人、宦者及东西班，均披发徒跣，焚其骨，然后穿地而葬。

又《新五代史》卷十七《晋安太妃传》：

> 安太妃，代北人也，不知其世家，为敬儒妻，生出帝，封秦国夫人。出帝立，尊为皇太妃。妃老而失明，从出帝北迁，自辽阳徙建州，卒于道中。临卒谓帝曰："当焚我为灰，南向飏之，庶几遗魂得反中国也。"既卒，砂碛中无草木，乃毁奚车而焚之，载其烬骨至建州。李太后亦卒，遂并葬之。[②]

此处火葬或因在外埋葬不便而使用，未明言与佛教有关，但说明焚化是时人可以接受的。

石灯台就是一些报告所谓的孤魂台，如前述五代闽国刘华墓出土孤魂台1座，底座八角形，刻覆莲，中间承托的为八角形柱，上置仰莲圆台，出土于前室[③]。苏州七子山一号墓为前中后三室砖室墓，中室的两侧有耳室，后室有壁龛9个，出土随葬器物比较丰富，后室棺的前面有石制的孤魂台，与水邱氏等墓葬中出土的莲花形石灯台相似[④]。所谓的孤魂台由石柱础、石柱心、石托盘等组成，上置陶制莲花缸，石柱八角形似灯幢。简报提到《吴县志》记载，五代吴越王钱镠侄子广陵王钱元璙及钱文奉，均埋葬在荐福山，七子山又名荐福山，钱氏在钱元璙等葬地建有"荐福寺"，这应该是坟寺，但仅有文献记载而已，未有考古发现。前述晚唐钱宽夫妇墓中，钱宽墓前室呈方形，近甬道处略偏前室西南摆放有石灯台。水邱氏墓前室的正中竖立一件莲花形石灯台，高达67厘米，莲花形石灯台上置一件青瓷褐彩云纹油灯[⑤]（图6-4，2）。

五代吴越国康陵位于临安雉城镇，平面呈长方形，墓室分为前、中、后三室，前

---

① （宋）欧阳修撰，（宋）徐无党注：《新五代史》卷十七《晋家人传》第五《高祖皇后李氏》，中华书局，1974年，第175-179页。

② （宋）欧阳修撰，（宋）徐无党注：《新五代史》卷十七《晋家人传》第五《安太妃》，中华书局，1974年，第179-180页。

③ 福建省博物馆：《五代闽国刘华墓发掘报告》，《文物》1975年第1期，第62-73、78页。

④ 苏州市文管会、吴县文管会：《苏州七子山五代墓发掘简报》，《文物》1981年第2期，第37-45页，图版叁-图版肆。

⑤ 浙江省文物考古研究所、浙江省博物馆、杭州市文物考古研究所、临安市文物馆编著：《晚唐钱宽夫妇墓》，文物出版社，2012年。

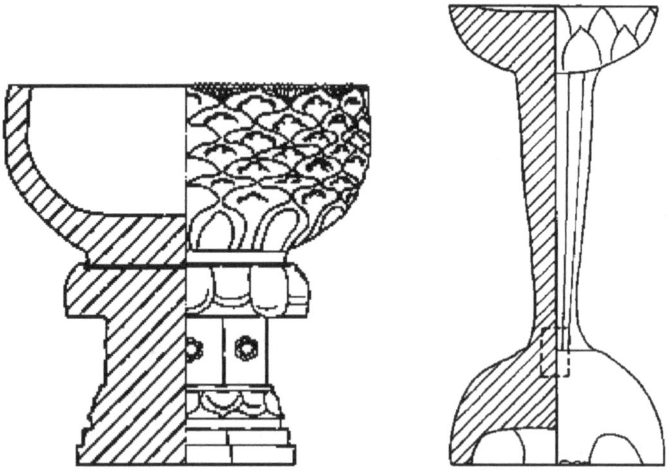

图6-4　吴越国墓出土石灯

1. 康陵出土　2. 水邱氏墓出土

（1. 采自《五代吴越国康陵》图3-4，第39页；2. 采自《晚唐钱宽夫妇墓》插图4-179，第89页）

室左右各有耳室一个。中室与前室之间有石门，石制的长明灯底座及灯台分别置于倒塌的石门之上，中室左右两壁分别绘有彩色壁画，左右壁均绘有盛开的牡丹树，中室的后部有供桌一张。后室平面呈长方形，后室墓门背面上部凿有浅龛，龛内雕刻朱雀造型，朱雀立于一底座上，底座的外表刻有覆莲瓣。门的背面下部凿三龛十二辰人物造像；左右壁及后壁上端浅浮雕牡丹花和宝相花图案，左壁中部浅浮雕青龙，左壁下部凿有三龛十二辰人物造像；后室右壁中部浅浮雕白虎，下部凿有三龛十二辰人物造像；后壁中部也凿有浅龛，龛内雕刻玄武，后壁下部也凿出三龛十二辰人物造像。后室底置石棺床，棺床的四个侧面分别雕有三组如意形图案。棺床的前后两端立有上窄下宽的石枋，四根石柱采用抹角方柱形式，方柱的顶端有拱形额枋相连，额枋两面均有彩绘图案，用金箔贴成两只向中间飞翔的凤凰，中间是彩绘的宝相花图案。棺床前面放置铁板一块，报告疑为买地铁券。后室顶部居中刻有一幅完整的天文星象图，单线阴刻紫微垣和二十八宿，三个同心圆表示内规、外规和重规，在内规的外缘有一道白带穿过，报告以为颇似银河，星星用金箔表示，星与星之间用阴刻单线相连。墓内出土器物比较丰富，其中石质长明灯1件，由深腹钵形灯盏、假圈足平底、实心须弥座灯座等组成。灯盏的外壁饰有一圈联珠纹，上部托台刻有覆莲一周，灯盏外壁刻有仰莲一周，灯台和灯座之间为八棱柱体，每面彩绘牡丹花一组，座上覆莲一周，通高近80厘米（图6-4，1）。在康陵被盗文物中，有墓志一方，志文移录如下：

维天福四季岁在己亥冬

十有二月丁丑二十五日

辛酉
吴越国恭穆王后扶风马
氏窆于钱唐府安国县庆
仙乡长寿里封孟山曰
康陵东至金容西至凤亭
南至宁善北至会仙上至
于天下至于泉永龛贞石
于万祀年

天福四年应当是后晋天福四年，即939年。墓主为吴越国恭穆王后马氏，吴越国恭穆王即吴越国二世王钱元瓘，墓志所言康陵也就是吴越国二世王钱元瓘王后马氏之墓①。

李清泉还将墓葬形制与钟相联系，从而论证与佛教的关系。李清泉注意到了晚唐五代十国时期一些墓葬的平面近似船形，如浙江临安吴越钱氏墓中的M21、M23和M24（图6-5），以及四川华蓥安丙家族墓等，李清泉认为这类船形墓更像是一口大钟，并联系文献记载中的“用浮屠法击钟”追荐亡者等，推测这种墓葬形制与钟的相似恐怕不是巧合，或许有着震慑地狱、超度亡灵的寓意②。此类“形似”的研究是本书前面提到的，在历史时期考古学研究中，做这样形状相似的研究，需要其他证据及综合考虑。但思路挺有意思，可备一说。

南汉康陵的陵台和墓中出土的水果象生值得注意，这是与以往不同的地方。如果陵台诚如有学者研究认为是佛塔，水果象生与供养有关的话，那么这应该是五代十国时期佛教的新因素。南汉康陵位于广州市番禺区新造镇北亭村，由地面陵园建筑和地下玄宫组成。陵园坐北朝南，四面有神墙，夯土垣墙，南北长约96.8、东西宽约57.3米；神墙的四隅设有角阙，均为一大一小子母阙对角相连，角阙现存方形台基，砖砌台壁，四周砌散水，废弃的堆积中发现有筒瓦、板瓦、花边重唇滴水瓦、脊头瓦（鬼脸板）、垂兽饰等建筑构件，简报推测原可能是楼阁式建筑。在陵园南墙的正中设置陵门，从磉墩分布推测，陵门可能是一面阔三间的门楼建筑基础。在陵门南有建筑基址，简报推测要么是献殿的性质，要么是两重陵门。陵园的中部偏北为陵台，平地起砌，由建于地宫上面的砖砌圜壁封土丘、方形基座及散水、南面的台阶坡道等部分组成，陵台的下面为地宫。陵台的封土台为方座圆丘，形如塔基状，中间以红黄土夯筑圆形土台，周围垒砌包砖，逐渐内收；在夯土丘的下面接方形基座，下面有垫土层，

① 杭州文物考古研究所、临安市文物馆编著：《五代吴越国康陵》，文物出版社，2014年。

② 李清泉：《佛教改变了什么——来自五代宋辽金墓葬美术的考察》，巫鸿、朱青生、郑岩主编：《古代墓葬美术研究（第四辑）》，湖南美术出版社，2017年，第245页。

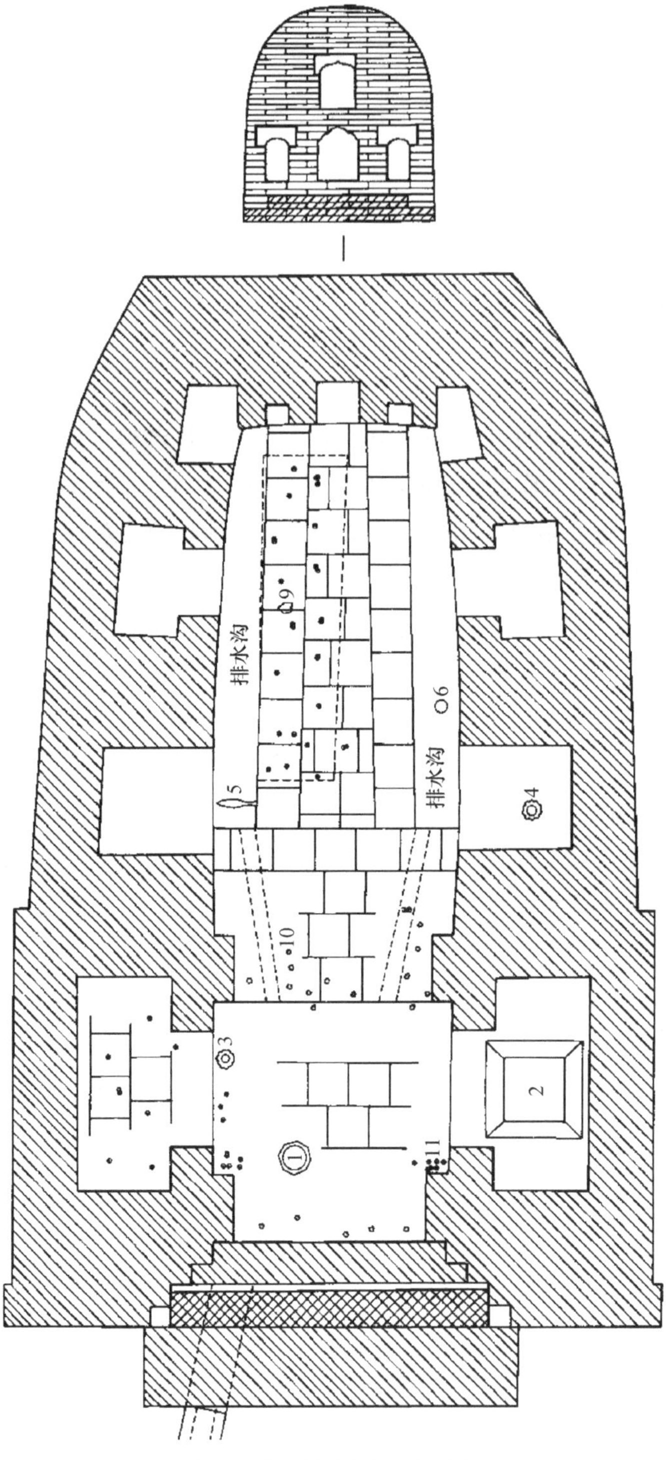

图6-5　晚唐钱宽墓平面示意图

（采自《晚唐钱宽夫妇墓》插图3-1，第14、15页之间）

直接覆盖在地宫墓圹口，基座也包砖，基座的四周为散水；在封土台南壁的正中，方形基座之上，设有一大龛，长方形，坐北朝南，龛口东侧还留有一黑色的门砧石，说明此处原有木门。方形基座的南面有一祭台，长方形土台形结构，包砖，废弃堆积可见一些瓦当、板瓦、筒瓦及石构件，推测祭台原应有顶盖结构和石栏杆①。

康陵的地宫建筑在陵台的正下方，为带墓道的长方形竖穴砖室，由封门、甬道、前室、过道、中室和后室组成，墓室内长9.84、宽3.16米，四重券拱。横向前室较短，近甬道处立石质碑形哀册文1通；长方形中室与前室、后室等宽等高；后室中部有砖砌棺床，后壁有龛，在中室和后室的两壁上，分别设置上下两行共14个龛。该墓被盗严重，墓内出土的器物有瓷罐、盒、碗、碟等，出土的陶器有罐、碗、水果象生等，特别是水果等象生有木瓜、香蕉、慈姑、桃、菠萝、柿子、荸荠等，此外还出土有不少玻璃瓶。墓中出土石哀册一件，册文如下：

> 高祖天皇大帝哀册文
>
> ……奉敕撰并书
>
> 维大有十五年岁次壬寅，四月甲寅朔，二十四日丁丑，高祖天皇大帝崩于正寝。粤光天元年九月壬午朔，二十一日壬寅，迁神于康陵，礼也。……惠施五车，葛洪万卷，听朝之余，披览罔倦……命鸿儒以临莅，选硕生而雠校……天纵聪明，凝情老释……谭玄则变化在手，演释乃水月浮天……若乃阴阳推步，星辰历数……此外留情药品，精究医书……多才多艺，允文允武……呜呼哀哉！玉音在耳，大渐弥留，亿兆号天，如丧考妣……刻石献颂，永播无穷。②

据哀册文，可知该墓为南汉高祖刘岩的康陵，其崩于大有十五年（942年），同年迁神于康陵。哀册文记载了刘岩崇信佛教，“凝情老释”“演释乃水月浮天”，但是，哀册文中也记载其对于道、儒，乃至医学的熟稔。张强禄认为，南汉康陵封土丘夯筑、上圆下方等，很自然地就会联系到印度佛教中的窣堵坡，而恰恰文献记载中的刘岩，就十分喜好佛事，兴建了大量的佛教寺院③。

李清泉借助明代文献对康陵的记载，推测封土台前方形基座上的大龛是刘岩夫妇

① 广州市文物考古研究所：《广州南汉德陵、康陵发掘简报》，《文物》2006年第7期，第4-25页。

② 广州市文物考古研究所：《广州南汉德陵、康陵发掘简报》附录一“哀册录文”，《文物》2006年第7期，第24-25页。

③ 张强禄：《南汉康陵的陵寝制度》，《四川文物》2009年第2期，第60-64页。

"金像"的祭供之处，考古简报中提到的20多件[①]水果象生，集中出现在中室后部和棺床的前端，表明这些供品是专门针对后室棺床和刘岩夫妇像的。李清泉也指出，以水果为供品的做法，应当与佛教盂兰盆供习俗有关。陶塑的水果，为的是永久的供祭，与永久供奉的金铜墓主像相对应，整个墓葬空间几乎就是一个大型的祭祀空间，而这空间焦点所在就是封土台丘前的大龛，其无异于一个享堂[②]。对于南汉康陵的上圆下方的陵台，李清泉认为虽然墓葬本身所提供的证据不足以证明其模仿了佛塔，但是结合南汉与佛教的关系，墓葬坟塔化的历史背景，认为康陵陵台仿自佛塔[③]。

"南瞻部洲"佛教用语在买地券等材料中使用，如广州南汉大宝三年刘氏二十四娘墓，该墓位于广州富力唐宁花园，长方形砖室墓，编号M175，墓室四壁各有三个叠涩顶壁龛，墓砖全是晋—南朝时期的，应该是拆了早期墓葬的砖而砌造的。头龛内放置1件青釉瓷四耳盖罐和5件青釉瓷四耳罐，头龛两侧的侧龛各放置一件青釉瓷四耳罐，墓室左右壁各有一龛也放置有青釉瓷四耳罐，除此之外，墓室内还随葬1方石质买地券及一些铜钱。买地券券文如下：

> 维大宝三年岁次庚申七月戊戌二十四日辛酉，南赡部洲大汉国右金吾街修文坊殁故亡人刘氏二十四娘，用钱九万九千九百九十九贯九百九十九文九分，于地主天皇买得本音大私地一面造冢墓。□所立十二肖、一□一丘，伏听告报蒿里老人、孝眷主簿、墓门亭长，令护冢墓。其冢东至甲乙，南至丙丁，西至庚辛，北至壬癸，上齐天，下至黄泉。并仰十二肖知之，其所管方位，并属亡灵。天符下有敕，□鬼不得争认。金玉镇裳，棺椁镇罡。令月月直证人，令年年直为保人□，□为见人。不得劳扰生人。子孙昌旺，奴婢康施，田宅富贵，牛马成行，官职日集，寿命延长，珠祢盈溢，玉帛满箱。亡人宁乐，生人吉昌。急急如律令。[④]

---

① 简报器物概述部分说水果象生为22件，而后面将每类器物分述部分的数量相加为23件，李清泉引用时也说是22件。

② 李清泉：《墓主像与唐宋墓葬风气之变——以五代十国时期的考古发现为中心》，石守谦、颜娟英主编：《艺术史中的汉晋与唐宋之变》，石头出版股份有限公司，2014年，第311-342页。

③ 李清泉：《从南汉康陵"陵台"看佛教影响下的10世纪墓葬》，杨泓先生八秩华诞纪念文集编委会编：《考古、艺术与历史：杨泓先生八秩华诞纪念文集》，文物出版社，2018年，第339-358页。

④ 易西兵：《广州出土五代南汉刘氏二十四娘买地券考》，《东南文化》2016年第3期，第52-58页。

大宝为南汉后主刘鋹年号，三年即960年[1]。券文中的“南赡部洲大汉国”中的南赡部洲亦为“南瞻部洲”，乃佛教四大部洲之一。

在这里我们不得不提到，敦煌文书中记载的不少丧葬活动与佛教有关，通过敦煌文书，使该地区佛教与丧葬的关联呈现出独特的地区特色。如S.0086《淳化二年（991）马丑女回施疏》：

奉为亡女弟子马氏名丑女，从病至终，七日所修功德数，三月九日病困临重，于金光明寺殿上施麦壹硕，城西马家、索家二兰若共施布一疋，葬日临圹焚尸。[2]

女弟子马丑女，从病至终即修功德，病因临重时有布施行为，布施对象其一为金光明寺，其二为马家和李家的兰若，布施的物品为麦和布。以及最后的临圹焚尸，反映出比较完整的佛教徒丧葬。

荣新江在论述张淮深墓志铭时，提到P.3425（2）《金光明变相一铺铭并序》中，“清信弟子使持节沙州刺史……清河张某……今者所丹绘前件功德，奉为亡考常侍，惟愿承兹法棹，生就莲宫”，这里的张某，应该指的就是张淮深[3]。这里张淮深通过“丹绘前件功德”，为其“亡考”积功德，以便其“生就莲宫”。

通过一些丧葬活动中纳赠人员及身份名单，我们从中也可以看到僧人参与了一些助丧的活动。如S.2472V《辛巳年十月廿八日荣指挥葬巷社纳赠历》：

龙录事并（饼）油柴。
李社官并。
龙社长粟并油柴，紫绵绫帛、绵绫帛练一丈九尺。
……
孔押衙粟并油柴，天下破碎烂罗底接续无数二丈二尺。
……
僧高继长粟并油柴，生绢绯绫一丈五尺，当处分付主人□。
……
张佛奴粟并油柴，碧绢一疋，彭丑奴二人招。
高员佑粟并油柴，帛练紫绵绫内两接一丈六尺。

① 广州市文物考古研究院：《广州富力唐宁花园五代南汉大宝三年墓》，《东南文化》2016年第3期，第47-51页，封二、封三。

② 转引自谭蝉雪：《敦煌民俗——丝路明珠传风情》，甘肃教育出版社，2006年，第296页。

③ 荣新江：《归义军史研究——唐宋时代敦煌历史考索》，上海古籍出版社，2015年，第78-80页。

见付主人油三十一合，饼五百四十枚，又二十，社长父□紫曷并留奴送，粟两石，柴三十一束。

谭蝉雪完整录此纳赠历文，并认为此纳赠历乃是亡者荣指挥丧事时，一社之人的赙布赙襚[①]。在荣指挥丧事活动中，僧高继长赠予了粟和油柴、生绢绯绫等。此外纳赠者中还有佛弟子，如张佛奴，或许就是一位。

① 转引自谭蝉雪：《敦煌民俗——丝路明珠传风情》，甘肃教育出版社，2006年，第335-336页。

第七章　宋、西夏墓葬中的佛教因素

第一节　北宋皇陵、西夏陵中的禅院

巩义北宋皇陵位于河南省巩义市的西南部，计有七个皇帝八座陵墓，分别是宋宣祖的永安陵、宋太祖的永昌陵、宋太宗的永熙陵、宋真宗的永定陵、宋仁宗的永昭陵、宋英宗的永厚陵、宋神宗的永裕陵、宋哲宗的永泰陵[①]。此外，巩义北宋皇陵区还包括附葬的22个皇后陵，陪葬的上千座陪葬墓，大致可以分为西村、蔡庄、孝义和八陵四个陵区。西村陵区分布有宋宣祖永安陵、宋太祖永昌陵和宋太宗永熙陵，以及一些皇后陵。蔡庄陵区分布有永定陵。孝义陵区分布有仁宗的永昭陵、英宗的永厚陵。八陵陵区有神宗的永裕陵、哲宗的永泰陵。

宋太祖的永昌陵现由上宫、下宫、孝章宋皇后陵、章怀潘皇后陵以及两个陪葬墓组成。上宫由南面的鹊台2个、乳台2个、石刻、宫城、陵台组成。乳台和宫城南神门之间有石雕像45件，东西分列，对称布置，望柱2件、象2件、驯象人1件、瑞禽石屏2件、角端2件、马4件、控马官5件、虎4件、羊4件、客使2件、武官2件、文官4件、武士2件、宫人1件、门狮8件（四神门外各列一对）。望柱由柱顶、身和座组成，底座上面雕有一圈宝装莲花，柱身向上收刹，柱顶宝珠呈葫芦状，宝珠下面有束腰座，下雕覆莲，上刻仰莲，八个棱面每面纹饰三组，一组为浮雕云龙纹、龙纹，其中一龙向上攀飞，一龙回首呼应，有四个棱面为此画面；一组为雕刻云龙纹，与龙体相对的两只凤，有两个棱面为此图案；第三组为刻交枝牡丹，也是两个棱面。望柱的柱头刻莲花和牡丹，基部刻宝相牡丹和海石榴花等（图7-1）。神门前的石狮子，南神门与其他三门不同，南神门二狮作走姿，其他三门石狮作蹲姿。永昌陵的宫城四周原应有神墙，宫城平面呈方形，四边有神门，四神门两侧有门阙基址，四角有角阙基址，四神门外各有一对狮子。位于宫城正中的是陵台，呈方形覆斗状，距神门阙台基址的距离在93～97米，陵台顶较平坦，陵台底部现长48、宽45米。皇后陵和一些陪葬墓陵台前也有石刻。永昌陵的下宫位于上宫西北约350米，地表存石狮一对（图7-2），下宫的范围南北长约165、东西宽约135米。近年来，在永定陵、永裕陵和永泰陵，以及一些皇后陵、公主的墓园，在陵园或墓园神墙外面四周，发现埋葬有十二生肖俑，一般埋于

---

① 河南省文物考古研究所编：《北宋皇陵》，中州古籍出版社，1997年。

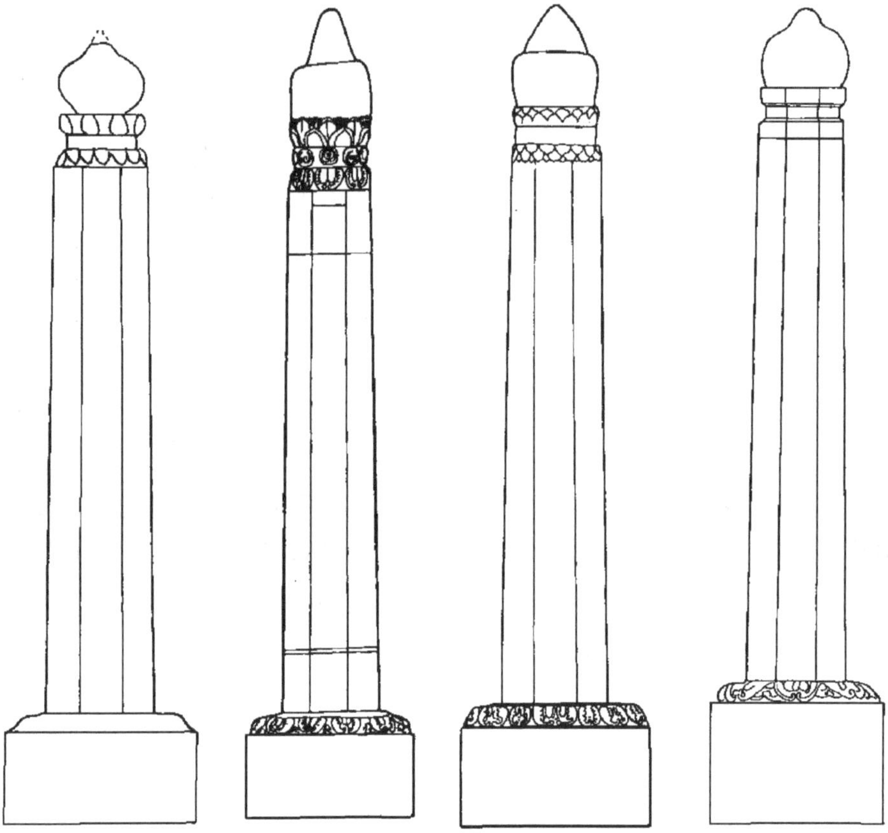

1　　2　　3　　4

图7-1　北宋皇陵望柱

1. 孝惠贺皇后陵西列　2. 永昌陵东列　3. 永熙陵东列　4. 永定陵西列

（分别采自《北宋皇陵》图一一、图一六、图三九、图九〇，第29、35、60、108页）

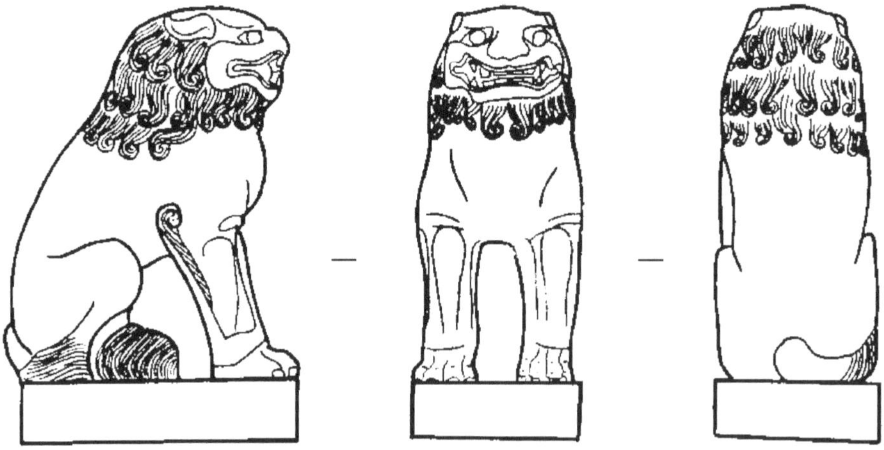

图7-2　永昌陵下宫南门石狮

（采自《北宋皇陵》图三七，第56页）

地下1米左右，皇帝陵的十二生肖石刻下面置须弥座，皇后及公主陵园十二生肖下面石座浮雕宝山纹。报告认为，宋代陵园四周设置十二生肖石像，应与唐宋一般墓葬中随葬陶瓷或者石质的十二生肖俑一样，寓有十二时之意。

英宗永厚陵经过清理的陪葬墓有3座，分别是魏王赵頵、燕王赵颢和兖王赵俊墓，其中的兖王赵俊是未成年人，同时碑志材料中也有与佛教有关的记载，墓前发现《宋故兖哀献王追封记》石碑一通，墓内发现《宋故兖哀献王墓志铭》，墓前也有石刻，其中望柱2件、虎1件、羊1件、武官1件等。《宋故兖哀献王墓志铭》志文如下：

> ……今上皇帝之第三子曰兖哀献王俊，以熙宁六年四月一日生于今充媛宋氏……十年十月忽以疾告……中宫率傅御护送于普安禅院。制赠太师、尚书令、兼中书令，追封兖王，谥曰哀献。十一月己酉，具一品卤簿，自所寄佛舍迎道于□涂之所。又饬太常以玉币牢醴设为赠祭。后二年，以元丰之己未命右谏议大夫、充天章阁待制李肃之摄鸿胪卿，领护葬事，景福殿使、利州观察使、入内都知张茂则副之，四月甲子复以仗卫鼓吹发引而西。卜五月戊寅往祔于永厚陵下宫之壬地。乘卫王之凶，五月而葬也……臣闻死生去来，适若梦幻，此虽浮屠氏之说，而君子亦有取焉。然臣所知者，惟消长有数，报复有理。故积庆之效有不得于今日，必有待于异时……一子之失，百男之祥。循环代谢，亦理之常……①

根据墓志铭，兖哀献王赵俊生于熙宁六年，即1073年，熙宁十年遘疾薨落，年仅5岁，属于未成年死亡。元丰二年（1079年）时实行葬礼，其间暂厝于普安禅院，这就是所寄之佛舍。十一月具一品卤簿迎送，从所寄佛舍迎道于□涂之所。

真宗永定陵的上宫地面建筑经过考古发掘，最南为东西鹊台，从鹊台向北至东西乳台距离139米，西乳台平面呈双重凸字形，南神门位于乳台以北140米，南神门有东西阙台，由南神门东阙台向东约76米为东南角阙，两者之间连以神墙，神墙表面红灰色，角阙台基呈曲尺拐角状。陵台为宫城的中部，底部平面为方形，边长为51.7米，陵台做三层台阶状，下部两层周侧有包砖，顶部的夯土呈覆斗状。

元德李皇后陵是宋太宗永熙陵的附葬后陵之一，1959年郭湖生等曾经盗洞进入墓室，后发表有调查纪要。1984～1985年河南省文物研究所等单位对该陵进行了抢救性发掘。该陵地宫系砖砌单室墓，由墓道、甬道及墓室三部分组成，甬道中间有石门，石门由直额、越额、门扉、门挟、门砌、门脚石等部分组成，直额的中部画两个飞天，做凌空飞翔状，左边的飞天手捧一盘，盘内满放水果，右边的飞天一手擎举花

① 河南省文物考古研究所编：《北宋皇陵》，中州古籍出版社，1997年，第532-533页。

盘，一手举花束，周围衬以对称的祥云；两扇石门上，皆线刻有高大威猛的武士形象，一人按剑，一人举钺（图7-3）。墓室为圆形，墓顶为穹隆顶，墓室壁用平砖砌筑，周壁砌有抹角倚柱10根，柱间置有仿木建筑的斗拱铺作。郭湖生等在调查时，曾记录到斗拱下面出昂，上为耍头，其锋面上刻有人首、人身、两手合掌、鸟腹、鸟脚，北部有翅的迦陵频伽，拱眼壁有墨线勾勒的盆花图案[①]。墓室倚柱之间有11个壁

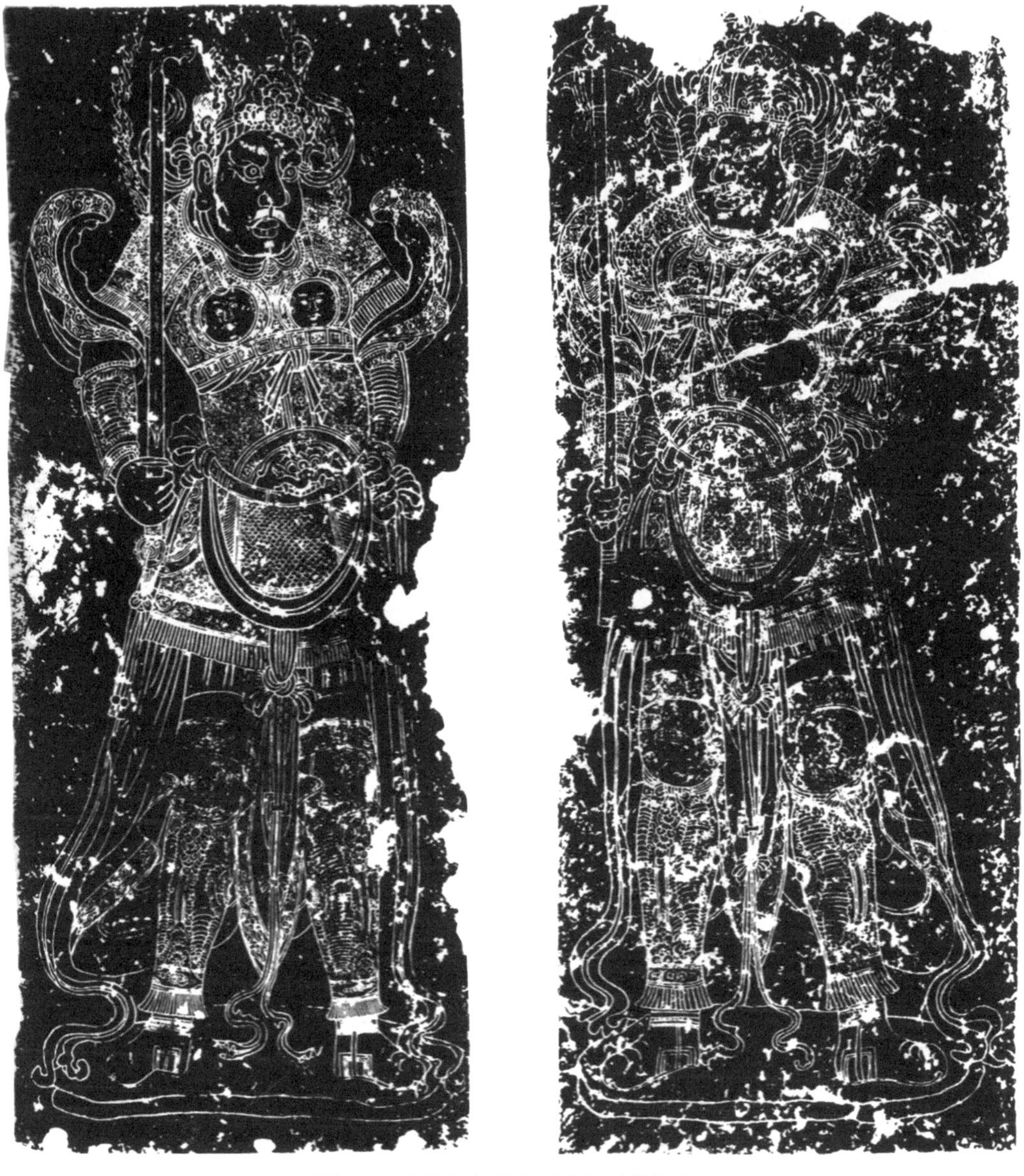

图7-3　元德李皇后陵石墓门画像拓本

（采自《北宋皇陵》图二八三，第315页）

① 郭湖生、戚德耀、李容淦：《河南巩县宋陵调查》，《考古》1964年第11期，第564-579页，图版陆-图版拾。

面，墓室北面三个壁面上用砖砌成了假门和假窗，墓室西部两个壁面砖砌有桌椅和灯檠，东壁的两个壁面砖雕有衣架、盆架和梳妆台，墓室南壁券门内顶部，有一虎形雕刻。在四壁砖雕的上侧，雕有屋檐，屋檐之上，郭湖生等原调查时发现有宫室楼阁，可以看到类似于一方形院落，里面有几座四注屋顶建筑，可见有直棂、鸱尾等，院落的正中有版门，上有门钉，楼阁前后左右上下，布满冉冉上升的祥云。楼阁图以上的墓顶部分绘有星象图，白粉圆点象征星辰，还有斜贯整个穹隆顶的银河。

元德李皇后地宫墓室中后部砌有石棺床，南面作须弥座式，装饰有剔地及线刻的花卉，墓室内出土玉册，分为谥册和哀册两副，谥册上提到纪年“咸平三年”，即1000年。墓中还出土了石函盖1件，盝顶，盖面及四刹皆线刻花纹，平面呈长方形，长0.71、宽0.58米；彩绘木质龙首3件，彩绘上施以金粉；木雕花卉10件，可见有牡丹和莲花、忍冬，有的描以金粉。同时在墓道等地点还出土了一些陵园建筑构件，其中就有频伽头像2件，头戴高冠，眉心有痣，耳垂花坠，下有长榫，另有垂兽1件、脊兽3件等。

北宋专为皇陵设置的寺院有四处，即永安、永昌、永熙三陵的永昌院，永定陵的永定院，永昭、永厚陵的昭孝禅院，永裕、永泰陵的宁神禅院（图7-4）。此外，在陵区附近还有净惠罗汉院、永安院（永安寺）等寺院。陵区附近设置禅院，其目的就是希望僧尼为陵墓主人诵经祈福。皇陵区《大宋新修净惠罗汉院碑》详细记载了陵园佛寺的建造、功能、器用、活动等，移录如下：

朝奉郎行右司谏、直史馆同修起居注、上骑都尉、赐绯紫金鱼袋、臣张观奉圣旨撰……封峦旧壤，占巩洛之奥区；神阙凝空，接陵台之福地。虽仅存于环室，而久乏于庄严。萧然庭除，鞠为茂草。罗汉之号，始于西方，具载释经，此不繁述。盖诸佛圣人，设其名品，以为证果之阶升。察其顿渐，则三乘之理有殊；语其开诱，则一雨之润无别。福我黎庶，率为令人。岂有尊其教而卑其居，尚其德而慢其礼者哉！先是上御药罗崇勋尝驰使车，躬视陵邑，睹兹遗美，因而上言。两宫以睿圣之慈，敦至仁之治，爰使安葺，用垂不朽。乃命高品张怀恩相厥址，专厥事，谨其费，虑其劳。永定陵副使张永和督其役焉。于是营可构之材，鸿纤适用；来至信之众，远迩如归。不日成之，其道甚大。诏自京师迎佛像居殿之中，迁罗汉像翼坐其次，俨然如元恺之相待虞舜也。东曰厨，西曰堂，重楼交影，叠采并焕，又若毗耶之盖奉如来也。赐其院曰“净惠”……时天圣八年岁次庚午四月癸未朔二十一日癸卯建。永定陵副使礼宾副使张永和、准上御药罗崇训札子，奉圣旨：青龙山罗汉泉附近，新修罗汉堂一位，令充永昌院下院。所有罗汉堂合用钟磬、铙钹、道具、香炉、香合、供养花果等充常住。又至天圣五年九月二日奉敕，

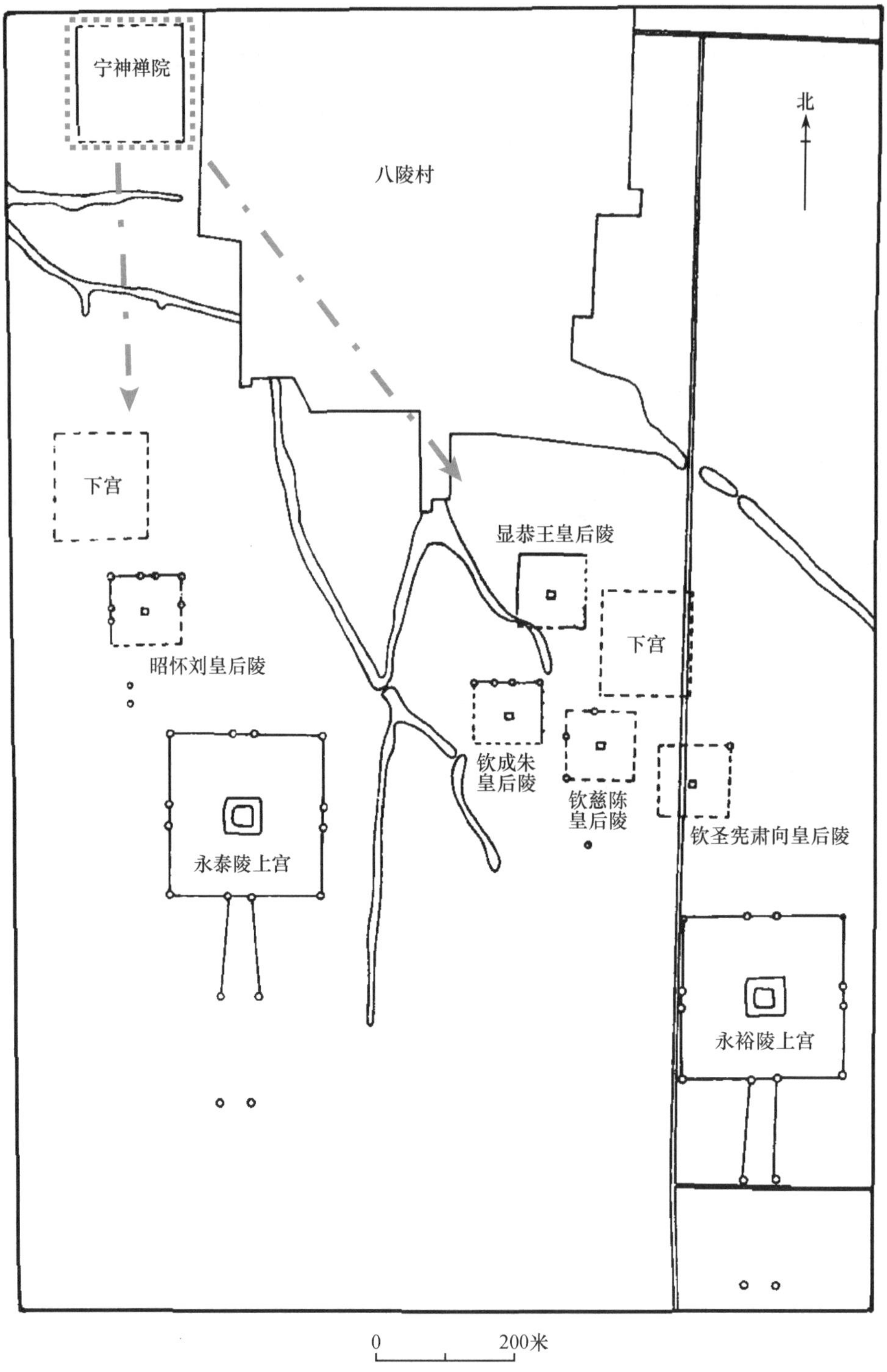

图7-4　北宋皇陵八陵陵区陵墓分布与禅院位置图

（改自《北宋皇陵》图七，第18页）

宜赐"净惠罗汉院"为额，及宣赐永安县，许令本院……耕种山荒地□顷，可四至内开种莳充常住。又奉圣旨：河南府永安县支拨到钱□□贯文，买得□□刘嗣竭产地，士庄□□，土木相连，共计□□□□，可四至内并属罗汉院。当年十二月二十五日，准上御药张怀德札子，奉圣旨传宣：每年皇帝乾元节、皇太后长宁节进奉，祝圣寿功德。疏等两节，与度行者各一名；及四圣节，赐紫衣敕牒一道。及赐本院少阙动用家事，铛锅釜灶火炉等计八事件，并每季赐乳香四十四两，半充逐日供烧具。已度过小师及紫衣人数……臣王思道镌字。三陵永昌院主演法大师、赐紫沙门臣永和。永定陵青龙山净惠罗汉院主广化大师、赐紫臣永安。内侍省内侍殿头、专管勾西京永安县青龙河槽兼造臣张怀恩。上御药、银青光禄大夫、检校太子宾客、兼御史大夫、上骑都尉、永安县开国男、食邑叁佰户臣罗崇勋。永定陵副使、礼宾副使、银青光禄大夫、检校右散骑常侍、兼御史大夫、上骑都尉、清河县开国男、食邑叁佰户臣张永和。①

根据此净惠罗汉院碑，我们大致可以了解到陵园佛寺的大致情况。首先是选址，该寺院地址属于巩洛之堂奥，而且是与陵台位置比较近的福地；然后由上御药罗崇勋经过调查，躬视陵邑之后上言，朝廷两宫对此事非常支持，命令张怀恩专门负责此事，节约合理使用寺院建设经费，同时，安排永定陵的副使张永和督促此次劳役，选择好的材料，许多信众也来帮忙，最终建成。寺院建成后，皇帝下诏从京师迎请佛像安置在寺院的正中，迁移来罗汉像，安排在佛像的两边。这里讲的是此寺院造像的来源。寺院除了中间的大殿外，还有东面的厨房、西边的堂等建筑，皇帝赐此寺院名称为"净惠"，净惠罗汉堂充永昌院的下院，而且提供了罗汉堂常用的钟磬、铙钹、道具、香炉、香合及供养花果等。在寺院财产部分，允许寺院耕种荒地，种植时令植物等，同时朝廷下旨，永安县出钱买得土地，提供给寺院。寺院的活动是在皇帝乾元节、皇太后长宁节进奉，祈祝圣寿功德。按照旨意，与度行者各一名，四圣节，朝廷赐紫衣谱牒一道。同时，还赐予进行这些佛事活动的铛锅釜灶火炉、乳香等。与上述活动有关的人员有三陵永昌院主演法大师永和、永定陵青龙山净惠罗汉院主广化大师永安、内侍省内侍殿头、专管勾西京永安县青龙河槽兼造臣张怀恩（此人也是此前专门负责建造寺院的主事官员）、上御药罗崇勋、永定陵副使张永和等。此碑较全面地叙述了陵园佛寺从建造到佛寺活动的方方面面，是非常难得的材料。

北宋皇陵出土的《敕住宁神法照大师碑》开篇明晰地讲了陵寝建寺的目的，录文如下：

① 河南省文物考古研究所编：《北宋皇陵》，中州古籍出版社，1997年，第507-508页。

> 释氏之教，兴于汉，盛于唐。本朝建寺，追奉陵寝，以昭圣孝，讲诵有常，负荐无已。盖两汉以孝纪号，本朝以孝为德，邈乎辽哉奚翅可以相方也。天下佛祠众矣，而独奉陵寝者，恩礼加厚，推释付畀，□难其人。①

此外，在北宋皇陵附近的巩义市石窟寺，乃宋巩县大力山十方净土寺，其也是“以荐福昭、厚诸陵”②。可见，北宋皇陵设置佛寺，其目的一在于“以昭圣孝”，朝廷以孝为德，显示孝义；其二在于为诸陵荐福、祈福。孝与家法和祖宗之法关系密切，而追念祖宗之世、推崇“祖宗之法”，是赵宋一朝突出的历史现象③。

在北宋皇陵诸佛寺中，宁神禅院在1949年后，还保存有山门、大殿及东西厢房等建筑物，现遗址位于一台地上，南北长约160、东西宽约150米。永定禅院的局部被考古发掘，遗址位于永定陵上宫西北约1000米，发掘的房屋建筑基址位于永定禅院遗址的东北部，发现有柱础石、铺地砖、排水道、散水等遗迹，出土的建筑构件有莲瓣纹方砖、“定陵官”和“官”等模印文字板瓦、莲瓣纹瓦当、频伽头像、兽首、白瓷刻花盘、青白瓷炉、三彩炉、三彩灯、药勺、石磨等。建筑房基内发现一组陶瓮，数量较多，有可能是用来储存禅院生活用品的；房基东北侧通道附近的陶瓮，或许是禅院的手工作坊处。报告认为，永定禅院的始建年代与永定陵上、下宫同时，在乾兴元年（1022年）四月。北宋皇陵建寺追福祖先，成为北宋皇陵陵园建制的重要特点之一。

一些与丧葬祭祀有关的忌日活动，也安排在寺院进行。《宋史》卷一百二十三《礼志·凶礼》记载宋代“忌日”：

> 忌日，唐初始著罢乐、废务及行香、修斋之文。其后，又朔望停朝，令天下上州皆准式行香。天祐初，始令百官诣閤奉慰。宋循其制，惟宣祖、昭宪皇后为大忌。前一日不住，群臣诣西上閤奉慰，移班奉慰皇太后，退赴佛寺行香。凡大忌，中书悉集；小忌，差官一员赴寺。如车驾巡幸道遇忌日，皆不进名奉慰。留守自于寺院行香，仍不得在拜表之所。天下州府军监亦如之。④
>
> ……
>
> 初，神御殿酌献，设皇帝位于庭下，而忌日两府列于殿上；寺院行香，

---

① 河南省文物考古研究所编：《北宋皇陵》，中州古籍出版社，1997年，第515页。

② 河南省文物考古研究所编：《北宋皇陵》，中州古籍出版社，1997年，第410页。

③ 邓小南：《试论宋朝的“祖宗之法”：以北宋时期为中心》，邓小南：《朗润史学丛稿》，中华书局，2010年，第7-35页，原载《国学研究（第七卷）》。

④ （元）脱脱等撰：《宋史》卷一百二十三《礼志·凶礼》，中华书局，1977年，第2888页。

左右巡使、两赤县令于中门相向而立，俟宰臣至，立位前，直省官赞通揖，于礼无据。乃命行香群臣班殿下，宰相一员升殿跪炉，而罢通揖。又诏：大忌日不为假，执政官早出。礼部言："顺祖及惠明皇后既葬迁主，罢行香。忌日，请于永昌院佛殿之东张设幄斋荐。"①

……

中兴之制：忌日，百僚行香，在外州军亦诣寺院行香，如在以日易月服制之内，皆依礼例权停。②

这里的斋荐活动安排在永昌院佛殿的东张，忌日行香参加的人员及位序也都交代得很清楚。

北宋后宫佛寺活动也比较频繁，这一点与北宋皇陵中出现的佛寺是一致的，如《宋史》卷一〇九《礼志·吉礼》"景灵宫法事"：

景宁宫，创于大中祥符五年，圣祖临降，为宫以奉之。天圣元年，诏修宫之万寿殿以奉真宗，署曰奉真……凡七十年间，神御在宫者四，寓寺观者十有一。元丰五年，始就宫作十一殿，悉迎在京寺观神御入内，尽合帝后，奉以时王之礼……初，东京以来奉先之制，太庙以奉神主，岁五享，宗室诸王行事；朔祭而月荐新，则太常卿行事。景灵宫以奉塑像，岁四孟皇帝亲享，帝后大忌、则宰相率百官行香，后妃继之。遇郊祀、明堂大礼，则先期二日，亲诣景灵宫行朝享礼。

绍兴十三年二月，臣僚言："窃见元丰五年，神宗始广景灵宫以奉祖宗衣冠之游，即汉之原庙也。自艰难以来，庶事草创，始建宗庙，而原庙神游犹寄永嘉。乃者权时之宜，四孟荐献，旋即使朝设位以享，未副广孝之意，乞命有司择爽垲之地，仿景灵宫旧规，随宜建置。俟告成有日，迎还睟容，奉安新庙，庶几四孟躬行献礼，用副罔极之恩。"从之。初筑三殿，圣祖居前，宣祖至祖宗诸帝居中殿，元天大圣后与祖宗诸后居后。掌宫内侍七人，道士十人，吏卒二百七十六人。上元结灯楼，寒食设秋千，七夕设摩睺罗。帘幕岁时一易，岁用酌献二百四十羊。凡帝后忌辰，用道、释作法事。③

神御在宫者四，寓寺观者十有一。景宁宫以奉塑像，在帝后大忌时丞相率百官行香。

① （元）脱脱等撰：《宋史》卷一百二十三《礼志·凶礼》，中华书局，1977年，第2890页。
② （元）脱脱等撰：《宋史》卷一百二十三《礼志·凶礼》，中华书局，1977年，第2891页。
③ （元）脱脱等撰：《宋史》卷一〇九《礼志·吉礼》，中华书局，1977年，第2621-2624页。

景灵宫开始建筑有三殿，圣祖居前，宣祖和祖宗诸帝居中殿，七夕设摩睺罗，帝后忌辰用道、释做法事。《邵氏闻见录》卷第二也记述仁宗时景灵宫事：

> 元丰中，神宗仿汉原庙之制，增筑景灵宫。先于寺观迎诸帝后御容奉安禁中。涓日以次备法驾，羽卫前导赴宫，观者夹路，鼓吹振作。教坊使丁仙现舞，望仁宗御像引袖障面，若挥泪者，都人父老皆泣下。呜呼！帝之德泽在人深矣。①

又《宋史》卷一〇二：

> 元丰元年十月，太皇太后违豫，命辅臣以下分祷天地、宗庙、社稷，及都内诸神祠。又作祈福道场于寺观及五岳、四渎凡灵迹所在。八年，帝疾，分祷亦如之……（元祐）七年，诏："太皇太后本命岁，正月一日京师及天下州军，各斋僧尼、道士、女冠一日，在京宫观、寺院，开建道场七昼夜，内外狱囚并设食三日"。②

这里是身体生病，为了消灾祈福，建佛寺道场，僧尼、道士等参与。《宋史》卷一百二十三《礼志·凶礼》记载真宗宸妃丧葬事：

> 真宗宸妃李氏，仁宗明道元年二月二十六日薨。初葬洪福禅院之西北，命晏殊撰墓铭。二年四月六日，追册为庄懿皇太后。十月五日，改葬永定陵之西北隅。十七日，祔神主于奉慈庙。③

《邵氏闻见录》卷第八的记载比《宋史》的记载要详细和精彩得多，其文如下：

> 吕文靖公为相，章献太后垂帘同听政。李宸妃薨，章献秘之，欲以宫人常礼治丧于外。文靖早朝，留身奏曰："闻禁中贵人暴薨，丧礼宜从厚。"章献遂挽仁宗入内，少顷，独坐帘下，召文靖问曰："一宫人死，相公云云何与？"公曰："臣待罪宰相事，内外无不当预。"章献怒曰："相公欲离间我母子耶？"公从容对曰："陛下不以刘氏为念，臣不敢言，尚念刘氏

---

① （宋）邵伯温撰，王根林校点：《邵氏闻见录》，上海古籍出版社编：《宋元笔记小说大观》第二册，上海古籍出版社，2007年，第1709页。

② （元）脱脱等撰：《宋史》卷一〇二《礼志·吉礼》，中华书局，1977年，第2502页。

③ （元）脱脱等撰：《宋史》卷一百二十三《礼志·凶礼》，中华书局，1977年，第2870页。

也，丧礼宜从厚。”章献悟，遽曰：“宫人李宸妃也，且奈何？”文靖乃请治丧皇仪殿，太后与帝举哀后苑，百官奉灵舆，由西华门以出，用一品礼殡洪福寺。公又谓入内都知罗崇勋曰：“宸妃当以后服敛，用水银实棺，异时莫道夷简不曾说来。”章献皆从之。后章献上仙，燕王谓仁宗言：“陛下李宸妃所生，妃死以非命。”仁宗号恸毁顿，不视朝者累日，下哀痛之诏自责，尊宸妃为皇太后，谥章懿。甫毕，章献殿殡，幸洪福寺祭告。易梓宫，帝亲哭视之，后玉色如生，冠服如皇太后者，以有水银沃之，故不坏也。帝叹息曰：“人言其可信哉！”待刘氏加厚。使仁宗孝德、章献母道两全，文靖公先见之明也。呜呼智哉！①

李宸妃治丧地点在皇仪殿，百官奉灵舆，从西华门出，太后和帝举哀于后苑，然后殡葬地点在洪福寺。后来章献太后殿殡时，幸洪福寺祭告。白文固在《宋代的功德寺和坟寺》一文中提到，神御殿古称原庙，即皇室在祭祀祖先的正庙之外的别立之庙。神宗元丰以前，宋之列帝神御殿皆分别坐落在各寺观之中，如宣祖和昭宪皇后的神御殿设在资福寺。太祖的神御殿共有七所，其中的太平兴国寺开元殿、应天禅院西院、扬州建隆寺章武殿、滁州大庆寺端会殿皆落成于佛寺之中。太宗的神御殿也有七处，其中的启圣禅院和并州崇圣寺统平殿及西院亦落成于佛寺之中②。陵园佛寺、宫中佛寺、佛寺中神御殿等，一起构成了整个北宋王朝政治生活中的佛寺空间组合。

西夏三号陵地面遗迹位于西夏陵区的中部偏南处，陵园坐北朝南，平面呈南宽北窄的梯形，陵园有4座角台、2座阙台、2座碑亭、1座月城和1座陵城（图7-5）。陵城前有月城，月城内月城门至陵城门的神道两侧各有两排石象生。陵城南北略长，呈近方形，四面有陵门，南门面阔五间，其他三门面阔三间，四座门的两侧均有门阙建筑，每侧均为三阙。在陵城内的南北中轴线上，从南向北建有献殿、墓道、墓室和陵塔。献殿建在八角形台基上，为圆形大殿；陵塔建在近北门处。阙台、门阙、角阙、献殿、陵塔均为圆形建筑，除献殿外，其他建筑均有塔刹的建筑构件，陵塔还可辨认出有7层。报告认为，这些圆形建筑，很有可能都是塔的形式，西夏以佛教为国教，并把象征性的佛塔建在陵园内，以示虔诚礼佛。东阙台遗址发现迦陵频伽、宝瓶等建筑构件；西阙台遗址发现迦陵频伽构件；月城遗址出土迦陵频伽构件；南门遗址出土有五角花冠嫔伽（图7-6）、摩羯鱼等饰件，此外还有束腰重层仰覆莲釉陶器座；东门遗址出土五角花冠嫔伽、四角叶纹花冠嫔伽、釉陶束腰仰覆莲座；西门遗址也出土有嫔伽；北门

① （宋）邵伯温撰，王根林校点：《邵氏闻见录》，上海古籍出版社编：《宋元笔记小说大观》第二册，上海古籍出版社，2007年，第1743-1744页。

② 白文固：《宋代的功德寺和坟寺》，《青海社会科学》2000年第5期，第76-80页。

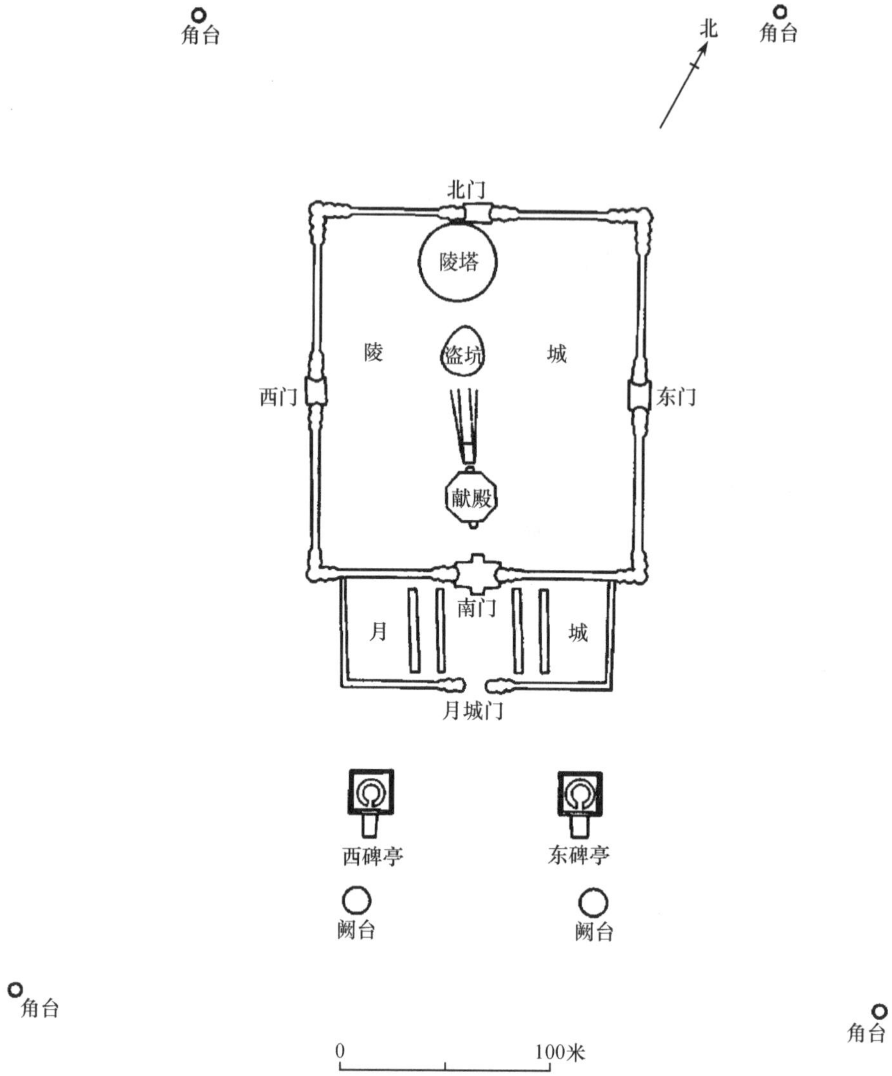

图7-5　西夏三号陵园平面图
（采自《西夏三号陵》图六，第14页）

遗址也出土有嫔伽和仰覆莲座；几个角阙、献殿和陵塔遗址出土物也大致类似[①]。报告提到西夏三号陵可能为景宗元昊泰陵，因无文字等直接证据，目前并不确定。

西夏六号陵也经考古发掘，而且发掘了地宫，地宫由墓道、甬道和墓室组成，墓室由主室和东西两侧室组成。奇怪的是，与西夏三号陵不同，六号陵也发掘了陵园遗址，但是却没有发现类似三号陵那样丰富多样的迦陵频伽建筑、摩羯鱼等建筑饰件。六号陵的陵台为一八边形的实心土塔。在地宫的盗坑底部出土了石螭首、莲花石柱

① 宁夏文物考古研究所、银川西夏陵区管理处编著：《西夏三号陵——地面遗迹发掘报告》，科学出版社，2007年。

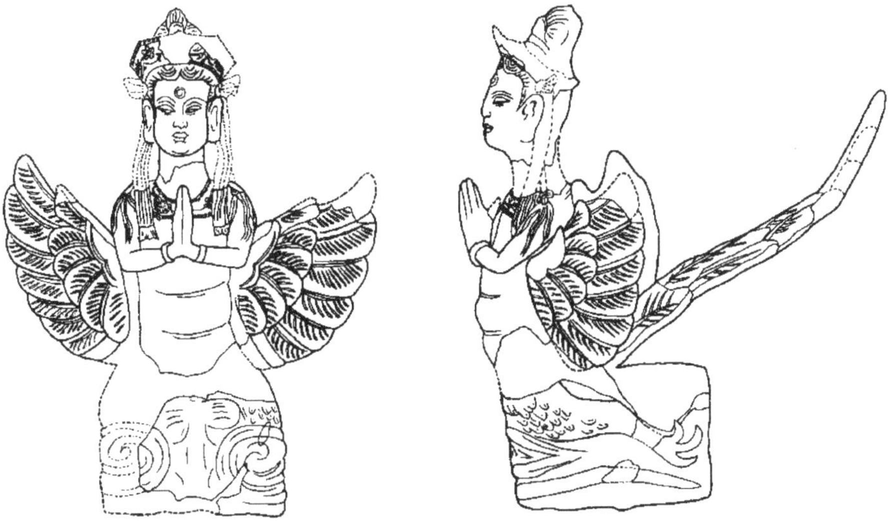

图7-6　西夏三号陵南门出土釉陶五角花冠嫔伽
（采自《西夏三号陵》图六五，第107页）

础、雕龙石栏柱等，石栏柱的顶部还保存有莲花座，报告推测这些石制品应该是地面文物。在地宫内还出土了经幢1件，幢身上下两端各有一柱状榫头，八面体，汉字经文竖刻在幢面，经文内容可见：无边身菩萨摩诃萨、越三界菩萨摩诃萨、观世音菩萨摩诃萨、大势至菩萨摩诃萨、乐王菩萨摩诃萨、乐上菩萨摩诃萨、□□□菩萨摩诃萨、□□□□菩萨摩诃。通高达到49.2厘米，榫高7.2厘米。报告结合出土的汉文残碑，推定西夏六号陵为太宗李德明嘉陵，李德明卒于宋明道元年，即1032年①。

在西夏陵区的北端发掘一建筑遗址，位置在陵区的北端东部，与9号陵、7号陵的位置比较接近。遗址的平面呈长方形，为一三进院落的建筑群体，依次为前院、中院和后院，中院里面有内院，内院的中心为一大型殿堂遗址，也就是中心大殿。两侧还有东西院和跨院等（图7-7）。此建筑遗址出土了不少塑像残块，内容均与佛教有关，有一些小型的塑像、莲花座等②。笔者推测该遗址或为西夏陵区的佛寺遗址。

此外，在这里附带谈一下北宋陕州漏泽园墓地。在三门峡上村岭发现漏泽园墓地，共发现小型土坑竖穴墓849座，整个墓地排列有序，葬具简单，有的仅为碎陶片，墓中出土了大量的砖志，砖志内容表明漏泽园是国家对死者安葬的慈善机构。根据《虢州卢氏县漏泽园记》碑文记载，该墓地为北宋陕州漏泽园，启用时间是北宋崇宁四年，主事者主要为僧人和邑人，志文中说将建佛宫宇于墓地之上，使死者日闻法音

① 宁夏文物考古研究所、银川西夏陵区管理处编著：《西夏六号陵》，科学出版社，2013年。

② 宁夏文物考古研究所（许成、杜玉冰）编著：《西夏陵——中国田野考古报告》，东方出版社，1995年。

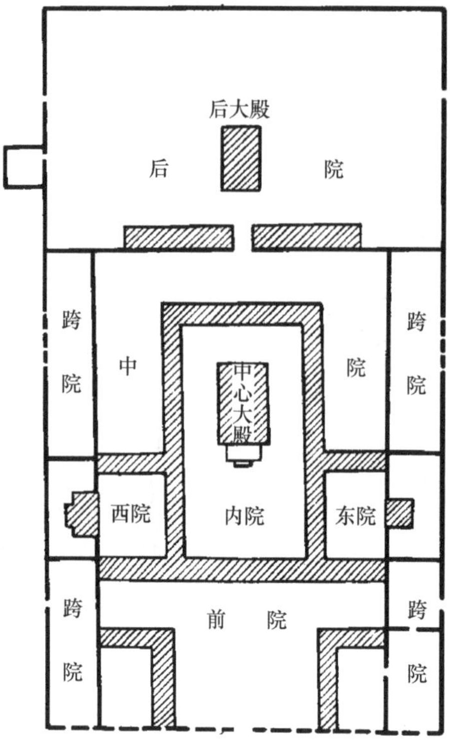

图7-7　西夏陵北端佛寺遗址平面图
（采自《西夏陵——中国田野考古报告》图四五，第78页）

演无量义，从而往生乐土[①]。

河南滑县八里营发现的漏泽园墓地有墓葬150多座，排列成行，均为土坑竖穴式墓，墓内除骸骨外，只有铭文砖。铭文砖内容包括纪年、死者身份、编号等内容。纪年在政和至宣和年间，入葬者有军人、居养院收养的老人、无名百姓、狱内罪人、家贫乞葬者等。有的入葬前经过安济坊验讫。据此认为是一处漏泽园遗址[②]。

文献中也有漏泽园的相关规定。《宋史》卷一百七十八《食货上》六《振恤》：

> （崇宁）三年，又置漏泽园。初，神宗诏："开封府界僧寺旅寄棺柩，贫不能葬，令畿县各度官不毛地三五顷，听人安厝，命僧主之。葬及三千人以上，度僧一人，三年与紫衣；有紫衣，与师号，更使领事三年，愿复领者听之。"至是，蔡京推广为园，置籍，瘗人并深三尺，毋令暴露，监司巡历检察。安济坊亦募僧主之，三年医愈千人，赐紫衣、祠部牒各一道。医者

① 三门峡市文物工作队：《北宋陕州漏泽园》，文物出版社，1999年，第1-4、389-392页。

② 宋采义、予嵩：《谈河南滑县发现北宋的漏泽园》，《河南大学学报（哲学社会科学版）》1986年第4期，第53-58页。

> 人给手历，以书所治瘗人，岁终考其数为殿最。诸城、砦、镇、市户及千以上有知监者，依各县增置居养院、安济坊、漏泽园。道路遇寒僵仆之人及无衣丐者，许送近便居养院，给钱米救济。孤贫小儿可教者，令入小学听读，其衣襕于常平头子钱内给造，仍免入斋之用。遗弃小儿，雇人乳养，仍听宫观、寺院养为童行。宣和二年，诏："居养、安济、漏泽可参考元丰旧法，裁立中制。应居养人日给秔米或粟米一升，钱十文省，十一月至正月加柴炭，五文省，小儿减半。安济坊钱米依居养法，医药如旧制。漏泽园除葬埋依见行条法外，应资给若斋醮等事悉罢。"①

漏泽园制度的实施，其中一些棺柩会寄放在佛教寺院，这是当时社会对死亡者处理的一种方式。这些棺柩中也有贫不能葬者，由官府置田处理，实施救恤。漏泽园主事者是僧人，并且采取了奖励的制度，葬三千人就度僧一人，如果埋葬处理死者此事长达三年，将会给予"紫衣"和"师"的称号。对于漏泽园的埋葬也有规定，同时会有监司进行巡检。漏泽园的制度规定还推广到郡县实施。在上述文献中，还有一点值得注意，就是以往漏泽园埋葬既有依照执行的条法，也有斋醮法事，这其中既有道教的法事，也应该有佛教的法事，这也是与漏泽园有僧人参加相一致。

徐度《却扫篇》卷下记载：

> 漏泽园之法，起于元丰间。初，余外祖以朝官为开封府界使者，常行部宿陈留（宋开封城东南郊）佛寺，夜且半，闻垣外汹汹，若有人声。起烛之四望，积骸蔽野，皆贫无以葬者，委骨于此。意恻然哀之，即具以所见闻，请斥官地数顷以葬之。即日报可，神宗仍命外祖总其事。凡得遗骸八万余，每三十为坎，皆沟洫，什伍为曹，序有表，总有图。规其地之一隅以为佛寺，岁轮寺僧之徒一人，使掌其籍焉。外祖陈氏，名向字适中。②

漏泽园制度起于神宗元丰，成于徽宗崇宁年间。提举常平官陈向之所以于元丰二年议起公墓，主要是其看到大量尸骸在寺院的旁边。这一点也说明寺院成为人们安置这些无主等尸骸的地点。对元丰年间的公墓的设置具有规划，如三十为坎，皆沟洫，什伍为曹，序有表，总有图。尤其重要的是，一定在公墓旁边以一隅之地建佛寺，置寺僧，其目的在于使掌其籍，倒也没有像前述《虢州卢氏县漏泽园记》所述建佛宫宇墓

① （元）脱脱等撰：《宋史》卷一百七十八《食货上》六《振恤》，中华书局，1977年，第4339-4340页。

② 转引自张新宇：《试论宋代漏泽园公墓制度的形成原因和渊源》，《四川大学学报（哲学社会科学版）》2008年第5期，第129页。

地之上，是为了使死者日闻法音演无量义，从而往生乐土。宋代漏泽园产生的原因与宋代特殊的兵制有关，受到神宗变法的影响。此外神宗大规范修筑开封城，造成大量尸骸无人收埋，是促进公共墓地形成的直接诱因。漏泽园制度与佛教寺院寄骸法相类，但并无直接的渊源关系[①]。

张勋燎对崇宁三年（1104年）王观国《虢州卢氏县漏泽园记》碑进行了考述，概括了北宋漏泽园制度的主要内容，“①在全国各州境内选择国家或私人所有的高地建漏泽园；②墓园面积，大小不限；③墓园四周要用土墙或木桩建成的栅栏围起来，中间建造房屋作为祭奠之所；④葬在园内的墓都要刻记死者姓名，营建封土堆和种植树木作为标记；⑤葬墓所用的葬具，祭奠所用的物资，经手葬埋死者所用的工作人员配给，一概由政府负责解决；⑥禁止进入园内进行打柴放牧；⑦绘图记录，建立葬墓档案，由地方官吏掌管；⑧选拔可靠的僧人，具体负责经办有关葬埋死者之事；⑨本州本郡地方官和其他政府委派进行监察的人员，需对各地漏泽园工作进行监督考察，对任务完成得好的人员给以奖励，对不负责任工作做得不好的人员加以处罚”，并从公墓的角度梳理了漏泽园制度的萌芽、形成及发展[②]。

漏泽园本身与佛教丧葬观念等并无直接关系，寺院寄骸法才是与佛教、丧葬关联较直接的现象。但是寺院寄骸法是否反映佛教对丧葬礼俗的影响，也还得分析。寄骸法所寄骸骨也都是贫不能葬者，属于慈善救济事业，在唐代即已出现，火葬然后埋葬是其主要埋葬方式，这与漏泽园制度明显不同[③]。北朝开始即已经有死者愿意将自己埋葬在寺院旁边，这种明显是对佛教丧葬观念的信从，与寄骸法和漏泽园制度均不同。但是，对于漏泽园中的佛寺，以及主事者或多为僧人，以及寄骸法的地点及火葬，我们也可以将其看作佛教对丧葬礼俗影响的新形式。

第二节　宋代家族墓地的佛教因素

《司马氏书仪》卷第五《丧仪一》：

又世俗皆画影，置于魂帛之后，男子生时有画像，用之，犹无所谓。至于妇人，生时深居闺闼，出则乘輜軿，拥蔽其面，既死岂可使画工直入深

① 张新宇：《试论宋代漏泽园公墓制度的形成原因和渊源》，《四川大学学报（哲学社会科学版）》2008年第5期，第127-133页。

② 张勋燎：《新出崇宁三年王观国〈虢州卢氏县漏泽园记〉碑考述》，张勋燎：《中国历史考古学论文集》（全三册），科学出版社，2013年，第1179-1193页。

③ 张新宇：《试论我国南方地区的宋代漏泽园遗迹——附论江苏丹阳大泊公共墓地出土的唐代铭砖》，《江汉考古》2008年第3期，第87-95页。

室，揭掩面之帛，执笔望相，画其容貌，此殊为非礼，勿可用也。又世俗信浮屠诳诱，于始死及七七日、百日、期年、再期、除丧，饭僧，设道场，或作水陆大会，写经造像，修建塔庙，云为此者，灭弥天罪恶，必生天堂，受种种快乐。不为者，必入地狱，剉烧舂磨，受无边波吒之苦。殊不知人生含气血，知痛痒，或剪爪鬄发从而烧斫之，已不知苦，况于死者，形神相离，形则入于黄壤，腐朽消灭，与木石等。神则飘若风火，不知何之。假使剉烧舂磨，岂复知之。且浮屠所谓天堂地狱者，计亦以劝善惩恶也。[①]

这是司马光反对种种佛教丧葬礼俗的内容，其反对的有始死及七七日、百日、期年、再期、除丧等丧葬礼俗过程中的重要时间节点里，从事的饭僧、设道场、水陆大会、写经造像、修建塔庙，这些佛事活动的目的无非是升入天堂，免下地狱。司马光的抨击态度可谓激烈，但是司马光在自家家族墓园里却建有佛寺，这就是山西夏县司马光墓的余庆禅院。余庆禅院现建筑位于墓园的东侧，该禅院有可能是北宋元丰八年（1085年）所建，可以寺内《敕赐余庆禅院碑》为证。该禅院是司马光申请创建的一座僧院，完成后划归坟院[②]。

陕西蓝田吕氏家族墓园共有北宋墓葬29座，其中成人墓葬20座、婴幼儿墓9座。墓园边沿由兆沟环绕，自东、西、北三面将墓葬群、神道、家庙包围其中，其中的M26出土鎏金铜佛像1件，该墓为主室带侧室的墓葬，主墓室平面为长方形，棺椁置于墓室正中，椁外摆放器物，主室的左下方又有略小的长方形侧室，主侧室内均有葬具板灰残存，出土的鎏金铜佛像被认为是鎏金铜地藏像，面相圆阔，披通肩袈裟，左手托摩尼宝珠，半结跏趺坐于莲花须弥宝座上，左腿下垂，踩于仰莲茎叶之上，背光及底座均缺失。该墓出土有铭文石磬，记载墓主人为吕义山，为吕大钧前妻马氏所生。该墓还出土了白石狮形镇、定窑折腹盘、铜尺、石铫等。此外，该墓地中的M4也出土了1件佛像，该墓为合葬墓，墓主为吕大防子吕景山夫妇[③]。

韩琦乃北宋三朝宰相，经仁宗至神宗，《宋史》有传，北宋熙宁八年（1075年）病逝于相州，死后葬于相州安阳丰安祖茔。2009～2010年，因南水北调工程，安阳市

---

① 司马光：《司马氏书仪》卷第五《丧仪一》，王云五主编：《丛书集成初编》，商务印书馆，1936年，第54页。

② 山西省夏县司马光墓文物管理所：《山西省夏县司马光墓余庆禅院的建筑》，《文物》2004年第6期，第47-64、96页。

③ 陕西省考古研究院：《陕西蓝田县五里头北宋吕氏家族墓地》，《考古》2010年第8期，第46-52页，图版拾叁-图版拾肆；陕西省考古研究院、陕西历史博物馆、北京大学考古文博学院、北京大学中国考古学研究中心编：《异世同调：陕西蓝田吕氏家族墓地出土文物》，中华书局，2013年。

文物考古研究所对韩琦家族墓地进行了考古发掘[①]。墓地位于今天的安阳市殷都区北蒙办事处皇甫屯村西地，考古未发现陵墙及其他边界建筑，现今墓地南侧有一沟渠，东侧也有一南北向的小水沟，陵园呈南北走向，最南端偏东卧一青石赑屃，沿神道向北100米便是墓前石刻，两旁对称排列着石羊、石猪、石翁仲，均为一对。考古发掘韩琦家族墓地共发现9座砖、石室墓，以及照壁、拜殿大型建筑遗址。9座墓葬中，墓主明确的是M1为韩琦与夫人崔氏合葬墓，M3是韩琦长子韩忠彦与夫人吕氏合葬墓，M4是韩琦的第二位夫人普安郡夫人崔氏之墓，M6为韩治与夫人文氏合葬墓，M7为韩粹彦与夫人陈氏合葬墓，M8为韩纯彦与夫人孙氏合葬墓。

在墓地M2和M3的南面，为照壁遗址，M2和M3的后面就是韩琦墓M1，该建筑遗址与韩琦墓呈南北纵向分布，应该为墓葬的墓前建筑。基址呈东西走向，建筑基址的东西两侧各有一处小型的建筑基址，平面为长方形，基址的表面为夯土，上面有方形和圆形的柱洞。在对照壁建筑基址进行清理的时候，发现原建筑的墙皮遗存，白地朱红色图案，图案成条状。另外一个大型建筑，报告称之为拜殿基址，编号为F1，位于韩琦家族墓地的最南端，坐北朝南，平面呈方形，北边长19.3、南边长18.5米，基础夯打，西侧和南侧各有一缺口，疑似建筑门址，出土了大量的琉璃构件、兽面纹瓦当、板瓦、筒瓦及石象生的残片等，琉璃建筑构件可见鸱尾、兽头、仙人、龙、凤、狮子等建筑构件残块，另还发现少量石质构件，上面有浅浮雕的羊头图案。

M1为韩琦与安国夫人崔氏的合葬墓，位于墓地的西北处最高点，由墓道、墓门、两侧护墙、封门、门楼、甬道、墓室和椁室组成。在墓上，也就是墓顶上方还有墓上建筑遗存，为东西向平行分布的“地梁”三处，地梁由柏木制成，放置在地槽内，最南侧的地梁两侧还有石质长方形的柱础。墓道东西两侧残存有部分壁画，东侧可见人物头像；西侧共有8个人物头像，似是男性官员的形象。甬道正中设有石门，均为素面。墓室为圆形，分为上下两部分，上部分平面呈圆形，下部分为椁室，平面呈长方形，青石板盖顶，椁室内亦用石梁分为南北两室。墓葬被盗严重，在墓门后和墓室的东南角发现了韩琦及夫人崔氏的墓志，墓室北部填土中出土石函1件。石函整体为长方体，盝顶，函盖底边长46.2、宽23厘米，函内中空，函四周及盖上均线刻牡丹、莲花等图案。另外，M1的填土中还出土了一件石狮的头部。韩琦墓葬遗存中没有明确丧葬礼俗与佛教有关的发现，但是根据墓志及一些文献记载，还是有几处值得注意的。韩琦墓志志文节录如下：

……熙宁八年六月二十四日，永兴军节度使、守司徒兼侍中行京兆尹、判相州军州事、魏国韩公薨于正寝，享年六十八。上闻震悼甚，罢三日视

① 河南省文物局编著：《安阳韩琦家族墓地》，科学出版社，2012年。

朝。赠尚书令 诏配享 英宗庙庭 临后苑发哀，音过常数。遣使吊问其孤，赙物加等。又令其家欲有所请，而在著例外者，一一条上，后皆从之，亲族拜官者十人，以其兄子正彦知相州。命太常丞集贤校理李清臣祭以中牢，遣入内都知利州观察使张茂则监护葬事，又遣句当龙图天章宝文阁入内供奉官张怀德增修坟兆，断石以为幽堂，其费皆给于官。有司考行谥曰忠献，以其年十一月二日葬于相州安阳县丰安村祖茔之西北……太原之俗，死者多燔而后葬，贫人无地则收骨寄之佛祠中。公知恻然，乃下令开谕，自今勿得燔。又为近郊买地，四隅立表，贫无地者得葬其中。自是其俗一变。……娶尚书工部侍郎崔公立之女，追封魏国夫人……先公而亡，公之葬附焉。六男子……良彦，秘书省校书郎，早卒……五女子长不育……次二人不育……①

韩琦墓志中没有明确交代其丧葬礼俗是否与佛教有关。但是韩琦墓志文中，提到了太原的丧葬风俗，其地多火葬，死后没有土地的贫穷者将火化的骨灰寄存在佛祠中。此处佛祠应该是与佛教寺院有关，或者是由佛教寺院、僧侣负责提供的专门地方，以为穷人寄存火化之后的骨灰。韩琦的措施是专门买了一块地，并且对这块地做了专门的标记，以便埋葬贫穷无地者。韩琦措施的效果就是“自是其俗一变”。

在M1的东侧有韩琦二夫人普安郡太君崔氏墓（M4），长斜坡墓道，圆形墓室，出土了“宋故普安郡太君崔氏墓志铭”，志文要略如下：

宋故普安郡太君崔夫人……魏国夫人薨，忠献公即以家政付之……忠献公严于家祀，夫人岁时承事极于精洁，忠献公薨，不懈益处。晚年奉佛尤谨，每夙兴危坐，读诵达旦，至晡而罢。大观二年十二月六日，以疾终于相州之私第，享年六十六……夫人谓曰：“我当往西方取经，释氏谓净土是也……”②

从M4韩琦二夫人普安郡太君崔氏墓志文看，崔氏是信仰佛教的，而且认为去世乃是往西天取经，前往极乐净土了。

韩琦家族墓地中的M3，为韩琦子韩忠彦及其妻安康郡夫人吕氏的合葬墓。墓室平面呈圆形，墓内出土了石函1件，同时调查得知该墓出土了安康郡夫人吕氏的墓志铭。石函底边长34、宽25厘米，长方体，函内中空，四周及盝顶盖上线刻牡丹、莲花等图

① 河南省文物局编著：《安阳韩琦家族墓地》，科学出版社，2012年，第92-96页。标点为笔者所加，下同。

② 河南省文物局编著：《安阳韩琦家族墓地》，科学出版社，2012年，第98页。

案。M6为韩忠彦子韩治及其妻平阳郡文氏的合葬墓，墓葬为三室石室墓，墓室整体平面呈长方形，用青石砌成，由南向北分为前、中、后三室，中室的西侧有两个小耳室，每个耳室内放置一个石函，后室的西侧也有一个小耳室，其内也放置一个石函，前室的西南角、西北角各放置一件铁猪，东南角和西北角各放置一件铁牛，铁猪和铁牛的头均朝向西。耳室内的3件石函形制基本相同，最南边耳室内的石函，外边长54、宽38、高10厘米，盝顶盖，长方体，函内残存有木屑的痕迹，盖中饰对称的凤鸟及缠枝花卉图案，上下边饰缠枝花卉及卷云纹，左右两边饰花卉和白虎等图案；中间耳室内的石函，盖中为近似菱形纹的图案，主题纹饰是缠枝牡丹，四边是卷草纹和缠枝花卉图案；最北侧耳室内的石函，要比中室内两个石函略大，所饰图案是缠枝牡丹、花卉等，函内尚有朽木和锈蚀的铁块等。M7和韩粹彦及其妻陈氏的合葬墓，为竖穴土圹双室墓，墓志放在前面的小竖穴内，墓室为后室的大竖穴，方形，砖石砌成。M8为韩纯彦与令人孙氏的合葬墓，方形墓室，条石砌造，墓室分前后两室。M9为圆形砖室墓。韩琦家族墓地中有两个问题值得进一步探究。

第一个问题是，韩琦墓与佛教信仰的关系。韩琦墓志中记载，其在太原时，太原有俗，人死皆燔烧，而且燔烧后的骨灰放置在佛寺里，韩琦似乎对这种风俗不太认同，专门买了地，并且专门对用地做了标记，然后让贫无低产的人埋葬其中，似乎燔烧尸骨的习俗就改变了。同时，在韩琦死后，韩琦的二夫人普安郡太君崔氏却是崇信佛法的，而且其认为死亡就是赴西天取经，往生净土，尽管有此生死观，但是其丧葬礼俗中有无佛教活动不得而知。探讨韩琦等与佛教的关系，涉及其墓地是否有佛寺的问题。《安阳韩琦家族墓地》考古报告提及几个地方志文献，其中清嘉庆二十四年的《安阳县志》提到："韩魏公闻名遐迩。北宋靖康年间，金兵南侵，进入报先寺，见魏公画像，因敬佩魏公的德才，全都下马罗拜，秋毫不犯而去。"这里提到了报先寺，里面还有魏公的画像。清乾隆二十七年《厘定宋忠献韩公墓田碑记》记载："按公之祖墓，一在丰安，一在新安……丰安共地一顷八十五亩，南至路，北至沟，东至寿安寺，西至堰。新安共地一顷八亩，南至路，北至高堰，东至孝亲寺，西至堰。"这里清代的文献提到丰安陵区的东面有寿安寺。明代崔铣的《彰德府志》记载：

> 韩谏议墓，在水治，忠献公父也，其先世俱在焉。有富郑公神道碑。坟皆甓甃完者尚多，许圭塘曰兵荒中守坟寺僧纪公奋身抗敌，卒赖其力。宅兆形势风水，家图以为式，天地间罕见者。魏公墓，在丰安村，子忠彦等祔。初，公薨，天子自撰碑额，曰：两朝顾命定策元勋之碑，命学士宋敏求就墓书之，赐坟左功德寺，曰传孝报先禅院。宋乱，寺毁于兵，僧徒解散……残

毁殆尽……[1]

根据这几条文献，以及韩琦二夫人也崇佛，似乎有理由认为，在韩琦的墓园，原来应该有坟寺，而且寺名就是传孝报先禅院，当然，我们也必须清楚这些文献均是后代、时间相隔长短不一的文献，是否真实反映宋代的情况，不得而知。此外，我们佐证韩琦墓园应该有佛教因素遗存的材料还要三条：其一，其墓园出土了石狮。其二，考古报告所谓的拜殿遗址，也就是F1，平面呈方形，出土了一些兽面瓦当、琉璃建筑构件的鸱尾、兽头、仙人等，以及浮雕羊头图案的石构件。报告推测这一建筑基址为拜殿，不知是否有佛寺建筑的可能，孰是孰非，均未得确证。其三，就是本书下面所要论及的石函。

石函是韩琦家族墓地出土的为数不多的器物，数量达到了5件，M1韩琦及其夫人安国夫人崔氏墓内出土1件、M3韩忠彦及其妻安康郡夫人吕氏合葬墓出土1件、M6韩治与其妻平阳郡君文氏合葬墓出土了3件石函。上述石函均为长方形，盝顶盖，盖和函身均有线刻的纹饰，有缠枝花卉、牡丹、莲花、白虎等纹饰图案，个别石函内有朽木和锈蚀的铁块，其尺寸差别不大，外形、尺寸、花纹等的一致性，说明这种石函在使用功能上的一致性可能。这些石函在墓内使用不外乎几种可能，要么是内装随葬器物，要么是安置死者。就安置死者而言，这些石函应该装置死者的骨灰。在夫妻合葬墓葬中安放死者的骨灰，一般而言，极有可能是死者的未成年子女。而巧的是，根据墓志，上述三墓墓主夫妇均有未成年子女死亡。如韩琦墓志提到其六子中，良彦早卒，韩琦墓内的石函或许就是早卒良彦的灰骨；M3韩忠彦及其妻安康郡夫人吕氏合葬墓，文献所载的韩忠彦第一个妻子东平县君吕氏的墓志提到，其生有三子，长子和次子均不育，也有未成年死亡的儿子，但数量与墓内发现1件石函不符；M6为韩治及其妻平阳郡夫人文氏的合葬墓，该墓在中室和后室的西侧单辟小耳室，安放了3件石函，引人注目。韩治墓志记载，其有五男，分别是肖胄、肯胄、肤胄、肩胄、应胄，其中明确记载肯胄“蚤世”、肩胄“亦早卒”，韩治合葬夫人文氏墓志记载其男有四人，比韩治墓志记载少一人应胄，余四人皆相同，所记早逝的也是两人肯胄和肩胄，但是墓室中却是3件石函。笔者推测，3件石函中或许还应有韩治早逝的妻子，也就是韩治墓志中记载的“初娶文氏”，其于元祐五年九月己卯卒，后韩治继室为初娶文氏的从妹，也就是东平县君，巧的是韩治与东平县君文氏合葬墓中，中室西侧两个小耳室各摆放一件石函，后室西侧小耳室中摆放一件石函，而且后室耳室中的石函比另外两件要显得大一些、精美一些，因此，笔者推测，中室西侧耳室中的两件石函装置的是韩治早

① 转引自河南省文物局编著：《安阳韩琦家族墓地》，科学出版社，2012年，第6-7页。此文献引用错误不通顺之处不少，笔者转引自考古报告，并对其重新校读录文。

逝的两个儿子肯胄、肩胄的骨灰，而后室西耳室石函内则可能是韩治早亡妻子文氏的骨灰。如此，韩琦墓园中诸墓随葬石函，其一可能为未成年死亡子女与父母合葬、早亡的妻子与丈夫的合葬；其二这些早亡的死者或许都是实行的火葬，当然也有可能重新实行合葬时，将原先埋葬的死者尸骨进行火化，以便进行合葬。

2008年，洛阳市第二文物工作队在洛阳邙山南麓发掘宋代墓葬11座，出土墓志14合，根据墓志，这批墓葬为北宋中后期宰相富弼夫妇及其家族的墓地，年代大致自1032～1124年，前后历经近百年①。在这批发掘的墓葬中，根据墓志内容，富弼妻晏氏、富绍荣妻宜人范氏、富直方均信奉佛教。此外，根据文献记载，富弼父富言的丧葬事宜也与佛教有关。

富弼夫妇墓为长斜坡圆形单室墓，编号为ⅠM2761，由墓道、封门、甬道、墓室及椁室等部分组成。甬道两侧各设一个壁龛，甬道西壁还残存武士图一幅，武士持剑，身披铠甲，足穿长靴。甬道两侧壁原均绘有壁画。墓室中部底平面以下，设置椁室，为暗室，呈方形，顶上铺有长方形青石椁室上部东西各有四个对称铆口，原或插有横木。墓室的西北部还残存有壁画，墨绘线条，依稀可见白云、飞鸟等图案。墓葬盗扰严重，富弼墓志发现于甬道和墓室之间，富弼妻晏氏墓志发现于墓室。富弼墓志言“元丰六年闰六月丙申，司徒、韩国公、致仕富公薨于西京里第之正寝，享年八十。天子闻讣震悼，为辍视朝。内出祭文，遣中贵人致祭，所以赙恤其家甚厚，且以太尉告其第，谥曰文忠”。其妻晏氏墓志铭中提到：“夫人好释教，常斋心以诵其书，虽寝疾亦不废。福善居第，林馆幽邃，文忠吟笑其间，优游一纪……夫人享年七十有三，元祐元年十一月二十八日以疾终于福善第之□□。卜二年二月一日甲申祔于河南府河南县金谷乡南张里文忠之墓。”元丰六年为1083年，元祐二年为1087年。富弼妻墓志记载其信奉佛教，富弼墓志中尽管没有与佛教有关的信息，但是在《富公行状》中言其少年笃学，刻苦寓居于僧舍②，在其生活中与佛教有关联是肯定的。

富直方夫妇墓编号为ⅠM2752，该墓为长斜坡圆形单室砖墓，墓盗毁严重，出土了富直方和夫人范氏墓志。富直方墓志盖盝顶，顶部篆书“宋朝奉郎富公墓志铭”，志文如下：

宋朝奉郎致仕富公墓志铭

朝奉郎赐绯鱼袋范之才撰

朝散郎赐绯鱼袋刘绚书

---

① 洛阳市第二文物工作队：《富弼家族墓地》，中州古籍出版社，2009年。

② （宋）范纯仁：《范忠宣集》卷十七，转引自洛阳市第二文物工作队：《富弼家族墓地》，中州古籍出版社，2009年，第226页。

儒林郎新就差汝州司工曹事杨适篆盖

昔人言守成之难，岂特有天下者为难，公卿大夫之守其家者亦难……时文忠公初还政，居第适就，其堂庑户牖，显敞深靓，不侈不陋。西园亭榭竹木，如细柳行伍，俨列端植。子若孙朝夕问安仪甚肃，无寒暑之间。义伯率内外诸弟，蚤暮集中门，整冠齐衣，雁序而进于文忠公前，退就学舍……义伯，字也，幼名定方，方后更直方……（政和）七年六月二十有五日遂终于正寝，享年五十。从弟迪功郎直柔实承家事，卜宣和二年七月二十三日举葬于右卫公墓次，袝文忠公兆也……又日诵《华严经》，凡世间得丧荣辱不以经意，泊如也……袁异刻。[1]

宣和二年为1120年。据志文，公卿大夫须“守其家”，崇信佛教成为“守其家”的重要内容。

富绍荣夫妇墓编号为ⅠM2744，为长方形竖穴墓道砖石室墓，墓室平面近方形，墓葬盗毁严重，出土墓志二合，可知墓主为富绍荣及其夫人宜人范氏。富绍荣以疾终于宣和六年二月二十二日，其妻宜人范氏：

朝请大夫富绍荣妻范氏，名柔，字德温，河南忠献公之裔也……四十五岁以疾终于京师东夹道之僦舍，寔政和三载癸巳十二月九日。是年又遇恩，以新制行，改赠宜人。将卜七年丁酉十月癸酉日来葬河南府洛阳县金谷乡南张里祖茔内，域南外昭丁方第四穴位……晚年益执妇道，以顺为正。在中馈，无攸遂，常恐一失予意而左右以承之。舍是则诵佛书，勤女工，焚香宴坐，终日自若。所以成吾家道者，寔有赖焉。今其亡矣，若去二手……[2]

根据墓志的记载，富绍荣的夫人宜人范氏的晚年生活，信奉佛教是其一部分，主要包括诵佛书、焚香等，“所以成吾家道者，寔为赖焉”。但墓志没有明确记载，范氏的丧葬安排中有无佛教的活动或者影响。

富弼的父亲富言，其墓志铭明确记载其丧葬安排与佛教有关，录文如下：

呜呼！我先君奋寒苦，入尚书为郎、朝请大夫，秩上柱国，勋五品服。天子又以郡政委之，在官凡三十一年，不为不遇矣。年六十三考终，命亦不为凶且夭矣！……天圣八年就移，知万州，着令川陕官不得以族行，因尽室

① 洛阳市第二文物工作队：《富弼家族墓地》，中州古籍出版社，2009年，第65-67页。
② 洛阳市第二文物工作队：《富弼家族墓地》，中州古籍出版社，2009年，第65页。

寓于洛，惟以一子从万，逾三峡与黔戎为邻，水湍陆巇，舟车仅及。土风人物，不与华类。有疾勿药，惟巫是仰。率以病死免者百一。先君至之，明年九月三日感厉气，无良医，以终于郡署之正寝。时弼行河阳戎判事，二十四日闻讣，仓皇叫呼，心魂逮绝，为顽为逆，不遂以死。乃匍匐由唐、汝至襄阳，落西山路，以及归州，始遇旅榇，仲弟爽以跋历险远，不能全以归，用浮屠法火化矣。呜呼哀哉！兴居不得侍，饮食不得养，诊视药疗，不得尽其志，皋复殓送，不得见其终，虽克见之，惟煨烬耳。某即死，精气肤肉皆可灭，此恨沦于骨髓，不可灭。天地山川有穷已，此冤无穷已！天乎！生不能从以养，没而奔之，非孝也。以十一月十四日卒哭，奉护归洛，藁于上阳佛舍，又明年十一月十六日，葬于洛阳县北张村之夹马原。自归凡一年而葬。礼，大夫三月兹缓焉，礼之变也。①

据此可知，富言采用浮屠之法，也就是火葬，之所以采用此法，实际是因为其因病死亡于外地，不能全尸以归，所以不得已而为之。富言的骨灰运至洛阳后，也没有立即下葬，而是藁于上阳的佛舍，应该是临时停放在佛舍，此后经历约一年时间，才下葬于洛阳县北张村之夹马原。从富言墓志的通篇叙述中，可见其对死者采用浮屠之法，以及藁于上阳佛舍，是基本不赞成的，认为这与孝是不相符合的。只是在没有办法的情况下，或者也许因其染厉气非正常死亡等有关，才会采取此方法。藁于上阳佛舍长达一年，也许有借佛教以祛除邪祟，祈福有关。

河北井陉柿庄宋墓的墓顶建筑值得注意，该墓地发掘墓葬多座，应该是一座家族墓葬，但年代可能略晚。其中，柿庄二号墓墓顶外部有须弥座式建筑，须弥座平面呈六角形，残存底砖一层。柿庄三号墓墓顶外也建有须弥座式建筑，平面呈六角形。柿庄九号墓的墓顶外也用砖砌一方形须弥座式建筑，边侧壶门内雕刻有花朵、儿童戏耍，儿童有两手执钹的，有执物的，西面还雕刻有迦陵频伽等图案。报告推测柿庄二号、三号、九号三座墓葬的年代，上限不会超过北宋徽宗大观年间，下限可晚到金初②。

柿庄北孤台墓区共清理了4座墓葬，其中北孤台三号墓墓顶也有须弥座式建筑，保存较好，平面呈六角形，底座雕垂帐纹，两侧镶嵌雕砖，有狻猊、羊、牡丹、莲花等。墓内有人骨架三具，其中一具为捡骨葬。该墓年代或也晚至金。

合肥包拯家族墓群墓地范围东西长64、南北宽52米，墓地可见石人、石羊，据调

① （宋）杜大珪编：《名臣碑传琬琰之集》卷一百七，转引自洛阳市第二文物工作队：《富弼家族墓地》，中州古籍出版社，2009年，第219页。

② 河北省文物局文物工作队：《河北井陉县柿庄宋墓发掘报告》，《考古学报》1962年第2期，第31-73页，图版壹-图版贰拾陆。

查，该墓地原有石人、石马、石羊各一对，考古发掘共清理了12座墓葬，墓主有文字可考的有包拯夫妇迁葬墓（M1）、包拯长子长媳包繶夫妇墓（M7）、包拯次子次媳包绶夫妇墓（M5）和包拯孙包永年墓（M4）①。根据发掘报告，整个墓地中轴线正北的M8，是规模最大的一座带斜坡墓道的石室墓，应该是包拯的原葬墓，在M8包拯原葬墓的墓道南口有包拯夫人董氏的原葬墓M6，包拯夫妇迁葬墓在M8的南侧偏西，就是编号为M1的墓葬。这座包拯夫妇迁葬墓M1为长方形竖穴土坑墓，墓室内北部由南而北竖立包拯及其妻董氏墓志铭各一，墓室的中部偏南处置棺一具，棺的两侧帮铆有铁环六个。M1出土包拯墓志一合，志盖篆书“宋枢密副使赠礼部尚书孝肃包公墓铭”，出土时已碎为多块，有明显的打击痕。其妻董氏墓志一合，志盖篆书“宋故永康郡夫人董氏墓志铭”，董氏墓志出土时碎为七块，有明显的打击痕，其中右下方的一个拐角就出土于董氏原葬墓（M6），志文记载了董氏“熙宁元年，夏四月十有一日，故枢密副使、赠礼部尚书、孝肃包公之妃、永康郡夫人董氏，以疾终。享年六十有八。其年十一月二十有八日，祔于尚书之茔……嘉祐末，仁宗自用孝肃为枢密副使，夫人以恩进永康郡……孝肃薨，夫人挟丧归肥川。已葬，屏居阖廷，肃然若严。官府诏老生笃行者，教子于外舍，未尝少假温色，期必能复门户。暇或阅佛书以适性理……”董氏信仰佛教应该没有疑问，包氏家族中的女性对佛教的崇信在墓葬遗存中没有体现。

2004年广州市文物考古研究所在番禺小陵山清理了一处宋代家族墓地，共4座单室墓，M1居中，M2在M1的西南部，M3和M4在M1的东部。4座墓葬的形制结构基本相似，由地表石茔圈和地下墓室组成。其中的M1由茔圈、神道和中间的墓室三部分组成，神道与茔圈结合处地面残留一对石狮座。墓室由地面上砖石框（地上假椁）和地面下的墓穴组成，墓穴内用石板砌成椁室，其内置棺。该墓被盗扰严重，在墓室南端出土魂瓶2件，呈左右对称摆放在墓葬茔圈内口两侧。魂瓶由宝塔形莲花座式盖及深腹瓶身组成，瓶的肩部模贴一周线刻浅浮雕人物，其中有观音、菩萨等。其他三座墓葬也被盗扰严重，未发现有明确与佛教信仰有关的遗存。报告推测该组家族墓地的年代在北宋②。

北宋家族墓地佛教因素表现在多方面，丧葬活动会在佛寺进行，有的也会临时殡厝在佛寺；墓主生前会诵经、造塔，广建功德，以得生前和死后福报；墓地上会建造坟寺，一些斋戒祈福活动会在坟寺中举行，坟寺成为墓地丧葬活动的重要空间；丧葬用浮屠之法，会使用火葬；墓葬中会出现与佛教有关的装饰，甚至墓葬也会建造成须弥座、佛塔等形制；墓内会随葬佛像等随葬品。

① 安徽省博物馆：《合肥东郊大兴集北宋包拯家族墓群发掘报告》，文物编辑委员会编：《文物资料丛刊（3）》，文物出版社，1980年，第154-178页。

② 广州市文物考古研究所：《番禺小谷围岛小陵山宋代家族墓》，广州市文物考古研究所编：《羊城考古发现与研究（一）》，文物出版社，2005年，第278-293页。

第三节　郑州及周边宋代壁画墓

郑州及其周边地区的宋代壁画墓，以《郑州宋金壁画墓》收录较全。详述如下。

新密平陌宋代壁画墓[①]位于新密西南香山缓坡上，为一座前带甬道墓门的砖室墓，墓平面呈八边形，墓室自上而下分为四个部分：下部各壁连接处砌八根抹角倚柱，北壁有假门，柱头上设铺作，拱上为橑檐枋，再其上为八个梯形壁面，顶部为穹隆顶。墓室壁画分为人物壁画、木作彩画及墓顶彩画三种。墓室下部人物画即分布在墓室八个抹角倚柱之间，是墓室壁画的主体。西南壁为梳妆图。西壁为家居图，上绘幔帐，帐下一桌，桌子上放置注子、托盏，注子放置在瓜棱注碗内，桌子围以桌裙，桌子的周侧有四人，分别为男女墓主人及后侧两侍。西北壁为书写图，东北壁为梳妆图，东壁为备宴图，东南壁为读写图。拱上梯形壁面西南壁和南壁脱落，余下6幅壁画。西壁或为“闵子骞行孝”图，西北壁壁画画面左侧有一团祥云，云心开光云上立三人，根据画面左侧的长方形幡状榜题“四洲大圣度翁婆”，可知云上所立三人，中间一人即为四洲大圣。四洲大圣头戴铁锈红圆顶风帽，外披铁锈红袈裟，内着白色交领袖袍，正在诵读双手所持经卷。四洲大圣的身旁左侧为一僧，手持环杖；身后为一侍者，头梳双髻。四洲大圣诵经面对的是跪在其前面的两位老人，也就是榜题所说的“翁婆”，其实也就是墓主夫妇。男主人头戴方巾，腰束带，身着白色团领窄袖袍；女主人头插簪，梳高髻，上着铁锈红袖襦，下穿白裙，两人均双手合十，面对四洲大圣，做虔诚祷告状。

梯形壁面的北壁为仙界楼宇图，前为门楼，两侧有挟楼，右楼为六边形，左楼似长方形，前有门，后面为高大的楼宇，平面呈长方形，厅堂宽阔，下檐出昂较多，楼顶为重檐歇山式顶，正脊两端有高起的鸱吻，楼前楼后均有祥云。东北壁为升仙图，下部为祥云，祥云中有一过仙桥，桥有望柱、扶手、华板，桥正中四角四个望柱较高，顶端为莲花，莲花上站立着仙鹤。过仙桥上有8人通过，最前一人为引路者，梳高髻，双手捧方盒，冒出腾腾热气；后面一人持幡，再其后两人为墓主夫妇，神态虔诚恭敬，两人均双手合十于胸前，在墓主夫妇二人后面为一执幡女子，侧首与身后两女童说话，身后也有一童，均梳双垂髻，其中有两童手捧白色丝卷。东壁画面分为两个内容，左侧题记“行孝鲍山”，画面可见鲍山身背一篓，内坐其母，正从山间走来；画面右侧题记为“王相”，应为孝子王祥，画面可见山中流出一河，孝子王祥浑身只穿短裤，侧身卧于冰上，应该是王祥卧冰求鱼的孝子故事。东南壁画面旁边有题记“行孝赵孝宗”，南壁画面大多脱落。平陌壁画墓壁画内容如表7-1所示。

① 郑州市文物考古研究所编著：《郑州宋金壁画墓》，科学出版社，2005年，第41-54页。

表7-1　新密平陌宋代壁画墓壁画题材分布

壁画位置	西北壁	西壁	西南壁	南壁	东南壁	东壁	东北壁	北壁
铺作上梯形壁面	四洲大圣度翁婆	闵子骞行孝	脱落	脱落	赵孝宗行孝	鲍山行孝、王祥	通过过仙桥	仙界楼宇图
倚柱间壁面	书写图	家居图	梳妆图	甬道入口	读写图	备宴图	梳妆图	假门

平陌壁画墓墓内发现人头骨两个，估计为夫妇合葬墓，墓内出土瓷碗2件和买地券1件，券文脱落较甚，可见“大宋国朝……敕尚明……至东西……阡玖佰玖拾……大……西至……南至……北至……”等，最后是“大观二年三月初拾……”大观二年即北宋徽宗时，即1108年。

新密下庄河宋代壁画墓为斜坡墓道单室砖券墓，墓门上方有砖雕，为门楼样式，墓室是平地下挖袋状土坑，然后在坑内砖砌墓室，墓室平面呈八角形，墓室下部内壁连接处砌八个抹角倚柱，无柱础，柱间有阑额，北壁设假门，门上砌两层素枋，枋间砌两朵铺作，无栌斗，心头伸出耍头。中部转角处柱头上设八个转角铺作，均为五铺作单抄单昂偷心造，拱上有素枋，枋上有橑檐枋，其上伸出方椽，椽之上内收为八个梯形界面，顶部为攒尖顶。墓室壁画主要分为人物壁画、木作彩画及墓顶彩画三种。墓室柱间，也就是在整个墓室四壁下部的壁画，北壁为假门，西南壁为辞行图，西壁为拜师图，西北壁为孝顺高堂图，东北壁上部绘白色锦帐，下部砌一方桌，桌下减地雕出剪、熨斗。东壁为备宴图，东南壁为供奉图，左侧绘一男子，胸前似捧一物；身后为一女子，双手执一笏状物。铺作以上梯形壁面外有红色边框，内绘壁画，南壁左侧绘一门，门涂赭黄色，一扇半掩，右侧绘两团云纹，简报推测或为山间野舍。西南壁上方乌云垂布，下方两马，马后一行脚僧，肩上斜挎行囊，白色僧袍随风向后飘起。西壁左侧绘祥云，右侧绘一门，门楣幔帐高束，下立两僧人，简报推测此图为望门揖客的情形。西北壁上绘祥云，左侧地面埋一木桩，桩前一人弯腰抱一板状物，桩右侧置一鸟笼；画面右侧绘高台柱廊，一僧立于柱廊张望。北壁中部绘一佛，外披枣红色袈裟，内着黄色团领窄袖方袍，结跏趺坐于须弥座上，后有头光和背光。坐佛面容慈祥，右手结手印，左手似施无畏印，腿间置一粉红色长方形物件，简报推测可能是经卷之类。笔者根据图片观察，坐佛前所置粉红色长方形物件，可能是一件桌案，上面似乎还有一香炉，桌前有布幔下垂，整个桌子遮住了后侧佛的跏趺坐和须弥座，仅仅露出两侧。佛的右侧立一老年僧人，左侧也有两人，简报说是二小僧[1]。笔者根据图片推测，至少前面一人似乎是双手合十，呈现出礼拜状，后一人模糊不清，不知是

① 郑州市文物考古研究所编著：《郑州宋金壁画墓》，科学出版社，2005年，第31-41页。

否与前一人一样，做礼拜状，还是如简报所言为僧人，不得而知。简报推测这是佛在讲经布道。梯形壁画东北壁绘一女子，身后祥云缭绕，简报推测此图可能为升仙图。东壁壁画脱落，东南壁上绘祥云，下三僧坐于毯上，左侧一僧，面向右侧二僧，头略扬起。简报推测此图为僧人论法。墓室仿木建筑拱间壁施花卉，均为粉红彩牡丹，墓顶绘八方连续的三角形垂花装饰。墓室棺床上有2具尸骨，墓葬年代应该不出于北宋，进一步的研究将其与新密平陌宋代壁画墓进行对比，平陌壁画墓出土了大观二年的买地券，大观二年也就是1108年，因此推断该墓年代应该在北宋晚期晚段[①]。

登封高村宋代壁画墓为带墓道墓门的单室砖墓，墓门有门楼，墓室平面呈八边形，西南、西南两壁中部各有一小耳室（图7-8）。墓室甬道两侧有壁画，甬道东壁为出行图，甬道西壁为烙饼图，似应为庖厨图。墓室壁下部倚柱间壁画分布较丰富，西南壁为升仙图，上悬黄色横帐、红色幔帐，垂黄色组绶，帐下砖砌一梯形顶耳室，五彩祥云从耳室内飘出，耳室左右两侧分立男女侍，左侧女侍，右侧男侍，祥云之上站立两人，简报认为整个场面表现的是“拱迎逝者升天”。西壁为备宴图，西北壁为宴饮图，东北壁也是备宴图，东壁是备洗图，东南壁也是一幅升仙图，祥云之上所站立者可见为男女二人，耳室两旁拱手而立两侍女。拱间也有8幅壁画，分别是西南壁的“蔡顺拾椹供亲”孝子故事，西壁的“赵孝宗行孝”故事，西北壁的“丁兰刻木事亲”，北壁的“王武子割股奉亲”，东北壁的“舜孝感动天，大象耕田”故事，东壁的“韩伯榆泣杖行孝”，东南壁的“孟宗行孝，哭竹生笋”，南壁的“王祥卧冰求鲤”等孝子故事。铺作上梯形壁面还有8幅壁画，分别是西南壁祥云中拱手站立一女子；西壁流云之上站立一女子，右肩扛一拂尘；西北壁流云之上站立一女子，右肩亦扛一拂尘；北壁流云之中站立一女子，似为菩萨，有头光，身着红色阔袖襦，双手合十于胸前；东北壁流云中站立一男子；东壁流云中站立一女子，双手托盘，盘内有物；东南壁流云中站立一女子，双手端盘，盘内盛物；南壁也是流云之上站立一女子，双手斜持拂尘。木作彩画有牡丹、莲瓣、方胜等，墓顶彩画为垂花饰，垂花饰八个界面绘红色方胜，胜心绘莲花[②]（图7-9）。

墓室骨架腐朽严重，左右耳室各见小孩骨，甬道底出陶盆1、研磨石1，棺床上放置买地券，惜墨书文字脱落不清。简报推测该墓年代在北宋末年。

河南登封黑山沟李守贵壁画墓由阶梯状墓道、门楼式墓门、甬道、封门砖及八边形墓室组成，为一砖雕彩绘壁画墓[③]。墓葬壁画包括人物壁画、木作彩画及墓顶彩画。壁画的分布比较规律，墓室四壁壁画基本上反映的是墓主夫妇生活，拱间的壁画为孝

---

① 郑州市文物考古研究所编著：《郑州宋金壁画墓》，科学出版社，2005年，第208-209页。
② 郑州市文物考古研究所编著：《郑州宋金壁画墓》，科学出版社，2005年，第62-88页。
③ 郑州市文物考古研究所编著：《郑州宋金壁画墓》，科学出版社，2005年，第88-116页。

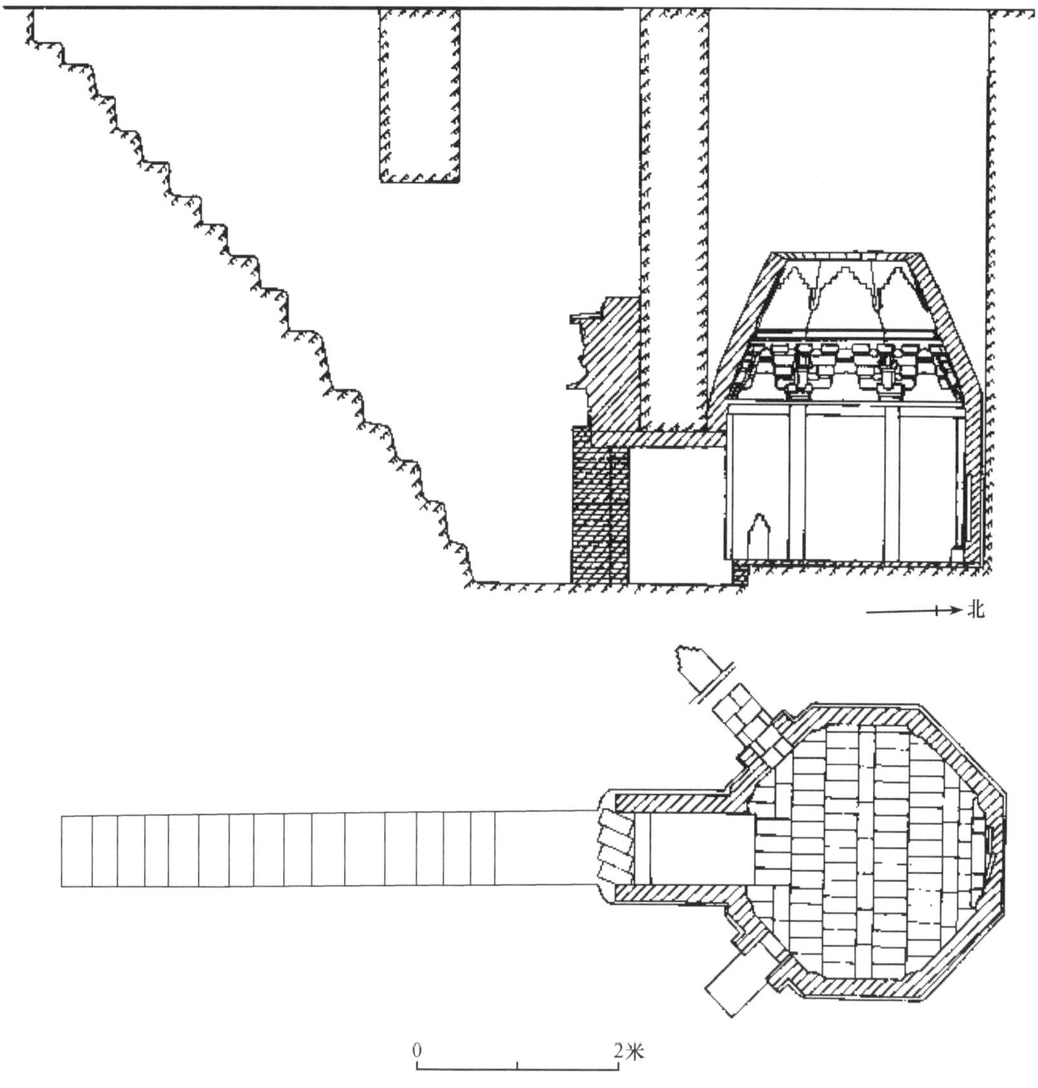

图7-8　登封高村壁画墓平、剖面图
（采自《郑州宋金壁画墓》第63页，图八〇）

行故事，拱上墓顶为升仙内容。墓室八边下部除南边为甬道，北壁为假门外，还绘有6幅人物壁画，分别是备宴图（西南壁）、伎乐图（西壁）、墓主夫妇对饮图（西北壁）、侍儿图（东北壁）、侍寝图（东壁）、侍洗图（东南壁）。墓壁中间拱间壁画共8幅，均为行孝图，西南壁为“参母啮齿，参心痛，负薪而归”的故事，西壁为“王武子行孝，乳姑不怠”的故事，西北壁为“董永行孝，卖身葬父”的故事，西壁应为“丁兰刻木，事亲行孝”的故事，东北壁为“王祥卧冰求鲤”的故事，东壁表现的是“孟宗哭竹”的故事，东南壁为“郭巨埋儿得金”的故事，南壁为“王裒闻雷泣墓”的故事（图7-10）。拱上也就是墓顶的下部，共绘有8幅，西南壁绘两人云中站立，西

图7-9　登封高村壁画墓壁画展开示意图（后半部）
（采自《郑州宋金壁画墓》图八四，第67页）

图7-10　黑山沟壁画墓南拱间“王裒闻雷泣墓”故事壁画
（采自《郑州宋金壁画墓》图一三二，第105页）

壁绘一菩萨，西北壁绘墓主夫妇，北壁绘方形仙庭，东北壁绘两侍女手持莲枝立于云中，东壁两头戴莲花冠道士立于云中，东南壁两侍女双手持幡立于云中，南壁两侍女持招魂幡立于过仙桥上。墓葬被扰，据述有人头骨3及部分肢骨，出土有青瓷盏残片及朱书带字砖一块，上书“今记绍圣肆年十二月二十九日”，还有方形青石质买地券一块，我们可以将券文录下，看看其中有没有与佛教有关的直接记载。详录券文如下：

维大宋西京河南府登封县天中乡/居住殁故亡人李守贵今为三周记满未/有住葬之处 今选定绍圣四年十二月/二十九日己酉大葬愿此黄天父后土母/社稷主边买得墓田壹所周流壹顷用钱/玖万玖阡玖佰玖十玖贯文其地左至青/龙右至白虎前至朱雀后至玄武上至仓/天下至黄泉陆至分明各有去处其买地/钱分付与天神明了两无悬欠一书契人/石功曹一读契人金主簿要见书契人变/飞鸟上天若不见读契人化鱼龙入东海急/急如律令如地下有诸兰夺付与五道将/军领过阎罗天子永判玄堂 李守贵住/宅万代吉昌一代保人如后一代保人/张坚固一代保人李定度见人如后/一见天神一见人地祁

绍圣为宋哲宗赵煦年号，四年为1097年。买地券文中未见佛教因素，但是有比较明显的道教因素，如张坚固、李定度，墓田范围六至中的青龙、朱雀、白虎及玄武等。登封黑山沟李守贵壁画墓中的佛教因素主要是墓室拱间壁画中的南壁“王裒闻雷泣墓”的故事壁画及拱上墓顶下部的西壁菩萨画像。王裒闻雷泣墓故事壁画画面中是一片松林，松林中绘一圆顶的坟丘，坟前有一人，头戴白色笼巾，身上也是穿的白色的宽袖袍，正伏在坟上痛哭，半空中有一旋转的雷公，画面右上角有榜，但无文字。值得注意的是，在坟前伏哭的王裒的后面有一八棱经幢，幢由础、座、柱、盖、顶等部分组成，方形幢础，上面为亚字形须弥座，须弥座上又有覆莲座，其上又有须弥状座，整个幢的底座显得高大，再其上为八棱柱，柱顶为两层幢盖，呈塔状，幢顶似有塔刹，其上为一宝珠状顶。拱上西壁的菩萨画像所绘菩萨头戴花冠，有头光和背光，衣饰璎珞，端坐于五彩祥云之中。

我们再仔细梳理一下登封黑山沟壁画墓铺作之上梯形壁面8幅壁画的具体内容及先后顺序。如果说这是反映的引魂升天的场景与环节的话，那么最终达到仙界或者净土应该是这一系列图画的终极目的。北壁上部的带门楼的庑殿顶建筑，简报称之为方形仙庭，我们根据壁画图像人物的朝向和面向，可以复原出这组升仙出行图的顺序。终点是仙庭，或者是理想的去处，也就是北壁，其次排在最前列的是东北壁的两侍女，手执莲枝，身体和面部均朝向北壁的仙庭；再后面是东壁的两头戴莲花冠的道士，双手击钹，再后面是东南壁的两持幡侍女，再后面是南壁上祥云之上的过仙桥，桥上有两侍女，持幡，再后面是西南壁，画面不太清晰，但可见两人，再后面是五彩祥云中端坐的花冠菩萨，有背光和头光，衣服上装饰着瓔珞，最后是西北壁上的墓主夫妇二人，两人似乎均举手合十于胸前。其升仙路径可表示为：墓主夫妇→花冠菩萨→不清晰两人→过仙桥上两持幡女子→两持幡女子→两击钹男子→两执莲枝女子→仙庭。在这里有两个节点地点，其一是过仙桥，其二是仙庭建筑（图7-11）。这里的方形仙庭与敦煌莫高窟237窟北壁反映《天请问经》经变画中有忉利天宫有相似之处，其建筑呈方形，四周有院墙，院内有呈品字形平面布局的三座楼阁，四周建有廊庑相通，院墙内外均有廊道，员外廊道外侧有路和行树，绿树环绕，四面院墙中间均各开一门，门上有庑殿顶。四周有云气，下端有山峰，宛如建立在云端之上，方形建筑的东北角和西北角院墙的外侧，在云端还有两个殿堂式建筑。该窟为中唐时期[①]。我们还可以从《太平广记》中知晓众仙罗列的“金城玉楼”和“释门西方部”的繁华情况，《太平广记》卷第六十一“庞女”：

> 庞女者，幼而不食，常慕清虚。每云：我当升天，不愿住世。父母以为戏言耳。因行经东武山下，忽见神仙飞空而来，自南向北，将逾千里。女即端立，不敢前进。仙人亦至山顶不散。即便化出金城玉楼，璚宫珠殿，弥满山顶。有一人自山而下，身光五色，来至女前，召女升宫阙之内。众仙罗列，仪仗肃然。谓曰：“汝有骨箓，当为上真，太上命我授汝以灵宝赤书五篇真文。按而行之，飞升有期矣”。[②]

这里的升天当与道教有关，山顶仙人居住之处是金城玉楼，“璚宫珠殿”，而且“弥满山顶”。身光五色的仙人即从山顶下来，接引庞女飞升升天。

又《太平广记》卷第六十七“妙女”载：

> 唐贞元元年五月，宣州旌德县崔氏婢，名妙女，年十三四，夕汲庭中，忽见一僧，以锡杖连击三下，惊怖而倒，便言心痛，须臾迷乱……方说初昏迷之际，见一人引乘白雾，至一处，宫殿甚严，悉如释门西方部，其中天仙，多是妙女之族，言本是提头赖吒天王小女，为泄天门间事，故谪坠人世，已两生矣……[③]

妙女被引乘白雾飞升，升天之处即悉如释门西方部。或许，郑州附近的宋代壁画墓

① 樊锦诗主编：《禅宗经典故事》，华东师范大学出版社，2016年，第16-17页，图0-5。该书据贺世哲著《敦煌石窟全集·楞伽经画卷》改编。

② 李昉等编：《太平广记》卷第六十一《女仙》六，中华书局，1961年，第380-381页。

③ 李昉等编：《太平广记》卷第六十七《女仙》十二，中华书局，1961年，第416页。

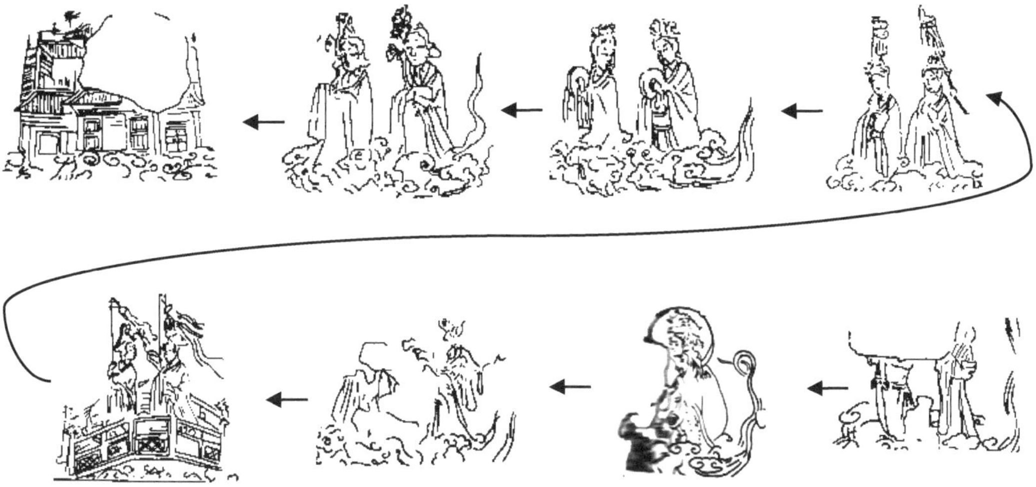

图7-11　黑山沟壁画墓引魂升天图
（改自《郑州宋金壁画墓》图一一七、图一一八，第92-95页）

中，在持幡引者的带领下，墓主夫妇将会升入此类圣境。

墓葬中出现一些建筑遗存在不同的时期均有发现。如吴晋魂瓶堆塑顶上的方形庑殿顶建筑，北朝墓室壁画墓门顶上的彩绘建筑，典型如九原岗壁画墓，更特殊的是彭阳新集北魏一号墓。该墓由封土、墓道、过洞、天井、墓道和墓室等组成，在封土之下有夯筑的房屋建筑模型，封土夯层下面是一个土圹，长方形，土圹前端为一长方形房屋模型，土筑，屋顶有瓦垄。土圹的中央为长方形天井。土圹的后端为一长方形土筑房屋模型，规模较大，两面坡式，两坡各有13条瓦垄，正脊中央略低，两边稍翘，两端置鸱尾，后端房屋模型正面刻出门和直棂窗。该墓时代在北朝早期，墓主或为当地军事首领[①]。简报还对该墓封土之下的建筑模型性质进行了分析，认为这些与汉魏时期的朱鲔石室、宁懋石室等房屋建筑性质相同，其意在使墓葬成为死者灵魂饮食起居之所[②]。与此略有相似的是长安韦曲镇北塬M1，该墓在过洞的顶部有一生土方台，台上有一土刻四阿式房屋模型，正面刻有门、直棂窗，有四柱及斗拱，屋檐之下有枋，枋下有“檩头”。过洞南壁剖面为一多重楼阁式建筑模型[③]。

彭阳新集北魏一号墓与韦曲北塬墓建筑的一个重要特征，就是在封土之下和墓室之上，这给我们对其性质功用的判定带来困扰。首先，我们到底是将其划入墓上建筑，还是墓下建筑呢，似乎无法直接确定。其次，此类建筑的功用是什么。关于此类

① 韦正认为该墓为十六国时期，参韦正：《魏晋南北朝考古》，北京大学出版社，2013年，第104页；韦正：《关中十六国墓葬研究的几个问题》，《考古》2007年第10期，第74-83页。

② 宁夏固原博物馆：《彭阳新集北魏墓》，《文物》1988年第9期，第26-42页。

③ 陕西省考古研究所：《长安县北朝墓葬清理简报》，《考古与文物》1990年第5期，第57-62页。

建筑，在关中地区也有相似的材料，如华阴北魏杨舒墓[①]。杨舒墓在洞式墓门之上建有一个砖砌的仿木结构门楼，正脊两端有上翘的鸱尾，有垂脊，砖砌雕屋面，下有檐枋、椽头，再下是两组斗拱，中间以人字拱，再其下是4根六棱檐柱和2根门柱等。类似的建筑如果要溯源，可以参考敦煌佛爷庙湾的彩绘砖画墓，如佛爷庙湾M133，但是佛爷庙湾西晋时期的画像砖墓照墙表现的内容与北魏杨舒墓有很大的不同。如佛爷庙湾M133照墙顶部为一门扉，两侧有阙，门侧有立安斗立柱，柱上绘云气纹，柱上小斗绘兽面，门扇上有对虎，门上绘菱形窗棂，两端分绘鸡首人身像、牛首人身像，在墓门与照墙顶部之间是十三层神兽及祥瑞图像。报告认为这些图像内容与驱邪升仙内涵有着很大的关联[②]。杨舒墓与佛爷庙湾的不同，未见表现祥瑞和神仙色彩的图像，表现的建筑形制结构也有不同，杨舒墓门楼建筑有四个六棱檐柱，屋脊有鸱尾、垂脊，更像是一座殿堂式建筑，杨舒墓在建筑方式上与西晋佛爷庙湾的照墙设置有一定类似，应该有继承关系，但是，在建筑结构及内容上已经有了很大的不同，杨舒墓反映出一种新的动态取向。唐代的一些高等级壁画，在墓门上方也绘有殿堂式建筑壁画。这些材料显然与墓主的地下世界有关，但不同时代或许代表着不同的对象。

对于登封黑山沟李守贵壁画墓中的佛教因素题材，有几点是值得注意的：首先，王裒闻雷泣墓中墓地场景是难得的反映墓葬空间的壁画材料，但其主要在于反映孝行，也是该地区壁画墓中孝行故事表现的格套，与墓主是否信仰佛教或许没有太大关系，但是正是因为孝行故事的格套表现，反映出的可能是一种普遍的认识，在当时当地墓葬空间中，也就是在坟的前面建有经幢，可能已经是一种普遍的认知，从这个角度看，经幢在墓地出现确实是佛教建筑对原有墓葬空间、墓地秩序的影响。同时，墓地中树立的仅仅是一个经幢也是值得注意的。其次，墓室拱上墓顶的下部所绘菩萨画像，反映的是佛教信仰应该没有问题，但是与菩萨一起在拱上的8幅绘画图像中，还有拍钹的道士，我们常会认为，根据这一点来说墓主没有佛教信仰，也可以理解成墓主或者墓葬建造及葬仪的实施者既信仰佛教也信仰道教，这恰恰是反映社会民众信仰复杂性的材料。简单地说，不能因为出现与佛教并列，甚至对立的信仰，从而否定存在佛教的信仰，这恰恰能够说明时人信仰的复杂性。当然，在宋金壁画墓中这些内容往往也是约定俗成的格套，其与墓主自身的信仰到底有多大关系，与我们据此反映当时的信仰，两者是不相矛盾的。图像与人的活动，我们需要看到的是此类图像在丧葬礼俗仪式过程中有没有参与，在哪些环节参与。譬如此图像绘于墓室，如果丧葬仪式进行过程中，在这个图像前面进行了祭奠、诵经，甚至是法事，那么这个图像应该直接

---

① 崔汉林、夏振英：《陕西华阴北魏杨舒墓发掘简报》，《文博》1985年第2期，第4-11页。

② 甘肃省文物考古研究所：《敦煌佛爷庙湾——西晋画像砖墓》，文物出版社，1998年，第31-40、107-109页。

与佛教影响丧葬礼俗有关。反之，我们看到的只是一种图像的呈现，而不是丧葬礼俗仪式进程的呈现。理解图像在墓葬考古学研究中的意义，这样的区别和认识是非常重要的。

郑州宋金壁画墓中，以下庄河墓中壁画表现得最为丰富。此外，平陌壁画墓8幅梯形壁画5幅为行孝图、3幅为升仙内容，西北壁绘四洲大圣及墓主夫妇，右侧有一长方形题记，内书“四洲大圣度翁婆”，北壁为仙界楼宇，东北壁为过仙桥，过仙桥上有墓主夫妇及前后导引的六个侍女，也是此类图像格套比较完整的组合。

郑州二里冈宋墓和南关外宋墓的材料，显示出北宋较早时期的壁画和砖嵌浮雕的情况。郑州二里冈宋墓为长方形砖室墓，墓室内部壁上有模糊的人物壁画和砖嵌浮雕，嵌壁砖雕题材可见井、灯柱、柜、桌、剪、尺、椅、衣架、假门、窗等，桌子上有杯、壶、盒子等。该墓被推断为北宋初年墓葬[①]。郑州南关外北宋墓为一墓室平面近方形的单室砖墓，墓室四壁镶嵌有砖制浮雕，东壁用砖砌成一衣架，衣架下面浮雕有剪刀，南侧浮雕梳妆台，北侧有一箱，上面有笔架、砚等，笔架上有笔，砚台上方雕有墨1锭；北壁中间砌有小门，门楣中间有门簪，两侧各有长方形窗子一个；西壁中间镶嵌砖雕桌子1张，桌上有茶壶、茶杯，桌下雕有小口瓶1个，西壁北砌有灯台；南壁甬道门道的西侧砌有“丁”字形架一，东侧砌有盆架1个。甬道及墓室顶部绘有壁画，残破较甚。墓内人骨架2具，一较完整，一比较凌乱，应该是二次葬。在人头骨的西南出土墨书买地券1块，上面内容为：

维至和三年岁次丙申三月癸
丑朔八日庚申没故□人胡进
今用钱九万九千九百九十贯
文买墓地南北长四步东西
阔三步东至青龙西至白虎
南至朱雀北至□□保人张坚□
见人李定□□□□得辄夺
先有居者□□千里之外
急急如律令

至和三年为北宋仁宗年号，即1056年。[②]

① 裴明相：《郑州二里岗宋墓发掘记》，郑州市文物考古研究所编著：《郑州宋金壁画墓》，科学出版社，2005年，第8-12页。

② 河南省文化局文物工作队第一队：《郑州市南关外北宋砖室墓》，郑州市文物考古研究所编著：《郑州宋金壁画墓》，科学出版社，2005年，第12-16页。

登封唐庄宋代壁画墓编号为M2和M3。M2为仿木结构砖室墓，由墓道、墓门、封门、甬道及墓室等组成[①]。墓室平面呈六边形，内砌棺床，墓室内壁连接处砌出六根抹角倚柱，柱间有阑额、普柏枋，柱头有6朵转角铺作，墓壁向上内收为六个梯形面，顶部为攒尖顶。墓室旁侧有一小耳室。墓室内放置人骨两具，有明显的人为堆放痕迹，应该为二次葬，耳室内也有头骨一和少量肋骨。甬道东壁绘有一男子左手持篮筐，内满置铜钱，应为向墓主人贡纳钱物者；西壁为出行图，绘一马，马后立一人，左手斜持一未张开的伞盖；甬道的券顶绘祥云图案。墓室壁满绘壁画，西南壁为备宴图，西北壁为对饮图，幔帐下绘一方桌，桌上摆放有托盏、果盘、盘内盛食物，桌子旁边对坐夫妇二人，左侧为女主人，右侧为男主人。墓室北壁为启门图，上绘一横帐，下绘一橘红色门，门扇微启，露出一女子；东北壁绘起居图，东南壁绘横帐，帐下为耳室。墓顶南壁绘两个和尚立于云中，和尚身着袈裟，双手击钹，左边的为年轻和尚，右边的为年长和尚；墓顶西南壁绘两人立于云中，双手执笏，右者头戴莲花冠，左边的头插簪饰；西北壁绘男女二人立于云中，左侧男子头戴黑色无脚幞头，身着圆领窄袖袍，右侧女子梳高髻，方额，插步摇，簪饰，身着宽袖褙子，二人均双手合拢于胸前，做虔诚状；北壁绘两道士立于云中，均头戴莲花冠，身着交领宽袖袍，内着团领衫，双手执莲枝，二人均做出行状；东北壁也是绘两和尚立于云中，均着袈裟，左边的和尚双手击钹，右边的和尚手执螺，做奏乐状；东南壁也是绘两和尚立于云中，姿态与服饰与南壁相同（图7-12）。该墓墓顶绘覆莲，覆莲外绘两层六边形，其间绘有红色花卉，其下对角处绘六组流苏（图7-13）。

唐庄M3也是一座仿木结构的单室砖墓，墓室的平面也呈六边形，棺床上两具人骨也明显有堆放的痕迹，墓室里面的壁画大多剥落，但墓壁上镶嵌有砖制的浮雕。西南壁砖砌一张桌子，两旁砌出椅子，西北壁左侧砌出灯檠，北壁的正中砌假门，东北壁砌出一柜，东南壁砌出衣架。壁画还残有部分，南壁可见黑线绘一男子；西北壁用黑线绘一和尚，坐于云中，身着袈裟，双手执钹，做奏乐状；北壁绘三人立于云中，右侧女子弓背，梳高髻，戴花冠，插簪饰，左侧立两男子。简报推测M2的年代为北宋晚期早中段，M3的年代要早一些，推断为北宋晚期早段。

上述登封唐庄两座宋墓壁画中所见的和尚击钹奏乐图，均反映出和尚在丧葬法事中的活动。

在陕西韩城还有一座宋代壁画墓值得注意，该墓并没有出版发掘简报，尽管相关研究已经不少，大致情况可在康保成、孙秉君的《陕西韩城宋墓壁画考释》一文中窥

---

① 郑州市文物考古研究院、登封市文物局：《河南登封唐庄宋代壁画墓发掘简报》，《文物》2012年第9期，第35-50页。

图7-12　登封唐庄北宋壁画墓M2墓顶东北壁、西北壁、北壁壁画

（采自《河南登封唐庄宋代壁画墓发掘简报》图二六、图二三、图二五、图二四，第44、43页）

图7-13　登封唐庄北宋壁画墓M2墓顶壁画

（采自《河南登封唐庄宋代壁画墓发掘简报》图二八，第44页）

得[①]：韩城宋墓为砖室墓，墓顶为券顶，墓顶之上平铺一层方砖，墓室西部有石棺床，石床上安放木榻，榻上并排摆放着男女墓主骸骨，二人均见黄色发髻，身着粗纤维织物，不见随葬器物。女墓主手中握有北宋神宗年间的“熙宁元宝”钱币，因此推测该墓下葬的时间在北宋神宗至徽宗之间。该墓最为重要的发现是墓室所绘壁画，墓室北壁为男墓主画像，墓主画像身后绘有屏风，上面有两首诗，其中一首为五言诗，诗句为“古寺青松老，高僧白发长。夜深禅定后，明□□如霜。要□□□……”；另一首为七言诗，内容可见“琴剑□□□鹤虎，逍遥□托永无愁，□骑白鹿游三岛，闷驾青□□九州”。前一首推测为墓主所写，后一首是吕洞宾所写，《全唐诗》有载。墓室的东壁绘制了一幅比较完整的佛祖涅槃图，壁画的中心区域绘佛祖卧于三层七宝床上，旁边还绘有佛祖的十大弟子中的阿难等，各呈姿态，有的晕倒，有的痛哭，有的捶胸，还有身披袈裟腾云升天者。涅槃图壁画的右侧还有三人，右边一人吹横笛，中间一人手舞足蹈，左边一人挥舞拍板。佛床边绘有两头向佛祖举哀的狮子，上空诸人头顶有落下的花瓣。墓室西壁绘制由17人组成的北宋杂剧演出场景。韩城宋墓涅槃图是目前首次发现绘制于墓中的涅槃图，其在墓室壁上单独绘制完整的涅槃图，其目的在于将佛祖寂灭的抽象化转化为超度亡灵和往生的意义，寂灭为乐[②]。

1992年河南洛宁县出土一件北宋政和七年（1117年）乐重进画像石棺，石棺由盖、两帮、前挡、后挡及底七块石板用榫卯构成。石棺画像内容丰富，盖的前楣为三飞天，正中飞天两肋生翼，双手合十；两侧相向飞天凌空飞翔，一手托花篮，一手散花。简报提到此种飞天与龙门石窟唐代石窟窟顶浅浮雕飞天近似。盖顶的斜杀侧面画像有鹿、狮子、凤鸟及流云等；前挡为乐重进观赏散乐图，画面的右侧竖行楷书题刻“大宋□国西京河南府永宁县招化乡大宋村大宋保”，画面左侧题刻“政和七年五月初一日殡葬父乐讳重进儿男四人大男乐宗义二男乐志良三男乐宗友四男乐〔宗〕曦”。石棺后挡四角刻宝相花，画面上层刻绘“曹娥”和“闵子骞”烈女孝子图；下层为妇人启门图。左右两帮各刻十幅烈女孝子图，有榜题，每帮上下两层，左帮上层自右至左依次为“刘明达”“田真”“董永”“杨香”“鲍山”；左帮下层由右及左依次为“睒子”“姜诗”“老莱子”“韩伯瑜”“元觉”；右帮上层自右及左依次为“陆续”“王祥”“郭巨”“刘殷”“王武子”；下层为“赵孝宗”“曾参”“鲁义姑”“丁兰”“孟宗”等[③]。

孝子传与佛教因素遗存在墓葬中相伴出现，在宁夏固原北魏漆棺画墓中即已出现。上面有孝子舜等故事。宋壁画墓中大量出现孝子传，孝子壁画与往生导引壁画一

① 康保成、孙秉君：《陕西韩城宋墓壁画考释》，《文艺研究》2009年第11期，第79-88页，附彩图三幅。

② 杨效俊：《陕西韩城盘乐村宋墓壁画的象征意义》，《文博》2015年第5期，第57-64页。

③ 李献奇、王丽玲：《河南洛宁北宋乐重进画像石棺》，《文物》1993年第5期，第30-39页。

起，成为郑州及周边宋代壁画墓的重要特征。《敦煌变文集》卷八有《孝子传》，其中记载有：

蔡顺字君长，汝南平舆人也。少失其父，独养老母，王莽末，天下饥荒。绿桑摘椹，赤黑易器盛之。赤眉贼见，向前问之。答曰：黑者奉充母饥，赤者自供。贼等见知是孝子，遂不煞顺。给米三升，牛蹄一只，将事贤母。顺母曾至婚家，饮酒过度，呕吐颠倒，顺恐母中毒，自尝其口吐。母后命终，停丧堂上，东家火起，与顺屋相连，独身□不能移动。乃伏棺号泣，火遂飞过，越烧西家，一时荡尽。顺母生时怕雷，每至大震雷电，顺便走绕坟大哭曰："顺在此，愿孃莫惊。"太守闻之，若遇天雷，给顺车马，令往墓所。太守韩置用顺为南阁祭酒。出《后汉书》。①

郭巨字大举，河内人也。家贫养母至孝。妻生一子，年三岁。巨谓妻曰："家贫如此，时岁饥虚不得老饮食，供养孝母，犹不充饱，更被婴孩分母饮食。子可再有，母不可得。共卿埋子以全母命不？"妻不敢违，从夫之意。巨自执錾，妻乃抱儿来入后园。后令妻杀子，巨即掘地，才深一丈尺，掘着一铁器，巨低腰顾视，乃见一釜，釜中满盈黄金。巨速招妻。妻曰："抱儿则至。"儿且犹活，妻不忍下手。夫谓妻曰："卿见此釜之金，其上有一铁券云：'天帝赐孝子黄金，官不得夺，私不许侵。'"巨既得金，惊怪不已，乃陈于县，县以申州，州与表奏天子。天子下诏曰："金还郭巨供养其母。"乃表门以彰孝德。《孝子传》。②

闵子骞，名损，鲁人也。父取后妻，生二子，骞供养父母，孝敬无怠。后母嫉之，所生亲子，衣加棉絮，子骞与芦花絮衣。其父不知，冬月，遣子御车，骞不堪甚，骞手冻，数失韁靷，父乃责之，骞终不自理。父密察之，知骞有寒色，父以手抚之，见衣甚薄，毁而观之，始知非絮。后妻二子，纯衣以绵。父乃悲叹，遂遣其妻。子骞雨泪前白父曰："母在一子寒，母去三子单，愿大人思之。"父惭而止，后母改过，遂以三子均平，衣食如一，得成慈母。孝子闻于天下。鲁哀公召骞为费邑宰，名列孔子之从，周敬王时。

① 王重民、王庆菽、向达、周一良、启功、曾毅公编：《敦煌变文集》卷八《孝子传》，人民文学出版社，1957年，第902-903页。

② 王重民、王庆菽、向达、周一良、启功、曾毅公编：《敦煌变文集》卷八《孝子传》，人民文学出版社，1957年，第905页。

出《春秋》也。[①]

简单列举数条，可知孝子故事大概。孝与佛教信仰密切关联，或者说佛教充分吸收了孝道思想，成为这一时期社会独特的内涵。

第四节　南方宋墓与佛教

南方地区宋墓是指长江流域以南宋朝统治的广大地区，这些地区的宋墓具有一定的共同特点，也有明显的地方文化特点[②]。吴敬对南方地区宋墓进行了分区与综合研究[③]。关于长江上游地区宋墓的宗教因素，其研究指出，火葬一般认为是受佛教影响而产生的，也有学者认为一些道教信徒可能也有使用。本区小型砖室火葬墓的随葬品体现了浓厚的道教因素，并提出使用火葬有多种可能，如墓主可能是单纯的佛教或者道教信徒，使用火葬是出于经济条件考虑，有些道教徒同时也是佛教徒等。吴敬认为，从墓志记载和随葬品来看，佛教信仰在南方宋墓中有一定反映，但是这些影响绝大多数表现在个人信仰上，没有形成统一的葬俗表现或是分布区域[④]。

南方宋墓家族墓地附近也建有佛寺，如华蓥安丙家族墓地陵园有昭勋寺遗址，该寺始建于南宋理宗时，或为墓园佛寺，现存台形基址。墓园内有5座墓葬，其中M2为安丙墓，卒于嘉定十四年[⑤]。

江阴北宋“瑞昌县君”孙四娘子墓为浇浆木椁单穴墓，木椁室内四角置陶罐，木椁四壁的中层和下层分别钉有木俑，左右壁各4件，前后壁各两件，中层为十二生肖俑，下层为侍俑。椁内有单棺，棺前置一椅和供桌，桌上供有果品，可辨别出葡萄、桂圆、枣等。棺内出土经卷共有十一卷，有《佛说北斗七星延命经》一卷，卷轴状，七星竖排于卷前，计有贪狼星、巨门星、禄存星、文曲星、廉贞星、武曲星和破军星；有写经《金刚般若波罗蜜经》一卷、《般若波罗蜜多心经》一卷、《佛说观世音经》一卷、《太上老君说常清净经》一卷，刻经有《金光明经》一部四卷、《金刚般若波罗蜜经》一卷、《佛说观世音经》一卷等。《佛说观世音经》梵夹装，引首有经变图，左边刻有题签，上为“将仕郎试江阴军助教葛诱雕板印施”。图中为观世音坐

① 王重民、王庆菽、向达、周一良、启功、曾毅公编：《敦煌变文集》卷八《孝子传》，人民文学出版社，1957年，第904页。

② 秦大树：《宋元明考古》，文物出版社，2004年，第151-165页。

③ 吴敬：《南方地区宋代墓葬研究》，社会科学文献出版社，2015年。

④ 吴敬：《南方地区宋代墓葬研究》，社会科学文献出版社，2015年，第200页。

⑤ 四川省文物考古研究院、广安市文物管理所、华蓥市文物管理所编著：《华蓥安丙墓》，文物出版社，2008年，第4-7页。

须弥山中，卷尾墨书题记，其中有“大宋国江阴军江阴县太宁乡就日里信心弟子将仕郎试江阴军助教葛诱……许印观世音经一藏五千四十八卷”等，最后纪年为“大中祥符六年癸丑岁”，即1013年。《金刚般若波罗蜜经》引首经变图一幅，卷尾墨书题记“瑞昌县君孙氏四娘子谨舍挣财权赎此经，永世供养，至和元年十一年”。此外还有四神木俑、镇墓木俑、两头蛇木俑等。根据买地券，墓主为殁故于宋至和二年（1055年）的瑞昌县君孙四娘子，其葬地位于“祖茔西仄”，即北宋工部侍郎葛宫之墓地，该地点曾经发现葛宫之子葛诱墓，佛经中又有葛诱题记，推测瑞昌县君孙四娘子应与葛诱有关[①]。

江苏溧阳竹箦北宋李彬夫妇墓为夫妻并穴合葬墓[②]，左为李彬墓室，右为李彬妻潘氏墓室。墓室均为长方形，券顶，中部砌有棺床，棺床两端砌有砖台，棺床两侧装饰有琉璃流云形云头，墓壁砌仿木结构，侧壁设有小龛，每层六龛，上下两层，后壁一层有三个龛，墓室四角小龛中嵌有一力士俑。墓室内器物的摆放具有一定规律，青龙在棺左、白虎在右、朱雀在棺前、玄武在棺后。饮食起居放在墓室前部的左侧，梳洗、化妆用具在前部的右侧，李彬墓室出土的陶制楼亭、轩、榭等安置在墓室的前部，各种神像原来应该放置在小龛中，现在均散落墓底。出土的神像有四神，有五星神像：太白（金星）、岁星（木星）、辰星（水星）、荧惑（火星）、镇星（土星），有二十八宿神像，有真武像1件，有功曹像2件，有佛像1件，金刚神像2件，力士俑8件。真武像，头披长发，右手执剑，赤臂，左手握拳，右侧塑一蛇盘龟。佛像趺坐于莲台上，后有光背，双手交叠。金刚神像身披铠甲，手执降魔杵。力士俑狮形面，上身裸，鼓腹，肌肉明显，颈带项铃，腕戴手镯，双手力撑于腿上。另还有七宝炉2件、铜带柄铜炉1件，也值得注意。墓中出土墓志一合，盝顶形盖，盖额篆书“宋故李府君墓志铭”，根据墓志李彬死于元祐六年（1091年）四月二十八日，其妻潘氏五月十八日继亡，同年八月二十九日祔葬。墓志中还记载了李彬平时就诵读佛书，每天都能读数卷，这与墓葬中出土了佛像等是相关联的。

长沙金盆岭石棺墓为竖穴墓，青砖紧贴棺座一周，单层砖铺底，头端略宽，呈梯形，头端排列陶瓶两个，内装铜钱，有开元通宝、元丰通宝、熙宁元宝等[③]。石棺分为棺盖、棺身和须弥座三部分，石棺通长106厘米，棺盖上面雕刻有缭绕的云气和翱翔的仙鹤，棺身四面刻有青龙、白虎、朱雀、玄武四神，须弥座上下饰仰、覆莲，束腰处

① 苏州博物馆、江阴县文化馆：《江阴北宋“瑞昌县君”孙四娘子墓》，《文物》1982年第12期，第28-35页。

② 镇江市博物馆、溧阳县文化馆：《江苏溧阳竹箦北宋李彬夫妇墓》，《文物》1980年第5期，第34-44页。

③ 湖南省博物馆：《长沙金盆岭石棺墓》，湖南省博物馆、湖南省考古学会合编：《湖南考古辑刊（第三辑）》，岳麓书社，1986年，第282-285页。

雕刻卷曲草叶。出土的两件陶瓶器身堆塑人和动物，1号陶瓶为褐色夹砂硬陶，通体青釉，盖做楼阁状，盖顶六角攒尖，上承葫芦尖顶，瓶身堆塑人物两周，上面一周有祭台和人物8个，祭台上前排为三钵祭果供品，中排中间为一香炉，香炉的两边各立一壶状物，祭台的后排是三片叶状带齿物，以象征焰火或树木。祭台的左侧起，两个和尚手执法器，第四人头戴分角冠，左手持一棒状物，第三人及其余四人均为平顶冠，冠的两侧伸出角翅，双手均执钹。简报认为这是在进行法事，为死者超度亡魂。下面一周人物有6个，一人执双槌击鼓，一人怀中抱琴，两人横笛，另两人双手拍击腰鼓。2号陶瓶质地为红色夹砂陶，盖及器身部分黄釉，盖顶为庑殿式，腹壁堆塑人、畜等，三级楼梯居中，两边各有一执棒状物的人物，旁边还有一宽大袖袍执钵之人，以及双腿分叉，衣甲的家将（简报语），余下为一鸡、一狗。简报认为，该墓葬石棺内有黑色泥土，且棺尺寸不大，怀疑是火葬墓，或者是迁葬和孩童墓，同时将墓葬的年代暂定在元末明初。也有研究认为，该墓年代应不晚于南宋时期，佛教的成分明显，体现了释道的兼容性①。笔者赞成该墓的年代应不晚于南宋时期。

浙江衢州史绳祖夫妇墓为双穴砖室墓②，出土了龙泉窑的葵口碗、束口碗、瓷塑观音坐像、白玉荷叶杯、八卦纹银杯、银鞋、铜炉形镜、铜龙耳鬲形炉等。出土的瓷塑观音坐像，已残，观音束发戴冠、额上饰白毫，身着交领衣，双手交于前，脚踩莲花，残高17厘米。墓内出土了史绳祖墓志和杨氏圹志，根据志文，史绳祖卒于南宋度宗咸淳十年，即1274年，其妻杨氏卒于咸淳七年，葬于咸淳八年。简报根据墓中既出土观音像，又出土八卦纹银碗，推测墓中同时反映出佛教和道教的因素。

宁波天一阁藏日本国太宰府刻石③，三块刻石保存于天一阁尊经阁西边院墙，其第一块刻石高36、宽38厘米，内竖刻文字，下刻一朵五瓣莲花，刻文为：

> 日本国太宰府博多津居
> 住弟子丁□，舍□十贯□，
> 砌路一丈。功德奉献三界
> 诸天、十方智圣、本□上
> 代，本命星官、见（？）生（？）□□
> □总法界众生，同生佛

① 谭远辉：《刘家岭宋墓壁画的比较研究》，湖南省文物考古研究所编著：《桂阳刘家岭宋代壁画墓》附录一，文物出版社，2013年，第79-95页。

② 衢州市文管会：《浙江衢州市南宋墓出土器物》，《考古》1983年第11期，第1004-1011、1018页，图版伍-图版柒。

③ 顾文璧、林士民：《宁波现存日本国太宰府博多津华侨刻石之研究》，《文物》1985年第7期，第26-31页。

□者。乾道三年四月日

第二块刻石，内竖刻文字七行，下亦一朵五瓣莲花承托。刻文为：

日本国太宰府居住
弟子张宁，舍身砌
路一丈。功德奉献三
界诸天、宅神香
火、上代先亡、本命
元辰、一切神祇等。
乾道三年四月。

第三块刻石竖刻文字六行，文字下方亦承托一朵五瓣莲花，刻石文字为：

建州普城县寄日
本国孝男张公□，
舍钱十贯，明州礼拜
路一丈。功德荐亡考
张六郎、妣黄氏三娘，
超生佛界者。

乾道三年为南宋孝宗年间，即1167年。这些刻石，特别是涉及日本国太宰府博多津，是当时日本与我国南方间贸易非常重要的材料。刻石文字中荐亡、祈福，也反映佛教信徒借助于一些佛教活动，为死去的亲人祈愿。

宋吴自牧所撰《梦粱录》卷十五记载了一位孝女的事迹及其墓葬：

木娘墓，在艮山门太平乡华林里蔡塘东，昔蔡汝拔庶母沈氏卒，汝拔尚幼，父用火葬，汝拔伤母无松楸之地，尝言之辄泣，自后长成，以木刻母形，以衣衾棺椁择地葬之，仍置田亩，造庵舍，命僧以奉晨香夕灯，乡人遂称为木娘墓。①

① （宋）吴自牧撰：《梦粱录》卷十五“历代古墓”条，王云五主编丛书集成初编：《梦粱录及其他一种》（三册），商务印书馆，1939年，第138页。

吴自牧所撰《梦粱录》是仿照《东京梦华录》体例，记述南宋郊庙宫殿，下至百工杂戏之事，委曲琐屑无不备载。上述木娘墓应大致反映宋代情况，据其描述，笔者觉得有两点值得注意，一是用木头刻其母亲的形貌，同时用衣衾棺椁埋葬；其二就是木刻母形埋葬之后，置田亩造庵舍，文中没有交代所置田亩及造庵舍的具体地点，不知是否在其为母所择葬地的附近，如在这就是在墓葬地点建造佛教建筑的文献记载，因为根据后文其命僧晨香夕灯记载，这里应该是与佛教有关的建筑——庵舍，当然，我们更加清楚地知道，“晨香夕灯”成为其用佛教程式为母亲祈福的重要活动。

宋代丧葬礼俗中的佛教因素表现出一个比较突出的特点，即由陵墓建寺，发展到功臣贵戚、一般官员陵墓旁边较多出现建造坟寺，乃至坟庵的情形。下面，我们再详细列举一些文献，可以看到宋代佛寺、佛事与丧葬礼俗的密切关系。

《宋史》卷一百二十五《礼志·凶礼》中关于“士庶人丧礼”：

> 士庶人丧礼。开宝三年十月，诏开封府：禁丧葬之家不得用道、释威仪及装束异色人物前引……景德二年，开封府言：“文武官亡殁，诸寺击钟未有定制。欲望自今大卿监、大将军、观察使、命妇郡夫人以上，即据状闻奏，许于天清、开宝二寺击钟，其声数旋俟进止，自余悉禁。”诏从之。[①]

开宝为宋太祖赵匡胤年号，开宝三年即970年。又绍兴二十七年（1157年）以后，《宋史》卷一百二十五《礼志·凶礼》也有记载：

> 绍兴二十七年，监登闻鼓院范同言：“今民俗有所谓火化者，生则奉养之具唯恐不至，死则燔爇而弃捐之，何独厚于生而薄于死乎？甚者焚而置之水中，识者见之动心。国朝著令，贫无葬地者，许以系官之地安葬。河东地狭人众，虽至亲之丧，悉皆焚弃。韩琦镇并州，以官钱市田数顷，给民安葬，至今为美谈。然则承流宣化，使民不畔于礼法，正守臣之职也。方今火葬之惨，日益炽盛，事关风化，理宜禁止。仍饬守臣措置荒闲之地，使贫民得以收葬，少裨风化之美。”从之。二十八年，户部侍郎荣嶷言：“比因臣僚陈请禁火葬，令州郡置荒闲之地，使贫民得以收葬，诚为善政。臣闻吴越之俗，葬送费广，必积累而后办。至于贫下之家，送终之具，唯务从简，是以从来率以火化为便，相习成风，势难遽革。况州县休息之久，生聚日繁，所用之地，必须宽广。乃附郭近便处，官司以艰得之故，有未行摽拨者。既葬埋未有处所，而行火化之禁，恐非人情所安。欲乞除豪富士族申严禁止

① （元）脱脱等撰：《宋史》卷一百二十五《礼志·凶礼》，中华书局，1977年，第2917-2918页。

外，贫下之民并客旅远方之人，若有死亡，姑从其便，候将来州县摽拨到荒闲之地，别行取旨。”诏依，仍令诸州依已降指挥，措置摽拨。①

这里言及的士庶人丧葬礼，涉及火化，还有涉及州县安排荒闲之地，给贫穷的、无家可归的人安葬。吴越之俗，葬送费广，反映了南方一些地区丧葬耗费巨大。

《宋史》的一些人物传记中，也有与佛教丧葬有关的记载，有些不同的看法、做法也反映了人们对佛教参与丧葬的态度。《宋史》卷三百二十一《郑獬传》：

郑獬，字毅夫，安州安陆人……入值集贤院、度支判官、修起居注、知制诰……权发遣开封府。民喻兴与妻谋杀一妇人，獬不肯用按问新法，为王安石所恶，出为侍读学士、知杭州。御史中丞吕诲乞还之，不听。未几，徙青州。方散青苗钱，獬言：“但见其害，不忍民无罪而陷宪网。”引疾祈闲，提举鸿庆宫，卒，年五十一。家贫子弱，其柩藁殡僧屋十余年，滕甫为安州，乃克葬。②

郑獬死后临时殡于僧屋中，时间竟有十余年。

又《宋史》卷四百一《辛弃疾传》载：

弃疾雅善长短句，悲壮激烈，有《稼轩集》行世。绍定六年，赠光禄大夫。咸淳间，史馆校勘谢枋得过弃疾墓旁僧舍，有疾声大呼于堂上，若鸣其不平，自昏暮至三鼓不绝声。枋得秉烛作文，旦且祭之，文成而声始息。德祐初，枋得请于朝，加赠少师，谥忠敏。③

辛弃疾墓旁有僧舍，僧舍有堂，上有疾呼声，谢枋写了祭文，然后祭祀之，其声始息。

又《宋史》卷四百一十五《危稹传》：

危稹，字逢吉，抚州临川人。旧名科，淳熙十四年举进士……番易、柴中行去国，稹赋诗送之，忤宰相，出知潮州。寻以通金华徐侨书论罢，提举千秋鸿禧观。久之，知漳州。漳俗视不葬亲为常，往往栖寄僧刹，稹命营高

① （元）脱脱等撰：《宋史》卷一百二十五《礼志·凶礼》，中华书局，1977年，第2918-2919页。

② （元）脱脱等撰：《宋史》卷三百二十一《列传》第八十《郑獬传》，中华书局，1977年，第10417-10419页。

③ （元）脱脱等撰：《宋史》卷四百一《辛弃疾传》，中华书局，1977年，第12166页。

> 燥地为义冢三，约期责之葬，其无主名、若有主名而力弗给者，官为葬之，凡二千三百有奇，刻石以识。[1]

淳熙为南宋孝宗年号，十三年即1233年。这里提到了漳州之俗，乃以不葬亲为常，往往栖寄僧刹，佛教寺院成为漳州人寄放亲人棺柩的地方。危稹命作义冢，埋葬了没有事主的死者，以及有事主但是亲人无力埋葬的死者，官葬，一共埋葬了二千三百多人，并且刻石为识。

《宋史》卷四百二十一《包恢传》：

> 包恢，字宏父，建昌人……进值龙图阁、权发运，升秘阁修撰，知隆兴府兼江西转运。沉妖姬于水，化为狐，人皆神之。有母诉子者，年月后状作“疏”字，恢疑之，呼其子至，泣不言。及得其情，母孀居，与僧通，恶其子谏，以不孝坐之，状则僧为之也。因责子侍养跬步不离，僧无由至。母乃托夫讳日，入寺作佛事，以笼盛衣帛，因纳僧于内以归。恢知之，使人要之，置笼公库，逾旬，吏报笼中臭达于外，恢命沉于江，语其子曰：“为汝除此害矣。”[2]

文中记载了诉子之母在夫讳之日入佛寺做法事，其所做法事当与其死去的丈夫有关，应该是为其祈冥福之类，反映了南宋南方地区女性在丈夫亡殁后的佛事活动。包恢嘉定十三年举进士，《宋史·包恢传》中还记载了其在知台州时，有妖僧居山中，号为“活佛”，男女争相侍奉，因为有奸利，豪鬼风靡，包恢诛杀该僧。

在一些记载节日的文献中，也可以见到佛教参与丧葬诸事，已经成为百姓节日日常。如《东京梦华录笺注》卷八“中元节”载：

> 七月十五日，中元节。先数日市井卖冥器：靴鞋、幞头、帽子、金犀假带、五彩衣服，以纸糊架子盘遊出卖。潘楼并州东西瓦子，亦如七夕。要闹处亦卖果实、种生、花果之类，及印卖尊胜目连经。又以竹竿斫成三角，高三尺五，上织灯窝之状，谓之“盂兰盆”。挂搭衣服、冥钱，在上焚之。构肆乐人自过七夕，便般《目连救墓》杂剧，直至十五日止，观者增倍。中元前一日，即卖练叶，享祀时铺衬桌面。又卖麻谷窠儿，亦是系在桌子脚上，乃告祖先秋成之意。又卖鸡冠花，谓之“洗手花”。十五日供养祖先素食，

① （元）脱脱等撰：《宋史》卷四百一十五《危稹传》，中华书局，1977年，第12452-12454页。

② （元）脱脱等撰：《宋史》卷四百二十一《包恢传》，中华书局，1977年，第12592页。

> 才明即卖穄米饭，巡门叫卖，亦告成义也……城外有新坟者，即往拜扫。禁中亦出车马诣道者院谒坟。本院官给祠部十道，设大会，焚钱山，祭军阵亡殁，设孤魂之道场。[①]

这里记载中元节的丧葬礼俗比较详细。首先要到市井购买明器，包括靴鞋、幞头、帽子、金犀假带、五彩衣服等；同时购买果实、花果等，以及购买印卖的尊胜目连经。用竹竿做成盂兰盆，上面挂衣服、冥钱等。到了十五日供养祖先素食，城外有新坟前往拜扫，禁中也派人前往道者院并谒坟，道者院设大会，祭祀阵亡将士，设孤魂道场。

周密（又号四水潜夫）《武林旧事》卷三“中元”载：

> 七月十五日，道家谓之中元节，各有斋醮等会。僧寺则于此日作盂兰盆斋。而人家亦以此日祀先，例用新米、新酱、冥衣、时果、彩段、面棋，而茹素者几十八九，屠门为之罢市焉。[②]

中元节，僧寺作盂兰盆斋。同时茹素者十之八九，屠宰的店铺均罢市。反映出佛教与中元节日的融汇。

俞文豹《吹剑四录》（《吹剑录外集》）记载了宋丧葬礼与佛教关系，其中不乏佛教参与丧葬礼俗诸事，较为详细：

> 伊川尝修六礼，以家人恋河北旧俗，不能遽易，晦庵自居母丧，始参酌古今为家礼，其后又各以俗礼损益之。故曰礼从宜，事从俗，因取温公礼书，择其可以增益俗礼之未至者四事，系于后……越人赵东山希棼 淳祐庚戌丁父会稽郡王忧，其居丧有可纪者三：不避煞，不用僧道，不信阴阳……温公曰：世俗信浮屠，以初死七日至七七日、小祥、大祥，必做道场功德，则灭罪升天。否则入地狱，受锉烧舂磨之苦。夫死则形腐朽而神飘散，虽锉烧舂磨，又安得之。”李舟曰：“天堂无则已，有则贤人生。地狱无则已，有则小人入。今以父母死而祷佛，是以其亲为小人为罪人也。”伊川曰：“吾家治丧不用浮屠，盖道场锣钹胡人乐也。天竺人见僧必饭之，因作此乐。今用之丧家，可乎？”文豹谓外方道场惟启散时用铙钹，终夕讽呗讲说，犹有

---

① （宋）孟元老撰，伊永文笺注：《东京梦华录笺注》卷八“中元节”，中华书局，2007年，第794-795页。

② （宋）四水潜夫（周密）辑：《武林旧事》卷三“中元”，西湖书社，1981年，第44页。

恳切懺悔之意。今京城用瑜伽法事，惟只从事鼓钹，震动惊撼，生人尚为之头痛脑裂，况亡灵乎。至其诵念，则时复数语，仍以梵语演为歌调，如降黄龙等曲。至出殡之夕，则美少年长指爪之僧，出弄花钹花鼓鎚，专以悦妇人掠财物之计，见者常恨不能挥碎其首。此东山所以决意不用，而室人叫谪，群议沸腾，虽屹立不动，而负谤不少。余尝举是诸明达，是者十八九，独一老师曰："鲁人猎较，孔子亦猎较。注云较夺禽兽，时俗所尚，孔子从之者，为祭祀也。"汉符融曰："古之葬者，衣之以薪，惟妻子可以行志。"自佛入中国以来，世俗相承，修设道场，今我欲矫俗行志，施之妻子可也，施之父母，人不谓我以礼送终，而谓我薄于其亲也。温公至不信佛。而有十月斋僧诵经追荐祖考之训。朱寿昌灼臂燃顶，刺血写经，求得其母。公及韩苏诸公，歌咏其事。江西尚理学，临川黄少卿卒，其子欲不用僧道，亲族内外群起而排之，遂从半今半古之说，祭享用荤食，追修用缁黄。盖孝子顺孙，追慕诚切，号泣旻天，无所籲哀，虽俗礼夷教，犹屈意焉。余谓此又是一见。①

该段文字虽然是对世俗丧葬信用浮屠之法的反对，但是，文中所列内容恰恰反映出了南宋南方丧葬礼俗中采用浮屠之法的情况。在初死七日至七七日、小祥、大祥，都要做道场以求功德，借此灭罪升天。否则，死者就要下地狱，受到锉烧舂磨之苦。丧家治丧会用到锣钹胡人乐，铙钹用在道场启散之时；诵念时以梵语为歌调，其中有降黄龙等曲；出殡的时候，有美少年长指爪僧人，弄钹花鼓锤。佛法之用于丧葬，已经达到了如果父母丧葬事不用此法，则被视作不以礼送终的状况。江西黄少卿卒，其子不用僧道，亲族内外群起而排之。同时也出现了折中之法，即半今半古之做法，也就是祭祀用荤食，追修用缁黄。

宋代佛教较多地与丧葬礼俗的结合，对于宋代江南社会礼俗、儒孝文化的形成，社会的重构，均起到了很大的作用。江南宋墓中佛教因素不少，发掘的墓例也较多，本书只是择要述之，以管窥一二。

① （宋）俞文豹撰，张宗祥校订：《吹剑录全编》之《吹剑四录》（即《吹剑录外集》），古典文学出版社，1958年，第123-125页。

第八章　经咒、经幢与西天荼毗礼

——辽代丧葬礼俗中的佛法

第一节　庆陵的幢、庆州的塔与耶律琮的神道碑

辽墓从高等级的帝陵开始处处显示出佛教因素的影响，包括幢、塔、神道碑等，均与丧葬礼俗有关联。

庆陵包括东陵、中陵和西陵，位于内蒙古巴林右旗庆云山[①]。东陵由前、中、后三室组成，中室和后室为圆形，前室和中室两侧也带有对称的圆形耳室，墓室有精美壁画，墓门上端有二龙，中间为宝珠[②]（图8-1）。中陵由门址、前殿址及墓室等部分组成，其前殿址由主殿址、翼殿址、参道等遗迹组成。在中陵的前殿址的土坛西北部、西侧等多处发现倒毁的石幢，白色大理石材质，分别由台座、幢身、中台及上部幢身等部分组成。上部幢身四周有火焰纹尖拱形龛，龛内有佛坐像和菩萨立像，龛的上下分别线刻有云纹；中台为八角形，周缘有装饰，棱角处雕兽头；幢身为八角柱状，两头有榫，刻有梵文陀罗尼经文，广面九行，狭面六行；台座为须弥座，下部为八角形框座，上半部为圆形仰莲，中间为八角柱，下部八角形框座各边有浮雕动物、莲花等[③]（图8-2）。

庆州白塔是辽兴宗耶律宗真为其母“章圣皇太后”特建，完成于重熙十八年（1049年）。1989年在对庆州白塔进行维修时，发现了不少佛教文物[④]。该塔佛教文物的埋藏方式颇有特点，值得关注。塔刹覆钵部位，在一辽代砌体中发现一间简易的穴室，室内安置了一件砖函，函内为一涅槃佛。砖函所在简易穴室向下，在刹杆一侧发现一铁板封护的预留刻槽，上有重熙十八年等纪年，在刹槽的下方，发现一东西长63、南北宽28、厚5厘米的平置的柏木板盖，下面又4块正方形的柏木板盖，边长均为68厘米，启盖后下为五个相连的穴室，里面分别安置了大量的遗物，简报结合铭文，

---

① ［日］田村实造、小林行雄：《庆陵（Ⅰ）》，京都大学文学部，1953年，第1-16页。

② ［日］田村实造、小林行雄：《庆陵（Ⅰ）》，京都大学文学部，1953年，第28-38页。

③ ［日］田村实造、小林行雄：《庆陵（Ⅰ）》，京都大学文学部，1953年，第158-168页。

④ 德新、张汉君、韩仁信：《内蒙古巴林右旗庆州白塔发现辽代佛教文物》，《文物》1994年第12期，第4-33页。

图8-1　庆陵东陵墓室壁画
［采自《庆陵（Ⅰ）》图40，第40-41页之间］

认为这就是“覆钵中相连的相轮撑五室”。五室下面钵体内发现多处散藏的经卷。刹座内在刹柱南北两侧各发现一通建塔铭碑，刹杆底座的铸铁垫板下发现一件铜座木雕莲花灯。整个塔刹安置的方式及结构，大体可以做如下描述：最上面是在覆钵下砌置一穴室，里面安放的是涅槃佛像砖函；再下面是平面呈十字形的五室“相轮撑五室”，它处于整个覆钵体的核心位置；在覆钵砖砌层中，还有一些卷轴经卷安放其间，在覆钵的刹座内还发现有建塔的铭文碑。

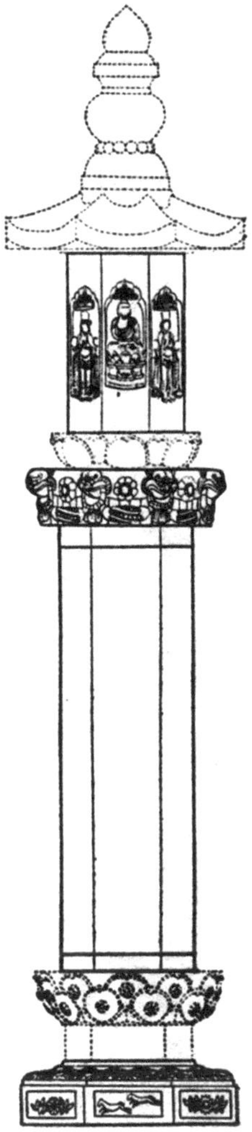

图8-2　庆陵中陵前殿石幢

［采自《庆陵（Ⅰ）》图183，第163页］

出土的佛教文物主要分布在覆钵内，覆钵中的相轮撑五室安放的遗物最为丰富。五室中的遗物有佛、菩萨像、小型法舍利塔、各类供具、大量丝织品，以及药材等。五室中遗物的安置，以南室为主，中室为重点。南室中安置的器物有法舍利塔、佛像、菩萨像；中室安置的遗物有凤衔珠银鎏金法舍利塔、柏木旋刻的陀罗尼咒、小字雕印的《妙法莲华经》；其余各室均以小型法舍利塔及塔内密藏的陀罗尼咒为主，供具器皿等也少于南室。法舍利塔一共有109座，分别放置在相轮撑五室内，中室较少，仅2座，其中一件为凤衔珠银鎏金法舍利塔，其余各室分别安置23～26座不等。这些法舍利塔，除凤衔珠银鎏金法舍利塔外，余均柏木旋雕，悉由圆形塔座、筒形塔身、塔檐和塔刹组成。在安置的银板经咒及发愿文中，明确写着“奉为皇太后、皇帝、皇后万岁，亲王、公主千秋，文武官班恒居禄，师僧父母旋主檀那，承此福象，同霑利乐。重熙十八年孟秋月上京善友等记”。

相轮撑五室中，中室安放的具体器物有七佛贴金彩绘法舍利大塔、凤凰编钗、凤衔珠银鎏金法舍利塔、长颈舍利银瓶（内置舍利子）、“千年万载”铭银匙、沉香、花蝶编钗、白檀香片、乳香等；南室有释迦佛坐像、紫色琥珀雕刻观世音菩萨立像、七佛贴金彩绘法舍利小塔2件、淡彩原木七佛法舍利塔23件、原木素旋舍利塔（内置莲蕾舍利瓶）、瓷碟（二十瓣口沿、置公丁香）、瓷碟（六瓣口沿、置乳香）、小银碗（置槟榔）、小银碗2件（置公丁香）、小漆盘（置肉豆蔻）、小银碟（六瓣口沿、置肉豆蔻）、小银碟（六瓣口沿、置公丁香）、龟首鹤尾水晶杯（置乳香）、三足小木壶（置公丁香、乳香）、《佛说摩利支天经》、沉香、豹纹贝；北室安置有七佛贴金彩绘法舍利塔2件、淡彩原木七佛法舍利塔25件、墨绿玻璃瓶（置舍利子）、瓷碟（二十一瓣口沿、置公丁香）、瓷碟（六瓣口沿、置公丁香）、瓷碟（十四瓣口沿、置公丁香）、瓷碟（六瓣口沿、置乳香）、瓷碟（六瓣口沿、置肉豆蔻）、豹纹贝等；东室安置有七佛贴金彩绘法舍利塔、贴金素旋密檐法舍利塔、淡彩原木七佛法舍利塔26件、《金刚经》、瓷碟（二十一瓣口沿、置公丁香）、瓷碟（六瓣口沿、置公丁香）、瓷碟（五瓣口沿、置槟榔）、小银碟（六瓣口沿、置肉豆蔻）、瓷碟（十八瓣口沿、置公丁香）等；西室安置有七佛贴金彩绘法舍利塔2件、贴金素旋密檐法舍利塔、淡彩原木七佛法舍利塔23件、瓷碟（四瓣口沿、置公丁香）、瓷碟（四瓣口沿、置肉桂）、小银碟（六瓣口沿、置乳香）、小银碟（六瓣口沿、置槟榔）等；在刹杆槽中有金板相轮撑中陀罗尼咒、银板铭文“功能法”、铁板铭文等。

覆钵顶部正北的单体穴室中，发现砖函一套，砖函长19.8、宽17.2、总高14.6厘米，顶盖呈覆斗状，函内放置砖雕涅槃佛一尊，砖刻，涅槃佛与座联体雕刻，佛身长13.6厘米，周身贴金，榻呈束腰状，也即长方形彩绘须弥座，饰彩，其上覆黄罗紫绢袈裟①。

耶律琮墓在内蒙古昭乌达盟喀喇沁旗，目前排列有石碑、石羊、石虎鸡石翁仲等。石刻最前端树立一通石碑，龟趺，碑身、螭首均完整，碑首前额阴刻楷书“观音经碑”，碑身正背面均刻经文，首行“佛说观音经一卷”，经文均是由汉字译写的梵文，碑后置石羊两对，石羊后置石虎一对，再后立武吏像两圾，再后是侍立的文官像一对，文官像的后面就是长宽各20米的平台，也就是所谓的灵台，据调查反映，该墓曾被盗出土有铜面具等文物②。

在墓地右侧的小山顶上，残存神道碑一通，此碑形制同于前述观音经碑，前额阴刻篆书“故太师令公神道之碑”，碑文里面有许多与佛教有关的记载：

> 大契丹国推忠奉国佐运动臣镇国军节度华商等州观察处置等使特进检校太师赠兼政事令使持节华州诸军事行华州刺史上柱国漆水郡国公食邑三千户食封三百户耶律公□□［铭］并序」燕台左街资恩寺传大教阿阇梨传教大师赐紫敬贤书。华州衙内马步军都虞侯郭青撰。故太师令公授赐人户一百八十三户。」……为古往今来先达后」进，金门玉阙，授紫施朱，禄食万钱，位极一品，善恶不恒，患难始终长恨恨耶，不能致于斯道也。独有我推忠奉国佐运功臣、镇国军节度、华商等州观察处置等使、特进、检校

① 巴林右旗博物馆、同心华夏文化遗产保护交流基金会编著：《天宫法藏：辽庆州塔天宫出土文物菁华》之《砖函彩绘贴金释迦牟尼佛涅槃像》，科学出版社，2017年，第74、75页。

② 李逸友：《辽耶律琮墓石刻及神道碑铭》，东北考古与历史编辑委员会编辑：《东北考古与历史（第一辑）》，文物出版社，1982年，第174-183页。

太师、赠兼政事令、使持节华州诸军事、行华州」刺史、上柱国……公讳琮，字伯玉、姓耶律氏……公幼孤独，立亦受艰辛……故发愤忘食，夜不遑寐，乃师古以立身，讨六经而修德，敦书阅礼……公恒因暇日，历览前规，宠厚若惊，满盈自□成名，遂奉身而退，喜归私地逸乐自娱。然公长以释教为事，□□二年……改玉馔为香馔，不辍参禅，公是夙夜斋心慕［亲］□□，欲寤无为之理，大崇有相之因，至咸感神［果］□□公愿□□燕台左街资恩寺□□□□［路］千里山河来游，」夙阙逢缘，使度贵贱，□□至霸州延昌寺□□秘密传十地戒条，士庶皈依……公长怏怏耳，恨恨耶，未得闻燕台上人之教法，因感神道□善□□□□田庄南院之别馆，开启灌顶道场，□□菩提心戒，公寻废□□合坛铃杵并道场合要法具，并愿舍施燕台传教上人，公发弘愿未遂……三日而终，公享年五十有一……适有郑国夫人……亲奉汤药，朝不暇食，体唯温凉，夜不解衣，终始两年……夫人于是亲与长男华州马步军都指挥使昌言……事语询于众，卜其兆宅，安厝玄宫，以□马埋□旧是污俗之礼，枫棺柏椁宜遵无陋之仪……夫人便与二三孝子门生」故吏部曲人员，亲往□□□□马盂山□□□峰岭□，老松古柏……异草奇花……真诸侯朝王之象也，是三公所英之墟，苟称人心，谁云不可。保宁十一年春□二月丙寅……庸赁百工大营」葬事，人蒙恩惠……不满期，封域俄就，其圹也东西五仞、南北七寻，大小方圆于礼无陋，埋车涂盏夫君子之讥，闭隧悬棺方称诸侯之礼。冬十月庚申，举之以棺椁衣衾，备」之以旌旗弓剑，神□□□无不具陈，以礼奉□□□□，皇帝使宗子来会葬，赗赠含襚以表后亲之恩，牛羊犬鸡不废表纪之数，赠兼政事令。人叹美终，莫不白马盈郊，素车满野，六」亲执绋，哀声雷动于九天，百鸟旋空泪滴□□□草，风云惨惨……保宁拾壹年玖月叁拾日建」丹虢国夫人肖氏，郑国夫人肖氏，长男镇国军节度马步军都指挥使昌言，次男镇国军节度衙内马步军都指挥使昌时……故东京留守□都□□□□□」资恩寺通寂大师赐紫惠璘，归空大师赐□□□□」随使左都押衙李贞……[①]

通观耶律琮的神道碑铭，我们可以明晰地见到耶律琮信仰佛教的活动，以及在他的丧葬活动实施仪式程序中，有很多环节都有佛教僧侣的参加。耶律琮本人在功成奉身而退之后，便投身释事，其主要活动有香馔、参禅，与燕台左街资恩寺交往密切，在霸州延昌寺传学十地戒条；其生前曾建立了灌顶道场，涉及菩提心戒，法具可见有坛、

① 李逸友：《辽耶律琮墓石刻及神道碑铭》后附《辽耶律琮神道碑铭文》，东北考古与历史编辑委员会编辑：《东北考古与历史（第一辑）》，文物出版社，1982年，第181-183页。

铃、杵等，活动有施舍寺僧等，而且这个道场活动在时间上临近他的死亡，或许这个道场与死亡有关。耶律琮的丧葬事宜备受关注和重视，皇帝都遣宗子前来会葬，并且赗赠了不少财物，其中也有随葬器物，神道碑铭文全面地记载了他的一生及丧葬情况。碑铭的起始就提到碑铭是由“燕台左街资恩寺传达教阿阇梨传教大师赐紫敬贤书”，铭文的最后所提负责耶律琮丧葬事宜的人员名单时，也提到了资恩寺的通寂大师赐紫惠璘和归空大师，说明这两位佛教大师参与了耶律琮的丧葬活动。这也与其神道石刻前列正中所树“观音经碑”是一致的。这里佛教因素影响到丧葬礼俗的方面有道场、神道石刻、碑、碑铭书写、丧葬实施等。

此外，碑铭中对传统丧葬礼仪的态度值得关注。耶律琮夫人与长子及众人商量耶律琮的丧葬事宜时，特地提到“以□马埋□旧是污俗之礼，枫棺柏椁宜遵无陋之仪”，这里明确指出埋马匹等属于污俗之礼，或许指的就是杀牲祭祀是污俗之礼，反映出佛教反对杀牲的影响。在棺椁方面应当遵守无陋之仪，不知是否采取的是类似于须弥座、广布装饰的受到佛教影响的棺座等。

文献材料也可见辽代帝王后宫的佛教丧葬礼俗。如辽道宗宣懿皇后哀册：

> 宣懿皇后哀册
>
> 枢密副使、崇禄大夫……臣张琳撰。
>
> 维达康元年岁次乙卯十一己未朔三日辛酉，先懿德皇后崩于长庆川，旋附殡于祖陵。即以乾统元年岁次辛巳六月庚寅朔二十三日壬子，将迁座于永福陵，礼也。国路风沉，郊门云起。月属建末，时将在癸。协龟墨告吉之兆，应龙攒启行之始。六衣卷兮收黼账，三献终兮撤祭簋。望望而哀仗森欝，摇摇而素旌披靡。当时仟驭，去復去兮殊途。今日雕辒，行復行兮同轨。松楸泣露以何限，箫笳鸣空而不已。孝孙嗣皇帝延禧，哀哀思报，恋恋增伤。仰顺追怀之遗旨，特纵合祔之彝章。玉谥流辉于殡殿，珠襦掩藻于玄堂。白日度兮时易改，清釭凝兮夜不阳。音容永诀，年祀何长……其词曰：昔惟圣人……文章非学至之然，佛法本生知之性。静修蘋藻，动节珩璜。仪形祖禰，轨范嫔嫱。可更延于寿历，何遽返于仙乡。悲缠圣母，爱恸元良……陵域暝兮苦雾暗，山楹寂兮流泉咽。万籁喑呜，百灵惨烈。呜呼哀哉！银海寒湛，蛟函影沉。琨珮钉铛兮无复听，云车缥缈兮何处寻……呜呼哀哉！[①]

宣懿皇后哀册详细记载了殡葬、迁葬的礼仪过程，关于陵域也有一些反映，这是十分

① 向南：《辽代石刻文编》，河北教育出版社，1995年，第516-518页。

难得的材料。同时，墓葬中提到了“佛法”，而且据《辽史·后妃传》的记载，道宗宣懿皇后萧氏，小字观音。墓葬中似乎透露出墓主与佛教的关联，但是我们不能直接从材料中得出佛教参与丧葬礼俗的事实。

辽圣宗时期，宋真宗上仙，《契丹国志》记载了辽对于宋皇帝死后报哀的礼仪活动：

> 宋真宗上仙，薛贻廓报哀入境，幽州急遞先闻。帝不俟贻廓至阙，集番汉大臣举哀，后妃已下皆为沾涕，因谓宰臣吕德懋曰：“吾与兄皇未结好前，征伐各有胜负，洎约兄弟二十余年，兄皇昇遐，况与吾同月生，年大两岁，吾又得几多时也？”因又泣。復曰：“吾闻姪帝聖年尚幼，必不知兄皇分义，恐为臣下所问，与吾违约矣。”后贻廓至阙，达宋帝圣意，喜谓后曰：“吾观姪帝来意，必不失兄皇之誓。”復谓吕德懋曰：“晋高祖承嗣圣爷爷之力深矣！少主登位，便被盟约，皆臣下所惑。今姪帝必敦笃悠久矣。”又谓后曰：“汝可先贻书与南朝太后，备述妯娌之媛，人使往来，名传南朝。”
>
> 又诏燕京悯忠寺特置真宗御灵，建资福道场，百日而罢。復诏沿边州军不得作乐。后因御宴，有教坊都知格守乐名格子眼，转充色长，因取新谱宣读，帝欲更迁一官，见本名正犯真宗讳，因怒曰：“汝充教坊首领，岂不知我兄皇讳字？”遂以笔抹其宣而止。燕京僧録亦犯真宗讳，敕更名圆融。寻下令国中应内外文武百僚、僧道、军人、百姓等犯真宗讳者，悉令改之。①

真宗驾崩后，辽圣宗为其设“御灵”，最值得注意的是，御灵设置的地点在佛寺，也就是燕京悯忠寺，同时还建立了资福道场，而且道场进行的时间长达百日。寺院成为丧葬礼俗活动中的重要场所，这一做法似乎在辽已经是一种基本认识，对于宋而言，也应该是比较认可的，毕竟宋派了报哀使者薛贻廓入辽，辽的这些丧葬与佛教的活动宋应该是知晓而认同的。

第二节　宣化辽墓

宣化辽代壁画墓群位于河北张家口市宣化城西约3千米的下八里村，分别是M1～M7、M8和M9。M1的后侧有M2，紧邻M1的西南侧有M5，在M1的东南方向，有

---

① （宋）叶隆礼撰，贾敬颜、林荣贵点校：《契丹国志》卷七《圣宗天辅皇帝》，中华书局，2014年，第81-82页。

M3、M7、M10、M9和M6，在M1的西南方向，相对较远的距离有M4[①]。

M10（张匡正墓）墓砖砌，由墓道、天井、墓门、前室和后室组成，在墓道的北端和墓门之间为竖穴式天井，墓门前有砖砌的仿木结构门楼（图8-3）。前室为近方形，后室为圆形，后室有木门，在后室的正中发现砖砌棺床。棺床整体涂朱，分上、中、下三层，上层画三个大壸门，壸门内饰莲花和牡丹，中层绘六个小壸门，下层为四个影作云头花图案的床腿，棺床上放置木棺一具。木棺葬具为箱式，长96.5、宽62.5、高60厘米，盝顶式棺盖。棺的顶部和四壁均墨书经咒文，有梵汉字体两种。棺盖上竖行，15行，均梵文；盝顶棺盖的前杀墨书："陀罗尼棺以其影覆之功□济魂归之质"；棺盖右杀墨书："不闻地狱永受天身谅"；棺盖后杀墨书："尘墨之良因与□□□□记"；棺盖左杀墨书5字，均梵文。根据棺盖前杀的铭文，此棺可定名为"陀罗尼棺"。

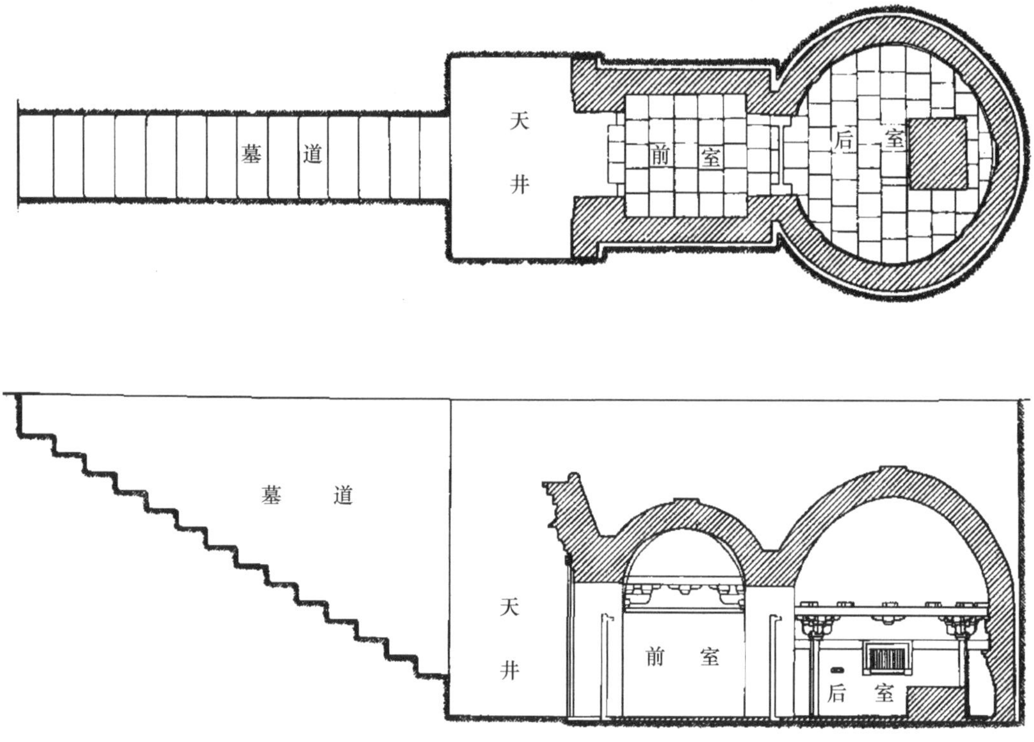

图8-3　宣化辽墓M10平、剖面图
（采自《宣化辽墓》图四，第9页）

① 河北省文物研究所编著：《宣化辽墓：1974～1993年考古发掘报告》（全二册），文物出版社，2001年。

棺身前壁残存墨书梵文和汉文经咒18行，其中第8行为汉文“一切如来白伞盖大佛顶陀”，第15行汉文为“佛顶炽盛光如来陀罗尼”，第18行汉文“大吉祥陀罗尼”。因此报告认为此应是《大吉祥陀罗尼经咒》。棺身右壁墨书汉文《般若波罗蜜多心经》，其中有“观自在菩萨行深般若波罗蜜多时照见五□□□度一切……般若波罗蜜多是大神咒是大明咒是无上咒是无□等等咒，能除一切苦，真实不虚，故说般若波罗蜜多咒……愿以此功德，普及于一切亡过于众生，皆共成佛道”。棺身后壁墨书梵文和汉文经咒，其中第11行汉文为“阿閦如来灭轻重罪障陀罗尼”，第15行汉文为“智炬如来心破地狱真言”。棺身左壁墨书汉文梵文经咒，其中第1行汉文为“佛说生天陀罗尼”，第3行汉文为“佛说转生净土陀罗尼”，第5行汉文为“五字大明陀罗尼”，第7行汉文为“六字大明陀罗尼”，第11行汉文为“授菩提心戒真言”“地质”（图8-4）。棺内出土有残幞头和梳子，墓主应该是火化入葬，零乱的碎骨散落在淤泥中，棺内也没有发现模拟人形的“真容像”，报告据烧骨数量，推测火化尸骨应是两个个体。

墓内壁画分布于甬道、前室和后室的壁面上。前甬道东壁壁画内容为花卉，西壁也是花卉。前室东壁壁画为“备茶图”，西壁壁画为“散乐图”，画面由八人组成，一人弹曲项琵琶，一人吹笙，一吹横笛，一吹觱篥，一击打拍板，一擂大鼓，一舞者兼击腰鼓，前面还有一舞蹈女童。后甬道东壁为持杖门吏及花卉，西壁也是持杖门吏及花卉。后室木门门额之上有儿童跳绳，后室南壁绘两门吏，东壁为持巾、持镜侍女、桌子和文房用品、仙鹤水草等，北壁为花缸，西壁为仙鹤水草、经卷和经案，以及燃灯侍女等（图8-5）。墓室顶为彩绘星象图。墓室内大小三个桌面，摆满了供器，出土了陶器、瓷器、铜器、铁器、木器、墓志等器物。其中木器为9件残毁的木俑，均为生肖俑。墓志出于后室供桌之下，陀罗尼木棺之前，志盖中间篆书题“张君墓志”，四杀阴刻十二生肖像，志文如下：

大辽归化州清河郡张匡正墓志铭并序

公讳匡正，字无邪，貌古性纯，行淑言直，治家事亲，动式规矩。以不食荤茹心（辛），不乐歌酒，好读法花、金刚经。坊曲之际，无问长幼，俨然人望而畏之……公娶于本郡江夏郡黄氏，而生五男三女：长男小字小哥，次伴叔，皆不幸早逝。次文纪……次文震……次文藻……至清宁四年秋八月十八日，寝疾卒于私第，寻权其葬，礼而柩之，公之春秋七十有五……至大安九年岁次癸酉四月丁巳朔十五日辛酉乙时，改葬于雄武本郡之西北，增广茔所……即日与孙男右班殿直世卿……故命以为辞……得大吉士，具大葬仪。魂虽往矣，神其听之……

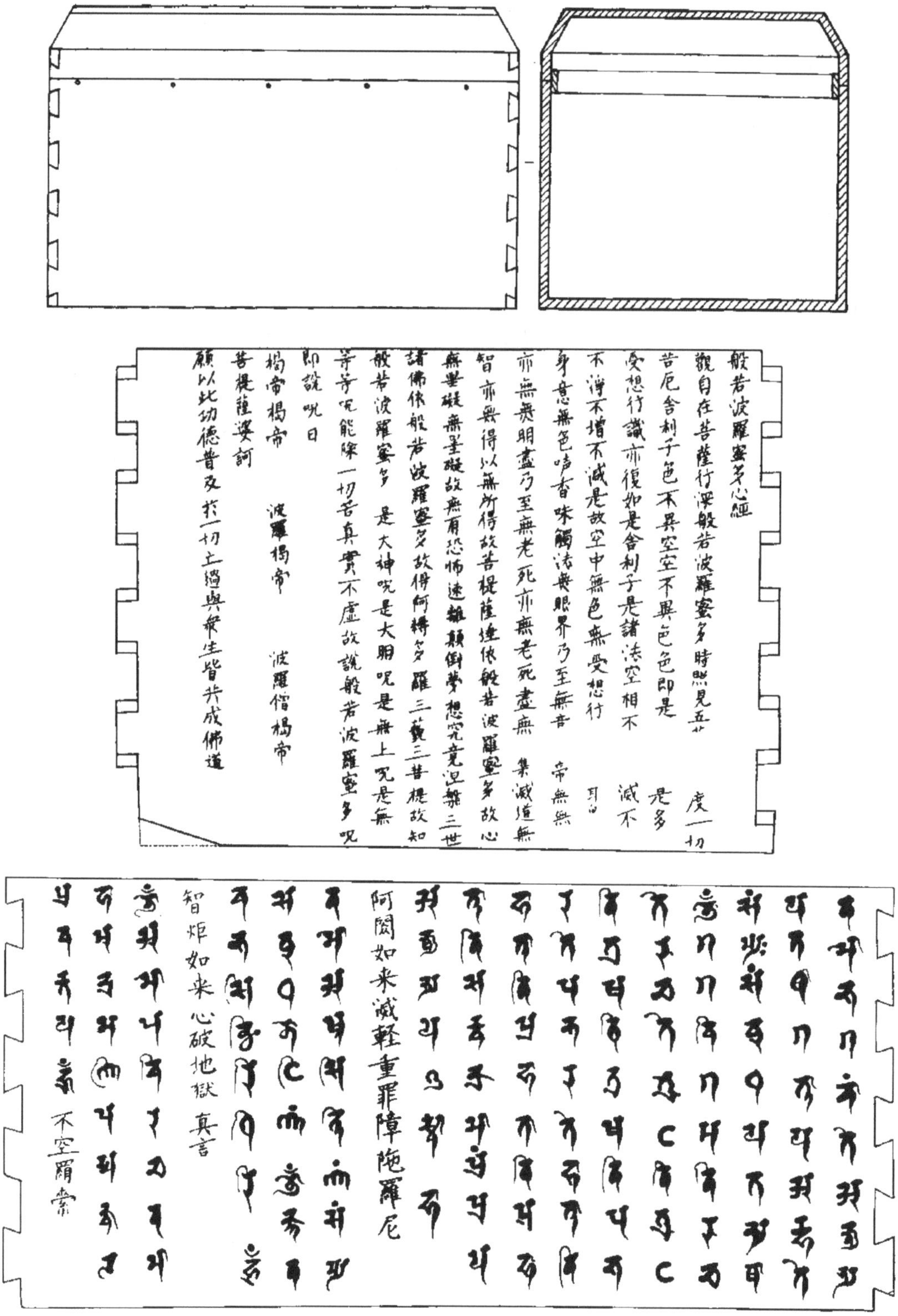

图8-4　宣化辽墓M10木棺及棺壁墨书汉文、梵文经文、咒文

（采自《宣化辽墓》图一六、图二一、图二二，第23、27、28页）

1　　2

图8-5　宣化辽墓M10墓室壁画
1. 备茶图　2. 备经图
（分别采自《宣化辽墓》图二四、图二八，第31页、第36、37页之间）

张匡正去世于道宗清宁四年（1058年），改葬于道宗大安九年（1093年），墓志中所提及的其子张文藻，即宣化辽墓中的M7墓主，其孙张世卿，乃宣化辽墓M1的墓主，由此可知张匡正是考古发现的宣化辽墓中辈分较高者。墓志所言其“好读法花、金刚经”，表明其信仰佛教。其去世之时，乃权其葬，并且礼而柩之，似乎其按照正常的丧葬礼俗，但权其葬，不知是否一直权时至大安九年，让人觉得其权葬的不一般。后来，大安九年对其改葬，已经是数十年后了，张世卿对其墓志所辞，其中提到“得大吉士，具大葬仪”，或许就是指改葬时受到僧侣的指导，甚至主持其葬仪，大吉；“大葬仪”也许就是火葬，并以陀罗尼箱式木棺埋葬。根据棺盖经咒文，此类箱式盝顶，墨书经咒文的棺，就是墨书经咒文所谓的“陀罗尼棺”。

张匡正盝顶盖箱式木棺上的经文、咒文直接反映了佛教对于亡者的作用。如箱盖上的“陀罗尼棺以其影覆之功□济魂归之质”“不闻地狱永受天神谅”，点出了亡者“魂归”和免下地狱的丧葬愿景。棺身上的“佛顶炽盛光如来陀罗尼”和《般若波罗蜜多心经》等，其目的就在于使一切亡过众生，皆成佛道，从而转生净土陀罗尼。整个经咒文的使用，反映出时人在魂魄、地狱、灭罪、往生、净土等方面的观念。

M7（张文藻墓）墓砖砌，整个墓葬由墓道、天井、墓门、前室、甬道和后室组成（图8-6），M7前面有M9，距离较近，导致在修建M7时，不得不将其墓道向西拐弯成曲尺形，以避开M9。墓道为阶梯状墓道，墓门为仿木结构，门额上二枚门簪上绘出兽面纹。前室平面呈长方形，后室为圆形。后甬道内也安置有墓门一道。后室的北壁中央，砖雕彩绘以门楼。在门楼之前即为砖砌的长方形棺床，棺床做束腰状，束腰上绘出三个壶门，壶门内绘荷叶莲花，中间壶门内绘牡丹。棺床之上放有箱式木棺。

木棺盝顶，包括棺盖和棺身两部分，盖顶及四壁皆墨书陀罗尼经咒文，用梵文、汉文书写。棺盖盖顶墨书汉字音译梵文陀罗尼经咒，其中第5行可见“警觉陀罗尼”汉字，第13行也是汉字“观自在如意轮菩萨陀罗尼”。由此，盖顶经咒应为“警觉陀罗

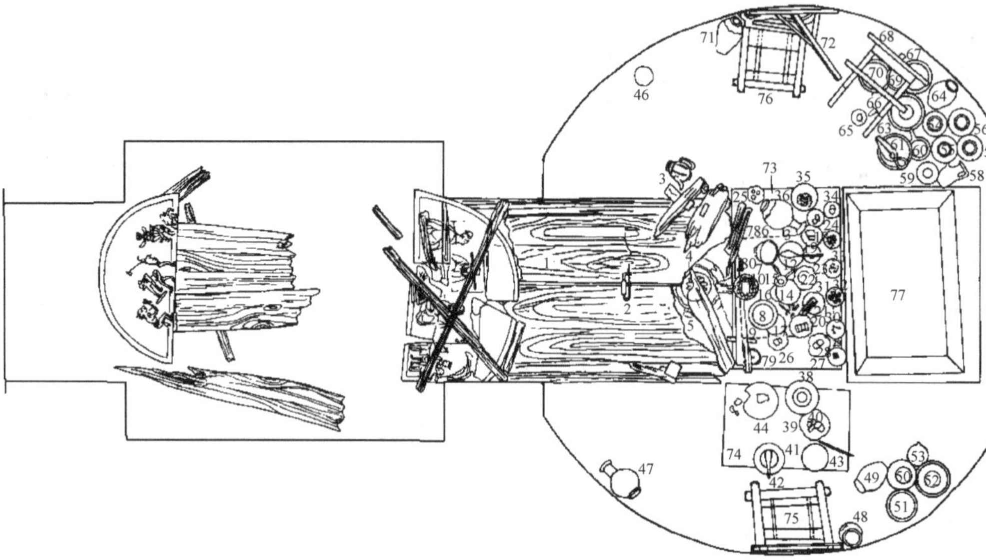

图8-6 宣化辽墓M7出土器物分布
（采自《宣化辽墓》图七七，第100页）

尼”和“观自在如意轮菩萨陀罗尼”。棺盖的前杀墨书汉字为“陀罗尼棺以其影覆之功□济魂归之”，右杀墨书大字为“质不闻地狱永受天身”，后杀斜面上墨书汉字为“谅尘墨之良因与乾坤而等固谨记”，棺盖左杀墨书梵文5字。木棺的前壁墨书梵文和汉文经咒共18行，其中第11行为汉字“阿閦如来灭轻重陀罗尼”，第15行为“智炬如来心破地狱陀罗尼”，第18行为“大吉祥陀罗尼”。因此这里的经咒可能是“阿閦如来灭轻重陀罗尼”、“智炬如来心破地狱陀罗尼”和“大吉祥陀罗尼”。木棺右壁墨书梵文、汉文经咒，共11行，其中第1行为汉字“佛说生天陀罗尼”，第3行为“佛说转生净土陀罗尼”，第5行为“五字大明陀罗尼”，第7行为“六字大明陀罗尼”，第9行为“满愿陀罗尼”，第11行为“授菩提心戒真曰：……”，后面接的梵文汉字音译。棺的后壁墨书梵文和汉文经咒共18行，其中第13行汉字为“一切如来大阿毗三摩耶百字密语”，第18行汉字为“法舍利真言”。木棺左壁墨书汉字《般若波罗蜜多心经》，共16行，楷书自右而左：

第1行　般若波罗蜜多心经
第2行　观自在菩萨行深般若波罗蜜多时照见五蕴皆
第3行　空度一切苦厄舍利子色不异空空不异色色即是空
第4行　空即是色受想行识亦复如是舍利子是诸法空相不生
第5行　不灭不垢不净不增不减是故空中无色无受想行识无
……

第7行　界无无明亦无无明尽乃至无老死亦无老死尽无苦

……

第12行　明咒是无上咒是无等等咒能除一切苦真实不虚故

第13行　说般若波罗蜜多咒即说咒曰

……

第16行　愿以此功德普及于一切亡过与众生皆成佛道

根据木棺上墨书的《般若波罗蜜多心经》，可知书写经咒是希望去除一切苦厄，以便使死者能够成佛道。

张文藻墓木棺保存较好，棺内器物及摆放基本未被扰乱，是难得的反映西天荼毗葬礼棺殓情况的材料。现在按照考古报告的详细描述，具述如下：尸骨上面覆盖一层深蓝色团花织锦，锦被之下还有一层帛被，考古发现有一层缟色帛片，即成粉末；两层被的腐烂处、棺的外侧，以及木棺的里侧有茶色的帛片，报告推测应该是尸体骨骼上所附着的衣服残片；在锦被和衣服的残片下面，有两具用稻草捆制的模拟人体，分别由头部、躯干和四肢构成。稻草人草把捆制的躯体之内有死者火化后的骨骼，稻草躯体穿了衣服和鞋子，戴了帽子，同时还佩戴了饰品；稻草人似代表男女墓主，男性躯体靠外侧，长约90厘米，头部也是用帛类织物模拟制成，戴一个皮制的小幞头，发现时已经腐烂，头中填充有火烧的头骨，头下有枕，枕内装满荞麦。腰部出土水晶珠，胸腹前出土小铜镜一面和两个木梳；女性稻草躯体靠棺的内侧，全长80厘米左右，头部保存有帛类织物和头骨碎片，头戴莲花冠，冠皮制，有皮革残迹可见，头下枕袋形枕，内装荞麦，头下颈部一侧有木质念珠一串，计32颗，胸前出土86颗木素珠一串，耳侧出土铜耳坠一对，两侧有铜质簪花饰物。这完整展现了荼毗丧葬装殓，火葬后灰骨放置在用稻草捆制的真容偶像内，真容偶像也穿有衣服，佩戴如念珠、素珠等简单饰件，有鞋子，有帽子，有枕头，然后盖上几层不同的被子。

墓室前室木门上部有五鬼壁画，前室东壁为备茶图，西壁为散乐图；后甬道东壁壁画为侍者和花卉，西壁亦同；后室前有木门，木门门额上绘有儒释道三者在对弈，后面站着三位的侍童，也是儒释道三种装扮和行头（图8-7）；后室南壁壁画为侍者，东壁绘持盏侍女、桌子和文房四宝、仙鹤水草等，北壁为花缸，缸内植满盛开的牡丹。后室西壁绘仙鹤水草、妇人启门、燃灯侍女。内随葬器物比较丰富。前室墓顶正中镶嵌有一面铜镜，后室棺床前摆放着供桌，上面放了一些碗、盘、碟等，其中一些里面有盛放的食物，还保存着，如栗子、干葡萄、梨，以及一些熟食，彩绘陶仓内放着枣，白瓷碗里放着肉豆蔻等。

在棺床的正前方供桌的下面，放着墓志1合，盖顶上原覆盖绘制有重瓣莲花的丝帛，正中刻铭篆文“张君墓志”，周刻忍冬花纹，斜面上刻十二生肖，高冠，无动物形，着宽袖大衣，捧笏。志文如下：

大辽归化州清河郡张文藻墓志铭并序

公讳文藻……公三十而立，乃自省己，遂弃杯酒，远声色，孜孜勉勉，勤劳于家，果致财产饶给，方已具万。迩后，田园地宅尽付于子，但积功累行，崇敬三宝为业。于当州圣因寺施净财，画优填王壁，丹青炫彩，久而弥新，相好威仪，灿然可睹。功德既毕，春秋四十有六。咸雍十年二月二十五日寝疾，无何凶变，乃卒。于是寻具哀礼，权之柩。犹子右班殿直世卿，追念其事，与诸同气议于私第曰：虽家室之事已修，而祖考之茔未遂增广。至大安九年岁次癸酉四月丁巳朔十五日辛酉乙时，改葬于州北之隅，以示孝敬。因命庸鄙，特为之铭曰：

清河之公，令德谁同。容貌堂堂，于家雄雄。

少事所嗜，杯酌之中。长事所愿，佛道是崇。

子孙其孝，扬乎凯风。今勒贞石，以铭其功。

图8-7　宣化辽墓M7后室南壁木门上部壁画

（采自《宣化辽墓》图七三，第96页）

综上所述，张文藻墓葬中佛教因素较多，如圆形墓室、棺床壸门、盝顶箱式木棺、木墓门上的儒释道对弈图、稻草真像偶容、火化、木棺上墨书经咒、瓜果供品，以及墓志中描述其崇佛的活动，其丧葬的权葬、改葬，也多与张匡正墓相似，特别是改葬的时间应该是同时，大安九年（1093年）四月十五日乙时，后述张世本也是在大安九年孟夏乙时葬于州西北先茔内，彼时必定有一场盛大、独特的佛教丧葬法事活动。

M3（张世本墓）为圆形单室砖墓，墓室中后部有砖砌棺台，台上有木棺床一、木棺一。棺台为影作仿木结构，正面影作三个壶门，棺床的三面有做成椅圈形的短墙，周抱框两端作半蜀柱，每堵上有四个蜀柱。木棺为长方体箱形，盖为盝顶式，盖顶墨书正楷直译陀罗尼经咒，第5行为汉字“警觉陀罗尼”，第13行为汉字“观自在如意轮陀罗尼”，所以，棺盖上墨书可能为两端陀罗尼经咒。棺盖前杀墨书“陀罗尼棺以其影覆之功□济魂归之”，右杀“质不闻地狱永受天身”，后杀“谅尘墨之良因与乾坤而等固谨记”，棺盖左杀墨书梵文经咒五个字。棺身的铅笔墨书梵文和汉文经咒，共计18行，第8行为汉字“一切如来白伞盖大佛顶陀罗尼”，第15行为汉字“佛顶炽盛光如来陀罗尼”，第18行汉字为“佛顶炽盛光如来大吉祥陀罗尼”；木棺右壁墨书梵文汉文相间，其中第1行为“佛说生天陀罗尼”，第3行为“六字大明陀罗尼”，第5行为“五字大明陀罗尼”，第7行为“转生净土陀罗尼”，第9行为“观音菩萨满愿陀罗尼”，第11行前面为汉字“授菩提心戒真言”，后面有十数字为梵文汉语音译；木棺后壁墨书梵文、汉文经咒17行，其中第11行为“阿閦如来灭轻重罪障陀罗尼”，第15行为“智炬如来心破地狱陀罗尼”，第17行为“准提陀罗尼”；木棺左壁为《般若波罗蜜多心经》，内容与M7（张文藻墓）基本相同。棺内发现火化后的骨骼，报告推测墓主死后也是依西天荼毗礼安葬的。

张世本墓墓内周壁绘彩色壁画，南壁为持杖门吏，拱门两侧一边一人；东壁绘持盏侍女、桌子和文房四宝、花缸，北壁绘妇人启门、仙鹤水草；西壁绘花缸、经卷和经案、挑灯侍女，破子棂窗下放一连足黄木支架，架子上为橙色木板，上放经套、经册和卷轴。墓室顶部绘星宿图。

出土器物主要集中在砖棺台前的木桌上，还有棺床的东部和后部。桌子上摆放有白瓷碟、白瓷碗、黄釉壶、黄釉碗、黄釉唾壶、陶器盖、陶灯、陶砚、漆筷、漆勺、陶盏托、铁等和铜币等；东西两壁下各放有方形木椅一把，西面木椅周边有陶灯、酱釉鸡腿瓶、陶双耳锅、陶炉、陶三足鼎、陶罐、陶盆和木制三角形衣架；东面椅子周围放有木盒、木盆架、木镜架、铜镜、陶罐形鼎、陶盆、陶罐、陶甑、陶盘、陶碗、陶炉、陶烤架、陶双耳锅、陶器座、陶熨斗、陶碗和陶柳斗等。木桌下出土墓志1合，方形盝顶志盖，四杀有线刻十二生肖，墓志中提到张世本“加以自生之后，不味腥血，日诵法华经，拟终万部，至七千余秩”。其下载在大安九年孟夏乙时，“葬于州西北先茔内”。其妻焦氏到了金皇统四年（1144年）与世本合葬。

M1（张世卿墓）为阶梯墓道带前后方形墓室墓，仿木结构，后室各壁开凿出长方形莲花龛，龛下砖雕彩绘仰莲花座，上绘花叶龛楣，共17个龛，如果加上栌斗等方面的，合计为22个龛，龛下砖雕覆莲座，龛的顶部绘绿色曲茎荷叶，龛内均放置装饰不同的木俑，莲花龛之间的壁面绘宝瓶生花，共18个宝瓶，每个瓶内插花一束，有牡丹、缠枝莲花、荷花等。墓内被破坏严重，棺板仅存7块，其中5块上面有墨书梵文，应为陀罗尼经咒文。棺内葬有木雕真容偶像1件，柏木材质，雕出首、四肢和躯干，头骨盖脸为一老人形象，木雕偶像的躯壳内储藏有墓主火化后的灰骨。

张也卿墓墓室内遍布壁画。前室南壁为持杖门吏，东壁为散乐壁画，北壁也是持杖门吏，西壁为出行图；后室南壁为二龙戏珠、温酒侍吏、持钵抱箱侍吏等，东壁为黑衣侍吏进门、备经备茶、持巾持扇侍吏、启箱侍女等。备经备茶壁画由两人组成，二者在为墓主人诵经准备经书和茶饮，朱色方桌上摆放有黄色盝顶函盒、盘口汤瓶、三足带纽盖熏炉、小盒、盏托，以及一摞四本《常清净经》、一摞四本《金刚般若经》，均蓝色封皮；函盒和汤瓶中间摆放一黑色盏托，上有白色托盏；方桌之下摆放有黑色三足托盆。北壁壁画为双凤门、持杖门吏，西壁为启箱侍女、持盂持拂尘侍吏、备茶、妇人启门。后室穹隆顶正中央彩绘星象图，墓顶的正中镶嵌一直径35厘米的铜镜，铜镜周围用墨线绘出圆形轮廓，然后再绘出叠瓣莲花；星象图的内层，莲花的外围，画有紫微垣中北斗七星，第二层为二十八星宿，第三层为黄道十二宫。

墓内出土器物中，以放置在莲花龛中木俑较为显著，其中有两件伏虎武俑，均武士装束，双足踏卧虎，还有两件武士俑、一件双头蛇身木俑。前室内出土石狮3件，狮子均昂首前视，张口露齿，做蹲踞状，项下系铃，下带底座；狮座4件，均出土于后室，圆雕，狮身卷曲状，背部有长条形凹槽或者直角转折凹槽，报告认为是嵌木棺床座使用的。墓内出土了张世卿墓志1合，盝顶式盖，志文节录如下：

大辽归化州故殿直张公墓志铭并序

……明公殿直……皇上喜其忠赤，特授右班殿直……特于郡北方百步，以金募膏腴，幅员三顷，尽植异花百余品，迨四万窠，引水灌溉，繁茂殊绝。中敞大小二亭，北置道院佛殿，僧舍大备。东有别位层楼巨堂，前后东西廊具焉，以待四方宾客栖息之所，随位次弟已碣于亭左，此不具序。每年四月二十九日天祚皇帝天兴节，虔请内外诸僧尼，男女邑众，于园内建道场一昼夜，具香花美馔，供养斋设，以报　上方覆露之恩。特造琉璃瓶五百只，自春洎秋，系日采花，特邀诸寺致供。周年筵僧一万人，及设粥济贫，积十数载矣。诵法花经一十万部，读诵金光明经二千部，于道院长开此经及菩萨戒讲。建大院一所，州西砖塔一座，高数百尺，雕镂金刚、梵行、佛顶、高王、常清净、灵枢、赤松子、中诫经，孙真人福寿论，诸杂陀罗尼，举常印施及设诸药，自余小善，不可卒言。公讳世卿，字虚白……弟兄六人，余皆先逝，友恭之行，家无异财……天庆六年丙申岁闰正月四日，遘疾而终，享年七十有四。遗命依西天荼毗礼，毕，得头骨与舌[①]，宛然不灭，

① 火化之后，舌头尚存，是由佛教感应记载中的常诵法华经功德所致，《妙法莲华经》经卷六亦有记载。早在南北朝时期，就有高僧因持诵《法华经》而唇舌不坏的记载，到了唐代，俗众和高僧因持诵《法华经》而舌头不坏的观念也十分流行。详参尤李：《论辽代密教的来源》，袁行霈主编：《国学研究》第二十七卷，北京大学出版社，2011年，第241-242页。

> 盖一生积善之感也。是岁四月甲子朔十日癸酉甲时，葬于兴福、七宝二山之阳，附于先茔，礼也。……子孙安荣。[①]

张世卿逝于辽天庆六年，即1116年，官至检校国子祭酒、兼监察御史、云骑尉。墓志中提到其建园，在园内建道院佛殿、僧舍，其间尽植异花百余品；在每年的四月二十九日，也就是天祚皇帝天兴节，请内外僧尼及男女邑众，在园内建一昼夜的道场；同时，特造五百只琉璃瓶，从春至秋，日日采花，供养诸寺；在周年时，筵僧一万人，设粥济贫。诵《法华经》《金光明经》，并开菩萨戒讲；建造大院一所及州西砖塔一座。在张世卿的这些佛教信仰活动中，天兴节及周年的佛事道场活动值得关注。

张世卿墓中使用了陀罗尼棺、真容偶像，墓室壁画中明显可见《金刚般若经》，尤其值得注意的是其墓室从顶往下，呈现出一种佛法布局，顶部为铜镜，其下为叠瓣莲花，其下为北斗七星、二十八星宿，其下为黄道十二宫，再下为带莲花座的长方形莲花龛和瓶花，龛内有伏虎木俑、武士木俑、双头蛇身俑等，或许还有十二生肖俑等。志文中明确提到其遗命依西天荼毗礼，也就是火化，毕，得头骨及舌。笔者以为，西天荼毗礼内容自然包括火化，不知在丧葬遗存表现上，是否还包括陀罗尼棺、真容偶像，以及由铜镜莲花及二十八宿黄道十二宫构成的整个墓室壁画布局?

M5（张世古墓）为前室近方形，后室六边形砖室壁画墓。后室发现木棺一具，棺内发现火化的人骨，棺盖盝顶，盖顶墨书梵文九行；盝顶盖四个斜面均楷书汉字：

> 棺盖前杀：陀罗尼棺 以其影覆之功既济魂归之质不闻
> 棺盖左杀：地狱永受天身谅尘墨之良
> 棺盖后杀：因与乾坤而等固谨记 保大三年三月一日巽时
> 棺盖右杀：闭掩记

棺身前壁有梵文墨书，左壁也是梵文，后壁也墨书梵文十行，棺身右壁板面墨书梵文和汉义，其中第3行汉字为“诸法囚缘生缘谢”，第4行汉字为“吾师大沙门常作”。上述说明该棺名为“陀罗尼经咒”棺，最后的“吾师大沙门常作”或说明张世本的火化葬仪，有佛教僧人的参与，此与前述M10张匡正墓志所记“得大吉士，具大葬仪”，或有相似之处。

张世古墓前后墓室各壁上均绘有壁画。前室南壁的券门的上部正中绘有金刚像，武士装束，头戴盔，身穿朱甲，持剑端坐于台上；券门东侧为一女子，双手合十于胸

① 河北省文物研究所编著：《宣化辽墓：1974～1993年考古发掘报告》（全二册），文物出版社，2001年，第237-238页。

前，券门西侧绘一老者，拄一树枝形拐杖；女子和老者的上部，也就是金刚像的两侧，各有一双人首联体像，金刚像左侧联体双人首像下似有一盘，身上络以网络；女子下部有一只雄鸡，老者下部有一蹲踞的狗。前室的东壁为散乐图，西壁为出行图；后室的东南壁为妇人启门、备茶图，东北壁为仙鹤花卉屏风图，西北壁所绘为仙鹤花卉屏风，西南壁为备茶。墓室顶为彩绘星象图，穹顶为一巨大的凹面，涂绘蓝色，自内向外分为四层。第一层为莲花藻井中心，正中应镶嵌有铜镜，四周为垂瓣莲花，莲花藻井之外为北斗和辅星；第二层为黄道十二宫；第三层为中国古代的二十八宿星图；第四层为十二生肖图。墓顶以铜镜、莲花为中心，外有北斗及辅星、黄道十二宫、二十八宿、十二生肖，形成一幅比较完整的墓顶装饰图（图8-8）。墓内被盗，但也出土了陶器、木器等不少随葬器物，其中墓志1合，为张世古墓志，志文节录如下：

> ……公讳世古，其先祖世居雄武人也……次女出家，礼尼万部为师，有开演之清声，有诵持之细行……生三男：孟曰山和尚，仲曰通玄奴，季曰金光奴。公自幼及耄，志崇佛教，常诵金刚、行愿等经，神咒密言，口未尝辍。请僧转金光明经千余部，维持经律论讲一十席，请尼万部，斋供终身。诵妙法莲华经三十余季，至今未阙。于圣因寺堂内，绘十方佛壁一门，又礼善友邑，增办佛事，幢伞供具，咸得周备。每年马鞍山供合院僧，三十余载，今犹未尽。筵僧设贫，以为常务。无何，洎乾统八年戊子岁五月十九日，攸抛侍养，俄返泉台，享年五十有九。备棺椁之仪，发引毕，灵榇权置于井亭院。至天庆七年丁酉岁四月己未朔十五日癸酉甲时，葬于郡西北山之阳……福禄悠长。①

张世古卒于乾统八年，即1108年，天庆七年（1117年）葬于郡西山之阳。张世古生前非常崇佛，主要活动有诵经、斋供、神咒密言、转写经论、佛事活动、设幢伞供具、资助寺院绘画、供院僧三十余载，等等。佛事活动非常丰富。墓志记载其丧事备棺椁之仪，墓内发现的缺少一盝顶函葬具，里面装着经火化的骨灰，葬具木函上有梵文和汉文的经咒等。其发引后，并没有立即下葬，而是权置在井亭院。从盝顶函葬具盖上的墨书，可看出其丧葬事宜应有大沙门参与，甚至主持。其墓墓顶悬挂铜镜于莲花藻井的正中，四周分多层分布星宿、黄道十二宫、十二生肖等。墓顶的如此布置，与张世卿墓略有差异，大致属于同一思路。笔者以为，墓顶于莲花的中心悬挂铜镜，放射光芒，四周与各种星宿、星官等相结合，此种安排，或许也是佛教一种坛的仪式安排

---

① 河北省文物研究所编著：《宣化辽墓：1974～1993年考古发掘报告》（全二册），文物出版社，2001年，第265-267页。

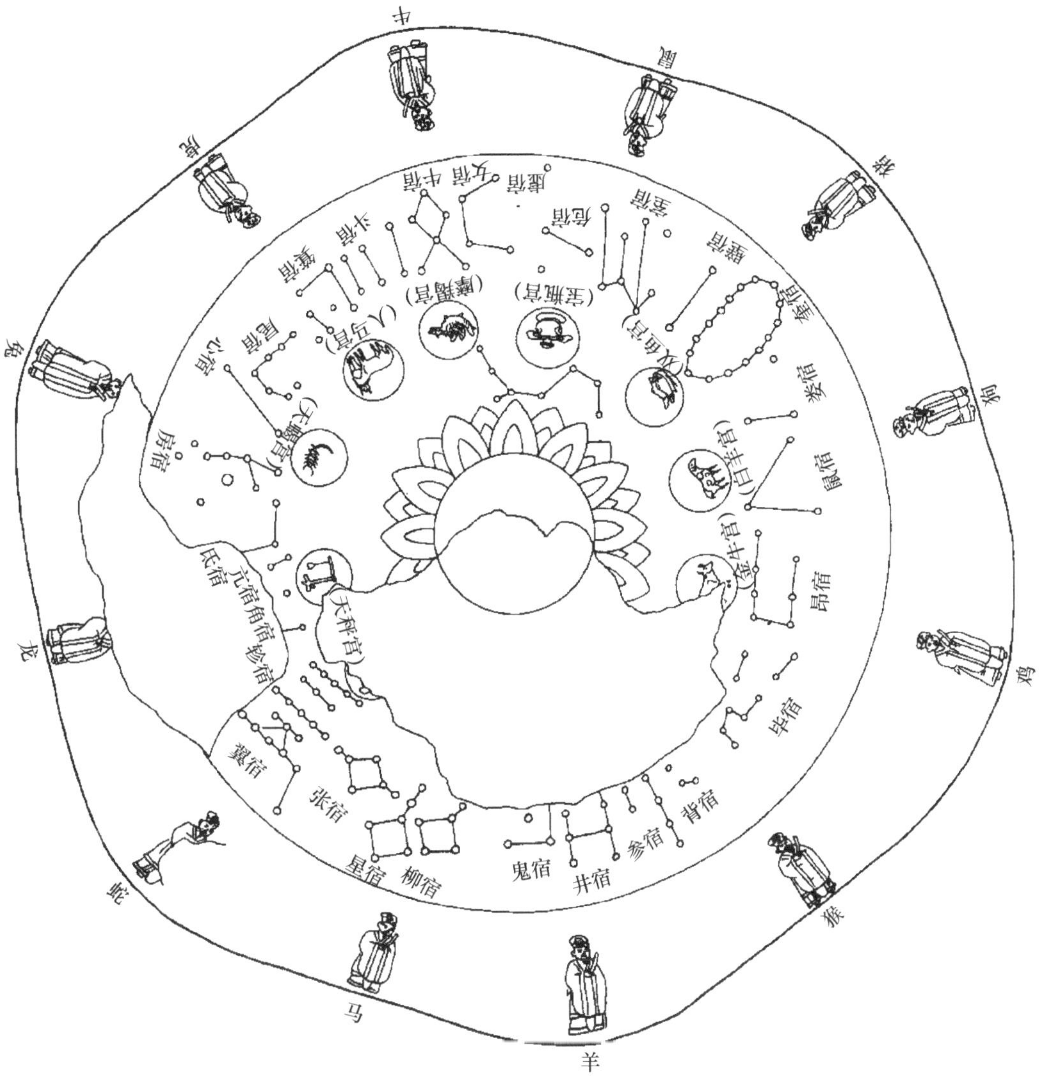

图8-8 宣化辽墓M5后室室顶彩绘

（采自《宣化辽墓》图二〇四，第257页）

布置，或与陀罗尼经咒、炽盛光佛等有关①，前述张匡正、张世本墓木函板面上均有“佛顶炽盛光如来大吉祥陀罗尼”。

M2（张恭诱墓）为六边单室壁画砖墓，原有棺床和木棺，棺床木制，长方形，下有四足，左右有带四根蜀柱的挡板，木棺已毁，其中发现火化后的人骨。墓中壁画保存比较完整。墓门正面上部墙头面上绘一金刚像，顶盔贯甲，云带飞舞，左手掌剑，

① 赖依缦：《一字佛顶轮王与炽盛光佛——佛教星宿信仰图象的唐宋之变》，石守谦、颜娟英主编：《艺术史中的汉晋与唐宋之变》，石头出版股份有限公司，2014年，第225-255页。

右手执长戟，怒目前视。南壁墓门上部，也就是在墓门的背面的中间，画有一女子和一老者，女子双手合十于胸前，老者拄着树形的拐杖，女子身侧有一只狗，老者身侧有一只雄鸡，左右两侧的上部画有两个双人首蛇身的形象，其中一人首蛇身缠绕着被子，一身上缠裹着网络。此幅画面与M5张世古墓基本相同。拱门内东西两侧各有一持杖门吏；东南壁壁面画妇人启门、备经图，备经图中两男侍前为一张朱色方桌，桌上放置有黄色函盒，盝顶，应该是用来放置佛经的，还有一件插花净瓶、一件荷叶座黄色莲花行灯；东北壁所绘壁画为山石花卉禽鸟屏风；北壁壁画也是山石花卉禽鸟屏风；西北壁同样是山石花卉禽鸟屏风；西南壁为备茶。墓室顶壁画分为四层：第一层为中心莲花藻井，中间绘一圆，其中心悬挂铜镜一面，四周绘黄、红、白、黑四色莲花十六瓣，重瓣；第二层在莲花藻井之外，为黄道十二宫；第三层为二十八宿星图；第四层为十二生肖像。墓志发现于墓室中央，棺床的前面，1合，志文节录如下：

> ……公讳恭诱……语嘿合释氏之仪……次有女二，俱厌俗于荣，托身志于瞿昙，寄性存于教。长曰法智，动止安闲笑有则，出火宅而御三车……及学于大花严经讲，有颖秀之名，闻于内众。次曰小师姑，年才及于□，便自悟于空门，以诵持存其心，以礼念修其志。公始从龆龀，性自仁贤，以观音、行愿为常课，以满愿、准提为常持。于井亭院办佛事一门，请刘花严。常诵金光明经五百余部。筵设僧贫，罔知其数。嗟夫！虽年齿未衰，而天期有尽。至天庆七年……葬于兴福、七宝二山之阳……积善修仁，功业永昌。既葬而铭，千古遗芳。①

天庆七年为1117年。张恭诱于井亭院办佛事一门，此井亭院也就是张世古灵椽权殡之处。

M4（韩师训墓）为前后室砖墓，前室为方形，后室为六边形，仿木结构，墓室内绘有壁画。该墓早年被盗，墓室内出土有经过火化的人骨碎片，后室有棺床，砖砌，束腰，上有木棺，均残毁严重。前室南壁有门吏壁画，前室东壁为散乐图。北壁拱门两侧绘两门神，西为神荼，东为郁垒，皆顶盔贯甲，神荼手持朱色棍，郁垒右手持剑（图8-9）；西壁绘出行图；前室室顶彩绘星象图，中心为莲花藻井，周围绘有星宿、流云，也有一些黄道十二宫的圆形，整体绘制显得粗糙，也不太完整。后室南壁绘门吏，东壁备茶；东北壁为备经壁画，此备经图与其他备经图不同的是，画中明显画出了礼佛的主要人物。画中共绘有四个妇女围在一黄色方桌周围，北起第一人为

① 河北省文物研究所编著：《宣化辽墓：1974～1993年考古发掘报告》（全二册），文物出版社，2001年，第286页。

图8-9　宣化辽墓M4前室北壁拱门两侧彩绘
（采自《宣化辽墓》图二二五，第292、293页之间）

盛装妇人，第二人也是盛装妇人，双手合十，做礼拜状，第三个妇女双手捧长方盝顶盖函盒，有云气从函盒内飘出，函内所置为经卷，捧函盒妇女前还有一张黄地绘红花的方桌，桌上置一长方形小几，几上放有成卷的四卷经卷和一圆盘，盘内盛有蓝色素珠，几前桌面放有一四足青炉，其左右各有一圆形深腹托盏。后室北壁为妇人启门、门吏；西北壁为晨起和财富；西南壁壁画为宴乐图。墓内出土了陶器、铜器、铁器等，以及墓志1合，即墓主韩师训墓志，志石和志盖均有志文，且首尾相连，节录志文如下：

……公讳师训……公自幼及耄，志崇佛教，延供苾□，读经六藏，金光明经一百部，法华经五百部，及请名师开金光明经讲十一席，金刚、药师、弥陀、菩萨戒经等各数席，躬读大花严经五十部，及读金刚经、行愿、观音、药师、多心经等不记其数。每月一日、八日、十五日、十八日、二十八日常辍，巳□钱散施贫者，不限多少，四十余年未尝有阙。及设僧尼无遮大会一。享龄六十有八，无何，洎乾统十年十一月七日，因染小疾，弥渐于雄武私第。未出殡时，顶上隐隐有五色云气；及发引日，天色晴霁，合郡士女，不期而会，盈途塞陌，咸云聚于坟所。焚殡讫，至人众分散，倏然飞雪，行路涂泥，车马难通。公从生逮终，发最胜心，求无上道，愿与缘助有若干果与报获如是，寔可谓积善必有余庆，福不唐捐，诚非虚矣。以天庆元年岁次辛卯九月辛酉，蓂生十叶，庚午日巽时掩闭，瘗其神柩……志重佛教，常坚信心。修众善法，成功德林。设贫延讲，悲敬弥深……[①]

韩师训葬于天庆元年，即1111年。韩师训墓志中详细记载了其崇佛的活动，其丧葬焚烧，应该是火葬。尤其值得注意的是，墓志文中详细记载了坟所的一些丧葬情况，合郡士女，均不期而会于其坟所，应该是参与其荼毗丧葬仪式，此外还有感应，如顶上有隐隐五色云气，似与前述的佛顶或炽盛光佛等有关。墓志志文以墓主与佛教的关系记述为主要内容，显示出与魏晋隋唐以来墓志内容的不同，宣化辽墓多件墓志均有此特征。如此在墓志志文中强调与佛教关联，或许也是“西天荼毗丧葬礼”的内容反映。此外，墓中的备经图，详细地以壁画的形式，在墓室中营构出一个诵读与礼拜佛的空间。

此外，在张氏墓地附近还发现了多座辽金时期墓葬，其中M11在距M1东南20米的地方发现，竖穴，没有墓道，长方形墓室由条砖垒砌而成，石板封顶，墓室较小，仅容一箱式棺，棺内有骨灰，棺外板面有墨书梵文和汉文文字，墓主为张子□，葬于金明昌四年（1193年）；M12也是一座壁画墓，圆形单室，壁画内容有备装、备宴等；M13和M14也在M1的东南，距离约35米，为两座小型的砖室墓，叠涩封顶，室内有骨灰，推测可能是未成年人的墓葬[②]。

上述多座宣化辽墓，连同未刊布的材料，划定为宣化下八里Ⅰ区辽墓。前述张氏家族墓地的西北坡地上，背靠兴福、七宝二山，也探明了7座墓葬，该区域墓葬划定为宣化下八里Ⅱ区辽墓，并对其中的M1和M2进行了发掘，具体如下。

Ⅱ区M1为石条垒砌的单室墓，墓室平面呈八角形，叠涩顶[③]。墓内出土了铜丝网络葬衣1件，可见头、胸、手、腿、脚等部分，网络内有丝织品及干尸。出土真容偶像两具，其中一件为年轻女性，用柏木雕成，共12块，包括头部、颈部、上身、上肢、下肢等，偶像的背后粘有丝织品，其原应穿有衣物，在面部、颈部、前臂、双手及前胸，还涂有白衣，再施粉红色彩绘，在上身腹部凿出一槽坑，内置颗粒状赭色砂

① 河北省文物研究所编著：《宣化辽墓：1974～1993年考古发掘报告》（全二册），文物出版社，2001年，第304-307页。

② 张家口市宣化区文物保管所（刘海文主编）：《宣化下八里Ⅱ区辽壁画墓考古发掘报告》，文物出版社，2008年，第3页。

③ 张家口市宣化区文物保管所（刘海文主编）：《宣化下八里Ⅱ区辽壁画墓考古发掘报告》，文物出版社，2008年。

粒，偶像的手呈现一定的手势，报告描述其如同佛手一般。另一件真容偶像为老年女性，由17块柏木雕凿而成，全身呈原木色，上身腹部掏空，内存用棉花包裹的骨灰。关于年轻女性的真容偶像，报告根据其出土位置，以及偶像各部位的转动、形色等，推测原先应为一尊佛像安置在墓中。墓室内壁画内容丰富，东南壁为备宴图；东壁画面分为两部分，外侧为侍女图，内侧为二十四孝中的“单衣顺母”的故事图画；东北壁也是由两幅二十四孝故事画组成，一幅为“王祥卧冰求鲤”的故事，一幅为“鲁义姑姊”的故事；北壁一幅为“刘明达卖子”故事画，另一幅为二十四孝中的孝感动天故事画；西北壁一幅为“为母埋儿”的故事，另一幅为“怀橘遗亲”的故事；西壁一幅为“兄弟分家”的故事，另一幅为双手抱唾壶的侍女；西南壁为散乐图；南壁无壁画。墓室顶部，在叠涩收叠的台面上绘有壁画，自下而上共五层，第一层，也就是距离墓室四壁最近的台面上，绘有十二个人物，双手持笏，代表十二生肖；第二层由折枝花卉、飞翔的鹤和祥云等组成，上面三层与第二层所绘内容相同。

Ⅱ区M2形制与M1相同，为单室条石砌造，平面呈八角形，双人合葬墓，一为身穿铜丝网络葬衣者，一为火葬。墓室内壁画保存较好，南壁墓门两侧绘有两人，右侧绘一老者，手拄树枝状拐杖，左侧绘一侍女；东南壁绘备马图，旁边一人髡发，双手拿白色马球杆；东壁右侧为备弓箭者，东壁左侧、东北壁左右两幅、北壁左右两幅、西北壁左右两幅、西壁的右幅，均绘有山石和花卉图案；西壁的左侧为备酒图；西南壁是由五人组成的打击乐队。墓室的顶部与M1基本相似，均绘在叠涩顶的台面上，最下层为十二生肖图像，第二层至第五层为折枝花卉、飞翔的鹤、祥云等①。

报告将两墓的年代推定在辽代晚期，墓主应为契丹贵族。

宣化辽墓中墓顶的天象图一般是由莲花藻井、黄道十二宫、二十八宿、十二生肖等图像组成，多重莲花藻井的中心悬挂一面铜镜。宿白先生认为，宣化辽墓中墓顶所绘天象图，由内二十八宿、外十二宫或内十二宫、外二十八宿组成，无论是哪一种，外围均布置有十二时，一周。此种图像及布局可和晚唐材料相衔接，因此，宣化辽墓诸墓天象与十二时结合的特征，也是来自中原②。我们也注意到，这样的布局和结构与一些陀罗尼经咒的印刷布局相似，如1978年发现于苏州瑞光寺塔第三层天空的梵文《大随求陀罗尼经咒》③，为皮纸印刷，藏于真珠舍利宝幢内，为北宋景德二年印刷，

① 张家口市宣化区文物保管所（刘海文主编）：《宣化下八里Ⅱ区辽壁画墓考古发掘报告》，文物出版社，2008年。

② 宿白：《关于河北四处古墓的札记》，《文物》1996年第9期，第58-62页。

③ 苏州博物馆编著：《苏州博物馆藏虎丘云岩寺塔、瑞光寺塔文物》，文物出版社，2006年，第156-158，赖依缦对此经咒也有详细描述，本文参考二者。详见赖依缦：《一字佛顶轮王与炽盛光佛——佛教星宿信仰图象的唐宋之变》，石守谦、颜娟英主编：《艺术史中的汉晋与唐宋之变》，石头出版股份有限公司，2014年，第225-255页。

该经咒中央为一竖长方形框栏，里面绘一主尊佛，趺坐，其下为牛车载运的须弥座，上有宝帐华盖，车旁环绕的是日、月、五星、羅睺、计都等九曜，所有人物向右缓缓前行，脚下踩的像是天空中的星星。长发框外围有圆形开光的二十八宿，框外为梵文横书经咒，咒文的上端有金刚杵和卷草纹边饰，左右两边边框内各有十四尊类似官吏形状人物，均有头光，这应该是二十八宿，最下面为发愿文，左右两侧有护法神王，发愿文为：

佛说普遍光明焰鬘清净炽盛思惟如意宝印心无能胜总持大明王大随求陀罗尼咒。陀罗尼者九十九亿克伽沙如来同共宣说：若有人志心诵念，戴持头臂者，得十方诸佛菩萨□龙鬼神亲自护持，身中无量劫来，一切罪业恚皆消灭，度一切灾难。若有书写此陀罗尼咒，安于幢刹，能息一切恶风雹雨、非时寒热、雷电霹雳，能息一切诸天斗争。言诵能息蚊虫、蝗虫及诸余类食庄稼者，悉能退散无不尽。伏愿：皇帝万岁重□秋，万民安泰入净□。真言：唵……。传达教梵□沙门秀璋书，所将雕版印施，功德伏愿：亡过父母早生入天。然愿阖家大小平安。男孟继昇、次男继朗，孙男仁宣、仁□，里头儿耿□，新妇平氏、张氏，新男新妇张氏、张氏、王氏，重孙女伴姑、相见、更惜。景德二年八月　　日记。①

景德二年为1005年。经咒文中提到炽盛思惟，赖依缦认为，此经咒与不空所译《普遍光明清净炽盛如意宝印心无能胜大明王大随求陀罗尼经》虽有一些不同，但大致意思一致，其认为这是将炽盛光佛与诸星宿图像置于大随求陀罗尼之中，其中的主尊佛，应该是炽盛光佛。前述宣化辽墓M10（张匡正墓）棺身壁上第15行汉文即为“佛顶炽盛光如来陀罗尼”，M3张世本墓棺壁也有炽盛光佛陀罗尼经咒，炽盛光佛陀罗尼应该是宣化辽墓中常用的经咒。前述《耶律琮神道碑》中提到了书碑人“资圣寺传大教”，这里的大教应该是密教，辽代密教极为流行，比较出名的密教僧人有昭敏、圆空、慈贤、弘演、道广、可元等②。夏鼐先生也曾专门研究宣化辽墓中的二十八宿和黄道十二宫。夏先生认为，黄道十二宫是随着佛教的翻译而传入我国的，至迟在隋代已经传入，我国最早的黄道十二宫材料是新疆吐鲁番出土的一个写本的残件，另外在敦煌61窟壁画中的炽盛光佛图中，也见到黄道十二宫，但是该图像年代可能会晚至宋、西夏。关于辽代壁画墓中墓顶的星象图，夏先生认为受到印度天文学和印度佛教图绘

① 苏州博物馆编著：《苏州博物馆藏虎丘云岩寺塔、瑞光寺塔文物》，文物出版社，2006年，第158页，笔者据图片释读。

② 吕建福：《中国密教史》，中国社会科学出版社，1995年，第463-494页。

的影响，墓顶的星象图应该是为了宗教目的而象征天空的①。

李清泉注意到了林巳奈夫认为的宣化辽墓中央所绘莲花，应当与佛教曼陀罗宇宙中心的表现有关，以及Tansen Sen从葬俗的角度出发，认为这些星象图绝对不是天的实际图像，而是传统来世信仰与佛教来世信仰的融会结合，在此总结的基础上，李清泉认为，要想解释清楚天象图在墓葬中的作用，应当注意其所在位置，即墓顶，“象天地”思想的背后，实际体现了把握和顺应宇宙运动规律的愿望。李清泉在这里没有提及天象图是否与佛教有关②。马小鹤认为，黄道十二宫起源于巴比伦，从希腊传入印度，后随着佛教又传入中亚与中国，黄道十二宫和二十八宿的结合可能发生在初唐时期的中亚，宣化辽墓与炽盛光佛变相、北斗曼荼罗、胎藏界曼荼罗、水陆画等比较，不同的是宣化辽墓中心是巨大的莲花。曼荼罗是严格的佛教概念，而墓葬彩绘星象图于墓室，并无向大众弘法的目的，而是象征死者往生的佛国天界③。

结合辽墓中的密咒真言，我们认为宣化辽墓墓顶星象图，应该是佛教的反映，将整个墓顶作为施法的图式。在这里，笔者强调的是，墓室顶有铜镜、莲花、十二天宫、二十八宿，乃至十二生肖，其绘画的目的不在于此图像表现的什么，而在于使用此图像的目的是什么。换句话说，不是说天象表示的是一个具体什么，如天空，而是墓内所绘天象的目的是什么，目的当然与死者的往生有关，如果目的是死者往生、祈福，那么这个程式的天象就成为佛教活动的法式。所以说，宣化辽墓中绘有莲花藻井、黄道十二宫、二十八宿等星象图的，应该是将整个墓顶绘画成一幅陀罗尼经咒图，其目的当然是希望墓主能够得功德，免坠苦厄地狱，早升天界净土。

李清泉试图将辽墓中的金铜面具与真容偶像联系起来，其认为辽墓中的金铜面具的表情及面部特征，具有老少男女等年龄、性别之别，大体是模仿死者的真正面容，这一点是符合辽墓考古发现的实际情况的。辽墓中发现的真容偶像也基本上是与死者的性别和年龄相一致的，而真容偶像与佛教的荼毗葬礼也就是火葬相关联，也是基本肯定的，而且真容偶像与高僧的真身雕塑像的相似或者模仿，也是可以明晰得出结论，真容偶像与佛教关系是明确的。但问题是，金铜面具尽管在面部表情、年龄性别特征方面，与真容偶像的面部表示基本一致，均是模仿死者，但是金铜面具的死者并没有使用火葬，也没有盛放骨灰的装置，而且金铜面具会经常和铜丝网络联系在一起。所以，目前还没有明确的证据说明金铜面具与佛教有关。为了寻找金铜面具与佛教的关系，李清泉难得地寻找到佛教造像系统中的“金容”，而且从文献上找寻到北

① 夏鼐：《从宣化辽墓的星图论二十八宿和黄道十二宫》，夏鼐：《夏鼐文集（中）》，社会科学文献出版社，2000年，第391-419页，原载《考古学报》1976年第2期。

② 李清泉：《宣化辽墓：墓葬艺术与辽代社会》，文物出版社，2008年，第230-235页。

③ 马小鹤：《黄道十二宫在中古东亚的流传》，中山大学艺术史研究中心编：《艺术史研究（第13辑）》，中山大学出版社，2011年，第113-142页。

方妇人“真珠洛髻面涂黄”的佛妆，因此，提出契丹贵族的金铜面具，会不会也是一种“金容”或“佛妆”的疑问，接下来还提到了契丹人尸体保存方法与高僧真身制作的相似[①]，均显示出其思路的开阔、有趣，而且的确有使用金铜面具的墓葬中，出现了佛教因素遗存，但是将金铜面具与佛教联系在一起的证据链尚不够清晰有力。

第三节　辽墓中的佛法

前节我们着重观察了宣化辽墓的佛教因素遗存，现在我们观察其他辽墓的情况。辽墓从随葬器物、葬具，到墓内装饰、墓室结构、墓顶布置，出现各种经咒、经文、石棺、石函、真言等，火葬的方式也比较多见。这些具有佛教因素的墓葬，使辽墓宛如佛法实施的“法场”，这是与以往历史时期极不一样的。下面我们将一一罗列，洋洋大观。

辽赵德钧墓位于北京南郊，为一座大型多室墓，分前、中、后三进，每进主室两侧又各筑一耳室，共九室，墓室均为圆形。墓内人骨可以辨出原葬有两位死者，部分骨骼可见火烧的痕迹，推测该墓是一座火葬墓。墓内原绘有彩绘和壁画，毁坏严重。在中室填土中出土铜质的迦陵频伽，人首鸟身，做飞翔状。简报根据此墓南约10米处发现的墓志，推测该墓为辽中书令、北平王、赠齐王的赵德钧及其夫人种氏的墓葬，墓葬在辽天显十二年之后数年内建造，种氏合葬的时间为应历八年（958年）[②]。

辽阳辽寿昌二年石棺出土于辽阳市郊大林子村清理的一座辽代石棺墓[③]。石棺墓在土圹周围砌有砖椁，土圹长1、宽1.3米，椁内放置一略呈长方形的石棺，由棺盖与棺身组成，棺通高65、长84、宽62厘米，棺盖四角斜直呈盝顶式，棺盖里面凿出一个圆窠，棺身的中间也凿出了一个圆窠，圆窠内应放有骨灰瓷罐，碎片复原可见一白釉瓷碗和黑釉瓷罐，瓷碗原先应该是翻扣在瓷罐上的，罐内还存留有骨灰，所以这应该是一座火葬墓。

在石棺棺盖内圆窠的两旁刻有汉文楷书字迹五行：

大辽国东京府内省判官文林郎试太子正字王翦妻故高氏墓志氏谱河西□夫是太原人也翁曾任中作副使氏秉性正直容□端正和雅长幕慈善寿及五十有

---

① 李清泉：《宝山辽墓：契丹墓葬艺术中的“国俗”与身份建构》，巫鸿、李清泉著：《宝山辽墓：材料和释读》，上海书画出版社，2013年，第49-120页。

② 北京市文物工作队：《北京南郊辽赵德钧墓》，《考古》1962年第5期，第246-253页，图版玖-图版拾。

③ 易青安：《辽阳市大林子村发现辽寿昌二年石棺》，《文物参考资料》1956年第3期，第79-80页。

三因宿嗽而逝岁次丙子九月戊戌朔十四庚子日葬之翁婆先已逝之今则偕焉留

世有儿子四女一 维寿昌二年岁次丙子九月戊戌朔十四庚子日坤时葬。

志文的左侧有梵文五行，圆窠的左边也有梵文五行，以汉字“警觉陀罗尼”一行为标题。寿昌二年为1096年，当北宋哲宗赵煦时期。发掘消息认为这是一件石棺，但从外形上看，更像是一件石函，而且与相同时期的舍利石函极为相似。

大同东风里辽代壁画墓位于大同市东风里东街北侧，为一座砖砌壁画墓。墓葬由墓道、甬道及墓室三部分组成，墓室平面近圆形，墓葬内出土器物不多，但壁画保存完整①。墓葬甬道内未作画，圆形墓室内壁壁画布满一周，自上而下分三层，上层为墓室的穹隆顶，彩绘星宿图；中间为影作的仿木构建筑；下层画面以人物为主，利用墓室影作四根立柱将壁画分为四幅。墓门内侧两边绘门侍，左侧绘男侍，拄杖，右侧绘女侍，持扇，门的拱形上面绘一金翅鸟，人物四周绘火焰宝珠、犀角、象牙、银铤、祥云等。墓室西侧绘农耕图和出行图，农耕图由人物、牛、农具等构成；出行图由人物、马、驼及驼车等构成。值得注意的是西侧壁画残留废稿底图，残废底图可见骆驼、马、执缰的御者、侍从、猎犬等，黑色单线勾勒。这说明现有彩色壁画是叠压在原有残废底图上面的，从底图骆驼和执缰御者的线条笔画分析，两者绘画风格相同，所间隔时间应该不长。出行图占据画面的主要位置和空间，农耕图和画面左下侧的骑者明显较小，似有填补之嫌。东侧壁面绘侍酒散乐图和吉祥图，侍酒散乐图中侍从共五人，均为中年男性，双手或捧盏盘，或托执壶，或执拍板，或托果盘；吉祥图由龟、仙鹤、羊等动物，以及植物和器具等组成，在马鞍旁边还有一榜题，内墨书题诗为“宝鹿千年□，□花万载荣。（岁）知（凝）寒竹，鹤筭永龟灵”。

北侧壁面所绘为起居图，正中为床寝，床上绘有枕头和锦被，床前绘猫、犬、盆架、巾架，上悬帷幔，其下卷帘，帘下六扇花卉屏，两侧绘男女侍从。左侧侍从第一、第二人为女性，手中分别执有毛刷、带柄碗和团扇；第三人头戴黑色直角幞头，身着窄袖衫，左手合掌出食指，右手执经卷于胸前，三人均面向床寝。右侧三侍从，前起两人均髡发，第三人戴黑色曲角花式幞头，第一人捧唾盂，第二人执拂尘，第三人双手捧托盏，向寝躬立。墓顶残存星象图。

另外，大同东风里壁画墓在圆形墓室里，也就是在棺床的前面，摆放有一件石雕真容偶像，值得注意。这件石雕真容偶像，有研究认为与佛教的荼毗礼葬式有关②，本书也将其作为佛教因素材料列入。这样，结合墓室北壁执经卷的侍从，东风里壁画墓

① 大同市考古研究所编、江伟伟主编：《大同东风里辽代壁画墓》，文物出版社，2016年。

② 李清泉：《宣化辽墓：墓葬艺术与辽代社会》第五章《真容偶像与多角形墓》第一至第三节，文物出版社，2008年，第263-294页。

中佛教因素不止一处。该墓时代在辽代偏晚时期。

库伦辽代壁画墓M1为大型砖室墓，整个墓葬由墓道、天井、墓门、甬道、南北耳室和墓室组成，墓室平面近正八角形。墓内人骨架经过扰动，共出土10个头盖骨，墓室4个，北耳室3个，在门洞内侧安置门轴的凹坑里，各放一个完整的头盖骨，墓室祭台的右前方有盆骨、下颌骨、大小腿骨堆积在一起，在南北耳室里还有肋骨、椎骨、锁骨等，墓中出土的人骨中尚有小孩的大腿骨。但是这些人骨是否都与墓内埋葬有关，报告推测也许是后代扰进的。出土器物中瓷器较多，有长颈执壶、瓜棱罐、高足碗、花式碟等。墓中经幢一件，但可惜被砸碎，碎石块多出自甬道，经幢作六棱柱状，火珠形幢顶，经幢底座已残，正中雕有圆形凹槽，抹角边棱上浮雕卷云纹饰，经幢残块可见文字“悉缚野”“阿”“噜”等字。墓志残毁也比较严重，仅见少量文字。出土器物有水晶器物一件，六棱，束腰，两端尖凸，报告推测可能是金刚杵的象征，以避邪之用①。

墓葬在墓门、天井和墓道两壁均可见壁画。墓门门洞两侧外壁壁画为两门神，北壁门神身缠飘带，似有背光，南壁门神明显有背光。天井北壁画有侍女、湖石牡丹、竹林仙鹤，南壁绘四男侍，其他内容相同。墓道北壁绘墓主人出行始发图，南壁画出行归来图。墓道北壁里层还画有大车，南壁里层画有轿、马等。墓葬年代大致在辽代晚期。

北京马直温夫妻合葬墓为圆形砖室墓，前带甬道和墓道，墓室内有木榻，地面残存木质地栿，地栿上有凹槽和榫卯，推测墓室内原来应搭建有墓帐等设施，墓室的正中还有砖砌凹角方形祭台一座，表面抹有白灰，残存黑红色彩绘痕迹②。出土器物有影青瓷托盏、香熏，白瓷碗，石墓幢顶，通高39、底径20厘米，形状像一件小塔，其底为莲花形，出土在墓室中部祭台的东侧；另外还有六角形石墓幢身残片，上面可见宝相花纹。十二生肖俑、真容木偶人，男女各一，胸腹内还残存有骨灰。关于真容偶人的摆放，简报根据墓室祭台后方地面所发现的木榻栏板，说明该地似放置有木榻，真容偶人像可能就坐置榻上，成结跏趺坐修禅的姿态；楠木小钵1件，出土于甬道的南端，简报推测系供器。墓内出土墓志1合，志盖正中刻“清河郡夫人张氏墓志”，周围线刻云纹和十二生肖像，四立边刻忍冬纹。志文首题：“大辽金紫崇禄大夫右散骑常侍柱国开国公致仕马直温故妻清河郡夫人张氏墓志铭并序。”

张景运为亡祖造陀罗尼经幢记（大康七年，1081年），石幢八面体，先经后记。据《辽代石刻文编》录文如下：

---

① 王健群、陈相伟：《库伦辽代壁画墓》，文物出版社，1989年，第2-34页。

② 北京市文物工作队（张先得）：《北京市大兴县辽代马直温夫妻合葬墓》，《文物》1980年第12期，第30-37页。

夫人子之奉父母，生则礼而恭，没则享而敬……盖闻佛顶尊胜陀罗尼，能与众生除一切恶道罪障等。□若非先灵以祐逝者，则是其不孝矣！即有景运等常深不匮之怀，永念无极之报。况我亡考前摄洛安王府文学张，名德邻……抱慈心而不退。时时懿诵□□□，日日□□□□。□我亡妣，幼承母教，长习闺仪……且善礼慈氏，崇敬三宝。以日系时，恒念诸佛，是为常课。伤二亲……君考妣墓侧，建是尊胜幢□时秘即□□日影□□日得而彼福田復而生。一变苦恶之逢，永作清凉之地。更愿五服之内，大小先亡，并承资荐之因，俱遂解脱之理。景运欲报垂恋……遂乃善捨净财，遐求翠琰。将成胜事，必藉良工……聊纪先德。时大康七禩二月十九日记。①

这个经幢记所记述的内容非常好地反映出墓地立幢的相关情况。首先立幢的目的是为了父母，为了死去的五服之内、大小先亡的亲人。同时，经幢上所刻为陀罗尼经咒，陀罗尼经咒的作用在于消除一切恶道罪障；立幢的地点在于先考妣的墓侧，在建幢刻经的同时，还有一些事佛的活动，如舍钱财等。立于墓侧使墓地建筑出现了新的景象，其目的在于为死者解脱，也反映出此时人们在佛教影响下的丧葬观念。

敖汉旗白塔子辽墓为六角形砖室木椁墓，由斜坡墓道、天井、甬道和墓室四部分组成②。甬道门上有仿木屋檐，砖砌，券门上有枋，有斗拱。墓底发现烧骨和一铜面具，疑是尸体火化后埋葬的。甬道东壁绘有壁画，为一人牵马，甬道西壁绘驼车，红色高车轮，车上有棚帷，车后画一卧驼，车辕处画一人；天井两壁各画一人，东壁为一持骨斗契丹门吏，西壁画一奏乐者，手持一笛状物。墓内放有供桌两张，出土器物有影青瓷器、陶罐、铁盆、铜镜、骨刷、漆箸等。石经幢的出土位置比较特殊，在墓道和甬道的上口，3件经幢底座在甬道上的一个小砖垛的南侧，墓顶还有长方石，其上也有，发现的似乎有经幢底座及幢身，但是简报交代的文字实在是比较模糊。大致是有幢座和幢身，数件，出土位置好像并不是在墓里，似在墓葬的顶部，这个或许与墓上建筑有关。经幢八面，有七面楷书刊写经文，一面刻姓名及年月日，可见“大康七年四月十三日甲时建”。大康七年即1081年。简报提及甬道上的砖垛是后人修造的，而且打破了甬道上的仿木檐椽，因此推测该墓年代应该在大康七年以前。

沈阳柳条湖张宁墓石幢为八面柱体，柱身刻有汉字陀罗尼经407字，除此之外，尚有石幢记：“清宁二年丙申岁九月小庚辰二十九日乙时葬。前随驾步军都孔目官张

① 向南：《辽代石刻文编》，河北教育出版社，1995年，第390-391页。

② 敖汉旗文化馆：《敖汉旗白塔子辽墓》，《考古》1978年第2期，第119-121页，图版拾-图版拾壹。

宁。男文质葬讫。”出土时立于石棺盖上，通高45、座高15厘米①。

敖汉旗喇嘛沟辽代壁画墓为八角形穹隆顶砖室墓，由墓室、墓道、天井和斜坡墓道组成②。甬道券顶，顶部有墨书3个梵文，骨架被扰乱，但可以看出是单人葬，为50岁左右的男性。墓中的随葬器物有瓷碗、铜马鞍饰等。该墓比较值得注意的是墓中的墨书和壁画。

敖汉旗喇嘛沟壁画墓在墓室、甬道内壁及门外砖壁均涂抹白灰面，墨书文字和壁画就是作在这些壁面上。在室内墓门左侧墨书一竖行，共计18个字，可见汉字中的“日”“月”等，简报认为可能是墓葬的纪年。在北侧的穹隆顶中部墨书四竖行七言诗一首：

> 真言梵字觞尸骨，
> 亡者即生净土中。
> 见佛闻法亲授记，
> 连□无上大菩提。

在北壁、西北、东北及东西两壁至床檐的部分，均墨书横行的梵文佛经，残存200余字，所书梵文也即上述诗中所说的“真言梵字”。墓室周壁除了梵文佛经外，还绘有壁画。西壁绘有“备猎图”，西南壁绘“备饮图”，东壁绘有“出行图”，东南壁为“烹饪图”。墓中四壁遍布真言梵字，是该墓墓室结构布置方面的一大特色，其实就是将整个墓室作为佛法法力发挥的场合，此做法与宣化辽墓从墓顶至四壁莲花铜镜二十八宿黄道十二宫十二生肖等布置类似。简报根据墓葬形制及壁画内容，推断该墓年代在辽代晚期。

喇嘛沟辽代壁画墓一直被作为契丹人墓对待，刘未认为这仍有进一步讨论的必要，他将长城以北以武安州、隆圣州为中心的汉人壁画墓，根据墓葬壁画布局，分成A、B、C三组，喇嘛沟辽代壁画墓划归为B组，以往研究将B、C两组归为契丹人墓，但刘未注意到，以屏风为核心的墓室壁画布局普遍存在，契丹风格图像在以汉族风格为主体的墓葬中存在，汉族风格图像在以契丹人风格为主体的墓葬中也存在，同时，由于前述三组墓葬中均有可以确定墓主族属为汉人者，火葬现象也比较普遍，因此刘未认为，虽然三组墓葬包含的契丹因素程度不同，但逻辑上推导均可属于汉人墓葬范畴，但他进一步细化分析又认为，除非有明确的墓志，否则还是墓主为契丹人的可能

① 向南：《辽代石刻文编》，河北教育出版社，1995年，第275页。

② 邵国田：《敖汉旗喇嘛沟辽代壁画墓》，《内蒙古文物考古》1999年第1期，第90-97页。

性大[①]。其实，这是考古学上族属与墓葬文化面貌是否一致的问题。

北京大兴康庄辽墓（僧侣墓、火葬墓、砖室石棺、真容偶人）位于北京大兴区黄村镇，为石板和青砖混合砌造的双室墓。墓葬的规模较小，前室平面呈长方形，长1.09、宽0.9米，差不多1米见方，南部放置一木桌，北部放置一木椅。木桌上下及木椅周边放置有瓷碟、瓷杯等器物。后室平面呈长方形，东西长1.34、南北宽0.92米，墓室四壁用石板构筑墓椁，墓室中东部放置一东西向的小木棺，长0.86、宽0.35米，棺内放置一木雕像，棺的上部倒置一长方形木桌。石椁的外侧，东、西、北三面中部各立一圆形木柱，石板上部用两根圆木呈“十”字形封顶。出土器物有塔式座瓷杯，腰檐两层；瓷灯座、瓷托盏、瓷碟、瓷碗、瓷盒、瓷渣斗、银洗子、木桌、木椅等，其中木雕雕像1件，免冠无发，眉目清秀，身着长袍，大耳垂轮，双手笼于胸前袖内，背后有函，内装骨灰，高68厘米。简报推测该墓年代在辽代晚期，从木雕像形态、服饰分析，该墓墓主人应该为一僧侣，这是一座僧侣的火葬墓[②]。

朝阳西上台辽墓为仿木结构砖筑墓，墓顶无封土，圆形墓圹[③]。墓圹内填夯打黄褐色土，在墓圹中部靠前发现青砖和石经幢，填土中也夹杂着青砖及砖雕建筑构件。墓葬由墓道、天井、墓门、甬道和墓室等部分组成。墓道和天井均绘有彩画，残见墨线勾勒的线条。墓门为仿木构歇山式门楼结构，十字脊，山花向前，辟有券门，脊兽皆龙首。墓室平面为八角形，经二次使用，分为上下两层，上层靠北壁砌长方形棺床，其上置葬具石函。棺床前放供台，上置随葬器物，其中有三股叉式鎏金金刚杵1件。下层靠北壁设长方形棺床，棺床左侧出土有青龙砖雕，棺床右侧有白虎砖雕，朱雀砖雕出土于下层棺床的前方。整个墓室在折角处设望柱，壁高1.52米，望柱高1.54米，栏板上下置额枋、地栿。额枋下设横杆，枋和杆间抹白灰，绘缠枝牡丹。横杆下面置栏板，高1.02米，中部立砖分为两格，每格内嵌一佛经石板，梵文，阴刻，字口描金，共镶嵌经板14块。佛经石板除正面阴刻的梵文外，在一些经板的右上角还加刻有汉文经文，如编号K1的经板为“一切如来心陀罗尼曰”，K2为“阿閦灭轻重罪咒”，K6为“梵本般若波罗蜜多心经”，K7为“三昧耶密言曰”，K10为“佛顶尊胜陀罗尼曰”，K11为“修造佛塔”，K14则刻有“大悲心陀罗尼口”。墓室四壁镶嵌佛经石板的做法与前述敖汉旗喇嘛沟壁画墓四壁墨书梵文佛经相似，应该是将整个墓室视作佛法的空间。墓室四壁镶嵌佛经石板，与前述宣化辽墓箱式木棺墨水经咒文有异曲同工之效。该墓墓顶有封石，其西侧有一盗洞，用青砖和圆形石块封堵，而这圆形石块就是雕有莲花的圆形经幢座。墓顶内面原绘有星象图。

---

① 刘未：《辽代墓葬的考古学研究》，科学出版社，2016年，第76-84页。

② 北京市文物研究所：《北京大兴康庄辽墓》，《文物春秋》2012年第5期，第38-42页，彩图一、彩图二。

③ 韩国祥：《朝阳西上台辽墓》，《文物》2000年第7期，第50-64页。

该墓出土的葬具具有强烈的佛教因素色彩。葬具为石函，位于上层棺床上，石函由盖、立壁和底六块石板组合而成，通高65厘米。盝顶式盖，长104、宽65、厚6厘米，四刹绘蕃草纹，盖上平面四角及中部环形阴刻五组梵文，梵字字口描金。函四壁相对者规格相同，梯形，前后两壁上宽102、下宽107、高48厘米，正面竖行阴刻梵文9行。左右两立壁上宽56、下宽60、高48厘米，正面竖行梵文4行，阴刻。梵文字口描金已脱落。石函底板长110、宽72厘米。原有木匣置于石函内，朽没，朽痕长80、宽44厘米。影青瓷器有高足杯、高足碟、净瓶等。

该墓虽然被盗，但随葬器物丰富。在墓顶封土中出土的经幢座，由三块雕饰过的石块组合而成。其中一块雕莲花圆形座，周边浮雕二层莲花瓣，上径22、底径15、深6厘米；第二块经幢座石块为高浮雕小狮八棱柱座，两对边长39、厚14.5、每边宽16厘米，每侧面深雕方形壶门，内减地高浮雕半身小狮；第三块为浮雕瑞兽及花卉八棱柱座，两对边长79、厚17、每边宽34厘米，每侧面浮雕壶门，内浮雕奔走状瑞兽及牡丹花。出土柱础石4件和莲花石座4件。柱础石正方形座，上雕半球体，平顶，表面浮雕缠枝牡丹，顶部凿柱洞。根据柱础石，以及墓室顶封石正中小洞、墓室立壁上存有的环形铁钉，简报推测，该墓或许设置有与辽代贵族墓中相似的帷幔之类。莲花石座2件出土于上层供台下，应为支座。

墓葬内原有壁画，但大部分脱落，残存内容可见卷云纹、缠枝牡丹、神话人物等。墓室周壁，除南壁设置有墓门外，其他各壁均有绘画。北壁绘瑞鸟、花卉，其余各壁共绘十二人，因为十二生肖图，其中以西壁上左侧的保存较好，在墨线圆内绘一人物立像，头戴高翅帽，冠顶缨饰动物，冠后有飘带，头后有圆形光环，人物汉式装束，手执笏板。

简报提到，在该墓附近还发现一砖筑石函墓，推测应该是僧人墓，而此处应该是僧人墓比较集中的地区。综合分析西上台辽墓墓主应与名僧大院有关，或为高僧，且地位较高。墓葬的年代大致在辽代晚期。

宝山辽墓经发掘的两座墓葬编号为M1和M2，位于同一座茔区内。茔区平面呈长方形，墙体夯筑，东墙长197、西墙长201、南墙167、北墙长172米，东墙和南墙各开一门，门建有瓮城，南门的东侧有门房建筑遗迹，茔区内墓葬分布于中部偏北，由南向北至少分为三排。M1位于茔区的东北部，M2位于墓地中部稍后，东距M1 39米①。两座墓葬中均有佛教因素遗存，兹述如下。

M1为砖石结构墓葬，由墓道、门庭、墓门、甬道、墓室和石房组成。门庭平面为长方形，在墓门两侧建仿木结构，围成庭院，两侧墙体砖雕，影作仿木结构，雕绘

① 内蒙古文物考古研究所、阿鲁科尔沁旗文物管理所：《内蒙古赤峰宝山辽壁画墓发掘简报》，《文物》1998年第1期，第73-95页。

斗拱；墓门砖砌，上筑歇山顶门楼；墓室的平面呈抹角长方形，周壁及顶砖雕影作仿木结构；石房位于墓室正中偏后，由石板组装而成，北壁正中绘有门扇。墓室中的石房将整个墓室分割出前室、东侧室、西侧室及北回廊等部分。石房后半部砖砌尸床，周围有散乱的尸骨，尸床原罩有木雕彩绘小帐，残碎的丝织物上还发现有银丝网络的痕迹。根据墓室壁画在墓壁的位置，可以分为三层，底层为阑额以下的立壁壁面，中层为阑额至橑檐枋，穹隆顶部为顶层。底层主要绘生活场景，如南壁的吏仆图、西侧室西壁的侍仆图、东侧室东壁的牵马图、北回廊北壁的宴饮图。中层壁画有卷云火焰宝珠纹①；顶层穹隆顶画面分为8个部分，两组对称，有卷枝花卉一组及卷云火焰宝珠纹一组等；墓顶绘双层团花。石房内外均有壁画，外表壁画有侍仆图、影作仿木结构等；石房内部南壁为侍仆图，北壁为厅堂图；西壁为高逸图，左上角有墨书题记："天赞二年癸［未］岁，大少君次子勤德，年十四五月廿日亡，当年八月十一日于此殡。故记。"高逸图画面的中上部为一端坐黑色靠椅上的僧人，右侧侍立一女童，身侧有修竹一簇；右侧长方形木榻上坐一戴黑色方巾道者，身后有一肩舆，侧旁有一株蔓枝曲垂的杨柳。石房的东壁为降真图。顶部为云鹤图，中心为团花。

宝山辽墓M2也是由条石砌造的单室墓，由墓道、门庭、甬道、墓室和石房组成。墓室平面近方形，叠涩顶。石房平面呈长方形，贴墓室北壁而建，将墓室分成前室、侧室几部分。墓室内壁画与M1相似，应该是描绘的生活场景。石房的石门上面楷书"朱门""永固"四字，门额的顶部白描莲花，花蕊托火焰宝珠；东壁为侍从图。石房的内部东壁为仆佣图，西壁为牡丹图，南壁为寄锦图。寄锦图左上角有墨书诗词一首："□□征辽岁月深，苏娘憔悴□难任；丁宁织极迴文锦，表妾平生缱绻心。"北壁为诵经图，右上角竖框内亦题诗一首："雪衣丹觜陇山禽，每受宫闱指教深；不向人前出凡语，声声皆是念经音。"全图围绕诵经贵妇展开，贵妇云鬓抱面，佩金钗，端坐于高背椅上，面前摆一条案，上有展开的经卷，案左摆放一高足金托盏，一只鹦鹉立在右侧，贵妇右手按经卷，左手持拂尘，宁静虔诚。贵妇的前侧并列四人，拱手恭立，贵妇的身后2女侍立，一人持扇，一人持净盆。整个人物的周边有太湖石，有一簇鲜花，旁边植棕榈树一株，图画的中间还有风竹挺茂，右侧有垂柳摇曳（图8-10）。石房内贴西壁有砖砌棺床，上有成年女性残骨，单人葬；同时根据墓内残存木构件，推测石房内原应有精致的木制小帐。石房四角至墓顶封石分别绘红彩一道，象征顶架；石房的顶部为花卉图，四角绘对称花卉图案，中间是大型环状团花，由缠枝花组成，正中为精细的团花纹样，花卉茎干和花蕊均贴金；墓室叠涩顶的圆顶封石

① 辽墓中有一些壁画墓在墓门上方有火焰珠，并有祥云和仙鹤衬托，有认为是与道教有关的内容。参见辽宁省文物考古研究所、阜新市考古队：《辽宁阜新县辽代平原公主墓与梯子庙4号墓》，《考古》2011年第8期，第64页。

图8-10　宝山辽墓《诵经图》
（采自《宝山辽墓：材料和释读》图69，第203页）

绘大型团花图案，中心为莲花，外围是由五瓣花组成的花环，花蕊的外层是七朵宝相花。M1有天赞二年的题记，即923年，M2年代应与M1相距不久。M1题记中还提到墓主为大少君次子勤德，14岁亡。

宝山辽墓M1西壁高逸图绘有僧人形象，M2石房门额上有莲花和火焰宝珠，石房北壁诵经图，吴玉贵引《明皇杂录》，其中提到贵妃教授雪衣娘读诵《多心经》，认为宝山辽墓M2的《颂经图》，以定名《杨贵妃教鹦鹉图》为宜，其粉本可能是周昉的《贵妃教鹦鹉图》[①]。这些是明显的佛教因素遗存。巫鸿先生认为，颂经图和墓葬顶部七朵宝相花围绕着中央巨大的莲花，极有可能说明埋葬在这个墓葬中的贵妇为一佛教信徒[②]。

李清泉对宝山辽墓M1内的石房子的细部观察得非常仔细，他注意到石室表面四壁

① 吴玉贵：《内蒙古赤峰宝山辽壁画墓“颂经图”略考》，《文物》1999年第2期，第81-83页。

② 巫鸿：《宝山辽墓的释读和启示》，巫鸿、李清泉著：《宝山辽墓：材料和释读》，上海书画出版社，2013年，第5-47页。

转角部位，绘有彩色立柱，柱顶两侧接阑额，其上再绘斗拱和檩檐枋，所以他说画家的用意是想让一个石室看起来更像是一个木构建筑；同时，他还注意到石房子顶盖石的表面，在表面灰层表现得非常好的南侧面，也就是石室门楣上方偏东位置，可见有常见于棉毛织品边角流苏的装饰图案，即残留着一排黑白相间和二方连续表现手法描绘的环带纹与三角纹相结合的纹样，所以他认为，造墓人和画家想要表示的是石房顶部有纺织品覆盖，所以他进一步认为，这个以石质材料取而代之的建筑物，本应就是一个以毛纺织品搭建而成的毡帐。因这一部分，在考古简报中并没有刊布详细，故而笔者详细转述于此。李清泉认为，辽早期墓中的石室，后来被木结构的小帐所取代，从小帐的彩绘装饰和带有护栏等装饰的须弥座来看，小帐更像是模仿了一个小型佛堂，但他认为将小帐视为以汉民族祠堂建筑为蓝本，吸收了佛教建筑元素的木构覆尸仪物，则更为恰当[①]。

宣化辽墓后室壁画中的备经图，李清泉结合墓志中所言墓主好读佛经，认为各墓备经画面所绘经卷，大体上都是佛经[②]。宿白先生指出，“备经”指壁画中画出的梵筴装、卷子装和装裹在经帙内的佛经，这些佛经与墓中所出写有梵文、汉文多种陀罗尼经咒的陀罗尼棺、墓志记载的墓主人崇佛活动等，共同说明张家世代奉佛，且为密宗[③]。笔者以为，备经备茶图，以及此图表现的空间，应该是墓主崇佛的礼拜空间。墓室内此空间的存在，是丧葬空间变化的一个重要表现。墓内礼佛空间是观察佛教因素影响丧葬礼俗的一个非常重要的思路。

关于辽墓壁画墓顶莲花藻井悬挂铜镜问题，因为其处于天象图的正中，周边环绕莲花、黄道十二宫、二十八宿，有的还有十二生肖，我们必然会提出疑问，处于中心的铜镜是否与佛法有关。

在庆州释迦佛舍利塔上镶嵌有千余面铜镜，该塔俗称庆州白塔，是辽代皇陵——庆陵及其奉陵邑遗址内地面仅存的辽代建筑，营建于辽兴宗重熙年间，乃兴宗为生母章圣皇太后特建。白塔平面呈八边形，层高七级，塔体各层正四面的两次间皆浅雕大型天王造像，塔门券楣饰二龙戏珠，对隅面雕陀罗尼经幢，塔的塔刹、券门、斗拱、经幢等部分镶嵌有千余面铜镜，大小不同，形状不同，与悬挂的风铎交相辉映，使塔显得金碧辉煌、光彩夺目[④]。还有佛塔地宫藻井正中悬挂铜镜的材料，在江苏涟水县城西门，有一座佛塔名为妙通塔，1998年对该塔地宫进行了发掘，在地宫宫室中藻井内即发现有悬挂菊花纹铜镜一面（图8-11），铜镜的内区装饰有四朵菊花纹，其间有

① 李清泉：《宝山辽墓：契丹墓葬艺术中的“国俗”与身份建构》，巫鸿、李清泉著：《宝山辽墓：材料和释读》，上海书画出版社，2013年，第49-120页。

② 李清泉：《宣化辽墓：墓主艺术与辽代社会》，文物出版社，2008年，第178-184页。

③ 宿白：《关于河北四处古墓的札记》，《文物》1996年第9期，第58-62页。

④ 张汉君：《辽庆州释迦佛舍利塔营造历史及其建筑构制》，《文物》1994年第12期，第65-72页。

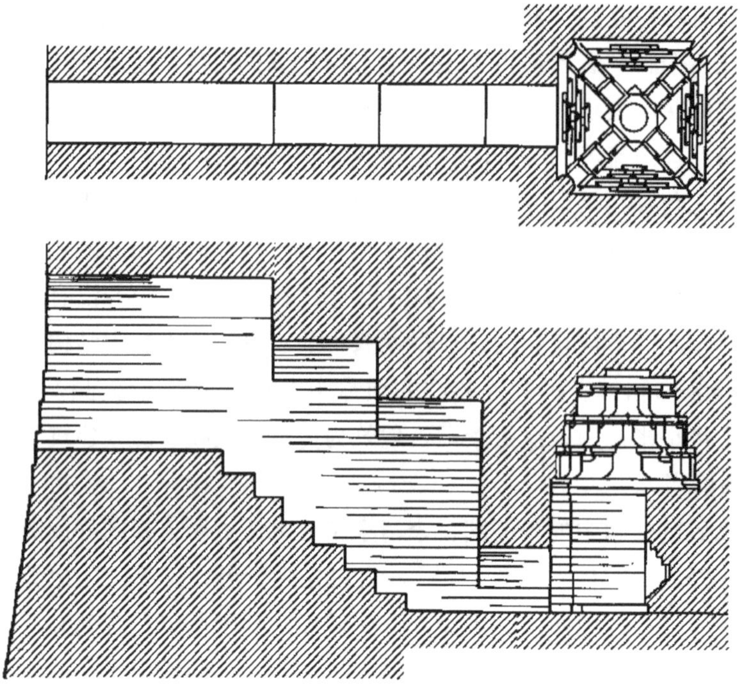

图8-11　妙通塔宋代地宫仰视图、剖视图
（采自《江苏涟水妙通塔宋代地宫》图三，第21页）

"千秋万岁"四字铭文，外圈装饰一周联珠纹，直径达到30.9厘米。在妙通塔宫室中供台东侧置石碑一通，上有碑文"皇宋治平四年岁次丁未甲辰月辛亥日安葬祖师证因大师娄道者砖塔内"等①。地宫内出土有石函、银椁、金棺、玻璃瓶（内装舍利子）、云母瓶、佛牙、银盒、青白瓷器等。治平为北宋英宗年号，四年即1067年。

有研究认为，在墓室内悬挂铜镜本质上是"杂密"陀罗尼信仰。如庆州佛舍利塔的斗拱、券门、经幢，以及塔刹等部位，均镶嵌有大小不同的铜镜，数量极多；同时天竺人阿地瞿多三藏于唐高宗永徽年间翻译的《陀罗尼集经》卷三，在般若坛法中，其供养器具中就有铜镜，卷一二还用镜子来严饰道场、庄严道场的记载。镜子成为据《法华经》与《无垢净光大陀罗尼经》《佛顶尊胜陀罗尼经》所建之无垢净光舍利塔或尊胜塔幢的最具特色的装饰②。

隋代史诃耽墓中出土小铜镜4面，其中有一面铜镜是镶嵌在一方木块残段上，木块表面涂黄红色，其镶嵌方法是镜面朝上，镜背花纹嵌进木里，铜镜直径3.9～4.9厘

① 淮安市博物馆、涟水县图书馆：《江苏涟水妙通塔宋代地宫》，《文物》2008年第8期，第20-32页。

② 尤李：《论辽代密教的来源》，袁行霈主编：《国学研究》第二十七卷，北京大学出版社，2011年，第250-251页。

米[①]。铜镜的出土位置在史诃耽墓棺床的前侧，但由于墓葬被破坏，我们无法根据出土位置对其使用、性质等相关问题进行分析。罗丰注意到了小铜镜问题，他同时还列举了湖北安陆吴王妃杨氏墓中出土的5件镜状物、西安三原总章元年（668年）李爽墓出土的3面小铜镜、西安郊区隋唐墓中出土的一些小铜镜、固原南郊隋史射勿墓出土的4面小铜镜、唐史索岩墓出土的5面小铜镜、史铁棒墓出土的4面小铜镜、史道德墓出土的1面铜镜等，罗丰注意到了史射勿墓中出土的1面小铜镜的镜纽上插一木楔，史诃耽墓小铜镜镶嵌于木片之中，所以他推测这些小铜镜可能原为棺木之上的附着物。罗丰进一步解释了为什么隋唐人在墓葬中随葬这些小铜镜，显然不是照人衣冠之用，他认为应该是辟邪降魔，并引《墨庄漫录》中的剑、镜祛除鬼、精，以及南宋周密《癸辛杂识》中大殓后，用镜悬棺，其目的在于照尸取光明破暗之义[②]。

辽宁建平张家营子辽墓出土的6面铜镜值得关注。该墓为带甬道方形单室砖墓，仿木建筑结构，墓室内绘制壁画，墓室后部近壁处有棺床，上面摆放有墓主，墓主头戴双龙戏珠鎏金银冠。墓内出土器物较多，特别是出土了6面铜镜，其中一面为缠枝牡丹纹铜镜，一面为迦陵频伽纹铜镜（图8-12），上述两面铜镜的直径均有20多厘米；另有4面四象纹铜镜，形体较薄，直径为15厘米，形制相同，镜心纹饰有龟背纹、四象纹、双线连钱纹等，其中两件镜纽缺失，中间穿成一洞，并向外侧翘起，缺损处有铁锈，表明这两面铜镜是用铁钉钉在其他上面的；另两面四象纹铜镜，镜子的半圆纽上穿有铁环，环上连接有曲钩铁钉。简报根据辽墓有张挂铜镜于墓壁的前例，其用意与佛塔上的铜镜相同，因此推测，迦陵频伽铜镜可能是悬挂于墓顶，4件四象纹铜镜应当是悬挂在壁上铁钩上，而且也认为与佛教信仰有关[③]。简报推测该墓为辽代早期，墓主为契丹贵族。

图8-12　辽宁建平张家营子辽墓出土迦陵频伽纹铜镜
（据《辽宁省建平、新民的三座辽墓》图二，第18页）

① 宁夏回族自治区固原博物馆、罗丰编著：《固原南郊隋唐墓地》，文物出版社，1996年，第58-59页。

② 宁夏回族自治区固原博物馆、罗丰编著：《固原南郊隋唐墓地》，文物出版社，1996年，第72-73页。

③ 冯永谦：《辽宁省建平、新民的三座辽墓》，《考古》1960年第2期，第15-24页，图版壹-图版叁。

综合观察墓葬中悬挂的铜镜，如果佛教因素组合比较明确的话，那么这些铜镜的悬挂或许与佛法有关。唐阿地瞿多译《陀罗尼集经》中，就有法会的法具记载，其中就有铜镜。其文如下：

当设二十一种供养之具，作般若波罗蜜多法会，随力堪能，惟好精妙。何等名为二十一种？一者严饰道场安置尊像，复以种种香，所谓龙脑丁香。……二者像前当置水坛……三者龙脑沉水……四者诸妙花鬘……五者顶挂天冠。六者宝钏，璎珞庄严佛身。七者宝帐。八者烧种种香。九者悬杂色幡。十者悬于伞盖。十一燃灯。十二百味饮食及好甘果。十三悬于诸小铃珮。十四悬诸音乐。十五诸杂色华。十六宝扇。十七种种衣服。十八宝镜。十九宝瓶。二十真珠网。二十一白拂。以如是等胜妙之具。至心供养，能令人王等一切众生无始以来十恶五逆诸罪消灭。復令现在所求随意。[①]

据此可知，在法会诸供养之具中，第十八种即是宝镜，此外还有宝瓶、尊像、香料、宝帐、幡、燃灯、真珠网等。

辽宁新民巴图营子辽墓为带耳室单室砖墓，墓室平面呈抹角方形，近似椭圆形，甬道的两侧建左右对称的两小耳室[②]。墓内有护墙板的棺床。出土器物有鎏金铜面具两件，呈男女两性面部特征，面具脸面鎏金，上侧有绢布痕迹，面颊边有残存的钻孔。残铜丝呈网状，应该是墓主身体所穿铜丝网络葬服。鎏金铜胸牌1件，上部有半月形缺口，两侧有一穿孔，胸牌的牌面刻有“破地狱真言”，其中有一些音译梵文，对其中的汉文录文如下：

肴炬如来必破地狱真言

……日坐天界……上品莲亲佛阿弥陀/九品莲花头花中品莲亲法□□□/下品莲亲僧□□□/此真言若诵一遍无闻地狱碑为□塵□（下残）/或作声木上品等有人开者现身□（下残）/□等罪悉皆消灭自化俱□（下残）……/

此真言胸牌应该是专门为随葬使用的，也许是在对死者进行装殓时，将此胸牌为死者系上，其目的恰如胸牌铭文所说是破地狱，使死者一切罪过都能祛除，同时能够往生天界。简报推测建平两墓当在辽代早期，则此巴图营子辽墓年代稍晚。墓主应为契丹

① （唐）阿地瞿多译：《陀罗尼集经》卷第三，《大正藏》第十八卷《密教部一》，No.901，第810页中栏、下栏。

② 冯永谦：《辽宁省建平、新民的三座辽墓》，《考古》1960年第2期，第15-24页，图版壹-图版叁。

贵族。

内蒙古库伦旗8号辽墓壁画为一座大型砖室壁画墓，由墓道、天井、墓门、甬道、墓室等组成，该墓没有完全清理，推测还有耳室或者中室、后室等。墓道壁画南壁为出行图，北壁为归来图；较为值得关注的是墓门壁画，在墓门前立面，也就是拱门上部的左右两侧，各绘一拟人化的迦陵频伽图像，人身鸟爪，肩生双翼，头梳高髻，戴花插笄，颈部戴项圈，戴臂钏、手镯，双手捧一束盛开的牡丹，低垂着长尾，裙下露出双足（图8-13）。门立颊两侧各绘一门神，头戴盔，身着甲，双手按剑，身后赤焰翻飞。简报认为迦陵频伽图像在辽代佛塔门的两侧也有，推测该图像是受到佛教壁画中飞天的影响。简报推测该墓时代较早，可能是该墓地下葬的第一人①。

图8-13　内蒙古库伦旗8号辽壁画墓墓门迦陵频伽摹本
（据《内蒙古库伦旗七、八号辽墓》图一八，第82页）

许从赟夫妇墓是辽代景宗乾亨四年（982年）的壁画墓，简报认为是晋北地区唯一的一座辽代早期纪年墓，为单室砖墓，由墓道、高大的墓门楼、甬道和墓室四部分组成，墓室平面呈圆形，仿木结构，周壁影作立柱6根，将画面分出6幅，每幅画面正中设假门、直棂窗和衣架，南侧正中为墓门，人物皆分立画面两侧②。墓室的后部放置木棺罩1件，东西向摆放，木棺罩的四角有风铃，木棺罩里中央铺地砖的下面有石棺1件，石棺字母口，放在一个长方形土坑内，棺内装有大量骨灰。墓内出土器物中，以出土在墓室西侧、木棺罩南面的3件陶器较引人注意，其第一件为彩绘堆花喇叭口形器，该器由顶部的莲花盆、中部的器身和底座二部分组成，通高达到133厘米。顶端的莲花盆外壁黏附九个莲瓣状附加堆纹，莲瓣均为模制，其图案均为一呈舞蹈姿态的童子，身边飘带飞舞，莲瓣周围的陶衣上还绘有黑色的莲瓣纹；中部器身可分为上下两部分，上部分有模制的兽面，下部分有三层图案，上层黏附有八个力士，力士之间彩绘花草纹，中层有模制的菱形纹，以元宝形镂空相间，下层模制四个圆形的兽面；底

① 内蒙古文物考古研究所、哲理木盟博物馆：《内蒙古库伦旗七、八号辽墓》，《文物》1987年第7期，第74-84页。

② 王银田、解廷琦、周雪松：《山西大同市辽代军节度使许从赟夫妇壁画墓》，《考古》2005年第8期，第34-47页，图版壹-图版伍。

座呈圆形覆盆状，装饰纹饰也分为三层，上层为八个健壮的呈承托姿势的力士，力士之间有穿带，四周有彩绘卷云、花瓣等。中层黏附四个兽面，下层又是黏附的是个矫健的呈承托状的力士。第二件为彩绘将军罐，罐盖的上端为敞开的莲瓣，两周，下端为四组纹饰，自上而下为团花、兽面、菱形纹和火焰纹；罐的肩部也是四周纹饰，分别是团花、小兽面、大兽面和火焰，周围彩绘莲瓣及团花。该将军罐通高125.5厘米。第三件为长颈枭首壶，由枭首壶和喇叭口形器座两部分组成，器物的肩部有两处镂孔，喇叭形器座下端有花形镂孔4个，通高151厘米。该墓出土墓志1合，志盖的中心为双凤纹线刻，双凤的上面和下面分别刻有九游九星与北斗七星，外围环以连续的曲尺纹。志盖为盝顶，在四杀处分别线刻十二生肖图，每面三个，均着交领长袍，双手执笏，志盖的四个立面每面刻团花三朵。根据墓志记载，墓主人为许从赟，先后任辽大同军节度使、检校司徒、上将军兼御史大夫，死后赠官太傅，于应历八年（958年）病逝于燕京肃慎坊的家中，乾亨四年（982年）许从赟遗骨迁于燕京，夫妇二人合葬于云中县权宝里。关于墓中出土的3件陶形体高大、装饰繁缛的罐和壶，报告指出，这在唐墓中多有出土，多称将军罐或者塔式罐，但与唐代的相比，显得更大，枭首壶也是大同辽墓中多见的，简报推测可能与焚烧纸扎或佛教活动有关。也有研究将这种比较高大的罐子称为魂塔、魂瓶，并且认为与佛教有关①，但是均没有详细论述为何与佛教有关。

大同卧虎湾辽代壁画墓3号墓中发现明显与佛教有关的遗存②。该墓为圆形单室砖墓，叠涩顶，前有墓道墓门和甬道，墓室内葬具为石棺，火葬的骨灰装于棺内，石棺带盖，子母口，盖内竖行墨书：

> 唵噹，耶耶文质，嚷嚷焦氏，灰衬柩张。诸法因缘生我，说是因缘。一字法舍利塔记唵引步噜唵三合。因缘尽故灭我作如是说。乾统柒年拾月捌日□□孙僧怀谦公孝公义写记。□壬，唵齿临重孙策哥庆哥僧德拱记。

此处纪年为“乾统柒年”，也就是1107年，应该是辽代晚期了。墓内出土器物不多，但是在石棺的西侧立有一《净法界真言》碑，碑高0.45米，略呈圭形，在正北面文字的上侧相当于碑额处，各有一梵文，其余文字为汉字及梵文音译，前后面、左侧、右侧、顶面均有文字（图8-14）：

---

① 大同市考古研究所编，江伟伟主编：《大同东风里辽代壁画墓》之《大同辽代壁画墓简述》，文物出版社，2016年，第3页。

② 大同市文物陈列馆：《山西大同卧虎湾四座辽代壁画墓》，《考古》1963年第8期，第432-436页，图版伍-图版柒。

碑正面文字：智炬如来破地狱真言曰

曩谟阿……

……

……

寿昌二年九月十四日丙子岁记

男张式二孙男公孝公义亲书曰

碑背面文字：净法界真言曰

唵噫次诵护身真言

唵齿临次诵六字大

明陀罗尼真言曰

唵麽……

碑左侧文字：愿以此功德上资父母

碑右侧文字：一切众生早证菩提

碑顶端文字：佛□

寿昌二年，即1096年，乾统七年，即1107年。立碑时间与石棺文字相差数年。

大同卧虎湾辽壁画墓中的4号墓，形制与3号墓相似，也是火葬墓，骨灰装在罐内，安放在棺床中间，罐内除了骨灰，还有铜钱8枚。墓室绘有影作和壁画，墓门两侧有二门卫，北壁壁画上面绘帷幔，下面为绘有花卉的围屏三条，东壁绘有宴饮图，西壁也是绘的宴饮图。5号和6号墓也是圆形墓室，两墓均为火葬墓，骨灰装于墨釉瓷罐中，安放在棺床的中间，罐内除了装有骨灰外，还放置了铜钱。6号墓还出土了朱砂书写的买地券1件。两墓的壁画与4号墓基本相似。这批墓葬均大致在辽代晚期。

大同十里铺村M27墓室平面呈圆形，单室，顶做叠涩圆锥状，葬式为火化骨灰葬，骨灰装在黄白釉的刻花瓷罐内，罐内同时还出土钱币多枚。棺床上器物的摆放具有一定的规律，似乎呈现的是一个对死者祭奠的场景。墓室北侧有绘有朱色莲花毯的棺床，棺床的正中摆放装有骨灰的刻花瓷罐，罐前陈列三块砖，三砖均白地朱绘莲花图案，中间的一块砖为长方形，上面放置一件白釉瓷碗、碟各1件，碟子上还放置竹筷一双，长方形砖的两边各置一块莲花小方砖，三块砖呈一条直线。在棺床的东西两侧，也就是在墓壁下，发现有腐朽纸灰两堆。这个场景基本呈现了一幅祭奠的画面。该墓墓室绘有壁画，四隅画有四柱，影作仿木结构，隔成四幅画面，墓室顶绘有天空，其中有红色的星辰，东侧用墨笔绘有金鸡一只，代表太阳，西壁绘有玉兔和桂

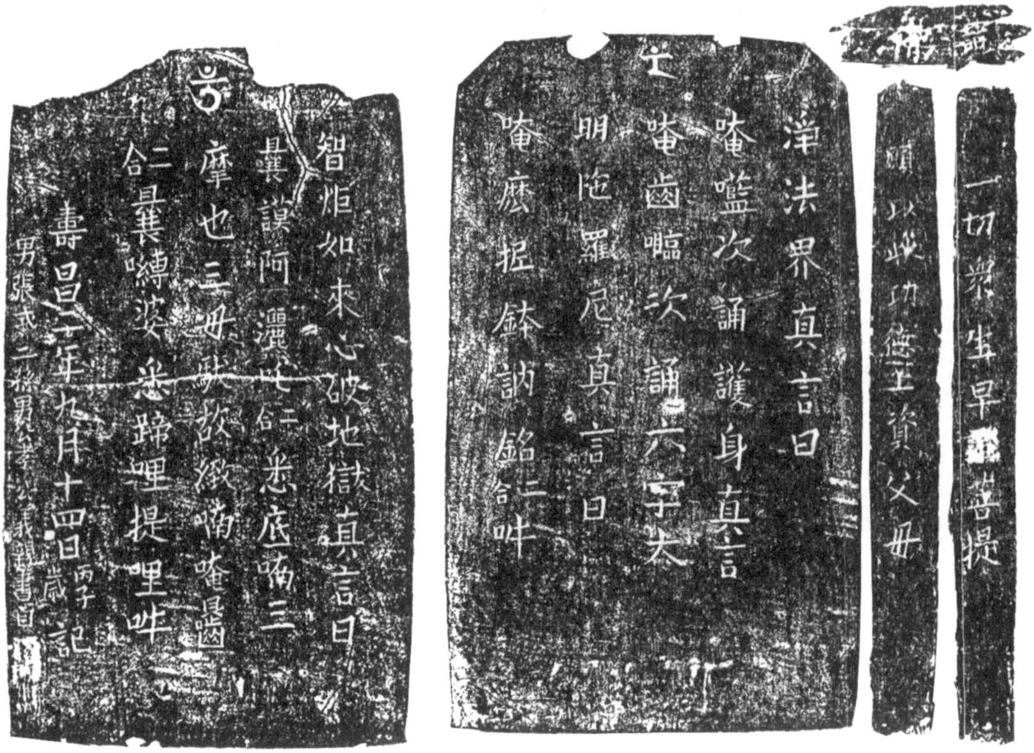

图8-14　大同卧虎湾辽墓《净法界真言》拓片
（《山西大同卧虎湾四座辽代壁画墓》图三，第433页）

树，代表的是月亮；墓门东西两侧绘有二门卫，墓室壁正中绘花石围屏三条，上悬黄色帷幕，围屏两侧各绘一侍者；东壁绘老翁及一些生活器具；西壁画有车马出行图[①]。

新添堡M29形制与大同十里铺村M27相似，圆形单室砖墓，墓室的后半部砌半圆形棺床，上面安放有石棺葬具，石棺带有长方形盖，盝顶，子母口，棺内装有骨灰和钱币[②]。墓室内壁画题材丰富，在墓室壁与室顶衔接处绘浅蓝色帷幔一圈，墓室顶部绘有星图，下绘云气，云气内有人物画八幅，其中有一幅画一双头人。墓内出土墓志1合，因其中多有与佛教有关的内容，兹录如下：

故彭城刘公墓志

公讳承遂，世本云中三井里人也。生禀刚义，素全聪惠，心常慕善，诀信大乘。公父文秀，母郭氏。乾统十年，以具茔而葬讫。公然身居俗谛，念

① 山西省文物管理委员会：《山西大同郊区五座辽壁画墓》，《考古》1960年第10期，第37-42页，图版伍-图版玖。

② 山西省文物管理委员会：《山西大同郊区五座辽壁画墓》，《考古》1960年第10期，第37-42页，图版伍-图版玖。

契佛家。天庆三年，充维那，庄印大藏经全。四年，请诸师读大藏经，其于斋榇之资，皆自供拟。又于王子寺画毗卢会，洎暖汤院绘大悲坛及慈氏相，井楼内画观音菩萨象，皆威容氧雅，侍从端凝。公焚课筵僧，不可尽纪。天庆五年二十日，忽疾而逝，享年七十有四。公殁之次，请王子寺僧录演菩萨戒经讲一百日；洎三祥，请诸师德读大藏经三遍。其余斋僧，不可胜数。公妻王氏，亦皆吉善。……长子曰："孝者五事然备，奈阙于葬，岂为孝哉？"准价五十贯文，于孙权堡刘士言处买地九亩，择其日，选其时，卜宅兆而乃葬之。……天庆九年岁次己亥五月丙午朔十五日庚申乾时葬记。①

据此志文，可知刘承遂平时的佛教活动较多，如印大藏经、请僧师读诵大藏经，同时还赞助或者主持在王子寺画毗卢会、在暖汤院绘大悲坛及慈氏相、在井楼内画观音菩萨像。这也许与其担任维那有关。其去世之后，佛教参与其丧葬事宜主要表现在请王子寺寺僧经讲菩萨戒，时间达到一百日，这个应该与死者之后有百日祭奠有关；此外在三祥，还请僧师读诵《大藏经》，以为消灾、祈福，及早升天界。天庆九年为1119年，已属辽代晚期。

在大同城的北郊卧虎湾，1954年还发现两座墓葬，编号为M1、M2。两墓平面均呈圆形，墓室后部砌半圆形棺床，上绘朱色莲花毯，上有石棺葬具一具，里面装有骨灰。两座墓葬的两具石棺大小形制相似，盝顶盖，上有梵文墨迹，棺底四边连刻棺座。简报没有提供卧虎湾M1、M2石棺盖梵文的具体内容，但是结语中认为梵文墨迹，与佛教在大同地区的盛行有关。火葬的葬法，是北方民族辽金时期常用的葬俗，与信仰佛教的汉人有关②。

耶律羽之墓为一座大型砖室墓，位于赤峰市，由墓道、门庭、墓门、甬道、东耳室、西耳室和方形主室组成③。在主室的北部和东部有两座砖砌棺床，均用琉璃砖砌就，棺床上原罩以柏木制作的小帐，小帐附件有木雕的云头雕饰、塔形雕饰、联珠饰件、各式鎏金铜铃等；小帐上面还有一些鎏金铜人物饰片，人物身披铠甲、手持利剑、周边有钉孔。室内立壁处还有一些铁钉，似乎原来还悬挂有帷幔。主室内四壁及顶部均以绿色琉璃砖砌筑。墓内发现尸骨两具，应为夫妇合葬墓，也就是墓志所载的耶律羽之和其夫人重衮。墓门的石门上有彩绘武士立像，两武士均身着铠甲、怒目虬髯，双手仗剑，脚踏猛兽；主室墓门上绘以绚丽的牡丹、团花、缠枝花、忍冬卷草

① 山西省文物管理委员会：《山西大同郊区五座辽壁画墓》，《考古》1960年第10期，第40页。

② 山西省文物管理委员会：《山西大同郊区五座辽壁画墓》，《考古》1960年第10期，第37-42页，图版玖。

③ 赤峰市文物考古研究所、赤峰市博物馆、阿鲁科尔沁旗：《辽耶律羽之墓发掘简报》，《文物》1996年第1期，第4-32页，彩色插页壹、彩色插页贰，封面、封二、封三、封底。

等。墓室内小帐也有彩绘，主要内容为十人乐队。墓内随葬品较多，有金银器、木器、铜器、铁器等。墓内出土有墓志，移录如下：

> 大契丹国东京太傅相公墓志铭并序 蓟门邢明远撰并书
>
> ……公讳羽之，姓耶律氏……季兄涅列神子舍利，弟护之术宝舍利，并早亡……幼勤事业，长负才能，儒释庄老之文尽穷旨趣……于辅政之余，养民之暇，留心佛法，耽味儒书，入箫寺则荡涤六尘，退庙堂则讨论五典……以会同四年岁次辛丑八月十一日戊戌薨于官，春秋五十有二。於戏！皇上……痛天道之不仁……诏下有司，备仪送终之礼……嫡子佛奴，幼年谢世……相国怀文怀武，归敬释门……①

据志文可知，耶律羽之生于唐大顺元年（890年），薨于会同四年，即941年，属于辽代前期墓葬，墓葬采用方形墓室。墓葬中整体未见特别明显的佛教因素遗存，但是其墓志的记载有两点值得注意：其一就是无论是羽之的兄弟还是其儿子，如果早亡，其姓名似乎都与佛教有关，如其季兄早亡，姓名为涅列神子舍利，其一弟也早亡，称呼为护之术宝舍利，羽之的嫡子早亡，称为佛奴。似乎家人对于早亡的未成年人，在其称呼上均与佛教有关，体现了人们借助于佛教对早亡的祛除，同时，或许也反映了佛教对于此类死亡或有特别的关注。其二就是志文中多次提到耶律羽之与佛教的关系，如穷趣所读之书有佛教的，其在辅政、养民之余，也留心佛法，入箫寺则能荡涤六尘。所有这些，都说明耶律羽之是崇信佛教的，但我们也必须注意到，志文在叙述羽之崇信佛法时，同时也以对应并列的方式，叙述了其崇信儒道，读诵老庄。墓葬中能够直接反映佛教信仰遗存处不多，当然，我们可以将墓内小帐、小帐上面的塔形附件、武士铜饰片，乃至墓门石门上的武士，均可以视作与佛教有关。此外，墓道两侧的仙鹤，如果看作与道教有关的话，恰是与墓志志文中“儒释庄老之文尽穷旨趣”相映照了。

关山辽墓为辽萧和家族墓地，位于辽宁阜新大巴镇，包括9座砖、石室墓，分布在两个区域，其中M1～M3在一个区域，M4～M9集中在一区域②。介绍如下。

关山辽墓M1（萧德温墓）为砖砌单室墓，墓室呈八角形，被破坏严重，壁画仅见于墓门过洞两侧，南壁绘“对弈图”，主要内容为两人在山间松下下棋，一人居中观棋。左侧弈者短须长袍，右侧对弈者戴黑帽，也是长袍，中间观棋者为一僧人；北

---

① 赤峰市文物考古研究所、赤峰市博物馆、阿鲁科尔沁旗：《辽耶律羽之墓发掘简报》，《文物》1996年第1期，第32页。

② 辽宁省文物考古研究所编著：《关山辽墓》，文物出版社，2011年。

壁为修道者，道人浓眉须髯，身穿交领长袍，前方一长剑插于地上，左前侧有一座三层高台，台上插了三炷香。该墓在20世纪60年代，曾经被李文信先生调查和清理过，报告详细收录了当时的资料，根据李文信先生文，该墓的主室中间有一尸床，上有人骨一具，面骨上有铜面具，手和足上套有铜丝网套，墓中发现了一合墓志，志盖为盝顶，中间为题"大辽国兰陵萧公墓志"，志盖的四个斜面刻十二生肖，根据志文，知墓主为辽左金吾卫上将军，封兰陵郡王的萧德温，卒于辽大康元年（1075年）。

关山辽墓M2（萧德恭墓）为砖砌单室墓，墓门为砖雕仿木结构，橑檐枋上无檐椽和飞椽，平砌成立面，明显有修补的痕迹，报告推测于墓主去世后"启先夫之茔"合葬时修葺。墓主室为八角形，叠涩内收穹隆顶，正中用盖顶石封顶，墓室内破坏严重，发现部分木质棺板，棺板外包一层薄铜皮。墓室内除出土了影青瓷器外，还有鎏金铜丝网络，这应该是丧葬装殓用的网络。甬道中部出土墓志1合，志石刻墓主萧德恭墓志铭，墓志盖的背面刻萧德恭妻耶律氏的墓志，耶律氏的墓志中提到多处与佛教有关，兹节录如下：

> ……夫人其先漆水人也，姓耶律氏，即北王府提不里太师之女，母曰萧氏……十九日公（萧德恭）薨于松山州东近郊之行帐，享年三十有八，以冬十一月二十一日葬于显陵北黑山从先茔也。迩后夫人坚持素节，固守纯诚，以金石挺志，以冰霜洁己，以惠和接于婚娅，以温慈教于子孙，躬修祭祀，虔奉威仪，酒脯断来用资太师之灵，金珠施尽广铸诸佛之像。何期乾统十年五月十八日遘厉疟疾，殂于豪州，享年六十有九……长男莹稚孺出家……孙男右五，长孙乌也，郎君年三十三所为驸马，身故诚难报德，代以出家，用而资福……合葬于黑山旧茔，礼也……①

墓志中耶律氏在其夫萧德恭去世后，断酒脯，施舍金珠等钱财，用于铸造佛像，这些是其明确的佛教活动。此外，其长子莹、长孙乌也，都曾经出家，显示出这一家庭与佛教的关系。

关山辽墓M3（萧知行墓）为一砖砌单室墓，墓室平面呈八角形。墓道南壁壁画为出行图，北壁壁画为归来图，墓门正脊正面绘彩云，橑檐枋正中绘一颗宝珠，左右各有三朵祥云；过洞两侧壁绘仙鹤和小龛，龛内绘一戴花冠的道士形象。该墓出土墓志1合，志文中记载了在死亡来临前的佛教感通，兹录如下：

> 大辽国舅故防御使萧公墓志铭并序

① 辽宁省文物考古研究所编著：《关山辽墓》，文物出版社，2011年，第92-93页。

……公讳萧氏，讳知行，其先兰陵人也……公之立性也，执温柔之德，敦谦淳之容……重佛法之□仪，待无怨□，言有善应……持佛行，口念真经……至于境所，暴染其疾，□在膏骨，难施针药……亲见药师□观音菩萨之相，次夜，公目见异光，盈幄□见其状……三月五日卯时薨于巉岈山之别所，春秋四十有四，次日归附于私第……嗣子一人药师奴……咸雍四年岁次戊申八月……葬于黑山，从先之茔，礼也……①

萧知行在即将辞世时，家人感应发觉其呈现出药师佛、观音之相，而且在次夜，其更是目有异光，使整个帷幄大概都呈现光芒。由于该墓志缺文较多，我们根据残存的志文，大致能够知道这些信息。此外，墓志后面还提到其嗣子姓名为药师奴，也是与佛教有关的材料。

关山辽墓M4（萧和夫妇墓）规模较大，为一砖石混构的多室墓，由墓道、天井、墓门、甬道、左右耳室及主室等组成②。墓门为砖雕仿木结构，主室平面呈八角形，甬道侧两耳室平面也呈八边形。墓室壁画主要集中在墓道两侧、天井两壁和墓门正面及过洞。墓道南壁壁画以门庭为背景，绘汉人出行图；墓道的北壁也以门庭为背景，绘有契丹人出行图。天井的壁画分布在两壁，每个壁面各绘一个门神，均为武将装束，南壁门神头戴高冠，身穿红色战袍，有披风，右手持宝剑，左手捏一颗宝珠，宝珠上有云气缭绕，二目圆睁，神态威猛；北壁门神头戴兜鍪，手上也是持剑和捏一颗宝珠，形貌凶猛。门洞的拱顶之上也绘有壁画，正中为一颗火焰宝珠，左右两角各绘一神鸟，朝向宝珠，展翅飞翔；墓门的立颊两侧各绘一杆旌旗，过洞壁面上部为仙鹤和流云，下部为祥云围绕的小龛。出土器物中有铜丝网络一段，应该与墓主装殓有关；还出土鎏金铜佛像饰片1件，铜片上錾刻一坐佛，结跏趺坐于莲花座上，右手举于胸前，似施无畏印，左手按于腿上，头后有双层头光，身后有双重椭圆形背光。墓内出土《晋国王妃秦国太妃耶律氏墓志铭》，可知该墓为萧和夫妇合葬墓，萧和早卒，其妻秦国太妃耶律氏逝于辽兴宗重熙十四年（1045年），志文中提到萧和之妻秦国太妃丧葬之情况：

皇太后躬亲左右……奉香花以供佛，严蓍蔡以告神，王人国医络绎道路，冥数斯莫……享年八十有九……皇上惨怛，素服临丧，穸事从于官给，赙典加于常等。特命宣徽院使义□军节度使窦振、福州观察使知客省使崔继

① 辽宁省文物考古研究所编著：《关山辽墓》，文物出版社，2011年，第99页。

② 辽宁省文物考古研究所：《阜新辽萧和墓发掘简报》，《文物》2005年第1期，第33-50页；辽宁省文物考古研究所编著：《关山辽墓》，文物出版社，2011年。

芳监护灵柩，归于懿州西南之黑山，仍充祭葬使，即以其年秋□月二十七日启先王之茔合祔焉，礼也……①

据此志文可知，秦国太妃在遘疾后，皇太后为其奉香花以供佛，目的在于为其祈福。志文中较详细地记载了太妃死后朝廷派出的各式官员参与丧葬事宜，如有监护灵柩的，还有祭葬使等。而且丧葬事宜所费官给，赙典加于常等。这些材料反映出朝廷，或者官方对于契丹贵族丧葬事宜的制度与安排。

关山辽墓M5为一座砖石混砌墓，由墓道、天井、墓门、甬道、左右耳室和主室组成，主室的平面呈八角形。墓葬多处发现壁画，仅墓门过洞的壁画保存较好。墓道两壁绘有壁画，面积较大，北壁为驼车出行图，南壁为鞍马出行图。甬道拱门上方绘一颗火焰宝珠，祥云承托，两侧还有仙鹤飞翔，拱门两侧绘以祥云。该墓虽然被盗，但是出土了不少器物，主室的一角出土了一件石经幢。经幢八面柱状，两端有榫，柱体长56厘米，直径达到37厘米，榫头的两端抹有白灰，柱体的八面，四宽四窄，每面均刻有陀罗尼经咒文，梵文，但经文的题名为汉字，可见“观自在菩萨大悲身陀罗尼”“大悲身真言了”“尊胜佛顶陀罗尼”三种密咒真言，文字的上下有双线界栏，显得工整美观。

关山辽墓M6为砖砌单室墓，墓门为砖雕仿木结构，拱形门洞，仿木结构整体为庑殿顶，有正脊和垂脊，脊端均置脊兽。主室平面呈八角形，后部正中有一砖筑棺床，须弥座式，棺床顶部平面周边饰团状重瓣仰莲纹，侧面呈亚腰形，用蜀柱分隔成多格，每格内一壶门，壶门内饰折枝牡丹花纹，棺床底座饰如意形云纹。整个棺床显得色彩艳丽。

关山辽墓M8为砖砌单室墓，主室平面呈八角形。墓道两壁下半部保存有壁画，北壁为归来图，墓道南壁为出行图。在墓室淤土的上面，也就是靠近墓顶洞口处，出土了一件石经幢，报告推测该石质经幢原来应该是矗立在地面，后随墓顶坍塌而陷入墓室之中。经幢整体呈八面柱体状，两端有榫头，未见顶盖及底座；幢柱体长140、直径36厘米，柱身八面均刻有文字，四个宽面四个窄面，其中一窄面上刻有文字：“大丞相公主为诸行宫都部署同中书门下平章事驸马都尉柳城郡王故魏国公主特建斯幢」维大康二年岁在丙辰十月己亥朔十七日丙时建。”余七面均为梵文经咒，但首题名为汉字，分别是“阿閦如来减轻重罪障陀罗尼”“大灌顶光陀罗尼”“复说警觉陀罗尼”“一字顶轮王真言”“智炬如来心破地狱陀罗尼”“文殊菩萨一字咒”“六字大明真言”“佛说金刚大摧碎陀罗尼”“大佛顶陀罗尼”“一切如来白伞盖大佛顶陀罗尼”“大宝善住根本陀罗尼”“大宝广博楼阁善住秘密警觉陀罗尼”等，经咒文字的

① 辽宁省文物考古研究所编著：《关山辽墓》，文物出版社，2011年，第81-82页。

上下两段有复线界栏，栏内线刻连续半牡丹纹。根据经幢文字，我们知道该幢为大丞相公主在大康二年，也就是1076年，为魏国公主所建。

关山辽墓M9为砖筑多室墓，由墓道、天井、墓门、甬道及左右耳室和主室等组成，墓内耳室之内出土了《梁国太妃墓志铭》，志文中提及其崇信佛教，节录如下：

> 故梁国太妃墓志铭并序……乾统六年冬十二月甲子梁国太妃薨……太妃薨时，年八十有八，以次年四月丁巳朔十四日庚午癸时祔于黑山故宋国王之墓。妃性仁静纯……宋国王薨日，侍饮食于其祠，而寝不解衣者，垂四十季，尤嗜浮屠法，其营饰庙像，日玩其籍，或时飨其徒，以治斋戒讲学之事，讫老不厌……①

乾统六年为1106年，已属辽代晚期。

根据前述材料，在关山辽墓M8中靠近墓顶洞口处出土了一件石经幢。朝阳西上台辽墓墓圹中出现石经幢，填土中也有建筑构件，墓顶西侧盗洞内用经幢底座封堵，八角墓室内有棺床，上面安置石函。敖汉旗白塔子辽墓墓道和甬道的上口出土石经幢，该墓为六角形，墓底发现有火烧过的人骨和铜面具，该幢建于大康七年（1081年）。根据出土位置及幢上铭文中涉及立幢人及时间等，推测均应该是墓上所立墓幢。辽墓中也有一些幢出土于墓室中，应该本来就安置在墓室中，其铭文也多是各种灭罪、警觉、破地狱等陀罗尼经咒。白居易《如信大师功德记》所载或为这种墓上所立幢：

> 有唐东都临坛开法大师，长庆四年二月十三日，终于圣善寺华严院，春秋七十有五，夏腊五十二。是月二十二日，移窆于龙门山之南岗。宝历元年某月某日，迁葬于奉先寺，附其先师塔庙。穴之上，不封不树，不庙不碑。不劳人，不伤财。唯立佛顶尊胜陀罗尼一幢。幢高若干尺，圆若干尺，六隅七层，上覆下承，佛仪在上，经咒在中，记讚在下。皆师所嘱累，门人奉遗志也。师姓康，号如信，襄城人……师之阇维，不塔不祠。作功德幢，与众共之。②

如果考虑到“穴之上”至“唯立佛顶尊胜陀罗尼”为一个完整句子表达，则“穴之上”就是整个句子的状语，那么佛顶尊胜陀罗尼幢就应是立在墓穴之上，后面“与众

---

① 辽宁省文物考古研究所编著：《关山辽墓》，文物出版社，2011年，第96-97页。

② （唐）白居易著，朱金城笺注：《白居易集笺校》卷第六十八《碑志序记表讚论衡书》，上海古籍出版社，1988年，第3658-3659页。

共之”，也就是该经幢应该能够福至众人，也说明这不是立在墓室中，而是在墓穴之上。该功德记还较详细地描述了经幢的形制，“六隅七层，上覆下承，佛仪在上，经咒在中，记讚在下”。如信大师墓穴之上所立经幢，墓主为佛教僧侣。关山辽墓M8墓顶幢为大丞相公主为魏国公主所立，应该已经是俗众墓上所立经幢了。这种立于墓顶的经幢辽金称为顶幢，谢鸿权列举了一些比较重要的顶幢材料，认为幢身文字中的“石匣顶幢”“墓顶幢”更接近顶幢的含义，尤其对顶幢安放墓顶的场景进行了透视示意图复原（图8-15）。谢鸿权还认为，墓葬陀罗尼和陀罗尼棺均可视作为墓幢的变形[①]。如此，前述涉及宣化辽墓的陀罗尼棺、朝阳西上台四壁栏板刻陀罗尼经咒等，就应该是将整个墓室作为经幢，建造墓室起到与立幢一样的“尘沾影覆”的功效。

图8-15　墓顶幢与石匣示意图
（采自《顶幢补识》图三，第62页）

刘未在其《辽代墓葬的考古学研究》中提到，1923年南满铁路公司在鞍山铁路附近发现画像石，鸟居龙藏对这批材料进行了考察、搜罗及研究，认为这批材料反映了契丹风俗、西方圣经故事、佛教信仰、二十四孝故事，以及西游故事等，并附苗圃

① 谢鸿权：《顶幢补识》，《考古》2016年第11期，第59-63页。

墓画像石和鸾峰墓画像石线图。刘未以补记的方式纠正了鸟居龙藏对这批画像石内容的解读，苗圃画像石中鸟居龙藏考释为引路菩萨的，刘未考释为董永，鸟居龙藏考释为水月观音的，刘未考释为王武子妻，鸟居龙藏考释为十王经的，刘未考释为刘明达等，鸟居龙藏考释为观音普门品的，刘未考释为郭巨，鸟居龙藏考释为大势至菩萨的，刘未考释为姜诗；对于鸾峰墓画像石，鸟居龙藏考释为悟空的，刘未考释为刘殷，鸟居龙藏考释为玄奘的，刘未考释为曾参、孟宗及杨香[①]。刘未对墓室画像内容的考释是正确的，但鸟居龙藏之所以将其考释为这么丰富的佛教内容，也是与这些图像的表现形式分不开的，我们会清晰地看到这些图像中的佛教因素，如莲花立人、执莲、双手合十等，由于刘未提到这批材料及1949年以后鞍山、辽阳地区相似画像石墓的发现的墓葬在年代上仍有争议，属辽还是属金还有问题[②]，考虑到材料的年代背景，之所以鸟居龙藏会释为与佛教内容有关，或许与此时二十四孝等传统孝传故事与佛教感应、感通等故事或者题材产生关联有关。这是一个复杂的文本与图像相互因时发生的问题。所以，笔者以为，刘未的考释是符合题材故事的，但这些图像中应该有强烈的佛教因素在，这也是肯定的。

尽管上述辽墓中佛教因素遗存丰富而明显，但对于没有直接文字、图像等证据的材料，仍需考究其真正的宗教属性。这方面已有一些研究值得参考，如刘未注意到辽墓中两座特殊葬具的墓葬，即通辽吐尔基山辽墓和翁牛特旗广德公墓，两墓葬具均采用围栏木棺，此类葬具与唐宋时期佛教徒瘗埋舍利的金棺银椁比较相似，但刘未认为不能由此认为两座辽墓中所出围栏石棺系受佛教影响而致，其原因就是佛教舍利瘗埋制度中以棺椁为葬具实是受到汉地丧葬传统的影响，辽墓所见围栏木棺应当是从汉地丧葬传统内容中借鉴而来[③]。对一些墓葬中没有明确的指示性材料，对其墓葬中的佛教因素仔细甄别确有必要，而且具有方法论意义，但是我们注意到上述刘未对葬具是否受到佛教舍利瘗埋之金棺银椁影响，存在材料上的时间先后问题，也就是说，舍利瘗埋制度中在早期，也就是唐代，受到汉地丧葬传统影响，是没有疑义的，但是到了宋辽，由于此时佛教舍利瘗埋制度已经较多地受到汉地丧葬传统影响，在塔基和墓葬中，也会出现一些受到此时塔基地宫舍利瘗埋制度影响的现象。换句话说，就唐宋墓葬而言，在逻辑上存在一个墓葬影响舍利瘗埋，舍利瘗埋影响墓葬的这样一个发展过程。所以到了宋辽，不能直接简单拿这个过程的第一阶段即墓葬影响舍利瘗埋来分析，而应该注意到，第二阶段已经是舍利瘗埋影响到墓葬了。当然，具体材料还要结

① 刘未：《辽代墓葬的考古学研究》，科学出版社，2016年，第2、4-5、119页。

② 关于这批具有二十四孝图的画像石墓，有学者推测可能是北宋末年传入的，这些墓葬的时代可能在辽代晚期，甚或晚到金初，也有推测是渤海人墓。详见内蒙古博物院编、郑承燕著：《辽代贵族丧葬制度研究》，文物出版社，2014年，第78页。

③ 刘未：《辽代墓葬的考古学研究》，科学出版社，2016年，第49-52页。

合墓主材料及墓葬中的其他遗存进行分析，这是确认墓葬中的佛教因素比较费力的地方，这些想法还需具体材料和严密逻辑来论证。

此外，冯恩学认为吐尔基山辽墓木棺外悬挂的铜铃是萨满教铜铃，目的是驱邪除魔，增强萨满法力，与墓主人系皇室神职人员——“太巫”的身份有关[①]。辽代墓葬中的璎珞的出现与流行，也有研究认为与佛教在辽代兴起有关。辽墓中的真容偶像是受到佛教西天荼毗礼的影响[②]。这些分析及认识均值得重视。

① 冯恩学：《吐尔基山辽墓墓主身份解读》，《民族研究》2006年第3期。
② 郑承燕：《辽代贵族丧葬制度研究》，文物出版社，2014年，第113-119页。

结语 “儒释老庄尽穷旨趣”

——中古丧葬礼俗的“名利场”

前引辽耶律羽之墓志文：

> 大契丹国东京太傅相公墓志铭并序 蓟门邢明远撰并书
>
> ……公讳羽之，姓耶律氏……季兄涅列神子舍利，弟护之术宝舍利，并早亡……幼勤事业，长负才能，儒释庄老之文尽穷旨趣……于辅政之余，养民之暇，留心佛法，耽味儒书，入箫寺则荡涤六尘，退庙堂则讨论五典……以会同四年岁次辛丑八月十一日戊戌薨于官，春秋五十有二。於戏！皇上……痛天道之不仁……诏下有司，备仪送终之礼……嫡子佛奴，幼年谢世……相国怀文怀武，归敬释门……[①]

其中记载其“儒释老庄之文尽穷旨趣”，尽管不是直接表示的丧葬礼仪，但是其对于“儒释老庄尽穷旨趣”的态度，也大致反映了时人在丧葬礼俗活动中所采取的各种宗教活动、观念、习俗、器物、建筑等，只要有用尽可以拿来，以尽穷旨趣。通俗地讲，我们在观察整个中古丧葬礼俗中宗教因素属性时，一定要注意中古墓葬各种宗教因素的“混合”状态。

儒道同现，乃至儒、释、道因素同时在墓葬中出现，或者在墓志等文字材料中表现出来，在前述中我们已经有材料涉及，这里在结语部分还是不厌其烦地将唐西河郡开国公乞扶令和墓的材料，以及其他几个材料叙述如下，以加深我们对此丧葬礼俗现象的认证。

隋唐乞扶令和夫妇墓位于河南卫辉市大司马村，为带斜坡墓道的单室土洞墓，墓道填土中多处发现动物骨骼，还出土了一件青瓷碗，碗内装有木炭，内底残留有红色颜料（或为朱砂）痕迹。距墓道南端4米处西壁上有小龛一个，出有动物骨骼。墓道上方开凿有天井1个，石墓门由石狮及立颊座、门下坎、立颊、门楣、门板等青石构件组

① 赤峰市文物考古研究所、赤峰市博物馆、阿鲁科尔沁旗：《辽耶律羽之墓发掘简报》，《文物》1996年第1期，第32页。

成。墓室平面呈长方形，南北长4.6、东西宽3.68米。墓室四壁壁面先涂抹厚2～4厘米的草拌泥，再用厚1～3.5厘米的白灰抹面，再在其上加绘壁画，壁画仅保存极少残迹，可见线条、枝干、枝叶等，颜料分黑色和红色两种。墓室内葬具及人骨已遭破坏，推测原应有木棺。出土器物有泥质红褐陶质地的镇墓兽、武士俑、文吏俑、持盾武士俑、甲骑具装俑、仪卫骑俑、鼓乐仪仗俑、小冠俑、风帽俑、小风帽俑、幞头俑、圆帽俑、盘髻俑、女侍俑、牛俑、马俑、骆驼俑、母子狗俑、母子猪俑、鸡俑，陶器有罐、灶、鼓，青瓷器有碗、宝塔形纽器盖、缸、莲花罐，白瓷器有盖等。金属器有叶状铜片、圭形铜片、铜器足、长条形铜饰（孔内扣有泡钉）、小铜泡、铁镜等。石质器物有青龙、白虎、朱雀、玄武四神石刻、石灯（灯盘外侧有一周莲瓣纹，高度达到67厘米）、珠、五铢钱等。根据墓志，该墓为乞扶令和于唐贞观元年（627年）附于其妻郁久闾氏的合葬墓。郁久闾氏于隋开皇八年（588年）薨于卫州汲县，次年葬于汲县，乞扶令和则于隋大业六年（610年）薨于雍州大兴县宣阳坊，唐贞观元年（627年）与其妻合葬于汲县[①]。

墓中出土墓志两合，其中乞扶令和墓志仅存志石，其妻郁久闾氏墓志包括志盖和志石。乞扶令和墓志文中言及与佛教的关联，志文如下：

隋故使持节柱国西河郡开国公乞扶令和墓志铭

公名惠，字令和，桑乾马邑人也。其先出自夏后，暨汤履革命，□□代兴，世处蕃维，恒为宗长。祖周，第一领民酋长。父纂，魏金紫光禄大夫、瀛洲刺史、尚书左仆射。自斯以降，世袭衣缨，冠冕蝉联，扶疏不已。公生托高门，长兹庆绪，雄图壮节为可胜。原及齐氏启霸，皇运开初，询访通人，用安社稷。乃敕授开府仪同三司，右武卫大将军，别封瀛洲、永宁县开国公，食邑一千户，寻除南郢州宜民王。暨齐祚既终，周鼎初立，武皇帝始兼天下，旁求俊彦，诏授柱国西河公，余官如故。既而周祚告终，隋氏受命，皇基缔搆，籍以匡维。开皇元年，诏授寿州总管、六州诸军事，又除凉州总管，增邑二千五百户，俄转徐州总管，又迁荆州总管，领覃柱二总管卅一州诸军事。仁寿二年，诏授秦州总管。官历三朝，俱牧千里，门交长戟，路拥华轩，德润生民，道迈伦伍。受三洞法、持菩萨戒，常饵玄霜，恒餐绛雪……溘然长往，以大业六年岁次庚午秋九月己未朔廿四日，在雍州大兴县宣阳坊薨于露寝，春秋八十有七，粤以大唐贞观元年岁次丁亥八月庚辰朔五

① 四川大学考古学系、河南省文物局南水北调文物保护办公室：《河南卫辉市大司马村隋唐乞扶令和夫妇墓》，《考古》2015年第2期，第32-70页；河南省文物局编著：《卫辉大司马墓地》，科学出版社，2015年，第89-160页。

日甲申，厝于山之阳，礼也……[1]

志文记载乞扶令和既“受三洞法”，又持“菩萨戒”。令和为乞扶惠的字，乞扶惠应即《北史》《隋书》所记载的乞伏慧。《北史·乞伏慧传》记载：

> 乞伏慧字令和，马邑鲜卑人也。祖周，魏银青光禄大夫；父纂，金紫光禄大夫。并为第一领人酋长。慧少慷慨，有大节，便弓马，好鹰犬。齐文襄时，为行台左丞，累迁太仆卿，自永宁县公封宜人郡王。……周武平齐，授使持节、开府仪同大将军……及破尉迟迥，进位柱国，赐爵西河郡公。……隋文帝受禅，拜曹州刺史。……迁凉州总管。先是，突厥屡为寇抄，慧严警烽燧，远为斥候，虏竟不入境。后为荆州总管，又领潭桂二州总管、三十一州诸军事。……曾见人以簺捕鱼者，出绢买而放之，其仁心如此。百姓美之，号其处曰西河公簺。炀帝即位，为天水太守……卒于家。[2]

《隋书》的记载比《北史》的记载略为详细，乞伏慧在凉州总管后，还提到了其迁寿州总管，左转杞州刺史，迁徐州总管[3]。其他内容多与《北史》记载相似。上述正史文献中均没有直接记载其信仰佛教，或者与佛教有关，唯记载的买鱼放生也许与佛教的放生有关。但是，《续高僧传》中直接记载了乞伏令和与佛教的活动有关。如《续高僧传》卷十《隋彭城崇圣道场释靖嵩传》的记载：

> 隋高廓清百越，文轨大同。开皇十年，敕僚庶等有乐出家者并听。时新度之僧乃有五十余万，爰初沐化，未曰知津。嵩与灵侃等二百许僧闻机乘济，俱还江北，行达徐方，盛开讲肆。上柱国徐州总管乞扶令和率其所部同延住京兆王寺，具状闻奏，有敕给额为崇圣寺焉。于是常转法轮，江淮通润……[4]

释靖嵩被延坐于京兆王寺的主事者正是任徐州总管的乞扶令和，而乞扶令和任徐州总管在《隋书》和《乞扶令和墓志铭》中均有记载，除此之外，乞扶令和还将延坐释靖

① 笔者据拓本录文，拓本见四川大学考古学系等：《河南卫辉市大司马村隋唐乞扶令和夫妇墓》图七八，《考古》2015年第2期，第68页。

② （唐）李延寿撰：《北史》卷七十三《乞伏慧传》，中华书局，1974年，第2531-2532页。

③ （唐）魏徵、令狐德棻撰：《隋书》卷五十五《乞伏慧传》，中华书局，1973年，第1377-1378页。

④ （唐）道宣撰，郭绍林点校：《续高僧传》卷十《义解篇》，中华书局，2014年，第338-339页。

嵩等二百余僧事“具状闻奏”，从而有敕给额“崇圣寺”，尽管没有明确说明乞扶令和本人是否信仰佛教，但是在徐州应该说乞扶令和与佛教相关联的活动，还是很积极和频繁的。

乞扶令和墓葬虽然被盗扰严重，除极少数体量较大的器物也许还保持原状，位置或未变动外，大量随葬器物被砸毁，脱离了原位。但值得注意的是墓室内出土的6件石灯及分布位置。M16：1的石灯出土于墓室北部，M16：4出土于墓室中部偏北，M16：6出土于墓室中部偏东，M16：8出自墓室西部，M16：9出自墓室南部，M16：3出自甬道东侧。6件石灯形制相同，圆形灯盘，灯盘外饰一周莲瓣纹，圆形灯柱，方形灯座。在墓室内还出土了一套四神石刻，共4件。青龙图像石刻出自墓室西南部，长64、宽41.5厘米；白虎石刻出自墓室中部偏北，长65、宽43.5厘米；朱雀石刻出自墓室西部中段，长46.5、宽39厘米；玄武石刻出自甬道北端，长47、宽38.5厘米。另外，该墓出土的莲瓣纹青瓷残片（M16：108），与河北北齐高润墓出土的青瓷覆莲盖罐类似，而高润墓也随葬了4件石灯[①]。磁县湾漳北朝壁画大墓也随葬有石灯4件。玄武石刻画像与西安北周保定四年（564年）罽宾国人李诞墓出土石棺后挡板上的玄武线刻相似[②]。

乞扶令和夫妇墓志出土后，付兵兵、周伟洲均对墓志铭文进行了考释和证补[③]。周伟洲认为乞伏令和的族属与鲜卑乞伏氏有关，令和的夫人郁久闾氏为北朝的名门著姓，但对于墓志中体现出的与佛教有关联的信息，未做进一步的生发[④]。

乞扶令和夫妇墓与李希宗夫妇墓在墓志文字中有一个值得注意的地方，即表述墓主的宗教信仰时，既提到了佛教也提到了道教，如李希宗妇崔太姬志文中的“迴□释典，刻意法门”及“爱好冲虚，崇尚黄老”[⑤]，乞扶令和是既“受三洞法”又持“菩萨戒”。佛教与道教在墓志文中一并表述了。那么墓志文的描述到底反映了多少墓主的真实信仰呢？《南齐书》卷四十一《张融传》：

> 张融字思光，吴郡吴人也。祖袆，晋琅琊王国郎中令。父畅，宋会稽太守。融年弱冠，道士同郡陆修静以白鹭羽麈尾扇遗融……建武四年，病卒。

---

① 磁县文化馆：《河北磁县北齐高润墓》，《考古》1979年第3期，第235-243、234页。

② 程林泉：《西安北周李诞墓的考古发现与研究》，西北大学考古学系、西北大学文化遗产与考古学研究中心编：《西部考古（第一辑）》，三秦出版社，2006年，第391-400页。

③ 付兵兵：《唐乞扶令和墓志铭考释》，《中国历史文物》2009年第4期，第52-58页；周伟洲：《乞伏令和夫妇墓志证补》，周伟洲：《新出土中古有关胡族文物研究》，社会科学文献出版社，2016年，第125-136页。

④ 周伟洲：《乞伏令和夫妇墓志证补》，周伟洲：《新出土中古有关胡族文物研究》，社会科学文献出版社，2016年，第125-136页。

⑤ 赵超：《汉魏南北朝墓志汇编》，天津古籍出版社，2008年，第475-478页。

年五十四。遗令建白旌无旒，不设祭，令人捉麈尾登屋復魂。曰："吾生平所善，自当凌云一笑。"三千买棺，无制新衾。左手执《孝经》《老子》，右手执《小品》《法华经》。妾二人，哀事毕，各遣还家。又曰："以吾平生之风调，何致使妇人行哭失声，不须暂停闺阁。"①

可见张融的遗令是三教并举，既执《孝经》《老子》，又执《小品》《法华经》。

固原北魏漆棺画也是既画孝子像，又画东王公、西王母像及佛教的菩萨像。孙机先生有很好的描述：

漆棺上既画孝子像，又画道教的东王公、西王母像及佛教的菩萨像，其中也应该包含祈求冥福的用意。从这个角度考察，则孝子画像不过是迎合时尚的装点殡葬之物而已。所以说漆棺画中虽有"汉化"的成分，却并不以"汉化"为基调。②

佛道，乃至儒佛道相融合是一个非常值得注意的、有趣的现象。梅维恒在研究唐代的变文时，曾提到范成大在生命最后的四年里所撰写的《吴郡志》，该书第三十一卷记载的是道教建筑，其中天庆观乃是唐开元观，在长洲县西南，绍兴十六年（1146年）郡守重作该观西廊时，画《灵宝度人经》变相，召画史工山林人物搂橹花木各有专长者，分任其事，极其工致。梅维恒指出道教徒们接受了变相③。

北凉石塔中也是佛教因素与其他文化因素并现。张宝玺先生对北凉石塔进行了汇总研究，所著《北凉石塔艺术》详细介绍了北凉出土的石塔④，如酒泉六塔中的马德惠石塔、高善穆石塔、田弘石塔，敦煌五塔中的沙山塔、三危山塔、索阿俊塔，吐鲁番二塔中的宋庆塔、高昌小石塔等。石塔上的八卦符号、力士像、佛像等属于佛道融合的遗存。

此外，西安唐殿中侍御医蒋少卿及夫人宝手墓中出土了夫妇墓志⑤，其中蒋少卿墓志文记载：

---

① （梁）萧子显撰：《南齐书》卷四十一《张融传》，中华书局，1972年，第721-730页。

② 孙机：《固原北魏漆棺画研究》，《文物》1989年第9期，第38-44、12页。

③ 梅维恒（Victor H. Mair）著，杨继东、陈引驰译，徐文勘校：《唐代变文——佛教对中国白话小说及戏曲产生的贡献之研究》，中西书局，2011年，第2页。

④ 张宝玺：《北凉石塔艺术》，上海辞书出版社，2006年。

⑤ 西安市文物保护考古研究院：《西安唐殿中侍御医蒋少卿及夫人宝手墓发掘简报》，《文物》2012年第10期，第25-42页。

唐故殿中侍御医上护军蒋府君墓志

公讳少卿，义兴阳羡人，陈灭入隋，因家于长安……公早明因果，游心释教摄身之道、拯救之方，颇迁雅思，略皆贯涉老氏后下之诚、太易明谦之理，率由自至，不资学习，寂静自居，安贫乐道。家人未尝见喜愠之色……享年八十。以显庆二年三月己丑朔七日乙未遘疾于万年县之安兴里第……

少卿夫人宝手墓中也出土了陶质的武士俑、镇墓兽，以及其他一些陶俑。宝手墓志文中也涉及信仰佛教的记载：

唐故朝议郎行尚药侍御医上护军蒋府君夫人陇西郡太君墓志铭并序

夫人讳宝手，族著陇西，晋永嘉南度居于苏州之吴郡，因为郡人焉……夫人弱岁柔嘉，幼年□朗三星既曜，四德仍兼，待年而笄，归于蒋氏……封陇西县太君，寻加陇西郡太君，随班例也。以躬行节俭，志仰菩提，故得福禄，咸宜寿年……以咸亨四年十一月廿日终于长安之怀真里第，享年八十有五。呜呼哀哉！即以上元二年二月廿八日葬于明堂县之少陵原，祔合于侍御府君之茔，礼也……

由墓志的纪年可知蒋少卿和夫人宝手墓葬年代均为唐高宗时期。志文中提到蒋少卿不但涉及佛教的养身之道和佛教医学，而且于道教的相关知识也多有掌握，但是志文中没有明确提及少卿的丧葬活动是否与佛教有关。少卿夫人宝手的墓志文中也提到其“志仰菩提”，同样，志文中也没有提及佛教与其丧葬活动的关联。基于两墓志文中均提及墓主与佛教有关，那么墓葬中出土的塔式罐、莲花础帐座，或许都与墓主佛教信仰的背景有一定关联。

唐代梁元珍墓墓室四壁及墓顶发现有壁画，东壁主要绘制侍女、捧包袱男装女侍、捧花果侍者及执笏板侍者，南壁为一拱手侍从形象，西壁和北壁均为人物屏风画，屏风上所画均为树下老人图，老人所戴冠有方形和莲花形，墓室顶部为星象图[①]。墓内出土墓志1合，志盖篆书“大周处士梁君墓志铭”，志文如下：

公讳元珍，字元珍，安定朝那人也。周朝命爵即弘开国之封……公孝义基身，忠贞成性，早味玄理，夙谐真粹……志叶琴书，自放山水。晚年栖归，笃于释教。精辩三乘，妙穷四谛。悟浮生之不驻，审仙宫而可仰……春

① 宁夏回族自治区固原博物馆（罗丰编著）：《固原南郊隋唐墓地》柒《唐代梁元珍墓》，文物出版社，1996年，第112-135页。

秋七十有二，卒于私第……呜呼哀哉！以圣历二年岁次己亥十匡壬午朔廿八日己酉迁窆于原州百达原，礼也。长子前始平县尉望之、次子前宿衡延之、白鹤观道士灵芝、福基寺僧智岸，茹荼泣血……寒暑易变，隙驷难追。神清蓬桥，魄化莲漪。青鸟启动，白马来悲。是刊贞石，永纪芳规。[①]

据墓志，墓主不但晚年信奉佛教，而且在死后的丧事操办中，既有白鹤观的道士灵芝，也有福基寺的僧人智岸，其活动是"茹荼泣血"。报告注意到了墓主与佛教的关系，也指出墓葬形制、器物及壁画中丝毫不见受到佛教影响的痕迹。报告认为白鹤观道士和福基寺僧都是死者的儿子，笔者认为不妥，或以其为参与死者丧葬的道教、佛教宗教人士为宜。

又《杜阳杂编》卷下懿宗咸通九年（868年）同昌公主条：

（公主薨）上哀痛之，自制挽歌词，令百官继和。及庭祭日，百司与内官皆用金玉饰车舆服玩，以焚于韦氏之庭，家人争取其灰以择金宝。及葬于东郊，上与淑妃御延兴门，出内库金玉驼马、凤凰、麒麟各高数尺，以为威仪。其衣服玩具悉与生人无异……刻木为楼阁、宫殿、龙凤、花木、人畜之象者，不可胜计。以绛罗多绣络金银瑟瑟为帐幕者，亦各千队。结为幢节伞盖，弥街翳日。旌旗珂佩，兵士卤薄，率多加等以赐。紫尼及女道士为侍从引翼，焚升霄降灵之香，击归天资金之磬。繁华辉映，迨二十余里……及灵车过延兴门，上与淑妃恸哭，中外闻者无不伤泣。[②]

在繁华辉映的送丧队伍中，紫尼及女道士作为引翼，成为送丧队伍中的一道风景。

对于这种佛、道，乃至儒混合的现象，已有研究论及汉末南北朝时期墓葬中神仙与佛教图像的混合，其结论认为汉末南北朝时期，墓葬中神仙逐渐弱化，佛教信仰日益增强[③]。通过本书述及的从汉至宋、辽时期的材料，我们清晰地看到，这种"混合"的状态到中古的后段还一直存在。当然，我们看到佛教因素遗存在墓葬中"混合"状态一直存在，如果以长时段的视角观察这一问题，我们能够很清晰地看到三个不同的阶段。第一阶段是佛教因素遗存与神仙信仰遗存的"混合"，这一阶段主要在汉晋时

① 宁夏回族自治区固原博物馆（罗丰编著）：《固原南郊隋唐墓地》柒《唐代梁元珍墓》，文物出版社，1996年，第124-125页。

② （唐）苏鹗撰，阳羡生校点：《杜阳杂编》，上海古籍出版社编：《唐五代笔记小说大观》，上海古籍出版社，2000年，第1396页。笔者重新标点。

③ 杨莹沁：《汉末魏晋南北朝时期墓葬中神仙与佛教混合图像分析》，中国古迹遗址保护协会石窟专业委员会、龙门石窟研究院编：《石窟寺研究（第三辑）》，文物出版社，2012年，第37-90页。

期；第二阶段是佛教因素遗存与祆教等宗教因素遗存的“混合”，时间主要在南北朝时期，隋唐时期也有持续。这一阶段的“混合”非常复杂，由于佛教和祆教均属外来宗教，其“混合”也许在进入中原之前就已经发生，如中亚地区、我国新疆地区的相关考古材料。当然，这种不同地区不同时间的“混合”应该有不同，所以应将南北朝时期佛教与祆教等文化因素遗存的“混合”，与中亚地区两者的“混合”区别开来。第三阶段就是隋唐以后至宋辽儒释道等的“混合”，这一阶段的情况复杂在于佛教与道教均出现了互相借鉴的情况，如星官既有道教的星官，也有佛教的星官。本阶段“混合”模糊现象会掩盖墓葬真正的信仰内涵。

有一些材料，尽管在墓葬遗存中观察不出明显的宗教因素，但是在墓志等文字中，还是要将这种“尽穷旨趣”的方式和愿望说出来，其心态值得注意。如闽国王审知夫妇墓①。王审知夫妇墓位于福州市北郊莲花峰南麓，东西并列双冢，东墓室安葬的闽王王审知，西墓葬安葬的是王审知之妻梁魏国尚贤夫人任氏。整个陵墓前方后圆，墓前神道两侧有文武石翁仲各2对，石羊、石虎、石狮各1对。墓葬被盗严重，出土了一些玻璃器、铁棺钉、青瓷莲瓣纹碗等。墓内出土王审知墓志1合、任氏墓志1合。墓内未发现有与佛教有关的遗存，但是王审知的墓志文却提到其崇信佛教的一些内容：“同光三年春……升福州为大都督府。别署官员，以宠其忠孝谦明者矣。且文武宏谋，释道玄理，应机剖判，动合古人……释教乃早悟苦空，广开檀施，见三十三天之要路，弘八万四千之法门。集海内缁黄，启祇园斋忏，佛庙遍廓，雁塔干宵，钟梵之音，远近相接，人天之果，修设无时。老氏乃扣谷神之真寂……同光三年十二月十二日，薨于威武军之使宅……”释教、老氏与孝儒，一个不落，全部带到。

朱熹有《跋向伯元遗戒》云：

> 自佛教入中国，上自朝廷，下达闾巷，治丧礼者一用其法。老子之徒厌苦岑寂，辄亦效其所为，鄙陋不经，可怪可笑，而习俗靡然，恬不觉误。在唐唯姚文献公，在本朝则司马文正公关洛程张诸君子，以及近世张忠献公始斥不用，然亦未能尽障其横流也。近故朝议大夫向公伯元，少受学于胡文定公，晚年退处于家，尊闻行知，不以老而少懈。及启手足，亲书幅纸，戒其子孙勿为世俗所谓道场者，笔札端好，词意谨严，与平日不少异。诸孤士伯等奉承遗指，不敢失坠，既又谋刻诸石，以诒久远。间以视熹，熹窃以为此书之行，可为世法。观者诚能因而推之，尽祛末俗之陋，以求先王之礼而审行之，则斯言也，不但为向氏一门之训而已。因识其后以发之。庆元二年二

① 福建省博物馆、福州市文物管理委员会：《唐末五代闽王王审知夫妇墓清理简报》，《文物》1991年第5期，第1-10页，图版壹。

月辛未新安朱熹谨书。[①]

庆元二年为1196年，即宋宁宗赵扩时期。面对丧葬礼俗的“一用其法”，道教也开始学习佛教的方法，朱熹认为是可怪可笑。似乎我们可以认为，好像是由于丧葬礼俗活动的“儒释老庄尽穷旨趣”，道教开始学习佛教的做法，二教融合在这个方面反映出来了。

在面对“尽穷旨趣”的遗存时，必须提到本书的空间分析和整体认识方法。正是基于整体认识，将材料放置到整个汉唐，也就是中古时期，我们才能认识到这种“儒释老庄尽穷旨趣”式的“混合”成为中古丧葬礼俗中佛教因素演进的一个显著的特点。整体认识方法不但将某一朝代作为一个整体认识，还贯穿朝代，将一个巨大的历史时期、多个时期历史作为认识的整体，这样一些问题在某一时间段不显著，放长时间观察，便显得很明显。反过来，这种整体认识还会促进我们对一些长期纠结问题的思考。如早期佛教传播模式的研究，有的学者提出“仙佛模式”“神佛模式”“佛神模式”“佛+西王母模式”，其本质是紧紧盯住了丧葬遗存本身，而没有注意到考古材料后面的人，那些“尽穷旨趣”的汉晋时人，是中古丧葬礼俗演变的本质所在，所有的观念、习俗、宗教，乃至礼仪、法制，均会与丧葬礼俗的“尽穷旨趣”产生关联。

整体认识的另外一方面，在本书中就是对考古遗存的整体认识，如墓室壁画等。整体认识还包括对丧葬过程的整体认识。丧、葬、祭是丧葬礼俗的完整过程，我们可以看到，佛教因素从汉晋时期墓葬中的一件随葬器物，或者是一件随葬器物的一个组成部分，逐渐地影响到葬具的装饰、墓室的装饰、墓室的建造、埋葬的方式，乃至地面用于祈福的佛寺、墓幢等。中古丧葬礼俗中佛教因素演进到了宋、辽、西夏时期，陵园中设置佛寺，可以说是中古时期丧葬礼俗在地面遗存上的重要变化。辽代墓葬中埋葬的方式按照西天荼毗礼，墓室中出土礼拜佛的空间，甚至整个墓室都变成一个佛法彰显法力的空间，可以说中古丧葬礼俗中佛教因素的演进达到了巅峰。太史文在回应什么是做功德时认为，在中国中古时期，做功德并不局限在某一种特定的仪式，而是整合所有仪式的结果，其中就有东亚最重要、最完备的仪式，这就是安置尸体的葬礼，以及其后的持续四十九天乃至死后多年的纪念活动[②]。

整体认识还包括理解材料的整体认识，对墓志、历史文献确载墓主佛教信仰，但是在墓葬遗存中却不能寻找到佛教因素遗存的，有一种可能就是墓主丧葬活动实施的

① （宋）朱熹撰，朱傑人、严佐之、刘永翔主编：《朱子全书（修订本）》第24册《晦庵先生朱文公文集》卷八十三《跋向伯元遗戒》，上海古籍出版社、安徽教育出版社，2010年，第3940页。

② 太史文：《疗以善业：中古佛教患文》，余欣主编：《中古中国研究》第二卷《写本文化：文本性、仪式性与知识实践专号》，中西书局，2018年，第56页。

过程中，在丧的部分，或者祭的部分，有佛教参与的可能，在墓葬地面和地下遗存中却没有表现。整体认识的思路也促使我们对此类材料进行梳理、分析，扩大了研究的对象，使佛教因素演变的考古学研究更加深入、全面。

整体认识与空间分析方法是分析墓葬遗存相互关联与发生的方法组合。空间分析的方法可用于佛教因素遗存的结构分析、组合分析，如摇钱树树干上的佛像，处在一个向上升仙过程中的一环；空间分析的方法使我们能够看到前后室间过道的重要，菜越三国墓、鄂州塘角头M4，在前后室的中间均放置有佛教因素遗存；空间分析的方法使我们注意到魂瓶逐渐成为墓室器物摆放空间中的重要器物；空间分析方法使我们注意到如佳山东吴墓中的几件陶俑，他们做着某种姿势，位于墓室空间的中央，面对着祭奠类器物组合，显然他们在进行着某种墓内祭奠的仪式。简言之，空间分析的方法，使我们将简单的器物延展成复杂的结构，平面的空间变成仪式进行的立体场景。与整体认识方法相比较，空间分析方法使单一材料复杂化，强调考古材料的位置及组合，不同宗教在丧葬空间中相似的表现，也为我们探寻的因素的“混合 ”提供了路径。整体认识方法使多样的因素统一结合起来认识。两种方法的结合，使我们对丧葬礼俗中佛教因素的认识，既有截面又有纵面。

一位号“真如海”的唐代老太太，以仁慈治家，深悟因缘，以求解脱。唐故李府君夫人严氏墓志铭并序文如下：

> 夫人讳□，字真如海，其先会稽人……父利贞，青州博昌县令。并载德诞灵，含章秉曜……夫人即博昌府君之第三女也。兆纯粹之精，开柔和之德，礼度之本，发于胸襟……言归夫氏，乃作女师，敬惠极于中外，仁慈洽于家室……夫人深悟因缘，将求解脱，顿味禅寂，克知泡幻，数年间能灭一切烦恼，故大照和上摩顶授记，号真如海。徒然哉！非夫得明月珠不取于相，则何以臻此？方锡难老，岂求无生。以开元廿九年五月十五日，终于归义里之私第，春秋六十有五。即以其年七月一日，权窆于北邙王赵……[1]

此墓志文意味深长，墓主在晚年信奉佛教，希望能够求得解脱，乃至长寿，但是墓志却说“徒然哉”。徒然哉！徒然乎？

佛教进入中古中国丧葬礼俗，无论变与不变，如何变，怎样变，为何变，均脱不了时人搭建的中古丧葬礼俗的“名利场”。

---

① 中国国家博物馆编：《中国国家博物馆馆藏文物研究丛书·墓志卷》，上海古籍出版社，2017年，第152-153页，拓本见图六六《严氏墓志》。

主要参考书目

（期刊、报告集、论文集未列入，国外论著以汉译首字母合并排序）

一、历史文献

（汉）班固撰，（唐）颜师古注：《汉书》，中华书局，1962年。
（汉）张衡著，张震泽校注：《张衡诗文集校注》，上海古籍出版社，2009年。
（晋）陈寿撰，（宋）裴松之注：《三国志》，中华书局，1959年。
（后秦）鸠摩罗什译、龙树菩萨造：《大智度论》，《大正新修大藏经》第二十五卷，No.1509。
（梁）沈约撰：《宋书》，中华书局，1974年。
（梁）宗懔撰，（隋）杜公瞻注，宋金龙校注：《荆楚岁时记》，山西人民出版社，1987年。
（梁）释慧皎撰，汤用彤校注，汤一玄整理：《高僧传》，中华书局，1992年。
（梁）释僧祐撰，李小荣校笺：《弘明集》，上海古籍出版社，2013年。
（梁）萧子显撰：《南齐书》，中华书局，2017年。
（魏）杨衒之撰，周祖谟校释：《洛阳伽蓝记校释》，中华书局，1963年。
（北魏）郦道元著，陈桥驿校证：《水经注校证》，中华书局，2007年。
（北齐）颜之推著，罗国威校注：《冤魂志校注》，巴蜀书社，2001年。
（北齐）魏收撰：《魏书》，中华书局，2017年。
（唐）姚思廉撰：《梁书》，中华书局，1973年。
（唐）魏徵、令狐德棻撰：《隋书》，中华书局，1973年。
（唐）李延寿撰：《北史》，中华书局，1974年。
（唐）李延寿撰：《南史》，中华书局，1975年。
（唐）慧立、彦悰著，孙毓棠、谢方点校：《大慈恩寺三藏法师传》，中华书局，2000年。
（唐）段成式撰，曹中孚校点：《酉阳杂俎》，上海古籍出版社编：《唐五代笔记小说大观》，上海古籍出版社，2000年。
（唐）杜佑撰，王文锦、王永兴、刘俊文、徐庭云、谢方点校：《通典》，中华书局，1988年。
（唐）义净著，王邦维校注：《大唐西域求法高僧传校注》，中华书局，1988年。
（唐）白居易著，朱金城笺注：《白居易集笺校》，上海古籍出版社，1988年。
（唐）唐临撰，方诗铭辑校：《冥报记》，中华书局，1992年。
（唐）戴孚撰，方诗铭辑校：《广异记》，中华书局，1992年。
（唐）苏鹗撰，阳羡生校点：《杜阳杂编》，上海古籍出版社编：《唐五代笔记小说大观》，上海古籍出版社，2000年。
（唐）圆仁原著，白化文、李鼎霞、许德楠校注：《入唐求法巡礼行记校注》，花山文艺出版社，2007年。
（唐）王梵志著，项楚校注：《王梵志诗校注》，上海古籍出版社，2010年。
（唐）释道宣：《续高僧传》，《大正新修大藏经》第五十卷，No.2060。
（唐）释道宣：《广弘明集》，《大正新修大藏经》第五十二卷，No.2103。
（唐）义净译：《佛说无常经》，《大正藏》第十七卷，No.801。
（唐）道宣撰，郭绍林点校：《续高僧传》，中华书局，2014年。
（唐）释道宣撰：《宋思溪藏本广弘明集》，国家图书馆出版社，2018年。
（后晋）刘昫等撰：《旧唐书》，中华书局，1975年。
（宋）司马光著：《司马氏书仪》，王云五主编：《丛书集成初编》，商务印书馆，1936年。
（宋）朱熹撰：《朱子文集》，商务印书馆，1937年。
（宋）吴自牧撰：《梦粱录》，王云五主编：《丛书集成初编》，商务印书馆，1939年。
（宋）司马光编著，（元）胡三省音注，“标点资治通鉴小组”校点：《资治通鉴》，中华书局，1956年。
（宋）俞文豹撰，张宗祥校订：《吹剑录全编》，古典文学出版社，1958年。
（宋）李昉等编：《太平广记》，中华书局，1961年。
（宋）李昉等编：《文苑英华》，中华书局，1966年。
（宋）欧阳修撰，（宋）徐无党注：《新五代史》，中华书局，1974年。
（宋）王栐撰，诚刚点校：《燕翼诒谋录》，中华书局，1981年。
（宋）四水潜夫（周密）辑：《武林旧事》，西湖书社，1981年。
（宋）邵伯温撰，王根林校点：《邵氏闻见录》，上海古籍出版社编：《宋元笔记小说大观》第二册，上海古籍出版社，2001年。
（宋）孟元老撰，伊永文笺注：《东京梦华录笺注》，中华书局，2007年。
（宋）宋敏求编：《唐大诏令集》，中华书局，2008年。
（宋）朱熹撰，朱傑人、严佐之、刘永翔主编：《朱子全书（修订本）》，上海古籍出版社、安徽教育出版社，2010年。

（宋）宋敏求撰、（元）李好文撰，辛德勇、郎潔点校：《长安志·长安志图》，三秦出版社，2013年。
（宋）叶隆礼撰，贾敬颜、林荣贵点校：《契丹国志》，中华书局，2014年。
（高丽）金富轼：《三国史记》，东京学习院东洋文化研究所刊行，东京笠井印刷社印行，1964年。
（元）脱脱等撰：《宋史》，中华书局，1977年。
蔡巴·贡噶多吉著，东噶·洛桑赤列校注，陈庆英、周润年译：《红史》，中国国际广播出版社，2016年。
索南坚赞著，刘立千译：《西藏王统记》，中国国际广播出版社，2016年。
（明）达仓宗巴·班觉桑布著，陈庆英译：《汉藏史集》，青海人民出版社，2017年。
（清）徐松撰，张穆校补，方严点校：《唐两京城坊考》，中华书局，1985年。
（清）徐松撰，李健超增订：《增订两京城坊考》，三秦出版社，2006年。
鲁迅校录、鲁迅先生纪念委员会编：《古小说钩沉》，人民文学出版社，1951年。
胡道静、陈耀庭、段文桂、林万清主编：《藏外道书》1，巴蜀书社，1992年。
陕西省古籍整理办公室编、吴钢主编：《全唐文补遗（第一辑）》，三秦出版社，1994年。
王利器：《颜氏家训集解（增补本）》，中华书局，1993年。
王重民、王庆菽、向达、周一良、启功、曾毅公编：《敦煌变文集》，人民文学出版社，1957年。

二、研究论著

陈兵：《佛教生死学》，中央编译出版社，2012年。
陈登武：《从人间世到幽冥界：唐代的法制、社会与国家》，北京大学出版社，2007年。
陈引驰：《中古文学与佛教》，商务印书馆，2017年。
程义：《关中地区唐代墓葬研究》，文物出版社，2012年。
崔世平：《中古丧葬艺术、礼俗与历史研究》，中国社会科学出版社，2018年。
杜斗城：《敦煌本〈佛说十王经〉校录研究》，甘肃教育出版社，1989年。
段晴：《于阗语无垢净光大陀罗尼经》，中西书局，2019年。
冯汉骥：《冯汉骥考古学论文集》，文物出版社，1985年。
高崇文：《古礼足征：礼制文化的考古学研究》，上海古籍出版社，2015年。
葛承雍：《唐韵胡音与外来文明》，中华书局，2006年。
公维章：《涅槃、净土的殿堂：敦煌莫高窟第148窟研究》，民族出版社，2004年。

宫治昭著，李萍、张清涛译：《涅槃和弥勒的图像学：从印度到中亚》，文物出版社，2009年。
龚国强：《隋唐长安城佛寺研究》，文物出版社，2006年。
顾颉刚：《孟姜女故事研究及其他》，商务印书馆，2017年。
国家文物局教育处编：《佛教石窟考古概要》，文物出版社，1993年。
［意］G. 杜齐著，向红笳译：《西藏考古》，西藏人民出版社，2004年。
海波：《佛说死亡——死亡学视野中的中国佛教死亡观研究》，陕西人民出版社，2008年。
韩国河：《秦汉魏晋丧葬制度研究》，陕西人民出版社，1999年。
郝春文：《中古时期社邑研究》，上海古籍出版社，2019年。
郝树声、张德芳：《悬泉汉简研究》，甘肃文化出版社，2009年。
何志国：《汉晋佛像综合研究》，上海人民出版社，2017年。
何志国：《汉魏摇钱树初步研究》，科学出版社，2007年。
何志国：《早期佛像研究》，华东师范大学出版社，2013年。
贺云翱：《六朝文化：考古与发现》，生活·读书·新知三联书店，2013年。
侯石柱编著：《西藏考古大纲》，西藏人民出版社，1991年。
侯旭东：《佛陀相佑：造像记所见北朝民众信仰》，社会科学文献出版社，2018年。
侯旭东：《五六世纪北方民众佛教信仰（增订本）》，社会科学文献出版社，2015年。
胡素馨主编：《佛教物质文化：寺院财富与世俗供养国际学术研讨会论文集》，上海书画出版社，2003年。
胡同庆：《敦煌佛教石窟艺术图像解析》，文物出版社，2019年。
黄景春：《中国宗教性随葬文书研究——以买地券、镇墓文、衣物疏为主》，上海人民出版社，2018年。
霍巍：《青藏高原考古研究》，北京师范大学出版社，2016年。
霍巍：《吐蕃时代考古新发现及其研究》，科学出版社，2011年。
霍巍：《西藏古代墓葬制度史》，四川人民出版社，1995年。
姜伯勤：《敦煌艺术宗教与礼乐文明：敦煌心史散论》，中国社会科学出版社，1996年。
姜伯勤：《中国祆教艺术史研究》，生活·读书·新知三联书店，2004年。
蒋赞初：《长江中下游历史考古论文集》，科学出版社，2000年。
李杰：《中国美术考古学的风格谱系研究：以中古时期平面图像为中心》，科学出版社，2017年。
李梅田：《魏晋北朝墓葬的考古学研究》，商务印书馆，2009年。
李凭：《北魏平城时代（第三版）》，上海古籍出版社，2014年。
李清泉：《宣化辽墓：墓葬艺术与辽代社会》，文物出版社，2008年。

李如森：《汉代丧葬礼俗》，沈阳出版社，2003年。
李蔚然：《南京六朝墓葬的发现与研究》，四川大学出版社，1998年。
李裕群：《北朝晚期石窟寺研究》，文物出版社，2003年。
李正晓：《中国早期佛教造像研究》，文物出版社，2005年。
梁银景：《隋代佛教窟龛研究》，文物出版社，2004年。
林梅村：《古道西风：考古新发现所见中西文化交流》，生活·读书·新知三联书店，2003年。
林梅村：《西域文明——考古、民族、语言与宗教新论》，东方出版社，1995年。
林圣智：《图像与装饰：北朝墓葬的生死表象》，台湾大学出版中心，2019年。
刘淑芬：《灭罪与度亡：佛顶尊胜陀罗尼经幢之研究》，上海古籍出版社，2008年。
刘淑芬：《中古的佛教与社会》，上海古籍出版社，2008年。
刘未：《辽代墓葬的考古学研究》，科学出版社，2016年。
刘向阳：《唐代帝王陵墓（修订本）》，三秦出版社，2012年。
罗宗真、王志高：《六朝文物》，南京出版社，2004年。
吕建福：《中国密教史》，中国社会科学出版社，1995年。
马雍：《西域史地文物丛考》，文物出版社，1990年。
埋田重夫著，王旭东译：《白居易研究：闲适的诗想》，西北大学出版社，2019年。
梅维恒著，王邦维、荣新江、钱文忠译：《绘画与表演——中国绘画叙事及其起源研究》，中西书局，2011年。
梅维恒著，杨继东、陈引驰译，徐文勘校：《唐代变文——佛教对中国白话小说及戏曲产生的贡献之研究》，中西书局，2011年。
内蒙古博物院编，郑承燕著：《辽代贵族丧葬制度研究》，文物出版社，2014年。
倪润安：《光宅中原：拓跋至北魏的墓葬文化与社会演进》，上海古籍出版社，2017年。
齐东方：《隋唐考古》，文物出版社，2002年。
齐东方：《唐代金银器研究》，中国社会科学出版社，1999年。
秦大树：《宋元明考古》，文物出版社，2004年。
冉万里：《隋唐考古》，陕西人民出版社，2009年。
冉万里：《唐代长安地区佛教造像的考古学研究》，科学出版社，2017年。
冉万里：《中国古代舍利瘗埋制度研究》，文物出版社，2013年。
任继愈主编：《中国佛教史（第二卷）》，中国社会科学出版社，1985年。
任继愈主编：《中国佛教史（第三卷）》，中国社会科学出版社，1988年。
任继愈主编：《中国佛教史（第一卷）》，中国社会科学出版社，1981年。
荣新江、张志清主编：《从撒马尔干到长安——粟特人在中国的文化遗迹》，北京图书馆出版社，2004年。

荣新江：《归义军史研究——唐宋时代敦煌历史考索》，上海古籍出版社，2015年。
荣新江：《丝绸之路与东西文化交流》，北京大学出版社，2015年。
荣新江：《中古中国与粟特文明》，生活·读书·新知三联书店，2014年。
荣新江：《中古中国与外来文明（修订版）》，生活·读书·新知三联书店，2014年。
阮荣春：《佛教南传之路》，湖南美术出版社，2000年。
芮沃寿著，常蕾译：《中国历史中的佛教》，北京大学出版社，2017年。
沙武田：《归义军时期敦煌石窟考古研究》，甘肃教育出版社，2017年。
沈睿文：《唐陵的布局：空间与秩序》，北京大学出版社，2009年。
圣凯：《中国佛教忏法研究》，宗教文化出版社，2004年。
石守谦、颜娟英主编：《艺术史中的汉晋与唐宋之变》，石头出版股份有限公司，2014年。
苏铉淑：《东魏北齐庄严纹样研究——以佛教石造像及墓葬壁画为中心》，文物出版社，2008年。
宿白：《考古发现与中西文化交流》，文物出版社，2012年。
宿白：《唐宋时期的雕版印刷》，文物出版社，1999年。
宿白：《魏晋南北朝唐宋考古文稿辑丛》，文物出版社，2011年。
宿白：《中国石窟寺研究》，文物出版社，1996年。
孙机：《汉代物质文化资料图说（增订本）》，上海古籍出版社，2011年。
太史文著，侯旭东译：《幽灵的节日：中国中世纪的信仰与生活》，浙江人民出版社，1999年。
太史文著，侯旭东译：《中国中世纪的鬼节》，上海人民出版社，2016年。
太史文著，张煜译：《〈十王经〉与中国中世纪佛教冥界的形成》，上海古籍出版社，2016年。
谭蝉雪：《敦煌民俗——丝路明珠传风情》，甘肃教育出版社，2006年。
谭蝉雪：《盛世遗风——敦煌的民俗》，甘肃教育出版社，2008年。
汤用彤：《汉魏两晋南北朝佛教史》（全二册），中华书局，1983年。
汤用彤：《隋唐佛教史》，中华书局，1982年。
田立坤：《采铜集——田立坤考古文稿》，文物出版社，2016年。
童书业著，童教英整理：《童书业史籍考证论集》，中华书局，2005年。
王银田等著：《北魏平城考古研究：公元五世纪中国都城的演变》，科学出版社，2017年。
韦正：《将毋同：魏晋南北朝图像与历史》，上海古籍出版社，2019年。
韦正：《六朝墓葬的考古学研究》，北京大学出版社，2011年。
韦正：《魏晋南北朝考古》，北京大学出版社，2013年。

魏存成：《高句丽遗迹》，文物出版社，2002年。
温玉成：《中国佛教与考古》，宗教文化出版社，2009年。
温玉成：《中国石窟与文化艺术》，上海人民美术出版社，1993年。
巫鸿、李清泉：《宝山辽墓：材料和释读》，上海书画出版社，2013年。
巫鸿主编：《汉唐之间的视觉文化与物质文化》，文物出版社，2003年。
巫鸿主编：《汉唐之间的宗教艺术与考古》，文物出版社，2000年。
巫鸿著，钱文逸译：《“空间”的美术史》，上海人民出版社，2018年。
巫鸿著，郑岩、王睿编：《礼仪中的美术：巫鸿中国古代美术史文编》（上、下卷），生活·读书·新知三联书店，2005年。
吴焯：《佛教东传与中国佛教艺术》，浙江人民出版社，1991年。
吴桂兵：《两晋墓葬文化因素研究》，南京大学出版社，2017年。
吴敬：《南方地区宋代墓葬研究》，社会科学文献出版社，2015年。
吴丽娱：《终极之典：中古丧葬制度研究》（全二册），中华书局，2012年。
夏鼐：《夏鼐文集》，社会科学文献出版社，2000年。
向南：《辽代石刻文编》，河北教育出版社，1995年。
萧默：《敦煌建筑研究》，机械工业出版社，2003年。
谢宝富：《北朝婚丧礼俗研究》，首都师范大学出版社，1998年。
邢义田：《画为心声：画像石、画像砖与壁画》，中华书局，2011年。
徐苹芳：《中国历史考古学论丛》，台北市允晨文化，1995年。
徐苹芳：《中国历史考古学论集》，上海古籍出版社，2012年。
许里和著，李四龙、裴勇等译：《佛教征服中国》，江苏人民出版社，1998年。
许曼著，刘云军译：《跨越门闾：宋代福建女性的日常生活》，上海古籍出版社，2019年。
许新国：《西陲之地与东西方文明》，北京燕山出版社，2006年。
严耀中：《中国古代的婆罗门教和婆罗门文化影响》，中华书局，2019年。
扬之水：《曾有西风半点香：敦煌艺术名物丛考》，人民美术出版社，2016年。
扬之水：《中国古代金银首饰》，故宫出版社，2014年。
杨泓、孙机著：《寻常的精致》，辽宁教育出版社，1996年。
杨泓：《汉唐美术考古和佛教艺术》，科学出版社，2000年。
杨泓：《美术考古半世纪——中国美术考古发现史（彩图版）》，人民美术出版社，2015年。
杨泓：《美术考古半世纪——中国美术考古发现史》，文物出版社，1997年。
杨宽：《中国古代陵寝制度史研究》，上海人民出版社，2003年。
杨明芬：《唐代西方净土礼忏法研究：以敦煌莫高窟西方净土信仰为中心》，民族出版社，2007年。
姚崇新：《中古艺术宗教与西域历史论稿》，商务印书馆，2011年。
易晴：《登封黑山沟宋墓图像研究》，文物出版社，2012年。
于薇：《圣物制造与中古中国佛教舍利供养》，文物出版社，2018年。
俞伟超：《古史的考古学探索》，文物出版社，2002年。
俞伟超：《先秦两汉考古学论集》，文物出版社，1985年。
曾布川宽著，傅江译：《六朝帝陵——以石兽和砖画为中心》，南京出版社，2004年。
张学锋：《汉唐考古与历史研究》，生活·读书·新知三联书店，2013年。
张勋燎：《中国历史考古学论文集》（全三册），科学出版社，2013年。
张云：《上古西藏与波斯文明（增订本）》，中国藏学出版社，2017年。
张忠培、俞伟超：《考古、文明与历史》（"中央研究院"历史语言研究所傅斯年汉学讲座1997），"中央研究院"历史语言研究所，1999年。
赵超：《汉魏南北朝墓志汇编》，天津古籍出版社，2008年。
郑春颖：《高句丽服饰研究》，中国社会科学出版社，2015年。
郑岩：《魏晋南北朝壁画墓研究（增订版）》，文物出版社，2016年。
周阿根：《五代墓志汇考》，黄山书社，2012年。
周伟洲：《新出土中古有关胡族文物研究》，社会科学文献出版社，2016年。
朱非素：《岭外求真：朱非素考古论集》，科学出版社，2015年。
朱浒：《汉画像胡人图像研究》，生活·读书·新知三联书店，2017年。

三、考古报告

柏明主编：《唐长安太平坊与实际寺》，西北大学出版社，1994年。
宝鸡市考古工作队、陕西省考古研究所编：《陇县原子头》，文物出版社，2005年。
宝鸡市考古研究所编著：《五代李茂贞夫妇墓》，科学出版社，2008年。
北京大学考古文博学院、青海省文物考古研究所编著：《都兰吐蕃墓》，科学出版社，2005年。
朝鲜民主主义人民共和国社会科学院、朝鲜画报社编：《德兴里高句丽壁画古坟》，株式会社讲谈社，1986年。
大同市考古研究所（刘俊喜主编）：《大同雁北师院北魏墓群》，文物出版社，2008年。
大同市考古研究所编、江伟伟主编：《大同东风里辽代壁画墓》，文物出版社，2016年。
冯汉骥：《前蜀王建墓发掘报告》，文物出版社，1964年。
甘肃省文物考古研究所：《敦煌佛爷庙湾——西晋画像砖墓》，文物出版社，1998年。
杭州市文物考古研究所、余杭博物馆编著：《余杭小横山东晋南朝墓》，文物出版社，2013年。
杭州文物考古研究所、临安市文物馆编著：《五代吴越国康陵》，文物出版社，2014年。
河北省文物研究所、保定市文物管理处编：《五代王处直墓》，文物出版社，1998年。
河北省文物研究所编著：《宣化辽墓：1974～1993年考古发掘报告》（全二册），文物出版社，2001年。
河南省古代建筑保护研究所：《宝山灵泉寺》，河南人民出版社，1991年。
河南省文化局文物工作队：《邓县彩色画象砖墓》，文物出版社，1958年。
河南省文物局编著：《安阳韩琦家族墓地》，科学出版社，2012年。
河南省文物局编著：《卫辉大司马墓地》，科学出版社，2015年。
河南省文物考古研究所编：《北宋皇陵》，中州古籍出版社，1997年。
河南省文物考古研究所编著：《三门峡庙底沟唐宋墓葬》，大象出版社，2006年。
河南省文物考古研究院编著：《曹操高陵》，中国社会科学出版社，2016年。
湖南省文物考古研究所：《桂阳刘家岭宋代壁画墓》，文物出版社，2013年。
交河故城保护修缮办公室：《交河故城：1993、1994年度考古发掘报告》，东方出版社，1998年。
金元龙、有光教一监修，永岛晖臣慎翻译，大韩民国文化财管理局编：《武宁王陵》（日语版），（汉城）三和出版社、（东京）学生社，1974年。
辽宁省博物馆编著：《北燕冯素弗墓》，文物出版社，2015年。
辽宁省文物考古研究所、日本奈良文化财研究所编著：《朝阳隋唐墓葬发现与研究》，科学出版社，2012年。
辽宁省文物考古研究所编著：《关山辽墓》，文物出版社，2011年。
临朐县博物馆：《北齐崔芬壁画墓》，文物出版社，2002年。
临沂市博物馆编：《临沂吴白庄汉画像石墓》，齐鲁书社，2018年。
洛阳市第二文物工作队：《富弼家族墓地》，中州古籍出版社，2009年。
洛阳市文物考古研究院（司马国红、顾雪军编著）：《洛阳北魏曹连石棺墓》，科学出版社，2019年。
洛阳市文物考古研究院编著，程永建、周立主编：《洛阳龙门唐安菩夫妇墓》，科学出版社，2017年。
南京博物院、山东省文物管理处：《沂南古画像石墓发掘报告》，文化部文物管理局，1956年。
南京博物院编：《四川彭山汉代崖墓》，文物出版社，1991年。
南京博物院编辑：《南京附近考古报告》，上海出版社公司，1952年。
南京大学历史系考古专业、湖北省文物考古研究所、鄂州市博物馆编著：《鄂城六朝墓》，科学出版社，2007年。

内蒙古自治区文物考古研究所编、魏坚主编：《内蒙古地区鲜卑墓葬的发现与研究》，科学出版社，2004年。
宁夏固原博物馆：《固原北魏墓漆棺画》，宁夏人民出版社，1988年。
宁夏回族自治区固原博物馆（罗丰编著）：《固原南郊隋唐墓地》，文物出版社，1996年。
宁夏文物考古研究所（许成、杜玉冰编著）：《西夏陵——中国田野考古报告》，东方出版社，1995年。
宁夏文物考古研究所、吴忠市文物管理所：《吴忠西郊唐墓》，文物出版社，2006年。
宁夏文物考古研究所、银川西夏陵区管理处编著：《西夏六号陵》，科学出版社，2013年。
宁夏文物考古研究所、银川西夏陵区管理处编著：《西夏三号陵——地面遗迹发掘报告》，科学出版社，2007年。
三门峡市文物工作队：《北宋陕州漏泽园》，文物出版社，1999年。
山西省考古研究所、太原市文物考古研究所、太原市晋源区文物旅游局编著：《太原隋虞弘墓》，文物出版社，2005年。
山西省考古研究所、太原市文物考古研究所：《北齐东安王娄睿墓》，文物出版社，2006年。
山西省考古研究所编著：《唐代薛儆墓发掘报告》，科学出版社，2000年。
陕西省考古研究所编著：《唐李宪墓发掘报告》，科学出版社，2005年。
陕西省考古研究所编著：《西安北周安伽墓》，文物出版社，2003年。
陕西省考古研究院、法门寺博物馆、宝鸡市文物局、扶风县博物馆编著：《法门寺考古发掘报告》，文物出版社，2007年。
陕西省考古研究院、乾陵博物馆编著：《唐懿德太子墓发掘报告》，科学出版社，2016年。
陕西省考古研究院、顺陵文物管理所编著：《唐顺陵》，文物出版社，2015年。
陕西省考古研究院、西北大学文博学院编著：《陕西凤翔隋唐墓——1983～1990年田野考古发掘报告》，文物出版社，2008年。
陕西省考古研究院、昭陵博物馆编著：《唐昭陵韦贵妃墓发掘报告》，科学出版社，2017年。
陕西省考古研究院编著：《唐长安醴泉坊三彩窑址》，文物出版社，2008年。
陕西省考古研究院编著：《唐嗣虢王李邕墓发掘报告》，科学出版社，2012年。
四川省文物考古研究院、广安市文物管理所、华蓥市文物管理所编著：《华蓥安丙墓》，文物出版社，2008年。
宋大川主编：《北京考古发现与研究》，科学出版社，2009年。

太原市文物考古研究所编：《北齐徐显秀墓》，文物出版社，2005年。
田村实造、小林行雄：《庆陵（Ⅰ）》，京都大学文学部，1953年。
吐鲁番市文物局、吐鲁番学研究院、吐鲁番博物馆编著：《吐鲁番晋唐墓地：交河沟西、木纳尔、巴达木发掘报告》，文物出版社，2019年。
王健群、陈相伟：《库伦辽代壁画墓》，文物出版社，1989年。
西安市文物保护考古所：《唐金乡县主墓》，文物出版社，2002年。
西安市文物保护考古研究所编著：《北周史君墓》，文物出版社，2014年。
负安志编著：《中国北周珍贵文物——北周、初唐、盛唐、中晚唐考古发掘报告系列之一》，陕西人民美术出版社，1993年。
张家口市宣化区文物保管所：《宣化下八里Ⅱ区辽壁画墓考古发掘报告》，文物出版社，2008年。
浙江省文物考古研究所、浙江省博物馆、杭州市文物考古研究所、临安市文物馆编著：《晚唐钱宽夫妇墓》，文物出版社，2012年。
郑州市文物考古研究所编著：《郑州宋金壁画墓》，科学出版社，2005年。
中国国家博物馆田野考古研究中心、南京博物院考古研究所、连云港市文物管理委员会办公室、连云港市博物馆编著：《连云港孔望山》，文物出版社，2010年。
中国科学院考古研究所编著：《西安郊区隋唐墓》，科学出版社，1966年。
中国社会科学院考古研究所、河北省文物研究所编著：《磁县湾漳北朝壁画墓》，科学出版社，2003年。
中国社会科学院考古研究所编著：《青龙寺与西明寺》，文物出版社，2015年。
中国社会科学院考古研究所编著：《唐长安城郊隋唐墓》，文物出版社，1980年。
中国社会科学院考古研究所编著：《偃师杏园唐墓》，科学出版社，2001年。
中国社会科学院考古研究所编著：《藏王陵》，文物出版社，2006年。

四、文物图录

巴林右旗博物馆、同心华夏文化遗产保护交流基金会编著：《天宫法藏：辽庆州塔天宫出土文物菁华》，科学出版社，2017年。
朝鲜画报社出版部编集：《高句丽古坟壁画》，日本印刷株式会社，1985年。
程旭主编、陕西历史博物馆编：《皇后的天堂：唐敬陵贞顺皇后石椁研究》，文物出版社，2015年。
冯国定、周乐钦、胡伯祥：《四川邛崃唐代龙兴寺石刻》，中国古典艺术出版社，1958年。
甘肃省文物工作队、炳灵寺文物保管所：《中国石窟·永靖炳灵寺》，文物出版社、株式会社平凡社，1989年。
郭建邦：《北魏宁懋石室线刻画》，人民美术出版社，1987年。
河北博物院编：《河北博物院基本陈列——北朝壁画 曲阳石雕》，文物出版社，2014年。
河南省文物研究所编：《中国石窟·巩县石窟寺》，文物出版社，1989年。
侯燦、吴美琳：《吐鲁番出土砖志集注》，巴蜀书社，2003年。
李王职发行：《朝鲜古坟壁画集》，1916年。
刘景龙：《莲花洞：龙门石窟第712窟》，科学出版社，2002年。
洛阳市文物局编：《洛阳出土北魏墓志选编》，科学出版社，2001年。
南京博物院贺云翱、南京艺术学院阮荣春、北京大学刘俊文、［日］龙谷大学山田明尔、木田知生、入泽崇等编：《佛教初传南方之路文物图录》，文物出版社，1993年。
南京市博物馆：《六朝风采》，文物出版社，2004年。
南京市博物馆总馆、南京市考古研究所编著：《南朝真迹：南京新出南朝砖印壁画墓与砖文精选》，江苏凤凰美术出版社，2016年。
南京市文化局、南京市文物局主编：《南京文物精华（器物编）》，上海人民美术出版社，2000年。
青州市博物馆编：《青州龙兴寺佛教造像艺术》，山东美术出版社，2014年。
青州市博物馆编：《山东青州傅家庄北齐线刻画像石》，齐鲁书社，2014年。
荣新江、张志清主编：《从撒马尔干到长安——粟特人在中国的文化遗迹》，北京图书馆出版社，2004年。
陕西历史博物馆编：《寻觅散落的瑰宝——陕西历史博物馆征集文物精粹》，三秦出版社，2001年。
陕西省考古研究院、陕西历史博物馆、北京大学考古文博学院、北京大学中国考古学研究中心编：《异世同调：陕西蓝田吕氏家族墓地出土文物》，中华书局，2013年。
陕西省考古研究院编，李明、刘呆运、李举纲主编：《长安高阳原新出隋唐墓志》，文物出版社，2016年。
水野清一、长广敏雄：《响堂山石窟》，发行者日本东方文化学院京都文化研究所，印刷者日本大阪单式印刷株式会社，1937年。
四川博物院、成都文物考古研究所、四川大学博物馆编著：《四川出土南朝佛教造像》，中华书局，2013年。
苏州博物馆编著：《苏州博物馆藏虎丘云岩寺塔、瑞光寺塔文物》，文物出版社，2006年。
天水麦积山石窟艺术研究所编著：《中国石窟·天水麦积山》，文物出版社、株式会社平凡社，1998年。
文化部文物局、故宫博物院编：《全国出土文物珍品选（1976—1984）》，文物出版社，1987年。
西安碑林博物馆编：《西安碑林博物馆》，陕西人民出版社，2000年。
襄阳市博物馆、襄阳市文物考古研究所、谷城县博物馆编：《天国之享：襄阳南朝画像砖艺术》，科学出版社，2016年。
襄阳市博物馆、襄阳市文物考古研究所编：《三国遗韵：襄阳樊城大型三国墓出土文物》，科学出版社，2016年。
姚迁、古兵编著，郭群摄影：《六朝艺术》，文物出版社，1981年。
云冈石窟文物保管所编著：《中国石窟·云冈石窟（一）》，文物出版社、日本株式会社平凡社，1991年。
赵万里：《汉魏南北朝墓志集释》，科学出版社，1956年。
浙江省博物馆、西安市临潼区博物馆编：《佛影湛然：西安临潼唐代造像七宝》，中国书店，2019年。
郑州市文物考古研究所编著：《中国古代镇墓神物》，文物出版社，2004年。
中国国家博物馆编：《中国国家博物馆馆藏文物研究丛书·墓志卷》，上海古籍出版社，2017年。
中国社会科学院考古研究所、河北省文物研究所编著：《邺城北吴庄出土佛教造像》，科学出版社，2019年。
中国文物交流中心编著：《汉风：中国汉代文物展》，科学出版社，2014年。
中国文物研究所、新疆维吾尔自治区博物馆、武汉大学历史系编：《吐鲁番出土文书（壹）》，文物出版社，1992年。
曾布川宽、冈田健编集：《世界美术大全集·东洋篇3·三国南北朝》，小学馆发行，日本写真印刷株式会社印刷，2002年。
周绍良主编：《梵宫：中国佛教建筑艺术》，上海辞书出版社，2006年。

为了阅读方便，文中做了比较完整详细的脚注，敬请查阅。

后　　记

我一向处事泰然，但写本书的后记真的令我惶恐。

首先惶恐的是，这本书是在我国家社科基金项目（12BKG016）结题书稿的基础上，修改、增加而成的。当初国家社科基金项目结项时，我就感觉到虽然许多问题想到了，但没有来得及论述。现在到了出版的时候，这样的感觉不但没有消失，反而更加强烈，还是感觉很多问题想到了，但没有很好地去耐心分析。许多很好的材料，虽然涉及了，但没有像写论文一样，就这一材料充分展开论述。从汉晋到隋唐五代宋辽，许多问题没有贯穿起来考虑，而以往学界认为可以贯穿的一些问题，感觉到不是一回事，但是也没有耐下心来，发挥刨根问底的精神，把它们说得比以往更清楚。惶恐啊！

其次惶恐的是，作为一本专著，本应该是有回顾、有材料、有分析、有观点的，但是本书现在看起来，更多的是大量材料的罗列，而且有的时间段还显得单薄。对考古学研究而言，材料翔实当然是优点，所以为了避免论述及观点表达的不足，我尽量将一些对历史时期考古材料及研究的看法，融进我不多的文字中，融进我对一些图片的处理中。但如果仅仅作为一本不错的资料集，都不能被大家接受，那么我就不单是惶恐了，甚至有点紧张！

再次惶恐的是，该课题从2012年国家社科基金项目立项，到今天的书稿出版，时间已经过去了8年，其实从课题有想法到零零星星的资料收集，到申报，所费的时间要远远超过8年。8年也不算啥，想想我的博士学位论文，从答辩结束到出版经历了整整10年的时间。人生有几个10年啊，不容易啊！关键是，回头看来，你觉得自己一直充满兴趣和想法，也一直在努力，板凳一直坐着，深夜的灯光也一直亮着，但仍然跟不上这快速发展的时代的脚步，所以，还是有点惶恐！

但我从不慌张！许多值得感谢的人，他们让我温暖，使我笃定。

一日夜晚，下着小雨，我驱车从南京大学仙林校区回城西的家，下车后冒着细雨，去小区快递柜里取出从网上买的一本大大的考古报告，抱着它匆匆进了家门，女儿也刚刚从高中晚自习的课堂回到家，她看到了我淋湿的衣服和怀里抱着的大书。我把包裹拆了，急忙打开书，新奇而激动地指点着精美的图片和细节给女儿看。这一刻，女儿或许明白了为何一个胖胖的男人，怀抱着一本独特的书，冒着雨奔跑。女儿说，你或许就是我们这个小区、整个南京，乃至华东，掌握此类特殊知识为数不多的人。这一刻能不感动吗！感谢女儿！感谢家人！他们就是中世纪城堡里，为蜷缩在角楼里的学士，送食物、送燃料的亲人。

我不知道，我对佛教考古的兴趣是否与一直阅读霍巍老师所发表的高质量佛教考古论文有关。我在四川大学学习时，霍老师讲的墓葬对我影响最深刻，其时霍巍老师的《西藏西部佛教文明》一书已经出版，受之启发，我想从佛教与丧葬礼俗的关系角度做一做，主要关注丧葬礼俗在中古时期的变化，而佛教进入丧葬礼俗是其中的重要内容。感谢张学锋老师，是他让我时刻注意考古学在历史时期考古学研究中的不足。张老师对材料的解读相当细腻，对文献也是烂熟于胸，促使侍读于侧的我不断关照文献。感谢北京大学的齐东方老师、韦正老师、沈睿文老师、倪润安老师，他们有时就像我在南京大学的外援，有他们在，做魏晋南北朝考古，心里很踏实。

2012年在芝加哥大学东亚艺术中心访学时，我申请的国家社科基金项目获批，与课题相关的内容便成为我访学的重要关注点。我曾经在巫鸿先生的课上，见识了巫先生的启发式教学，令人印象深刻。后来在北京参加墓葬美术会议时，巫先生还启发我如何就一个材料讲好故事。芝加哥大学东亚艺术中心的一批硕、博士生，勤奋好学，思路开阔，对许多问题的深入分析令我惊讶。此间，施杰、徐津等组织了很多非常有意思的活动，卓有成效，我从他们那里了解到艺术史的研究思维。活动结束我们就打车去芝加哥中国城，大家聚一下，也是无比的愉悦。施杰后来还把在美国发表的与佛教艺术有关的论文发给我，徐津也给我发来大都会博物馆藏唐代石墓门资料。东亚艺术中心在芝加哥大学JOSEPH REGENSTEIN图书馆三楼有一个阅读办公的地方，蒋人和老师几乎每个工作日都早早地来办公，我也抓紧时间到这里收集资料。在这个图书馆里有一个东亚图书馆分馆，许多重要的考古报告就放在书架上，你可以随便搬下来阅读、扫描，真的非常方便。我还记得有一个德国的学生，每天到东亚艺术中心，来得很早，走得很晚，其勤奋和坚持令人叹止。其间，夏含夷和巫鸿两位先生安排我参加了文本国际学术会议、剑桥中国史六朝卷学术会议；戴晓云老师带着儿子从哈佛到芝加哥大学，使我有机会听到了水陆法会的研究；我还记得与韩国釜山大学的梁银景教授，在芝加哥大学旁边五十七街一个小餐馆里吃着饭聊着韩国与中国的考古材料。感谢你们！

南京是一座不错的城市，这种感觉，不仅仅来自南京是六朝的都城所在，我以为，更多地还是来自这个城市里的人。无论是南京大学考古专业有事，还是我个人在教学科研上有事，甚至是我个人的私事，总能得到其他单位和同仁的大力支持。仙林很远，有时他们是来也匆匆，去也匆匆。这里既有兄弟院校的师长、同门，也有文物管理部门、考古业务单位的领导和同好，更有从南京大学考古专业走出去的我们的学生。浓浓的情意啊！

感谢南京大学历史学院考古学优势学科经费资助了本书的出版，感谢张生院长的全力支持！感谢南京大学社科处王月清处长、刘颖副处长在申报出版时的帮助！感谢胡阿祥老师将本书列为“南京大学六朝研究所书系 甲种专著·第贰号”！感谢历史学院孙扬老师、李力老师、孔琴琴老师，以及南京大学社科处的马敬老师在国家社科基金项目结项时的帮助！感谢科学出版社文物考古分社孙莉社长、李茜责编！也要感谢本课题申报、结项时的各位匿名评审专家，谢谢你们的厚爱！

本书的出版也寄托了我对父亲的思念，父亲离开我们已经四年了。父亲信佛，但其实也算不上一个虔诚的佛教徒，在我看来，只是佛教里面的善、恶观念，与他的想法和做人的原则有相一致的地方而已。但我信父亲信佛，去岁的冬天，父亲去世三年，按照我们海边的习俗，延请僧人为父亲做了法事，当升腾的火焰照亮夜空时，我猛力地连续敲打大鼓，祈愿父亲在那边一切都好。

《太平广记》里记载了唐代汴州西边有家板桥旅店，店里的女老板叫三娘子。板桥三娘子能够变出烧饼，还能变出驴。这里，无论我如何努力写“后记”，也不能把正文变得更好了……

吴桂兵

2019年11月于南京仙林